Alessandro Cipriani • Maurizio Giri

MUSICA ELETTRONICA E SOUND DESIGN

Teoria e Pratica con Max 9 - Volume 1

CIPRIANI A. - GIRI M.
MUSICA ELETTRONICA e SOUND DESIGN
Teoria e Pratica con Max 9
Vol. 1
ISBN 978-88-99212-26-1

Prima edizione 2009
Seconda edizione 2013
Terza edizione 2016
Quarta edizione 2019
Quinta edizione 2025

Realizzazione figure: Gabriele Cappellani e Maurizio Refice
Realizzazione indice analitico: Salvatore Mudanò
Consulenza glottodidattica: Damiano De Paola

La pagina contenente tutto il materiale di supporto relativo a questo libro si trova all'indirizzo www.virtual-sound.com/cmsupport

Contemponet s.a.s., Roma
e-mail posta@virtual-sound.com
posta@contemponet.com
URL: www.virtual-sound.com
www.contemponet.com

INDICE

Capitolo 2T - TEORIA
SINTESI ADDITIVA E SINTESI VETTORIALE

Capitolo 2P - PRATICA
SINTESI ADDITIVA E SINTESI VETTORIALE

Capitolo 3T - TEORIA
GENERATORI DI RUMORE, FILTRI E SINTESI SOTTRATTIVA

Capitolo 3P - PRATICA
GENERATORI DI RUMORE, FILTRI E SINTESI SOTTRATTIVA

PREFAZIONE
di David Zicarelli

Potrà sembrarvi strano, ma molti anni fa, quando cercavo di imparare come si creano suoni al computer leggendo libri ed articoli, dovevo limitarmi ad immaginare quali suoni producessero le varie tecniche di sintesi. Anche se penso che la mia immaginazione ne sia stata stimolata, sono felice che nel frattempo la tecnologia si sia evoluta al punto che oggi quasi ogni tecnica di sintesi può essere realizzata in tempo reale con un normale computer. L'esperienza percettiva, infatti, è un elemento importantissimo nell'apprendimento delle tecniche di sintesi digitale.

Il libro di Alessandro Cipriani e Maurizio Giri costituisce uno dei primi corsi di musica elettronica che integra esplicitamente percezione, teoria e pratica, usando esempi di sintesi in tempo reale che si possono manipolare e personalizzare. Dal mio punto di vista, la manipolazione del suono costituisce un aspetto estremamente importante nell'apprendimento: consente di acquisire quella che Joel Chadabe chiama "conoscenza predittiva", cioè l'abilità di intuire ciò che succederà ad un suono prima che si compia un'azione per modificarlo. Tutti abbiamo una certa conoscenza predittiva: ad esempio quasi tutti sappiamo che, girando una manopola del volume in senso orario, il suono che viene dal nostro amplificatore aumenterà di intensità. Una volta che entriamo nel regno della sintesi digitale del suono, le cose si fanno molto più complicate di una manopola del volume, e abbiamo bisogno di fare esperienza diretta di manipolazione e di percezione per approfondire la nostra conoscenza predittiva.

Comunque, per istruirsi in modo completo sul suono prodotto digitalmente, abbiamo bisogno di molto di più che la semplice conoscenza predittiva. È necessario sapere perché le nostre manipolazioni generano i cambiamenti che percepiamo. Tale conoscenza teorica rinforza la nostra conoscenza esperienziale e intuitiva e, allo stesso tempo, la nostra esperienza fornisce significato percettivo alle spiegazioni teoriche.

Secondo il mio parere, Cipriani e Giri hanno compiuto un lavoro magistrale consentendo all'esperienza e alla conoscenza teorica di rinforzarsi l'una con l'altra. Questo libro funziona sia come testo all'interno di un corso, sia come mezzo per l'autoapprendimento. In aggiunta, il libro include un'introduzione completa all'elaborazione digitale dei segnali con Max e costituisce una splendida introduzione ai concetti di programmazione con questo software.

Come vedrete, i capitoli di teoria sono denominati "T", mentre la pratica e la conoscenza esperienziale sono incluse nei capitoli "P". Questi capitoli si alternano, come si muovono la gamba sinistra e quella destra quando si sale una scala, approfondendo e raffinando i concetti a livelli sempre più alti di sofisticazione.

Spero che trarrete vantaggio dagli eccellenti esempi di Max creati dagli autori: sono insieme divertenti e illuminanti, e suonano abbastanza bene da poter essere utilizzati anche sul palco. Vale la pena esaminarli come modelli per le vostre patch Max, o per estenderli in modi sempre nuovi. Ma qualche minuto di "gioco" con gli esempi non è la stessa cosa che studiarli in rapporto ai concetti espressi nel libro. Il libro infatti fornisce il linguaggio per esprimere tali concetti in relazione ai fondamenti teorici. Conoscere la teoria è essenziale, perché presumibilmente state per leggere questo libro perché volete diventare persone che sanno fare molto più che girare una manopola.

Questo è sia l'augurio mio, sia quello degli autori. Voglio augurarvi buona fortuna in questa nuova avventura, e anche ringraziare i miei due amici italiani per aver creato una risorsa per l'apprendimento della musica digitale così completa, proprio quella che desideravo che esistesse quando ero uno studente!

David Zicarelli
Fondatore della Cycling'74, casa produttrice di Max

PREFAZIONE ALLA PRIMA EDIZIONE
di Alvise Vidolin

Il libro di Alessandro Cipriani e Maurizio Giri *Musica Elettronica e Sound Design* è un solido testo didattico che si rivolge alle persone desiderose di capire cosa sia la musica elettronica, partendo dall'esperienza diretta sul suono e sulle sue tecniche di sintesi, di elaborazione e di controllo che hanno segnato lo sviluppo di questa disciplina per farla diventare, come diceva Luciano Berio, «parte del pensare musicale di tutti i giorni.» È un libro in un certo senso controcorrente perché non rincorre gli "effetti speciali" preconfezionati che hanno decretato il successo commerciale di molti strumenti musicali elettronici: fornisce invece allo studente il metodo, gli strumenti teorici e la prassi operativa non solo per ottenere uno specifico "effetto", ma soprattutto per inventarne di originali e realizzati in funzione delle proprie esigenze musicali.
Gli autori trasformano in metodo didattico la filosofia dei così detti *strumenti musicali aperti* che ha caratterizzato la nascita della musica elettronica. Questa tipologia di strumenti consentiva un nuovo sistema di produzione musicale, basato su elementi "componibili", mediante il quale il compositore poteva creare in maniera completa la sua musica, fino alla realizzazione sonora definitiva, che veniva memorizzata su nastro magnetico per le audizioni acusmatiche in concerto. Purtroppo le tecnologie analogiche dei pionieri della musica elettronica non consentivano di realizzare dal vivo la complessità musicale richiesta dai compositori e si dovette attendere lo sviluppo dell'informatica in tempo reale per vedere realizzato questo desiderio. Uno dei programmi che ha efficacemente contribuito a questo sviluppo è stato Max, sviluppato all'IRCAM da Miller Puckette verso la metà degli anni '80. Fin dalle prime versioni Max ha fornito i mezzi per un libero controllo dal vivo di qualsiasi dato MIDI e in quelle successive, con l'aggiunta di MSP, il controllo si è esteso ai segnali audio e in tempi più recenti, con l'avvento di Jitter, anche ai segnali video. La caratteristica che rende Max particolarmente efficace per la realizzazione di qualsiasi produzione musicale, sia in laboratorio, sia *live*, è la sua concezione aperta. L'apertura sta nel fatto che non fornisce ambienti musicali predefiniti, che inevitabilmente invecchiano con l'avvento delle nuove mode, bensì fornisce gli oggetti per costruire l'ambiente musicale richiesto dalla composizione che si vuole creare e/o eseguire. E non è un caso che Cipriani e Giri abbiano scelto proprio Max come strumento operativo per le esercitazioni pratiche che affiancano in maniera costante ed approfondita le parti teoriche del libro, ampliandone le potenzialità con librerie di abstraction scaricabili dal sito del libro assieme ad altri utili materiali.
Ovviamente i musicisti che sono abituati a scegliere un nuovo strumento elettronico in base ai risultati musicali immediati che questo offre, resteranno delusi da tale approccio, ma se avranno la pazienza di ampliare le proprie conoscenze sul suono, di entrare nella logica della programmazione ad oggetti e di lavorare cercando di raggiungere un obiettivo piuttosto che affidarsi alla scelta di effetti sonori preconfezionati, scopriranno le infinite potenzialità offerte dai programmi informatici aperti di cui Max è un valido esempio.
Questa concezione aperta è un punto cruciale per l'apprendimento della musica elettronica: è il metodo che consente a tale disciplina di inserirsi a

pieno titolo all'interno della tradizione didattica della musica, affiancandosi ai metodi analitici e alle prassi esecutive dei corsi tradizionali di composizione e di strumento. D'altra parte lo studio della musica non può prescindere dallo studio del suono nelle sue varie dimensioni, integrando la ricca tradizione acustica con i nuovi saperi e i diversi metodi della musica elettronica. In altri termini il musicista deve studiare il suono non solo come dato teorico astratto, ma deve soprattutto assimilarlo attraverso l'esperienza sensibile, mettendo continuamente a confronto l'elemento teorico e l'esperienza percettivo-musicale.
Questo libro di *Musica Elettronica e Sound Design* è proprio lo strumento didattico ideale per le nuove generazioni di musicisti, in quanto riesce sempre a creare un perfetto equilibrio fra saperi teorici e realizzazioni pratiche. L'opera, articolata in più volumi, adotta un metodo didattico organico con una concezione aperta e interattiva dell'insegnamento che si rivela efficace sia per una didattica gestita dal docente sia per l'autoapprendimento. Per molte esercitazioni pratiche gli autori trasformano Max in un completo "laboratorio di liuteria elettronica", partendo dai primi suoni dell'elettronica analogica, per approfondire le principali tecniche di sintesi e di elaborazione dei suoni, realizzando strumenti virtuali e di interazione, programmando controlli gestuali per l'esecuzione dal vivo, creando sistemi di diffusione e di spazializzazione per l'ascolto. La didattica diventa in questo modo interattiva in quanto il laboratorio virtuale funziona in tempo reale e consente di ascoltare passo dopo passo il processo realizzativo, verificando puntualmente il proprio operato.
In conclusione questo libro presenta tutte le caratteristiche per diventare il testo di riferimento dei corsi di musica elettronica dei Conservatori italiani e non solo, proseguendo il cammino iniziato con successo da *Il suono virtuale*, scritto sempre da Alessandro Cipriani a quattro mani con il compianto Riccardo Bianchini.

Alvise Vidolin
Venezia 08/09/2009

INTRODUZIONE

Questo è il primo volume (ora aggiornato a Max 9) di una serie di volumi sulla sintesi e l'elaborazione digitale del suono. Il piano dell'opera prevede anche:

- un secondo volume che tratta diversi temi fra cui l'audio digitale, i processori di dinamica, le linee di ritardo, il protocollo MIDI e il tempo reale, Max for Live e un primo capitolo dedicato all'arte dell'organizzazione del suono;
- Successivamente verranno trattati riverbero e spazializzazione, le diverse tecniche di modulazione (come AM, RM, PM, FM etc.), il microsuono e la sintesi granulare, la programmazione con GEN, l'analisi risintesi e convoluzione, i modelli fisici, filter design, tecniche di distorsione e un secondo capitolo dedicato all'organizzazione del suono.

LIVELLO RICHIESTO

Tutti i volumi alternano parti teoriche a sezioni di pratica al computer, che vanno studiate in stretta connessione. Questo primo volume può essere utilizzato da utenti di diverso livello di preparazione.

Il livello minimo richiesto per chi inizia a studiare il Vol.1 comprende:

- i primi rudimenti di teoria musicale (note, scale, accordi etc.)
- una competenza di base nell'utilizzo di un computer (saper salvare un file, copiare, cancellare etc.).

Il testo va studiato alternando ogni capitolo di teoria a quello corrispettivo di pratica incluse le attività al computer. La parte teorica non è sostitutiva di testi teorici sulla sintesi. Si tratta, invece, di un indispensabile compendio teorico al lavoro pratico di programmazione e di invenzione di suoni al computer, ed è parte quindi di un sistema didattico organico. Il percorso di questo volume può essere svolto in auto-apprendimento oppure sotto la guida di un insegnante.

I TEMPI DI APPRENDIMENTO

I tempi di apprendimento, come è ovvio, sono diversi da persona a persona. In particolare daremo conto di tempi di mero riferimento nelle due modalità: auto-apprendimento e apprendimento sotto la guida di un docente esperto.

Auto-apprendimento (300 ore globali di studio individuale)

Capitoli	Argomento	Totale ore
1T+1P+IA	Sintesi del suono	100
2T+2A	Sintesi Additiva	60
3T+3P+IB	Sottrattiva e filtri	110
4T+4P	Segnali di Controllo	30

Apprendimento con docente
(corso di 60 ore in classe + 120 di studio individuale)

Capitoli	Argomento	Lezioni	Feedback	Studio	Totale ore
1T+1P+IA	Sintesi del suono	16	4	40	60
2T+2P	Sintesi Additiva	10	2	24	36
3T+3P+IB	Sottrattiva e filtri	18	4	44	66
4T+4P	Segnali di controllo	5	1	12	18

TEORIA E PRATICA

L'impostazione didattica è basata proprio sull'interazione (per noi imprescindibile) fra teoria e pratica. Uno dei problemi nel campo dell'elaborazione del suono, infatti, è quello di avere esperti di teoria che normalmente non si trovano ad affrontare problemi concreti riguardanti la pratica dell'invenzione del suono, e persone (molto più numerose) che amano lavorare al computer con i suoni, ma che spesso hanno una scarsa coscienza tecnico-teorica di cosa stiano facendo, e una scarsa capacità di modificare ciò che i software che utilizzano li "costringono" a fare. Il mercato propone sempre più oggetti tecnologici meravigliosi, ma difficili da personalizzare. Un'informazione spesso approssimativa e poco sistematica, unita alla rapida obsolescenza dei sistemi, contribuisce a mantenere gli utenti in una (apparentemente piacevole) ignoranza, e quindi in una condizione di scarsa libertà, costringendoli, in un certo senso, ad usare le macchine e il software che acquistano in modo superficiale e ad aggiornarle continuamente spesso senza averne compreso la natura profonda. In questo senso intraprendere lo studio di questo libro significa anche iniziare ad acquisire una maggiore consapevolezza dell'uso dei software commerciali di sintesi ed elaborazione del suono.

L'IMPOSTAZIONE DIDATTICA

Sulla base dei concetti appena esposti, abbiamo pensato di colmare il vuoto di informazione riguardante questa materia, avanzando nella direzione intrapresa da Cipriani e Bianchini con il testo "Il Suono Virtuale", dedicato alla sintesi ed elaborazione del suono. La differenza con quel testo è grande, sia per la qualità degli esempi proposti, sia perché l'impostazione didattica è completamente diversa. Esiste pochissima bibliografia sulla metodologia didattica della musica elettronica. A questo scopo abbiamo riflettuto sulla possibilità di approfondire questa tematica e progettare finalmente un sistema didattico organico, mutuando alcune idee e tecniche dalla didattica delle lingue straniere, in modo da sviluppare una concezione più aperta e interattiva dell'insegnamento e dell'apprendimento. Per questo abbiamo inserito, oltre agli esempi video, anche contratti formativi per ogni capitolo, attività di ascolto e analisi, test, glossari, indicazioni discografiche e introduzioni storiche (online) oltre a tante altre novità contenute nei capitoli di pratica come le attività di sostituzione di parti di algoritmi, correzione, completamento e analisi di algoritmi, costruzione di nuovi algoritmi, compiti di reverse engineering (cioè, a partire dall'ascolto di un suono, cercare di inventare un algoritmo che possa creare un suono simile a quello ascoltato). Alcune di queste attività e compiti hanno lo scopo di rendere attive le conoscenze e le abilità del lettore. Infatti, così come nello studio di una lingua straniera, c'è una differenza fra ciò che si conosce e ciò che si è in grado di usare. Di solito, nell'apprendimento di una lingua, il vocabolario passivo (ovvero il numero di termini che un parlante è in grado di capire) è molto più esteso di quello utilizzato dall'utente per parlare o scrivere. Lo stesso avviene per un linguaggio di programmazione: siamo in grado di capire come funzionano alcuni algoritmi che ci vengono posti di fronte, ma non saremmo in grado di costruirli da zero se ce lo chiedessero. Le attività di sostituzione, di completamento, correzione di algoritmi, i compiti di reverse engineering servono proprio a porre dei problemi in cui il lettore deve trovare le sue soluzioni, e quindi viene stimolato a diventare attivo e creativo

nell'apprendimento. La stessa cosa avviene nell'apprendimento delle lingue straniere quando si utilizzano esercizi di sostituzione (ad es. sostituire un verbo in una frase come "I wish I could get out") correzione (ad es, correggere "I want to went home") o completamento di frasi (ad es. I'd like to home). Per questo è importante che il lettore s'impegni a lavorare su queste attività, per evitare un approccio troppo passivo alla conoscenza. Il sistema, infatti, prevede l'interazione non solo fra **percezione** e **conoscenza**, ma anche l'interazione fra queste, e le **abilità**, le **competenze** e la **creatività** dell'utente.
Questo percorso didattico non è di tipo lineare ma prevede un sistema a rete di acquisizione di conoscenze abilità e competenze attraverso l'interazione dell'utente con 4 dimensioni: l'apprendimento della teoria, l'apprendimento del funzionamento di MaxMSP, l'uso degli esempi video e la costruzione di algoritmi.
Inoltre, all'indirizzo **www.virtual-sound.com/cmsupport** è possibile scaricare un documento PDF contenente attività pratiche aggiuntive. Nel corso dei capitoli la presenza di tali attività viene segnalata con l'icona visibile qui a lato.
Il sistema, composto da più volumi e una sezione online, è multi-piattaforma e la teoria è costruita in modo tale da poter fare da base a possibili altri testi di pratica basati su software diversi, utilizzando lo stesso percorso didattico.

Max

La parte pratica del libro è basata sul software Max. Questo programma, scritto originariamente da Miller Puckette, è stato sviluppato ed esteso da David Zicarelli, ed è prodotto dalla sua società Cycling '74 (www.cycling74.com).
Max è un ambiente grafico interattivo per la musica, l'audio e il multimedia. È usato in tutto il mondo da musicisti, compositori, sound designer, artisti multimediali etc. ed è diventato, di fatto, uno standard per la creatività tecnologicamente evoluta in ambito musicale e visivo.
È un linguaggio di programmazione interamente grafico, ed è quindi relativamente facile da apprendere pur essendo molto potente.
In Max si creano programmi connettendo tra loro degli oggetti grafici. Questi oggetti possono eseguire dei calcoli, produrre o elaborare suoni, creare immagini, o essere usati come interfaccia grafica. Si possono così realizzare sintetizzatori, campionatori, riverberi, effetti, e molto altro.
In pratica viene adottata la metafora del synth modulare: ciascun modulo svolge una particolare funzione e passa le informazioni ai moduli a cui è connesso.
La differenza è che con Max si può lavorare ad un livello di dettaglio impensabile per un sintetizzatore già pronto per l'uso (hardware o software che sia).

INDICAZIONI PRATICHE

A corredo di questo libro sono stati realizzati molti materiali assolutamente indispensabili per procedere nell'apprendimento: esempi video, *patch* (ovvero programmi scritti in Max), *sound file*, estensioni di libreria e altri materiali di supporto si trovano tutti all'indirizzo **www.virtual-sound.com/cmsupport**.

File di esempio

I file di esempio (*patch*) sono utilizzabili con il software Max, scaricabile dal sito ufficiale www.cycling74.com.

Alternanza di Teoria e Pratica

Nel libro i capitoli di teoria si alternano ai capitoli di pratica. Il lettore si troverà quindi ad affrontare tutto un capitolo di teoria per poi passare al corrispettivo capitolo di pratica (ad esempio tutto il capitolo 1T e poi tutto il capitolo 1P). In alternativa può scegliere di leggere un paragrafo di teoria e subito dopo il paragrafo corrispondente di pratica per poi passare al paragrafo successivo (ad esempio 1.1T e 1.1P, poi 1.2T e 1.2P etc.).

Gli Interludi

Da notare che fra il primo e il secondo capitolo, e fra il terzo e il quarto capitolo ci sono 2 "interludi" tecnici, rispettivamente l'Interludio A e l'Interludio B, dedicati specificamente al linguaggio Max e non legati ai temi trattati nella teoria, ma ugualmente necessari per procedere nel percorso tracciato nel libro. Dopo aver affrontato la teoria e la pratica del primo capitolo, prima di passare al secondo capitolo è fondamentale studiare l'interludio A. Ciò vale, ovviamente anche per l'interludio B, da studiare subito dopo aver completato i capitoli 3T e 3P.

L'apprendimento di Max

L'apprendimento di Max (e in generale della sintesi ed elaborazione del suono) richiede applicazione e concentrazione. Al contrario di molti software commerciali, infatti, Max consente una flessibilità massima nella programmazione, e quindi consente una grande libertà a chi programma gli algoritmi; ma per poter usufruire di questa libertà è fondamentale evitare di saltare i passaggi consigliati nel libro e procedere in modo sistematico. Un apprendimento "intuitivo" o a salti dà scarsi risultati in Max, specialmente all'inizio del percorso di apprendimento. Questo software è un vero e proprio "strumento musicale" e va studiato come si studierebbe uno strumento tradizionale (ad esempio un violino); è necessario cioè utilizzarlo con continuità, partendo dagli esercizi di base e affrontando via via le tecniche più complesse per evitare di dimenticare le conoscenze e di perdere le abilità acquisite. Solo così sarà possibile arrivare a una vera padronanza del programma.

Bibliografia e sitografia

Si è scelto di inserire nel testo soltanto una bibliografia assolutamente essenziale, e i riferimenti bibliografici relativi ai testi citati nel libro. Una bibliografia più completa e una sitografia è disponibile online.

Prima di cominciare

Per affrontare la parte pratica è necessario aver installato il programma **Max**, reperibile al sito www.cycling74.com. Bisogna inoltre scaricare la libreria **Virtual Sound Macros** dalla pagina di supporto di questo testo (www.virtual-sound.com/cmsupport); nella stessa pagina troverete istruzioni dettagliate sulla procedura da seguire per la corretta installazione della libreria.
Sempre a partire dalla pagina di supporto troverete le *patch* (programmi Max) relative a tutti i capitoli di pratica e i file audio per gli esercizi di *reverse engineering*.

Commenti e segnalazioni
Correzioni e commenti sono benvenuti. Vi preghiamo di inviarli per e-mail a:
a.cipriani@edisonstudio.it oppure maurizio@giri.it
http://www.edisonstudio.it/alessandro-cipriani/
http://www.giri.it

RINGRAZIAMENTI

Si ringraziano:
Gabriele Cappellani, Salvatore Mudanò e Francesco "Franz" Rosati per il loro paziente e lungo lavoro;
Eugenio Giordani, Giuseppe Emanuele Rapisarda, Fausto Sebastiani e Alvise Vidolin per la loro disponibilità.

DEDICA

Questo testo è dedicato a Riccardo Bianchini, che avrebbe voluto realizzare anche quest'opera didattica, ma che purtroppo è prematuramente scomparso prima che il lavoro iniziasse. Abbiamo raccolto alcuni suoi materiali (anche inediti), li abbiamo editati e citati in alcuni paragrafi di teoria. Questo è stato un modo, idealmente, per avere Riccardo ancora con noi. Un ringraziamento particolare va ad Ambretta Bianchini, per la grande disponibilità e sensibilità dimostrataci in questi anni di lavoro.

Buona lettura,
Alessandro Cipriani e Maurizio Giri

LEGENDA DEI SIMBOLI UTILIZZATI

• **ATTIVITÀ ED ESEMPI VIDEO**

• **ATTIVITÀ PRATICHE AGGIUNTIVE DISPONIBILI ONLINE**

• **COMPITI UNITARI**

• **CONCETTI DI BASE**

• **DETTAGLI TECNICI**

• **VERIFICA**

1T
INTRODUZIONE ALLA SINTESI DEL SUONO

CONTRATTO FORMATIVO

PREREQUISITI PER IL CAPITOLO

- Conoscenze di base degli strumenti informatici (operazioni base, gestione delle cartelle, scheda audio etc.)
- Conoscenza minima della teoria musicale (semitoni, ottave, tempi etc.)

OBIETTIVI

Conoscenze

- Conoscere i percorsi mediante i quali si realizza la sintesi e l'elaborazione del suono
- Conoscere i parametri principali del suono e le loro caratteristiche
- Conoscere le codifiche dell'altezza e dell'intensità
- Conoscere i rapporti fra gli intervalli musicali nei diversi sistemi di accordatura
- Conoscere i diversi formati dei file audio

Abilità

- Saper individuare all'ascolto mutamenti di frequenza e d'ampiezza e saperne descrivere le caratteristiche
- Saper individuare le varie fasi dell'inviluppo di un suono o di un suono glissato

CONTENUTI

- Sintesi ed elaborazione del suono al computer
- Timbro, altezza e intensità di un suono: (teoria)
- Glissando e inviluppo d'ampiezza: (teoria)
- Rapporti tra frequenze, altezze e codifiche MIDI
- Uso di suoni campionati (cenni)

TEMPI - Cap.1 (teoria e pratica) + Interludio A

Autodidatti

Per 300 ore globali di studio individuale (vol. I, teoria e pratica):

- ca. 100 ore

Corsi

Per un corso globale di 60 ore in classe + 120 di studio individuale (vol. I, teoria e pratica):

- ca. 16 ore frontali + 4 di feedback
- ca. 40 di studio individuale

ATTIVITÀ

- Esempi video

VERIFICHE

- Test a risposte brevi
- Test con ascolto e analisi

SUSSIDI DIDATTICI

- Concetti di base - Glossario - Un po' di storia

1.1 SINTESI ED ELABORAZIONE DEL SUONO

L'introduzione dell'elettronica e, soprattutto, del computer nella musica ha consentito a compositori e musicisti di gestire e manipolare i suoni con una precisione e una libertà impensabili con i soli mezzi acustici.
Grazie all'uso del computer è infatti possibile modellare il suono in ogni modo immaginabile; si dice spesso che mentre il compositore "tradizionale" compone con i suoni, il compositore elettronico compone i suoni, ovvero entra nel suono, nelle sue componenti elementari, creandole e trasformandole a suo piacimento.
La stessa cosa avviene, per fare un parallelo, nella grafica e nell'animazione: grazie al computer è possibile creare immagini e sequenze filmate estremamente realistiche, che sarebbe difficile produrre con altri mezzi. Attualmente quasi tutti gli effetti speciali al cinema sono realizzati con il computer, e sempre più spesso i personaggi virtuali "recitano" al fianco di attori in carne ed ossa.
Il "segreto" di questa flessibilità sta nel passaggio dal mondo analogico (quello degli oggetti concreti) a quello digitale (ovvero dei numeri): il processo di digitalizzazione consiste appunto nel trasformare un'informazione (un testo, un suono, un'immagine) in numeri.[1] Una volta che un'immagine o un suono sono stati convertiti in una sequenza numerica, possono subire qualunque tipo di trasformazione, perché i numeri, grazie a secoli di sviluppo delle tecniche matematiche, possono essere trasformati e manipolati in qualsiasi modo.

Questo testo si concentrerà essenzialmente su due aspetti: la sintesi e l'elaborazione del suono.

- La **sintesi del suono** (sound synthesis) si riferisce alla generazione elettronica di un suono. In pratica si tratta della possibilità di creare un suono sulla base di alcuni parametri scelti in funzione del risultato sonoro che si vuole ottenere.

- L'**elaborazione del suono**, o del segnale, (signal processing) si riferisce ai processi utilizzati per modificare un suono già esistente, ad esempio un suono di una chitarra che abbiamo precedentemente registrato, un suono generato con una particolare tecnica di sintesi, etc.

SINTESI DIGITALE DEL SUONO

Per ottenere qualsiasi tipo di suono utilizzando un linguaggio di programmazione per la sintesi e l'elaborazione del suono, scriveremo nel computer le informazioni sul tipo di "macchina virtuale" che vogliamo costruire (realizzeremo cioè un **algoritmo**[2]) e le operazioni che questa macchina deve compiere.

[1] Approfondiremo questo concetto nel corso del capitolo.

[2] Un algoritmo è un procedimento che comporta una serie ordinata di istruzioni elementari: queste istruzioni, eseguite in successione, permettono di risolvere un problema, di ottenere un risultato. Informalmente possiamo dire che anche una ricetta di cucina è un algoritmo; si tratta infatti di una serie di istruzioni che danno come risultato una pietanza. In informatica un algoritmo è una sequenza di istruzioni scritta in un particolare linguaggio di programmazione che permette al computer di svolgere un compito definito.

Una volta scritte queste istruzioni, chiederemo al programma (Max o altri) di eseguirle e di creare un flusso di dati numerici in cui sono rappresentate digitalmente[3] tutte le caratteristiche del suono o dei suoni che abbiamo richiesto. Tra la generazione di questo flusso di dati digitali e l'ascolto del suono avviene un'altra operazione fondamentale che richiede una **scheda audio**. La scheda legge i dati digitali e li trasforma in segnale elettrico che viene inviato all'amplificatore e poi agli altoparlanti. In questo caso la scheda opera una conversione da digitale ad analogico (D/A), cioè ci consente di ascoltare dei suoni le cui caratteristiche sono scritte in un flusso di dati digitali (fig. 1.1).

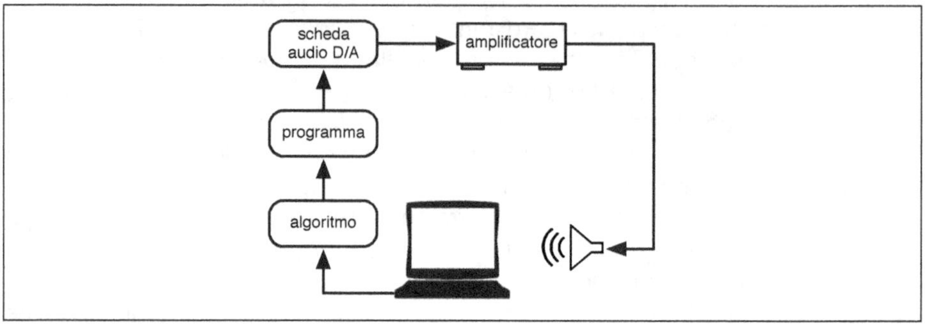

fig. 1.1: sintesi in tempo reale

Questi dati possono anche essere memorizzati in un file audio che verrà salvato nel nostro hard disk, per permettere una riesecuzione dei dati stessi o una loro elaborazione. Quando il flusso dei dati è direttamente inviato alla scheda audio man mano che viene calcolato si ha una **sintesi in tempo reale** (*real time*). Quando invece il processo di calcolo viene prima svolto per intero (e memorizzato in un file audio) e solo successivamente inviato alla scheda audio per l'ascolto si ha una **sintesi in tempo differito** (*non-real time* o *offline*), vedi fig. 1.2.

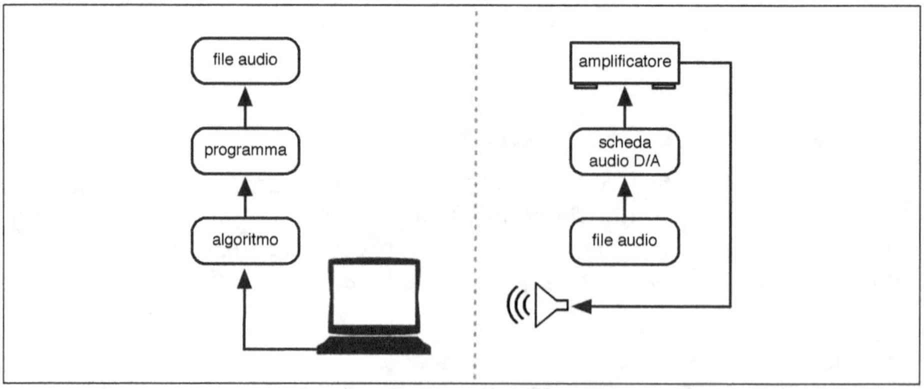

fig. 1.2: sintesi in tempo differito e successivo ascolto

[3] Ovvero sotto forma di numeri.

ELABORAZIONE DEL SUONO

L'elaborazione del suono consiste nella modifica di un suono preesistente, che può provenire sia da una fonte live, sia da un file audio. È possibile operare sia in tempo reale sia in tempo differito, in diversi modi. Vediamo tre possibilità:

1) SUONO PREESISTENTE IN TEMPO DIFFERITO,
ELABORAZIONE IN TEMPO DIFFERITO

Un suono di flauto, ad esempio, può essere registrato (con un microfono collegato alla scheda audio che opererà una conversione analogico-digitale[4]) su un file audio. Possiamo creare un algoritmo in cui specificheremo come quel file audio deve essere modificato, poi il programma eseguirà quei comandi e creerà un nuovo file audio che conterrà un suono di flauto, elaborato dal computer secondo le nostre indicazioni. Infine potremo ascoltare questo nuovo sound file operando una conversione digitale-analogica (fig. 1.3).

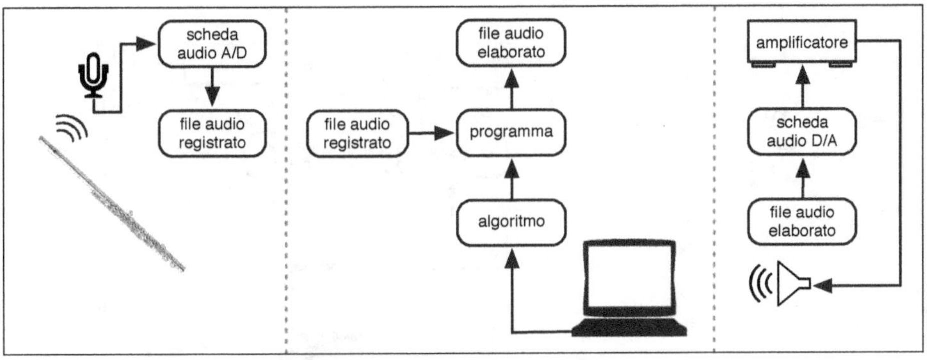

fig. 1.3: esempio di elaborazione in tempo differito

2) SUONO PREESISTENTE IN TEMPO DIFFERITO,
ELABORAZIONE IN TEMPO REALE

Il suono, come nell'esempio 1, proviene da un file audio. Il programma di elaborazione, eseguiti i comandi, invia il flusso di dati contenenti il suono elaborato direttamente alla scheda audio per l'ascolto in tempo reale. Oltre a ciò il programma può registrare, sempre in tempo reale, il risultato dell'elaborazione su un file audio (fig. 1.4).

3) SUONO IN TEMPO REALE,
ELABORAZIONE IN TEMPO REALE

Il suono proviene da una fonte live. Come nell'esempio precedente, il programma di elaborazione, eseguiti i comandi, invia il flusso di dati contenenti il suono elaborato direttamente alla scheda audio.

4 Ovvero trasformerà un suono reale in una sequenza di numeri.

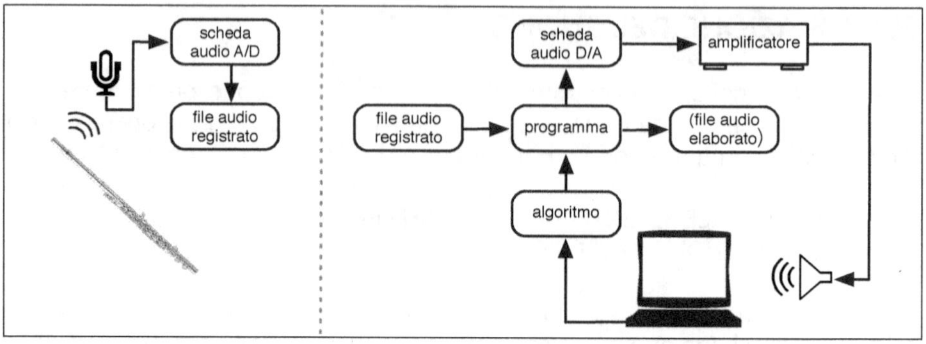

fig. 1.4: esempio di elaborazione in tempo reale da suono preesistente

Naturalmente, anche in questo caso il programma può registrare, sempre in tempo reale, il risultato dell'elaborazione su un file audio (vedi fig. 1.5).

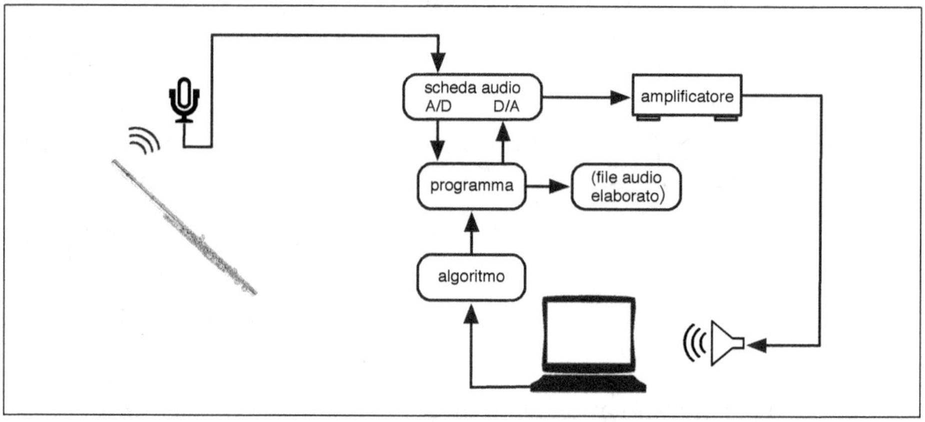

fig. 1.5: esempio di elaborazione in real-time

Definiamo **sistema DSP** l'insieme delle risorse hardware e software (scheda audio, linguaggio di programmazione etc.) che ci permette di elaborare e/o sintetizzare digitalmente un suono (o segnale). Il termine **DSP** è un acronimo che sta per Digital Signal Processing (Elaborazione Digitale del Segnale).

TEMPO REALE - TEMPO DIFFERITO

Abbiamo visto che sia la sintesi sia l'elaborazione del suono possono avvenire in tempo reale o in tempo differito. A prima vista il metodo più vantaggioso appare senz'altro il tempo reale, che ci fornisce un feedback istantaneo e ci consente di valutare immediatamente l'efficacia dell'algoritmo che si sta mettendo a punto e a cui si possono fare le opportune modifiche e migliorie.
A cosa serve quindi il tempo differito?
- Innanzitutto a realizzare degli algoritmi che il computer non è in grado di eseguire in tempo reale: se ad esempio per sintetizzare o elaborare un suono che dura 1 minuto il computer impiega 2 minuti, si dovrà per forza registrare il risultato su disco per poterlo ascoltare una volta che il processo di sintesi o elaborazione sia finito.

Agli albori della computer music tutti i processi di sintesi ed elaborazione del suono erano realizzati in tempo differito, perché un calcolatore non aveva abbastanza potenza per il tempo reale. Con l'aumentare della potenza dei calcolatori, è diventato possibile realizzare alcuni processi direttamente in tempo reale, e nel corso degli anni le capacità di un personal computer di realizzare algoritmi di sintesi ed elaborazione in tempo reale sono aumentate enormemente. Ma naturalmente, per quanto potenti possano diventare i calcolatori, sarà sempre possibile immaginare un processo talmente complesso da richiedere il tempo differito.
- Esiste poi una seconda categoria di processi che sono concettualmente in tempo differito, indipendentemente dalla potenza di calcolo dell'elaboratore: poniamo ad esempio di voler realizzare un algoritmo che, data una sequenza musicale suonata da uno strumento, scomponga tale sequenza in singole note e poi le riordini dalla più grave alla più acuta.
Per realizzare questo algoritmo abbiamo bisogno della sequenza completa, molto probabilmente registrata in un file audio, in modo che il computer la possa analizzare nel suo complesso e individuare la nota più grave e via via le note successive.
Questa analisi può ovviamente avvenire solo in tempo differito, dopo l'esecuzione: l'unico computer che potrebbe realizzare questo algoritmo in tempo reale (cioè mentre lo strumento sta suonando) è un computer in grado di prevedere il futuro!
- Un altro motivo per cui si ricorre al tempo differito è per risparmiare tempo. Contrariamente a quello che si può pensare, il tempo reale non corrisponde alla massima velocità di elaborazione possibile. Immaginiamo ad esempio di dover modificare, con una particolare tecnica di elaborazione, un file di suono della durata di 10 minuti: se la modifica avviene in tempo reale impiegherà ovviamente 10 minuti. Immaginiamo però che il nostro computer sia abbastanza potente da poter realizzare questa elaborazione, in tempo differito, in un minuto. Questo significa che il computer può eseguire i calcoli, per quella particolare tecnica di elaborazione, ad una velocità 10 volte superiore al tempo reale, ed è quindi conveniente ricorrere al tempo differito.

1.2 FREQUENZA, AMPIEZZA E FORMA D'ONDA

Frequenza, ampiezza e forma d'onda sono tre parametri fondamentali del suono. Ognuno di questi parametri influenza nell'ascoltatore la percezione sonora, in particolare:

a) la possibilità di distinguere un suono grave da uno acuto (frequenza)
b) la possibilità di distinguere un suono di forte intensità da uno di intensità minore (ampiezza)
c) la possibilità di distinguere diversi timbri (forma d'onda)[5]

[5] Vedremo più avanti come il parametro del timbro dipenda in realtà da diversi fattori concomitanti.

Vediamo una tabella (tratta da Bianchini, R., 2003) delle corrispondenze fra caratteristiche fisiche del suono, parametri musicali e sensazione sonora.

CARATTERISTICA	PARAMETRO MUSICALE	SENSAZIONE
Frequenza	Altezza	Acuto ↔ Grave
Ampiezza	Intensità	Forte ↔ Piano
Forma d'onda	Timbro	(Chiaro ↔ Scuro Armonico ↔ Inarmonico etc.)

TABELLA A : corrispondenza fra caratteristiche del suono, parametri musicali e sensazione sonora

FREQUENZA

La **frequenza** è il parametro fisico che determina l'altezza di un suono, cioè la caratteristica che consente di distinguere un suono acuto da un suono grave. La gamma delle frequenze udibili dall'uomo si estende da circa 20 a circa 20000 Hertz, cioè da 20 a 20000 cicli al secondo (spiegheremo tra un momento di cosa si tratta): al di sotto della minima frequenza percepibile, sotto i 20 cicli al secondo, si hanno gli infrasuoni, al di sopra di quella massima, sopra i 20000 cicli al secondo, si hanno gli ultrasuoni.[6] Se ci concentriamo sul campo delle frequenze udibili, quindi dei suoni, potremo affermare che maggiore è la frequenza, tanto più acuto sarà il suono.
Ma cosa intendiamo per Hertz o "cicli al secondo"? Per saperlo facciamo riferimento alla definizione di suono data da Riccardo Bianchini:

"Per suono si intende quel fenomeno meccanico dato da una perturbazione di un mezzo di trasmissione (in genere l'aria) che abbia caratteristiche tali da essere percepito dall'orecchio umano.[7] La vibrazione viene trasmessa all'aria, per esempio da una corda vibrante (vedi fig. 1.6). La corda si sposta avanti e indietro, e durante questo spostamento comprime le particelle d'aria (molecole) da un lato e le espande dall'altro. Successivamente il moto si inverte, e le molecole che prima erano state compresse si espandono e viceversa.
Le compressioni e le espansioni (cioè le perturbazioni dell'aria che inizialmente era in stato di quiete) si propagano poi con una certa velocità attraverso l'aria

---

[6] In realtà la massima frequenza udibile diminuisce con l'età.

[7] Ci sono molte teorie sulla natura del suono: Roberto Casati e Jérôme Dokic sostengono che l'aria è un mezzo attraverso cui il suono si trasmette, ma che il suono in sé è un evento localizzato nel corpo risonante, ovvero nel sistema meccanico che produce la vibrazione. (Casati, R., Dokic, J. 1994). Un altro punto di vista è quello espresso da Frova: "con il termine «suono» si dovrebbe intendere la sensazione, com'essa si manifesta a livello cerebrale, di una perturbazione di natura meccanica, a carattere oscillatorio, che interessa il mezzo interposto tra sorgente e ascoltatore" (Frova, A., 1999, pag.4).

circostante in tutte le direzioni, dando luogo a onde sferiche. Inizialmente la densità delle molecole d'aria è costante, cioè in ogni unità di volume (per esempio in un cm^3) vi è lo stesso numero di molecole.

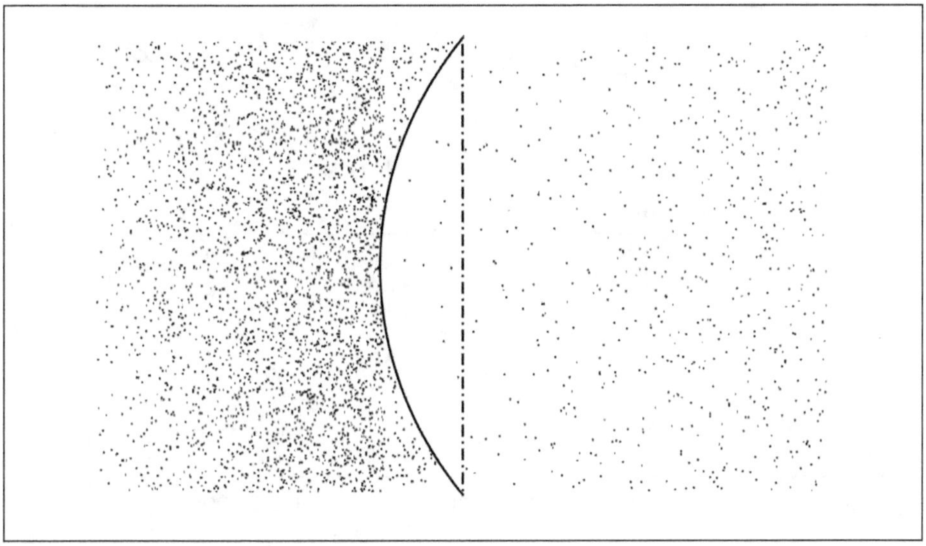

fig. 1.6: vibrazione di una corda

Questa densità può essere espressa da un valore di pressione. Quando l'aria viene perturbata, il valore di pressione non è più costante, ma varia da punto a punto: aumenta dove le molecole sono compresse, diminuisce dove le molecole sono espanse (vedi fig. 1.7).

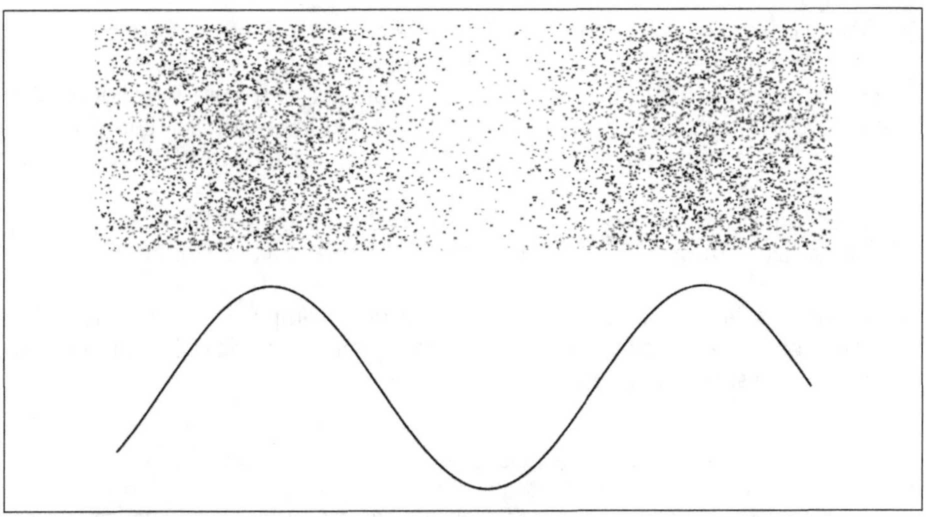

fig.1.7: compressione e rarefazione delle molecole dell'aria

Il fenomeno può essere studiato sia dal punto di vista dello spazio (osservando il valore della pressione nei vari punti in un determinato istante) sia dal punto di vista del tempo (misurando il valore della pressione in uno stesso punto in funzione del tempo). Ad esempio, se immaginiamo di trovarci in un determinato punto, assisteremo a una successione di compressioni ed espansioni dell'aria (fig. 1.8).

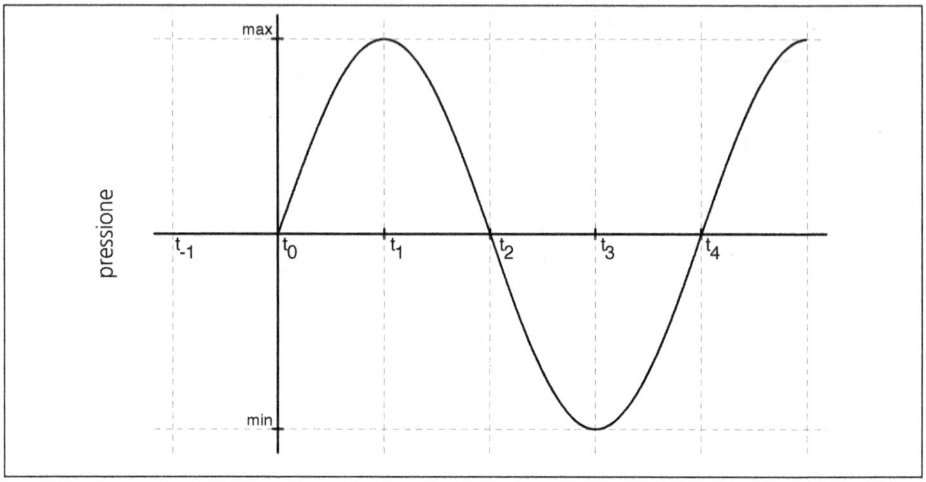

fig.1.8: rappresentazione grafica di compressione e rarefazione

All'istante t_{-1}, ovvero prima dell'istante t_0 la pressione dell'aria è al suo valore normale, dato che la perturbazione non è ancora giunta al nostro punto di osservazione. All'istante t_0 la perturbazione giunge al nostro punto di osservazione, la pressione inizia a crescere, giunge al massimo all'istante t_1, poi decresce fino a tornare al valore normale all'istante t_2, continua a decrescere e giunge al minimo all'istante t_3, per poi risalire fino al valore normale all'istante t_4, e così via.
Si è fin qui descritto un **ciclo** del fenomeno. Se questo si ripete sempre allo stesso modo il fenomeno si dice periodico.[8] Il tempo necessario al completamento di un ciclo si dice **periodo**, si indica con il simbolo T e si misura in secondi (s) o in millisecondi (ms). L'inverso del periodo, cioè il numero di cicli che vengono completati in un secondo, si dice frequenza, e si misura in Hertz (Hz) o cicli per secondo (cps).
Se per esempio un'onda sonora ha periodo T=0.01 s (cioè 1/100 di secondo) la sua frequenza sarà di: 1/T = 1/0.01 = 100 Hz (o 100 cicli al secondo)" (ibidem).

Osservando la figura 1.9 ascoltiamo i suoni dell'esempio video[9] numero 1A: possiamo constatare come, all'aumento del numero dei cicli al secondo (Hz), corrispondano suoni sempre più acuti.

---

[8] Matematicamente una forma d'onda si dice periodica se si ripete regolarmente e per un tempo infinito: nella pratica musicale, naturalmente, ci si "accontenta" di durate molto inferiori! In genere un'onda è "musicalmente periodica" quando, ripetendosi con regolarità, persiste per un tempo sufficiente a generare la sensazione di altezza corrispondente al periodo dell'onda. Approfondiremo la questione nel capitolo 2.

[9] Vi ricordiamo che gli esempi video e gli altri materiali di supporto al libro si trovano all'indirizzo http://www.virtual-sound.com/cmsupport.

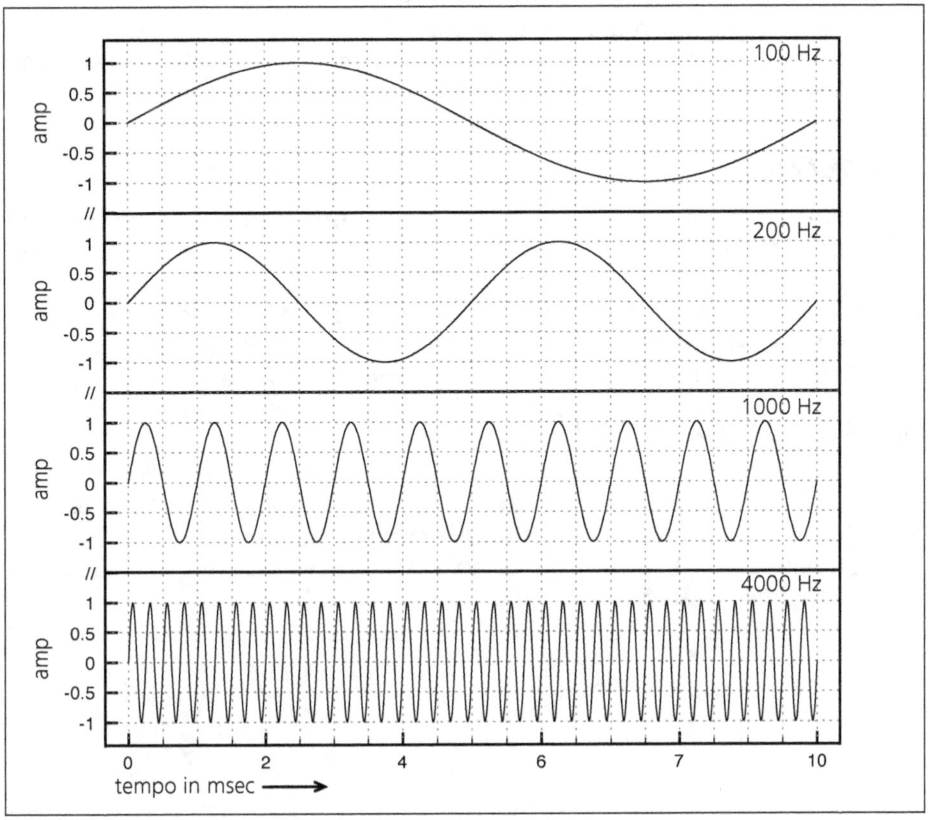

fig.1.9: quattro suoni di frequenza diversa

ESEMPIO VIDEO 1A • FREQUENZA

Dal momento che si propaga nello spazio, un'onda ha una lunghezza che è inversamente proporzionale alla sua frequenza. Chiariamo questo concetto: la velocità del suono nell'aria (cioè la velocità con cui si propagano le onde sonore a partire dalla sorgente) è di circa 344 metri al secondo.[10] Questo significa che un'ipotetica onda di 1 Hz avrebbe una lunghezza di circa 344 metri, perché quando ha completato un ciclo è passato un secondo e in questo tempo si è dispiegata nello spazio per una lunghezza di 344 metri. Un'onda di 10 Hz, invece, in un secondo compie 10 cicli, che si dispongono nello spazio di 344 metri occupando ciascuno 34.4 metri, cioè un decimo dello spazio totale.

[10] Per la precisione questa velocità viene raggiunta quando la temperatura è di 21°. La velocità del suono, infatti, è proporzionale alla temperatura dell'aria.

Per lo stesso ragionamento un'onda di 100 Hz misura 3.44 metri: come si vede all'aumentare della frequenza diminuisce la lunghezza, e le due grandezze sono quindi, come abbiamo già detto, inversamente proporzionali.

AMPIEZZA

Il secondo parametro fondamentale del suono è l'**ampiezza**, che dà informazioni sulla variazione della pressione sonora, e che permette di distinguere un suono di forte intensità da uno di intensità debole.
La pressione sonora più debole che l'orecchio umano è in grado di percepire si dice **soglia inferiore di udibilità**, mentre la pressione sonora massima che un ascoltatore umano può sopportare si dice **soglia del dolore**, in quanto al di là di questa si ha una vera e propria sensazione di dolore fisico e danni permanenti all'organo dell'udito.
Osservando il fenomeno rappresentato in fig. 1.10, il valore massimo della pressione si dice **ampiezza di picco** dell'onda sonora; il valore della pressione in un punto qualsiasi si dice invece **ampiezza istantanea**.
Quando si indica l'ampiezza di un suono, ci si riferisce al valore dell'ampiezza di picco del suono stesso (vedi fig. 1.10).

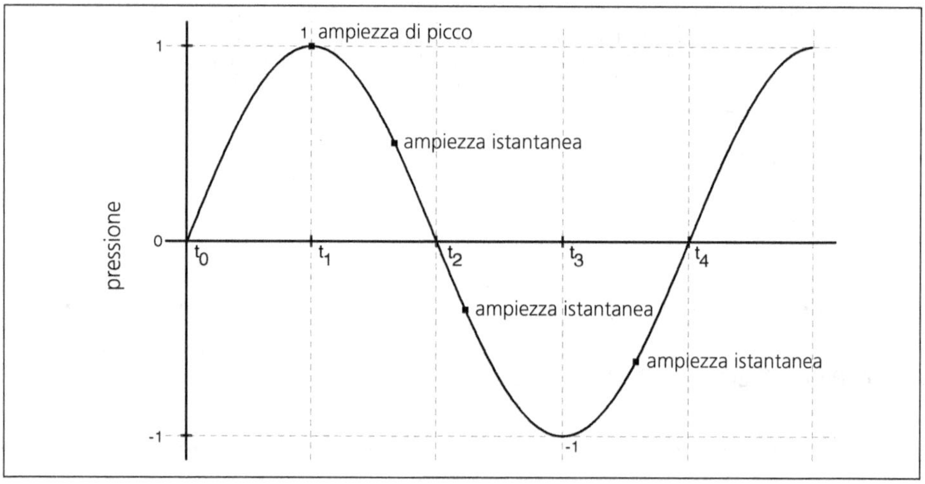

fig.1.10: ampiezza di un suono

Ad esempio, se indichiamo un'ampiezza di picco 1, avremo un'onda che parte da un'ampiezza istantanea 0 (all'istante t_0); poi l'ampiezza istantanea inizia a crescere, giunge al massimo all'istante t_1 (valore 1) poi decresce fino a tornare al valore 0 all'istante t_2, continua a decrescere e giunge al minimo all'istante t_3 (-1) per poi risalire fino al valore 0 all'istante t_4, e cosí via. Questa è la rappresentazione dell'ampiezza di un'onda sonora in funzione del tempo.
Il processo di digitalizzazione trasforma tale ampiezza in una serie di numeri compresi tra 1 e -1. I valori così ottenuti possono essere usati per rappresentare graficamente la forma dell'onda (fig. 1.11). La posizione in cui si trova il ciclo di un'onda in un determinato istante viene chiamata **fase**.
Approfondiremo il concetto di fase nel par. 2.1.

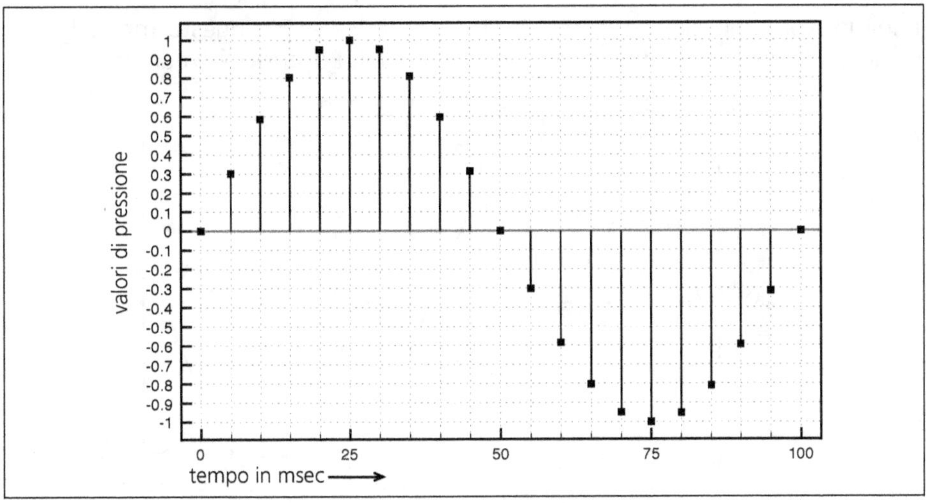

fig. 1.11: rappresentazione digitale di una forma d'onda.

Facendo un confronto con l'onda reale (cioè con la successione di compressioni ed espansioni delle molecole dell'aria), possiamo vedere che la compressione corrisponde ai numeri positivi e l'espansione ai numeri negativi, mentre il valore 0 indica una pressione non perturbata (l'assenza di segnale corrisponde digitalmente a una sequenza di zeri). I valori di ampiezza sono convenzionalmente espressi in numeri con la virgola e variano tra 0 e 1: se indichiamo 1 (cioè il valore massimo) come valore d'ampiezza di picco, avremo oscillazioni fra 1 e -1 (come nell'esempio citato); se impostiamo 0.5 come valore d'ampiezza di picco (cioè metà dell'ampiezza massima), avremo oscillazioni fra 0.5 e -0.5 etc. (vedi fig. 1.12).

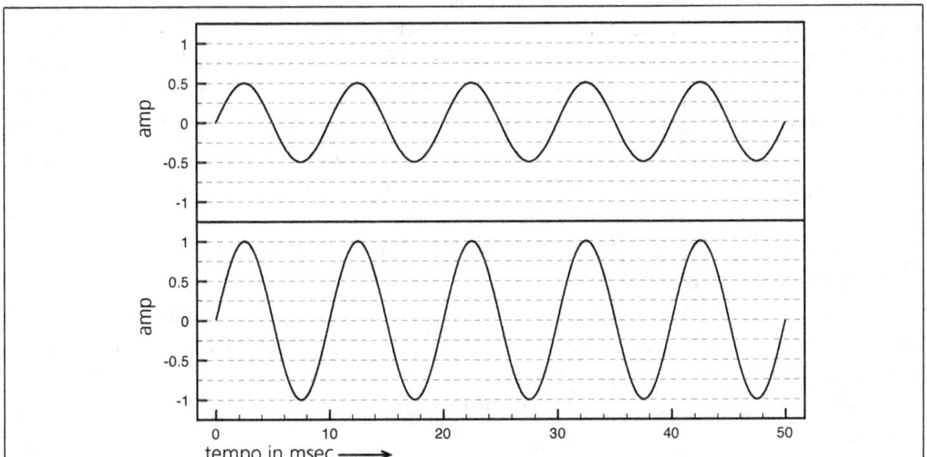

fig.1.12: due suoni ad ampiezza diversa

Se l'ampiezza di un'onda in uscita verso la scheda audio supera il valore massimo consentito dal sistema, e ad esempio oscilla fra 1.2 e -1.2, tutti i valori superiori a 1 o inferiori a -1 vengono riportati rispettivamente al massimo e al minimo, vengono cioè "schiacciati" sui valori 1 e -1. In questo modo l'onda viene deformata, e il suono di conseguenza risulta distorto[11] (vedi fig. 1.13).

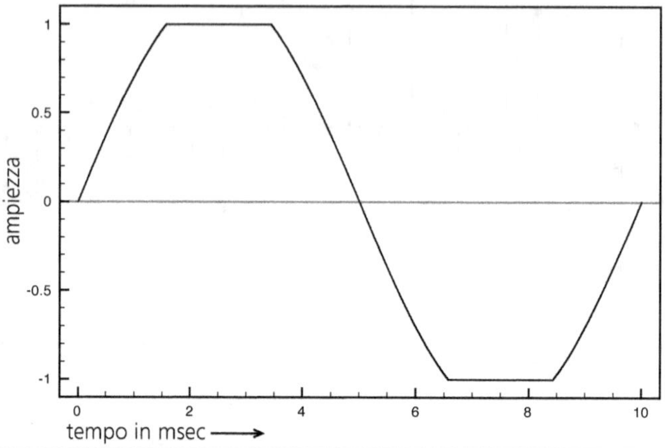

fig.1.13: forma d'onda "schiacciata"

Nella maggior parte dei software è possibile indicare l'ampiezza anche in **dBFS:** dB significa deciBel mentre FS è un acronimo che sta a indicare il termine inglese *Full Scale* (fondo scala). Mentre la misurazione dell'ampiezza si riferisce alla variazione della pressione rispetto al valore di pressione normale, il livello di pressione sonora è il rapporto fra la pressione sonora in un dato istante e un livello di pressione di riferimento. Nell'audio digitale, in genere, il livello di riferimento è 0 dBFS: si pone a 0 dBFS il massimo livello di pressione riproducibile (corrispondente alla massima ampiezza), mentre i valori inferiori sono indicati con un numero negativo.
L'ampiezza 1 ad esempio corrisponde a 0 dBFS, mentre l'ampiezza 0.5 corrisponde, approssimativamente, a -6 dB, l'ampiezza 0.25 corrisponde, sempre con una piccola approssimazione, a -12 dB etc. Da ciò si deduce che una diminuzione di 6 dB corrisponde ad un dimezzamento dell'ampiezza, qualsiasi essa sia. Questo tipo di misurazione è molto utile perché ci si può trovare ad operare con suoni di cui non conosciamo l'ampiezza, ma sappiamo che se vogliamo raddoppiarla, dovremo aumentarla di 6 dB. La misurazione in dB, al contrario di altre misurazioni, non è assoluta, ma relativa, ci consente cioè di misurare e variare il rapporto fra un livello di pressione sonora e un altro senza conoscerne i valori assoluti.
A proposito di rapporti, un'altra regola utile da ricordare è che per ridurre un'ampiezza di un fattore 10 (ovvero ridurla a un decimo) dobbiamo diminuirla di 20 dB, e naturalmente per decuplicarla dobbiamo aumentarla di 20 dB: da ciò deriva che un aumento di 40 dB aumenta di 100 volte l'ampiezza, 60 dB di 1000 e così via.
Per una trattazione più approfondita vedi "Dettagli tecnici" in fondo al paragrafo.

[11] Come vedremo nel par. 5.1, la distorsione armonica è la modificazione di un segnale dovuta all'alterazione della sua forma d'onda, con conseguente introduzione di componenti non presenti nel segnale originale.

Vediamo una tabella di alcuni rapporti fra ampiezza misurata da 0 a 1 e ampiezza in dBFS

Ampiezza	dBFS
1	0
0.5	-6
0.25	-12
0.125	-18
0.1	-20
0.01	-40
0.001	-60
0.0001	-80
0	-inf

TABELLA B: rapporti fra ampiezza e dBFS

Come abbiamo già detto il deciBel non è una grandezza assoluta, ma esprime solamente il rapporto fra due grandezze; perciò non esiste uno zero dB assoluto, ma è possibile scegliere lo zero come punto di riferimento rispetto al quale misurare un dato livello di pressione sonora. A differenza dell'audio digitale, dove come sappiamo lo 0 dB è in genere il massimo valore riproducibile in un dato sistema, in acustica ci si riferisce spesso allo 0 dB come limite minimo della scala delle ampiezze, indicando i valori superiori con un numero positivo.

Il seguente elenco dà conto, in modo approssimativo, dei livelli di pressione sonora in dB SPL (SPL è un acronimo che sta per *Sound Pressure Level*) di alcuni fenomeni (misurati a 1 m di distanza). In questo caso, come potete notare, lo 0 dB non viene rappresentato come livello di pressione massimo (come nel caso dell'audio digitale, in cui le ampiezze sotto la massima sono rappresentate con valori negativi, -10dB, -20 dB etc); al contrario si indica come punto di riferimento lo 0 dB come "il più debole suono percepibile" e tutti gli altri valori sono positivi.

140	soglia del dolore
130	jet in decollo
120	concerto rock
110	fff di orchestra sinfonica
100	autocarro
90	strada rumorosa
80	negozio
70	ufficio
60	conversazione normale
50	casa silenziosa
40	notte in campagna
30	fruscio di foglie
20	vento
10	vento debole
0	il più debole suono percepibile

ESEMPIO VIDEO 1B • AMPIEZZA

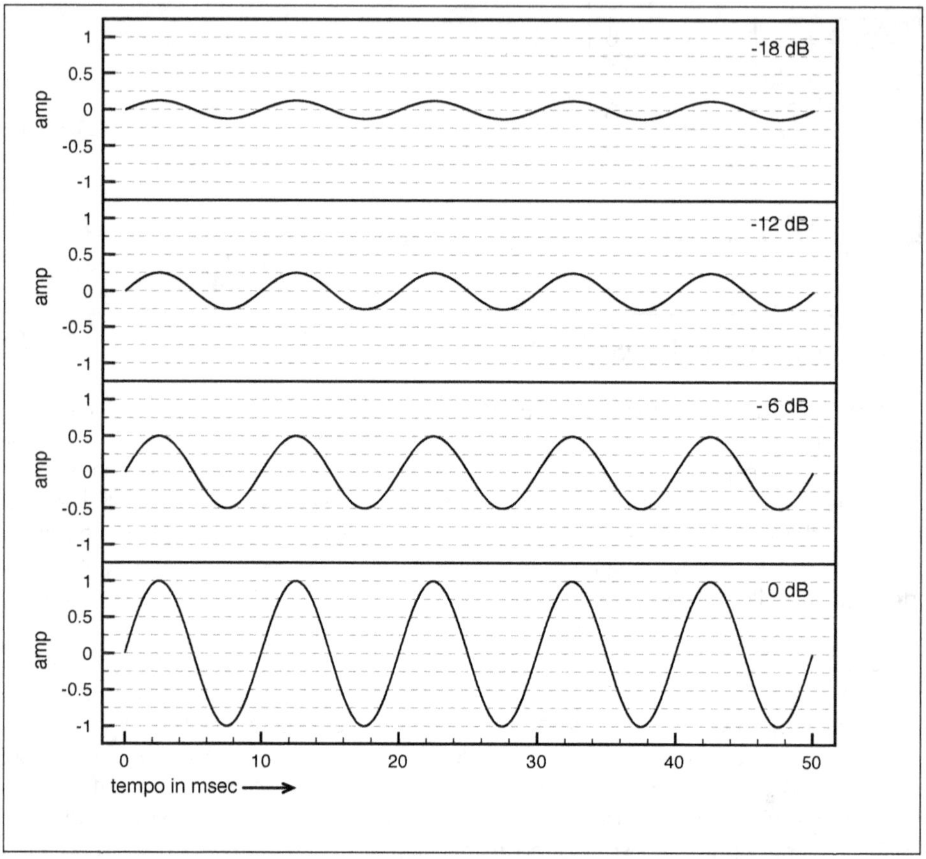

fig.1.14: Quattro suoni con ampiezze progressivamente raddoppiate

Dal punto di vista psicoacustico, l'intensità influenza anche la percezione delle altezze: senza entrare nei dettagli, basterà accennare al fatto che al di sopra dei 2000 Hz, se aumentiamo l'intensità di un suono, mantenendo fissa la frequenza, otterremo una percezione dell'altezza crescente; viceversa al di sotto dei 1000 Hz quanto più si aumenta l'intensità tanto più decrescerà l'altezza percepita. D'altra parte, anche la frequenza influenza la percezione dell'intensità: la sensibilità dell'orecchio diminuisce alle frequenze più alte, aumenta alle frequenze medie e diminuisce di molto alle frequenze basse. Ciò vuol dire che per avere la stessa impressione di intensità sarà necessaria una pressione diversa a seconda della frequenza, avremo cioè bisogno di una pressione maggiore sui bassi rispetto a quella necessaria per le frequenze medie. Esiste una rappresentazione grafica della sensibilità dell'orecchio alle diverse frequenze in cui questo fenomeno viene valutato per diverse pressioni sonore.

In figura 1.15 vediamo il diagramma delle **curve isofone**, cioè delle curve di eguale sensazione sonora. Sull'asse verticale sono presenti i livelli di pressione in dB, sull'asse orizzontale le frequenze. Le curve vengono misurate in **phon**[12] e indicano, alle diverse frequenze del campo udibile, quale pressione sonora sia necessaria per produrre nell'ascoltatore la medesima impressione di intensità.[13]

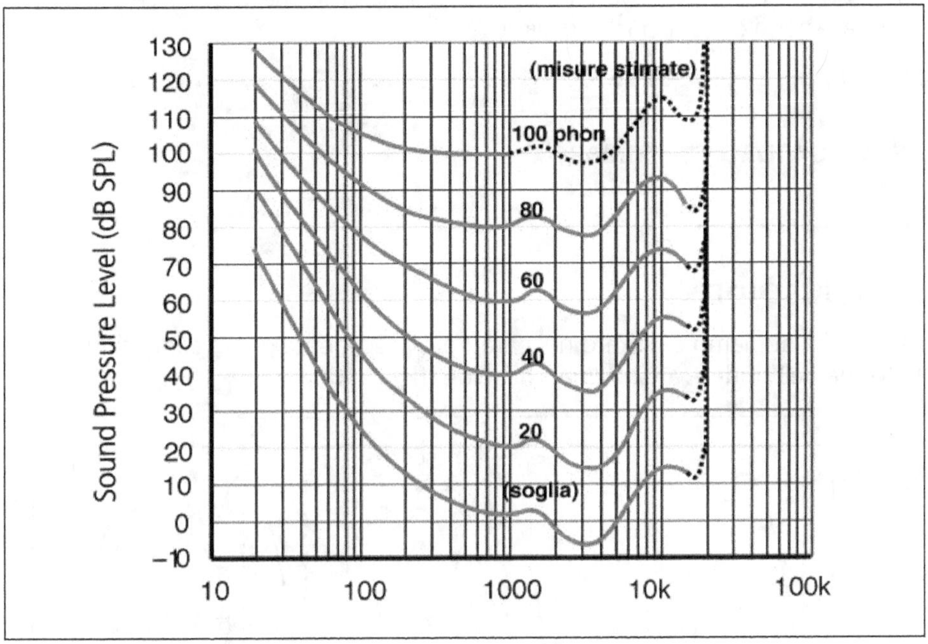

fig. 1.15: diagramma delle curve isofone (ISO 226:2003)

È stata scelta come frequenza di riferimento la frequenza di 1000 Hz. A questa frequenza phon e dB coincidono (100 dB corrispondono alla sensazione di 100 phon, 80 dB a 80 phon etc.). Se seguiamo ad esempio la curva isofona a 60 phon, a 1000 Hz sono necessari 60 dB, ma più scendiamo in frequenza più dB saranno necessari per dare ad un ascoltatore medio la stessa sensazione sonora.

FORMA D'ONDA

Il terzo parametro fondamentale del suono dal punto di vista percettivo è il **timbro**. Con questo termine ci riferiamo globalmente alle diverse caratteristiche

[12] Il phon è un'unità di misura del livello di intensità percepita, che tiene quindi conto della dimensione psicoacustica. 1 phon è uguale a 1 dB SPL alla frequenza di 1000 Hz.

[13] Il diagramma di curve isofone (equal loudness contour) è legato ai nomi di H. Fletcher e W. A. Munson i quali realizzarono un grafico utilizzato per moltissimi anni nei testi di psicoacustica di tutto il mondo. Recentemente tale diagramma è stato ridefinito e le nuove misure sono utilizzate come standard dall'Organizzazione Internazionale per le Standardizzazioni con il codice ISO 226:2003 (vedi fig. 1.15).

che ci permettono di distinguere, per esempio, una nota emessa da un flauto da una (con la stessa frequenza e la stessa ampiezza) emessa da un violino. Una delle caratteristiche più importanti per la definizione del timbro è la **forma d'onda**.

Approfondiremo le questioni generali riguardanti il timbro nel capitolo 2 e successivi, per ora descriveremo solo le principali forme d'onda che vengono utilizzate per alcune tecniche di sintesi.

ESEMPIO VIDEO 1C • TIMBRO

LA SINUSOIDE

I suoni che abbiamo utilizzato nel paragrafo precedente erano suoni sinusoidali, la forma dell'onda era cioè una sinusoide (fig. 1.16).

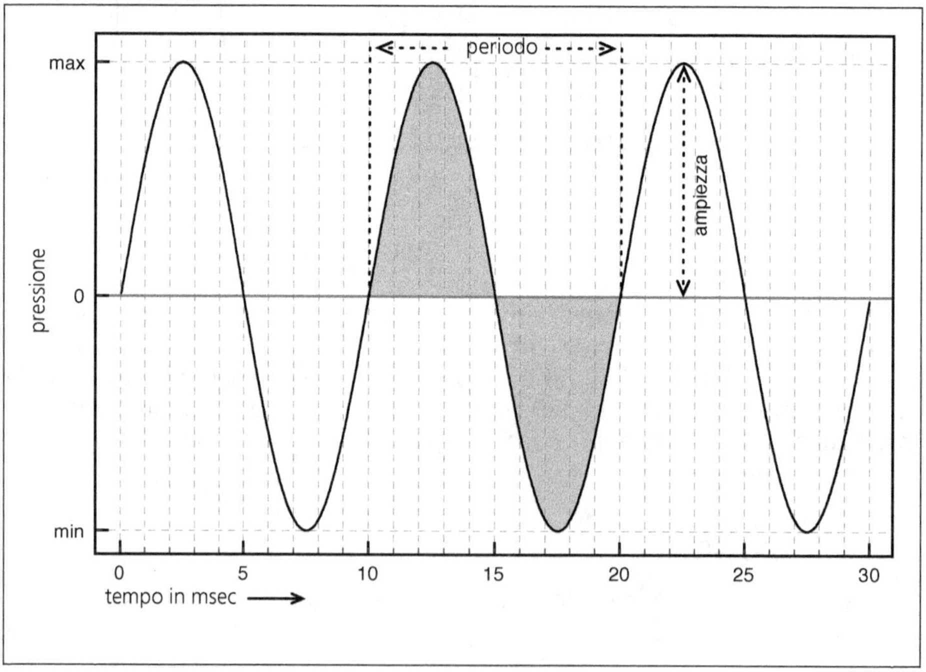

fig.1.16: sinusoide

La **sinusoide** è la forma d'onda più semplice e più importante con cui avremo a che fare.
Come vedremo nel cap. 1 della parte pratica, per generare una sinusoide al computer faremo uso di un **oscillatore**, ovvero di un congegno elettroacustico, simulabile al computer, che può generare segnali con specifiche forme d'onda.

La sinusoide è il mattone fondamentale con cui è possibile costruire ogni altra forma d'onda (proprio come con i tre colori fondamentali è possibile realizzare ogni altro colore), ed è l'unica forma d'onda che contiene una sola frequenza; tutte le altre forme d'onda contengono più frequenze e possono per questo essere scomposte in una serie di sinusoidi, ciascuna contenente una singola frequenza (vedi il par. 2.1 dedicato allo spettro sonoro).

La sinusoide è chiamata così perché è la rappresentazione grafica della funzione trigonometrica seno. Una forma d'onda "gemella", che uditivamente è indistinguibile dalla sinusoide, è la **cosinusoide**, rappresentazione grafica della funzione coseno (fig. 1.17):

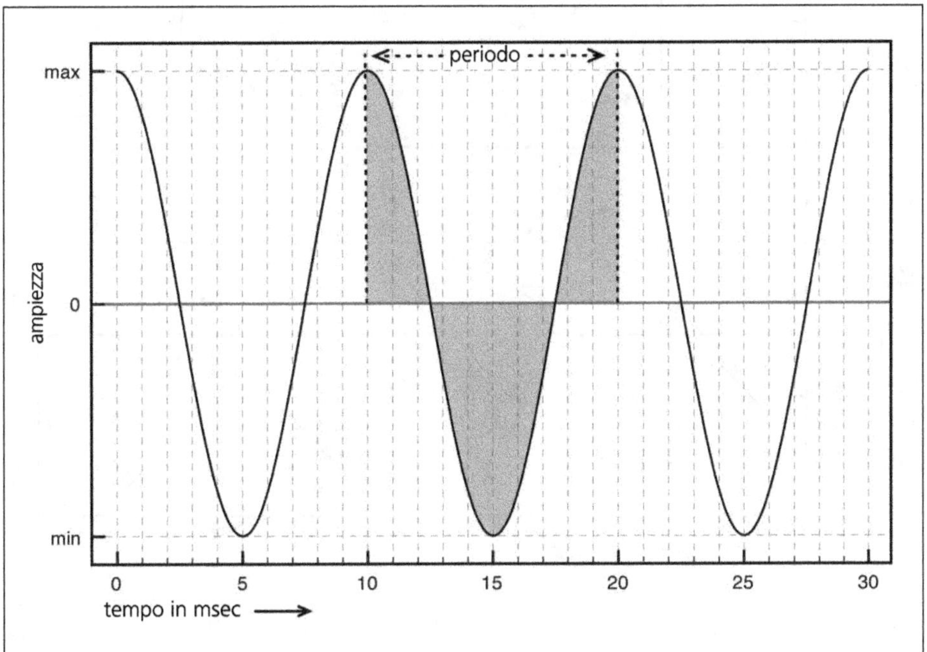

fig.1.17: cosinusoide

Come possiamo vedere l'unica differenza tra la sinusoide e la cosinusoide è che la prima inizia al punto di ampiezza 0, mentre la seconda inizia al punto di massima ampiezza positiva.

Approfondiremo tutti questi argomenti nel capitolo 2 dedicato alla sintesi additiva.

ALTRE FORME D'ONDA

Le particelle dell'aria, naturalmente, possono essere perturbate da un suono diverso da quello sinusoidale: in questo caso l'alternanza di compressione ed espansione segue un percorso diverso, ovvero cambia la forma dell'onda che viene descritta da tale alternanza.

In figura 1.18 sono esemplificate quattro forme d'onda "classiche" usate in molti sintetizzatori: in A un'onda sinusoidale, in B un'onda quadra, in C un'onda a rampa o a dente di sega, e in D un'onda triangolare.

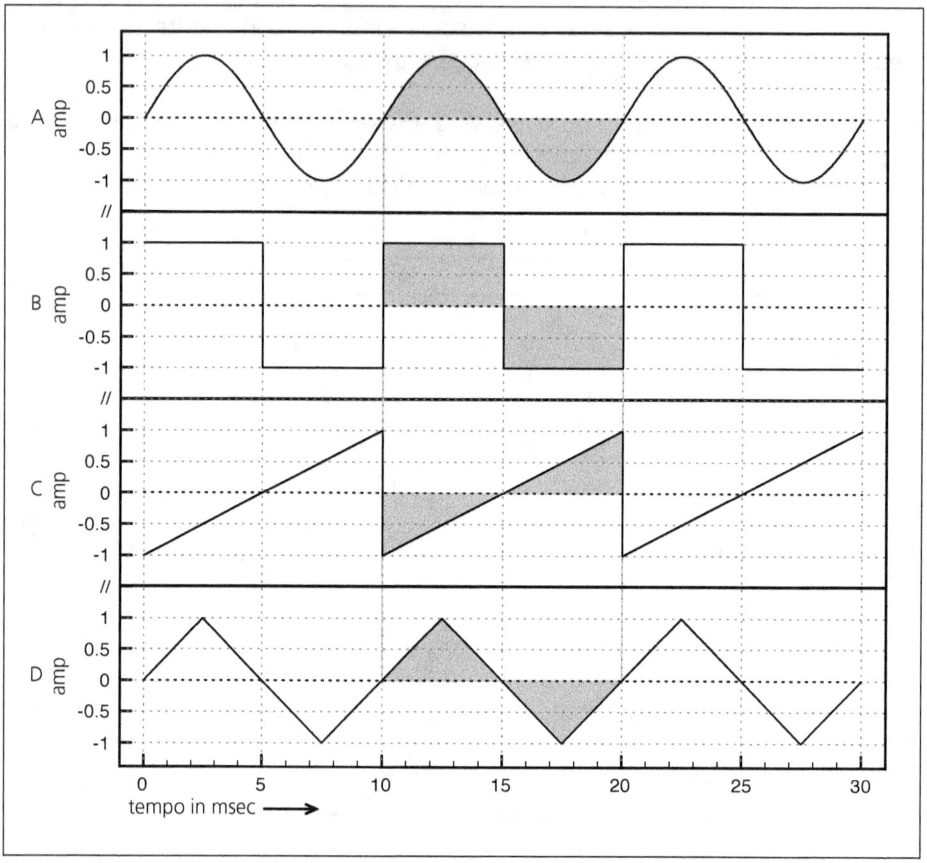

fig.1.18: le quattro forme d'onda "classiche"

Queste quattro forme d'onda produrranno quattro timbri diversi del suono, ascoltiamoli nell'esempio interattivo 1D.

ESEMPIO VIDEO 1D • FORME D'ONDA

L'onda quadra può anche diventare "rettangolare" quando cambia il rapporto tra la parte positiva e la parte negativa dell'onda stessa: nel caso dell'onda quadra infatti, metà ciclo è negativo e metà positivo.
Se la parte positiva fosse 1/4 del ciclo e quella negativa 3/4 avremmo un'onda rettangolare, e possiamo immaginare infiniti rapporti tra le due parti: 1/5, 1/10, 1/100...

Il rapporto tra le due parti si chiama **duty cycle** e si indica generalmente con un numero compreso tra 0 e 1: quando il duty cycle vale 0.5 abbiamo l'onda quadra, quando vale 0.25 abbiamo una fase positiva di 1/4 di ciclo e una negativa di 3/4 e così via (vedi fig. 1.19).

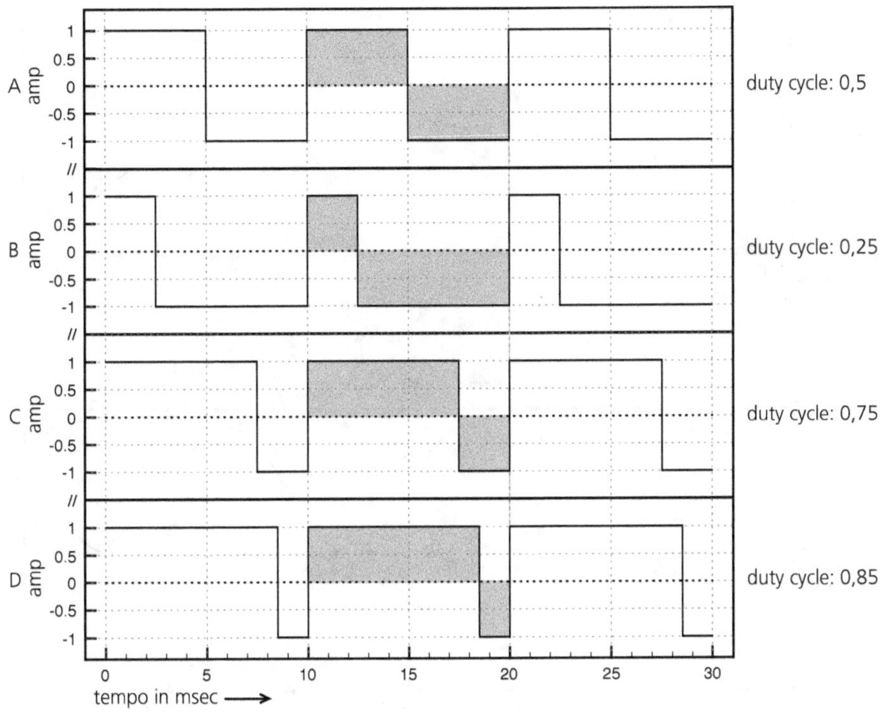

fig. 1.19: variazione del duty cycle nell'onda quadra

ESEMPIO VIDEO 1E • DUTY CYCLE

ONDE BIPOLARI E UNIPOLARI

Tutte le forme d'onda che abbiamo visto finora hanno una caratteristica in comune: sono **onde bipolari**, ovvero hanno una fase positiva (sopra la linea dello 0, corrispondente alla compressione delle particelle) e una negativa (sotto la linea dello 0, corrispondente all'espansione delle particelle).

Esistono però anche le **onde unipolari**, che si trovano completamente al di sopra (o al di sotto) della linea dello 0 (vedi fig. 1.20).

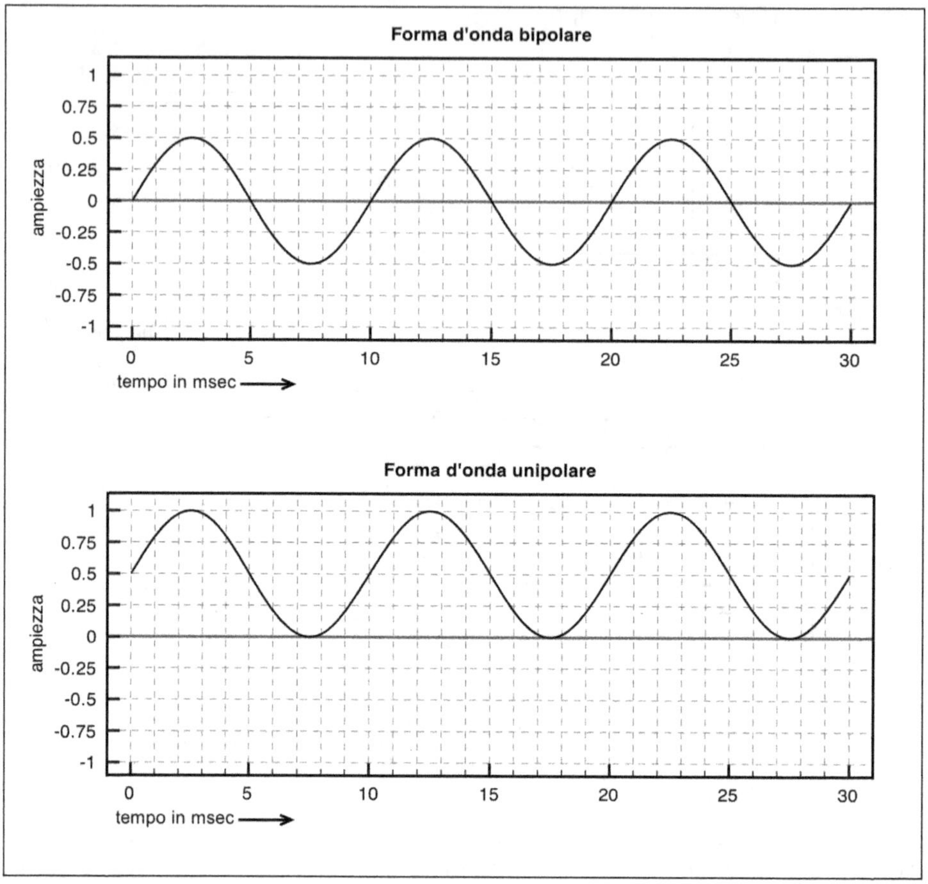

fig. 1.20: forma d'onda bipolare e unipolare

Le forme d'onda utilizzate per produrre dei suoni sono generalmente bipolari, perché devono alternare una fase di compressione dell'aria a una di espansione. Le forme d'onda unipolari, invece, non servono a generare un suono udibile, ma servono generalmente per modificare qualche parametro del suono. Approfondiremo l'argomento nel capitolo 4.

DETTAGLI TECNICI • USO DEI LOGARITMI NEL CALCOLO DELLA PRESSIONE SONORA IN dB

Per capire come viene calcolata la pressione sonora in dB, dobbiamo introdurre il concetto di logaritmo. Il logaritmo è la funzione inversa dell'elevazione a potenza. Questo significa che se abbiamo

$$a^x = y$$

possiamo definire il logaritmo in base a come

$$\log_a y = x$$

In altre parole il logaritmo ci dice qual è la potenza x a cui dobbiamo elevare a (la base) per ottenere y.
Ovvero mediante il logaritmo possiamo calcolare l'esponente di a. Ad esempio: $\log_2 16 = 4$, perché $2^4 = 16$.

Torniamo al calcolo dei deciBel: da un punto di vista matematico il rapporto fra un livello di pressione sonora e il livello di riferimento si misura come

$$dB = 20 \text{ Log}_{10}\, x/y$$

Dove x/y è il rapporto tra il livello di pressione sonora del suono (x) e il livello di riferimento (y).
Dal momento che il livello di riferimento nell'audio digitale corrisponde all'ampiezza massima 1, e x/1 = x possiamo riscrivere più semplicemente l'equazione come

$$dB = 20 \text{ Log}_{10}\, x$$

Ovvero l'intensità in dB di un suono si ricava calcolando il logaritmo in base 10 della sua ampiezza e moltiplicando il risultato per 20.

Quindi, ad esempio, per un'ampiezza di 0.5 avremo $\text{Log}_{10}\, 0.5 = -0.3$ (perché $10^{-0.3} = 0.5$) che moltiplicato per 20 dà -6 dBFS (ricordiamo che questi valori sono tutti leggermente approssimati).

Niente paura comunque, normalmente un linguaggio di programmazione è in grado di calcolare i logaritmi e di fornirci direttamente il risultato!

1.3 VARIAZIONI DI FREQUENZA E AMPIEZZA NEL TEMPO: INVILUPPI E GLISSANDI

"Qualsiasi fenomeno in cui sia in gioco una certa quantità di energia non può passare bruscamente da uno stato energetico a un altro. Così un suono non può passare improvvisamente dal silenzio alla massima ampiezza. È necessario un tempo finito, seppure breve, in cui il fenomeno evolve gradualmente. Questo tempo si chiama **transitorio di attacco** del suono.
Analogamente, vi sarà un **transitorio di estinzione**, in cui il suono cessa gradualmente e ritorna il silenzio.

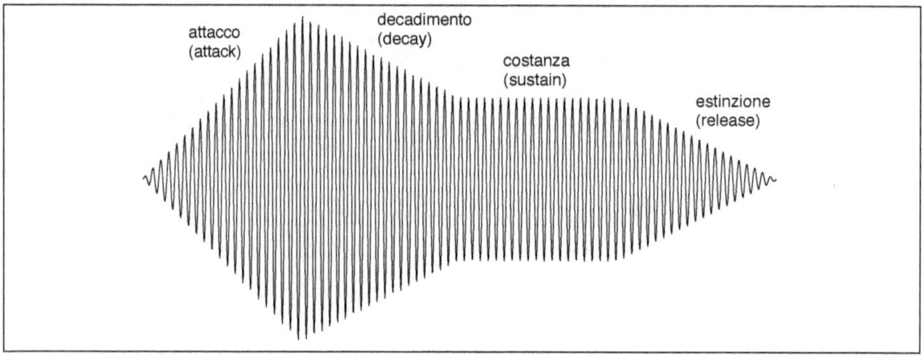

fig. 1.21: evoluzione nel tempo dell'ampiezza di un suono

In fig. 1.21 è rappresentata schematicamente l'evoluzione dell'ampiezza di un suono; il fenomeno descritto in figura si può suddividere in quattro parti fondamentali:
- Attacco (**attack**): in cui l'ampiezza gradualmente varia da zero al massimo;
- Decadimento (**decay**): in cui l'ampiezza diminuisce fino a un certo livello (in fig. 1.21 , ad esempio, diminuisce fino al livello del sustain);
- Costanza (**sustain**): in cui l'ampiezza si mantiene pressapoco costante;
- Estinzione (**release**): in cui l'ampiezza gradualmente diminuisce fino a zero.

L'andamento dell'ampiezza di picco di un suono (cioè la linea ideale che congiunge i picchi positivi della sua forma d'onda) si chiama **inviluppo** dell'onda." (Bianchini, R., Cipriani, A. 2001, p.47).

L'inviluppo rappresenta al macro-livello l'evoluzione dell'ampiezza nel tempo, collegando mediante curve o spezzate di retta solo i picchi positivi dell'onda (vedi figg. 1.22, 1.23 e 1.24). Al contrario della forma d'onda le variazioni di ampiezza saranno rappresentate, nell'inviluppo, in modo non dettagliato. Nella forma d'onda, invece, possiamo rintracciare tutte le singole ampiezze istantanee del suono, al micro-livello.
Non tutti i suoni seguono lo schema illustrato sopra: a volte può mancare la fase di costanza (*sustain*), come per esempio in un suono di pianoforte non smorzato, e/o la fase di decadimento (*decay*); in questo secondo caso l'ultima fase viene a volte chiamata *decay* anziché *release*. Questo può dare luogo a confusione.

INVILUPPI DI STRUMENTI ACUSTICI

Oltre alla forma d'onda, "anche l'andamento dei transitori gioca un ruolo essenziale nella definizione del timbro da parte dell'ascoltatore. Suoni con forme d'onda diverse possono, in alcuni casi, essere percepiti come uguali (o molto simili) perché hanno lo stesso andamento dei transitori. Viceversa, suoni caratterizzati da forme d'onda uguali possono essere percepiti come nettamente diversi se hanno andamento dei transitori molto differente.
Nelle figg. 1.22 e 1.23 sono schematizzati gli inviluppi caratteristici di alcuni strumenti musicali.

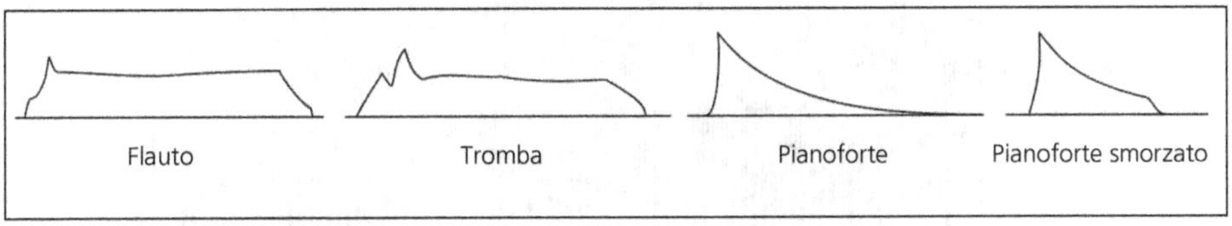

fig. 1.22: inviluppi di flauto, tromba, pianoforte e pianoforte smorzato

Con riferimento alla fig. 1.22 si può notare come il flauto sia caratterizzato da una salita abbastanza rapida, alla quale seguono una lieve discesa (effetto dell'attacco ottenuto con il colpo di lingua), una fase di costanza e un'estinzione piuttosto rapida. Particolarmente caratteristico è il transitorio di attacco della tromba (e in genere di tutti gli strumenti a bocchino), con il "doppio attacco". L'inviluppo del pianoforte ha un attacco molto rapido, seguito da un decadimento ad andamento esponenziale (di cui parleremo fra poco), che può essere accelerato dall'azione degli smorzatori (pianoforte smorzato).

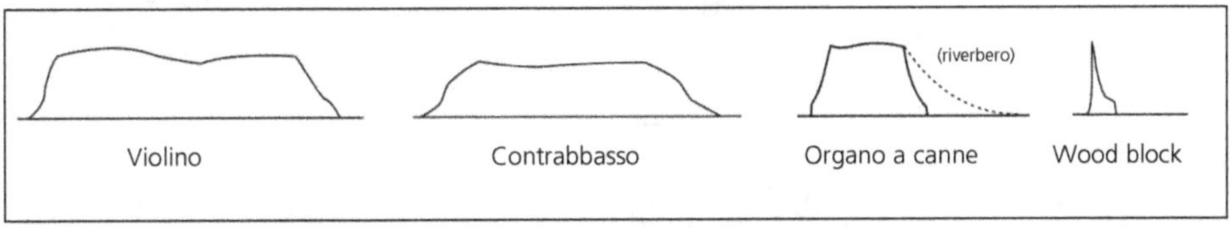

fig. 1.23: inviluppi di violino, contrabbasso, organo a canne e wood block

In fig. 1.23 il violino ha un attacco abbastanza rapido, così come l'estinzione. Il contrabbasso, dotato di corde di massa molto maggiore, oppone più resistenza (l'inerzia) sia in fase di attacco sia in fase di estinzione, le cui durate sono di conseguenza maggiori che nel violino.
L'organo a canne ha attacco ed estinzione molto rapidi, ma ciò che lo caratterizza è il riverbero che è quasi sempre associato a questo strumento, e che entra a fare parte integrante della sensazione timbrica.
Nel corso dei transitori dei suoni degli strumenti acustici oltre all'ampiezza, varia, sebbene in misura molto inferiore, anche la frequenza. In particolare, nel corso del transitorio di attacco, la frequenza è inizialmente instabile prima di assestarsi sul valore nominale. Ciò è particolarmente evidente nelle note portate di certi strumenti e della voce cantata; anche nel corso dell'attacco della prima nota di una frase, o di note staccate, la frequenza tende a partire da un valore più basso, per poi stabilizzarsi" (Bianchini, R., Cipriani, A. 2001, p.48).

INVILUPPI DI SUONI SINTETICI

Per realizzare al computer una variazione dell'ampiezza del suono nel tempo (all'interno dello stesso evento sonoro), cioè per realizzare un inviluppo, abbiamo bisogno di creare una forma dell'inviluppo stesso (ad esempio mediante segmenti di retta o di esponenziale), e applicarla al nostro segnale (fig. 1.24).

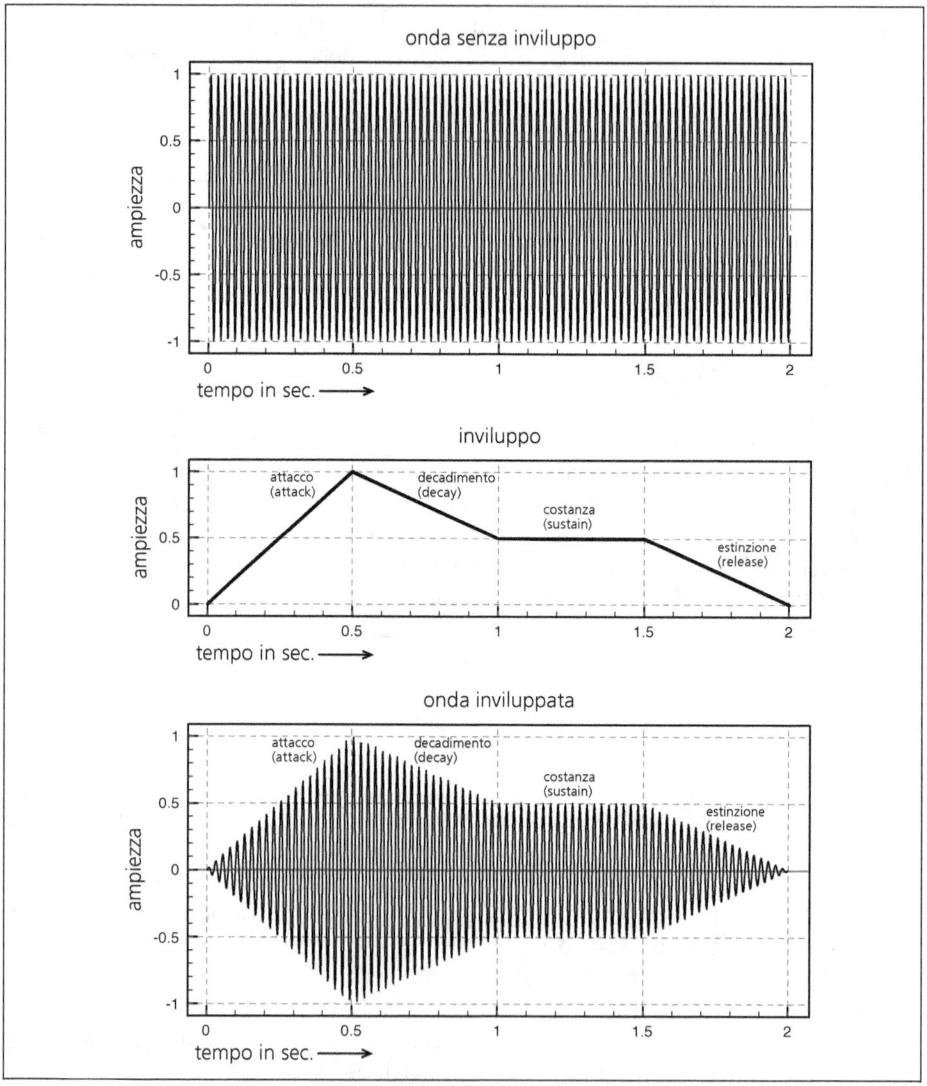

fig. 1.24: forma d'onda senza inviluppo, inviluppo ADSR, forma d'onda con inviluppo

Come si vede dalla figura 1.24, l'inviluppo generato dal computer è in genere realizzato con una serie di segmenti collegati tra loro: anche questi segmenti sono generati come una sequenza di numeri (o campioni), esattamente come avviene per i suoni digitalizzati.

Per applicare l'inviluppo a una forma d'onda che ne è priva (ovvero ha un'ampiezza costante), dobbiamo moltiplicare punto per punto i valori dei campioni della forma d'onda per i valori dei campioni dell'inviluppo. I valori di un inviluppo normalmente variano tra 0 e 1: l'inviluppo rappresentato in figura inizia e finisce con il valore 0, e raggiunge il valore 1 alla fine della fase di attacco. I valori di tutti gli altri campioni sono compresi tra 0 e 1, mentre il valore finale è 0 (corrispondente alla fine della fase di estinzione). Se moltiplichiamo questa serie di valori per i valori dei campioni della forma d'onda, riscaliamo l'ampiezza della forma d'onda secondo l'andamento dell'inviluppo: all'inizio, ad esempio, l'ampiezza riscalata della forma d'onda vale 0 (l'equivalente digitale del silenzio), perché il primo valore dell'inviluppo è 0 e qualsiasi numero moltiplicato per 0 dà come risultato 0.
Al crescere dei valori dei campioni dell'inviluppo cresce anche l'ampiezza dell'onda, fino al punto massimo (la fine dell'attacco) in cui l'inviluppo vale 1, e quindi lascia inalterati i corrispondenti valori della forma d'onda, perché qualsiasi numero moltiplicato per 1 dà come risultato il numero stesso. Con il proseguire delle fasi dell'inviluppo la forma d'onda viene moltiplicata per numeri compresi tra 0 e 1, e la sua ampiezza si trova quindi in una posizione intermedia tra il silenzio (0) e la massima ampiezza (1); alla fine della fase di estinzione la forma d'onda, moltiplicata per 0, si estingue.

ESEMPIO VIDEO 1F • INVILUPPI D'AMPIEZZA LINEARI

Le diverse fasi (ADSR) dell'inviluppo illustrato in fig. 1.24 hanno tutte un **andamento lineare**; ovvero sono costituite da segmenti di retta.
La caratteristica dell'andamento lineare è che l'incremento (o il decremento) di valore tra un campione e il successivo è costante per l'intero segmento.
Spesso, però, questo tipo di andamento non ci permette di modellare in modo efficace un inviluppo, e per questo motivo si introducono segmenti che hanno un andamento esponenziale o logaritmico. Vediamo cosa significano questi ultimi due termini: un **andamento esponenziale** è caratterizzato da un incremento via via crescente tra i punti successivi del segmento, e si presenta quindi come una curva ascendente che diventa sempre più ripida (vedi fig. 1.25).

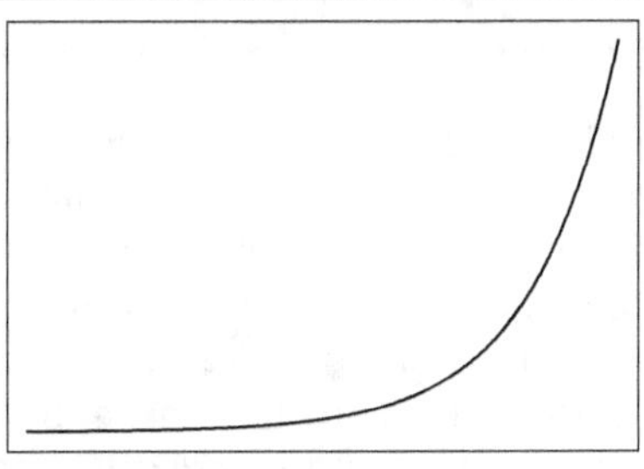

fig. 1.25: curva esponenziale

L'**andamento logaritmico** invece è caratterizzato da un incremento via via decrescente tra i punti successivi del segmento, e si presenta quindi come una curva ascendente che diventa sempre più piatta (vedi fig. 1.26).

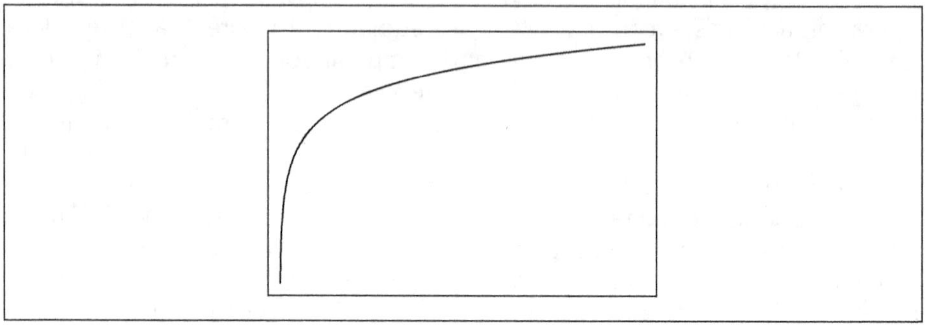

fig. 1.26: curva logaritmica

L'inviluppo di molti suoni reali può essere scomposto in segmenti che hanno un andamento esponenziale e/o logaritmico (ad esempio gli strumenti a percussione o le corde pizzicate), e anche molti suoni sintetici vengono realizzati con inviluppi di questo tipo.

Ecco un esempio di inviluppo che utilizza curve esponenziali (fig. 1.27)

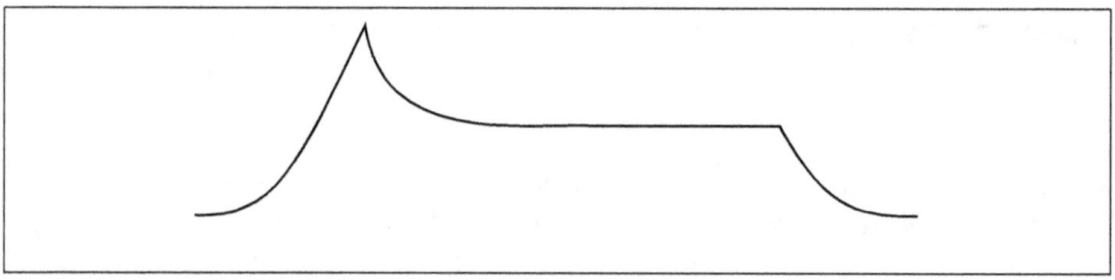

fig. 1.27: inviluppo realizzato con curve esponenziali

ESEMPIO VIDEO 1G • INVILUPPI D'AMPIEZZA ESPONENZIALI E LOGARITMICI

Ogni fase dell'inviluppo di un suono creato al computer deve necessariamente avere una durata. Nel creare un inviluppo al computer dovremo far attenzione a non creare bruschi cambiamenti di ampiezza in un tempo nullo; in questo caso infatti si ottiene una distorsione udibile della forma d'onda, in pratica un click, all'interno del suono. Un segmento di retta che controlla un attacco, ad esempio, dovrà avere effetto in un dato tempo, seppur brevissimo. Più questo tempo si avvicina allo zero più si può rischiare di ottenere una distorsione udibile della forma d'onda (fig. 1.28).

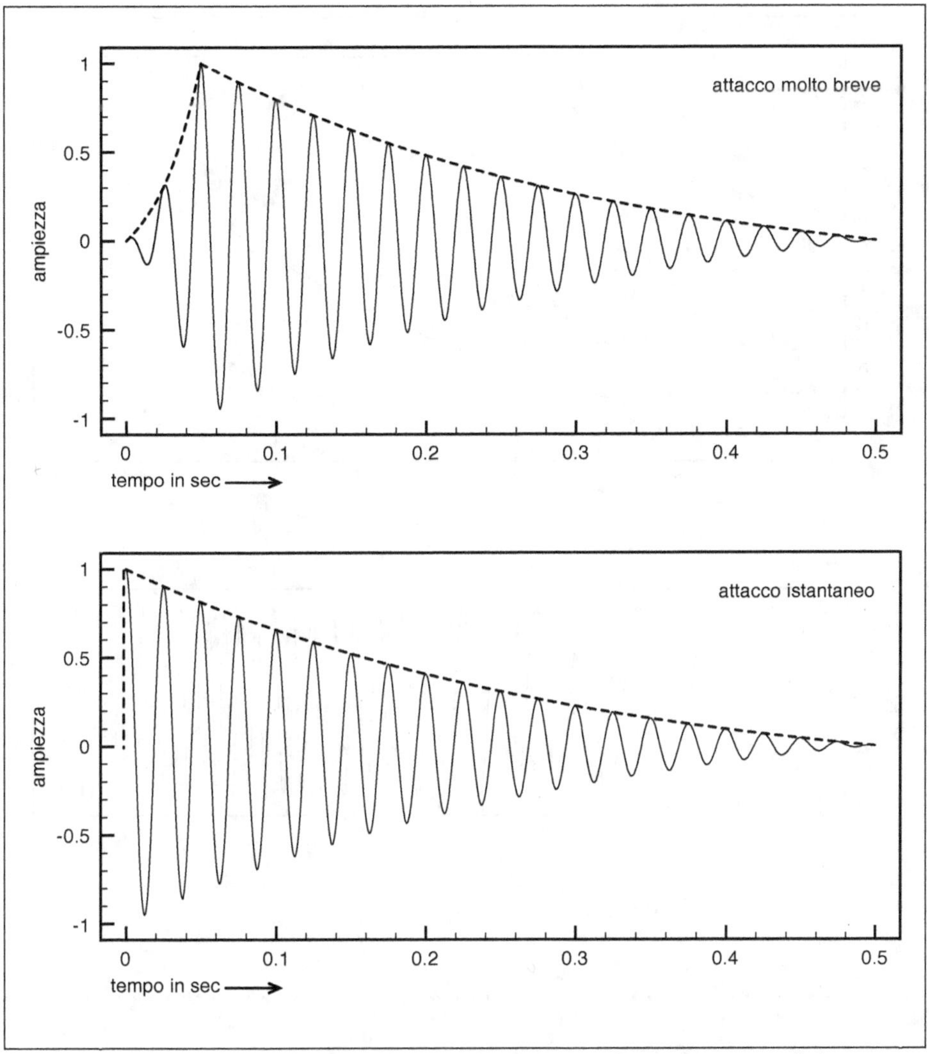

fig. 1.28: attacco molto breve e attacco istantaneo che genera un click

GLISSANDI

È anche possibile creare una variazione continua della frequenza del suono nel tempo (all'interno dello stesso evento sonoro): realizzeremo così quello che viene chiamato **glissando** che può avere una direzione sia discendente sia ascendente o combinazioni delle due direzioni.
Anche in questo caso dobbiamo creare una forma dei movimenti del glissando (ad esempio mediante segmenti di retta o di esponenziale), e applicarla al nostro segnale (vedi fig. 1.29).

Come vedremo nel prossimo paragrafo, a causa dell'andamento della frequenza rispetto alla sensazione di altezza, il glissando più realistico si ottiene utilizzando segmenti di esponenziale.

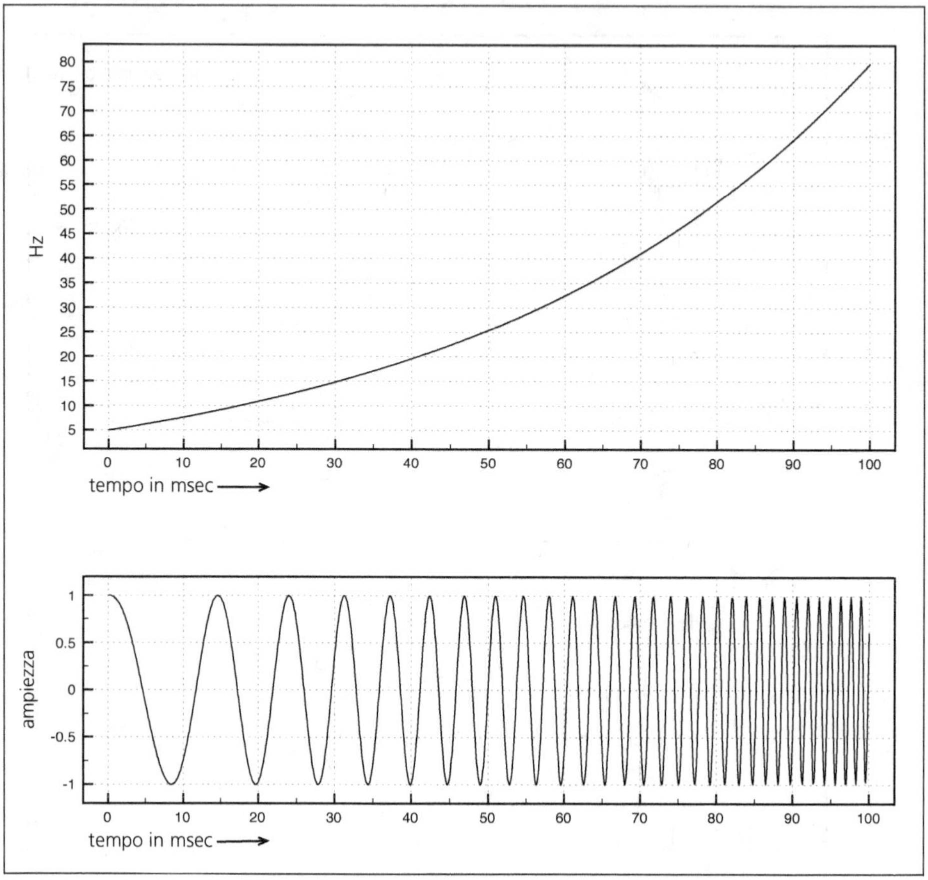

fig. 1.29: glissando ascendente di un suono

ESEMPIO VIDEO 1H • GLISSANDI LINEARI, ESPONENZIALI E LOGARITMICI

DETTAGLI TECNICI • CURVE ESPONENZIALI E LOGARITMICHE

Matematicamente una **curva esponenziale** si definisce come

$y = a^x$

Ovvero per calcolare i valori successivi di y dobbiamo elevare a (un numero positivo costante, chiamato anche base) per valori successivi di x. Facciamo un esempio utilizzando come costante a il numero 2:

$x = 1; \quad y = 2^1 = 2$
$x = 2; \quad y = 2^2 = 4$
$x = 3; \quad y = 2^3 = 8$
$x = 4; \quad y = 2^4 = 16$
$x = 5; \quad y = 2^5 = 32$
$x = 6; \quad y = 2^6 = 64$
$x = 7; \quad y = 2^7 = 128$
$x = 8; \quad y = 2^8 = 256$

Come si può notare l'intervallo tra un punto y e il successivo aumenta (per la precisione in questo caso raddoppia) all'aumentare di x, e il grafico risultante è una curva esponenziale (fig. 1.30).

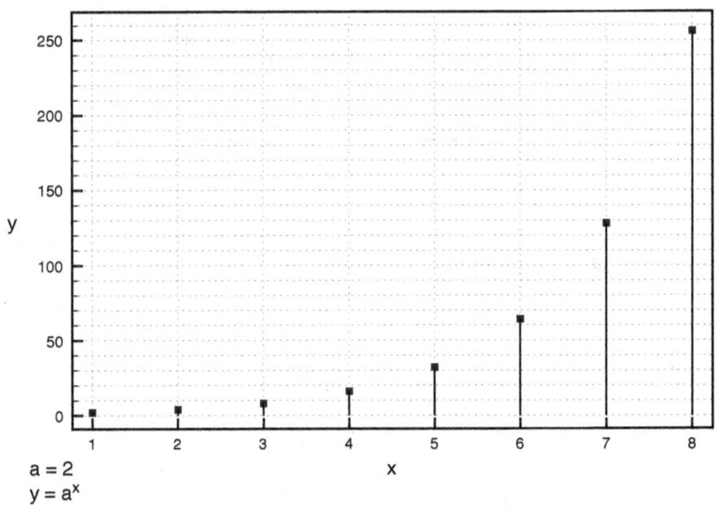

fig. 1.30: sequenza con andamento esponenziale

La **curva logaritmica** si definisce invece come

$y = \log_a x$

Ovvero per ottenere i valori successivi di y dobbiamo calcolare il logaritmo in base a di x.

Utilizzando sempre la costante 2, abbiamo

$x = 1$; $y = \log_2 1 = 0$ (perché $2^0 = 1$)
$x = 2$; $y = \log_2 2 = 1$
$x = 3$; $y = \log_2 3 = 1.585$
$x = 4$; $y = \log_2 4 = 2$
$x = 5$; $y = \log_2 5 = 2.322$
$x = 6$; $y = \log_2 6 = 2.585$
$x = 7$; $y = \log_2 7 = 2.807$
$x = 8$; $y = \log_2 8 = 3$

Come si può notare l'intervallo tra un punto y e il successivo diminuisce[14] all'aumentare di x, e il grafico risultante è una curva logaritmica (fig. 1.31).

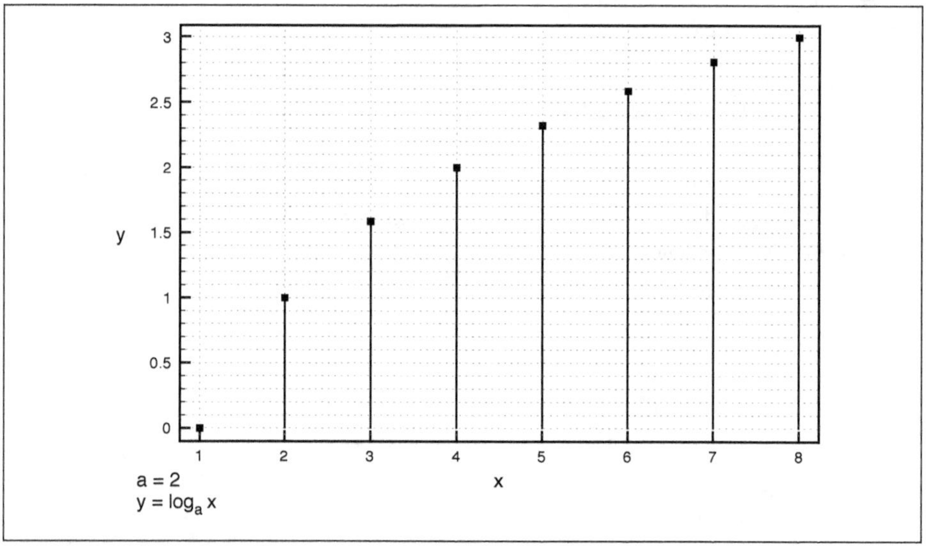

fig. 1.31: sequenza con andamento logaritmico

[14] Infatti la differenza tra il primo e il secondo punto è 1, mentre la differenza tra il settimo e l'ottavo è minore di 0.2.

VERIFICA • TEST A RISPOSTE BREVI (max 30 parole)

1) Che differenza c'è fra la sintesi in tempo differito e l'elaborazione del suono
in tempo reale?

2) Che differenza c'è fra la sintesi in tempo reale e in tempo differito?

3) Di che tipo di conversione bisogna far uso se si vuole campionare un suono?

4) Qual è la sensazione che si associa alla frequenza?

5) Qual è il parametro musicale che corrisponde all'ampiezza?

6) Tra quali frequenze minima e massima si collocano i suoni udibili dall'uomo?

7) Come si misura l'ampiezza?

8) Che differenza c'è fra ampiezza di picco e ampiezza istantanea?

9) Come si chiama la variazione continua dell'altezza di un suono?

10) Come si chiama la variazione dell'ampiezza di un suono nel tempo?

11) Come si chiama il transitorio che va dal silenzio iniziale alla massima ampiezza del suono?

12) Che cos'è il transitorio di estinzione?

13) Cosa avviene durante la fase di sustain?

14) Dopo quale fase dell'inviluppo ha luogo il decay?

15) Nomina quattro tipi di forme d'onda

1.4 RAPPORTO TRA FREQUENZA E INTERVALLO MUSICALE

In questo paragrafo osserveremo la relazione che si stabilisce fra rapporti di frequenza e intervalli musicali.
Ad esempio, se dimezziamo la frequenza di un suono, otterremo lo stesso suono all'ottava inferiore: la frequenza del LA3 è di 440 Hz[15], e quella del LA2, un'ottava sotto, è di 220 Hz. È importante osservare che i rapporti di ottava sono sempre uguali, ma che le differenze di frequenza fra un'ottava e l'altra cambiano: nell'intervallo di ottava appena citato il rapporto era 2/1 (440/220) e la differenza di frequenza è di 220 Hz (440-220). Se abbassiamo di un'ottava la frequenza del LA7 (7040 Hz) raggiungeremo la frequenza del LA6 (3520 Hz). Il rapporto risulterà sempre di 2/1 (7040/3520), ma la differenza di frequenza non sarà più 220, bensì 3520 Hz! L'orecchio umano è in grado di riconoscere gli intervalli fra un suono e un altro, e in questo caso riconoscerà come simili i due intervalli di ottava (basati entrambi su un rapporto di 2/1), ma non sarà in grado di riconoscere quale sia la differenza di frequenza, dato che tale differenza, a parità di rapporto, cambia a seconda della zona frequenziale in cui ci troviamo.
L'ottava è un intervallo utilizzato in tutte le culture musicali, ma gli altri intervalli variano da cultura a cultura: esistono infatti diverse scale musicali a seconda del luogo e del tempo in cui una data musica è stata prodotta. Dall'inizio del Settecento è in uso, nella musica occidentale, una scala chiamata **scala cromatica temperata**: in questo tipo di scala l'ottava è divisa in 12 parti uguali, ciascuna delle quali corrisponde all'intervallo di un semitono temperato. In questo tipo di scala tutti gli intervalli uguali hanno lo stesso rapporto: ad esempio il rapporto di semitono è di 1.059463, ciò significa che se moltiplichiamo la frequenza del DO centrale (261.626 Hz) per 1.059463 otteniamo la frequenza del DO# posto un semitono sopra ($261.626 \cdot 1.059463 = 277.183$ Hz), se poi moltiplichiamo quest'ultima frequenza per lo stesso rapporto otteniamo la frequenza del RE (293.665 Hz) e così via.[16] Se ripetiamo questa moltiplicazione 12 volte otteniamo la nota un'ottava sopra, otteniamo cioè il raddoppio della frequenza (523.252 Hz).
Il rapporto di semitono temperato 1.059463 corrisponde infatti (con una inevitabile approssimazione) a $\sqrt[12]{2}$ (radice dodicesima di due), ovvero al numero che elevato alla dodicesima potenza dà come risultato 2 (il rapporto di ottava). Conoscendo questo dato è quindi possibile trovare le frequenze di tutte le note della scala cromatica temperata.
La tabella C riportata sotto mostra un elenco delle corrispondenze fra frequenze e altezze del sistema temperato espresse in codifica MIDI. La codifica MIDI assegna al DO3 (il DO centrale) il valore 60, e procede in senso ascendente incrementando il valore di una unità ad ogni semitono (DO#3 = 61, RE3 = 62 etc.) e in senso discendente diminuendo il valore di una unità ad ogni semitono (SI2 = 59, Sib2 = 58, etc.).

[15] LA3 significa "il LA della terza ottava". Si tratta di una numerazione convenzionale delle ottave abbastanza diffusa ma non universale. Altre fonti potrebbero indicare il LA a 440 Hz come LA4.
[16] Ovviamente dividendo una frequenza per 1.059463 si ottiene la nota posta un semitono sotto.

Ottave in MIDI	0	1	2	3
Altezze in MIDI	da 24 (DO) a 35 (SI)	da 36 (DO) a 47 (SI)	da 48 (DO) a 59 (SI)	da 60 (DO) a 71 (SI)
DO	32.7032	65.4064	130.8128	261.6256
DO#	34.6478	69.2957	138.5913	277.1826
RE	36.7081	73.4162	146.8324	293.6648
RE#	38.8909	77.7817	155.5635	311.1270
MI	41.2034	82.4069	164.8138	329.6276
FA	43.6535	87.3071	174.6141	349.2282
FA#	46.2493	92.4986	184.9972	369.9944
SOL	48.9994	97.9989	195.9977	391.9954
SOL#	51.9131	103.8262	207.6523	415.3047
LA	55.0000	110.0000	220.0000	440.0000
LA#	58.2705	116.5409	233.0819	466.1638
SI	61.7354	123.4708	246.9417	493.8833

Ottave in MIDI	4	5	6	7
Altezze in MIDI	da 72 (DO) a 83 (SI)	da 84 (DO) a 95 (SI)	da 96 (DO) a 107 (SI)	da 108 (DO) a 119 (SI)
DO	523.2511	1046.5023	2093.0045	4186.0090
DO#	554.3653	1108.7305	2217.4610	4434.9221
RE	587.3295	1174.6591	2349.3181	4698.6363
RE#	622.2540	1244.5079	2489.0159	4978.0317
MI	659.2551	1318.5102	2637.0205	5274.0409
FA	698.4565	1396.9129	2793.8259	5587.6517
FA#	739.9888	1479.9777	2959.9554	5919.9108
SOL	783.9909	1567.9817	3135.9635	6271.9270
SOL#	830.6094	1661.2188	3322.4376	6644.8752
LA	880.0000	1760.0000	3520.0000	7040.0000
LA#	932.3275	1864.6550	3729.3101	7458.6202
SI	987.7666	1975.5332	3951.0664	7902.1328

TABELLA C: corrispondenza valori di nota MIDI-frequenza

Questo genere di scala cromatica temperata è detta equabile, perché il rapporto di frequenza fra i vari gradi di questo tipo di scala è costante. È possibile costruire scale a temperamento equabile diverse da questa, ad esempio con divisione dell'ottava per 24 (o qualsiasi altro numero) anziché per 12.
Quando utilizziamo una scala diversa da quella equabile ogni intervallo sarà basato su un un rapporto di frequenza differente. In tabella D possiamo notare le differenze (per quanto riguarda i rapporti) fra scala temperata e scala naturale.[17]
Consideriamo la scala a temperamento equabile, e dividiamo il rapporto di una qualsiasi nota per quella antecedente - ad esempio quello del FA (1.334840) diviso quello del MI (1.259921) - avremo sempre lo stesso rapporto che c'è fra il DO# e il DO (cioè 1.059463) di quella scala.
Ciò non avviene nella relazione fra i semitoni della scala naturale: dividiamo il rapporto del FA della scala naturale (1.3333) per quello del MI (1.25) e troveremo un rapporto diverso (1.0667) rispetto a quello che c'è fra il DO# e il DO (1.0417).
Con riferimento alla tabella D, nella seconda colonna viene dato il rapporto che ogni nota ha con la prima nota della scala temperata. Nella terza colonna abbiamo il rapporto tra ogni nota e la nota precedente nella scala temperata, e si vede che questo è sempre lo stesso; nella quarta colonna viene dato (anche sotto forma di frazione) il rapporto che ogni nota ha con la prima nota della scala naturale; nella quinta colonna abbiamo il rapporto tra due note successive nella scala naturale, e come abbiamo già detto questo rapporto cambia continuamente.

NOTA	frequenze temperate	rapporti scala temperata	frequenze naturali	rapporti scala naturale
DO	1.0		1.0 (1/1)	
DO#	1.059463	1.059463	1.0417 (25/24)	1.0417
RE	1.122462	1.059463	1.125(9/8)	1.08
MIb	1.189207	1.059463	1.2 (6/5)	1.0667
MI	1.259921	1.059463	1.25 (5/4)	1.0417
FA	1.334840	1.059463	1.3333 (4/3)	1.0667
FA#	1.414214	1.059463	1.3889 (25/18)	1.0417
SOL	1.498307	1.059463	1.5 (3/2)	1.08
SOL#	1.587401	1.059463	1.5625 (25/16)	1.0417
LA	1.681793	1.059463	1.6667 (5/3)	1.0667
SIb	1.781797	1.059463	1.8 (9/5)	1.08
SI	1.887749	1.059463	1.875 (15/8)	1.0417
DO (ottava sup.)	2.0	1.059463	2.0 (2/1)	1.0667

TABELLA D: rapporti tra le frequenze nella scala temperata e in quella naturale

[17] La scala naturale è formata da rapporti derivati dalle componenti armoniche di un suono fondamentale (sul concetto di componenti armoniche vedi. par. 2.1).

È interessante notare che dal punto di vista psicoacustico la sensazione di altezza non segue esattamente le stesse regole nelle diverse zone di frequenza: ad esempio un rapporto di 2/1 al di sotto dei 600 Hz viene percepito come un'ottava leggermente crescente; viceversa al di sopra dei 600 Hz viene avvertito come un'ottava leggermente calante. Più ci si allontana verso il grave o verso l'acuto dalla frequenza di 600 Hz più questo tipo di sensazione si accentua.

1.5 CENNI SULLA GESTIONE DEI SUONI CAMPIONATI

LA DIGITALIZZAZIONE DEL SUONO

Abbiamo parlato all'inizio della digitalizzazione (**o conversione analogico-digitale**) del segnale sonoro, ovvero della trasformazione di un suono in una sequenza di numeri.
Ciò avviene mediante il **convertitore** AD-DA (analogico-digitale e digitale-analogico) presente, in genere, nelle schede audio. Nel capitolo 5 torneremo sull'argomento in maniera approfondita, qui intanto diamo alcune informazioni che ci possono essere utili per capire alcuni dei concetti che seguiranno.
Il computer memorizza i suoni sotto forma di sequenze di numeri: questi numeri sono la rappresentazione, istante per istante, del suono memorizzato. In pratica, la conversione analogico-digitale di un suono può essere considerata come una sequenza di "fotografie" del suono stesso scattate a intervalli regolari; ciascuna fotografia corrisponde a un numero. Il processo inverso, cioè la **conversione digitale/analogica**, consiste nel ritrasformare questa sequenza di numeri in un suono udibile (vedi fig. 1.32).

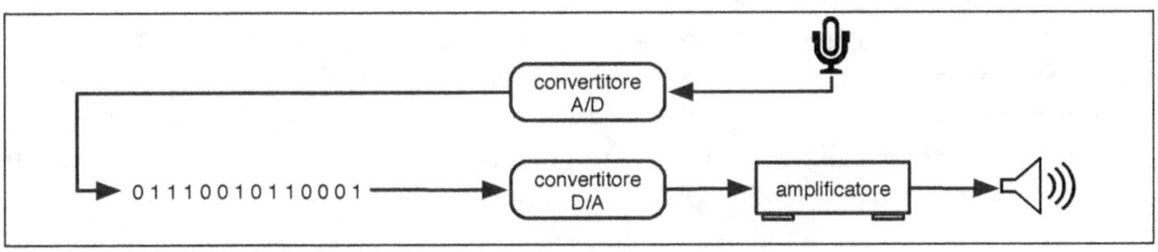

fig. 1.32: conversione analogico-digitale e digitale-analogica

La registrazione digitale di un suono si chiama anche **campionamento**: questa operazione genera una serie di numeri ciascuno dei quali rappresenta un campione[18], cioè una misurazione dell'ampiezza del segnale analogico in un dato istante di tempo. Il processo di digitalizzazione deve avvenire a intervalli regolari, e il numero di "fotografie" che vengono realizzate in un secondo viene definito **frequenza di campionamento**.
Facciamo un parallelo con il cinema: probabilmente saprete che per visualizzare un filmato fluido, che non proceda a scatti, si utilizzano 24 fotogrammi al secondo. In altre parole tra un fotogramma e l'altro c'è una distanza temporale di 1/24

[18] Come vedremo nel capitolo 5 la digitalizzazione di un suono in realtà passa attraverso due fasi: il campionamento e la quantizzazione dei campioni; ma abbiamo deciso di semplificare qui il discorso per non appesantire la trattazione.

di secondo, ovvero di 0.0417 secondi circa: la successione di questi fotogrammi (ciascuno dei quali rappresenta una scena fissa) genera le immagini in movimento. In un Compact Disc ci sono 44100 campioni per un secondo di musica. La distanza temporale tra un campione e il successivo è quindi di 1/44100 di secondo, ovvero di 0.000023 secondi circa. Anche in questo caso una successione di numeri "fissi" genera un movimento, che è quello della forma d'onda, che rappresenta l'alternarsi di fasi di espansione e di compressione delle particelle d'aria.
Più alta è la frequenza di campionamento, migliore è la qualità del suono memorizzato: la tecnologia del Compact Disc risale ai primi anni '80 del secolo scorso, e oggi si lavora spesso con frequenze di campionamento superiori, di 96000 o 192000 campioni al secondo.
Va distinto, per chiarezza, il concetto di frequenza di campionamento rispetto alla frequenza di un'onda sonora. Nel caso dell'onda sonora la frequenza si riferisce al numero di oscillazioni al secondo, e ciascuna oscillazione è composta, digitalmente, da un certo numero di campioni; la frequenza di campionamento definisce invece il numero di campioni al secondo (e non le oscillazioni complete), gli "atomi" digitali, per così dire. La lingua inglese sottolinea questa differenza, chiamando frequency la frequenza di un'onda sonora, e rate la frequenza di campionamento (**sample rate**): un equivalente in italiano (usato raramente) è tasso di campionamento. Tratteremo in modo approfondito questi temi nel cap.5.

Come abbiamo accennato, oltre ai suoni realizzati con la sintesi è possibile registrare digitalmente (campionare) un suono proveniente da una sorgente esterna e memorizzarlo su disco.
Esistono differenti formati per la codifica dell'audio, fra cui:
- i formati senza compressione dei dati (uncompressed audio format);
- i formati che utilizzano una compressione di dati lossless (cioè senza perdita di informazione) come il FLAC, il lossless WMA e l'Apple Lossless;
- i formati che utilizzano una compressione lossy (cioè con perdita di informazione) come MP3, AAC, Ogg Vorbis e lossy WMA

Tra i formati non compressi, troviamo WAV, AIFF e BWF. Il formato wave (WAV) prevede un'intestazione (header), che contiene, fra l'altro, dati relativi all'identificazione, alla frequenza di campionamento, al numero di canali, al numero di bit per campione, e alla lunghezza dello spezzone di dati audio.
Il formato AIFF (Audio Interchange File Format, formato per lo scambio di file audio) contiene dati analoghi.
È comunque sempre possibile convertire, con appositi programmi, un sound file da uno standard all'altro. Molti editor di file audio inoltre sono in grado di leggere e salvare file audio in formati diversi.
Un file audio può essere monofonico, stereofonico o multicanale. Il file audio monofonico contiene una sola sequenza digitale che codifica la forma d'onda. Il file stereofonico invece contiene due sequenze digitali che vengono convertite parallelamente, rispettivamente per il canale sinistro e il canale destro di una coppia di altoparlanti o di una cuffia. Il file multicanale, infine, contiene un numero variabile di sequenze (in genere da 4 a 8) che vengono inviate ad altrettanti altoparlanti: ne parleremo più approfonditamente nel capitolo 5.

1.6 CENNI SUL PANNING

Con il termine **panning** si intende il collocamento del suono in una determinata posizione spaziale su due o più canali. Se abbiamo un segnale sonoro mono e un'uscita stereo possiamo, ad esempio, posizionare il suono completamente sul monitor di sinistra: per fare ciò il 100% del segnale sarà mandato sul canale sinistro e avremo un'ampiezza nulla sul canale destro; viceversa, se vogliamo ascoltare il suono completamente a destra tutto il segnale verrà mandato sul canale destro e il canale sinistro non riceverà alcun segnale. Per ottenere ciò, basterà realizzare un algoritmo in cui la misurazione della posizione sarà data da un valore, che chiameremo *X*, che può essere compreso fra 0 e 1. Se *X* è uguale a 0 il 100% dell'ampiezza del suono sarà sul canale sinistro, se *X* è uguale a 0.5 avremo il suono al centro, se *X* è uguale a 1 il 100% dell'ampiezza del suono uscirà dal canale destro. In questo modo, mediante un solo valore, possiamo regolare il balance, cioè il bilanciamento dell'ampiezza del segnale in uscita dal canale sinistro rispetto a quella del canale destro.
La procedura per controllare il panning o balance mediante un solo valore consiste nel modificare l'ampiezza dei segnali dei due canali mediante un fattore di moltiplicazione che sia inversamente proporzionale per un canale rispetto all'altro.

Ad esempio, se chiamiamo *A* l'ampiezza del suono monofonico, e *X* il valore relativo alla misurazione della posizione da 0 a 1 potremmo:

- moltiplicare $A \cdot (1\text{-}X)$ e mandare il segnale risultante al canale sinistro;

- moltiplicare $A \cdot X$ e mandare il segnale risultante al canale destro.

In questo modo, se desideriamo avere il 100% dell'ampiezza a sinistra e nessun segnale a destra, basterà assegnare a *X* il valore 0 e avremo in uscita:

CANALE SINISTRO
A · (1-0) = A · 1 = A

CANALE DESTRO
A · 0 = 0

Viceversa, se desideriamo avere il 100% dell'ampiezza a destra e nessun segnale a sinistra, basterà assegnare a *X* il valore 1 e avremo in uscita:

CANALE SINISTRO
A · (1-1) = A · 0 = 0

CANALE DESTRO
A · 1 = A

Ricapitolando, il fattore di moltiplicazione per il canale destro sarà 1 e il fattore per il canale sinistro sarà 0.

Fin qui tutto semplice. La logica, a prima vista, direbbe che se vogliamo percepire il suono al centro potremmo mandare il 50% del segnale a sinistra e il 50% a destra e semplicemente utilizzare un valore di $X = 0.5$. Infatti lavorando con un mixer ciò che noi facciamo quando usiamo il controllo del balance chiamato anche pan-pot è di posizionarlo al centro: il suono si diffonderà in pari misura dal monitor sinistro e da quello destro. In realtà le cose sono leggermente più complesse, e i progettisti di mixer tengono conto di tale complessità. Vediamo di cosa si tratta: se mandiamo il 50% del segnale a sinistra e il 50% a destra in un algoritmo con un segnale mono e un'uscita stereo, ascoltando con attenzione possiamo notare come il segnale, quando si trova al centro, risulti al nostro orecchio di intensità più bassa di quando si trova completamente a sinistra o a destra.
Per spiegare questo fenomeno è necessario chiarire i concetti di potenza del segnale e intensità del segnale in relazione all'ampiezza:

- la **potenza** del segnale è l'energia totale di un segnale sonoro misurata alla sorgente.
- l'**intensità** (che finora abbiamo genericamente indicato come un parametro legato all'ampiezza) è l'energia trasmessa da un'onda sonora che attraversa una data area in una data unità di tempo.

Se, ad esempio, consideriamo la potenza di un segnale emesso da una sorgente e misuriamo l'intensità di quel segnale all'arrivo nella zona dove si trova l'ascoltatore, noteremo che all'aumentare della potenza avremo un aumento proporzionale dell'intensità.
La potenza di un segnale a sua volta è proporzionale al quadrato dell'ampiezza. Ciò vuol dire che se raddoppiamo l'ampiezza di un segnale ne quadruplicheremo la potenza, e se dimezziamo l'ampiezza di un segnale ne ridurremo la potenza a un quarto.
Poniamo ad esempio il caso in cui abbiamo un'unica sorgente sonora (come nel caso che il segnale provenga solo dal canale sinistro o solo dal destro) e in cui l'ampiezza (A) sia uguale a 1: per ottenere il valore della potenza (P) dovremo elevare al quadrato il valore dell'ampiezza, quindi nel caso A=1 si avrà

$$\mathbf{P = 1^2 = 1}$$

Poniamo invece il caso in cui le sorgenti sonore siano due, una a sinistra e una a destra, e poniamo che per ognuna delle due sorgenti (che chiameremo left e right) si abbia un'ampiezza pari a 0.5, otterremo il seguente risultato:

$$\mathbf{P_{left} = A_{left}^2 = 0.5^2 = 0.25}$$
$$\mathbf{P_{right} = A_{right}^2 = 0.5^2 = 0.25}$$

Se sommiamo la potenza delle due sorgenti otterremo la seguente potenza totale:

$$\mathbf{P_{tot} = P_{left} + P_{right} = 0.25 + 0.25 = 0.5}$$

Da queste formule deduciamo che la potenza totale, nel caso in cui le sorgenti sonore siano due, sarà pari alla metà della potenza che abbiamo ottenuto quando la sorgente era singola.
Vi sono diverse possibili soluzioni a questo problema: una delle più semplici, formulata da Dodge e Jerse (1997, p.217) è di calcolare le radici quadrate dei fattori di moltiplicazione dell'ampiezza dei due canali, sinistro e destro e di utilizzare queste come valori dei fattori di moltiplicazione.

Ad esempio se vogliamo un suono al centro, cioè se la misurazione della posizione di $X = 0.5$ dovremo utilizzare come fattore di moltiplicazione non già X ma la radice quadrata di X, cioè la radice quadrata di 0.5 che è uguale a 0.707.
In questo caso si avrebbe infatti:

$$\mathbf{P_{left} = A_{left}^2 = 0.707^2 = 0.5}$$
$$\mathbf{P_{right} = A_{right}^2 = 0.707^2 = 0.5}$$

Se sommiamo la potenza delle due sorgenti otterremo la seguente potenza totale:

$$\mathbf{P_{tot} = P_{left} + P_{right} = 0.5 + 0.5 = 1}$$

Per ottenere una potenza omogenea su tutto il fronte stereofonico, utilizzeremo quindi, nei fattori di moltiplicazione, non più X, ma le radici quadrate di X, cioè dei valori della posizione fra 0 e 1 di ciascuno dei due canali. Il fattore del canale sinistro sarà la radice quadrata di 1-X, il fattore del canale destro la radice quadrata di X:

CANALE SINISTRO
A · radice quadrata di (1-*X*)

CANALE DESTRO
A · radice quadrata di *X*

ESEMPI:

SUONO AL CENTRO

Se desideriamo avere il suono al centro, cioè il 50% della potenza del suono a sinistra e il 50% a destra, basterà assegnare a X il valore 0.5 e avremo in uscita:

CANALE SINISTRO
$A \cdot$ radice quadrata di (1-0.5) = $A \cdot$ radice quadrata di 0.5 = $A \cdot 0.707$

CANALE DESTRO
$A \cdot$ radice quadrata di 0.5 = $A \cdot 0.707$

SUONO A DESTRA

Se invece desideriamo avere il 100% della potenza a destra e nessun segnale a sinistra, basterà assegnare a *X* il valore 1 e avremo in uscita:

CANALE SINISTRO
A · radice quadrata di (1-1) = *A* · radice quadrata di 0 = 0

CANALE DESTRO
A · radice quadrata di 1 = *A* · 1 = A

SUONO A SINISTRA

Se desideriamo avere il 100% della potenza a sinistra e nessun segnale a destra, basterà assegnare a *X* il valore 0 e avremo in uscita:

CANALE SINISTRO
A · radice quadrata di (1-0) = *A* · radice quadrata di 1 = *A* · 1 = A

CANALE DESTRO
A · radice quadrata di 0 = *A* · 0 = 0

SUONO CON X = 0.25

Se desideriamo avere il 25% della potenza a destra e 75% a sinistra, basterà assegnare a *X* il valore 0.25 e avremo in uscita:

CANALE SINISTRO
A · radice quadrata di (1 - 0.25) = *A* · radice quadrata di 0.75 = *A* · 0.866

CANALE DESTRO
A · radice quadrata di 0.25 = *A* · 0.5

Vedremo nelle applicazioni pratiche come utilizzare segmenti di retta anche al *panning*, una specie di inviluppo del posizionamento del suono nello spazio stereo, in modo simile a come abbiamo creato inviluppi d'ampiezza e di frequenza.

VERIFICA • TEST CON ASCOLTO E ANALISI

Nell'esempio sonoro AA1.1 l'ampiezza e la frequenza sono entrambe fisse o mutano?

Nell'esempio sonoro AA1.2 l'ampiezza e la frequenza sono entrambe fisse o mutano?

Nell'esempio sonoro AA1.3 l'ampiezza e la frequenza sono entrambe fisse o mutano?

Da quali fasi dell'inviluppo è costituito il suono dell'esempio sonoro AA1.1?

Da quali fasi dell'inviluppo è costituito il suono dell'esempio sonoro AA1.2?

Da quali fasi dell'inviluppo è costituito il suono dell'esempio sonoro AA1.3?

In quale o quali dei tre esempi è presente un glissando discendente?

CONCETTI DI BASE

1) La **sintesi del suono** (sound synthesis) si riferisce alla produzione elettronica di un suono in cui non viene utilizzata alcuna sorgente sonora iniziale.

2) L'**elaborazione del suono**, o del segnale, (signal processing) si riferisce ai processi utilizzati per modificare un suono già esistente.

3) Le **caratteristiche di un suono** dipendono principalmente da tre parametri fondamentali: frequenza, ampiezza e forma d'onda. A ciascuno di questi parametri corrisponde una sensazione soggettiva che, al contrario dei parametri, non è misurabile fisicamente.

4) La gamma delle **frequenze udibili** dall'uomo si estende da circa 20 a circa 20000 Hertz. Al di sotto della minima frequenza percepibile si hanno gli infrasuoni, al di sopra di quella massima, si hanno gli ultrasuoni.

5) La pressione sonora più debole che l'orecchio umano è in grado di percepire si dice **soglia inferiore di udibilità**, mentre la pressione sonora oltre la quale un suono diventa insopportabile per un ascoltatore umano si dice **soglia del dolore**.

6) Il **timbro** è un attributo del suono che ci consente di acquisire informazioni sulle caratteristiche della sorgente sonora: per esempio, di distinguere due note della stessa frequenza e della stessa ampiezza emesse una da un

flauto e una da un violino. Una delle caratteristiche più importanti per la definizione del timbro è la forma d'onda.

7) La **sinusoide** è l'unica forma d'onda che contiene una sola frequenza. È il mattone fondamentale con cui è possibile costruire ogni altra forma d'onda. Tutte le altre forme d'onda contengono più frequenze e possono per questo essere scomposte in una serie di sinusoidi.

8) La linea ideale che congiunge i picchi positivi della forma d'onda di un suono si chiama **inviluppo** dell'onda. Esso rappresenta al macro-livello l'evoluzione nel tempo dell'ampiezza di un suono. Le parti fondamentali (non necessariamente tutte presenti in un suono) di un inviluppo sono: attacco (attack), decadimento (decay), costanza (sustain), estinzione (release).

9) Il **glissando** è una variazione continua della frequenza del suono nel tempo (all'interno dello stesso evento sonoro): può avere una direzione sia discendente sia ascendente o combinazioni delle due direzioni.

10) **La corrispondenza tra frequenza e intervallo musicale** percepito non è lineare; l'orecchio non è sensibile alle differenze di frequenza, ma ai loro rapporti.

GLOSSARIO

Algoritmo
Procedimento che comporta una serie ordinata di istruzioni elementari per ottenere un risultato.

Ampiezza
Parametro fisico che esprime la variazione della pressione rispetto al valore di pressione normale.

Ampiezza di picco
Il massimo valore della pressione in una determinata onda sonora.

Ampiezza istantanea
Il valore della pressione rilevato in un punto qualsiasi di un'onda sonora.

Andamento esponenziale
Andamento caratterizzato da un incremento via via crescente tra i punti successivi. Si presenta come una curva ascendente che diventa sempre più ripida.

Andamento lineare
Andamento caratterizzato da un incremento costante tra i punti successivi. Si presenta come un segmento di retta.

Andamento logaritmico
Andamento caratterizzato da un incremento via via decrescente tra i punti successivi. Si presenta come una curva ascendente che diventa sempre più piatta.

Attacco (Attack)
Transitorio dell'inviluppo in cui l'ampiezza gradualmente varia da zero al massimo.

Campionamento
Registrazione digitale del suono, basata su alcuni limiti predefiniti, quali la frequenza di campionamento, il numero di bit, il numero di canali etc.

Ciclo
Porzione, che si ripete nel tempo, di un'onda sonora.

Conversione digitale-analogica (DA)
Conversione di un segnale digitale (ovvero di una sequenza di valori numerici) in un segnale analogico (ad esempio un segnale elettrico). I valori digitali vengono trasformati in maggiore o minore tensione elettrica. Quando il segnale elettrico viene inviato ad un altoparlante può essere trasformato in suono udibile.

Conversione analogico-digitale (AD)
Conversione di un segnale analogico (ad esempio un suono trasformato in segnale elettrico) in valori numerici che rappresentano digitalmente il segnale stesso (nel caso del suono ad esempio rappresenta la maggiore o minore compressione dell'aria).

Convertitore AD-DA
Hardware dedicato alla conversione di segnali da analogico a digitale (AD) e da digitale ad analogico (DA).

Curva esponenziale
Vedi andamento esponenziale.

Curva logaritmica
Vedi andamento logaritmico.

Curve isofone
Curve delle pressioni sonore (lungo lo spettro delle frequenze) necessarie per produrre in un ascoltatore una sensazione sonora costante. L'unità di misura per la sensazione sonora è il *phon*.

dBFS
Il termine dB significa decibel mentre FS è un acronimo che sta a indicare il termine inglese *Full Scale* (fondo scala). Il dBFS è un'unità di misura logaritmica che esprime il rapporto fra la pressione sonora in un dato istante e un livello di pressione di riferimento. Nell'audio digitale, in genere, il livello di riferimento è 0 dBFS: si pone a 0 dBFS il massimo livello di pressione riproducibile (corrispondente alla massima ampiezza), mentre i valori inferiori sono indicati con un numero negativo.

DSP
Acronimo che sta per Digital Signal Processing (Elaborazione Digitale del Segnale).

Decay (Decadimento)
Transitorio dell'inviluppo in cui l'ampiezza diminuisce fino a un certo livello, (ad esempio fino al livello del sustain, di un release o di un'aumento dell'ampiezza).

Decibel (dB)
Unità di misura logaritmica utilizzata in genere per misurare l'intensità di un suono in relazione ad un livello di riferimento.

Duty cycle
Parametro che esprime il rapporto fra la porzione positiva e la porzione negativa di un'onda, tipicamente un'onda quadra.

Elaborazione del suono (signal processing)
Insieme di processi (digitali o analogici) applicati ad un suono preesistente per modificarne le caratteristiche.

Fase
La posizione in cui si trova il ciclo di un'onda in un determinato istante relativo a un punto di riferimento .

Forma d'onda
Rappresentazione grafica dettagliata del livello di pressione sonora di un segnale nel dominio del tempo.

Frequenza
Parametro fisico da cui dipende l'altezza del suono. Si misura in Hertz, o cicli al secondo.

Frequenza di campionamento (Sample rate)
Il numero di campioni al secondo con il quale un segnale analogico viene misurato e memorizzato in forma digitale.
Si misura in Hz.

Glissando
Variazione continua della frequenza di un suono nel tempo.

Intensità
Energia trasmessa da un'onda sonora che attraversa una data area in una data unità di tempo.

Inviluppo
Contorno o profilo che rappresenta l'andamento nel tempo dell'ampiezza di un suono.

Non real-time
Vedi tempo differito.

Onde bipolari
Onde che presentano nella loro forma una parte positiva (sopra la linea dello 0, corrispondente alla compressione delle particelle) e una negativa (sotto la linea dello 0, corrispondente all'espansione delle particelle).

Onde unipolari
Onde le cui ampiezze istantanee si trovano tutte al di sopra (o al di sotto) della linea dello 0.

Oscillatore
Congegno elettroacustico, simulabile al computer, che può generare segnali con specifiche forme d'onda.

Panning
Collocamento e/o movimento del suono in una determinata posizione spaziale su due o più canali.

Periodo
Tempo necessario al completamento di un ciclo di un'onda sonora.

Phon
Unità di misura del livello di intensità percepita.

Potenza
Energia totale di un segnale sonoro misurata alla sorgente.

Real-time
Vedi tempo reale.

Release (Estinzione)
Transitorio dell'inviluppo in cui l'ampiezza gradualmente diminuisce fino a zero.

Scheda audio (Audio card)
Convertitore AD-DA di segnali audio.

Signal processing
Vedi elaborazione del suono.

Sintesi del suono
Generazione elettronica di un suono. In pratica si tratta della possibilità di creare un suono sulla base di alcuni parametri scelti in funzione del risultato sonoro che si vuole ottenere.

Sinusoide e Cosinusoide
Uniche forme d'onda che contengono una sola frequenza. La forma della sinusoide è la rappresentazione grafica della funzione trigonometrica seno. Quella della cosinusoide è la rappresentazione grafica della funzione coseno.

Sistema DSP
L'insieme delle risorse hardware e software (scheda audio, linguaggio di programmazione etc.) che ci permette di elaborare e/o sintetizzare digitalmente un suono (o segnale).

Soglia del dolore
Pressione sonora massima che un ascoltatore umano può sopportare.

Soglia inferiore di udibilità
Pressione sonora più debole che l'orecchio umano è in grado di percepire.

Sustain (Costanza)
Parte dell'inviluppo in cui l'ampiezza si mantiene pressapoco costante.

Tasso di campionamento (Sample rate)
Vedi frequenza di campionamento.

Tempo differito (Sintesi/Elaborazione in)
Sintesi/elaborazione i cui calcoli sono effettuati senza che venga necessariamente determinata la velocità di risposta del sistema. Nella sintesi/elaborazione in tempo differito i dati che rappresentano un suono vengono salvati in un file audio e solo successivamente il suono potrà essere ascoltato.

Tempo reale (Sintesi/Elaborazione in)
Sintesi/elaborazione i cui calcoli sono effettuati determinando anche la velocità di risposta del sistema. Nella sintesi/elaborazione in tempo reale il flusso dei dati va direttamente alla scheda e il suono può essere ascoltato nello stesso tempo in cui viene generato (o con ritardi minimi).

UN PO' DI STORIA • www.virtual-sound.com/cmsupport

leggi file "storia_linguaggi_sintesi.pdf" (R. Bianchini)
"linguaggi_programmazione_computer_music.pdf" (M. Giri)

1P
SINTESI DEL SUONO CON MAX

CONTRATTO FORMATIVO

PREREQUISITI PER IL CAPITOLO

- Conoscenze di base degli strumenti informatici (operazioni base, gestione delle cartelle, scheda audio, etc.)
- Conoscenza minima della teoria musicale (toni, semitoni, ottave, tempi etc.)
- Contenuti del Cap. 1 della parte di teoria (si consiglia di studiare un capitolo per volta, affrontando prima la teoria e poi la pratica con Max)

OBIETTIVI

Abilità

- Saper utilizzare tutte le funzioni di base del software Max
- Saper sintetizzare suoni in sequenza e in sovrapposizione utilizzando oscillatori sinusoidali, ad onda quadra, triangolare o dente di sega
- Saper controllare in modo continuo l'ampiezza, la frequenza e la spazializzazione stereofonica di un suono (uso di spezzate di retta e di esponenziale per glissandi, inviluppi d'ampiezza e movimento del suono nello spazio stereo)
- Saper generare sequenze casuali di suoni sintetizzati
- Saper gestire l'utilizzo elementare dei suoni campionati

Competenze

- Saper realizzare un primo studio sonoro di due minuti basato sulle tecniche acquisite e memorizzarlo su file audio

CONTENUTI

- Sintesi ed elaborazione del suono al computer
- Timbro, altezza e intensità di un suono
- Glissando e inviluppo d'ampiezza
- Rapporti tra frequenze, altezze e codifiche MIDI
- Uso di suoni campionati (cenni)

TEMPI - Cap. 1 (Teoria e Pratica) + Interludio A

Autodidatti

Per 300 ore globali di studio individuale (vol. I, teoria e pratica): ca. 100 ore

Corsi

Per un corso globale di 60 ore in classe + 120 di studio individuale (vol. I, teoria e pratica): ca. 16 ore frontali + 4 di feedback - ca. 40 di studio individuale

ATTIVITÀ

- sostituzione di parti di algoritmi, correzione, completamento e analisi di algoritmi, costruzione di nuovi algoritmi

VERIFICHE

- Compiti unitari di Reverse Engineering

SUSSIDI DIDATTICI

- Lista comandi principali Max - Lista oggetti Max - Lista messaggi, attributi e parametri per oggetti Max specifici - Glossario

1.1 PRIMI PASSI CON MAX

Per procedere nella lettura di questo capitolo è necessario aver installato correttamente Max nel proprio computer. Se non l'avete fatto, potete scaricare l'applicazione nel sito http://www.cycling.74.com. Sarà inoltre necessario scaricare il materiale di supporto che trovate nel sito http://www.virtual-sound.com/cmsupport. Vi raccomandiamo in particolare di installare la libreria *Virtual Sound Macros*: seguite la procedura di installazione che trovate allo stesso indirizzo.

Lanciamo il programma Max e selezioniamo dal menù File la voce *New Patcher* (oppure digitiamo <Mac: Command–n> <Win: Control–n>)[1]: apparirà una finestra, la **Patcher Window** nella quale possiamo cominciare ad assemblare il nostro primo algoritmo Max. Prima di procedere, notate che la *Patcher Window* presenta una cornice scura contenente diverse icone (vedi fig. 1.1). I quattro lati della cornice sono denominati *Toolbar* e spiegheremo la funzione delle varie icone via via che ci serviranno.

fig.1.1: La *Patcher Window*

Cominciamo subito con la *Toolbar* superiore: le icone che contiene rappresentano gli oggetti Max che abbiamo a disposizione per costruire una "macchina virtuale", o algoritmo di sintesi e/o elaborazione del suono. Gli oggetti Max sono infatti collegabili tra loro. Il flusso di informazioni (dati, numeri, segnali digitali...) passa da un oggetto all'altro attraverso questi collegamenti.

---

[1] Ovvero con Mac OS X teniamo pigiato il tasto Command (⌘) e digitiamo "n" e con Windows teniamo pigiato il tasto Control e digitiamo "n".

Ogni oggetto esegue un'operazione specifica sulle informazioni che riceve, e passa il risultato dell'elaborazione agli oggetti a cui è collegato.
Un insieme di oggetti collegati che svolge una determinata funzione si chiama **patch** (con riferimento ai sintetizzatori analogici modulari che vengono programmati con connessioni fisiche effettuate tramite cavi chiamati **patch cords**).
Cominciamo ora a realizzare la nostra prima *patch*. Se fate clic sulla prima icona a sinistra della *Toolbar* superiore, apparirà un oggetto grafico all'interno della *Patcher Window* (vedi fig. 1.2).

fig.1.2: l'*object box*

Questo è l'oggetto generico di Max e si chiama **object box**: è l'oggetto che useremo più spesso e la funzione che svolge dipende dal nome che gli diamo, cioè dalla stringa[2] che scriviamo al suo interno.
Vediamo innanzitutto come si crea un oscillatore sinusoidale. Proviamo a scrivere la parola "cycle~" all'interno dell'*object box*. Notate che, non appena cominciamo a scrivere, appare un menù che elenca tutti gli oggetti il cui nome o la cui descrizione contiene i caratteri che abbiamo digitato: questa utilissima funzione si chiama **autocompletion** (vedi figura 1.3).

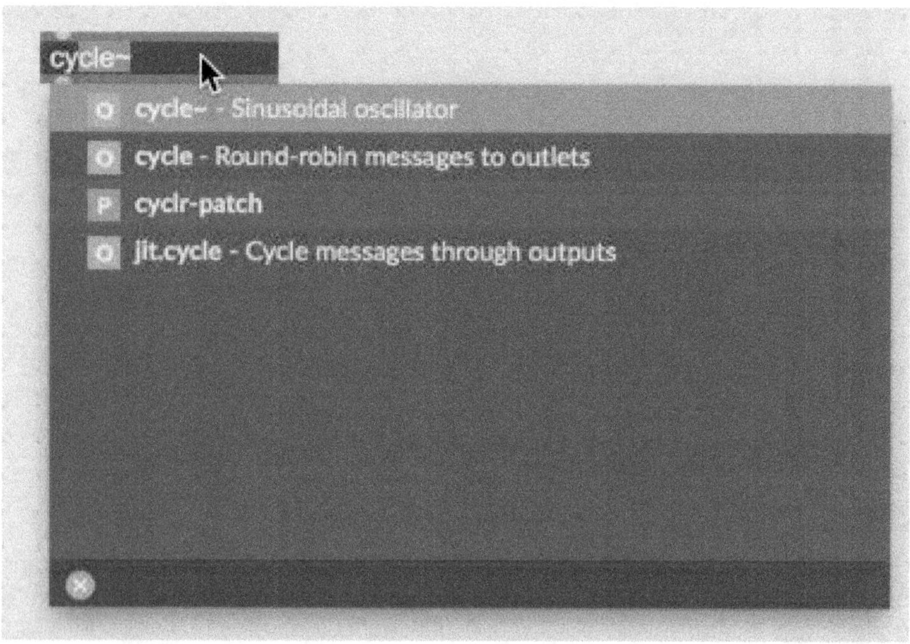

fig.1.3: il menù di *autocompletion*

2 Per "stringa" intendiamo una sequenza di caratteri alfabetici e numerici: ad esempio "print", "salve" e "comma22" sono tutte stringhe.

In questa figura vediamo come appare il menù di *autocompletion* dopo che abbiamo digitato all'interno dell'*object box* i caratteri "cy" di "cycle~". La lettera che precede le voci del menù di *autocompletion* specifica il tipo di elemento individuato; nel menù in figura abbiamo due lettere: "o" indica un oggetto e "p" un'*abstraction*. Parleremo più avanti delle *abstraction* e dei vari tipi di elementi che troviamo in una *patch* Max. Notate che all'interno dell'oggetto appare, via via che inseriamo nuovi caratteri, il nome completo più probabile (in genere un nome che avevamo scelto in precedenza).
Da questo menù possiamo selezionare con un clic la voce che ci interessa: fate attenzione a selezionare la parola "cycle~" e non "cycle"![3]
Dopo aver selezionato "cycle~" digitate uno spazio; il menù di *autocompletion* ora mostrerà due nuove categorie "Arguments" e "Attributes": senza entrare nei dettagli, diciamo che gli elementi del menù sono ora dei "promemoria" di ciò che possiamo scrivere dopo il nome dell'oggetto. Ignoriamo questi promemoria per il momento e aggiungiamo dopo lo spazio (importantissimo!) il numero 440 all'interno dell'*object box*, dopo di che facciamo clic in un punto vuoto della *Patcher Window*.[4] L'*object box* dovrebbe assumere l'aspetto di figura 1.4.

fig.1.4: l'oggetto `cycle~`

Le zone chiare nella parte alta e bassa dell'oggetto sono rispettivamente gli ingressi (**inlet**) e l'uscita (**outlet**), e vedremo tra poco come si utilizzano. (NB: Se l'oggetto non dovesse avere questo aspetto vuol dire che c'è un problema, leggetevi le FAQ alla fine di questo paragrafo).

[3] Notate il carattere che segue la parola cycle, "~", che si chiama **tilde** e che serve a contraddistinguere gli oggetti che elaborano il segnale digitale. Alcuni oggetti esterni potrebbero non comparire nel menù di *autocompletion* e sarà quindi necessario digitarli direttamente all'interno dell'*object box*: in questo caso è indispensabile sapere come creare una tilde. Questo carattere infatti si ottiene con una combinazione di tasti che varia a seconda del sistema operativo utilizzato e della nazionalità del layout di tastiera. Ad esempio sulla tastiera italiana del Macintosh si realizza con alt-5. Sulla gran parte dei PC Windows si scrive alt-126, usando la tastiera numerica a destra, altrimenti, se è assente, come nei portatili, si può tenere premuto il tasto fn per attivare la tastiera numerica interna ai tasti delle lettere e digitare alt-126. Se non funziona si può sfruttare l'*autocompletion* digitando il nome di un oggetto qualsiasi munito di tilde (come ad esempio `cycle~`) e sostituire manualmente il nome nell'*object box* (ovviamente conservando la tilde!).

[4] O in alternativa premiamo Enter su Macintosh o Maiuscole-Enter su Windows.

Ora creiamo un altro oggetto, **`gain~`**, che ha l'aspetto del *fader* di un mixer (vedi fig. 1.5). È sufficiente fare clic sulla settima icona della *Toolbar* superiore: apparirà una *palette* (tavolozza) contenente tutti gli oggetti della categoria "Slider". Facciamo clic sulla terza icona del menù, oppure trasciniamo l'icona sulla *Patcher Window* con il mouse.

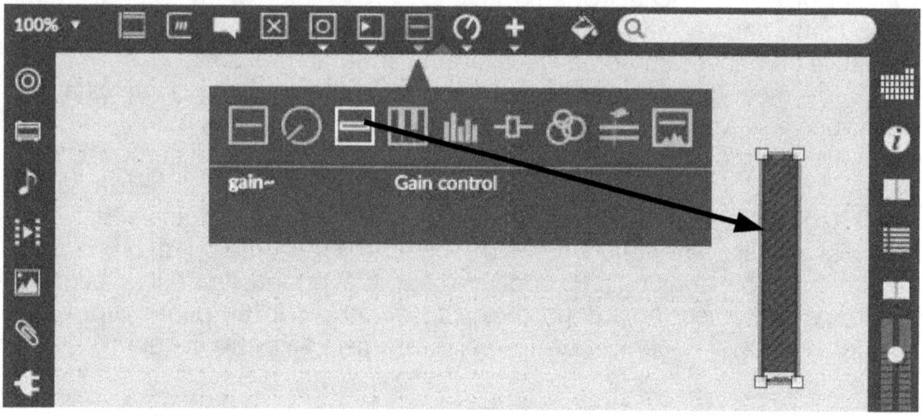

fig.1.5: l'oggetto `gain~`

In questo caso non si tratta di un *object box*, ma di un oggetto grafico, ovvero uno ***user interface object*** (***ui object***), un oggetto per l'interfaccia utente. Piccolo trucco: se non riuscite a trovare un oggetto nella *Toolbar* superiore prendete un *object box* generico (come il primo che abbiamo usato), scriveteci dentro il nome dell'oggetto desiderato, ad esempio `gain~`, fate clic all'esterno dell'oggetto e questo si trasformerà nel relativo *ui object*.
Spostate questo oggetto sotto **`cycle~`**, e collegate l'uscita di **`cycle~`** con l'ingresso di **`gain~`** in questo modo: avvicinate il puntatore del mouse all'uscita che si trova sotto l'oggetto **`cycle~`** e quando appare un cerchio giallo e un riquadro (detto *Assistance Bubble*) che indica la funzione dell'uscita selezionata (vedi fig. 1.6a) fate clic con il mouse e spostatelo verso il basso (apparirà un cavo giallo e nero). Quando il puntatore del mouse si avvicina all'angolo in alto a sinistra dell'oggetto `gain~`, apparirà un cerchio rosso con un *Assistance Bubble* che indica la funzione dell'ingresso di `gain~` (vedi fig. 1.6b); a quel punto fate nuovamente clic con il mouse: il collegamento tra i due oggetti è effettuato.

a

b

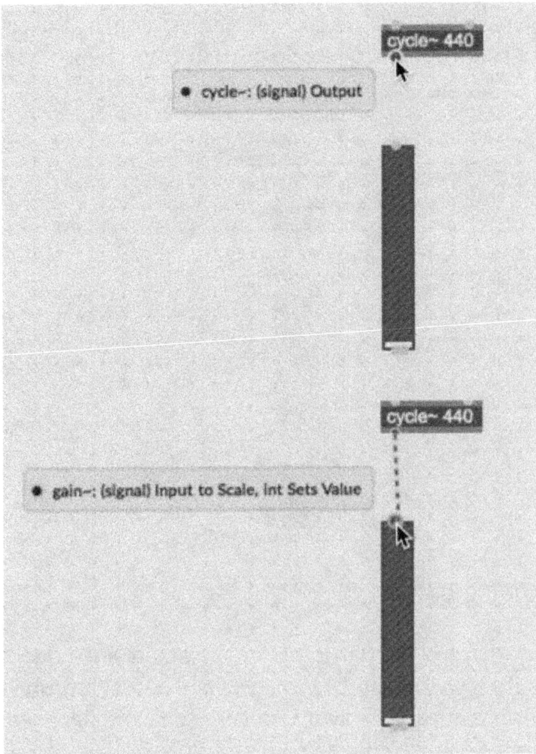

fig. 1.6: collegare gli oggetti

Abbiamo collegato l'oscillatore all'oggetto **gain~** che serve a regolarne il volume. Adesso dobbiamo inviare il segnale audio all'uscita; fate clic sulla penultima icona della *Toolbar* superiore, apparirà una *palette* con sei categorie di oggetti[5]: selezionate la categoria "Audio" e fate clic sulla seconda icona (oppure trascinatela nella *Patcher Window*: vedi fig. 1.7). Il nome di questo oggetto è **ezdac~**.

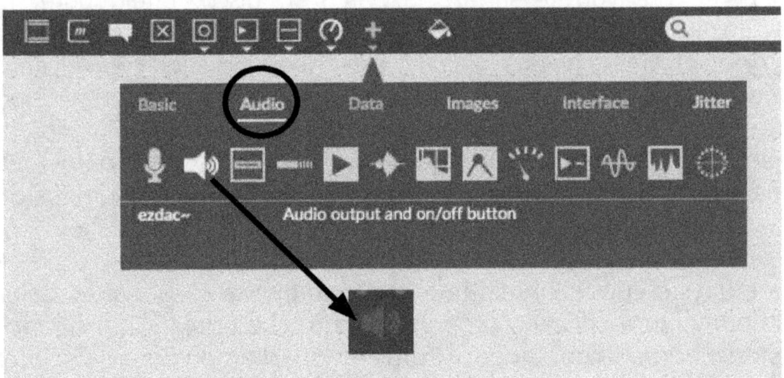

fig.1.7: l'oggetto **ezdac~**

[5] Tra poco, in questo stesso paragrafo, vedremo meglio come è organizzata la *Toolbar* superiore.

Spostiamolo sotto l'oggetto **gain~** e colleghiamo l'uscita di sinistra di quest'ultimo con i due ingressi di **ezdac~** (vedi fig. 1.8).

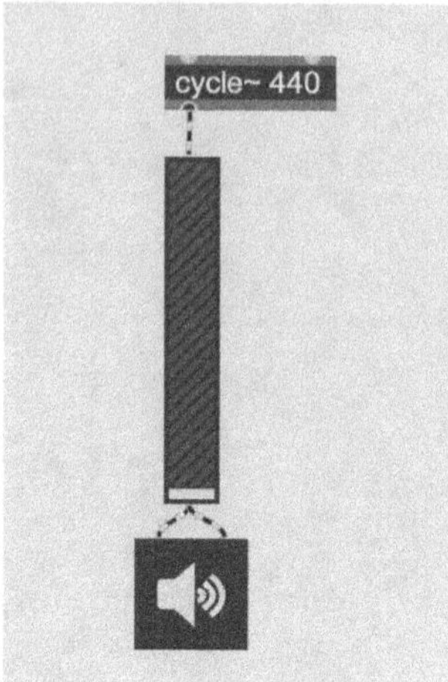

fig.1.8: la nostra prima *patch*

Attenzione! L'oggetto **gain~** ha due uscite scarsamente distinguibili: verificate quindi di aver usato l'uscita sinistra di **gain~** per entrambi i collegamenti. Il modo migliore per assicurarsi di aver usato l'uscita giusta è leggere l'*Assistance Bubble* che appare alla base di **gain~** quando effettuiamo il collegamento, e che deve contenere questo testo: "**gain~: (signal) Scaled Output**".
Se uno dei due cavi dovesse essere grigio, e non giallo-nero come appare nella figura qui sopra, significa che avete usato per sbaglio l'uscita di destra, e dovrete quindi cancellare il cavo in questo modo: selezionatelo con un clic (il cavo apparirà "ingrossato") e premete il tasto di cancellazione (quello che usate quando dovete cancellare del testo), a questo punto ricollegate gli oggetti nel modo corretto.
Probabilmente ora vorrete salvare la *patch* su disco; fatelo pure, ma con un'avvertenza: NON date alla *patch* lo stesso nome di un oggetto Max! Ad esempio, non chiamate questa *patch* "cycle~" (e nemmeno "cycle", senza tilde), è il modo migliore per confondere Max e avere risultati inaspettati la prossima volta che ricaricherete la *patch*. Dal momento che è impossibile ricordare tutti i nomi degli oggetti Max (per evitare di usarli come nome di *patch*), un buon modo per scongiurare il "pericolo" è dare al file un nome composto da più parole, ad esempio "test oscillatore", oppure "test oggetto cycle~", o quello che preferite: nessun oggetto Max ha un nome composto da più parole. Non trascurate questo consiglio, molti dei malfunzionamenti riscontrati dagli utenti Max alle prime armi derivano proprio dal fatto che prima o poi creano un file con lo stesso nome di un oggetto. Torneremo sull'argomento nell'"Interludio" che segue questo capitolo.
Bene, abbiamo realizzato la nostra prima *patch* e siamo pronti per farla funzionare. Manca però ancora un passaggio: finora abbiamo lavorato in **edit mode** cioè la modalità che ci permette di assemblare la *patch* spostando e collegando gli oggetti; ora, per far suonare la nostra *patch* dobbiamo passare

in **performance mode**, facendo clic sul piccolo lucchetto che appare in basso a sinistra nella *Patcher Window*, oppure premendo <Mac: Command–e> <Win: Control–e>.[6] Quando siamo in modalità *performance* il lucchetto in basso a sinistra appare chiuso (se lo vedete aperto vuol dire che siete in modalità *edit*!).
Adesso facciamo clic sull'oggetto **ezdac~** (il piccolo altoparlante), l'icona si "illuminerà", poi alziamo lentamente il cursore di gain~, dovremmo udire un suono, per la precisione un La sopra il Do centrale. Facendo nuovamente clic sul piccolo altoparlante possiamo "spegnere" la *patch*. Se non avete sentito alcun suono consultate le FAQ alla fine di questo paragrafo.
Analizziamo ora il nostro algoritmo: l'oggetto **cycle~** è un oscillatore, ovvero un generatore di suono che nel nostro caso genera un'onda sinusoidale, e il numero 440 indica la sua frequenza; questa sinusoide[7] cioè si ripete 440 volte al secondo.[8]
In altre parole cycle~ è il nome dell'oggetto e 440 è il suo **argomento**, vale a dire il valore che l'oggetto in questione utilizza per operare, in questo caso appunto 440 Hz.
Questo oggetto è collegato con l'oggetto gain~ e quindi il segnale che genera viene passato a quest'ultimo, che come abbiamo visto modifica il volume del segnale. Il segnale modificato passa poi ad **ezdac~** (il piccolo altoparlante), la cui funzione è quella di mandare il segnale alla scheda audio del computer. Quest'ultima effettua la conversione digitale-analogica del segnale, cioè trasforma i numeri in segnali audio che possiamo udire attraverso le casse collegate al computer. Il nome "ezdac" peraltro è un quasi-acronimo che sta per EaSy Digital to Analog Converter (Semplice Convertitore Digitale-Analogico).
Cerchiamo di approfondire ulteriormente questa *patch*; oltre ad udire il suono, infatti, possiamo "vederlo". Salviamo la *patch* che abbiamo appena realizzato in una cartella apposita che potreste chiamare, ad esempio, "le mie patch" (ci servirà nel prossimo paragrafo) e chiudiamo la *Patcher Window*.
Ora scaricate (se non l'avete ancora fatto) il "Materiale Capitoli Max Vol 1" che si trova all'indirizzo www.virtual-sound.com/cmsupport. Poi aprite il file **01_01.maxpat** che trovate nella cartella "Materiale Capitoli Max Vol 1/Patch Max Vol 1/Capitolo 01 Patch".

[6] In alternativa è possibile passare alla modalità performance tenendo premuto il tasto <Mac: Command> <Win: Control> facendo clic con il tasto sinistro del mouse su un'area vuota della *Patcher Window*.

[7] In realtà, come vedremo nel prossimo capitolo, si tratta di un coseno

[8] Tutti questi concetti vengono spiegati nel paragrafo 1.2 della parte di teoria.

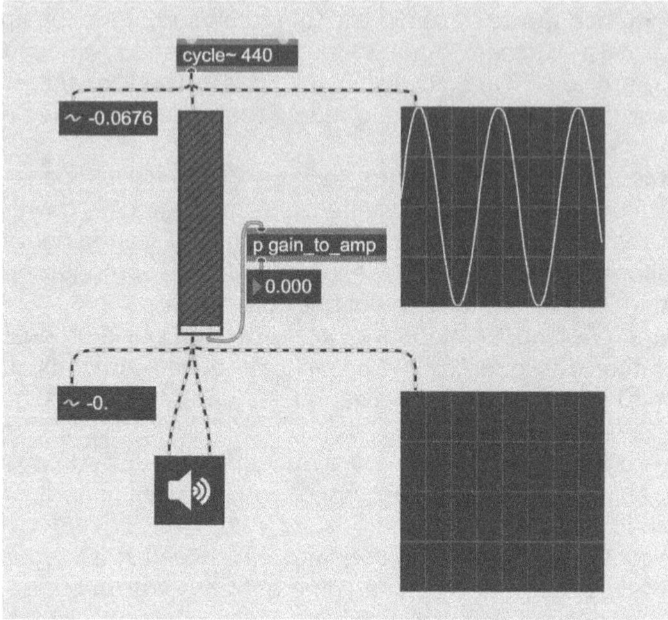

fig.1.9: file 01_01.maxpat

Qui abbiamo aggiunto alla *patch* alcuni nuovi oggetti. Gli oggetti sulla sinistra in cui sono visibili dei valori numerici si chiamano **number~** e mostrano, sotto forma di numero, il contenuto del segnale che ricevono; gli oggetti quadrati sulla destra si chiamano **scope~**[9] e sono degli oscilloscopi che ci fanno vedere il segnale come un'onda che si muove su uno schermo; l'oggetto [p gain_to_amp] e l'oggetto collegato (che si chiama **flonum** o *float number box*) ci fanno vedere di quanto gain~ amplifica o attenua il segnale che riceve.
Avviamo l'algoritmo facendo clic sull'oggetto **ezdac~** e osserviamo i numeri mostrati dal number~ in alto a sinistra: questi numeri sono prodotti dall'oggetto cycle~ e, se li osserviamo per un po', ci renderemo conto che sono valori, positivi e negativi, compresi tra 1 e -1. Sul lato destro vediamo lo scope~ superiore che ci mostra questi stessi numeri sotto forma di grafico: nella metà superiore del riquadro vengono rappresentati i valori positivi, in quella inferiore i negativi. Nel riquadro dello scope~ viene mostrato non un singolo numero, ma una sequenza di diverse centinaia di elementi, che vengono visualizzati come punti nel riquadro stesso: questi punti sono molto vicini tra loro e nell'insieme ci appaiono come una linea curva. Questi elementi, questi numeri, nella terminologia della musica digitale si chiamano *campioni*. La linea che oscilla sinuosamente in alto e in basso all'interno dell'oscilloscopio è appunto la forma d'onda sinusoidale prodotta da cycle~.

---

9 Gli oggetti number~ e scope~ si trovano come i precedenti nella *Toolbar* superiore: fate clic sulla penultima icona e selezionate la categoria "Audio". Se non riuscite a trovarli, potete usare il trucco che vi abbiamo spiegato sopra: prendete un *object box* e ci scrivete dentro il nome dell'oggetto grafico desiderato.

Ci sono un altro **number~** e un altro **scope~** collegati all'oggetto **gain~**, che ci mostrano rispettivamente il numero 0 e una linea piatta (che è una sequenza di zeri). Questo perché il cursore è abbassato, cioè il volume è a zero.
Se alziamo il cursore di **gain~** vediamo che il **number~** ci mostra dei numeri dapprima molto piccoli e poi via via sempre più grandi man mano che aumentiamo il volume. Nello stesso tempo la linea piatta dello **scope~** in basso comincia a diventare ondulata e ad assomigliare a quella dello **scope~** in alto: quella che viene modificata è cioè l'*ampiezza* del segnale; più alziamo il cursore e più l'oscillazione diventa ampia.
Se però alziamo troppo il cursore di **gain~** vediamo che i numeri cominciano a superare i limiti di 1 e -1, che la forma d'onda, rappresentata nell'oscilloscopio, diventata troppo ampia e appare tagliata, e soprattutto che il suono cambia, diventa distorto.

Da tutto ciò possiamo trarre alcune conclusioni:
1) L'oggetto **cycle~** produce una sequenza di valori digitali che seguono l'andamento di una (co)sinusoide.
2) I limiti numerici di questa sinusoide sono 1 e –1. Come si vede nell'immagine che appare nello **scope~** superiore, questi sono anche i limiti massimi, superati i quali il suono viene distorto.
3) L'oggetto **gain~** modifica l'ampiezza della sinusoide, e fa sì che i campioni in entrata siano diversi dai campioni in uscita. Come fa? *Moltiplicando* i valori che riceve per una certa quantità che dipende dalla posizione del cursore. Quando il cursore è nella posizione più bassa il segnale viene moltiplicato per 0, e il risultato è una sequenza di zeri, come abbiamo visto, perché qualsiasi numero moltiplicato per 0 dà come risultato 0. Man mano che alziamo il cursore il fattore di moltiplicazione aumenta.
Se ad esempio lo portiamo a 0.5 l'ampiezza dei campioni che entrano nel **gain~** viene dimezzata (perché moltiplicare un numero per 0.5 equivale a dividerlo per 2).[10] Se poi lo portiamo ad 1 (spostando il cursore a circa 3/4 dell'altezza del fader) i campioni in entrata non subiscono variazioni in uscita, rimangono identici.
Infine alziamo ulteriormente il cursore. Ora i valori estremi dei campioni superano il limite di 1 e -1, ma questi campioni vengono riportati entro i limiti durante la conversione digitale-analogica: questo fa sì che la forma d'onda non sia più una sinusoide, poiché l'onda appare tagliata (come vediamo nell'oscilloscopio inferiore). In realtà i campioni fuori range vengono semplicemente riportati alla massima ampiezza disponibile, e il suono distorto che sentiamo è relativo a questa nuova forma d'onda.

[10] Per portare il cursore ad una altezza che corrisponda ad una moltiplicazione per 0.5 controllare che il *number box* collegato all'oggetto [**p** gain_to_amp] mostri il valore 0.5. In realtà l'incremento del *fader* è logaritmico, secondo una formula che non è il caso di spiegare qui, e l'oggetto [**p** gain_to_amp] serve appunto a convertire la posizione del *fader* (che viene prodotta all'uscita di destra di **gain~**) nell'effettiva ampiezza. Non vediamo in dettaglio come funziona questo oggetto perché non abbiamo ancora le conoscenze sufficienti a capirlo: approfondiremo la questione nell'interludio A che segue questo capitolo. Notate comunque che quando il fattore di moltiplicazione è all'incirca 0.5 la sinusoide occupa metà del riquadro.

Abbiamo trattato più a fondo i concetti di ampiezza, frequenza e forma d'onda nel par. 1.2 della teoria, riassumiamo alcuni concetti basilari:

- l'*ampiezza* è il parametro fisico da cui dipende l'*intensità* del suono, cioè il parametro che ci fa percepire forte o piano un determinato evento sonoro; i valori assoluti d'ampiezza (cioè indipendenti dal segno) in Max vanno da un minimo di 0 a un massimo di 1;
- la *frequenza* è il parametro fisico da cui dipende l'altezza del suono, cioè il parametro che ci fa percepire un suono come grave o acuto. I valori sono espressi in Hertz (Hz), e quindi dovremo tener conto che i suoni udibili dagli esseri umani vanno all'incirca da 20 a 20000 Hz;
- la *forma d'onda*, che nel caso di **cycle~** come abbiamo visto è una sinusoide, è un parametro fondamentale che concorre a definire il *timbro* del suono, cioè quella qualità del suono che ci consente di percepire la differenza, ad esempio, fra il Do di una chitarra e quello di un sassofono.

FAQ (Frequently Asked Questions)

FAQ significa "Domande Frequenti" e in questa sezione cercheremo di dare una risposta ad alcuni dei problemi più comuni che si incontrano quando si comincia a lavorare con Max. Leggetele attentamente anche se non avete incontrato alcun problema, contengono informazioni che vi saranno utili nel seguito della lettura di questo libro.

1) Domanda: Ho creato un oggetto chiamato "cycle~440" come c'è scritto in questo capitolo, ma l'oggetto non ha né ingressi né uscite. Perché?

Risposta: Controllate di aver messo uno spazio tra "cycle~" e "440" perché il primo è il nome dell'oggetto e il secondo è l'argomento, che in questo caso rappresenta la frequenza del suono. Se le due parole sono attaccate Max cercherà un oggetto inesistente chiamato "cycle~440" e non trovandolo non mostrerà un *object box* corretto con ingressi e uscite.

2) D: Va bene. Perché però non mi ha dato un messaggio di errore?

R: Il messaggio d'errore c'è, e si trova nella ***Max Console***: una finestra che il programma utilizza per comunicare con l'utente. Per richiamarla digitate <Mac: Command–m> <Win: Control–m>, oppure fate clic sulla quarta icona della *Toolbar* di destra[11]: apparirà una finestra alla destra della *Patcher Window*. Nella finestra, troverete probabilmente questo messaggio:
"cycle~440: No such object"
Se fate doppio clic sul messaggio di errore, l'oggetto che lo ha generato (in questo caso l'inesistente "cycle~440") verrà evidenziato nella *Patcher Window*.

[11] Quando nella *Max Console* è presente un errore, ma la finestra è nascosta, l'icona nella *Toolbar* presenta un pallino rosso.

3) D: Io ho messo uno spazio tra "**cycle~**" e "440", però l'oggetto è privo di ingressi e uscite lo stesso!

R: Questo è un errore più sottile, e capita spesso all'inizio con gli oggetti che hanno una tilde (~) alla fine del nome. Probabilmente per scrivere questo carattere avete dovuto usare una combinazione di tasti (ad esempio, per Mac *<alt–5>*), e uno dei tasti della combinazione è rimasto premuto mentre avete digitato lo spazio (avete ad esempio premuto *<alt–spazio>*); la combinazione non è riconosciuta da Max che quindi non è in grado di separare il nome dell'oggetto dall'argomento. Cancellate lo spazio e riscrivetelo, facendo attenzione a premere solo la barra spaziatrice.

4) D: Non sento alcun suono.

R: Avete fatto clic sull'oggetto **ezdac~** (il piccolo altoparlante)? Avete alzato il cursore del *fader*? Siete sicuri che il computer non sia in *mute*, ovvero riuscite a riprodurre dei suoni con altri programmi? Avete controllato che sulla finestra *Audio Stat*us (sotto il menù *Options*) sia stata selezionata la scheda audio giusta?

PICCOLO "MANUALE DI SOPRAVVIVENZA" PER MAX

In questa sezione daremo alcune informazioni essenziali per muoversi bene nell'ambiente Max.

COMANDI DA TASTIERA BASILARI
Innanzitutto rivediamo i comandi da tastiera che abbiamo imparato finora:

<Mac: Command–n> <Win: Control–n> serve a creare una nuova *Patcher Window*, il nostro spazio di lavoro dove possiamo realizzare le *patch*.

<Mac: Command–e> <Win: Control–e> serve per alternare la modalità *edit* alla modalità *performance* nella *Patcher Window*. In *edit* possiamo assemblare le *patch* prendendo gli oggetti dalla *Toolbar* superiore; in *performance* possiamo far funzionare la *patch* ed interagire con gli oggetti grafici di interfaccia, come i *float number box* o l'oggetto **gain~**.

<Mac: Command–m> <Win: Control–m> serve per richiamare (qualora non fosse già visibile) la *Max Console* che è una finestra utilizzata dal programma per comunicare con l'utente, e che l'utente può usare per visualizzare brevi messaggi (vedremo più avanti come).

Inoltre è possibile creare degli oggetti digitando un semplice carattere, senza tasti modificatori come Command o Control: con "*n*" ad esempio possiamo creare (in modalità *edit*) un *object box* vuoto nella posizione del puntatore del mouse, esattamente come quello che otterremmo dalla prima icona della *Toolbar* superiore. Ci sono altri tasti che ci permettono di creare oggetti; in una *Patcher Window* vuota provate a digitare *"f" "i" "t" "b"* mentre spostate il puntatore del mouse: otterrete diversi oggetti (al momento per voi assolutamente sconosciuti!) che utilizzeremo molto spesso nel corso dei prossimi capitoli.

SELEZIONARE, CANCELLARE E COPIARE

Per cancellare un cavo o un oggetto bisogna assicurarsi di essere in modalità *edit*[12] e poi selezionarlo con il mouse e premere il tasto di cancellazione, detto anche *backspace*. Possiamo selezionare più oggetti contemporaneamente facendo clic su un punto vuoto della *Patcher Window* e trascinando il mouse in modo da includere gli oggetti da selezionare nell'area di trascinamento (vedi fig. 1.10).

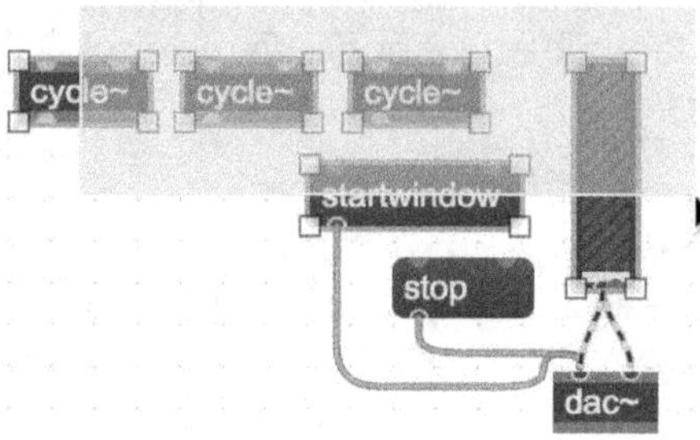

fig.1.10: selezionare gli oggetti

A questo punto se spostiamo uno degli oggetti selezionati spostiamo anche tutti gli altri, oppure se premiamo il tasto di cancellazione li cancelliamo tutti. Con questa procedura vengono selezionati gli oggetti ma non i cavi; se abbiamo bisogno di selezionare più cavi contemporaneamente (ad esempio per cancellarli) dobbiamo premere il tasto *Alt* mentre trasciniamo il mouse e "tocchiamo" i cavi che ci interessano (vedi fig. 1.11).

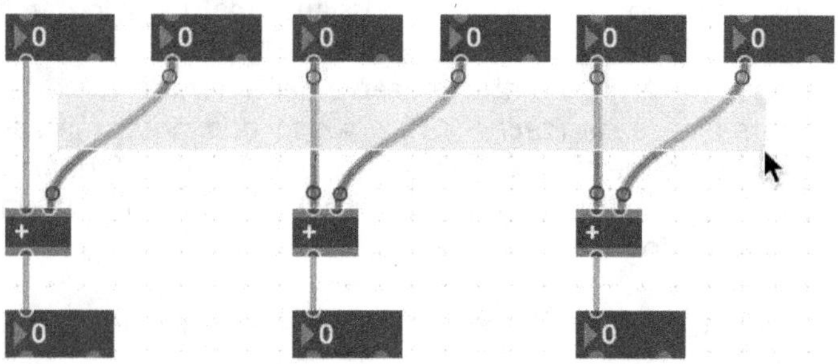

fig.1.11: selezionare i cavi

[12] Ovvero bisogna assicurarsi che il lucchetto che si trova in basso a sinistra nella finestra che contiene la *patch* sia aperto.

Sempre con il tasto *Alt* premuto potete duplicare un oggetto facendoci clic sopra e trascinandolo. Se prima selezionate più oggetti e poi ne trascinate uno con *Alt-clic*, li copierete tutti (vedi fig. 1.12).

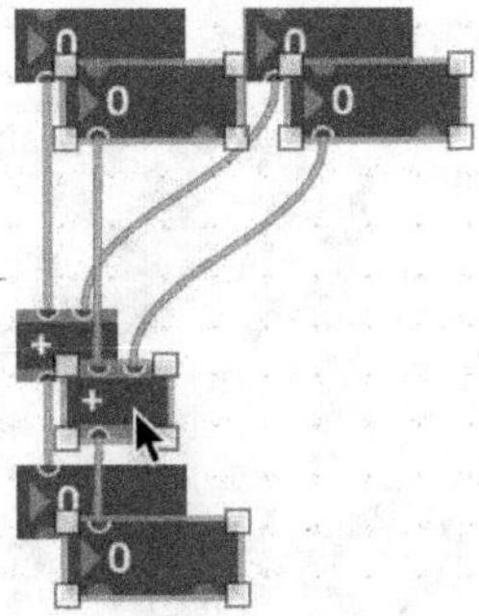

fig.1.12: copia di un insieme di oggetti

Se fate un errore (ad esempio cancellate un oggetto al posto di un altro) potete annullarlo selezionando il comando "*undo*" dal menù *Edit* (in italiano il comando si traduce generalmente con *annulla*). Se poi vi accorgete che non era un errore (ad esempio che volevate cancellare proprio quell'oggetto) potrete ripristinare la situazione tramite il comando "*redo*" (ripristina) sempre dal menù *Edit*. Selezionando ripetutamente il comando "*undo*" potete annullare una sequenza di azioni e riportare la *patch* ad uno stato precedente: da tastiera il comando equivalente a "*undo*" è <Mac: Command–z> <Win: Control–z>, per il "*redo*" è <Mac: Shift-Command–z> <Win: Shift- Control–z>.[13]

DOCUMENTAZIONE E HELP

Questo libro è autosufficiente: qui troverete tutte le informazioni utili per comprendere e usare le *patch* che via via illustreremo e per utilizzare le diverse tecniche di sintesi ed elaborazione del suono con Max. Se conoscete l'inglese può essere utile dare anche un'occhiata alla documentazione e al sistema di Help in linea del programma.

[13] Lo Shift è il tasto delle maiuscole.

Selezionando la voce *Reference* dal **menù Help** otteniamo la finestra di fig. 1.13 (che potrebbe essere differente per le diverse versioni di Max).

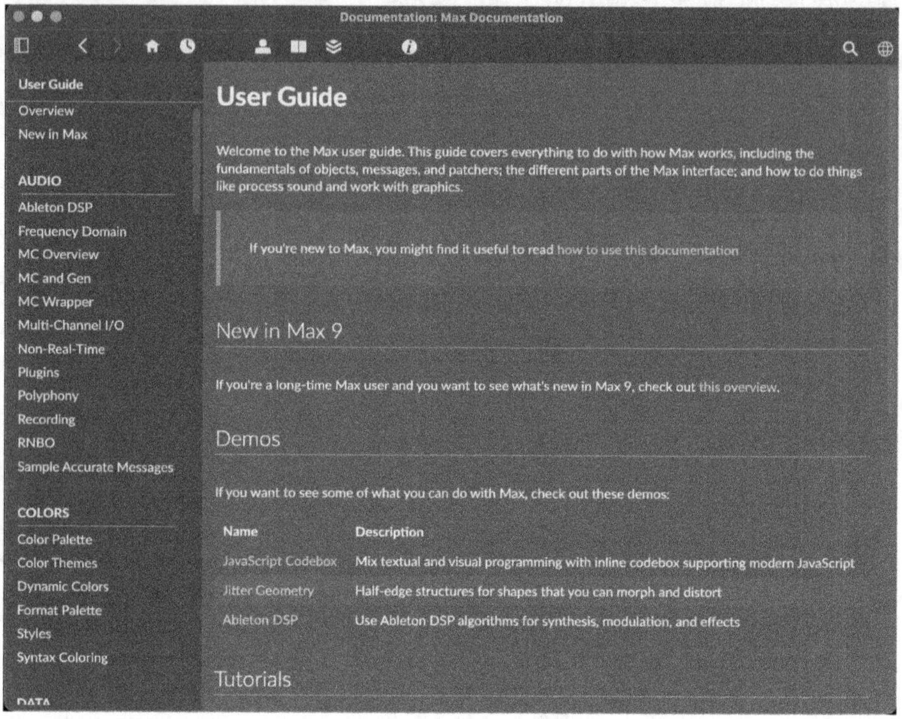

fig.1.13: la finestra *Documentation*

In figura vediamo una parte della finestra *Documentation* di Max.
La schermata di partenza mostra la *User Guide*: nella colonna di sinistra sono elencati i diversi argomenti divisi in categorie (Audio, Colors, etc.). Provate a fare un giro, ad esempio tra gli argomenti della categoria Audio, e non preoccupatevi se per il momento non tutto risulterà chiaro. Per una guida all'uso della documentazione fate clic sull'icona in alto che raffigura una "i" inscritta in un circolo bianco e selezionate dal menù a comparsa la voce "How to Use the Documentation".
Ci sono anche le *patch* di help dei singoli oggetti (sempre in inglese): se in modalità *edit* fate "*Alt-clic*" (senza trascinare) su un oggetto, si aprirà una *patch* di aiuto relativa all'oggetto; questa *patch* è perfettamente funzionante e riassume le caratteristiche principali dell'oggetto selezionato.
Facendo "*Alt-clic*" in modalità *edit* sull'oggetto `cycle~` ad esempio si ottiene la **help patch** di fig. 1.14 (potrebbe essere differente per differenti versioni di Max).

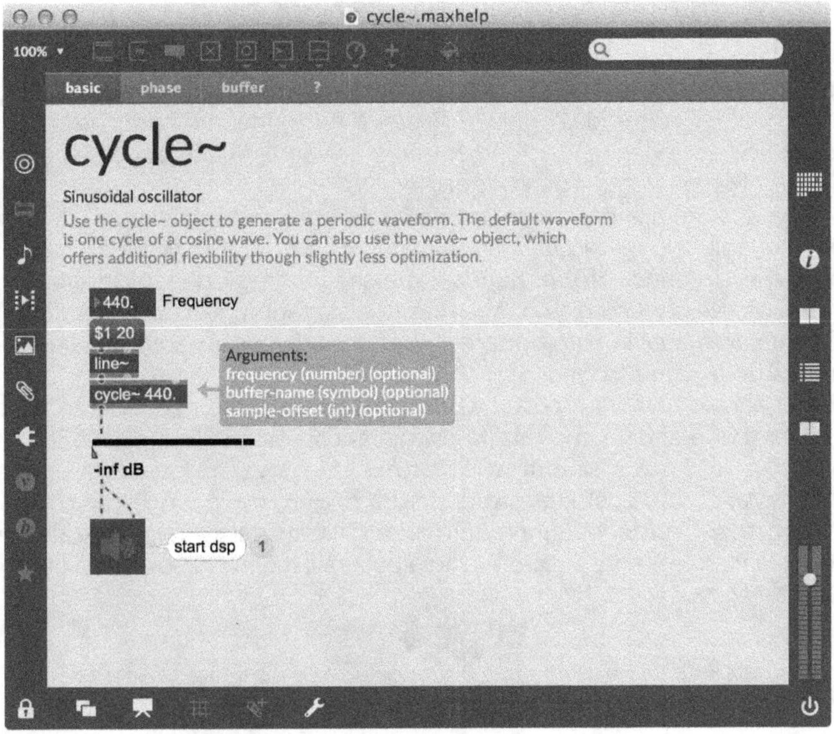

fig.1.14: una *patch* di help

Le *patch* di help hanno una struttura particolare: sono suddivise in schede richiamabili tramite le etichette visibili nella parte alta della finestra. Ciascuna scheda spiega caratteristiche diverse dell'oggetto. Il numero e la denominazione delle etichette varia da oggetto a oggetto, ad esclusione della prima e dell'ultima che sono comuni a tutti gli oggetti. La prima etichetta ("basic") illustra le funzioni fondamentali dell'oggetto; l'ultima etichetta, recante un punto interrogativo, fa apparire un menù: selezionando la prima voce, "Open Reference", di questo menù, è possibile visualizzare una pagina del manuale di riferimento in cui vengono spiegate dettagliatamente tutte le caratteristiche dell'oggetto. Le voci successive richiamano le *patch* di help di oggetti che svolgono funzioni analoghe o sono spesso utilizzati insieme all'oggetto in questione. Le ultime voci richiamano una serie di tutorial che impiegano il nostro oggetto. Se conoscete l'inglese tecnico potrà esservi utile consultare gli help per scoprire o ricordare tutti i dettagli di cui avete bisogno.
Anche se non conoscete una parola di inglese, però, vi consigliamo lo stesso di dare un'occhiata alle *patch* di help; innanzitutto perché sono *patch* funzionanti e quindi si possono imparare molte cose utilizzandole, e poi perché molti termini, come "oscillator", "frequency" o "intensity" etc., non sono difficili da interpretare.[14]

[14] Vi ricordiamo inoltre che nei capitoli di teoria sono riportate le traduzioni dall'italiano all'inglese di molti termini tecnici.

Un'altra fonte di informazione è la **Clue Bar**, che appare nella parte destra della *Toolbar* inferiore quando si passa il puntatore del mouse sopra un oggetto. La *Clue Bar* consiste in un testo con il nome dell'oggetto e una breve descrizione. Facendo clic sul nome dell'oggetto apparirà un menù che contiene i link alla *patch* di help, alla pagina di riferimento e a una serie di altri oggetti che hanno una relazione con l'oggetto in questione.

Il sistema di aiuto alla programmazione è sicuramente uno dei punti di forza di Max: oltre agli help e alla *Clue Bar*, abbiamo incontrato più sopra gli *Assistance Bubble* che ci danno informazioni sui messaggi che gli oggetti inviano o che possono ricevere. Ricordiamo che per visualizzare un *Assistance Bubble* è sufficiente, in modalità *edit*, portare il puntatore del mouse sopra un ingresso o un'uscita di un oggetto (vedi figg. 1.6a e 1.6b).

Vediamo adesso un'altra risorsa, il **Quickref Menu**: aprite nuovamente la patch *01_01.maxpat* e andate in modalità *edit* aprendo con un clic il piccolo lucchetto che si trova in basso a sinistra nella *Patcher Window*. Ora portate il puntatore del mouse al di sopra dell'ingresso di sinistra di `cycle~` in modo che compaia il cerchio rosso e l'*Assistance Bubble*, fate clic con il tasto destro del mouse all'interno del cerchio rosso e tenete pigiato il tasto: apparirà il menù *Quickref* (vedi fig. 1.15).

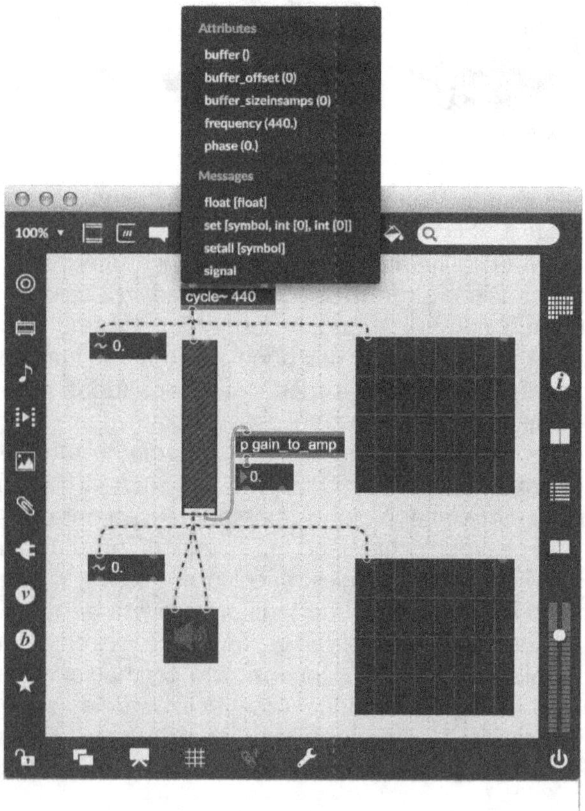

fig.1.15: *Quickref* Menu

Questo menù contiene due categorie di elementi, gli **Attributes** (Attributi) di cui parleremo più avanti e i **Messages** (Messaggi) che corrispondono ai tipi di dati che l'oggetto è in grado di "comprendere" e utilizzare: selezionando uno di questi messaggi è possibile creare un oggetto che si collega "automaticamente" a `cycle~`. Fate ad esempio clic sulla voce *float [float]*, apparirà un nuovo oggetto connesso a `cycle~` (vedi fig. 1.16)

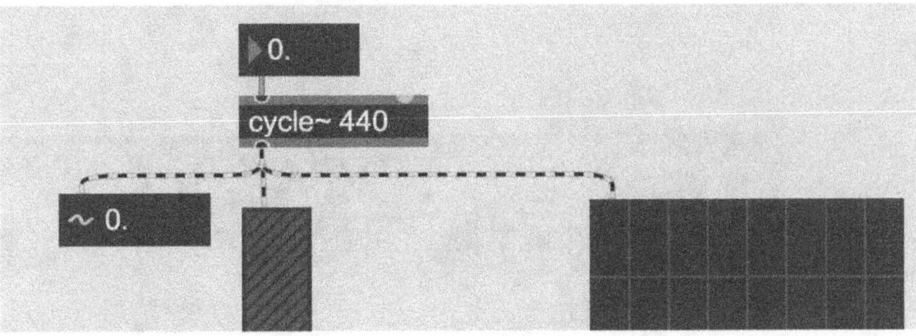

fig. 1.16: collegare un oggetto tramite *Quickref*

Se ora andate in modalità *performance* (chiudendo con un clic il piccolo lucchetto in basso a sinistra) e fate scorrere verticalmente il mouse con il tasto premuto sul nuovo oggetto modificherete il numero contenuto al suo interno. Questo oggetto infatti gestisce i valori numerici e si chiama **number** o *number box*: i numeri che abbiamo generato facendo scorrere il mouse sono stati inviati a `cycle~` e ne hanno modificato la frequenza (notate però che l'argomento 440 che si trova all'interno dell'oggetto `cycle~` non cambia, ma viene comunque annullato dai nuovi valori trasmessi). Provate ad avviare la *patch* facendo clic sull'icona dell'altoparlante, e alzate il cursore del fader fino a circa tre quarti, ora fate scorrere i numeri del *number box* su valori compresi tra 500 e 1000: sentirete l'oscillatore sinusoidale suonare alle diverse frequenze mostrate dal *number box*. Parleremo più diffusamente dell'oggetto *number box* nel seguito di questo capitolo.
Se ora portate il puntatore del mouse sul lato sinistro di un oggetto (sempre in modalità *edit*) vedrete comparire un cerchio con un triangolo all'interno (fig. 1.16b), fate clic su questa icona e comparirà un nuovo menù contestuale, si tratta dell'*Object Action Menu*.

fig. 1.16b: icona *Object Action*

Questo menu (fig. 1.16c) contiene tutti gli elementi utili per gestire l'oggetto, trasformarlo, e visualizzare informazioni sul suo utilizzo. In pratica tutti gli elementi che trovate qui sono raggiungibili anche in altri modi (vedremo quali man mano che ci serviranno): questo menù ha il pregio di raccoglierli in un unico punto.

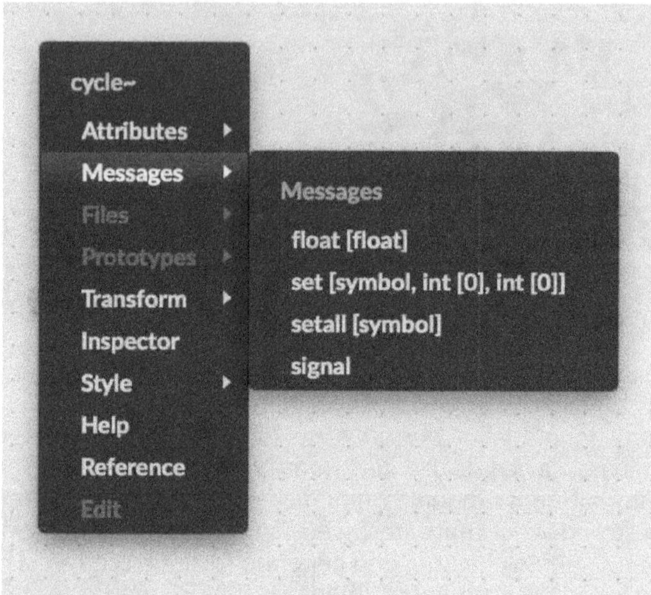

fig. 1.16c: *Object Action Menu*

PATCHER WINDOW TOOLBAR

Vediamo ora da vicino le quattro *Toolbar* che, come abbiamo detto, circondano la *Patcher Window*, ovvero la finestra dentro cui scriviamo i nostri programmi Max.
La **Toolbar superiore** contiene gli oggetti disponibili in Max divisi per categorie (vedi 1.17) e un menù di Zoom a sinistra tramite il quale è possibile ingrandire o rimpicciolire la visualizzazione della *patch*.
Le prime quattro icone dopo il menù Zoom corrispondono a quattro oggetti molto usati: l'*object box* (che già conosciamo), il *message box*, il *comment box* e l'oggetto `toggle` (faremo la conoscenza di questi ultimi oggetti tra poco).
Seguono cinque icone con cui è possibile aprire altrettante *palette* (tavolozze) contenenti oggetti di una determinata categoria:
Buttons: questa palette contiene gli oggetti interfaccia che fungono da pulsanti.
Numbers: contiene gli oggetti interfaccia che visualizzano e generano numeri (abbiamo già visto il *number box* in fig. 1.16).
Sliders: contiene oggetti interfaccia che funzionano come cursori, ovvero producono valori quando si trascina il mouse su di essi (abbiamo già visto questa *palette* in fig. 1.5).
Max for Live: contiene gli oggetti interfaccia Max for Live (ne parleremo nel secondo volume).
Add (altri oggetti): contiene tutti gli altri oggetti suddivisi in sotto-categorie (*Basic, Audio, Data, Images, Interface, Jitter*).

Abbiamo già visto la categoria *Audio* in fig. 1.7, ed esploreremo il contenuto delle altre categorie via via che ci serviranno.

Dopo le icone che richiamano i diversi oggetti Max, ce n'è una che rappresenta un barattolo di vernice; questa icona non serve a richiamare degli oggetti, ma a impostare l'aspetto grafico della *Patcher Window* e degli oggetti Max: un clic sull'icona farà apparire la *Format Palette*. Non ci occuperemo dell'aspetto grafico di Max in questa prima parte; provate comunque a selezionare (in modalità *edit*) un *object box* nella patch 01_01.maxpat e, dopo aver fatto apparire la *Format Palette*, provate a modificarne il colore, oppure le dimensioni e il tipo di font (carattere) usato.

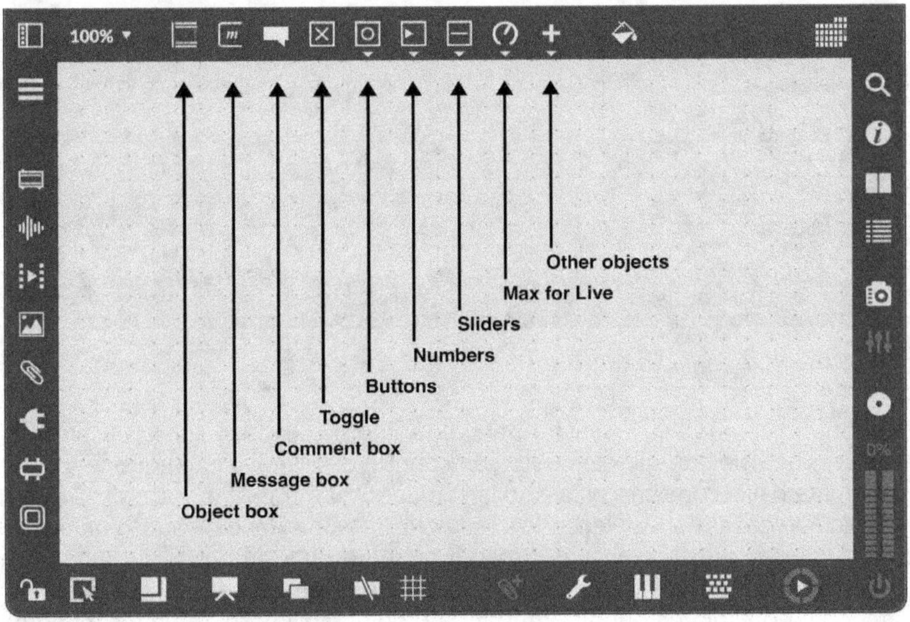

fig.1.17: la *Toolbar* superiore

La parte destra della *Toolbar* superiore è occupata da un'ultima icona che apre un calendario tramite il quale è possibile richiamare in ordine cronologico le patch su cui abbiamo lavorato.

Tramite la **Toolbar di sinistra** è possibile accedere a tutti i file utili per la programmazione con Max (fig. 1.17b).

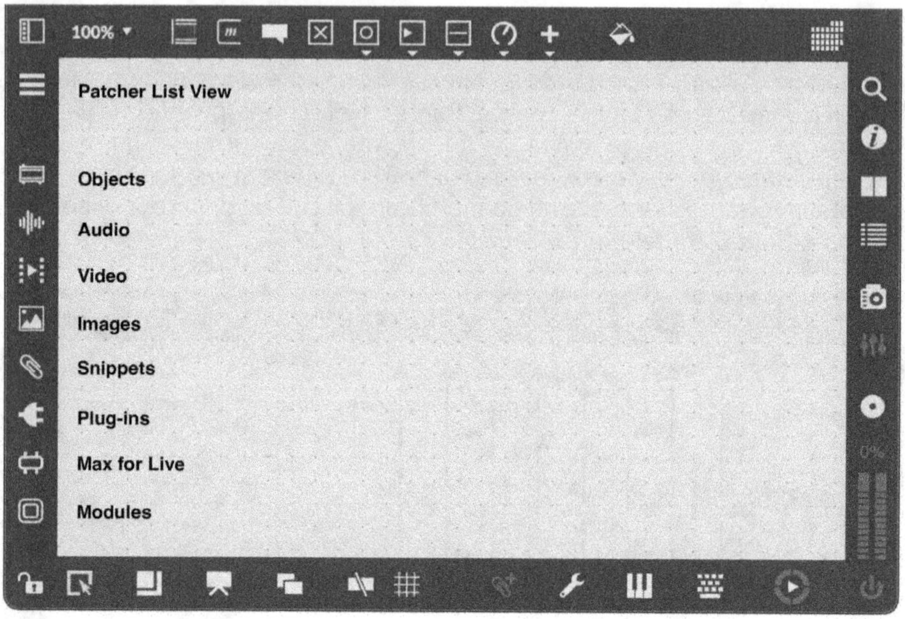

fig.1.17b: la *Toolbar* di sinistra

La prima icona in alto, a sinistra del menù Zoom, serve ad aprire un browser laterale che mostra gli elementi corrispondenti alle varie categorie di file richiamate dalle icone successive della *Toolbar* di sinistra. Al di sotto di questa si trova la *Patcher List View*: facendo clic su questa icona viene mostrato un elenco di tutti gli elementi presenti nella *patch* corrente. Facciamo ora clic sulla terza icona: apparirà un menu laterale con tutti gli oggetti Max disponibili divisi per categorie (non solo gli oggetti interfaccia raggiungibili dalla *Toolbar* superiore). Un doppio clic sul nome dell'oggetto lo farà apparire all'interno della *patch*; in alternativa è possibile trascinare il nome dell'oggetto all'interno della *Patcher Window* (queste due modalità sono disponibili in tutti i menù della *Toolbar*).
La quarta ci permette di richiamare file audio all'interno della *patch*, la quinta file video e la sesta immagini. Questi file devono essere inclusi nel *Percorso di Ricerca* di Max per essere visibili in questi menù (ci torneremo più avanti). Provate comunque, con il lucchetto aperto, a trascinare qualche file dal menù Audio all'interno di una *Patcher window* e osservate cosa succede; nel paragrafo 1.5 useremo questo menù.
La settima icona (raffigurante una graffetta) ci permette di richiamare gli *Snippets*, frammenti di codice che possiamo memorizzare tramite la *Toolbar* inferiore (vedi sotto).

L'ottava icona ci dà l'accesso a tutti i plug-in Max for Live, VST e Audio Units che abbiamo installato nel nostro computer. Per il momento tralasciamo le icone successive.

La **Toolbar inferiore** contiene alcune funzioni utili per la programmazione di Max. La prima icona è quella del lucchetto che ci permette di passare, come sappiamo, dalla modalità *edit* alla modalità *performance* e viceversa.
Parleremo di altre icone contenute in questa *Toolbar* a tempo debito, per il momento occupiamoci della ottava icona, che rappresenta una graffetta molto simile a quella già vista nella *Toolbar* di sinistra e che ci permette di creare degli *Snippets*. Per capirne il funzionamento, aprite la *patch* 01_01.maxpat (fig. 1.9), andate in modalità *edit* e selezionate gli oggetti **gain~** (il *fader* verticale), **ezdac~** (il piccolo altoparlante), l'oggetto [p gain_to_amp][15]. A questo punto fate clic sull'icona della graffetta: apparirà una piccola finestra in cui vi si chiederà di assegnare un nome allo *snippet* da salvare, chiamatelo "audiostart" e battete invio. Ora create una nuova *patch* e fate clic sulla sesta icona della *Toolbar* di sinistra (l'altra graffetta): apparirà un menù che contiene, tra le altre cose, una voce "audiostart"; trascinate questo elemento nella *Patcher window*, comparirà lo *snippet* che avete appena salvato. Tramite questa tecnica è quindi possibile memorizzare dei pezzi di codice che sono riutilizzati spesso. Come vedete il menù contiene già degli *snippet* pronti per l'uso, e altri ne potrete creare durante il vostro lavoro con Max.

Passiamo alla **Toolbar di destra**: quasi tutte le icone presenti attivano la **Sidebar**, una specie di finestra "a cassetto" che si apre sul lato destro della *Patcher window*, e che può contenere una varietà di informazioni e funzioni utili.
Aprite ad esempio la *patch* 01_01.maxpat (fig. 1.9), andate in modalità *edit*, selezionate l'oggetto **ezdac~** (il piccolo altoparlante) e fate clic sulla seconda icona della *Toolbar* di destra (raffigurante le lettera "i" inscritta in un cerchio): si aprirà la *Sidebar* e ci mostrerà l'*inspector* dell'oggetto selezionato. L'*inspector* contiene tutti gli attributi che definiscono l'aspetto e il comportamento di un oggetto: ne parleremo dettagliatamente più avanti.
La terza icona ci permette di accedere alla documentazione dell'oggetto selezionato, mentre la quarta apre la *Max Console* che, come abbiamo visto, è una finestra tramite la quale Max ci mostra i messaggi di errore e altre informazioni utili che vedremo in seguito.
Parleremo delle altre icone al momento opportuno.

Nella parte bassa della *Toolbar* sono visibili l'*Audio Meter/Gain*, con cui possiamo regolare il volume audio globale della *patch*, e il pulsante *Audio On/Off*, che ci permette di attivare disattivare la produzione di segnale audio della *patch* (esattamente come l'oggetto **ezdac~**).

---

[15] Per selezionare più oggetti potete usare la tecnica illustrata in fig. 1.10, oppure tenere premuto il tasto shift (maiuscole) e fare clic sugli oggetti uno dopo l'altro.

UN PO' DI ORDINE

Probabilmente avrete notato che alcune connessioni nella *patch* del file *01_01.maxpat* (figura 1.9) hanno degli angoli, sono divise in segmenti, ed hanno per questo un aspetto ordinato. Come si realizzano i cavi segmentati? Selezionando dal menù *Options* la voce **Segmented Patch Cords**.
Se usate questa opzione la procedura per connettere due oggetti sarà leggermente diversa: bisogna innanzitutto fare un clic sull'*outlet* che ci interessa, e "tirare" il cavo senza tenere premuto il tasto del mouse poiché il cavo stesso resterà "agganciato" al puntatore da solo. I segmenti si creano con un clic del mouse sul punto in cui vogliamo cambiare direzione: ad ogni clic si crea un nuovo segmento. L'ultimo clic lo faremo sull'*inlet* dell'oggetto da connettere.
Se abbiamo fatto un errore e vogliamo liberarci di un cavo che è "agganciato" al puntatore del mouse dobbiamo pigiare <Mac: Command–clic> <Win: Control–clic> oppure il tasto *escape* (esc).
Se selezioniamo alcuni oggetti che sono allineati grosso modo orizzontalmente e digitiamo <Mac: Command–y> <Win: Control-Shift-a>, gli oggetti si allineeranno perfettamente. Lo stesso comando vale per incolonnare verticalmente degli oggetti posti l'uno sopra l'altro (i due `scope~` e i due `number~` del file *01_01.maxpat* sono stati incolonnati in questo modo). Gli oggetti inoltre si possono facilmente allineare grazie alla funzione **Snap to Object** che è attiva di *default*. In pratica ogni volta che spostiamo un oggetto nella *patch*, questo tenderà ad allinearsi all'oggetto più vicino.
Un'altra utile funzione è **Distribute**, reperibile nel menù *Arrange*: selezionando più oggetti è possibile distribuirli, appunto, a distanze uguali lungo una linea orizzontale o verticale (vedi fig. 1.18).

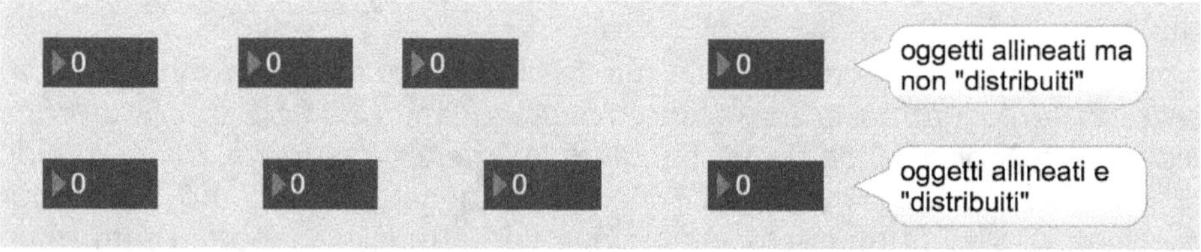

fig. 1.18: la funzione *Distribute*

Spesso inoltre una *patch* complessa può risultare molto affollata, con decine di oggetti e di cavi che si intrecciano: in questi casi si possono rendere invisibili alcuni cavi e oggetti in *performance mode* (mentre in *edit mode* restano, per ovvi motivi, sempre visibili). Per nascondere un oggetto o un cavo bisogna selezionarlo (in *edit mode*) e digitare <Mac: Command–k> <Win: Control–k>: passando alla modalità *performance* l'oggetto scomparirà. Per farlo riapparire, bisogna selezionarlo nuovamente in modalità *edit* e digitare <Mac: Command–l> <Win: Control–l>. Selezionando più oggetti è possibile nasconderli contemporaneamente con il comando già spiegato. In alternativa è possibile richiamare dal menù *Object* le voci **Hide on Lock**, per nascondere l'oggetto, e **Show on Lock**, per mostrarlo nuovamente. Provate a far sparire e riapparire gli oggetti della *patch* contenuta nel file *01_01.maxpat*. Un modo ancora più efficace di mettere ordine nelle *patch* è l'utilizzo della *presentation mode*: ne parleremo al paragrafo 1.3, dopo che avremo realizzato delle *patch* un po' più complesse.

ATTIVITÀ

Create una nuova *Patcher Window* e tentate di rifare la *patch* del file **01_01.maxpat**. Usate lo *snippet* che avete salvato nel precedente paragrafo (se non lo avete fatto, fatelo ora!), altrimenti vi sarà impossibile creare l'oggetto [p gain_to_amp]. Attenzione a non confondere l'oggetto **number~** con il *number box*! Se non riuscite a trovare gli oggetti grafici **scope~** e **number~** nella *Toolbar* superiore, ricordatevi che potete sempre prendere un *object box*, scrivere il nome dell'oggetto al suo interno e l'*object box* si trasformerà nell'oggetto grafico relativo. Noterete che la forma d'onda visualizzata dall'oscilloscopio creato da voi è diversa da quella del file originale. Vedremo perché nel prossimo paragrafo.

1.2 FREQUENZA, AMPIEZZA E FORMA D'ONDA

Nel paragrafo precedente abbiamo inizialmente usato l'oggetto **cycle~** con una frequenza espressa come argomento fisso (440) e scritta all'interno dell'oggetto stesso. Abbiamo poi visto che è anche possibile variare la frequenza a piacimento inviando dei numeri nell'ingresso di sinistra dell'oggetto, tramite un *number box*. In figura 1.19 vediamo un altro tipo di oggetto che può modificare la frequenza di **cycle~**.

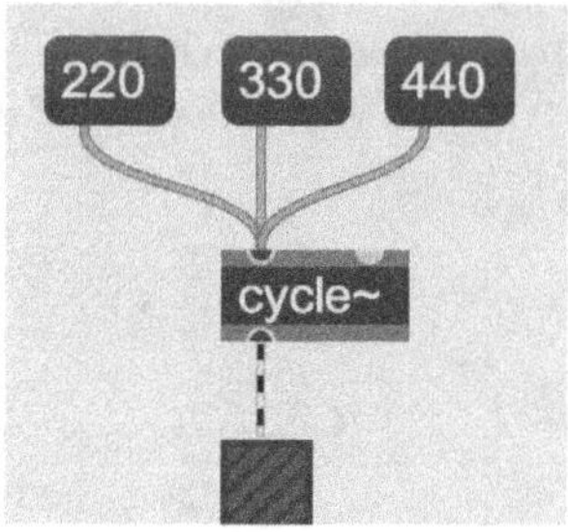

fig.1.19: uso di *message box*

Qui abbiamo aggiunto alla *patch* che abbiamo realizzato nel precedente paragrafo tre *message box* (nella *Toolbar* superiore il *message box* è la seconda icona). Il ***message box*** si distingue graficamente dall'*object box* perché quest'ultimo ha una barra grigia nei lati superiore e inferiore, mentre il *message box* ha uno sfondo uniforme e gli angoli arrotondati. Questo oggetto può contenere un messaggio qualsiasi (cioè una qualsiasi combinazione di caratteri, quindi frasi, parole, numeri e altre combinazioni), e il messaggio viene inviato all'uscita dell'oggetto quando facciamo clic con il mouse al suo interno in modalità *performance*. È un oggetto molto importante e può essere creato anche senza far ricorso alla *Toolbar* superiore, semplicemente premendo "*m*" sulla tastiera.
Provate anche voi a modificare la *patch* che avete salvato dal precedente paragrafo[16], aggiungete alcuni *message box*, riempiteli con dei numeri e fate clic su uno di questi per variare la frequenza di **cycle~** (prima ricordatevi di passare in *performance mode*, e di fare clic su **ezdac~**, il piccolo altoparlante, per avviare l'elaborazione audio, e di alzare il cursore di **gain~**, l'oggetto a forma di barra del mixer, per incrementare il volume). Notate che l'argomento "440" che avevamo inserito in precedenza dentro l'*object box* dopo la parola "cycle~" non cambia quando facciamo clic sui *message box*. L'argomento "440" viene solo sostituito da un nuovo valore che viene memorizzato all'interno dell'oggetto (senza essere visualizzato nell'oggetto stesso) e la frequenza che udiamo fa riferimento a questo nuovo valore e non più all'argomento "440".

[16] Se non avete salvato nessuna *patch* dal precedente paragrafo, caricate il file 01_01.maxpat, salvatelo con un altro nome (che non corrisponda a nessun oggetto Max! Vedi le avvertenze al paragrafo 1.1) ed usatelo.

Con questo sistema possiamo però usare solo i valori che abbiamo predefinito quando abbiamo creato i *message box*, mentre se volessimo usare un numero qualunque e cambiarlo a piacimento dovremmo ricorrere al *number box* per i numeri interi o al **flonum** (o *float number box*) per i numeri con la virgola: questi oggetti si trovano nella palette *Numbers* (sesta icona della *Toolbar* superiore, vedi figura 1.20) e possono essere richiamati anche digitando i singoli caratteri "*i*" (per i numeri interi) e "*f*" (per i numeri con la virgola, o *floating point*).

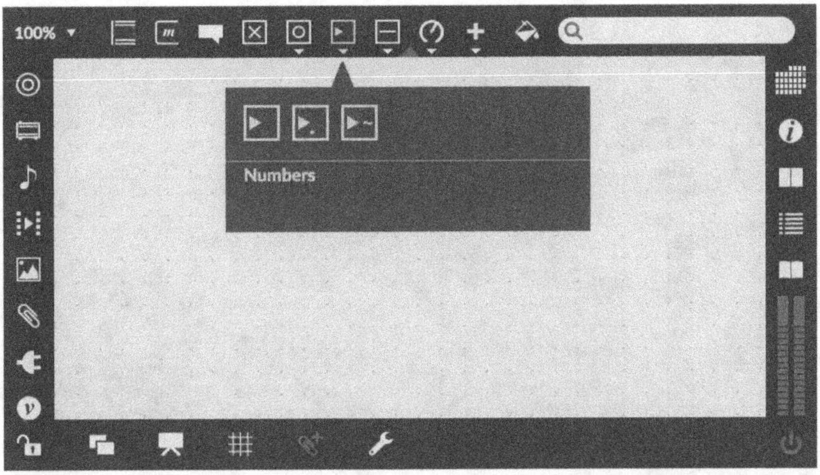

fig. 1.20: le icone degli oggetti `flonum` e `number` nella palette *Numbers*

Aggiungete un *flonum* alla *patch* (è l'icona con il triangolo e il puntino), entrate in *performance mode*, attivatela facendo clic sull'oggetto `ezdac~` e variate la frequenza in questo modo: fate clic sul *float number box* e, tenendo pigiato il tasto del mouse, fate scorrere il mouse verso l'alto per aumentare la frequenza, o verso il basso per diminuirla.
Se fate clic sulla parte sinistra del *float number box* incrementerete o decrementerete la parte intera del numero, facendo clic sulla parte destra potrete regolare la parte frazionaria. Un altro modo per modificare il numero del *flonum* è di selezionare l'oggetto con un clic e scrivere il numero con la tastiera; terminate premendo *Enter* o facendo clic[17] in un punto vuoto della *Patcher Window* (fig. 1.21).

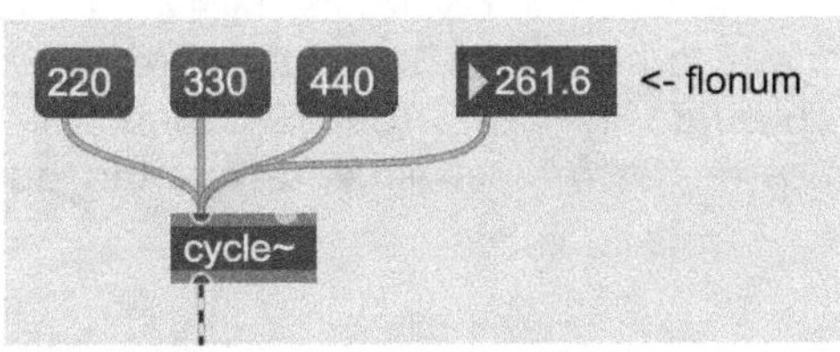

fig.1.21: l'oggetto `flonum`

[17] Verificate di essere sempre in *performance mode*, dopo il clic il triangolo a sinistra dell'oggetto deve diventare giallo.

Una sinusoide, essendo priva di armoniche[18], è scarsamente udibile a frequenze basse, quindi se state usando un buon impianto d'ascolto o una cuffia portate la frequenza al di sopra dei 60 Hz per udire qualcosa, se invece state usando gli altoparlantini incorporati di un laptop, portate la frequenza ben sopra i 200/300 Hz. Per impostare un determinato numero potete anche fare clic sull'oggetto per selezionarlo (verificate che il triangolino sulla sinistra diventi giallo) e scriverlo direttamente con la tastiera.

Adesso aprite il file **01_02.maxpat** (fig. 1.22).

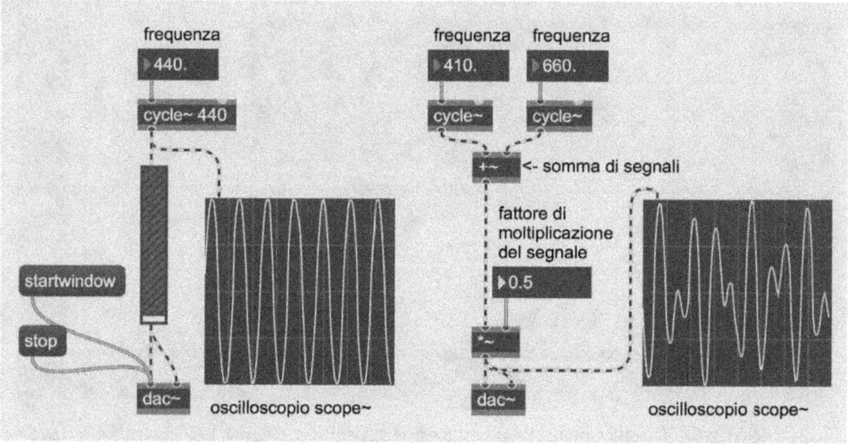

fig.1.22: file 01_02.maxpat

Qui ci sono due moduli di generazione e l'oggetto `ezdac~` è stato sostituito dall'oggetto **`dac~`**. Questo oggetto è un convertitore digitale-analogico che attiva e arresta MSP quando riceve i messaggi "*startwindow*" e "*stop*" (ricordiamo che i messaggi si scrivono all'interno del *message box*). Il vantaggio di usare il messaggio "*startwindow*" invece di fare semplicemente clic sul piccolo altoparlante di `ezdac~` è che in questo modo attiviamo la sintesi solo per la finestra che contiene la *patch*. Se avessimo molte *patch* aperte e facessimo clic su un oggetto `ezdac~`, tutte le *patch* si attiverebbero contemporaneamente, perché di default `ezdac~` attiva l'elaborazione per tutte le *patch* aperte.[19] D'ora in poi utilizzeremo quindi il messaggio "*startwindow*".[20]

Un'altra novità di questa *patch* è costituita dalle "didascalie" che abbiamo aggiunto ai vari oggetti (ad esempio la scritta "frequenza" al di sopra dei *float number box* collegati agli oscillatori). È molto utile poter aggiungere dei commenti alle nostre *patch*, specialmente quando queste cominceranno

---

18 Per le armoniche cfr. il capitolo 2 della teoria.

19 In realtà è possibile far sì che anche `ezdac~` attivi l'elaborazione solo per la finestra che lo contiene tramite l'*inspector*, che è uno strumento per impostare le caratteristiche di un oggetto: ne parleremo tra pochissimo.

20 Oltre a "*startwindow*" esiste il messaggio "*start*" che, se inviato all'oggetto `dac~`, attiva l'audio in tutte le *patch* aperte.

a diventare molto complesse. È possibile inserire i commenti utilizzando il **comment box** che è il terzo oggetto nella *Toolbar* superiore; il *comment box* è richiamabile anche premendo semplicemente il tasto "c".
Se attiviamo la *patch* e variamo la frequenza del primo **cycle~** noteremo che la forma d'onda mostrata da **scope~** diventa più stretta quanto più la frequenza è alta. Questo avviene perché, come già sappiamo, il periodo (cioè la durata di un ciclo) è inversamente proporzionale alla frequenza.
Vediamo ora come si possono udire più suoni contemporaneamente: abbassate il fader di sinistra e regolate la frequenza dei due oscillatori **cycle~** sulla destra (ad esempio 330 e 420 Hertz). Il suono di questi due oscillatori viene sommato dall'oggetto **+~** che è un sommatore di segnali. Sommare due segnali significa semplicemente sovrapporli, come faremmo in un mixer. Qui abbiamo tolto l'oggetto **gain~** (il fader) e l'abbiamo sostituito con un moltiplicatore, (l'oggetto ***~**). Per sentire il suono dei due oscillatori lo dobbiamo moltiplicare per un numero diverso da 0 (come sappiamo dal paragrafo 1.1).[21]
Incrementiamo quindi (con cautela) il *float number box* collegato all'ingresso destro del moltiplicatore. Dobbiamo incrementare solo la parte decimale, quindi facciamo clic sulla parte destra dell'oggetto, dove ci sono i numeri decimali, e trasciniamo verso l'alto. Se il moltiplicatore supera il valore di 0.5 il suono otteniamo una distorsione della forma d'onda. Perché? Perché come abbiamo visto i numeri che eccedono +1 e -1 vengono riportati forzatamente a 1 o –1 dal convertitore digitale–analogico. Dal momento che stiamo sommando due sinusoidi a frequenza diversa che oscillano tra +1 e -1 l'oscillazione risultante sarà tra +2 e –2, e quindi un fattore di moltiplicazione superiore a 0.5 eccede i limiti del convertitore; se ad esempio abbiamo un'ampiezza uguale a 2 e il fattore di moltiplicazione è 0.6 otterremo un valore superiore a 1, cioè 1.2.
Se poi alziamo anche il fader collegato all'oscillatore di sinistra, il limite oltre il quale si ottiene una distorsione diventa ancora più basso perché stiamo sommando tre segnali contemporaneamente (tutti i segnali inviati agli oggetti **dac~**, anche diversi, si sommano tra loro, perché vengono inviati tutti allo stesso convertitore digitale-analogico).
Provate anche voi a realizzare una *patch* che somma due sinusoidi, ricostruendo la parte destra del file *01_02.maxpat* su una nuova *Patcher Window* (se volete tracciare dei cavi segmentati ricordatevi di attivare la voce *Segmented Patch Cord* dal menù *Options*). Non dimenticate di collegare i *message box "startwindow"* e *"stop"* all'oggetto **dac~**. Non dimenticate neanche che dovete passare dalla modalità *edit* a quella *performance* (tramite <Mac: Command–e> <Win: Control–e> o un clic sul lucchetto in basso a sinistra) per usare la vostra *patch*; e soprattutto non dimenticate che, per sentire qualcosa, dovete fare clic sul messaggio *"startwindow"*, impostare delle frequenze a piacere nei *float number box* collegati agli oscillatori, e impostare un numero superiore a 0 e inferiore a 0.5 nel *float number box* collegato al moltiplicatore ***~**.
Se avete creato la vostra *patch* da zero (e non vi siete limitati a fare copia e incolla dall'altra!) noterete che la forma d'onda visualizzata dall'oscilloscopio

[21] Se avete fatto clic sul messaggio *"stop"* per fermare la *patch* ricordatevi di riavviarla con un clic su *"startwindow"*.

scope~ è molto più "stretta" di quella che si vede nel file *01_02.maxpat*. Per ottenere lo stesso tipo di visualizzazione, prendete un *number box* (quello senza la virgola, il primo della palette *Numbers* visibile in fig. 1.20) collegatelo all'ingresso di sinistra dell'oscilloscopio (lo stesso che avete usato per collegare il moltiplicatore ***~**) e variate i numeri del *number box* mentre la *patch* è in funzione. Vedrete che questo numero è in rapporto con la quantità di segnale visualizzato nell'oscilloscopio. È una specie di zoom: più basso è il numero che impostiamo più l'immagine del segnale viene ingrandita. In realtà non è uno zoom, ma una cosa leggermente diversa: per capire di che si tratta andiamo in *edit mode*, selezioniamo l'oggetto **scope~** e digitiamo <Mac: Command–i> <Win: Control–i>, oppure facciamo clic sull'icona che contiene una "*i*" e che si trova nella *Toolbar* di destra. Come abbiamo già detto si aprirà una finestra "a cassetto" sul lato destro della *Patcher Window* (fig. 1.23).

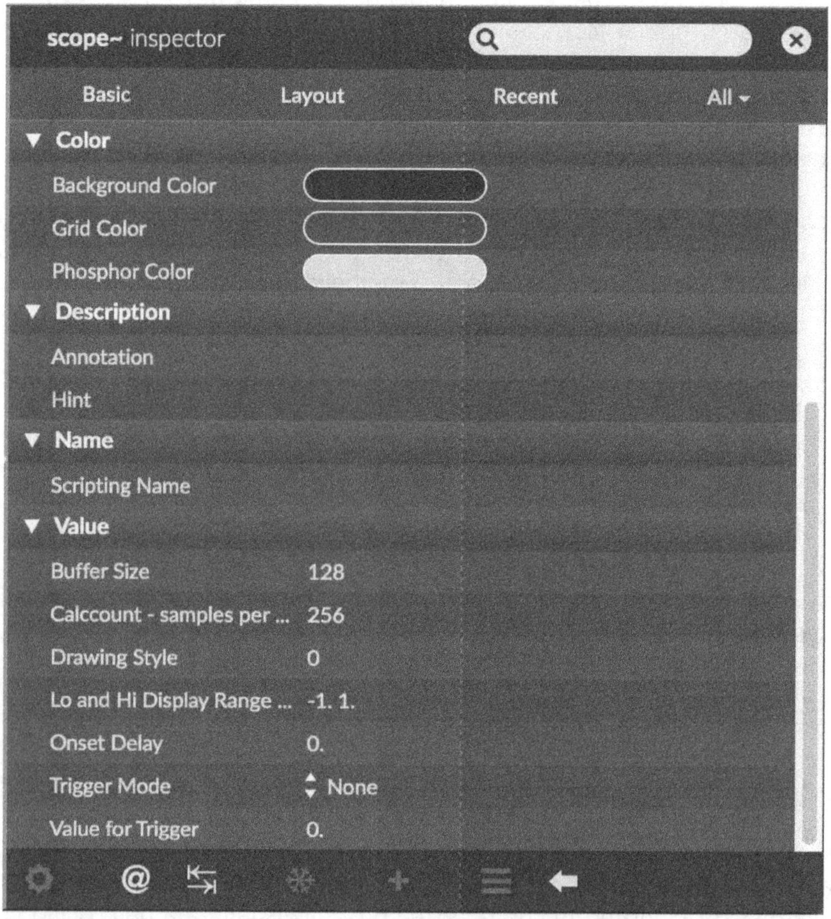

fig.1.23: *inspector* dell'oggetto **scope~**

Quello che vediamo è l'**inspector** dell'oggetto **scope~**, ovvero una finestra tramite la quale possiamo impostare diverse caratteristiche dell'oggetto. Tutti gli oggetti di Max hanno un *inspector*, ne vedremo diversi nel corso di questo libro. I parametri (che in Max vengono definiti **attributi**) sono suddivisi in categorie, alcune delle quali variano da oggetto a oggetto. L'*inspector* di **scope~** contiene le categorie "Appearance", "Behaviour", "Color", "Description", "Name", "Value". Vedremo le funzioni di alcune di queste categorie nel corso del libro: per ora osserviamo gli attributi della categoria "Value", relativi ad impostazioni specifiche dell'oggetto **scope~**.
Il primo attributo che vediamo è "**Buffer Size**", il secondo è "**Calccount - samples per pixel**": la forma d'onda che vediamo sullo schermo non viene visualizzata campione per campione, ma ogni singolo puntino (*pixel*) del disegno rappresenta una certa quantità di campioni. I campioni da visualizzare vengono raggruppati in "pacchetti" dei quali è possibile impostare la dimensione tramite l'attributo "Calccount"; è possibile stabilire quanti pacchetti verranno usati nello "schermo" dell'oscilloscopio, quindi quanti pixel verranno visualizzati al suo interno, tramite l'attributo "Buffer Size". L'attributo che noi abbiamo modificato con il *number box* collegato all'ingresso sinistro di **scope~** è "Calccount", ovvero il numero di campioni che viene visualizzato con un pixel. Come possiamo vedere avremmo potuto modificare l'attributo anche utilizzando l'*inspector*: è sufficiente trascinare verso l'alto o verso il basso il valore numerico con il mouse.
Ci sono altri attributi interessanti che possiamo modificare con l'*inspector* dell'oscilloscopio, ad esempio il *"Lo and Hi Display Range"*, ovvero il limite minimo e massimo del valore dei campioni visualizzabili. Questo limite è inizialmente impostato a -1 e 1, e ciò come sappiamo significa che campioni che hanno un valore superiore a 1 o inferiore a -1 non possono essere visualizzati, vanno fuori quadro, per così dire. Modificando questi limiti possiamo visualizzare valori a nostro piacimento (al momento non lo facciamo perché non ci serve).
Tramite gli attributi della categoria "Color", inoltre, possiamo modificare il colore dei vari elementi dell'oggetto, come ad esempio la linea che traccia il segnale oppure il colore dello sfondo. Il procedimento è abbastanza intuitivo, provate a fare clic su una delle barre colorate: apparirà una finestra con cui è possibile variare il colore dell'elemento corrispondente. Ce ne sono altri ancora ma ne parleremo in seguito. È possibile modificare anche gli attributi di una *Patcher Window* tramite il **patcher inspector**: per visualizzarlo deselezionate l'oggetto **scope~** (e qualunque altro oggetto) e fate clic sulla piccola P inscritta in un rombo visibile nella parte alta della finestra dell'*inspector*. Ritorneremo sul *patcher inspector* al par. 1.3.

Prima di illustrare alcuni generatori di forme d'onda diverse dalla sinusoidale, introduciamo un nuovo oggetto che ci sarà molto utile per smistare e confrontare i segnali: **selector~**. Si tratta di un *object box* che necessita di un argomento numerico. Questo argomento indica il numero di ingressi per i segnali che l'oggetto deve avere: ad ogni ingresso è possibile connettere un segnale diverso. C'è un ulteriore ingresso, a sinistra, che serve a stabilire quale segnale verrà mandato all'uscita dell'oggetto. È possibile mandare un solo segnale per volta.

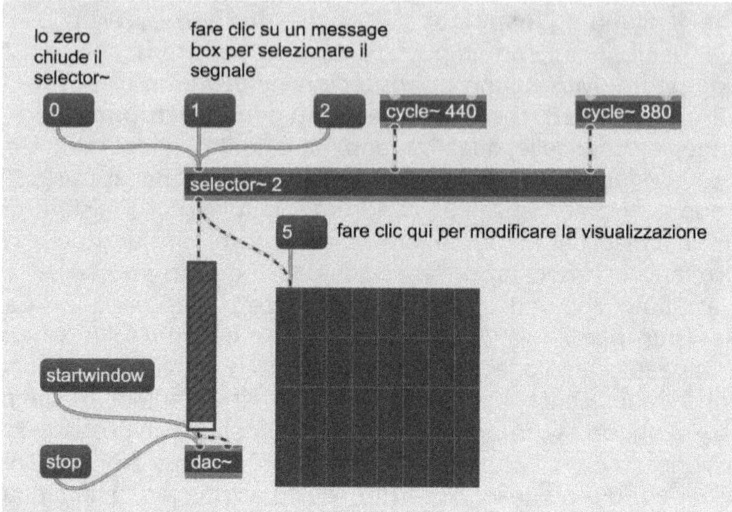

fig.1.24: l'oggetto **selector~**

La figura 1.24 mostra una *patch* che chiarisce il funzionamento di **selector~**: provate a realizzarla[22], sarà un buon esercizio. Aprite una nuova *Patcher Window* e ricostruite la *patch*: ricordatevi che le scatolette su cui è scritto "*startwindow*", "*stop*" e quelle che contengono i numeri sono dei *message box*, mentre quelle su cui è scritto "cycle~ 440", "cycle~ 880" "selector~ 2" e "dac~" sono degli *object box*.
Probabilmente vi starete chiedendo come si fa a far diventare l'oggetto **selector~** così lungo: bisogna (in modalità *edit*!) selezionare l'oggetto e poi trascinare orizzontalmente con il mouse uno dei quattro piccoli quadrati che appaiono agli angoli dell'oggetto stesso.
Ora che avete ricostruito la *patch* verificatene il funzionamento: passate in modalità *performance* e avviate l'elaborazione con un clic su "*startwindow*", poi alzate il cursore di **gain~**. Se fate clic sul messaggio "1", attraverso **selector~** passerà il segnale del primo ingresso, e quindi dovreste udire un La a 440 Hertz generato dal primo **cycle~**; facendo clic su "2" passerà il segnale dell'oscillatore del secondo ingresso che produce il La un'ottava sopra (880 Hertz); infine se fate clic su "0" il **selector~** verrà chiuso e quindi non dovreste udire niente.
Se desiderate cambiare il numero degli oscillatori da attivare, ad esempio 4, cambiate l'argomento di **selector~** da 2 a 4 e si attiveranno altri due ingressi di **selector~** a cui potrete collegare altrettanti oscillatori.
Vediamo ora come generare forme d'onda diverse dalla sinusoidale. Cominciamo dall'onda a dente di sega: in questa forma d'onda, di cui parliamo nel par. 1.2 della parte di teoria, il segnale cresce linearmente da -1 a +1, per poi tornare immediatamente a -1 e ricominciare il ciclo.

22 Ricordatevi di mettere uno spazio prima degli argomenti degli oggetti **cycle~** e **selector~**.

Apriamo il file **01_03_dente_di_sega.maxpat** (fig. 1.25).

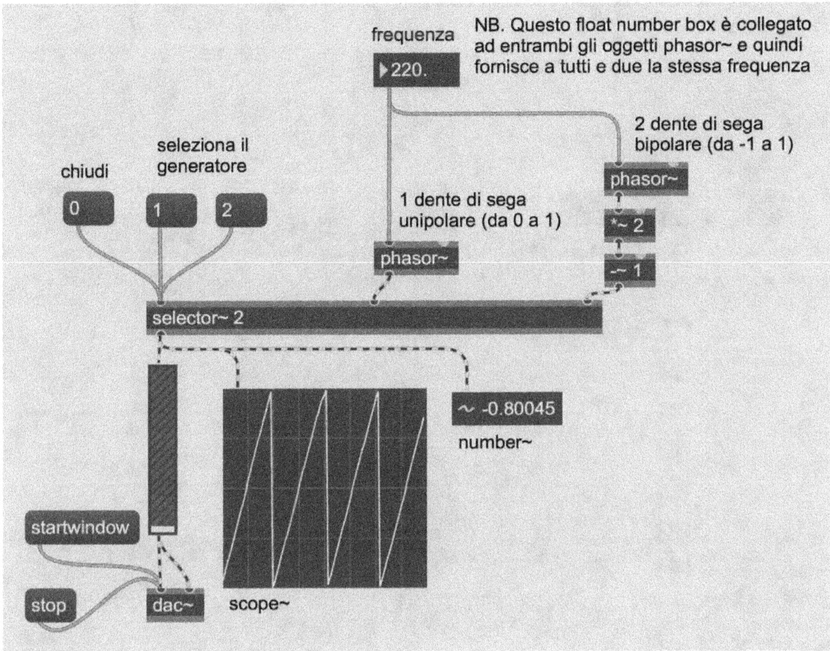

fig.1.25: file 01_03_dente_di_sega.maxpat

Qui ritroviamo l'oggetto `selector~` che abbiamo appena imparato ad usare e che ci permetterà di confrontare due segnali diversi. Attiviamo la *patch*, facendo clic sul messaggio "*startwindow*", e ascoltiamo il primo segnale (impostiamo una frequenza a piacere sul *float number box*, facciamo clic sul *message box* che contiene il numero 1 e alziamo il fader): vedremo nel quadrante dello `scope~` la forma d'onda a dente di sega. L'oggetto **`phasor~`** infatti è un oscillatore che genera una rampa che va da 0 a 1, e la ripete ciclicamente secondo una frequenza che possiamo impostare esattamente come abbiamo fatto con `cycle~`. L'oggetto `phasor~` produce una forma d'onda a dente di sega "dimezzata", per così dire, perché invece di andare da -1 a 1 va da 0 a 1, oscilla quindi solo nel polo positivo.[23] Dal momento che i segnali digitali non sono che numeri, con un paio di operazioni aritmetiche possiamo ottenere un'onda a dente di sega "intera":
1) moltiplichiamo per due l'uscita di `phasor~` ed otteniamo una rampa che va da 0 a 2.
2) sottraiamo 1 alla rampa, e otteniamo una nuova rampa che va da -1 a 1.
Queste operazioni sono realizzate con il secondo segnale della patch: facendo clic sul messaggio "2" possiamo ascoltare l'onda a dente di sega intera che, come come si vede dall'oscilloscopio, è bipolare, cioè oscilla non solo nel polo positivo ma anche in quello negativo.

[23] Questa oscillazione è detta unipolare, vedi par. 1.2 della parte di teoria.

Aprite adesso il file **01_04_triangolare_quadrata.maxpat** (fig. 1.26).

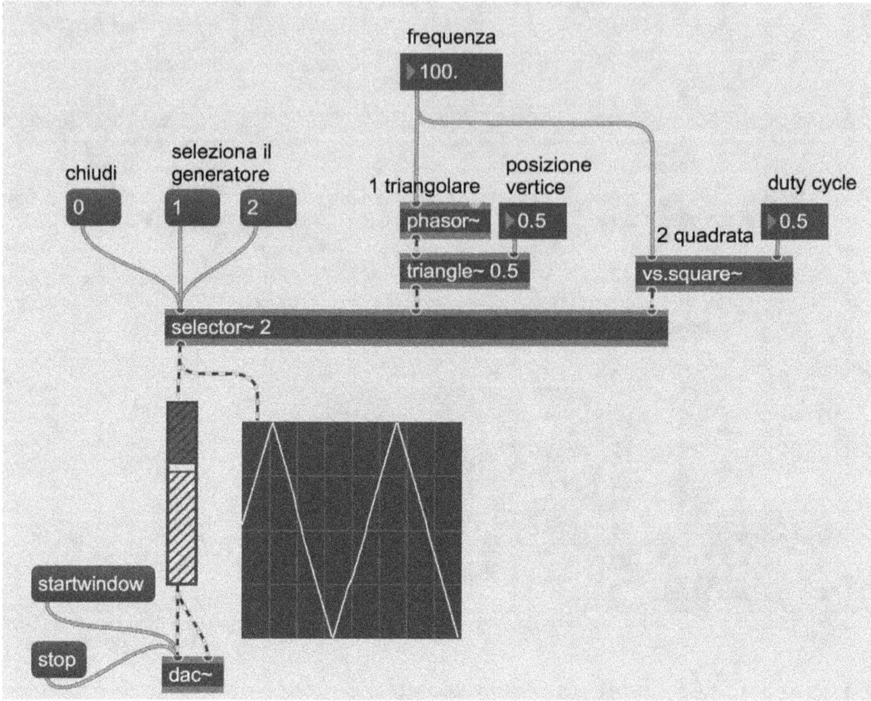

fig.1.26: file 01_04_triangolare_quadrata.maxpat

Questa *patch* contiene un oggetto che fa parte della *libreria Virtual Sound Macros*, quindi guardate innanzitutto la *Max Console* (<Mac: Command–m> <Win: Control–m>): se appare la scritta "vs.square~: No such object" significa che non avete installato correttamente la **libreria Virtual Sound Macros**[24]; vi ricordiamo che le istruzioni complete si trovano all'indirizzo www.virtual-sound.com/cmsupport. In ogni caso ecco quello che dovete fare:

1) Copiate nel vostro computer il file "Virtual Sound Macros.zip" che si trova all'indirizzo www.virtual-sound.com/cmsupport e scompattatelo: otterrete la cartella "Virtual Sound Macros"
2) Localizzate la cartella "{Nome Utente}/Documenti/Max 9/Packages" ({Nome Utente} è il nome del vostro account nel computer).
3) Spostate la cartella "Virtual Sound Macros" nella cartella Packages localizzata al punto 2.
4) Riavviate Max

[24] La libreria *Virtual Sound Macros* è un insieme di oggetti creati appositamente per questo libro, che si aggiungono agli oggetti standard di Max. Troverete ulteriori dettagli sulla libreria *Virtual Sound Macros* e sulle librerie esterne nell'Interludio A che si trova subito dopo questo capitolo.

Torniamo alla nostra *patch*: anche qui è presente un **selector~** per selezionare i segnali. Il primo generatore produce un'onda triangolare; ora fate clic sul *message box* che contiene il numero 1 e attivate la *patch* facendo clic sul messaggio "*startwindow*". L'oggetto **triangle~** che vediamo non è però un oscillatore, ma un "contenitore" per il segnale triangolare: infatti produce un ciclo di onda triangolare ogni volta che riceve una rampa che va da 0 a 1. Come abbiamo visto più sopra, l'oggetto **phasor~** serve proprio a generare rampe che vanno da 0 a 1: per ottenere un'oscillazione dobbiamo quindi collegare **triangle~** ad un **phasor~** e impostare sul *number box* collegato a quest'ultimo la frequenza desiderata. Ascoltiamo il timbro dell'onda triangolare alzando il fader.
L'argomento dell'oggetto, 0.5, indica a che punto del ciclo si raggiunge il vertice del triangolo. Il valore 0.5 ci dice appunto che il vertice viene raggiunto a metà del ciclo.
È possibile modificare questo punto tramite l'ingresso di destra. Se modificate il valore nel *float number box* collegato vedrete il triangolo "inclinarsi" a sinistra o a destra a seconda del valore impostato. Quando il valore è 1, la forma diventa una dente di sega. Come potete notare, cambiando la forma del triangolo il timbro varia. L'oscillatore seguente, **vs.square~** (fate clic sul *message box* numero 2), genera un'onda quadra. Questo oscillatore fa parte della libreria *Virtual Sound Macros*: parleremo più approfonditamente di questa libreria nell'Interludio A. Con il *float number box* collegato all'ingresso destro dell'oscillatore possiamo variare il rapporto tra la parte alta e la parte bassa dell'onda quadra (trasformandola in pratica in un'onda rettangolare). Questo rapporto si chiama **duty cycle** ed è espresso con un valore numerico decimale che varia da 0 a 1: tale valore ci indica il punto all'interno del ciclo in cui si passa dalla parte alta alla parte bassa della forma d'onda. Quando il *duty cycle* è uguale a 0.5 la parte alta e la parte bassa dell'onda durano metà ciclo ciascuna ed abbiamo pertanto l'onda quadra; se portiamo il *duty cycle* a 0.25 la parte alta durerà 1/4 del ciclo e la bassa 3/4; se lo portiamo a 0.75 la parte alta durerà 3/4 del ciclo e la parte bassa 1/4.
Proviamo quindi a variare il *duty cycle* agendo sul relativo *float number box*: la forma d'onda, e naturalmente il timbro, varieranno di conseguenza.

GENERATORI LIMITATI IN BANDA

Probabilmente avrete notato, nelle ultime *patch*, che gli oggetti **phasor~**, **triangle~** e **vs.square~** generano spesso suoni che sembrano distorti[25] soprattutto quando si porta la frequenza a valori molto alti. Questo succede perché le frequenze di queste componenti eccedono la capacità di conversione, per così dire, della scheda audio. Parleremo più in dettaglio (e in termini corretti) di questi argomenti nel prossimo capitolo dedicato alla sintesi additiva e nel capitolo 5 dedicato all'audio digitale. In realtà questi oscillatori vengono utilizzati raramente come generatori di suoni, ma piuttosto come generatori di controlli o modulatori. Questo è un argomento che affronteremo nel capitolo 4.

[25] Ad essere precisi non si dovrebbe parlare di distorsione ma di *foldover*. Spiegheremo in dettaglio di cosa si tratta nel capitolo 5 della parte di teoria.

Esistono dei generatori di onde triangolari, quadrate e a dente di sega che "suonino bene" e non producano suoni spuri? La risposta è sì, questi oggetti si chiamano **tri~**, **rect~** e **saw~**[26], e vengono definiti **oscillatori limitati in banda**. Questo significa che non contengono le frequenze che causano le anomalie di cui abbiamo parlato sopra. Aprite il file **01_05_band_limited.maxpa**t (fig. 1.27).

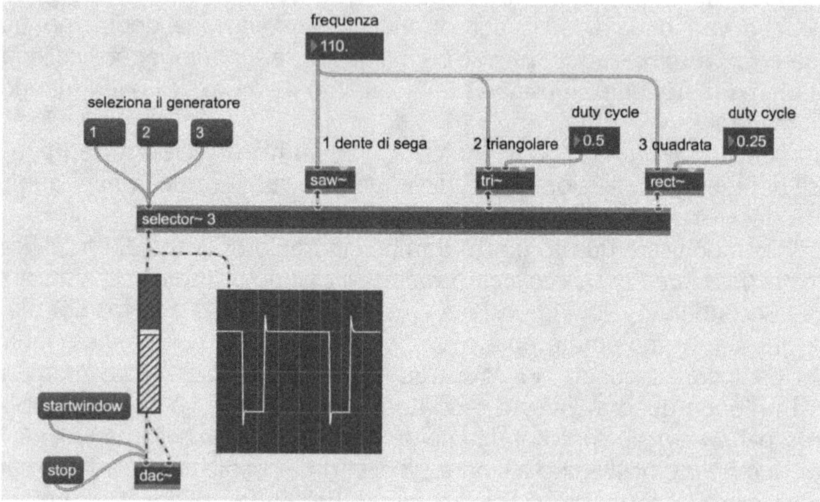

fig.1.27: file 01_05_band_limited.maxpat

In questa *patch* tramite l'oggetto **selector~** possiamo confrontare i timbri di questi tre oscillatori; provate anche a confrontarli con i timbri dei corrispondenti *oscillatori non limitati in banda*. I suoni spuri non sono più presenti in questi tre nuovi generatori, ed è possibile realizzare suoni con frequenze acute a piacere senza che si producano frequenze indesiderate. Noterete che la forma d'onda degli oscillatori *band limited* non è perfettamente quadrata, o triangolare, o a dente di sega: questo dipende dal fatto che le componenti sono diverse da quelle dei corrispettivi oscillatori non limitati in banda, e quindi anche la forma d'onda è diversa.

ATTIVITÀ

Create una *patch* per confrontare il timbro di sette forme d'onda: sinusoidale, a dente di sega, triangolare e quadrata, queste ultime tre sia in versione limitata in banda sia in versione non limitata in banda. Usate l'oggetto **selector~** per il confronto, e usate un solo *float number box* per impostare la frequenza di tutti e sette i generatori.

[26] Notate che tutti gli oscillatori, ed in generale tutti gli oggetti che hanno a che fare direttamente con i suoni, sono caratterizzati da una tilde alla fine del nome. Torneremo sull'argomento nel par. 1.7.

1.3 VARIAZIONI DI FREQUENZA E AMPIEZZA NEL TEMPO: INVILUPPI E GLISSANDI

Per poter variare in modo continuo i parametri del suono nel tempo abbiamo bisogno di introdurre il concetto di lista e alcuni nuovi oggetti. Apriamo quindi una piccola parentesi su alcune funzioni di Max.
La **lista** è un insieme di numeri e/o di parole o altre combinazioni di caratteri considerati come un tutto unico. Ecco alcuni esempi di lista:

"1 2 3 4 3 2 1"
"2 3.14 5 333"
"0 stop 1 start"
"tempo 120"e così via.

Ci sono molti oggetti che usano le liste: un oggetto molto usato per contenerle è il *message box* (che conosciamo già: è richiamabile tramite la seconda icona della *Toolbar* superiore, vedi fig. 1.28).

fig.1.28: un *message box* che contiene una lista

L'oggetto `print` visualizza sulla *Max Console* qualsiasi messaggio riceva: questo oggetto si crea utilizzando l'*object box* al cui interno scriveremo la parola "print". La *Max Console*, come già sappiamo, viene usata dal programma per comunicare con l'utente. Se non la vedete potete richiamarla con la combinazione di tasti <Mac: Command–m> <Win: Control–m>. È una buona idea avere questa finestra sempre visibile, soprattutto quando la *patch* che stiamo costruendo non funziona come vorremmo; tutti i messaggi d'errore infatti appaiono qui.
Proviamo adesso a connettere un *message box* con l'oggetto `print`; aprite una nuova *Patcher Window* con <Mac: Command–n> <Win: Control–n> e create i due oggetti (fig. 1.29).

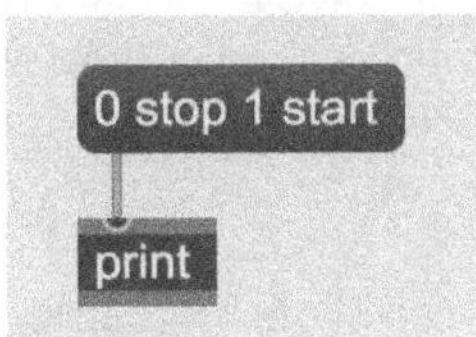

fig.1.29: per stampare un messaggio

Scrivete un messaggio qualsiasi nel *message box* e poi entrate in modalità *performance* con <Mac: Command–e> <Win: Control–e>. Se fate clic nel *message box* dovreste vedere il messaggio nella *Max Console*. Se ora fate doppio clic sul messaggio che è apparso nella *Max Console* vedrete che l'oggetto `print` che lo ha generato verrà evidenziato nella *Patcher Window*, esattamente come

viene evidenziato un oggetto che genera un messaggio di errore (cfr. la FAQ n. 2 al par. 1.1). Provate a connettere un *number box* a **print** e, tornando in modalità *performance*, fate clic all'interno del *number box* e fate scorrere il mouse: anche i numeri appaiono nella *Max Console*. Notate che il contenuto del *message box*, essendo una lista, appare in un'unica riga, mentre i numeri, essendo elementi separati, appaiono ognuno in una riga diversa.
Introduciamo ora un oggetto importantissimo, **button** che si trova nella palette *Buttons* e può essere creato anche digitando il singolo carattere "*b*"(vedi fig. 1.30).

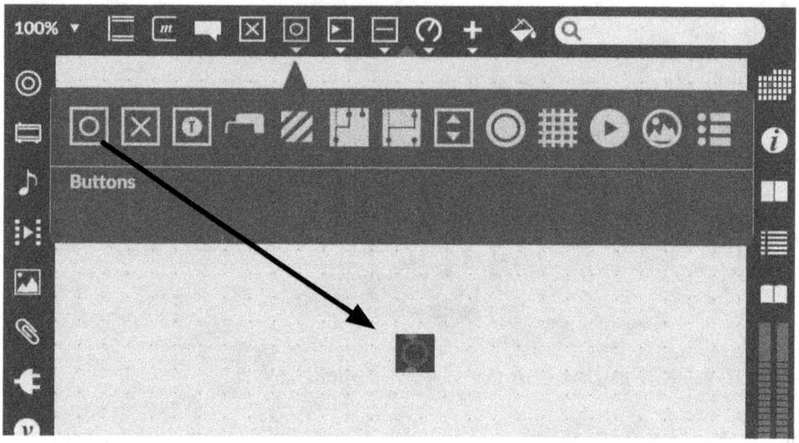

fig.1.30: l'oggetto **button**

Questo oggetto produce il messaggio "*bang*". Che significa "*bang*" nel linguaggio di Max? Significa "vai, comincia, agisci, fa' quello che devi fare" ed è riconosciuto dalla maggioranza degli oggetti. È un po' come il colpo di pistola che segnala l'inizio della gara agli atleti. Proviamo ad esempio a connetterlo al *message box* che abbiamo collegato a **print**: ogni volta che facciamo clic sull'oggetto **button** un *bang* raggiunge il *message box* che invia il suo messaggio all'oggetto **print** che lo scrive sulla *Max Console*, e lo stesso accade se colleghiamo il **button** al *number box*. Questo vale per la maggior parte degli oggetti: quando ricevono un *bang* svolgono la loro funzione principale. Provate a collegare il **button** direttamente a **print** (scollegandolo dagli altri oggetti): che cosa succede quando facciamo clic sull'oggetto? Verificate. Il **button** ha anche un ingresso e, qualunque messaggio gli inviamo, l'oggetto reagisce generando un *bang*.
Per concludere questa breve carrellata parliamo dell'oggetto **line~**. Questo oggetto è un generatore di segmenti di segnale che vanno da un valore a un altro in un tempo stabilito. Per creare un segmento l'oggetto ha bisogno di un valore di partenza e di una lista con il valore da raggiungere e il tempo in millisecondi. La lista può essere formata da una o più coppie di numeri, ciascuna indicante un valore e un tempo; ad esempio questa lista produce due segmenti:

"440 5000 110 3000"

e fa sì che `line~` raggiunga il valore 440 in 5 secondi (cioè 5000 millisecondi) e poi scenda a 110 in 3 secondi (3000 millisecondi). Provate a creare una *patch* come quella di fig. 1.31.

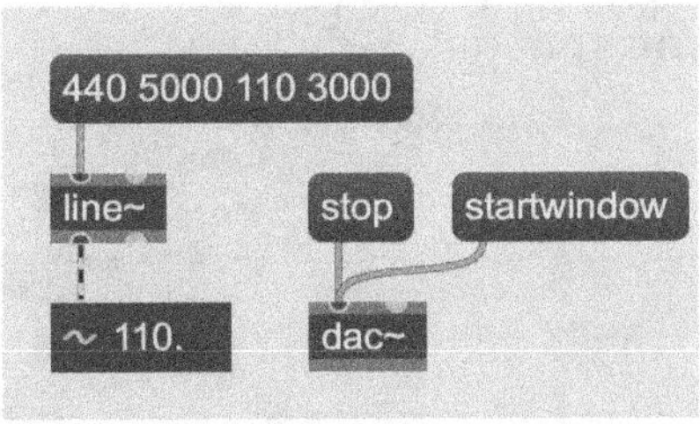

fig.1.31: l'oggetto `line~`

Come vedete c'è un *message box* connesso all'oggetto `line~` che a sua volta è connesso ad un `number~`.[27] Sulla destra c'è l'oggetto `dac~`: è infatti necessario avviare l'elaborazione audio per attivare `line~` (che è un oggetto che genera segnali, anche se non si tratta di suoni udibili). Dopo aver fatto clic su "*startwindow*" fate clic sul *message box* connesso a *line~* e osservate i valori numerici mostrati da *number~* che partono da 0 (che è il valore iniziale di `line~`, se non ne viene specificato un altro come argomento), crescono fino a 440 e poi scendono fino a 110, dove il segmento si ferma. Se fate di nuovo clic sul *message box* i valori crescono dall'ultimo valore raggiunto, cioè 110, fino a 440 e poi di nuovo a 110. Cambiate la lista contenuta nel *message box* e provate a produrre altri segmenti, anche più di due, ricordandovi che i numeri devono essere a coppie: valore da raggiungere e tempo da impiegare in millisecondi.
Se invece di una lista `line~` riceve un valore singolo (ovvero un numero, non una lista), lo raggiunge immediatamente, cioè in 0 secondi: collegate un *number box* a `line~` per inviargli dei numeri singoli; vedrete che il segnale va immediatamente al numero ricevuto, senza passare per valori intermedi. Un numero singolo può quindi servire per impostare un punto di partenza. Si può mandare un valore singolo e immediatamente dopo una lista tramite un *message box*, separando il primo elemento dagli altri con una virgola (fig. 1.32).

fig.1.32: questo *message box* contiene un elemento singolo e una lista

Se inviamo questo messaggio all'oggetto `line~` questo raggiungerà immediatamente il valore 220, poi salirà a 440 in 5 secondi e infine scenderà a 110 in 3, fermandosi naturalmente sul valore 110. Scrivete nel *message box* della vostra *patch* il messaggio "220, 440 5000 110 3000" e verificate che il percorso prodotto da `line~` sia quello che abbiamo descritto.

[27] Non trovate l'oggetto `number~`? È la terza icona nella palette *Numbers*. Alternativamente usate la tecnica che abbiamo già spiegato: prendete un *object box*, scriveteci dentro `number~` e comparirà l'oggetto desiderato.

GLISSANDI

Potrebbe essere utile applicare un percorso come quello che abbiamo visto alla frequenza di un oscillatore, per creare dei glissandi. Ed è quello che faremo con il file **01_06_glissandi.maxpat** (fig. 1.33).

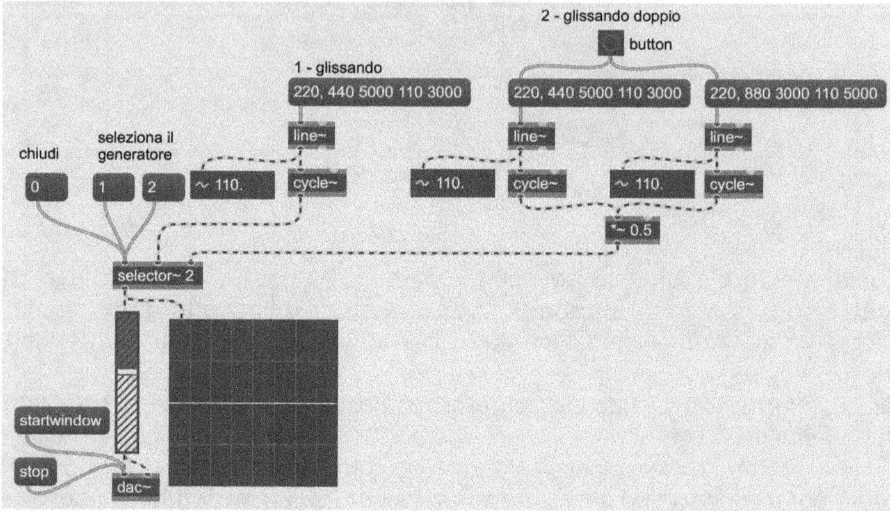

fig.1.33: file 01_06_glissandi.maxpat

In questa *patch*, oltre a un breve riepilogo degli oggetti presentati, troviamo due algoritmi che generano glissandi. Collegando `line~` ad un oscillatore, infatti, è possibile variare la frequenza in modo continuo. Attiviamo la *patch* con un clic su "*startwindow*" e ascoltiamo il primo glissando alzando il cursore di `gain~`, facendo clic sul messaggio "*1*" collegato a `selector~` e poi sul *message box* collegato al primo `line~`. L'oggetto `number~` ci permette di vedere come varia la frequenza: si parte da 220 Hertz e si arriva a 440 Hz in 5 secondi con un glissando ascendente, poi si scende fino a 110 Hz in 3 secondi e qui si resta "per sempre". O almeno finché non facciamo di nuovo clic sul *message box* collegato a `line~` (e quindi sentiamo di nuovo la sequenza di glissando ascendente e discendente), oppure facciamo clic sul messaggio "*0*" collegato a `selector~` (ovvero diciamo all'oggetto di non far passare alcun segnale), o magari facciamo clic su "*stop*".
Modificando il messaggio (in modalità *edit*) si possono realizzare "percorsi" di frequenza a piacimento. Provate a sostituirlo ad esempio con questi:

"2000, 1500 3000 80 100 440 5000"
"880, 880 3000 110 1000"

oppure con altri percorsi di vostra invenzione. Notate il secondo che abbiamo suggerito: parte da 880 Hz e "arriva" a 880 Hz in 3 secondi. Cosa significa? Significa che sta fermo per 3 secondi perché la frequenza di partenza e quella di arrivo sono identiche. Adesso provate a realizzare il percorso seguente: si parte

da 400 Hz, si arriva a 500 in 1 secondo, si scende a 300 in 0.1 secondi e si resta a 300 per 4 secondi, poi si sale a 1000 in 0.5 secondi.
Il secondo algoritmo realizza due glissandi diversi con due oscillatori. Per mandare i messaggi per il glissando ai due oggetti **line~** abbiamo collegato un **button** ai due *message box*: se facciamo clic sul **button** come sappiamo si produce un *bang* che, in questo caso, va ai due *message box* che a loro volta invieranno il loro messaggio. Dopo aver selezionato il messaggio *"2"* collegato a **selector~**, facciamo clic sul **button** e sentiremo i due glissandi che partono contemporaneamente dalla frequenza di 220 Hz e poi si separano perché il primo arriva a 440 Hz e il secondo a 880 (oltretutto in tempi diversi); dopo di che entrambi gli oscillatori scenderanno a 110 Hz.
Come vedete l'oggetto **line~** ha un secondo *outlet* a destra, dal quale emette un *bang* quando ha finito di eseguire i comandi ricevuti. Se colleghiamo questa uscita al *bang* **button** che invia i messaggi ai due oggetti **line~** nella parte destra della *patch* di fig. 1.33, otterremo un glissando che si ripete ciclicamente (fig. 1.34: per far partire il loop bisogna fare clic almeno una volta sul *bang* **button**).

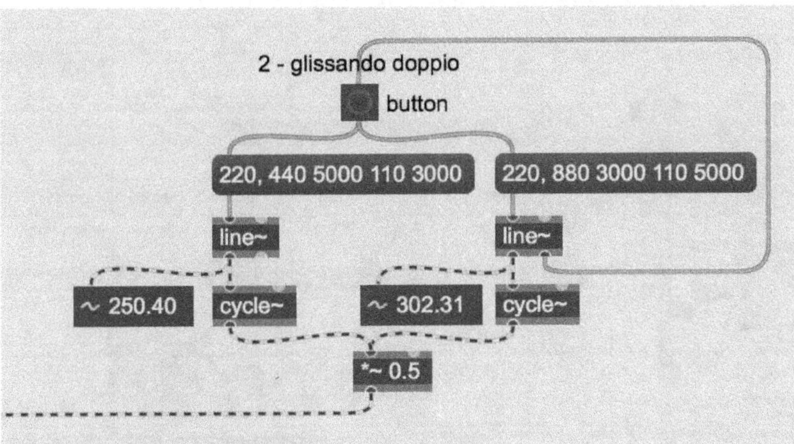

fig. 1.34: ripetizione ciclica del glissando doppio

Notate che le uscite degli oscillatori entrano contemporaneamente nell'ingresso di sinistra di un moltiplicatore. Questo perché se più segnali entrano in uno stesso ingresso vengono automaticamente sommati tra loro; non c'è quindi bisogno di utilizzare un sommatore come avevamo fatto, solo per illustrare l'oggetto, nella patch *01_02.maxpat*.
L'oggetto *~ moltiplica per 0.5 ovvero dimezza l'ampiezza dei segnali che riceve per evitare la distorsione. Provate a modificare i due percorsi di glissando, e provate ad aggiungere un terzo oscillatore, da collegare sempre all'ingresso sinistro del moltiplicatore *~: che cosa dovremmo scrivere in quest'ultimo al posto di 0.5 per evitare la distorsione?

INVILUPPI

Gli oscillatori che abbiamo usato fin qui producono suoni continui, generano cioè un segnale alla massima ampiezza possibile da quando avviamo la *patch* (ad esempio facendo clic su un messaggio "*startwindow*") fino a quando non la arrestiamo (con un clic su un messaggio "*stop*"). Perché l'ampiezza di questi suoni abbia un'evoluzione dobbiamo trovare il modo di modificarla nel tempo, ovvero dobbiamo fare in modo che i suoni abbiano un inviluppo. Sappiamo già (vedi figura 1.22: file *01_02.maxpat*) che possiamo modificare l'ampiezza di un oscillatore con una moltiplicazione: se moltiplichiamo il segnale per 1 l'ampiezza è invariata, se lo moltiplichiamo per 0.5 l'ampiezza è dimezzata, se lo moltiplichiamo per 0 l'ampiezza è pari a 0, cioè non sentiamo più alcun suono e così via. Usare un inviluppo, invece, vuol dire variare nel tempo l'ampiezza collegando l'oscillatore ad un moltiplicatore `*~` e collegando all'altro ingresso del moltiplicatore un segnale i cui valori variano nel tempo seguendo la forma dell'inviluppo che vogliamo applicare. L'oggetto che può generare questo segnale è l'oggetto `line~` che ormai conosciamo bene.
Apriamo il file **01_07_inviluppi.maxpat** (vedi fig. 1.35).

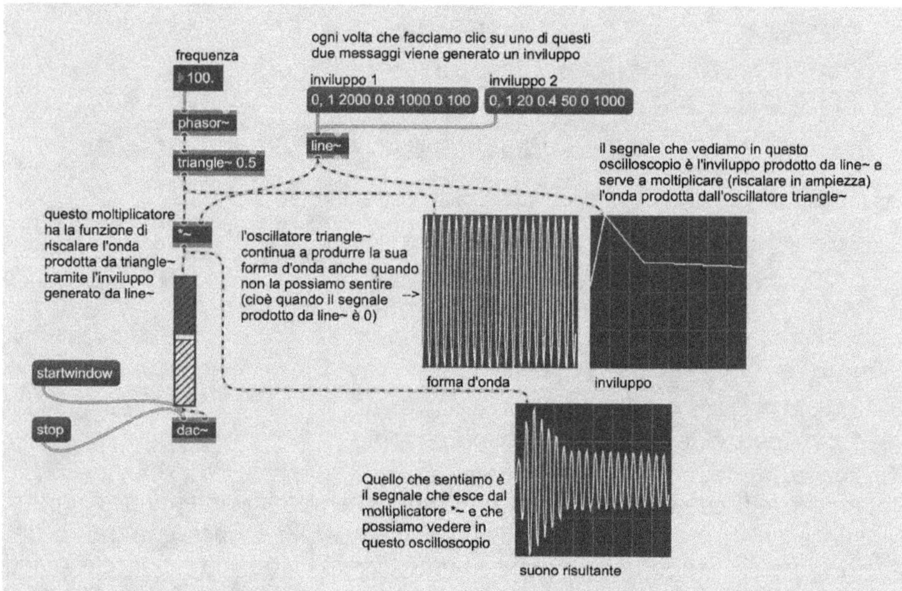

fig.1.35: file 01_07_inviluppi_1.maxpat

Qui abbiamo un moltiplicatore che esegue il prodotto tra il segnale dell'oscillatore e l'inviluppo generato da `line~`. I valori che `line~` genera in questo caso variano tra 0 e 1: ciò che facciamo, in altre parole, è modificare dinamicamente l'ampiezza del suono, dalla massima ampiezza (quando il segnale prodotto da `line~` vale 1) al silenzio (quando il segnale prodotto da `line~` vale 0). Sul quadrante dello `scope~` in alto a sinistra vediamo la forma d'onda costante generata dall'oscillatore, sulla destra vediamo l'inviluppo generato da `line~`, sull'oscilloscopio in basso vediamo il risultato della moltiplicazione del segnale

dell'oscillatore con l'inviluppo generato da **line~**, ovvero il suono inviluppato, cioè modellato (tramite la moltiplicazione) dall'inviluppo.
Osservate la *patch*, fatela suonare e riflettete attentamente sulla relazione tra i diversi segnali prodotti dagli oggetti a cui sono collegati i tre **scope~**.
Entrate in modalità *edit* e provate a creare degli altri inviluppi. Ricordatevi che i valori prodotti da **line~** dovrebbero variare tra 0 e 1. Che succede se l'ultimo valore dell'inviluppo non è 0? Provate!
È anche possibile modificare graficamente gli inviluppi; apriamo il file **01_08_inviluppi_2.maxpat** (vedi fig. 1.36).

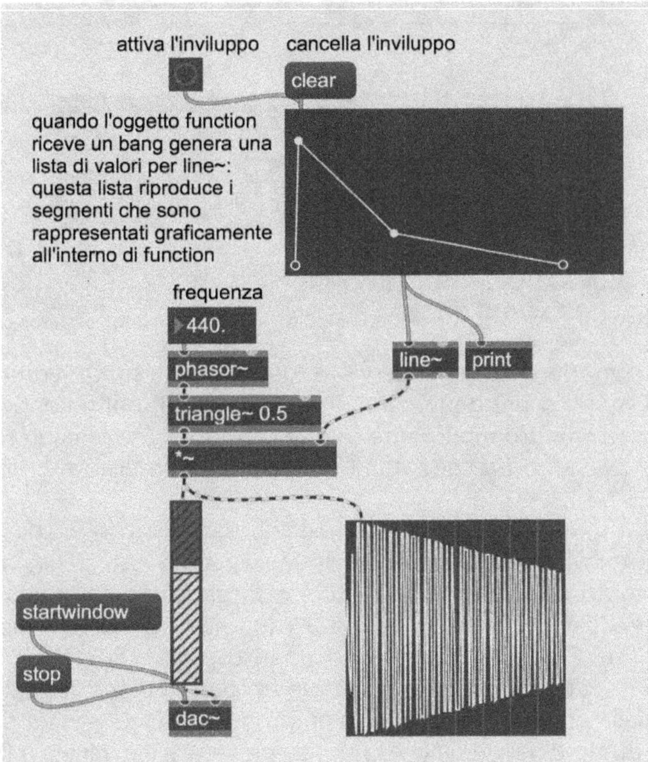

fig.1.36: file 01_08_inviluppi_2.maxpat

Nella parte alta vediamo un nuovo oggetto grafico, **function** (fig. 1.37, si trova nella sotto-categoria Audio della palette *Add*).

fig.1.37: l'oggetto **function**

Si tratta di un oggetto che serve a generare, tramite editing grafico, inviluppi, glissandi o più genericamente una serie di punti connessi tra loro da segmenti: come probabilmente avrete intuito è una versione grafica dei percorsi che avevamo precedentemente scritto all'interno dei *message box* e inviato a **line~**.
Agendo con il mouse è possibile, in modalità performance[28], spostare i punti o crearne di nuovi. I punti possono essere cancellati con "*Shift-clic*" (ovvero tenendo premuto il tasto delle maiuscole e facendo clic col mouse sul punto da cancellare). Con il messaggio "*clear*" (inviato tramite un *message box*) cancelliamo tutti i punti. L'oggetto ha quattro uscite (di cui per ora non ci occuperemo in dettaglio), e quando riceve un *bang* emette dalla sua seconda uscita (non dalla prima!) una lista di valori pronta per essere usata da **line~**. Il valore di un punto dipende dalla sua posizione verticale e varia tra 0 (quando è nella posizione più bassa) e 1 (nella posizione più alta). La distanza orizzontale tra due punti rappresenta il tempo necessario a percorrere il segmento che li unisce. Se creiamo o spostiamo un punto possiamo vedere, all'interno di **function**, una legenda che indica il valore del punto, contrassegnato dalla lettera Y (corrispondente alla posizione verticale del punto), e la sua posizione nel tempo in millisecondi, contrassegnata dalla lettera X (corrispondente alla posizione orizzontale del punto).

---

28 All'inizio può essere difficile capire quali operazioni devono essere eseguite in modalità *edit* e quali in modalità *performance*. Ricordiamo che la modalità *edit* serve a creare, spostare e cancellare gli oggetti, e a collegarli tra loro tramite *patch cord*: in altre parole serve ad assemblare la *patch*. Tutte le operazioni di manipolazione dei dati, come ad esempio modificare con il mouse il numero di un *number box* oppure agire sul cursore di un *signal level fader* o infine creare e spostare i punti all'interno dell'oggetto **function** vanno fatti invece in modalità *performance*.

Provate a modificare l'inviluppo e sentite come agisce sul suono. È molto importante che l'ultimo punto sia nella posizione più bassa, quella corrispondente al valore 0 (si riconosce perché il punto diventa un cerchio vuoto), altrimenti il suono non si può estinguere. Abbiamo connesso un oggetto **print** alla seconda uscita di **function**: così possiamo vedere le liste che vengono generate.
La lista generata da **function** per **line~** può avere, in questa *patch*, una durata massima di 1 secondo.
È possibile cambiare la durata massima? Naturalmente sì, insieme a molte altre cose, tramite il suo *inspector*, che come sappiamo è una finestra che ci permette di modificare le caratteristiche di alcuni oggetti. Per aprire l'*inspector* di un oggetto ricordiamo che bisogna passare in modalità *edit*, selezionare l'oggetto con il mouse e premere la combinazione <Mac: Command–i> <Win: Control–i>. Esistono altri modi per richiamare l'*inspector*: potete ad esempio (sempre in modalità *edit*) selezionare l'*Object Action Menu* dell'oggetto (cfr. figura 1.16b) e richiamare la voce "Inspector" (vedi fig. 1.38).

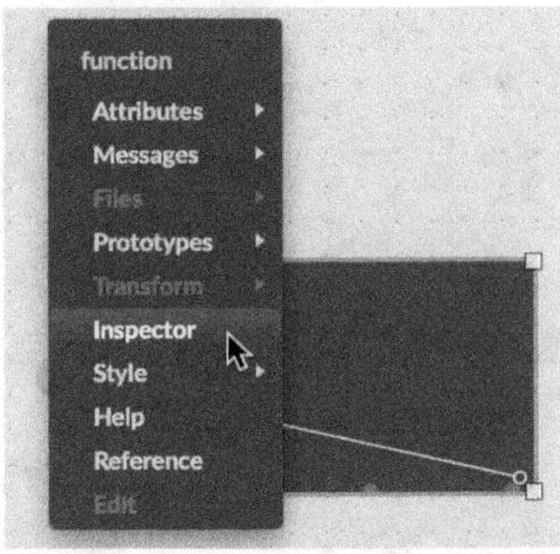

fig. 1.38: selezionare l'*inspector* dall'*Object Action Menu*

In alternativa, come sappiamo, possiamo fare clic sulla "i" nella *Toolbar* di destra e attivare la finestra laterale.

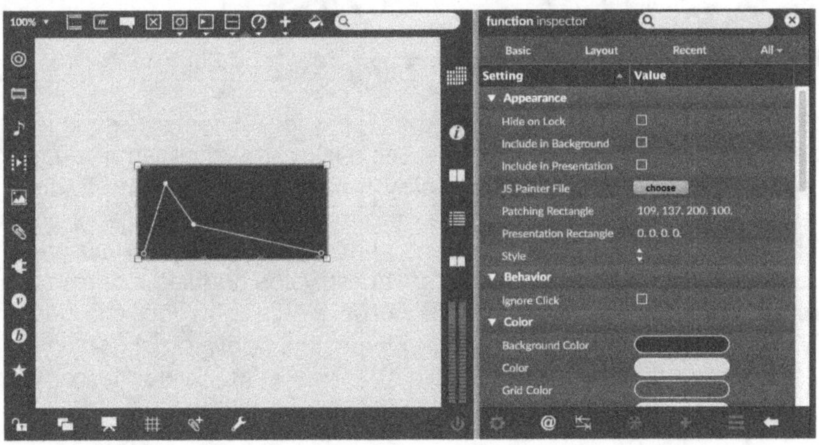

fig. 1.39: l'*inspector* nella finestra laterale.

In figura 1.40 vediamo gli attributi della categoria "Behavior" nell'*inspector* dell'oggetto `function`.

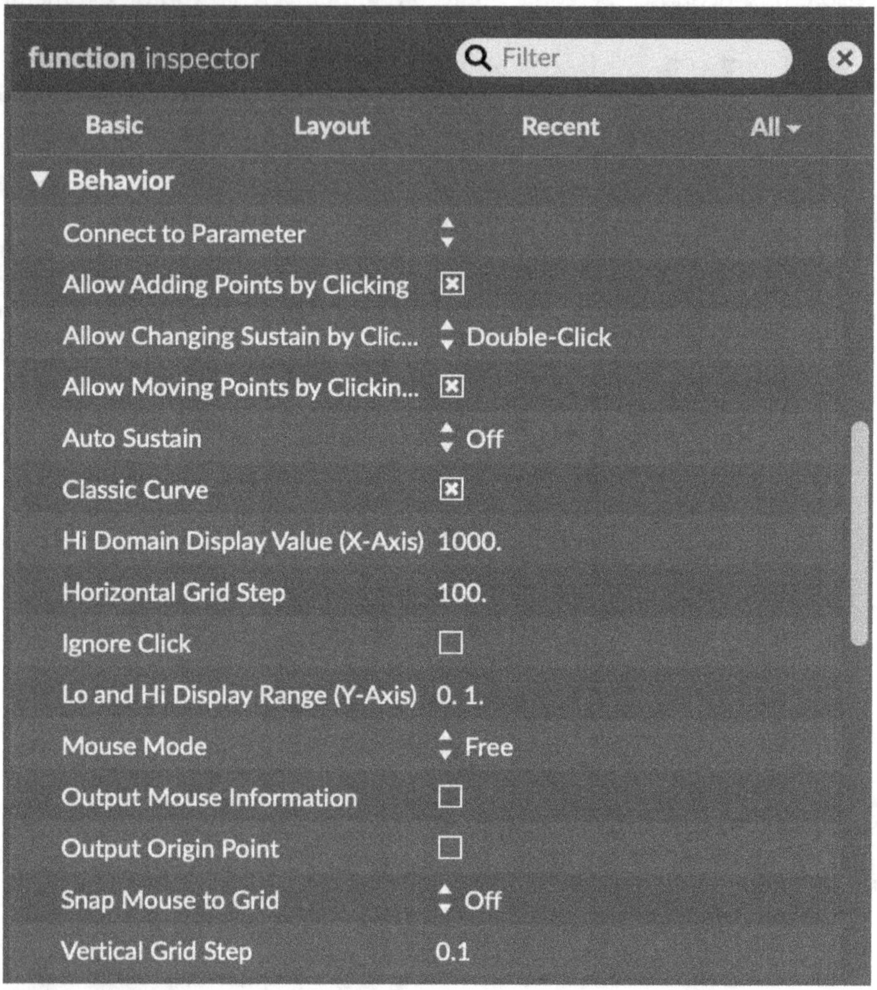

fig.1.40: l'*inspector* dell'oggetto `function`, categoria "Behavior".

Gli attributi di questa categoria sono molti, ma fortunatamente sono in ordine alfabetico, e quindi dovrebbe essere semplice ritrovarli. Diamo innanzitutto un'occhiata alla voce **Lo and Hi Display Range** (che potremmo tradurre con *valore minimo e massimo del grafico*, in altre parole l'asse delle y), che serve a modificare i valori che corrispondono verticalmente al punto più basso e al punto più alto del grafico: per modificare questi valori dobbiamo selezionarli con un doppio clic e sovrascriverli con i due nuovi valori. L'altra voce che ci interessa è **Hi Domain Display Value** (con cui si imposta il *dominio del grafico*, in altre parole il valore massimo sull'asse delle x): indica infatti la durata complessiva dell'inviluppo in millisecondi.

Scriviamo 5000 nella casella corrispondente per avere un inviluppo della durata di 5 secondi, poi chiudiamo l'*inspector*. Adesso gli inviluppi che tracceremo sull'oggetto `function` potranno avere una durata di 5 secondi, se avremo cura di mettere il primo punto all'estrema sinistra e l'ultimo all'estrema destra del grafico. Fate delle prove con diverse durate dell'inviluppo.
Potete conoscere la funzione degli altri attributi dell'*inspector* passando il mouse sopra ciascuno di essi e osservando la scritta che compare nella *Clue Bar* (vi ricordiamo che si tratta di un testo che appare nella parte destra della *Toolbar inferiore)*. Naturalmente è possibile suonare più note contemporaneamente, ciascuna con il proprio inviluppo; apriamo il file **01_09_inviluppi_3.maxpat** (vedi fig. 1.41).

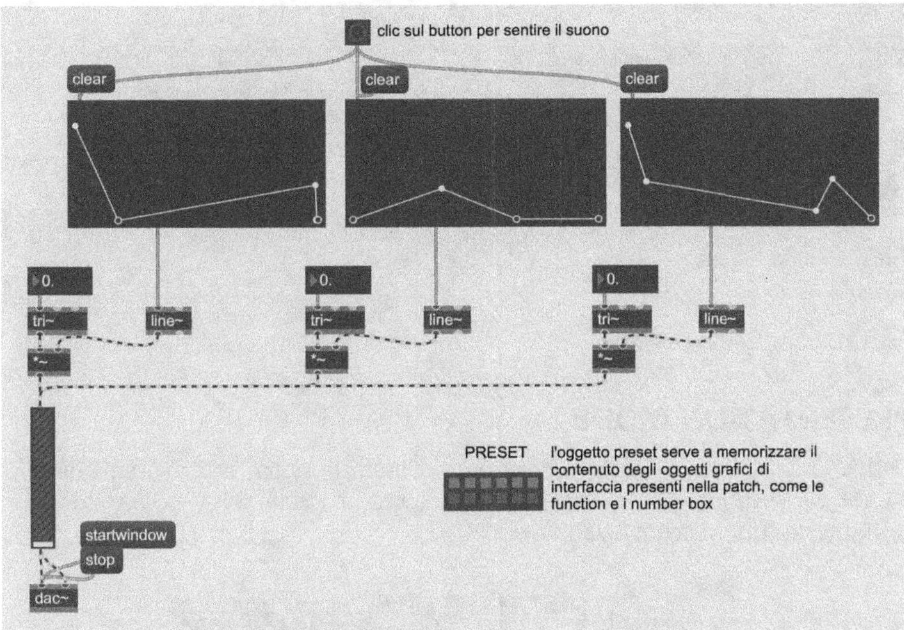

fig.1.41: file 01_09_inviluppi_3.maxpat

Qui ci sono tre oscillatori ciascuno con il proprio inviluppo.[29] Se impostiamo tre diverse frequenze, disegniamo degli inviluppi (usando il mouse all'interno dei vari oggetti `function` come abbiamo appena spiegato), avviamo la *patch* con il solito clic sul messaggio "*startwindow*", e infine facciamo clic sul `button` in alto, possiamo sentire i tre suoni che si evolvono in modo diverso l'uno dall'altro. La griglia che si trova in basso a destra della *patch* è un oggetto `preset`, utile quando abbiamo algoritmi con molti parametri (come in questo caso).

[29] Anche in questo caso gli oggetti `function` sono collegati ai relativi `line~` tramite la seconda uscita (parleremo delle caratteristiche della prima uscita al par. 2.4).

Come avrete certamente notato, infatti, Max non salva i valori contenuti nei *number box* in altri oggetti interfaccia quando salviamo una *patch*. Con l'oggetto **preset** è possibile memorizzare tali valori. Facendo clic nelle caselle più chiare infatti è possibile richiamare delle configurazioni che sono state precedentemente registrate. Facendo *shift-clic* in una casella è possibile invece memorizzare una nuova configurazione.
In fig. 1.42 vediamo l'icona dell'oggetto **preset** nella *Toolbar* superiore.

fig.1.42: l'oggetto **preset**

PRESENTATION MODE

Vediamo ora come rendere ancora più ordinate le *patch* e torniamo quindi al file *01_09_inviluppi_3.maxpat*; fate clic sulla terza icona della *Toolbar* inferiore, raffigurante una piccola lavagna (fig. 1.43).

fig. 1.43: icona del *presentation mode*

Come avete visto ora la *patch* è completamente cambiata: sono rimasti solo gli oggetti interfaccia (cioè gli oggetti con cui è possibile interagire tramite il mouse e la tastiera) e i commenti, i cavi sono scomparsi, tutti gli elementi hanno cambiato posizione e, in qualche caso, dimensione.
Siamo infatti passati alla **presentation mode** che ci permette di visualizzare solo gli oggetti che abbiamo selezionato a questo scopo e di posizionarli e ridimensionarli in modo del tutto indipendente dalla *patch* di partenza. Ora facciamo nuovamente clic sull'icona della lavagna e torniamo così alla modalità "normale" (detta *patching mode*): tutti gli oggetti infatti tornano "al loro posto". A questo punto facciamo clic sul lucchetto per andare in modalità *edit*: vedremo alcuni oggetti circondati da un "alone" rosa; questi oggetti fanno parte della *presentation mode*. Per aggiungere un oggetto alla *presentation mode* è sufficiente, in modalità *edit*, selezionarlo e premere *<Mac: Shift-Command–p>*

<*Win: Shift-Control-p*>, oppure fare clic sull'oggetto con il tasto destro del mouse e selezionare la voce *Add to Presentation* dal menù contestuale che appare sotto il puntatore. Anche la *presentation mode* ha le sue modalità *edit* e *performance* (selezionabili come sempre facendo clic sul lucchetto): in modalità *edit-presentation* è possibile spostare e ridimensionare gli oggetti, in modalità *performance-presentation* è possibile avviare la *patch* e modificare i parametri.
Per far sì che una *patch* appaia in *presentation mode* ogni volta che viene caricata, dovete richiamare l'*Inspector Window* dal menù *View*: si aprirà una finestra contenente l'*inspector* della *Patcher Window*; nella categoria *View* attivate l'attributo "**Open in Presentation**".

ATTIVITÀ

Utilizzando il file **01_09_inviluppi_3.maxpat** create altri inviluppi e memorizzateli nel *preset*. Aggiungete uno o due oscillatori con timbri diversi, ad esempio un'onda quadra e una a dente di sega, ciascuno con il proprio inviluppo e create insiemi più complessi. Ricordatevi che l'oggetto `function` va collegato a `line~`. usando la seconda uscita e non la prima. Aggiungete gli oggetti interfaccia (`function` e *number box*) dei nuovi oscillatori alla *Presentation Mode*.

CURVE ESPONENZIALI E LOGARITMICHE

L'oggetto `line~` collega due punti tramite una retta, ovvero passa da un valore al successivo in un determinato tempo utilizzando un incremento (o un decremento) costante. L'andamento delle frequenze però è di tipo esponenziale: ad ogni ottava infatti la frequenza viene raddoppiata; ad esempio la nota LA che si scrive in chiave di basso al primo spazio e le ottave successive hanno una frequenza di 110 Hz, 220 Hz, 440 Hz, 880 Hz etc. (vedi fig. 1.44).
Se calcoliamo la differenza di frequenza fra un'ottava e l'altra ci accorgiamo che tale differenza raddoppia costantemente. I glissandi che abbiamo realizzato nella prima parte di questo paragrafo, quindi, con il loro andamento lineare, erano più veloci nelle frequenze gravi che in quelle acute.
Ovvero, in un glissando lineare che va ad esempio da 110 a 880 Hz, la prima ottava, da 110 a 220 Hz, viene percorsa in un tempo 4 volte inferiore rispetto al tempo impiegato per percorrere l'ultima, da 440 a 880 Hz. Come abbiamo detto nel par. 1.3 della parte teorica, quindi, il glissando più realistico è quello che si ottiene con una curva esponenziale.[30]

[30] Ricordiamo che un andamento esponenziale è caratterizzato da un incremento via via crescente tra i punti successivi del segmento, e si presenta quindi come una curva ascendente che diventa sempre più ripida.

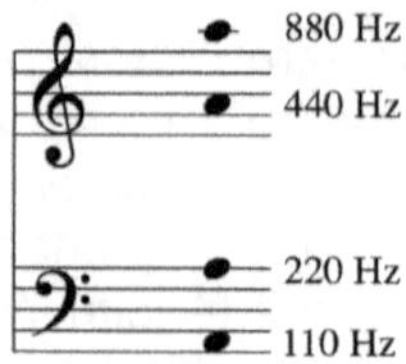

fig. 1.44: ottave successive

In Max è possibile collegare due valori tramite curve esponenziali o logaritmiche[31] usando un oggetto che si chiama, appunto, **`curve~`**. Questo oggetto funziona come `line~`, ma necessita di un terzo parametro, dopo il valore e il tempo per raggiungerlo, che indica il "**fattore di curvatura**" (**curve parameter**) e varia da -1 a 1. I valori positivi indicano le curve esponenziali, con diversi gradi di curvatura, e i negativi le curve logaritmiche.[32] Il valore 0 genera una linea retta identica a quelle generate da `line~`. Con questo oggetto possiamo realizzare dei glissandi più "naturali"; ad esempio un glissando tra 220 e 880 Hertz accettabile[33] si ottiene con un fattore di curvatura di 0.5, e il *message box* connesso all'oggetto `curve~` conterrà una lista come questa:
"220, 880 4000 0.5"
che significa appunto "vai dal valore 220 al valore 880 in 4 secondi usando una curva esponenziale con fattore 0.5".

Aprite il file **01_10_inv_gliss.maxpat** (fig. 1.45).

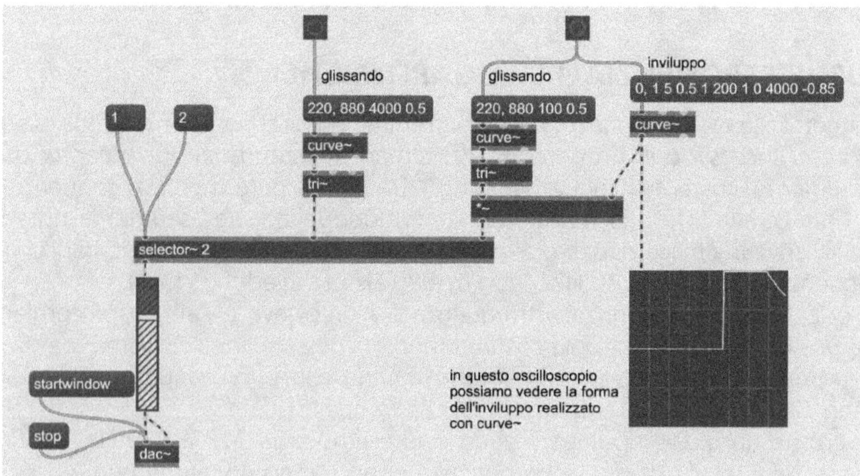

fig.1.45: file 01_10_inv_gliss.maxpat

31 Per gli andamenti esponenziali e logaritmici vedi il par. 1.3 della parte di teoria.

32 L'algoritmo dell'oggetto `curve~` è abbastanza particolare e a detta dell'autore (Richard Dudas) è stato trovato "per prova ed errore": non corrisponde perciò esattamente alle equazioni esponenziali e logaritmiche illustrate nel par. 1.3 della parte di teoria, anche se ne segue approssimativamente l'andamento.

33 In realtà non è ancora un glissando ideale (in cui ogni ottava viene eseguita nello stesso tempo), ma ne costituisce una buona approssimazione: torneremo tra poco sull'argomento.

Qui abbiamo due algoritmi: il primo genera il glissando che abbiamo appena descritto, e il secondo utilizza **curve~** (oltre che per costruire il glissando) anche per realizzare un inviluppo d'ampiezza con attacco e decadimento esponenziali. Il valore dell'inviluppo va da 0 a 1 in 5 millisecondi con fattore di curvatura 0.5, poi rimane a 1 per 200 millisecondi con fattore di curvatura 1 (anche se qui non è presente una curva dato che il valore rimane stabile), poi va a 0 in 4 secondi con fattore di curvatura -0.85. Attivate la *patch* e ascoltate i suoni prodotti, provate a fare delle variazioni, cambiando soprattutto il fattore di curvatura.
È anche possibile usare l'oggetto **function** per gestire **curve~**: è necessario aprire l'*inspector* di **function** e, nella categoria "Appeareance" impostare l'attributo **Mode** su "curve". A questo punto possiamo cambiare la curva dei segmenti di **function** premendo il tasto alt e trascinando il segmento con il mouse.
Vediamo meglio come funziona questo generatore di curve: come abbiamo detto, quando il fattore di curvatura è positivo abbiamo delle curve esponenziali, e quando è negativo delle curve logaritmiche. Quando però il punto di partenza è maggiore del punto di arrivo e quindi la curva è discendente, per ottenere lo stesso andamento della curva ascendente dobbiamo cambiare segno al fattore di curvatura (fig. 1.46).

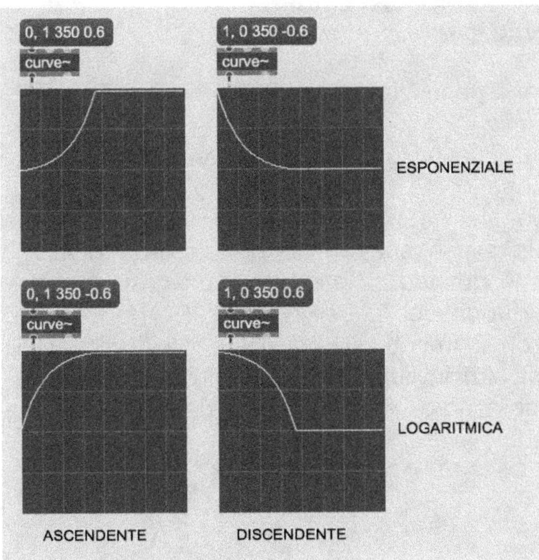

fig. 1.46: curve esponenziali e logaritmiche

In figura vediamo che alla curva esponenziale ascendente, con fattore di curvatura 0.6 (in alto a sinistra), corrisponde una curva esponenziale discendente, con fattore di curvatura -0.6 (in alto a destra).
Per la curva logaritmica (parte bassa della figura) basta invertire i fattori di curvatura. L'oggetto **curve~** è molto utile anche per creare inviluppi più realistici di quelli realizzati con l'oggetto **line~**: le percussioni, il pianoforte e gli strumenti a corda pizzicata, ad esempio, hanno un attacco logaritmico e una estinzione esponenziale.

Provate a ricostruire la *patch* di fig. 1.47, ricopiando con attenzione il contenuto dei *message box*: attivate i diversi inviluppi facendo clic sui *message box*.

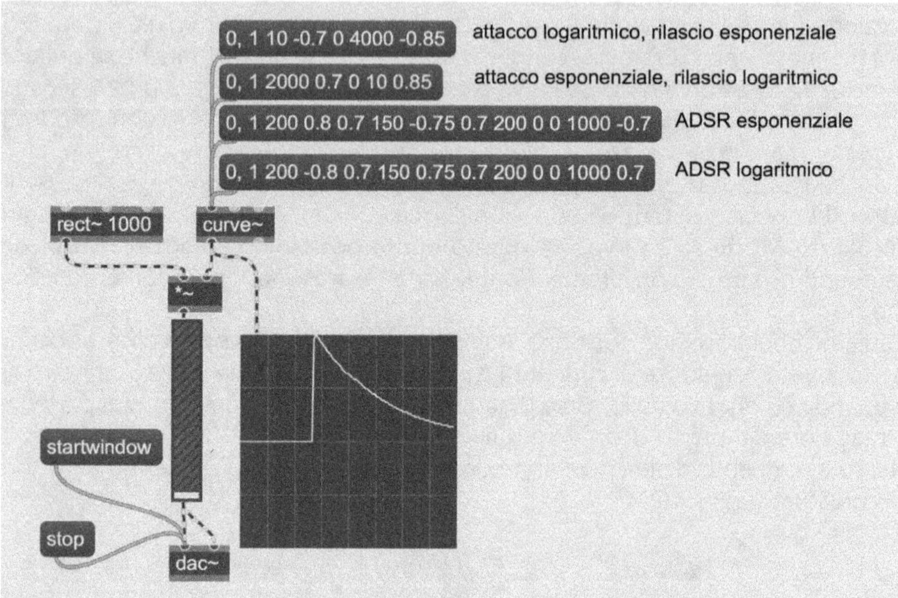

fig. 1.47: Inviluppi esponenziali e logaritmici

Il primo inviluppo, che ha un attacco breve logaritmico e un rilascio lungo esponenziale, suona come un campanellino percosso da una bacchetta; il secondo inviluppo, che ha invece un attacco lungo esponenziale e un rilascio logaritmico, ha lo stesso andamento dei suoni in *reverse* (ovvero ascoltati alla rovescia, come quando si fa scorrere un nastro magnetico all'indietro). Gli ultimi due inviluppi sono dei classici ADSR (*Attack Decay Sustain Release*) rispettivamente con segmenti esponenziali e logaritmici. Aggiungete dei nuovi *message box* con altri inviluppi. Nel riquadro dello `scope`, facendo clic sui *message box*, si possono osservare le forme degli inviluppi che state attivando.

ATTIVITÀ

Create una *patch* con tre oscillatori a dente di sega (utilizzando l'oggetto `saw~`) a ciascuno dei quali sono collegati due oggetti `curve~`, uno per il glissando e uno per l'inviluppo; regolate il fattore di curvatura in modo che il glissando sia più naturale possibile. Fate partire i tre suoni contemporaneamente con un *bang*.

Creare dei glissandi naturali, come avete potuto constatare se avete fatto l'attività precedente, non è molto facile con l'oggetto `curve~`, perché uno stesso fattore di curvatura ha un effetto diverso se cambiamo l'intervallo di frequenza del glissando: questo significa che il fattore 0.5 funziona abbastanza bene per il glissando da 220 a 880 Hz, ma non altrettanto per un glissando, ad esempio, da 220 a 3520 Hz (in questo caso è troppo veloce sulle frequenze basse, e quindi bisogna utilizzare un fattore leggermente più alto). Esiste comunque un metodo migliore per realizzare un glissando di frequenze realistico, e lo vedremo nel prossimo paragrafo. Naturalmente se quello che vogliamo è un glissando non realistico, con accelerazioni e rallentamenti improvvisi, l'oggetto **curve~** con il suo fattore di curvatura si rivela utilissimo.

1.4 RAPPORTO TRA FREQUENZA E INTERVALLO MUSICALE E TRA AMPIEZZA E LIVELLO DI PRESSIONE SONORA

Finora abbiamo fornito agli oscillatori la frequenza di oscillazione in Hertz, sarebbe però molto comodo poter fornire direttamente la nota che desideriamo (ad esempio il DO centrale) e lasciare che Max calcoli la frequenza relativa.
Questo è possibile con l'oggetto **mtof** che riceve il valore della nota secondo la codifica MIDI e produce il valore della frequenza corrispondente ("mtof" sta per "MIDI to Frequency").
La parola **MIDI** è un acronimo che sta per *Musical Instrument Digital Interface* ed è un protocollo (cioè un insieme di regole di codifica) di comunicazione tra strumenti musicali elettronici, e tra questi e i computer.
Il MIDI codifica le note come numeri interi successivi che vanno da 0 a 127. Il DO centrale è rappresentato dal numero 60, il DO diesis immediatamente sopra dal numero 61, il RE dal 62 e così via. Al di sotto del DO centrale c'è un SI che è codificato con il numero 59 etc.
In ogni caso, il fatto che il protocollo MIDI sia utilizzato per far comunicare strumenti e computer non significa che per usare l'oggetto **mtof** dobbiamo necessariamente collegare uno strumento al nostro elaboratore. L'oggetto adopera la stessa codifica utilizzata dal MIDI semplicemente perché è più pratico riferirsi a un sistema noto e largamente usato invece che inventarne uno nuovo: la conversione da nota a frequenza è comunque realizzata all'interno di Max.
Anche le ottave hanno una codifica MIDI: l'ottava del DO centrale è la 3, l'ottava superiore è la 4 e così via (vedi la tabella C nel par. 1.4 della teoria).
Come è noto, inoltre, nella terminologia anglosassone le note sono indicate con le lettere dell'alfabeto secondo il seguente schema:

DO	C
RE	D
MI	E
FA	F
SOL	G
LA	A
SI	B

I diesis e i bemolli si aggiungono come nella notazione italiana (DO# = C#, REb = Db, etc).

Il DO centrale può essere anche indicato come C3, mentre il SI immediatamente sotto è B2 (perché fa parte dell'ottava inferiore). Vediamo il tutto ricapitolato nel file **01_11_conv_midifreq.maxpat** (fig. 1.48):

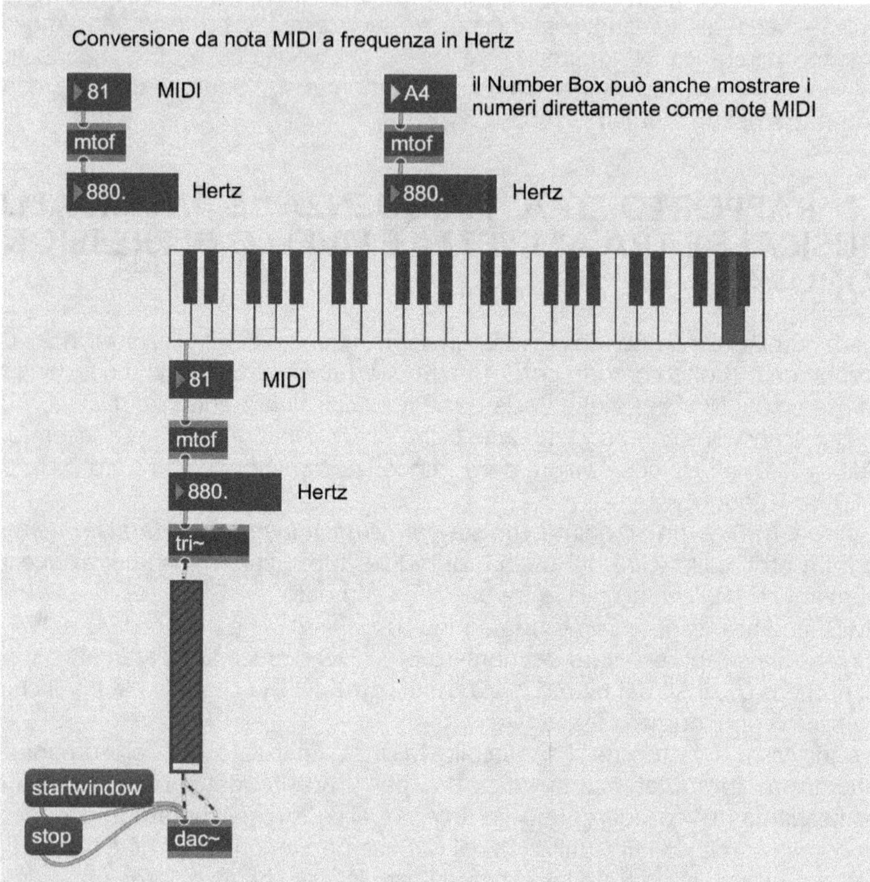

fig.1.48: file 01_11_conv_midifreq.maxpat

In alto a sinistra vediamo come funziona l'oggetto `mtof`: questo oggetto riceve dei numeri che vengono interpretati secondo la codifica MIDI delle note e trasformati in frequenze. Il *number box* per i numeri interi (quello con un triangolo senza il puntino) può anche essere configurato per mostrare i numeri come note MIDI, ovvero in notazione anglosassone più numero d'ottava (C3, C#3, D3 etc.). Per ottenere questa visualizzazione, andiamo in *edit mode*, selezioniamo il *number box* e richiamiamo l'*inspector* (<Mac: Command–i> <Win: Control–i>): localizziamo la categoria "Appearance" e selezioniamo l'opzione "MIDI" nel menù pop-up che si trova a destra della voce "Display Format".
Tornando alla *patch* che abbiamo appena aperto, in alto a destra vediamo un esempio di *number box* che usa la notazione MIDI. Se volete cambiare passo dopo passo le note potete anche usare i tasti freccia su e freccia giù (che si trovano in basso a destra nella tastiera alfanumerica) dopo aver selezionato il *number box* delle note MIDI in *performance mode*.

La parte inferiore della *patch* applica il convertitore ad un oscillatore, e introduce un nuovo oggetto grafico, **kslider** (vedi fig. 1.49):

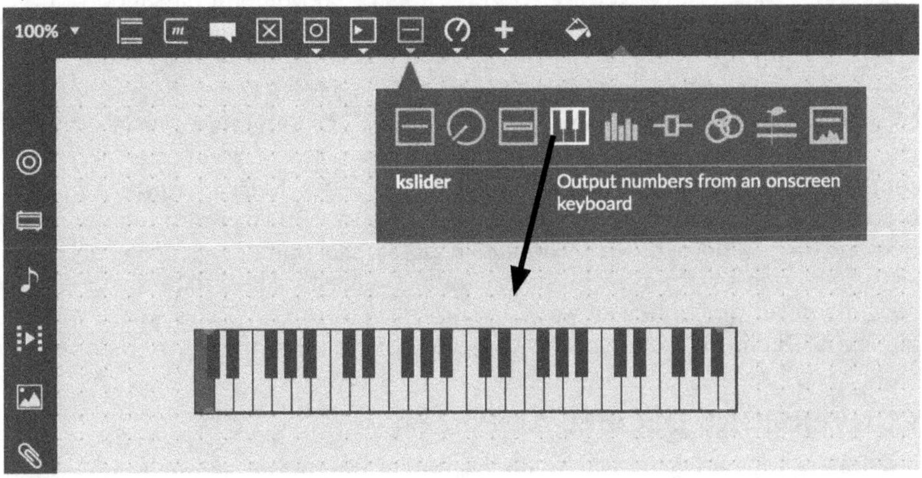

fig.1.49: l'oggetto **kslider**

Notate che l'oggetto si trova nella *palette* "Sliders". Questo oggetto raffigura una tastiera musicale: facendo clic su un tasto dell'oggetto dall'uscita di sinistra viene emesso il numero della nota MIDI relativa. Provate a suonare delle sequenze di note usando **kslider**.

GLISSANDI "NATURALI"

Grazie all'oggetto **mtof**, o meglio grazie all'analogo oggetto che genera un segnale, **mtof~** (con la tilde), è possibile realizzare dei glissandi che abbiano la stessa velocità nelle frequenze gravi e nelle acute, vediamo come: provate a ricostruire la *patch* di fig. 1.50.

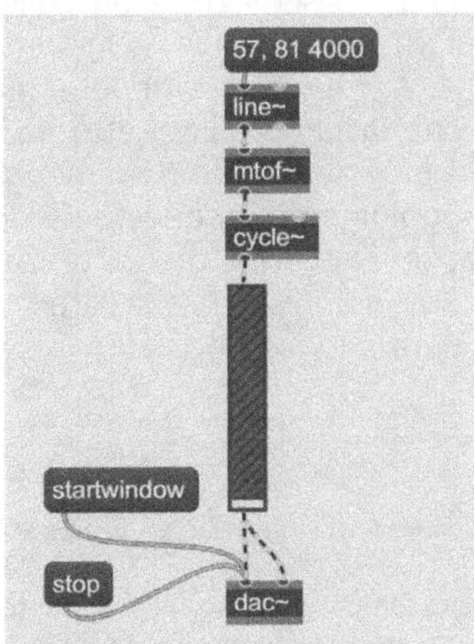

fig. 1.50: come ottenere un glissando naturale

L'oggetto `line~` illustrato in figura genera una linea[34] che va da 57 a 81 in 4 secondi. Questa linea viene inviata all'oggetto `mtof~` che interpreta i valori come note MIDI e li converte in Hertz, e trasforma quindi il glissando di note in un glissando di frequenze. Questo glissando è percettivamente uniforme, e la sua velocità non dipende dal registro in cui si trova. Il percorso infatti copre due ottave, dal LA2 (nota MIDI 57) al LA4 (nota MIDI 81): la prima ottava, da 57 a 69, viene percorsa ovviamente in 2 secondi, esattamente come la seconda, che va da 69 a 81, in quanto in entrambi i casi si tratta di un intervallo di 12 semitoni. Quando `mtof~` converte i valori di nota MIDI in Hertz, la prima ottava va da 220 a 440 Hz, e la seconda da 440 a 880 Hz; quest'ultima quindi percorre un numero di Hertz doppio rispetto alla prima, ma come abbiamo visto impiegano entrambe lo stesso tempo. Questa uniformità si ripresenta ovviamente in qualunque glissando venga realizzato con `line~` partendo da altezze MIDI che vengono successivamente convertite in frequenze da `mtof~`.

CONVERSIONE DECIBEL-AMPIEZZA

Esiste anche un oggetto che converte il livello di pressione sonora espresso in deciBel (vedi paragrafo 1.2 della parte teorica) in ampiezza: **`dbtoa`**. Come in molti sistemi digitali, anche in Max i deciBel sono espressi come numeri negativi e il valore di 0 dB corrisponde all'ampiezza massima.
Scendendo di 6 deciBel l'ampiezza viene all'incirca dimezzata. Quindi se 0 dB corrispondono all'ampiezza 1, -6 dB corrispondono all'incirca a 0.5, -12 dB a circa 0.25 e così via. Diamo un'occhiata al file **01_12_conv_dbamp.maxpat** (fig. 1.51). In questa *patch* possiamo regolare il volume dell'oscillatore in dB: l'uscita dell'oscillatore viene mandata anche ad un nuovo oggetto grafico, **`levelmeter~`**, che misura il livello di pressione sonora in dB del segnale ricevuto. Come possiamo vedere il livello del segnale in uscita corrisponde abbastanza fedelmente a quello che abbiamo impostato con il *float number box* di destra.
Variando il valore dei dB abbiamo probabilmente notato un rumore fastidioso dovuto al fatto che la variazione del volume avviene a scatti. Con l'oggetto `line~` possiamo "smussare" la serie di valori collegando appunto i valori successivi con una linea: in altre parole i valori vengono interpolati[35] e trasformati in segnale da `line~`. Per ottenere questo effetto dobbiamo trasformare ogni valore che inviamo all'oggetto `line~` in una lista di due elementi: il primo sarà il valore che vogliamo raggiungere e il secondo il tempo che verrà impiegato per raggiungerlo. In questo modo i diversi valori possono variare in modo continuo, senza scatti e quindi senza rumori.
Quello che dobbiamo fare quindi è "attaccare" al valore dell'ampiezza prodotto da `dbtoa` una durata in millisecondi e passare la lista così ottenuta all'oggetto `line~`.

---

[34] Notate che non vengono generati solo i numeri interi 57, 58 etc., ma anche i numeri decimali intermedi.

[35] La tecnica dell'interpolazione ci consente di calcolare i valori intermedi tra due valori successivi. Approfondiremo l'argomento nella sezione "Interpolazione nella lettura di tabelle" nel par. 2.1 della teoria.

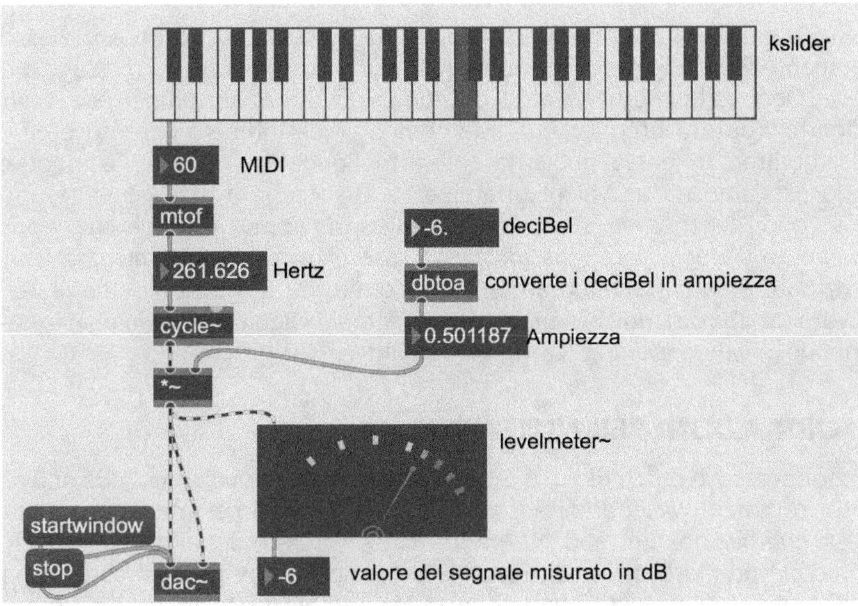

fig.1.51: file 01_12_conv_dbamp.maxpat

In Max ci sono moltissimi modi per fare questo, vediamone uno tra i più semplici. Esiste un oggetto chiamato **append** che aggiunge il suo argomento a qualsiasi messaggio riceva. Per vedere come funziona lanciamo il file **01_13_conv_interp.maxpat** (fig. 1.52):

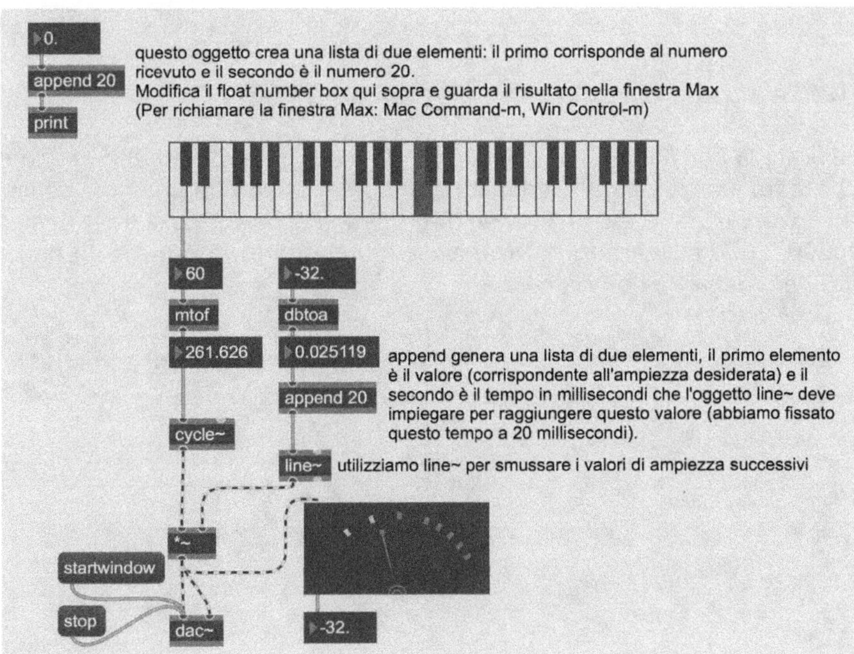

fig.1.52: file 01_13_conv_interp.maxpat

In alto a sinistra abbiamo collegato un *float number box* ad un **`append`** con argomento 20: l'oggetto **`append`** aggiunge il suo argomento al messaggio che riceve. Ogni volta che generiamo un numero con il *float number box*, quindi, l'oggetto **`append`** produce una lista composta dal numero ricevuto e da 20. Nell'algoritmo in basso abbiamo collegato l'oggetto a **`line~`** e in questo modo passiamo da un valore di ampiezza al successivo gradualmente, in 20 millisecondi. Ricordiamo infatti che la sintassi di **`line~`** prevede che il primo argomento sia un valore (che in questo caso è un valore di ampiezza fornito da **`dbtoa`**) e che il secondo argomento (fornito da **`append`** insieme al valore ricevuto da **`dbtoa`**) indichi il tempo impiegato per raggiungerlo. In questo caso, ogni nuovo valore d'ampiezza viene raggiunto in 20 msec.

INFORMAZIONI PER L'UTENTE

Se confrontate le *patch* di fig. 1.51 e 1.52 noterete che nella seconda abbiamo tolto i commenti vicini ai diversi *number box*. Se però passate il mouse sopra questi *number box* (in modalità *performance*) vedrete apparire i commenti in un piccolo riquadro giallo. Si tratta della funzione **hint** (suggerimento) che si ottiene tramite l'*inspector*: andate in modalità *edit* e richiamate l'*inspector* di un *number box*, qui individuate, nella categoria "Description", l'attributo Hint. Facendo doppio clic sulla casella a destra del nome dell'attributo, si aprirà un campo di testo dove potrete impostare il commento da far apparire nel riquadro giallo. Se invece volete far apparire una annotazione nella *Clue Bar* quando passate il mouse sopra l'oggetto, potete scrivere il vostro messaggio alla voce "*Info View Text*".

ATTIVITÀ

Modificate la *patch* contenuta nel file *01_13_conv_interp.maxpat* in modo che anche la frequenza venga interpolata e crei un glissando tra una nota generata da **`kslider`** e la successiva. Provate diversi tempi di percorrenza tra le due note (20, 200, 2000 millisecondi). Dovrete usare un oggetto **`append`** e un oggetto **`line~`** e collegarli all'oscillatore.

1.5 CENNI SULLA GESTIONE DEI FILE CAMPIONATI

Vediamo ora brevemente alcuni oggetti che ci permettono di manipolare i suoni campionati. Il sistema più semplice per richiamare un file audio presente nel percorso di ricerca Max è quello di fare clic (in modalità *edit*) sulla quarta icona della *Toolbar* di sinistra; apparirà un menù laterale con l'elenco di tutti i file audio disponibili. Se trascinate con il mouse uno degli elementi del menu all'interno della *Patcher window*, verrà creato un oggetto chiamato **playlist~** (vedi fig. 1.53a).

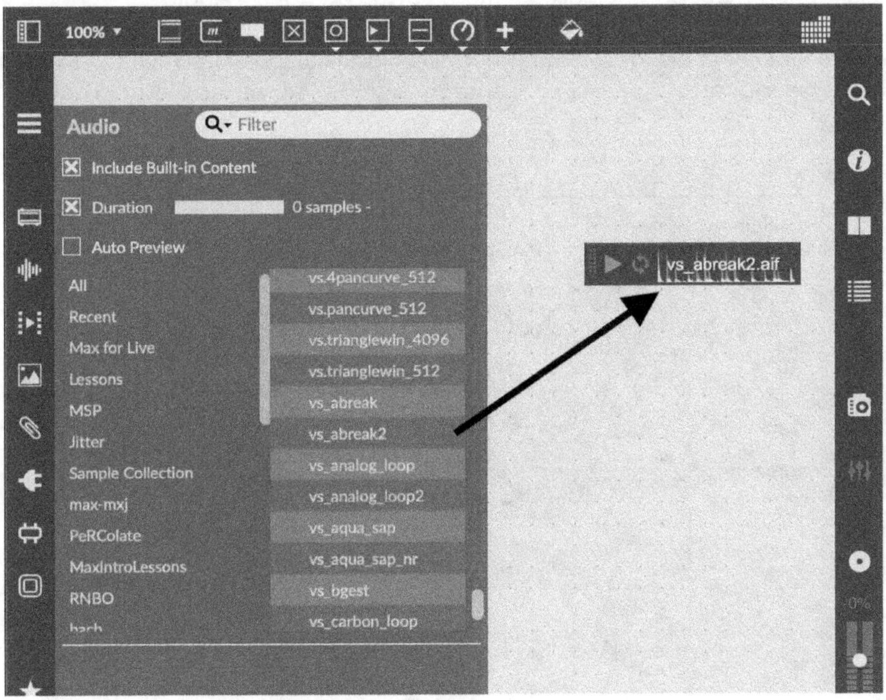

fig.1.53a: l'oggetto **playlist~**

Come vedete si tratta di un oggetto grafico che contiene un tasto triangolare per mandare in play il file audio, una doppia freccia circolare per attivare la funzione *loop* (ripetizione continua del suono), e la rappresentazione grafica della forma d'onda del suono a cui viene sovrapposto il nome del file audio.
Le prime due uscite dell'oggetto sono rispettivamente il canale destro e il canale sinistro del segnale audio; ora collegate l'uscita sinistra dell'oggetto ad un **gain~** connesso ad un **dac~** con i comandi relativi (startwindow e stop), e provate ad ascoltare il suono prodotto dall'oggetto (attivate anche la funzione *loop* per avere una ripetiziona continua).
Potete aggiungere nuovi file audio, sia in modalità *edit* sia in modalità *performance*, trascinandoli sopra l'oggetto **playlist~**: se posizionate il puntatore del mouse nella parte centrale dell'oggetto, apparirà una cornice rossa e, rilasciando il tasto del mouse, il nuovo file sostituirà quello vecchio. Se invece portate il mouse nella parte alta o nella parte bassa di **playlist~** apparirà una linea rossa (rispettivamente in alto o in basso) e il nuovo file si aggiungerà al precedente.

Per creare un nuovo oggetto **`playlist~`** non è necessario utilizzare file audio presenti nel percorso di ricerca, è sufficiente trascinare su una *patcher window* un qualunque file audio preso dalla scrivania del computer o da qualunque altra cartella.
È possibile spostare un file audio da un oggetto **`playlist~`** ad un altro trascinandolo per l'area coperta di puntini nella parte sinistra (quest'area si chiama *handle*).
Si può naturalmente anche creare un oggetto **`playlist~`** vuoto richiamandolo dalla *Toolbar* superiore, palette "Add", sotto-categoria "Audio".

Se non abbiamo bisogno di un'interfaccia grafica, possiamo caricare un file audio nell'oggetto **`sfplay~`**, aprite il file **01_14_audiofile.maxpat** (fig. 1.53b).

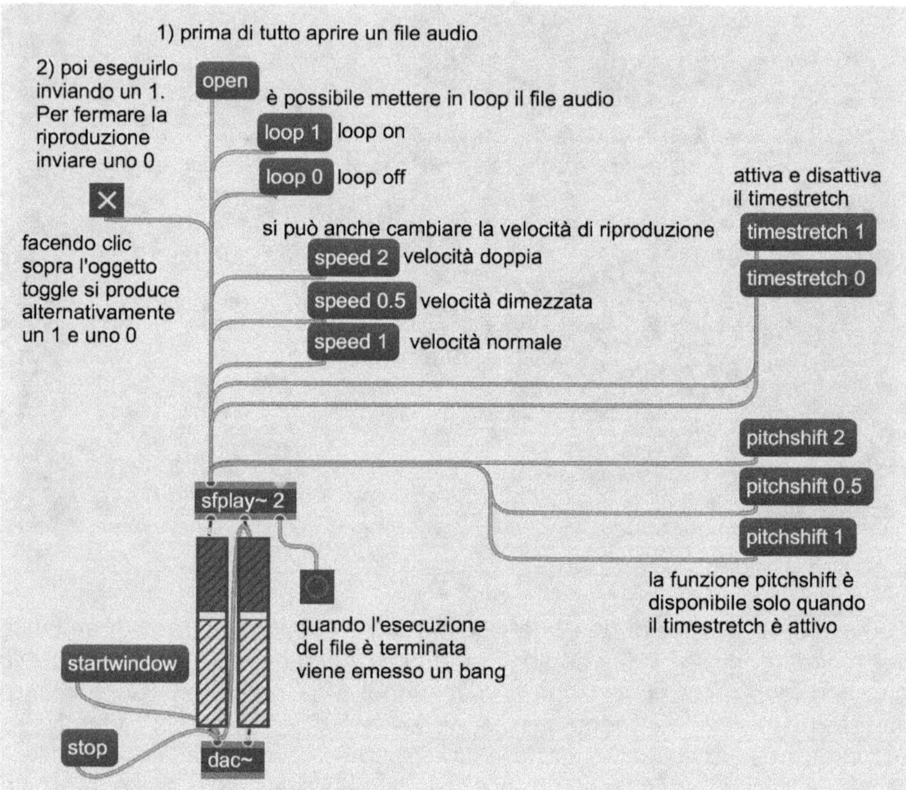

fig.1.53b: file 01_14_audiofile.maxpat

Questo oggetto può avere un argomento numerico che indica il numero dei canali del file (ad esempio "2" per un file stereo). Per aprire un file si invia, tramite un *message box*, il messaggio "*open*" e si seleziona il file desiderato (si possono leggere file di tipo AIFF, NeXT/SUN, WAVE, e Raw Data Files): oppure si può trascinare sull'oggetto un file audio dalla *Toolbar* di sinistra o direttamente da una qualunque cartella come per l'oggetto **`playlist~`**.

Per suonare il file si manda il numero 1, per fermarlo si manda il numero 0. L'oggetto grafico **toggle** (cioè il quadratino contrassegnato con il numero 2 nella *patch*, richiamabile con un clic sulla quarta icona della *Toolbar* superiore.) ci permette di inviare questi due numeri: facendo clic sopra l'oggetto le due posizioni acceso/spento (evidenziate dalla presenza o dalla assenza di una X all'interno dell'oggetto) inviano rispettivamente i valori 1 e 0.
È anche possibile mettere in *loop* il file (cioè fare in modo che si ripeta indefinitamente) con il messaggio "*loop 1*", e disattivare il *loop* con il messaggio "*loop 0*".
Il messaggio "*speed*" seguito da un numero, infine, ci permette di impostare la velocità di riproduzione: 1 significa velocità normale, 2 velocità doppia, 0.5 velocità dimezzata e così via.
Quando la velocità di riproduzione è diversa da 1, viene alterata di conseguenza anche l'altezza del suono originale; ad esempio con "*speed* 2" il suono viene riprodotto un'ottava sopra, mentre con "*speed* 0.5" viene riprodotto un'ottava sotto. Se però attiviamo la funzione di *time stretch* ("stiramento" del tempo) tramite il messaggio "*timestretch 1*", visibile nella parte destra di fig. 1.53b, l'altezza e la velocità di riproduzione diventano indipendenti: il comando "speed", in questo caso, altera solo la velocità di riproduzione e non l'altezza. Per cambiare l'altezza del suono quando il *time stretch* è attivo si può usare il messaggio "*pitchshift*" (visibile nella parte destra di fig. 1.53b): ad esempio con " *pitchshift* 2" trasportiamo il suono un'ottava sopra e con " pitchshift 0.5" lo trasportiamo un'ottava sotto, senza naturalmente alterarne la velocità.[36]
In questa *patch* abbiamo due oggetti gain~ collegati tra loro per regolare il volume di un suono stereofonico. Notate che c'è un cavo che collega i due gain~: in questo modo il gain~ di sinistra controlla quello di destra.
Se modificate la posizione del cursore nel gain~ di sinistra, infatti, vedrete il cursore del gain~ di destra modificarsi nello stesso modo. Se invece modificate direttamente il gain~ di destra, quello di sinistra non si muoverà, perchè il cavo va da sinistra a destra e non viceversa.

[36] Ci sono molti altri messaggi che è possibile inviare a sfplay~: richiamando il file di help di sfplay~ (facendo alt-clic sull'oggetto in modalità *edit*) possibile scoprirne diversi.

GESTIRE I FILE CON IL FILE BROWSER

Un sistema molto comodo per aprire un file per l'oggetto **sfplay~** è tramite l'utilizzo del **File Browser**. Si tratta di un pannello (richiamabile dal menù *File* o digitando <Mac: Command–b> <Win: Control–b>) che ci permette di visualizzare, aprire o trascinare sulle *patch* i file contenuti nelle cartelle che fanno parte del percorso di ricerca[37] di Max (vedi fig. 1.54).

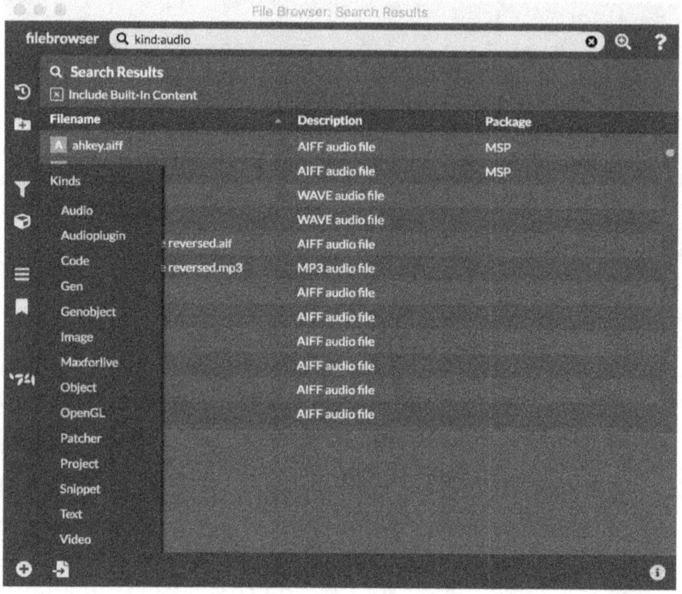

fig. 1.54: Il *File Browser*

In figura 1.54 vediamo il *File Browser*. Notate che a sinistra sono visibili alcune icone: le prime due in alto servono rispettivamente a mostrare i file utilizzati recentemente e quelli aggiunti recentemente. La terza icona, raffigurante un imbuto, apre un menù a comparsa con il quale si può specificare il tipo di file da visualizzare (ad esempio file audio, immagini, file video, etc.), mentre nel riquadro a destra sono elencati i file del tipo selezionato che si trovano nel percorso di ricerca. Nell'immagine sono stati selezionati i file audio.
Per caricare un nuovo suono nell'oggetto **sfplay~** è sufficiente trascinare (in modalità *performance*) il suono desiderato dal *File Browser* all'oggetto (in fig. 1.55 il file "anton.aif" viene trascinato sull'oggetto **sfplay~**).

---

37 Il percorso di ricerca di Max è costituito dall'insieme di cartelle che il programma usa per recuperare gli elementi necessari a completare una *patch*. Ad esempio abbiamo installato la libreria *Virtual Sound Macros* nella cartella *Packages* che fa parte del percorso di ricerca. È possibile includere nuove cartelle nel percorso di ricerca tramite la finestra *File Preferences*, richiamabile dal menù *Options*. In alternativa si possono inserire le cartelle che si desidera facciano parte del percorso di ricerca nella cartella "{Nome Utente}/Documenti/Max 9/Library" ({Nome Utente} è il nome del vostro account nel computer); tutti i documenti inseriti nella cartella *Library* fanno parte del percorso di ricerca.

Con la stessa tecnica è possibile caricare suoni, immagini o filmati in molti altri oggetti Max.

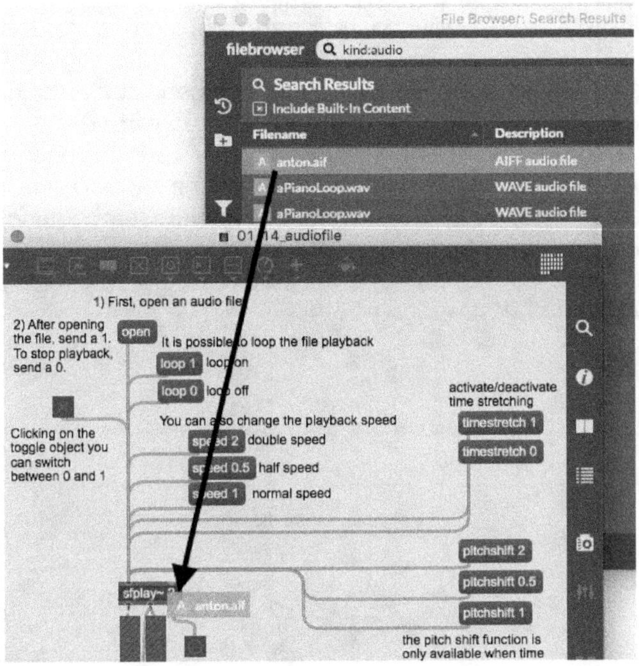

fig. 1.55: trascinare un file audio dal *File Browser* all'oggetto **sfplay~**

REGISTRARE UN FILE AUDIO

L'oggetto che ci permette di registrare suoni su disco si chiama **sfrecord~**. Apriamo il file **01_15_audiofile_record.maxpat** (fig. 1.56)

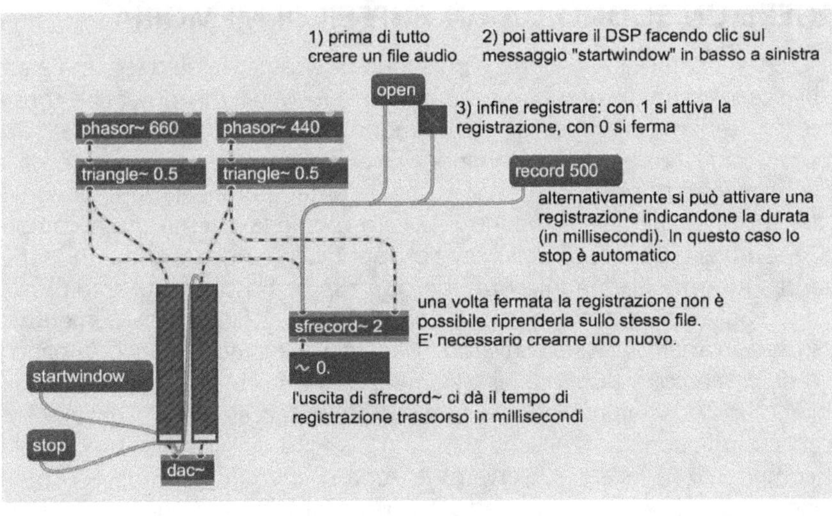

fig.1.56: file 01_15_audiofile_record.maxpat

Con il messaggio "*open*" possiamo creare un file audio nel nostro hard disk. È possibile anche scegliere il formato del file: i formati possibili sono gli stessi che possono essere letti da **sfplay~**. Una volta creato il file audio che dovrà contenere il suono che vogliamo registrare, abbiamo ancora due passi da compiere:

- fare clic su "*startwindow*" (che attiverà i due oscillatori ad onda triangolare il cui segnale entrerà nei due canali dell'oggetto **sfrecord~**)
- attivare la registrazione con il **toggle**: con questo oggetto possiamo avviare e successivamente fermare la registrazione. Si può anche attivare la registrazione specificando la durata in millisecondi (senza quindi bisogno di interromperla manualmente) con il messaggio "*record*".

In alternativa possiamo usare il pulsante *Global Record* che si trova nella parte bassa della *Toolbar* di destra (fig. 1.56b).

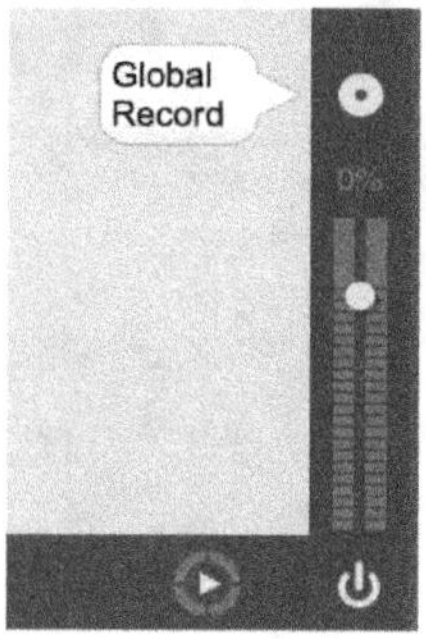

fig. 1.56b: il pulsante *Global Record*

Facendo clic su questo pulsante si avvia la registrazione del suono prodotto da tutte le *patch* attive. Con un secondo clic si ferma la registrazione. Il file audio creato si trova nella cartella "{Nome Utente}/Documenti/Max 9/Recordings".

LEGGERE UN SUONO DA UN BUFFER DI MEMORIA

Abbiamo visto come si fa a leggere un suono direttamente da disco, ma è anche possibile caricare un file di suono nella memoria RAM del computer che consente un accesso molto più veloce al file di suono rispetto ad un Hard Disk. Se ad esempio dobbiamo leggere molti suoni diversi e passare velocemente da uno all'altro e magari dobbiamo suonarne molti contemporaneamente, ci conviene caricare tutti i suoni nella memoria RAM. La memoria interna di un computer, però, è sempre più limitata dello spazio disponibile su disco, e quindi nel caso di file di suono molto lunghi potrebbe non essere possibile utilizzarla: in altre parole se vogliamo un accesso veloce dobbiamo avere file sufficientemente corti da caricare in memoria, se vogliamo usare dei file lunghi (che occupano più spazio della memoria disponibile, o comunque ne occupano la maggior parte) dobbiamo accontentarci di leggerli su disco (dove l'accesso è più lento).
Per caricare un suono in memoria abbiamo bisogno dell'oggetto **buffer~** che ha il compito di "allocare" (riservare) la zona di memoria che deve contenere il suono stesso: il nome dell'oggetto è dovuto al fatto che, nella terminologia informatica, una zona di memoria creata per contenere temporaneamente dei

dati viene chiamata, appunto, ***buffer***. Oltre all'oggetto **`buffer~`** abbiamo anche bisogno di un oggetto che legga il suono caricato in memoria: ne esistono diversi, e uno dei più usati è **`groove~`**, vediamo brevemente come funziona. Aprite il file **01_16_buffergroove.maxpat** (fig. 1.57).

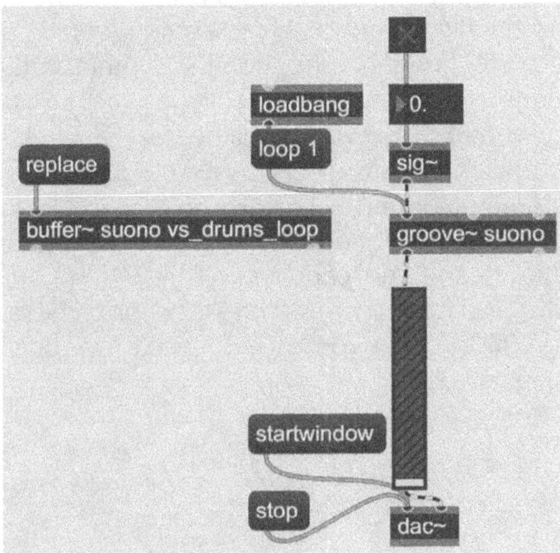

fig. 1.57: file 01_16_buffergroove.maxpat

In alto a sinistra c'è l'oggetto `buffer~` che ha due argomenti: il primo è il nome che diamo al *buffer* e serve agli altri oggetti per riferirsi a quella particolare zona di memoria, e il secondo è il nome del file di suono da caricare. Abbiamo dato al nostro *buffer* il nome "suono" e al suo interno abbiamo caricato il file "vs_drums_loop.aif" ovvero un pattern di batteria che si trova nella libreria *Virtual Sound Macros*.[38] Se vogliamo caricare un altro suono è sufficiente fare clic sul *message box "replace"*, oppure trascinare un file di suono dal *File Browser* all'oggetto `buffer~` (come abbiamo visto in fig. 1.55). Facendo doppio clic (in *performance* mode) su `buffer~` possiamo aprire una finestra che ci mostra il suono caricato in memoria (vedi fig. 1.58).

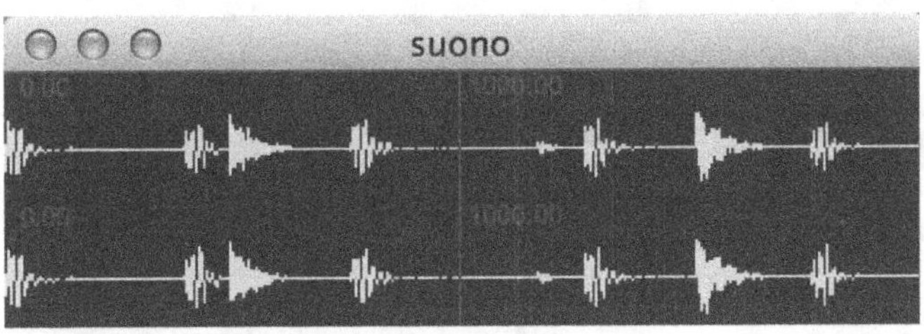

fig. 1.58: il contenuto del *buffer* "suono"

38 La libreria *Virtual Sound Macros*, se abbiamo seguito le istruzioni di installazione contenute nel sito www.virtual-sound.com/cmsupport e ripetute verso la fine del par. 1.2, si trova ora nel percorso di ricerca di Max, e per questo motivo l'oggetto `buffer~` può caricare il suono vs_drums_loop senza che ci sia bisogno di specificare in quale cartella si trovi.

Torniamo alla nostra *patch*: nella parte destra abbiamo l'oggetto `groove~` che ha come argomento "suono", ovvero il nome del *buffer* da leggere. Se facciamo clic sul `toggle` in alto attiviamo l'esecuzione; notate che i valori 0 e 1 generati da `toggle` vengono convertiti in segnale dall'oggetto **`sig~`**[39]: a differenza di `sfplay~`, infatti, l'oggetto `groove~` ha bisogno di un segnale per avviare la lettura del file di suono. Il messaggio "*loop 1*" serve a mandare in *loop* il suono, ovvero alla fine dell'esecuzione si ricomincia da capo. Se provate a modificare il contenuto del *number box* collegato a `toggle` modificherete la velocità di lettura del suono (0.5 = velocità dimezzata, 2 = velocità doppia etc.)[40]. Approfondiremo il funzionamento di `groove~` nel capitolo 5.
Resta da spiegare un ultimo oggetto, **`loadbang`**, che è collegato al *message box* contenente "*loop 1*". Questo oggetto genera un *bang* ogni volta che la *patch* viene aperta: in pratica quando noi carichiamo il file *01_16_buffergroove.maxpat* l'oggetto `loadbang` invia un *bang* al *message box* che a sua volta invia il messaggio "*loop 1*" all'oggetto `groove~`, "risparmiandoci" così la fatica di dover fare clic sul *message box*.

PDF

---

[39] Parleremo della differenza tra segnali e messaggi Max nel primo paragrafo dell'Interludio A.

[40] Anche l'oggetto `groove~`, come `sfplay~`, dispone degli attributi "timestretch" e "pitchshift" che permettono di modificare la velocità di lettura senza alterare il pitch e viceversa.

1.6 CENNI SUL PANNING

Come abbiamo visto nel paragrafo 1.6 della sezione teorica, per posizionare un suono nel fronte stereofonico dobbiamo[41]:
1) calcolare un fattore di moltiplicazione per il volume dei due canali: se ad esempio vogliamo un suono tutto a sinistra, il fattore di moltiplicazione per il canale sinistro sarà 1 e il fattore per il canale destro sarà 0; se vogliamo un suono al centro, sia il fattore per il canale sinistro sia quello per il canale destro saranno 0.5; se infine vogliamo un suono a destra, il fattore di sinistra sarà 0 e quello di destra 1. Per le posizioni intermedie si utilizzano i relativi valori intermedi.
2) dobbiamo tenere conto che l'intensità del suono percepito è proporzionale alla potenza del segnale, cioè proporzionale al quadrato dell'ampiezza. Questo significa che prima di usare i fattori di moltiplicazione dell'ampiezza dobbiamo calcolarne la radice quadrata (vedi par. 1.6 della teoria).
Vediamo innanzitutto il punto 1. I fattori di moltiplicazione per il canale destro e il canale sinistro sono complementari l'uno rispetto all'altro: quando il primo aumenta, il secondo diminuisce e viceversa. Simuliamo ad esempio uno spostamento del suono da sinistra a destra, e vediamo come devono essere impostati i fattori di moltiplicazione per i due canali:

Posizione del suono	**fattore canale sinistro**	**fattore canale destro**
tutto a sinistra	1	0
parzialmente a sinistra	0.75	0.25
al centro	0.5	0.5
parzialmente a destra	0.25	0.75
tutto a destra	0	1

Tabella A

Durante lo spostamento del suono, mentre il fattore di moltiplicazione del canale sinistro diminuisce il fattore di moltiplicazione del canale destro aumenta (perché il suono si sposta gradualmente verso destra). Notate che la somma dei due fattori di moltiplicazione, destro e sinistro, è sempre 1. I due fattori sono quindi strettamente correlati, e non possono assumere valori arbitrari: non possono ad esempio valere entrambi 1, o entrambi 0. Possiamo quindi controllare la posizione nello spazio usando uno dei due fattori, ad esempio quello del canale destro, e ricavare con un calcolo il fattore sinistro che sarà uguale a 1 meno il fattore destro (perché, come abbiamo detto, la somma dei due fattori deve essere uguale a 1).

Una volta che abbiamo i nostri due fattori di moltiplicazione dell'ampiezza dobbiamo, per i motivi spiegati al punto 2, calcolarne la radice quadrata.

---

41 Come vedremo al capitolo 4, grazie al sistema multicanale, è possibile realizzare un panning a due o più canali in modo semplice. Riteniamo comunque didatticamente importante illustrare qui i calcoli necessari per effettuare il panning stereofonico utilizzando solo le funzioni basilari.

Possiamo chiarire tutti questi passaggi vedendo come è stato realizzato l'algoritmo nel file **01_17_pan.maxpat** (fig. 1.59).

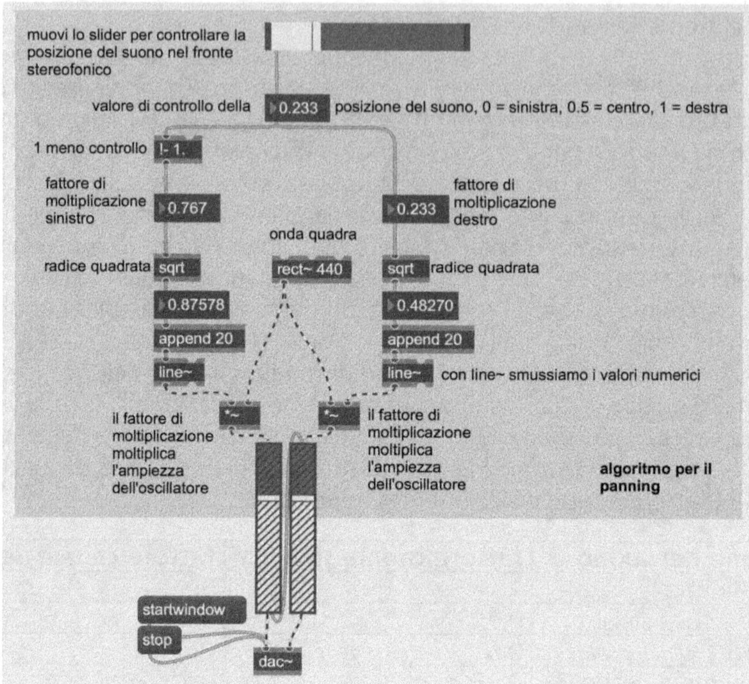

fig.1.59: file 01_17_pan.maxpat

Innanzitutto introduciamo un nuovo oggetto grafico, **`slider`**, che è appunto un cursore (*slider*) che produce numeri interi: questo oggetto può essere verticale (come l'oggetto `gain~`, il fader che usiamo per regolare il volume) oppure orizzontale, come si vede in figura (se ridimensioniamo l'oggetto, rendendolo più lungo che largo, questo cambierà automaticamente l'orientamento). Il nostro *slider* è stato configurato (tramite il suo *inspector*) per produrre valori decimali che variano tra 0 e 1: con questi valori controlliamo la posizione del suono. Per il canale sinistro i valori vengono sottratti al numero 1 tramite l'oggetto **`!-`**, che sottrae al suo argomento il numero che riceve all'ingresso sinistro (ne parleremo in dettaglio nell'Interludio A); per il canale destro i valori non vengono modificati. In questo modo più alto sarà il valore in uscita a sinistra minore sarà quello a destra e viceversa: ad esempio, se a sinistra il valore è 0.75, a destra avremo (1- 0.75 = 0.25); oppure se il valore a sinistra è 0.15 a destra avremo (1-0.15 = 0.85). In entrambi i casi viene calcolata la radice quadrata di questi valori (con l'oggetto **`sqrt`**, che effettua appunto questo calcolo) e i risultati vengono prima trasformati in liste (con **`append`**, vedi il paragrafo 1.4) e poi passati all'oggetto **`line~`**, che "smussa" i passaggi tra un valore e l'altro utilizzando il valore di 20 millisecondi fornito da **`append`** che corrisponde al tempo in cui si passa da un valore a quello successivo. Finalmente i valori in uscita da **`line~`** possono essere usati per moltiplicare l'ampiezza del segnale in entrambi i canali. Spostando lo slider a sinistra e a destra muoviamo il suono nella stessa direzione del cursore.

È anche possibile muovere automaticamente un oggetto sonoro lungo il fronte stereo, vediamo come nel file **01_18_pan_function.maxpat** (fig. 1.60):

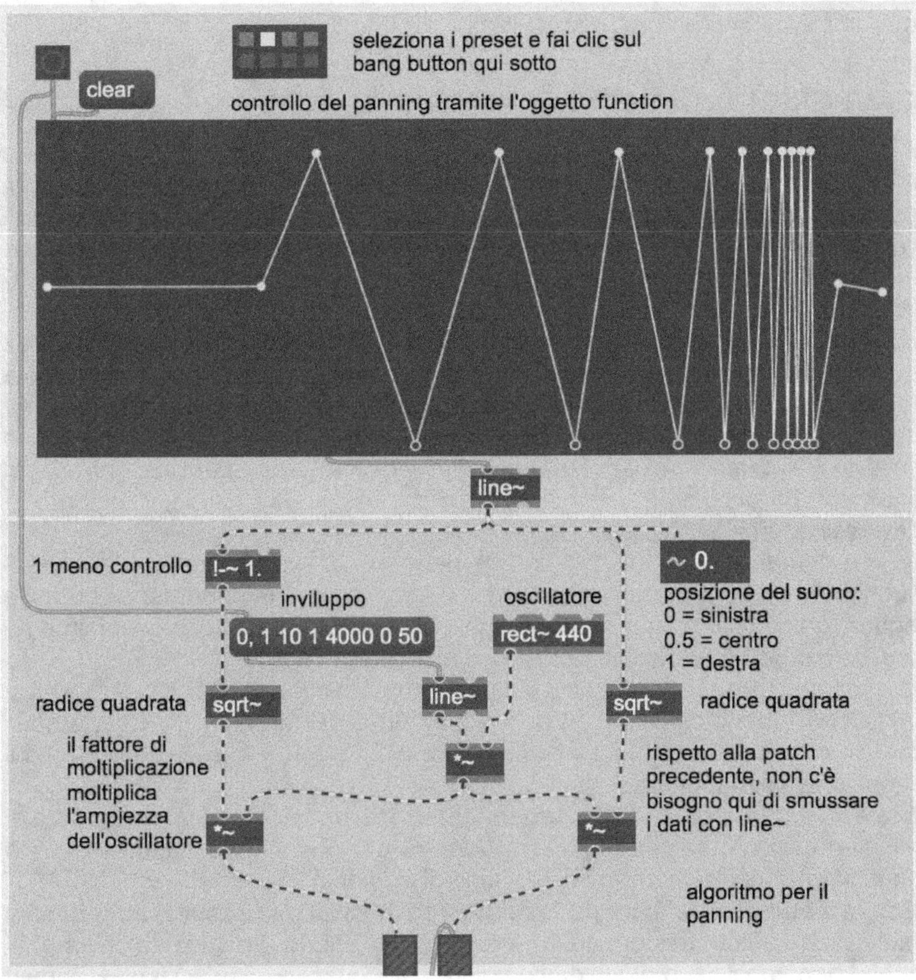

fig.1.60: file 01_18_pan_function.maxpat

Qui possiamo controllare la posizione dell'oggetto sonoro tramite `function`, ovvero l'oggetto che abbiamo già usato per generare, insieme a `line~`, l'inviluppo di un suono. Dal momento che gli inviluppi generati da `function` e `line~` hanno valori che variano tra 0 e 1 (se non modifichiamo l'intervallo di `function` tramite il suo *inspector*), possiamo usarli anche per controllare il movimento di una sorgente sonora. Questi inviluppi disegnano quindi il movimento dell'oggetto sonoro nel tempo, e si possono agevolmente tracciare le traiettorie più diverse (ne abbiamo memorizzate alcune nel `preset`, provate a realizzarne altre). Notate che, a differenza della *patch* precedente, qui abbiamo aggiunto un inviluppo di ampiezza, che attiva il suono all'inizio della traiettoria e lo azzera alla fine.

1.7 ALTRE CARATTERISTICHE DI MAX

Per concludere questo primo capitolo vediamo altre caratteristiche fondamentali dell'ambiente di programmazione Max.

CAVI GRIGI O GIALLO/NERI? MAX VS. MSP

Avrete certamente notato che le connessioni tra gli oggetti avvengono mediante cavi grigi o giallo-neri. Qual è la differenza? Attraverso i cavi grigi passano i **messaggi**, ovvero numeri, stringhe alfanumeriche e liste; attraverso i cavi giallo-neri passano i **segnali**, ovvero i flussi di campioni che rappresentano digitalmente i suoni.

In origine il programma era un sistema molto simile a quello che conosciamo, ma poteva soltanto generare messaggi e controllare macchine esterne; Max non poteva quindi generare o manipolare in tempo reale i segnali: in pratica disponeva solo dei cavi grigi. In seguito la produzione di computer sempre più veloci ha reso possibile la sintesi ed elaborazione del suono in tempo reale anche su piccoli sistemi privi di costose schede dedicate, ed è stato così introdotto MSP, che produce ed elabora i segnali e che ha, in altre parole, "aggiunto" i cavi giallo-neri al sistema.

MSP è quindi l'estensione di Max che permette di sintetizzare ed elaborare il suono. Non è un programma autonomo, ma una serie di oggetti (*object box* e oggetti grafici) che si aggiungono a quelli di Max, e si distinguono generalmente perché hanno un nome che finisce con una **tilde** ("~").

Con gli oggetti MSP si possono realizzare tutte le funzioni tipiche della sintesi del suono: ci sono oscillatori, inviluppi, filtri, unità di ritardo etc. La caratteristica che accomuna queste funzioni è, come abbiamo detto, quella di lavorare sul segnale o suono digitale.

Cos'è il suono digitale? È la rappresentazione numerica di un suono reale: all'interno di un sistema digitale i suoni (di qualsiasi natura siano, acustici o elettronici) sono memorizzati come serie di numeri.

Con il computer (e con un sistema come MSP) è possibile ad esempio digitalizzare, cioè trasformare in numeri, un suono acustico (mediante la conversione analogico-digitale), compiere delle operazioni sulla serie di numeri risultante (elaborazione) e poi trasformare la nuova serie di numeri in un suono che viene diffuso da altoparlanti (conversione digitale-analogica). Oppure si può generare direttamente una serie di numeri (sintesi) e trasformarla in suono udibile (vedi par. 1.1 della teoria).

Qualcuno potrebbe obiettare che gli oggetti Max (quelli senza tilde) possono già fare operazioni sui numeri: abbiamo visto ad esempio che è possibile effettuare addizioni e sottrazioni, calcolare la radice quadrata e presumibilmente tutte le altre operazioni; oppure abbiamo visto che è possibile convertire il valore di una nota MIDI nella frequenza corrispondente tramite mtof, che è un oggetto Max, senza tilde.[42]

Qual è dunque la differenza con MSP? La differenza sta nel fatto che i numeri trattati dagli oggetti Max vanno in genere più "lentamente", perché servono a

[42] Ma, ricordiamo, esiste anche l'oggetto `mtof~` con la tilde.

gestire parametri globali come l'altezza di una nota o la sua intensità, mentre nel caso del segnale digitale dobbiamo definire punto per punto la sua forma d'onda: ad esempio, se modifichiamo la posizione spaziale del suono agendo sullo slider orizzontale nella *patch 01_17_pan.maxpat* generiamo al massimo qualche decina di "numeri Max" al secondo (che possiamo visualizzare nel *number box* sottostante); l'oscillatore digitale che ha il compito di generare un suono, invece, per avere una buona qualità audio, deve generare almeno 44100 "numeri MSP" al secondo (la frequenza di campionamento standard di un CD). Per approfondimenti su questo tema vedi il paragrafo 5.1 della teoria.
Una seconda e più importante differenza è che la serie di numeri elaborati da Max può avere una velocità variabile. Tornando all'esempio appena fatto, la quantità di numeri generati al secondo dipende dalla velocità con cui muoviamo lo slider orizzontale. In MSP il segnale deve avere una velocità costante chiamata *sample rate* o frequenza di campionamento. Questa è data, ad esempio dai succitati 44100 "numeri MSP", o campioni, al secondo. L'interruzione del flusso di questi dati genera click e rumori digitali indesiderati. Nelle nostre *patch*, quando facciamo clic sul messaggio "*startwindow*" collegato all'oggetto **dac~** avviamo questo flusso; quando facciamo clic sul messaggio "*stop*" lo interrompiamo.[43]
Approfondiremo ulteriormente questi argomenti nel capitolo 5 dedicato all'audio digitale.

ORDINE DI ESECUZIONE DEGLI OGGETTI MAX

Trattiamo adesso un argomento molto importante: l'ordine di esecuzione degli oggetti Max.
Esiste una regola generale, nell'ambiente Max, che stabilisce che *gli oggetti si scambiano i messaggi seguendo un ordine che va da destra a sinistra*: questo significa che se più messaggi vengono generati nello stesso momento, il messaggio generato dall'oggetto più a destra (oppure quello generato dall'uscita più a destra di un oggetto) precede tutti gli altri messaggi, e l'ultimo ad essere generato è il messaggio più a sinistra.
Realizziamo la *patch* di figura 1.61.

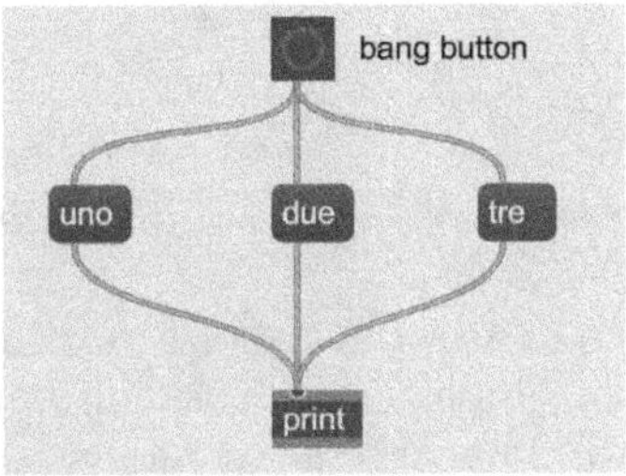

fig. 1.61: ordine di esecuzione

[43] È importante sottolineare che il flusso di dati continua anche quando non vengono prodotti suoni udibili: se riduciamo l'ampiezza di un segnale a 0, ad esempio, verrà comunque prodotto un flusso ininterrotto di "zeri", e se portiamo la frequenza di un oscillatore a 0 Hz, l'oscillatore produrrà ininterrottamente uno stesso campione (il cui valore dipende dalla forma d'onda e dal punto all'interno del ciclo in cui si trova l'oscillatore quando viene impostato a 0 Hz).

Da quello che già sappiamo dal capitolo 1, se facciamo clic sul **`button`**, il messaggio "*bang*" raggiungerà i tre *message box* che manderanno a loro volta i propri messaggi all'oggetto **`print`** che li stamperà sulla *Max Console*. In che ordine verranno stampati i tre messaggi? Se fate la prova otterrete sulla *Max Console* questa sequenza di messaggi:

print: tre
print: due
print: uno

Come avevamo anticipato, l'ordine di esecuzione va da destra a sinistra, e questo vale per tutti gli oggetti Max.
Si tratta di una questione estremamente importante che ha una profonda influenza sulle *patch* più complesse: spesso le *patch* non si comportano come ci aspettiamo perché nel costruirle non abbiamo tenuto conto di questo fattore.
Provate a spostare i *message box* cambiando il loro ordine (senza staccarli dal **`button`** e da **`print`**) e osservate come l'ordine in cui vengono stampati sulla *Max Console* cambi di conseguenza.
Attenzione: tutto ciò che abbiamo detto sull'ordine di esecuzione riguarda i messaggi Max (cavi grigi) e non i segnali MSP (cavi giallo-neri) i quali, come già sappiamo, vengono generati come un flusso ininterrotto e seguono dunque altre regole che esamineremo in dettaglio nel capitolo 5.
Se un oggetto ha più uscite, queste seguiranno la regola della precedenza a destra.
Provate a ricostruire la *patch* di figura 1.62:

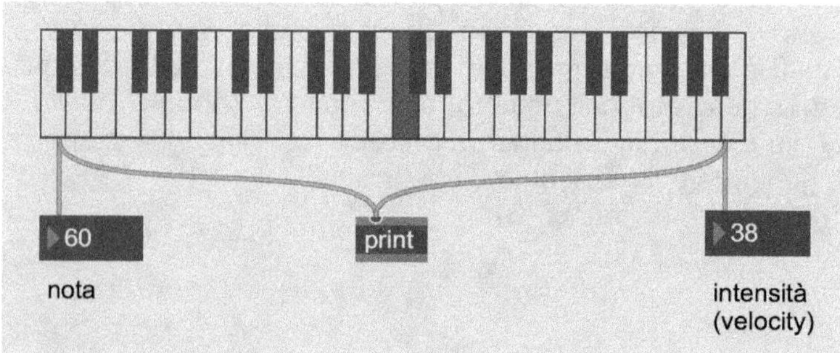

fig. 1.62: regole di precedenza nelle uscite di un oggetto

Come vedete l'oggetto **`kslider`** (la tastiera musicale) ha anche un'uscita a destra con la quale si simula l'intensità della nota premuta[44], più in alto si preme il tasto e maggiore è questa intensità (il cui valore varia da 0 a 127). Anche in questo caso il primo valore ad essere stampato è quello che si trova più a destra, ovvero il valore di intensità.

[44] Nel gergo MIDI questo parametro è detto **velocity**, con riferimento alla velocità con cui si abbassa il tasto. Per le questioni riguardanti il MIDI vi rimandiamo al capitolo 9. Nel paragrafo IB.1 dell'Interludio B torneremo comunque sull'argomento.

L'OGGETTO PANEL E IL LIVELLO BACKGROUND

Durante la lettura del paragrafo precedente, vi sarete probabilmente chiesti, aprendo i file *01_17_pan.maxpat* e *01_18_pan_function.maxpat*, come si realizzino i riquadri colorati che racchiudono le diverse parti delle *patch*. Quei riquadri sono realizzati con un oggetto grafico chiamato **panel** (fig. 1.63), il cui aspetto può essere opportunamente modificato tramite l'*inspector*.

fig. 1.63: l'oggetto **panel** nella palette *Add*, sotto-categoria *Interface*.

Aprite una nuova *patch* e create l'oggetto **panel** poi richiamate l'*inspector* (con <Mac: Command–i> <Win: Control–i>, o fate clic sull'icona che si trova in fondo alla *Patcher Window* e che contiene una "i"): tramite gli attributi della categoria "Appearance" possiamo decidere, tra le altre cose, la dimensione del bordo "*Border Size*" (di default è 0, cioè non è presente), la dimensione "*Patching Rectangle*", che come sappiamo può essere anche modificata trascinando con il mouse l'angolo in basso a destra dell'oggetto) e sono possibili molte altre modifiche che non trattiamo qui (ma che potete comunque sperimentare); tramite gli attributi della categoria "Color", invece, è possibile modificare il colore dello sfondo "*Interior Color*" e del bordo dell'oggetto "*Border Color*", oppure creare delle sfumature di colore "*Gradient Color*". Dopo aver modificato le caratteristiche di un **panel** a vostro piacimento, create uno o più *number box* e metteteli all'interno del **panel**: gli oggetti rimarranno visibili. Se però create un nuovo **panel** dopo aver creato i *number box*, questi ultimi verranno coperti dal nuovo **panel** (fate la prova!). Questo avviene perché quando sovrapponiamo degli oggetti, quelli creati più recentemente coprono i più vecchi, in altre parole ogni nuovo oggetto si trova ad un livello superiore rispetto ai precedenti: è però possibile fare in modo che un oggetto venga assegnato al livello più basso tramite il comando "*Send to Back*" che si trova nel menù *Arrange*.

Provate con il nuovo **panel** che avete creato, selezionatelo e poi richiamate il comando "*Send to Back*": ora tutti gli oggetti sovrapposti si troveranno al di sopra del **panel**.
Se provate (in modalità *edit*) a selezionare tutti gli oggetti che si trovano al di sopra del **panel** con la tecnica del trascinamento che abbiamo illustrato in figura 1.10 [45], vi accorgerete che è praticamente impossibile non selezionare anche il **panel**: questo avviene perché, anche se lo abbiamo mandato al livello più basso, il **panel** resta un oggetto come tutti gli altri e si può quindi selezionare, trascinare, modificare, cancellare etc. Un altro inconveniente è che i cavi vengono nascosti dall'oggetto **panel** quando passiamo alla modalità *performance*. Per risolvere questi problemi dobbiamo mandare l'oggetto **panel** ad un livello ancora più basso: il livello *background* (che significa sfondo) che si trova sempre al di sotto di tutti i livelli "normali" (che sono al livello *foreground* ovvero in primo piano) . Per fare ciò, selezionate l'oggetto **panel** e richiamate la voce "*Include in Background*" dal menù *Arrange*; dopo di che richiamate la voce "*Lock Background*" dal menù *View* oppure digitate <Mac: Command-Alt--l> <Win: Control-Alt–l>. Ora il livello *background* è "congelato" e tutti gli oggetti che ne fanno parte non sono selezionabili né modificabili in alcun modo: provate.
Per "scongelare" il livello *background* bisogna richiamare nuovamente la voce "*Lock Background*" (deselezionandola) dal menù *View* oppure digitare nuovamente <Mac: Command-Alt--l> <Win: Control-Alt–l>.

CREARE E MODIFICARE LE PATCH IN MODALITÀ "OPERATE WHILE UNLOCKED"

Oltre alla normale modalità *edit* è possibile usare una modalità che ci permette di fare l'*editing* (cioè la modifica) di una *patch* e contemporaneamente utilizzare la *patch* stessa: in pratica è come essere in modalità *edit* e in modalità *performance* nello stesso momento.
Questa modalità si chiama *Operate While Unlocked*, ovvero "lavorare (con la *patch*) mentre è aperta" (si abbrevia con OWU), e si può attivare aprendo il lucchetto in basso a sinistra nella *patch* e selezionando l'icona successiva, raffigurante un riquadro con all'interno un puntatore (figura 1.64).

fig. 1.64: attivare la modalità OWU (*Operate While Unlocked*)

Quando siamo in questa modalità, gli oggetti interfaccia (come il *number box* o l'oggetto **gain~**) sono tutti attivi: questo significa che se trasciniamo il puntatore del mouse, ad esempio, all'interno di un *number box*, non spostiamo l'oggetto (come se fossimo in modalità *edit* "semplice"), ma ne modifichiamo

[45] Vi ricordiamo che tale tecnica consiste nel selezionare più oggetti contemporaneamente facendo clic e trascinando il mouse in modo da includere gli oggetti da selezionare nel rettangolo che si forma e che è detto "area di trascinamento".

il valore (come se fossimo in modalità *performance*). La stessa cosa avviene per tutti gli altri oggetti interfaccia, mentre i normali *object box* (come ad esempio **cycle~** o **mtof**) si comportano come nella modalità *edit* semplice, cioè possono essere spostati con il trascinamento del mouse.
Se siamo in modalità OWU e vogliamo spostare un oggetto interfaccia (e non interagire con esso) dobbiamo posizionare il mouse sul bordo dell'oggetto, che si evidenzierà automaticamente: facendo clic su questo bordo e trascinando il mouse l'oggetto si sposterà.
In modalità OWU, un click all'interno di un *message box* fa sì che l'oggetto trasmetta il messaggio in esso contenuto. Se invece vogliamo modificare il messaggio, dobbiamo prima selezionare l'oggetto (con shift-click, o con un click semplice sul bordo) e poi battere invio.

ATTIVITÀ - *CORREZIONE DI ALGORITMI*

Scaricate (se non l'avete ancora fatto) il "Materiale Capitoli Max Vol 1" che si trova all'indirizzo www.virtual-sound.com/cmsupport. Poi aprite il file **01_correction.maxpat** che trovate nella cartella "Materiale Capitoli Max Vol 1/ Attività e Verifiche Vol 1/ 01 Patch Attività".

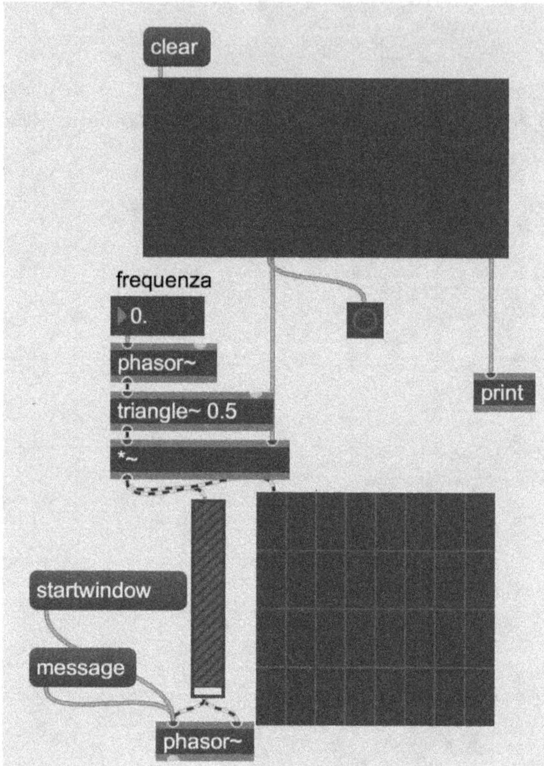

fig. 1.65

Trovate gli errori e gli scambi di posizione degli oggetti: ci sono due oggetti da spostare, uno da sostituire, un oggetto il cui contenuto è sbagliato e un oggetto mancante. Correggete la *patch* in modo da generare un'onda triangolare a 221 Hz con un inviluppo caratterizzato da un attacco lento, un breve sustain e un decay immediato e visualizzando i valori dell'oggetto `function` nella *Max Console*.

ATTIVITÀ - *COMPLETAMENTO DI ALGORITMI*

Aprite la *patch* **01_completion.maxpat.**

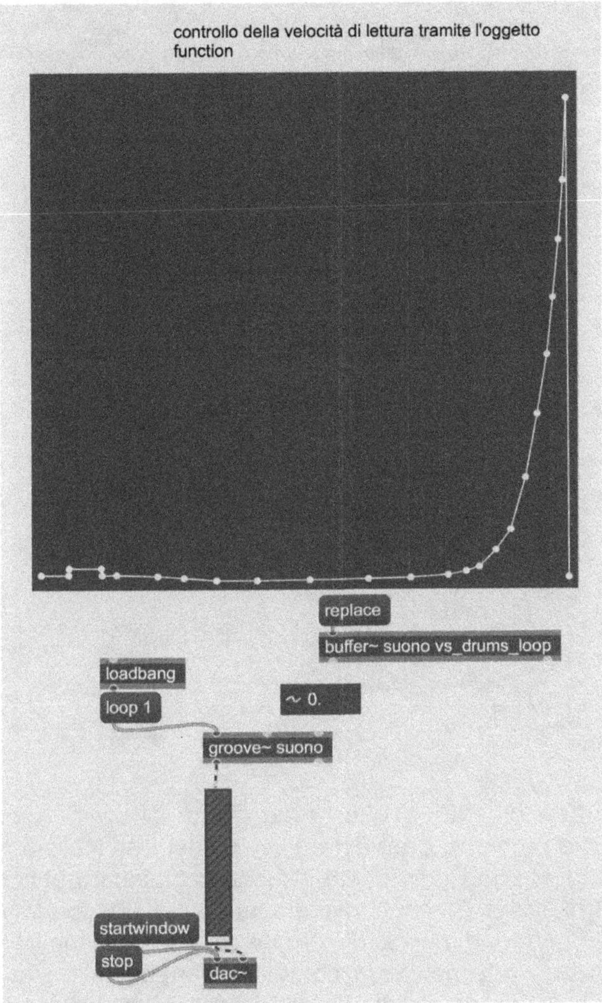

fig. 1.66

Questa *patch* è incompleta: potete vedere, infatti, l'oggetto grafico `function` che contiene un inviluppo della velocità di lettura del suono vs_drums_loop, ma questo oggetto `function` non ha nulla che lo attivi e non è collegato ad alcun altro oggetto! Considerando che `groove` accetta nell'entrata di sinistra la velocità di lettura del suono (1= velocità normale, 0.5 velocità dimezzata etc.) provate a completare questa *patch* per far leggere a `groove` l'inviluppo della velocità di lettura che trovate già pronto nell'oggetto `function` e ascoltate quante variazioni si possono fare solo agendo su questo parametro. Trovate anche una soluzione per poter visualizzare in tempo reale i valori dell'oggetto `function` all'interno dell'oggetto `number~`.

ATTIVITÀ - *ANALISI DI ALGORITMI - ATTIVITÀ A*

Aprite la *patch* **01_analysis_A.maxpat**:

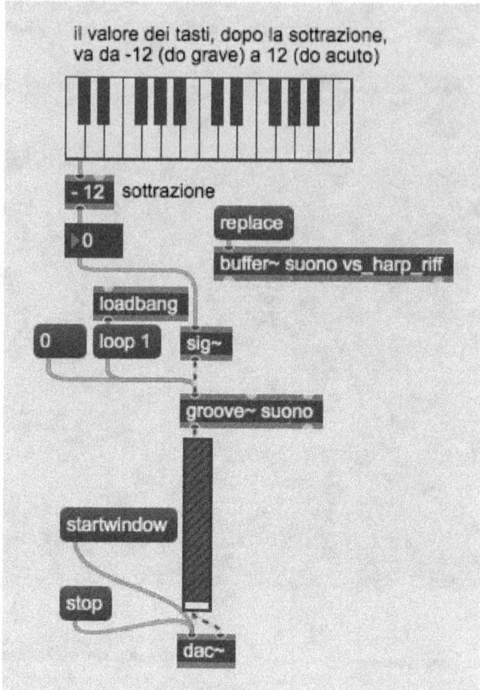

fig. 1.67

descrivete il funzionamento di questo algoritmo e i diversi suoni in uscita a seconda del tasto premuto. Considerate i valori dei tasti indicati nel commento sopra l'oggetto `kslider` e ascoltate il suono campionato utilizzato in questa *patch* ("vs_harp_riff.wav") che troverete nella cartella *soundfiles* all'interno della cartella *virtualsound macros*. Ricordate che i valori negativi fanno leggere il suono in *reverse*, cioè nel verso contrario, partendo dal suo *release* verso l'attacco. Notate l'uso non standard della tastiera: i tasti successivi infatti non corrispondono a semitoni successivi, ma a qualcos'altro. Cosa? Se non trovate la risposta potrà esservi d'aiuto consultare i rapporti di frequenza naturali nella tabella D del par. 1.4 della teoria.

ATTIVITÀ - *ANALISI DI ALGORITMI - ATTIVITÀ B*

Aprite la *patch* **01_analysis_B.maxpat**, si tratta di una variazione dell'algoritmo dell'attività A:

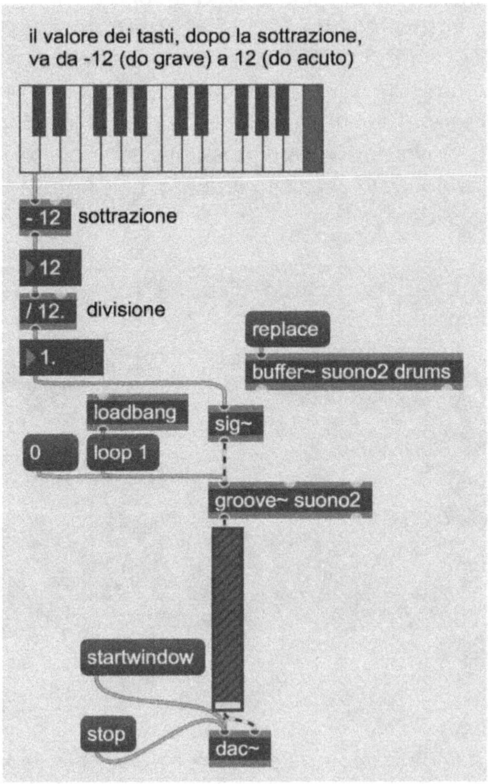

fig. 1.68

descrivete il funzionamento dell'algoritmo e i diversi suoni in uscita a seconda del tasto premuto.

ATTIVITÀ - *SOSTITUZIONE DI PARTI DI ALGORITMI*

Aprite la *patch* **01_17_pan.maxpat** (vedi figura 1.69), cancellate l'oggetto **rect~**, al suo posto inserite un suono campionato utilizzando **sfplay~** (senza argomento in modo che legga solo il canale sinistro), con controllo di *loop*, tre velocità di lettura diverse (0.125, 1 e 50), un messaggio "*open*" per aprire il file "vs_piano_tango.wav" che troverete nella cartella *virtualsound macros/soundfiles*[46], un **toggle** per attivare e spegnere la lettura del file audio e un **button** che segnali la fine della lettura del file. Una volta completata questa sostituzione, dovrebbe essere possibile controllare la posizione stereo del file "vs_piano_tango.wav" (o altri file audio che potete caricare dalla stessa cartella) mediante lo slider.

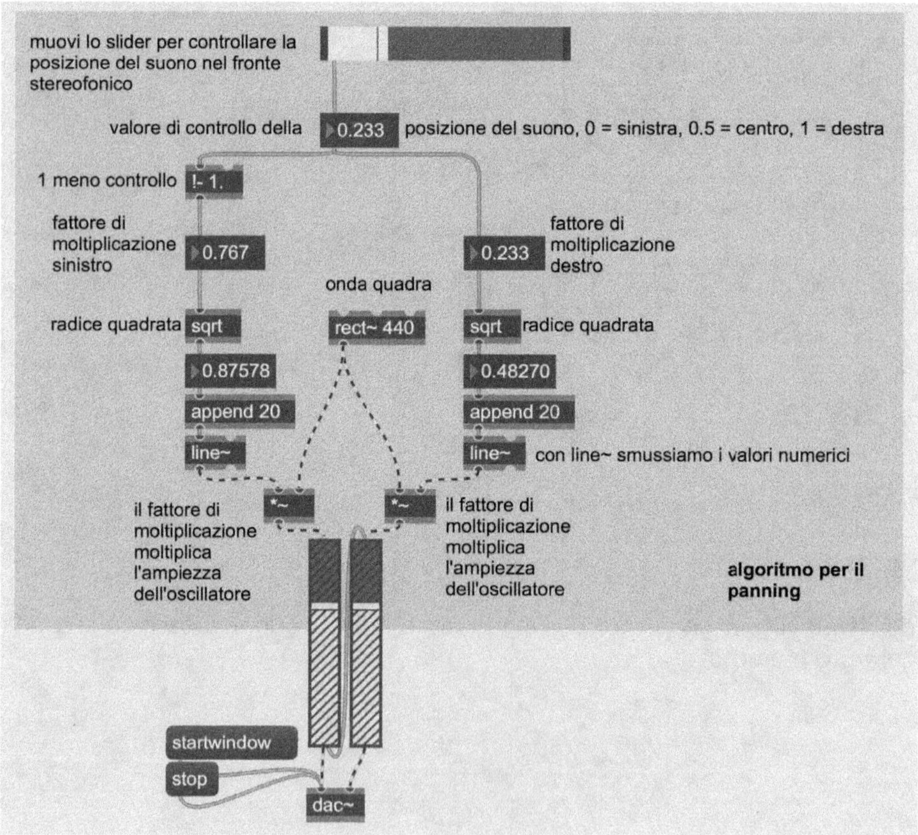

fig. 1.69

46 Vi ricordiamo che la cartella Virtual Sound Macros si trova (se l'avete correttamente installata) nella cartella "{Nome Utente}/Documenti/Max 9/Packages". Per ulteriori dettagli vedi la pagina di supporto che si trova all'indirizzo www.virtual-sound.com/cmsupport.

COMPITI UNITARI - COMPITO DI REVERSE ENGINEERING A

Ascoltate attentamente e analizzate il suono "01_reverse_engine_A.aif" descrivendone le caratteristiche dell'inviluppo di ampiezza e quelle della frequenza. Elaborate poi un algoritmo che consenta di ricreare un tipo simile di suono. Tempo per la realizzazione: 2 ore

COMPITI UNITARI - COMPITO DI REVERSE ENGINEERING B

Ascoltate attentamente e analizzate il suono "01_reverse_engine_B.aif": si tratta di una variazione del file "vs_harp_riff.wav". Descrivete le differenze fra l'uno e l'altro e in particolare le variazioni di altezza nel tempo (cioè le caratteristiche dell'inviluppo di frequenza). Elaborate poi un algoritmo che consenta di ricreare un tipo simile di suono, considerando che avete a disposizione il file "vs_harp_riff.wav" fra quelli nella cartella virtualsound macros/soundfiles, e che potete agire su un oggetto `function` che controlla l'oggetto `groove~` come avete fatto nell'attività di completamento algoritmi.
Tempo per la realizzazione: 1 ora

LISTA COMANDI PRINCIPALI

Aprire un nuovo documento Max
<Mac: Command–n> <Win: Control–n>

Alternare modalità *performance* a modalità *edit*
<Mac: Command–e> <Win: Control–e>

Visualizzare la *Max Console*
<Mac: Command–m> <Win: Control–m>

Liberarsi di un cavo "agganciato" quando è selezionato *"Segmented Patch Cords"*
<Mac: Command–clic> <Win: Control-clic>

Allineare gli oggetti nella *Patcher Window*
Selezione + <Mac: Command–y> <Win: Control–Shift-a>

Aprire l'*inspector* di un oggetto
Selezione + <Mac: Command–i> <Win: Control–i> oppure
Selezione + clic sull'icona contenente una "i" che si trova nella *Toolbar* di destra

Far apparire i suggerimenti, detti *hint*, in un piccolo riquadro giallo quando si passa con il mouse sopra un oggetto
La funzione *hint* si ottiene tramite l'*inspector*: andate in modalità *edit* e richiamate l'*inspector* dell'oggetto desiderato, qui selezionate l'attributo Hint, con il quale potrete impostare il commento da far apparire nel riquadro giallo.

Far apparire le annotazioni nella *Clue Bar* quando si passa con il mouse sopra un oggetto
Nell'*inspector* (v.) selezionate l'attributo *Annotation* dove potete scrivere il vostro messaggio.

Copiare oggetti o gruppi di oggetti da un *patcher* ad un altro
Selezionare oggetto o gruppo di oggetti + <Mac: Command–c>
<Win: Control–c>.
Clic sul secondo *patcher* + <Mac: Command–v> <Win: Control–v>

Selezionare più cavi contemporaneamente
Premere il tasto Alt mentre si trascina il mouse.

Copiare un oggetto
Tenendo premuto il tasto Alt, fare clic sull'oggetto e trascinarlo sull'area dove occorre posizionarne la copia.

Selezionare e copiare un gruppo di oggetti
Fare clic su un punto vuoto della *Patcher Window*, trascinare il mouse in modo da includere gli oggetti da selezionare, tenendo premuto il tasto Alt, fare clic sull'area selezionata e trascinare gli oggetti sull'area dove occorre posizionarne la copia.

Selezionare la scheda audio giusta
Selezionare *Options–>Audio Status* e scegliere la scheda audio desiderata.

Realizzare cavi segmentati
Selezionare *Options–>Segmented Patch Cords.*
Ad ogni clic si crea un nuovo segmento.
L'ultimo clic va fatto sull'*inlet* dell'oggetto da connettere.

Creare nuovi oggetti mediante la pressione di un tasto
È possibile creare nuovi oggetti digitando uno dei seguenti tasti:
n = nuovo *object box*
b = *button*
t = *toggle*
i = *integer number box*
f = *float number box*
m = *message box*
c = *comment box*

Aprire la documentazione in linea di Max
Selezionare la voce *Reference* dal menù Help.

Aprire le patch di help dei singoli oggetti
In modalità edit fare Alt-clic (senza trascinare) su un oggetto, si aprirà una *patch* di aiuto relativa all'oggetto.

Cercare oggetti che svolgono funzioni analoghe o complementari a quella di un oggetto da noi selezionato
In modalità *edit* fare Alt-clic (senza trascinare) su un oggetto, si aprirà una *patch* di aiuto relativa all'oggetto. Nella parte alta della finestra c'è una fila di etichette: l'ultima delle quali (recante un punto interrogativo) attiva un menù a comparsa tramite il quale è possibile richiamare l'help di oggetti che svolgono funzioni analoghe o sono comunque utilizzati insieme all'oggetto da noi selezionato: facendo clic sui richiami si aprirà la *patch* di aiuto relativa a questi oggetti.

Visualizzare le pagine del manuale Max relative ad un oggetto da noi selezionato
In modalità *edit* fare Alt-clic (senza trascinare) su un oggetto, si aprirà una *patch* di aiuto relativa all'oggetto. Nella parte alta della finestra c'è una fila di etichette: l'ultima delle quali (recante un punto interrogativo) attiva un menù a comparsa. Selezionando la prima voce di questo menù è possibile visualizzare una pagina del manuale di riferimento in cui vengono spiegati dettagliatamente tutte le caratteristiche dell'oggetto da noi selezionato.

Aprire un *File Browser*
Selezionare la voce *Show File Browser* dal menù *File* o digitando <Mac: Command–b> <Win: Control–b>).

Nascondere (o far riapparire) un oggetto o un cavo
Per nascondere un oggetto o un cavo bisogna selezionarlo (in *edit mode*) e digitare <Mac: Command–k> <Win: Control–k>: passando alla modalità *performance* l'oggetto scomparirà. Per farlo riapparire, bisogna selezionarlo nuovamente in modalità *edit* e digitare <Mac: Command–l> <Win: Control–l>. Selezionando più oggetti è possibile nasconderli contemporaneamente con il comando già spiegato.

LISTA OGGETTI MAX

Operatori aritmetici Max
*   Moltiplica numeri in entrata nell'oggetto
/   Divide numeri in entrata nell'oggetto
+   Somma numeri in entrata nell'oggetto
-   Sottrae numeri in entrata nell'oggetto
In tutti questi operatori il primo operando è il numero che entra nell'ingresso di sinistra, mentre il secondo operando è l'argomento (oppure può essere il numero che entra nell'ingresso di destra).

Operatori aritmetici MSP
*~   Moltiplica segnali
/~   Divide segnali
+~   Somma segnali
-~   Sottrae segnali
In tutti questi operatori il primo operando è il segnale che entra nell'ingresso di sinistra, mentre il secondo operando è l'argomento (oppure può essere il numero o il segnale che entra nell'ingresso di destra).

`append`
L'oggetto **`append`** aggiunge il suo argomento a qualsiasi messaggio riceva. In uscita produce infatti una lista composta dal numero o lista ricevuti e dal suo argomento, che viene posto sempre alla fine della lista in uscita.

`buffer~`
Questo oggetto alloca una zona di memoria che può contenere un suono.
Vedi anche glossario 2P

`button`
Genera un *bang* ad ogni click del mouse e trasforma tutto ciò che riceve in un *bang* e lo invia alla propria uscita, facendo lampeggiare l'indicatore.

comment
(comment box)
Consente l'aggiunta di didascalie nelle *patch*. Queste non svolgono alcuna funzione se non quella di commento alla programmazione.

curve~
Questo oggetto funziona come **line~**, ma necessita di un terzo parametro, dopo il valore e il tempo per raggiungerlo, che indica il "fattore di curvatura" e varia da -1 a 1. I valori positivi indicano le curve esponenziali, con diversi gradi di curvatura, e i negativi le curve logaritmiche. Il valore 0 genera segmenti di retta identici a quelle generate da **line~**.

cycle~
Oscillatore la cui forma d'onda è di *default* sinusoidale.

dac~
Convertitore digitale-analogico, può attivare e arrestare MSP quando riceve i messaggi "*startwindow*" e "*stop*"

dbtoa
Converte l'ampiezza di un suono espressa in deciBel in ampiezza assoluta. In Max i dB sono espressi come numeri negativi e il valore di 0 dB corrisponde all'ampiezza massima.

ezdac~
Convertitore digitale-analogico, serve anche ad attivare e ad arrestare MSP

flonum
(float number box)
Oggetto che permette di visualizzare, modificare e trasmettere numeri in virgola mobile

function
Genera, tramite editing grafico, inviluppi, glissandi o più genericamente una serie di punti connessi tra loro da segmenti. Trascinando o facendo clic con il mouse è possibile rispettivamente spostare i punti o crearne di nuovi. I punti possono essere cancellati con *shift-clic*. Con il messaggio "*clear*" si cancellano tutti i punti. Aprendo l'*inspector*, tramite l'attributo *Hi Domain Display Value (X-Axis)* si possono modificare i valori minimo e massimo dell'inviluppo, mediante l'attributo *Lo and Hi Display Range (Y-Axis)* si può alterare invece la durata complessiva dell'inviluppo in millisecondi.

gain~
Riscala l'ampiezza dell'audio in entrata in funzione della posizione del cursore e la invia al proprio output.

groove~
Legge il suono caricato in un **buffer~**.

`kslider`
Emette dall'uscita di sinistra il numero della nota MIDI relativa al tasto premuto sulla tastiera (il nome è una abbreviazione di *keyboard slider*).

`levelmeter~`
Misura l'intensità del segnale ricevuto.

`line~`
Generatore di segmenti di segnale che vanno da un valore a un altro in un tempo stabilito. Per creare un segmento l'oggetto ha bisogno di un valore di partenza e di una lista con il valore da raggiungere e il tempo in millisecondi. La lista può essere formata da una o più coppie di numeri, ciascuna indicante un valore e un tempo.

`loadbang`
Genera un *bang* ogni volta che la *patch* viene aperta (caricata).

`message`
(message box)
Oggetto che contiene un messaggio qualsiasi fatto di caratteri e/o numeri; il messaggio viene inviato all'uscita ad ogni clic sul *message box*.

`mtof`
Converte il valore di nota MIDI in ingresso in un valore di frequenza in Hertz ("mtof" sta per "MIDI to Frequency").

`mtof~`
Versione di `mtof` che genera un segnale.

`number`
(number box)
Oggetto che permette di visualizzare, modificare e trasmettere numeri interi. Si possono visualizzare i numeri anche come note MIDI.

`number~`
Questo oggetto MSP ha due funzioni: una di monitor e una di trasmettitore (si passa dall'una all'altra facendo clic sulla parte sinistra dell'oggetto). Come monitor, questo oggetto mostra, sotto forma di numero, il contenuto del segnale che riceve, ma non lo trasmette, a sua volta all'uscita; come generatore, trasmette sotto forma di segnale il valore inserito al suo interno.

(object box)
"Contenitore" che svolge qualsiasi funzione Max quando viene fornito del nome corrispondente. Se il nome è quello di un oggetto grafico, l'*object box* viene sostituito dalla rappresentazione grafica dell'oggetto.

`panel`
Oggetto grafico, usato normalmente come sfondo colorato, il cui aspetto può essere opportunamente modificato tramite l'*inspector*.

phasor~
Oscillatore che genera una rampa che va da 0 a 1, e la ripete ciclicamente secondo una frequenza che possiamo impostare.

playlist~
Oggetto che permette di eseguire una lista di file audio (uno alla volta)

preset
Consente di registrare e successivamente richiamare configurazioni (o *preset*) dei parametri della *patch* in cui l'oggetto `preset` è contenuto.

print
L'oggetto `print` visualizza sulla *Max Console* qualsiasi messaggio riceva. Facendo doppio clic sul messaggio visualizzato nella *Max Console*, l'oggetto `print` che lo ha generato viene evidenziato nella *Patcher Window*.

rect~
Oscillatore *band limited* (limitato in banda) che genera un'onda quadra.

saw~
Oscillatore *band limited* (limitato in banda) che genera un'onda a dente di sega.

scope~
Oscilloscopio: ci fa vedere il segnale come un'onda che si muove su uno schermo.

selector~
Riceve più segnali e ne manda in uscita uno (o nessuno) liberamente selezionabile.

sfplay~
Legge un file audio che è stato precedentemente memorizzato su disco. Per aprire un file si invia, tramite un *message box*, il messaggio "*open*" e si seleziona il file desiderato. Per suonare il file si manda il numero 1, per fermarlo si manda il numero 0. Con il messaggio "*loop 1*" si attiva il *loop*, con il messaggio "*loop 0*" si disattiva. Il messaggio "*speed*" seguito da un numero moltiplicatore della velocità di riproduzione, consente di regolare quest'ultima.

sfrecord~
Consente la registrazione di un suono su disco. Con il comando "*open*" si può creare un file audio nell'hard disk. Si può attivare e successivamente arrestare la registrazione mediante l'uso di un `toggle`.

sig~
Converte valori numerici Max in segnali MSP, ovvero in flussi di campioni che rappresentano digitalmente i suoni.

slider
Cursore (in inglese *slider*) che produce numeri interi: questo oggetto può essere verticale oppure orizzontale.

sqrt
Operatore matematico che calcola la radice quadrata dei valori in entrata.

toggle
Oggetto grafico che ad ogni clic del mouse invia alternativamente un 1 e uno 0.

tri~
Oscillatore *band limited* (limitato in banda) che genera un'onda triangolare.

triangle~
"Contenitore" per il segnale triangolare: produce un ciclo di onda triangolare ogni volta che riceve una rampa che va da 0 a 1, ad esempio dall'oggetto phasor~.

vs.square~
Oscillatore che genera un'onda quadra non limitata in banda. Questo oscillatore fa parte della libreria *Virtual Sound Macros*.

LISTA MESSAGGI, ATTRIBUTI E PARAMETRI PER OGGETTI MAX SPECIFICI

`buffer~`
- Replace (messaggio)
Messaggio che serve a caricare un nuovo file all'interno di `buffer~`. Ridimensiona il *buffer* in base alla grandezza del file caricato.

`curve~`
- Curve parameter o Fattore di curvatura (parametro)
Fattore che regola la curvatura di un segmento. Varia da -1 a 1: i valori positivi generano le curve esponenziali, i valori negativi le curve logaritmiche, il valore 0 genera un segmento di retta.

`function`
- Hi Domain Display Value (attributo)
Attributo di `function` che stabilisce il valore massimo sull'asse delle x, cioè la durata complessiva dell'inviluppo in millisecondi.

- Lo and Hi Display range (attributo)
valori minimo e massimo sull'asse delle y.

patcher inspector
- Open in Presentation
Attivando l'opzione la *patch* si apre automaticamente in modalità *presentation*.

`scope~`
- Buffer size (attributo)
Attributo di `scope~` che stabilisce la dimensione del *buffer*, cioè quanti "pacchetti" di campioni verranno usati nello schermo dell'oscilloscopio, ovvero quanti pixel verranno visualizzati al suo interno.

- Calccount – Samples per pixel (attributo)
Attributo di `scope~` che stabilisce il numero di campioni che viene visualizzato con un pixel.

- Lo and Hi Display range (attributo)
Attributo di `scope~` che stabilisce il limite minimo e massimo del valore dei campioni visualizzabili. Questo limite è inizialmente impostato a -1 e 1, ma modificando questi limiti possiamo visualizzare valori a nostro piacimento.

`sfplay~`
- Loop (messaggio)
Messaggio che attiva (*loop 1*) e disattiva (*loop 0*) l'esecuzione in *loop* di un file audio.

- Open (messaggio)
Messaggio che serve a selezionare il file desiderato all'interno di `sfplay~`.

GLOSSARIO

Argomenti
Parametri che seguono il nome di un oggetto all'interno dell'*object box*. Servono ad impostare le caratteristiche iniziali o le variabili interne dell'oggetto.

Autocompletion
Funzione che consente di far apparire un menù contenente tutti gli oggetti il cui nome inizia con i caratteri che abbiamo digitato.

Bang
Un messaggio che mette in azione un oggetto Max: nel momento in cui un oggetto riceve un *bang*, l'oggetto stesso mette in azione la propria funzione principale.

Buffer
Zona di memoria creata per contenere temporaneamente dei dati. In Max a tale zona viene dato un nome che serve ad altri oggetti per riferirsi a quel buffer.

Clue Bar
Testo di informazioni che appare sulla *Toolbar* inferiore quando si passa con il mouse sopra un oggetto.

Edit mode/Performance mode
Le due modalità di lavoro in Max: la modalità *edit* serve per assemblare una *patch* inserendo, spostando, cancellando, collegando oggetti. La modalità *performance* è una modalità di esecuzione, dove si possono far suonare gli oggetti, cambiare i parametri, azionare *slider, toggle, message box* etc.

File browser
Pannello che permette di visualizzare, aprire o trascinare sulle *patch* i file contenuti nelle cartelle che fanno parte del percorso di ricerca di Max, ovvero che si trovano nella finestra di *File Preferences*.

Grid
Griglia di riferimento che rende molto più facile l'allineamento degli oggetti all'interno della *Patcher Window*.

Help Menu
Menù tramite il quale è possibile selezionare le diverse componenti dell'Help in linea di Max.

Hide on lock / Show on lock
Voci richiamabili dal menù *Object*. *Hide on Lock* serve per nascondere l'oggetto, e *Show on Lock*, per mostrarlo nuovamente.

Hint
Suggerimento che appare in un riquadro giallo quando si passa con il mouse sopra un oggetto. Si può attivare tramite l'*inspector* (in modalità *edit*), inserendo il commento nel campo *Hint*.

Inlet
Ingresso di un oggetto.

Inspector
Finestra tramite la quale possiamo impostare diverse caratteristiche di un oggetto.

Libreria Virtual Sound Macros
Un insieme di oggetti (abstractions), creati appositamente per questo libro, che si aggiungono agli oggetti standard di Max.

Lista
Un insieme di numeri e/o di parole o altre combinazioni di caratteri considerati come un tutto unico.

Max Console
Finestra che Max utilizza per comunicare con l'utente mediante messaggi, come messaggi d'errore, stampa di liste etc. Facendo doppio clic su uno di questi messaggi all'interno della *Max Console*, l'oggetto che lo ha generato viene evidenziato nella *Patcher Window*.

Messaggio (Max)
Informazioni costituite da valori numerici, stringhe o liste la cui generazione è indipendente dalla frequenza di campionamento.

Object Action Menu
Menu richiamabile portando (in modalità edit) il puntatore del mouse sul lato sinistro di un oggetto e rappresentato da un'icona formata da un cerchio con un triangolo all'interno. Questo menu contiene tutti gli elementi utili per gestire l'oggetto, trasformarlo, e visualizzare informazioni sul suo utilizzo.

Operate While Unlocked (OWU)
Modalità che consente l'editing delle *patch* e contemporaneamente l'utilizzo delle stesse.

Oscillatori limitati in banda
Oscillatori che non contengono frequenze che eccedono la capacità di conversione del sistema audio utilizzato.

Outlet
Uscita di un oggetto.

Patch
Un insieme di oggetti collegati che svolge una determinata funzione.

Patch cords
Cavi per collegare gli oggetti di una *patch*.

Patcher inspector
Finestra tramite la quale possiamo impostare diverse caratteristiche di una *Patcher Window*.

Patcher window
Una finestra nella quale si può assemblare un algoritmo (cioè una "macchina virtuale").

Performance mode
Vedi *Edit Mode / Performance Mode*.

**Presentation mode/
Patching mode**
La *Presentation Mode* permette di visualizzare solo gli oggetti che ci interessa mostrare, posizionandoli e ridimensionandoli in modo del tutto indipendente dalla normale modalità, detta *Patching Mode*. Per far sì che una *patch* appaia in *Presentation mode* ogni volta che viene caricata, è necessario richiamare il *patcher inspector* dal menù *View* e attivare l'opzione "Open in Presentation".

Quickref menu
Menù a comparsa richiamabile con un clic del tasto destro del mouse (in modalità *edit*) su un'uscita di un qualunque oggetto. In questo menù ci sono due categorie di elementi relativi all'oggetto da noi selezionato: I *Messages* (Messaggi) che corrispondono ai tipi di dati che l'oggetto è in grado di "comprendere" e utilizzare: selezionando uno di questi messaggi è possibile creare un oggetto che si collega "automaticamente" al nostro. Gli *Attributes* (Attributi), corrispondenti agli attributi impostabili nell'*inspector*.

Segmented patch cords
Opzione richiamabile dal menù *Options*, che consente di disegnare cavi segmentati. Ad ogni clic si crea un nuovo segmento.

Segnale (Msp)
Flusso di campioni che rappresenta digitalmente un suono.

Toolbar di destra
Attiva la **Sidebar**, una finestra "a cassetto" che si apre sul lato destro della *Patcher window*, e che può contenere una varietà di informazioni e funzioni utili.

Toolbar di sinistra
Permette di accedere a tutti i file utili per la programmazione con Max.

Toolbar inferiore
Permette di controllare l'ambiente di programmazione Max.

Toolbar superiore
Contiene gli oggetti disponibili in Max divisi per categorie.

Interludio A
PROGRAMMAZIONE CON MAX

CONTRATTO FORMATIVO

PREREQUISITI PER IL CAPITOLO
- Contenuti del Cap. 1 (teoria e pratica)

OBIETTIVI
Abilità
- Saper utilizzare tutte le funzioni di base del software Max riguardanti i numeri interi e con la virgola
- Saper generare e controllare sequenze di numeri casuali con possibile uso di metronomo
- Saper costruire algoritmi all'interno di subpatch e abstraction
- Saper gestire la replicazione di messaggi su varie uscite
- Saper gestire la composizione e scomposizione di liste anche mediante oggetti grafici
- Saper gestire l'utilizzo di argomenti variabili
- Saper gestire la comunicazione fra oggetti senza l'uso di cavi di collegamento virtuali

CONTENUTI
- I numeri integer e floating point in Max
- Generazione e controllo di numeri casuali con gli oggetti **random**, **drunk** etc.
- Generazione di eventi a ritmo regolare mediante l'oggetto **metro**
- Costruzione di subpatch e abstraction
- Gestione di liste e argomenti variabili
- Uso degli oggetti **send** e **receive** per comunicazione wireless fra gli oggetti

TEMPI - Cap. 1 (Teoria e Pratica) + Interludio A
Autodidatti
Per 300 ore globali di studio individuale (vol. I, teoria e pratica):
- ca. 100 ore

Corsi
Per un corso globale di 60 ore in classe + 120 di studio individuale (vol. I, teoria e pratica):
- ca. 16 ore frontali + 4 di feedback
- ca. 40 di studio individuale

ATTIVITÀ
Attività al computer:
- Sostituzione di parti di algoritmi, correzione, completamento e analisi di algoritmi, costruzione di nuovi algoritmi

VERIFICHE
- Compiti unitari di Reverse Engineering

SUSSIDI DIDATTICI
- Lista oggetti Max - Lista messaggi, attributi e parametri per oggetti Max specifici - Glossario

In questo primo "interludio" approfondiremo alcuni aspetti della programmazione con Max: si tratta di informazioni essenziali che ci saranno utili per la lettura del resto del libro. Vi consigliamo quindi di non saltarle, a meno che non siate già utenti esperti del programma. È altrettanto importante realizzare tutte le *patch* che vi verranno via via proposte. C'è da fare un piccolo sforzo che vi permetterà di ottenere grandi risultati.

IA.1 MAX E I NUMERI: GLI OPERATORI BINARI

Come ogni linguaggio di programmazione che si rispetti, anche Max può svolgere diverse operazioni sui numeri. Cominciamo col vedere gli operatori più semplici, quelli che ci permettono di fare addizioni, sottrazioni, moltiplicazioni e divisioni.

ADDIZIONI CON NUMERI INTERI

Ricreate la semplice *patch* di figura IA.1 (attenzione allo spazio tra "+" e "5"!).

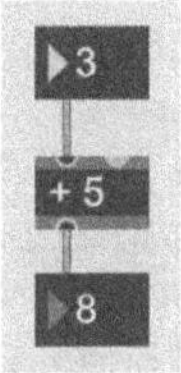

fig. IA.1: addizione

L'oggetto **+** somma il suo argomento (in questo caso 5) a qualunque numero riceva nel suo `inlet` sinistro: se mandiamo dei numeri all'oggetto tramite il *number box* superiore (facendo ad esempio clic sul *number box* in *performance mode* e utilizzando le freccette in basso a destra della tastiera alfanumerica per variare i numeri), possiamo vedere il risultato dell'operazione nel *number box* inferiore.
L'ingresso di destra di **+** serve a cambiare l'argomento: se inviamo un numero a questo ingresso tramite un nuovo *number box*, questo numero annulla e sostituisce l'argomento dell'oggetto **+** nelle somme che si produrranno mandando altri numeri all'ingresso di sinistra.
Aggiungete un *number box* a destra, come in fig. IA.2.

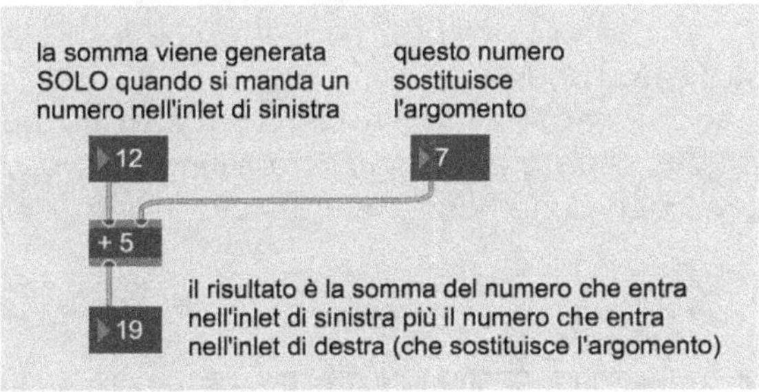

fig. IA.2: addizione con argomento variabile

Se effettuate un po' di prove, noterete che l'operazione viene eseguita solo quando entra un numero nell'ingresso di sinistra, non in quello di destra che serve invece a sostituire l'argomento.
Precisiamo meglio questo punto: i numeri che entrano nei due ingressi dell'oggetto + vengono memorizzati in due celle di memoria, che chiameremo "variabili interne", che si trovano nell'oggetto stesso. Ogni volta che un nuovo numero entra in uno dei due ingressi, la variabile interna corrispondente viene aggiornata; il vecchio numero viene cioè cancellato e sostituito con il nuovo. Oltre a ciò, quando il numero entra nell'ingresso sinistro viene eseguita l'operazione propria dell'oggetto +, cioè la somma del contenuto delle due variabili interne.
Questa è una caratteristica comune alla grande maggioranza degli oggetti Max che svolge la propria funzione solo quando un messaggio entra nell'ingresso di sinistra; i messaggi che entrano negli altri ingressi servono a modificare gli argomenti, ovvero ad aggiornare le variabili interne, o a modificare il comportamento degli oggetti.
Nel lessico degli oggetti Max, viene definito "caldo" l'ingresso di sinistra, che generalmente fa compiere l'operazione all'oggetto stesso (oltre ad aggiornare la variabile interna corrispondente), mentre vengono definiti "freddi" tutti gli altri ingressi che aggiornano le variabili interne senza produrre un output. Notate che il cerchio che appare all'ingresso di un oggetto che stiamo collegando in modalità *edit* è rosso per gli **ingressi "caldi"** e azzurro per gli **ingressi "freddi"**.
Ma c'è un modo per aggiornare l'addizione anche quando inviamo un nuovo numero all'ingresso destro del sommatore?
In altre parole, c'è un modo per far sì che un ingresso "freddo" si comporti come un ingresso "caldo"? Certo, lo possiamo vedere in fig. IA.3.

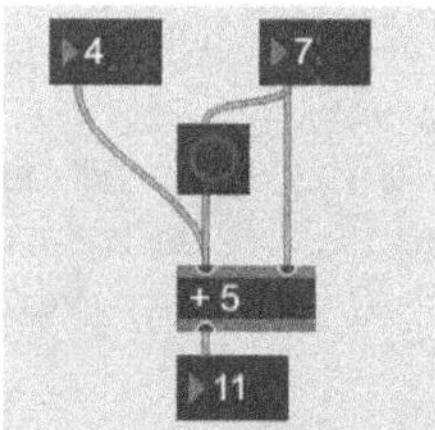

fig. IA.3: rendere "caldo" un ingresso "freddo"

Con questa *patch* possiamo mandare un numero all'ingresso destro e subito dopo un *bang* a quello sinistro (ricordate che l'ordine dei messaggi Max è da destra a sinistra): `button` infatti trasforma tutto ciò che riceve in un *bang*. Il messaggio *bang* come sappiamo forza l'oggetto che lo riceve a produrre un risultato: nel nostro caso l'addizione.
Che cosa viene addizionato? I numeri che l'oggetto ha nelle sue variabili interne: il numero che è stato appena inviato all'ingresso destro (nella figura è il numero 7) con l'ultimo numero che era stato inviato all'ingresso sinistro (in figura è il 4).[1]

[1] Vi ricordiamo che in questa figura, come anche nelle prossime, l'argomento "5" del sommatore viene sostituito dal numero che è stato inviato all'ingresso di destra.

In altre parole, con questo sistema anche l'ingresso "freddo" del sommatore si comporta come l'ingresso "caldo". Provate a ricostruire questa *patch* e verificate che il *number box* di destra ora produca un risultato ogni volta che viene modificato.
È essenziale che le posizioni degli oggetti in questa *patch* siano assolutamente le stesse: posizionare ad esempio `button` a destra dell'oggetto + può produrre risultati indesiderati, in quanto il *bang* verrebbe azionato prima che il nuovo numero entri nell'ingresso di destra dell'oggetto +, e quindi l'addizione si riferirebbe non al valore corrente del *number box* di destra, ma al suo ultimo valore prima che il *bang* venga azionato (vedi fig. IA.4).

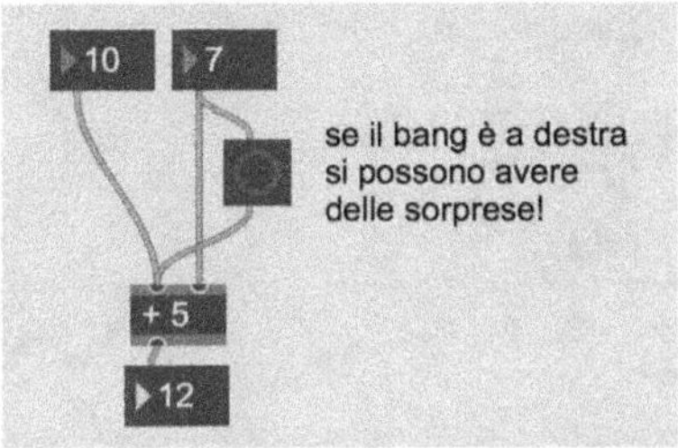

fig. IA.4: risultato sbagliato per un errore di precedenza

Adesso cancellate i due *number box* superiori e collegate un *message box* all'ingresso sinistro dell'oggetto +, poi scrivete due numeri (separati da uno spazio) all'interno del *message box*, come in fig. IA.5.

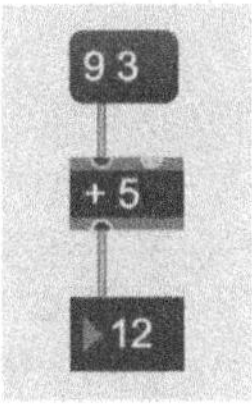

fig. IA.5: sommare una lista

Se ora fate clic (in *performance mode*) sul *message box* l'oggetto + sommerà i due numeri; l'operatore si comporta quindi come se avesse ricevuto il secondo numero nell'ingresso di destra (e come al solito l'argomento 5 che si trova all'interno dell'oggetto sommatore viene sostituito dal secondo operando).
Anche questa è una caratteristica comune a molti altri oggetti Max, e funziona anche con oggetti che hanno tre o più ingressi (che possono quindi accettare liste di tre o più elementi nell'ingresso sinistro e "smistarle" ai vari ingressi).

Vediamo una possibile applicazione musicale del sommatore Max: aprite il file **IA_01_trasposizione.maxpat** (fig IA.6).

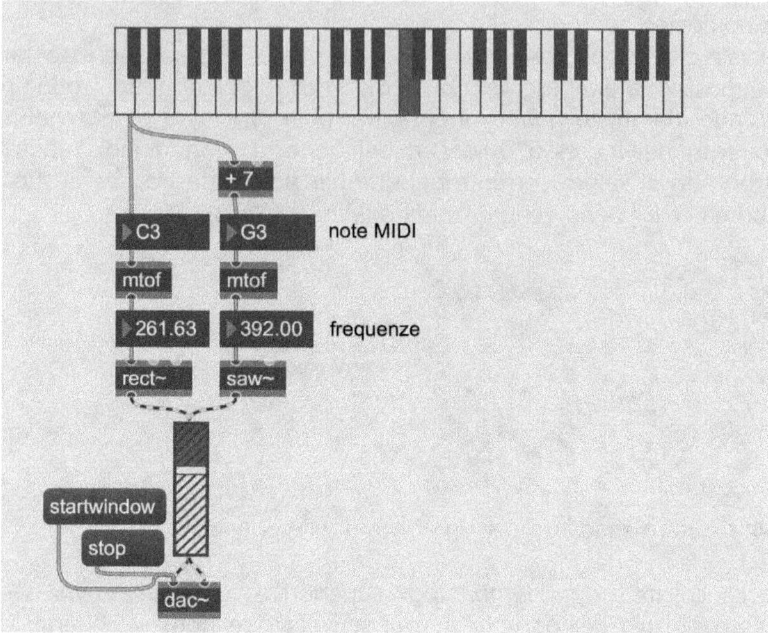

fig. IA.6: file IA_01_trasposizione.maxpat

In questa *patch*, ogni volta che viene premuto un tasto nell'oggetto **kslider**, vengono generate due note la seconda delle quali si trova 7 semitoni sopra la prima, ovvero una quinta sopra. In pratica, ogni volta che facciamo clic su un tasto di **kslider** il valore di nota MIDI corrispondente (ad esempio un DO, come in figura IA.6) viene inviato all'oggetto **mtof** di sinistra che lo converte in frequenza, ma viene anche inviato ad un sommatore che aggiunge il valore 7 alla nota (ottenendo ad esempio, con riferimento alla figura IA.6, un SOL): il risultato della somma viene infine inviato all'oggetto **mtof** di destra.
Tramite il sommatore, quindi, è possibile effettuare la trasposizione delle note MIDI a intervalli arbitrari (cioè a distanze fra due note che possiamo determinare noi). Dopo che i valori MIDI delle due note sono stati convertiti in valori frequenza, vengono inviati a due oscillatori, **rect~** e **saw~** che suonano l'intervallo di quinta. Provate a impostare nella *patch* di figura IA.6 altri intervalli (terza, ovvero 4 semitoni; quarta, ovvero 5 semitoni; ottava, ovvero 12 semitoni etc...), aggiungete poi un altro sommatore, collegato ad un altro **mtof** a sua volta collegato ad un oscillatore, e fate in modo che ad ogni tasto premuto nel **kslider** corrisponda un accordo maggiore di tre note: se, ad esempio, viene premuto il tasto C2 (il tasto che si trova un'ottava sotto il DO centrale), si ottiene il DO MI SOL della seconda ottava, cioè C2 E2 G2.

NUMERI CON LA VIRGOLA E ALTRE OPERAZIONI

Finora abbiamo usato solo numeri interi perché l'oggetto + quando ha un argomento intero (o nessun argomento) non gestisce i numeri con i decimali. Per poter fare delle operazioni con i decimali bisogna che il numero abbia una "virgola", che nella notazione anglosassone è in realtà un punto (cfr. fig. IA.7). In questo caso abbiamo collegato dei *float number box* all'operatore per poter usare i numeri con la virgola. Come vedete in figura l'argomento è "0." (ovvero uno 0 seguito da un punto, non è necessario mettere dei numeri dopo il punto), e la sua funzione è solo quella di comunicare all'oggetto + che intendiamo usare numeri non interi. Ricreate la *patch* e fate qualche somma con i numeri decimali (ricordatevi che l'ingresso "caldo" è solo quello di sinistra).

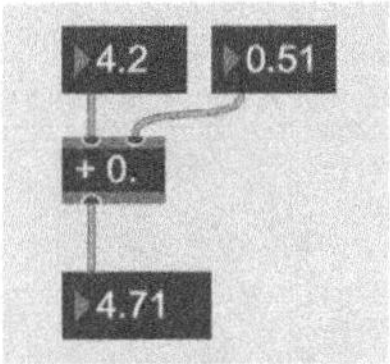

fig. IA.7: somma di numeri con la virgola

Tutto quello che abbiamo detto a proposito dell'addizione vale anche per la sottrazione, la moltiplicazione e la divisione; provate a ricostruire la *patch* di figura IA.8 e verificatene il funzionamento.

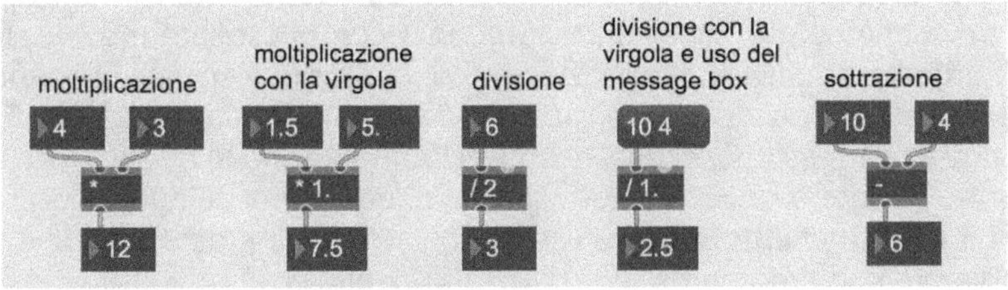

fig. IA.8: altri operatori matematici

Fare questi esercizi, per quanto facili possano sembrare, vi farà accorgere di tanti piccoli dettagli nel lavoro pratico con Max che possono rivelarsi importanti nelle operazioni che faremo sul suono nei prossimi capitoli.
Come vedete nel caso della "divisione con la virgola e uso del *message box*" abbiamo una lista di due numeri interi ("*10* e *4*"), ma dal momento che l'argomento che abbiamo dato all'operatore è un numero con la virgola il risultato contiene un numero decimale.
Vediamo come possiamo utilizzare alcuni di questi operatori in una applicazione musicale: come sappiamo un intervallo, cioè la distanza tra due note, può essere espresso in termini di rapporto di frequenza. Ad esempio un intervallo di quinta, corrispondente a 7 semitoni, può essere espresso con il rapporto 3/2: ciò vuol dire che, data una frequenza (ad esempio 261.63 Hertz, che corrisponde al DO centrale), se la moltiplichiamo per 3 e la dividiamo per 2, otteniamo la frequenza che si trova una quinta sopra (ovvero 392.44 Hz che corrisponde al SOL).

Aprite il file **IA_02_quinte.maxpat** (figura IA.9).

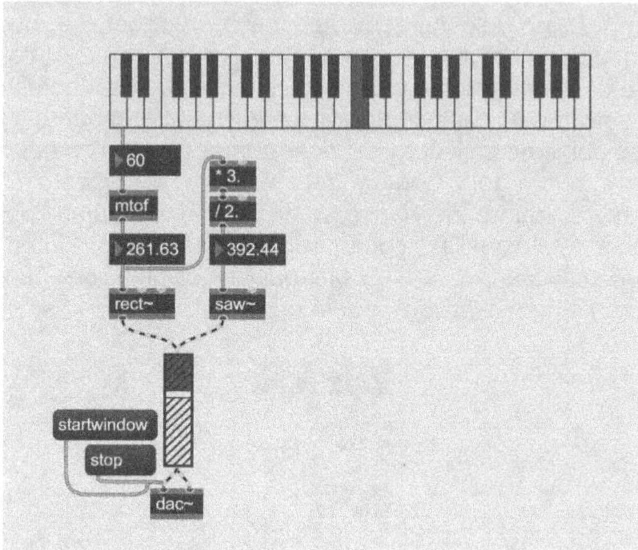

fig. IA.9: file IA_02_quinte.maxpat

Nella *patch* vediamo che la nota generata dall'oggetto `kslider` viene trasformata in frequenza tramite `mtof` e inviata a un oscillatore `saw~`; questa frequenza viene inoltre moltiplicata per 3/2, in modo da ottenere la frequenza che si trova una quinta sopra, e inviata a un secondo oscillatore `saw~`. Notate che gli argomenti della moltiplicazione e della divisione hanno un punto alla fine, in questo modo "comunichiamo" a Max di effettuare operazioni con i decimali. Fate attenzione ai due cavi che escono dal *float number box* che si trova sotto l'oggetto `mtof`: un cavo scende direttamente all'oggetto `saw~` che si trova immediatamente sotto, un secondo cavo piega a destra e risale fino al moltiplicatore con argomento 3.

Se confrontate le figure IA.6 e IA.9 noterete che la frequenza della nota che si trova una quinta sopra è leggermente diversa.
Tramite i due `mtof` infatti abbiamo calcolato un intervallo di quinta temperata (quella che si usa normalmente nella musica occidentale) che è esattamente di 7 semitoni temperati; tramite il rapporto 3/2 calcoliamo invece una quinta naturale che è più larga di quella temperata di circa 2 cents (centesimi di semitono temperato).

L'USO DEL PUNTO ESCLAMATIVO NELLE OPERAZIONI

Tutti gli operatori di cui abbiamo parlato sono operatori binari, così chiamati perché necessitano di due operandi, cioè di due numeri, per poter svolgere l'operazione. Negli oggetti che abbiamo visto il primo operando è il numero che entra nell'ingresso di sinistra, mentre il secondo operando è l'argomento (oppure è il numero che entra nell'ingresso di destra).

Per la sottrazione e la divisione esistono però altri due oggetti in cui è il secondo operando quello che entra nell'ingresso di sinistra (e che fa scattare l'operazione), mentre il primo operando è l'argomento. Il nome di questi oggetti è costituito dai simboli della sottrazione **!-** e della divisione **!/** preceduti da un punto esclamativo (vedi fig. IA.10).

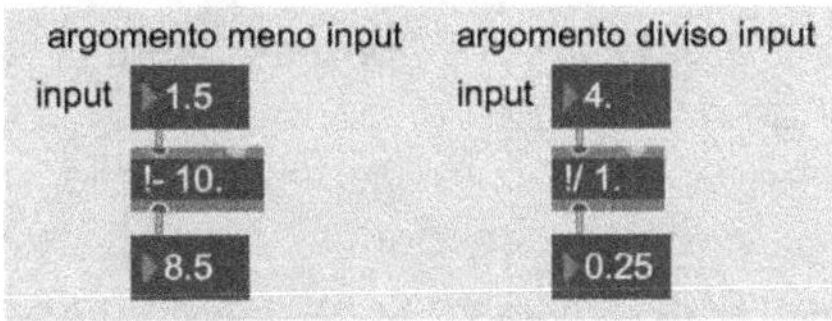

fig. IA.10: operatori con il punto esclamativo

Nel primo caso all'argomento 10 viene sottratto il valore in input 1.5, e il risultato è 8.5 (10-1.5 = 8.5); nel secondo caso l'argomento 1 viene diviso per il valore in input 4, e il risultato è 0.25, perché 1/4 = 0.25. In pratica i due operandi vengono invertiti rispetto alle normali sottrazioni e divisioni. Ricostruite la *patch* qui sopra e confrontate queste operazioni con le analoghe operazioni senza il punto esclamativo. Abbiamo già visto l'operando **!-** nella *patch* **01_17_pan.maxpat** nel paragrafo 1.6. Di tutti questi operatori esiste una versione MSP che genera un segnale (+~, *~, /~, -~) e che abbiamo usato varie volte nel capitolo precedente. Gli operatori MSP devono obbligatoriamente ricevere almeno un segnale in uno dei due ingressi (normalmente quello di sinistra), mentre possono ricevere indifferentemente un segnale o un valore numerico nell'altro ingresso (oppure usare un argomento). Per avere altre informazioni sul funzionamento degli operatori vi ricordiamo che potete consultare l'help in linea facendo "*Alt-clic*" in modalità *edit* sull'oggetto che vi interessa.

GLI OGGETTI INT E FLOAT

Esistono due oggetti che ci permettono di memorizzare dei valori e di richiamarli successivamente con un *bang*: questi oggetti si chiamano **int** (per la memorizzazione di numeri interi) e **float** (per la memorizzazione di numeri con la virgola). In figura IA.11 vediamo che gli oggetti dispongono di due ingressi: se il valore viene inviato all'ingresso di sinistra (ingresso caldo), viene memorizzato e immediatamente trasmesso, se viene inviato all'ingresso di destra (ingresso freddo) viene solo memorizzato, e può essere trasmesso successivamente tramite un *bang* all'ingresso di sinistra. In entrambi i casi il valore resta nella memoria dell'oggetto (e può essere quindi richiamato con un *bang* tutte le volte che vogliamo) fino a che non si memorizza un nuovo valore.

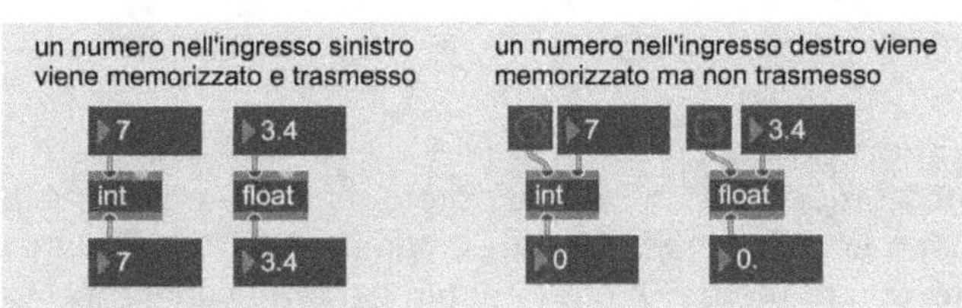

fig. IA.11: gli oggetti **int** e **float**

IA.2 GENERAZIONE DI NUMERI CASUALI

Un generatore di numeri casuali è un'altra funzione che non manca mai in un linguaggio di programmazione, ed è particolarmente utile in un ambiente come Max per creare situazioni non predeterminate rigidamente: ad esempio potremmo variare l'inviluppo di una serie di suoni aggiungendo una piccola porzione di tempo casuale ad ogni singolo attacco, oppure variare leggermente la frequenza delle note per aggiungere un fattore di indeterminazione all'intonazione e renderla così meno fredda, o ancora generare delle note casuali entro un determinato intervallo. L'oggetto che genera numeri casuali in Max si chiama **random**. "Random" significa "casuale" in inglese, e questo oggetto produce un numero casuale ogni volta che riceve un *bang*. Ricreate la *patch* di figura IA.12.

fig. IA.12: un generatore di numeri casuali

L'oggetto **random** ha un argomento numerico che indica l'intervallo di numeri casuali generabili: se l'argomento è "n" vengono generati numeri compresi tra 0 e n-1. Nel caso illustrato nella figura l'argomento è 100, e l'oggetto produrrà quindi valori compresi tra 0 e 99: facciamo più volte clic sul **button** e verifichiamo.
Se vogliamo numeri tra 0 e 100 dobbiamo naturalmente scrivere 101 come argomento.
L'intervallo di numeri generati dall'oggetto **random** parte apparentemente sempre da 0: ma se volessimo generare numeri casuali tra 50 e 60? Date le nostre attuali conoscenze, una prima semplice soluzione potrebbe essere quella di generare numeri casuali da 0 a 10 (mettendo 11 come argomento del generatore) e aggiungere 50 (tramite l'oggetto +) al risultato. Modificate la *patch* come in figura IA.13 e verificate.

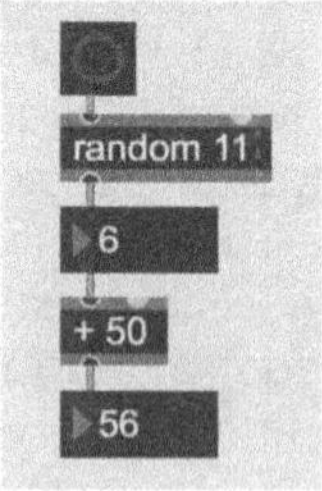

fig.IA.13: numeri random tra 50 e 60

L'oggetto **random** ha un **inlet** a destra che serve a cambiare l'argomento; se collegate un *number box* all'**inlet** potete modificare l'intervallo dei numeri casuali. Aggiungete il *number box* nell'ultima *patch* che avete realizzato e inviate a **random** il numero 30: ora i numeri generati varieranno tra 0 e 29, e il sommatore, che aggiunge 50, li trasforma in numeri tra 50 e 79.

Aggiungete un *number box* all'ingresso destro del sommatore, in questo modo potete modificare anche il punto di partenza dell'intervallo (fig. IA.14).

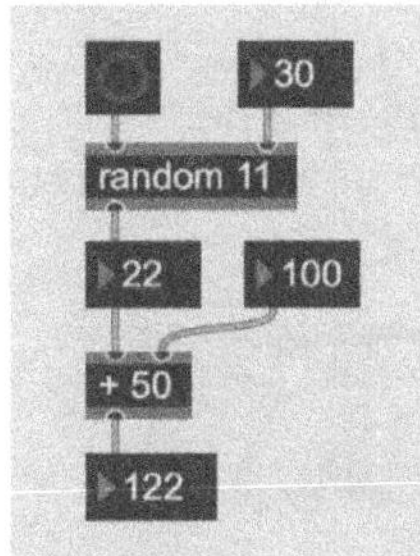

fig. IA.14: generazione di numeri random con intervallo variabile

In figura IA.14 vediamo che i nuovi argomenti impostati dai *number box* sono 30 per l'oggetto **random** (che genera così numeri casuali compresi tra 0 e 29) e 100 per il sommatore: il risultato sarà quindi la generazione di numeri compresi tra 100 e 129.

In realtà, se inviamo all'ingresso destro di **random** una lista di due valori, tali valori verranno considerati come il valore casuale minimo e massimo (meno 1) che può essere generato. Ma come facciamo a mandare una lista all'oggetto **random**? Potremmo usare un *message box*, ma i valori inseriti nell'oggetto non sarebbero modificabili in *performance mode*. Sarebbe più interessante avere, ad esempio, due *number box* con i quali variare a piacimento i valori minimo e massimo dei numeri casuali generati.
Parleremo del trattamento delle liste in modo approfondito nel paragrafo IA.7, e per il momento introduciamo un oggetto che, nella sua configurazione di *default*, unisce due valori numerici in ingresso in una lista. Questo oggetto si chiama **pak**: ricostruite la *patch* di figura IA.15.

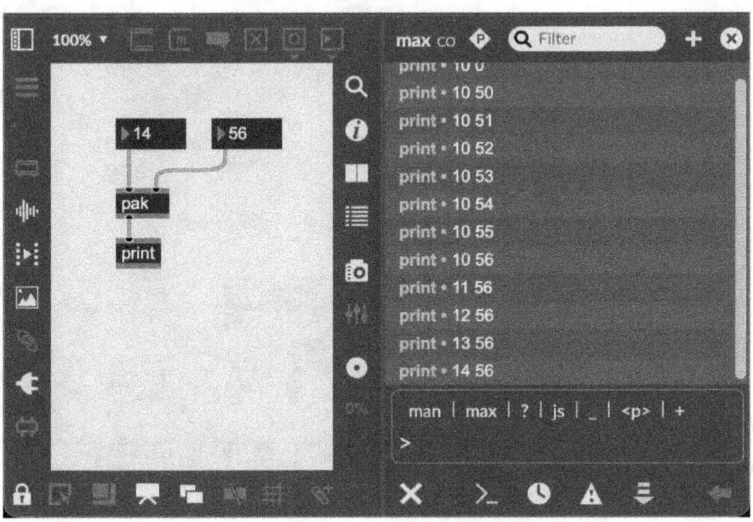

fig. IA.15: l'oggetto **pak**

Abbiamo collegato due *number box* agli ingressi di **pak**, e un oggetto **print** alla sua uscita. Come si può vedere nella *Max Console* a destra, ogni volta che viene modificato un valore nei *number box*, l'oggetto **pak** genera una lista di due elementi. Se colleghiamo l'oggetto **pak** all'ingresso destro di **random** possiamo quindi definire un intervallo per i numeri casuali.
Aprite la *patch* **IA_03_random_min_max.maxpat** (figura IA.16).

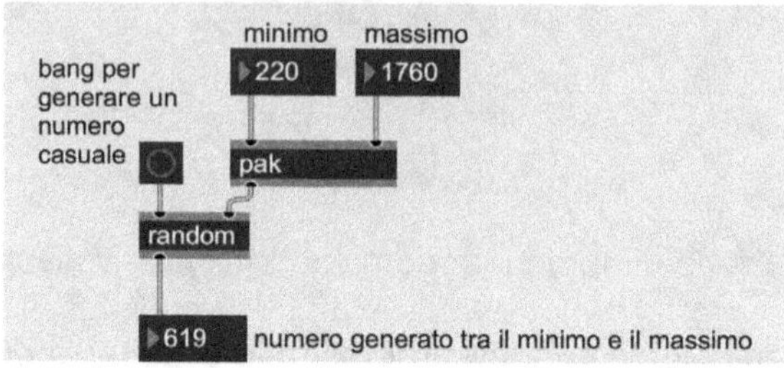

fig. IA.16: file **IA_03_random_min_max.maxpat**

Nell'esempio in figura abbiamo usato un intervallo compreso tra 220 e 1760: questi due valori corrispondono alle frequenze del LA sotto il DO centrale e del LA tre ottave sopra.
Questo ci suggerisce che potremmo utilizzare la *patch* per generare delle frequenze casuali da inviare ad un oscillatore; ed è quello che facciamo subito con la *patch* di figura IA.17, che vi invitiamo a ricostruire partendo dal file **IA_03_random_min_max.maxpat**.
Rispetto alla *patch* precedente abbiamo semplicemente aggiunto un oscillatore **rect~** e gli oggetti che servono per sentire i suoni generati. In questo modo possiamo produrre suoni di qualsiasi frequenza intera[2] compresa tra 220 e 1760. Ma se volessimo generare solo le frequenze dei suoni temperati, ovvero solo le note della scala cromatica?

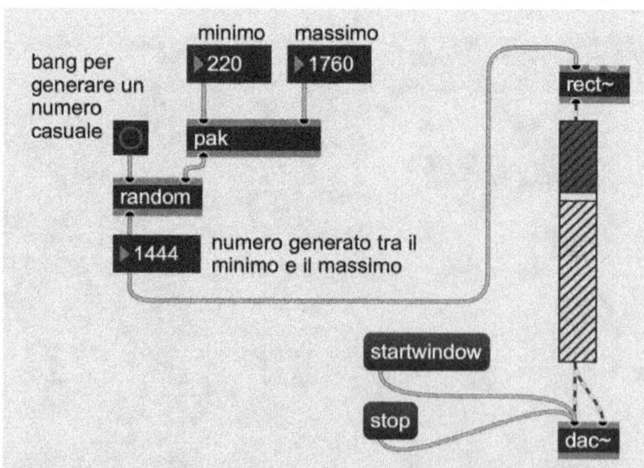

fig.IA.17: frequenze random comprese tra un minimo e un massimo

2 Parliamo di frequenza intera perché di default l'oggetto l'oggetto **random** genera numeri interi.

Dovremmo generare con **random** i numeri corrispondenti all'intervallo di note MIDI che desideriamo, e poi convertire in frequenze i valori generati usando l'oggetto **mtof**. Ecco la *patch* corrispondente (fig. IA.18): vi invitiamo come al solito a ricostruirla.

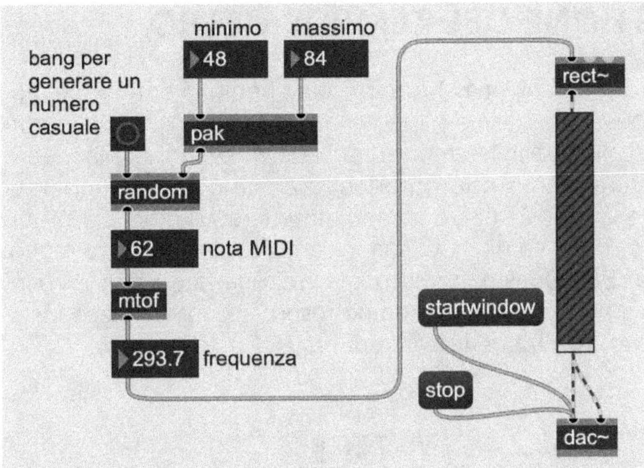

fig. IA.18: note MIDI comprese tra un minimo e un massimo

Il massimo e il minimo sono rappresentati da valori di note MIDI e questi valori vengono convertiti in frequenze e inviati all'oggetto **rect~**.

Aggiungiamo ora un inviluppo tramite **line~** e **function** come abbiamo già visto nel paragrafo 1.3 (cfr. fig. IA.19).

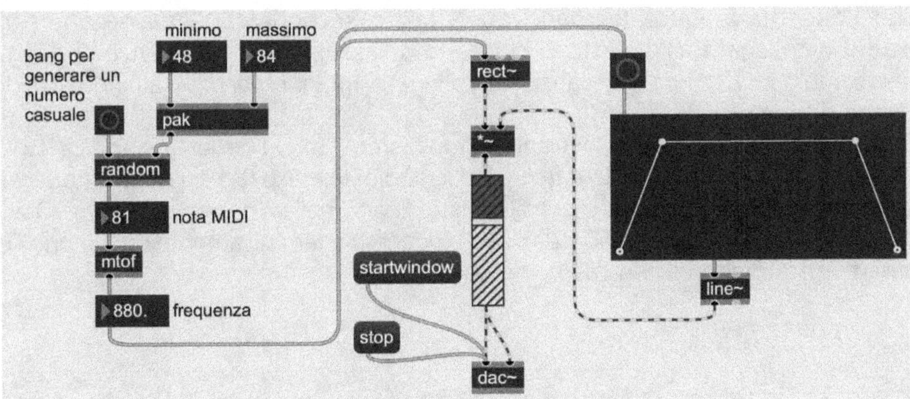

fig. IA.19: note *random* con inviluppo

Adesso il cavo che esce dall'oggetto + in basso a sinistra è collegato sia al *number box* contrassegnato come "nota MIDI" sia ad un **button** che è a sua volta collegato all'oggetto **function**. Ogni volta che inviamo un *bang* all'oggetto **random** viene generato un numero casuale e viene inviato un altro *bang* all'oggetto **function**; quest'ultimo fornisce una lista a **line~** che genera l'inviluppo che usiamo per scalare (tramite un moltiplicatore) l'uscita dell'oscillatore **rect~**[3]: provate a ricreare la *patch*.

PDF

IA.3 GESTIONE DEL TEMPO: METRO

Fino a questo momento per produrre un singolo evento abbiamo dovuto fare clic con il mouse da qualche parte nella nostra *patch*. Qualcuno probabilmente si sarà chiesto: è possibile creare una serie di eventi in Max, ad esempio una sequenza di note, senza dover produrre "a mano" ogni singolo suono?
Naturalmente la risposta è sì, e ci sono innumerevoli modi per produrre strutture musicali più o meno complesse: cominciamo con un oggetto molto importante, l'oggetto **metro**. Questo oggetto genera una sequenza di *bang* distanziati tra loro da un intervallo di tempo espresso in millisecondi e specificato dall'argomento. Realizzate la *patch* di fig. IA.20.

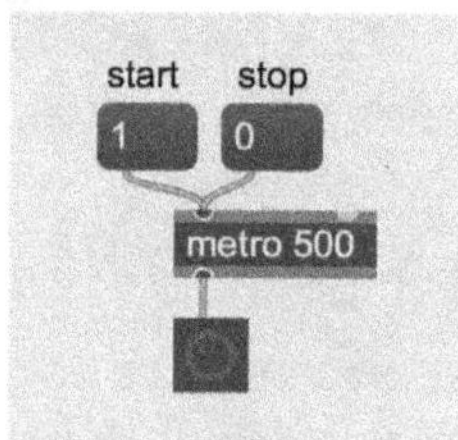

fig. IA.20: l'oggetto **metro**

I due *message box* contenenti i numeri 1 e 0 servono rispettivamente ad avviare ed arrestare il metronomo. L'argomento di metro è "500" e questo significa che l'oggetto produce un *bang* ogni mezzo secondo (500 millisecondi); il **button** collegato all'oggetto ci permette di visualizzare la sequenza di *bang*. Per cambiare il tempo di scansione collegate un *number box* all'ingresso di destra di **metro**.
Per avviare ed arrestare il metronomo possiamo usare l'oggetto **toggle** (che abbiamo già incontrato nella *patch* 01_14_audiofile.maxpat e successive): questo oggetto si ottiene facendo clic sulla quarta icona della *Toolbar* superiore. Ogni volta che riceve un clic del mouse, **toggle** genera alternativamente un 1 e uno 0, caratteristica molto utile in casi come questi.

[3] Queste sono tutte cose che abbiamo già esaminato in dettaglio nel paragrafo 1.3, se non vi è chiaro il funzionamento della *patch* qui sopra vi consigliamo di rileggerlo attentamente.

Trasformate la *patch* precedente nel modo illustrato in fig. IA.21, e provate a fare clic più volte sull'oggetto **toggle**.

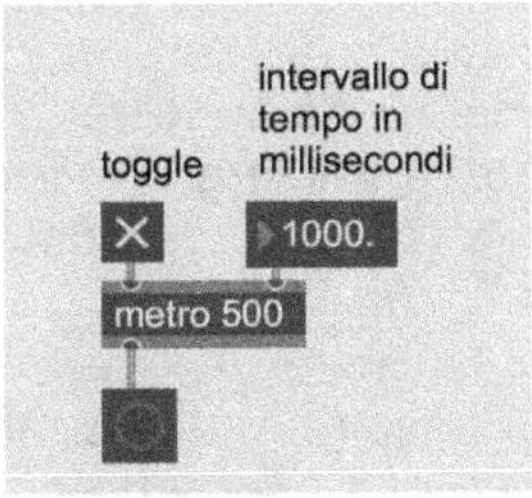

fig.IA.21: variare il tempo di **metro**

Possiamo usare l'oggetto **metro** per generare una sequenza di note random, applicandolo ad esempio alla *patch* che abbiamo realizzato in figura IA.19 (vedi fig. IA.22).

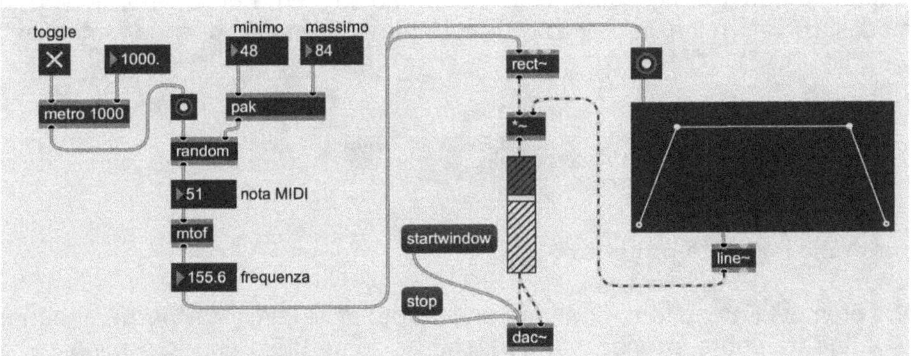

fig. IA.22: flusso di suoni casuali

Aggiungete il **metro** alla patch come in figura e provate a generare flussi di note a velocità diverse. Come potete notare, se il tempo di scansione è inferiore a 1000 millisecondi vengono generati dei clic; questo succede perché l'inviluppo generato da line~ (che dura 1000 millisecondi) non viene terminato e l'inviluppo successivo crea una discontinuità nel suono che viene udita appunto come un clic alla fine di ogni nota. Vedremo più avanti come legare la durata dell'inviluppo al tempo di scansione dell'oggetto metro.
Nel frattempo salvate su disco questa patch, ci servirà nuovamente.[4]

[4] Come abbiamo già detto al paragrafo 1.1, è assolutamente sconsigliato salvare una *patch* con il nome di un oggetto Max: quindi non la chiamate "random.maxpat", né "metro.maxpat", né "rect~.maxpat" etc. La cosa migliore è darle un nome composto da più parole separate da uno spazio, ad es: "sequenza casuale.maxpat"

IA.4 SUBPATCH E ABSTRACTION

LE SUBPATCH

Man mano che aumentano le nostre conoscenze di Max aumenta anche la complessità delle *patch* create, e prima o poi ci troveremo a realizzare degli algoritmi che non entrano nello schermo del computer!

Un altro problema è che in un mare di "scatolette" può diventare difficile ricostruire il percorso dei dati e capire il comportamento dell'algoritmo.
Fortunatamente il linguaggio Max ci permette di creare delle **subpatch**, cioè delle *patch* che sono contenute all'interno di un oggetto e che noi vediamo come un singolo *object box* con ingressi e uscite. L'oggetto che ci permette di realizzare le *subpatch* si chiama **`patcher`** e si abbrevia semplicemente con la lettera **`p`**.

Riaprite la *patch* di fig. IA.22 (che vi avevamo suggerito di salvare), andate in modalità *edit* e create un *object box* al cui interno scriverete "p random-minmax" (vedi fig. IA.23).

fig. IA.23: l'oggetto `patcher`

Ora premete *Enter* o fate clic in un punto vuoto della *Patcher Window*: apparirà una finestra vuota, in modalità *edit*, che ha come titolo *[random–minmax]*. Il titolo della finestra corrisponde all'argomento che abbiamo dato all'oggetto `patcher`, ed è scritto entro parentesi quadre ad indicare che non si tratta di una *Patcher Window* autonoma, ma è una *patch* contenuta all'interno di un'altra *patch*: disponete le finestre in modo da vederle entrambe (ovvero in modo da vedere sia la finestra intitolata *[random–minmax]* sia la finestra principale che contiene l'oggetto `patcher` che abbiamo appena creato).

In realtà l'argomento "random–minmax" non viene utilizzato in alcun modo dall'oggetto `patcher`, ma serve semplicemente per ricordarci qual è la funzione che svolge l'oggetto: in questo caso infatti creeremo un generatore random che genera numeri casuali compresi tra un minimo e un massimo, copiando la sezione della *patch* principale che svolge appunto questa funzione.
Torniamo alla finestra *[random–minmax]*: questa *Patcher Window* ci mostra l'interno dell'oggetto `patcher`: qui possiamo creare una *patch* e metterla in comunicazione con il mondo "esterno" (cioè con la *Patcher Window* principale che contiene l'oggetto `patcher`) tramite ingressi e uscite.
Per chiarire questi punti costruiamo una *patch* nella finestra *[random–minmax]*.

Creiamo innanzitutto degli ingressi; dobbiamo usare l'oggetto **`inlet`** che si trova nella *palette* "Add", sottocategoria "Basic", della *Toolbar* superiore (vedi fig. IA.24).

fig. IA.24: l'oggetto **`inlet`**

Non appena creiamo l'oggetto **`inlet`** all'interno della finestra *[random–minmax]* vediamo apparire un ingresso sull'oggetto **`patcher`** nella finestra principale (fig. IA.25).

fig. IA.25: oggetto **`patcher`** con un ingresso

Aggiungiamo, nella finestra *[random–minmax]*, altri due **`inlet`** in alto e un **`outlet`** cioè un'uscita (anche questa reperibile nella *palette* "Add", sottocategoria "Basic", della *Toolbar* superiore) in basso, e verifichiamo che l'oggetto **`patcher`** nella finestra principale abbia tre ingressi e una uscita (fig. IA.26).

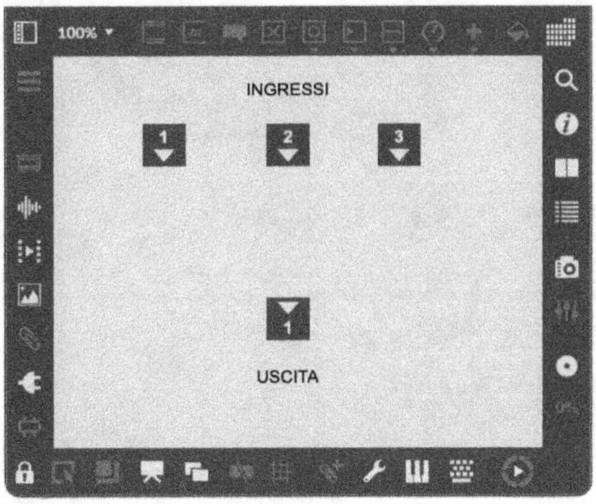

fig. IA.26: ingressi e uscite nella *subpatch*

Notate che gli **`inlet`** e gli **`outlet`**, che man mano aggiungiamo, hanno un numero progressivo al loro interno. Ora copiamo dalla *Patcher Window* principale la sezione che genera numeri random compresi tra un massimo e un minimo; selezioniamo gli oggetti interessati e poi digitiamo <Mac: Command–c> <Win: Control–c> (fig. IA.27)

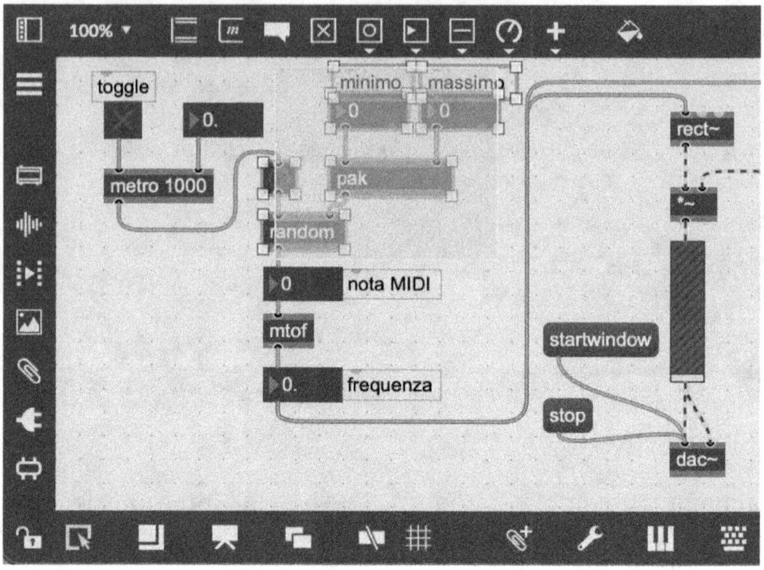

fig. IA.27: selezione generatore random

Adesso portiamo in primo piano la finestra *[random–minmax]* e incolliamo gli oggetti che abbiamo copiato digitando <Mac: Command–v> <Win: Control–v>; poi colleghiamo i tre **`inlet`** rispettivamente al **`button`** e ai due *number box* e colleghiamo l'uscita dell'oggetto + all'**`outlet`**: (fig. IA.28).

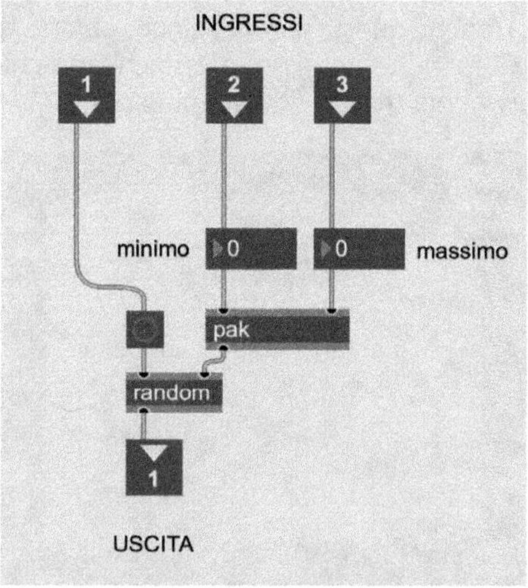

fig. IA.28: contenuto della *subpatch*

Poi torniamo alla *Patcher Window* principale e cancelliamo la parte di algoritmo che genera i numeri casuali (e che abbiamo appena incollato all'interno dell'oggetto **patcher**), avendo cura di lasciare i due *number box* che servono ad impostare il limite minimo e massimo per la generazione random; infine colleghiamo l'oggetto **patcher** al resto della *patch* come illustrato in fig. IA.29.

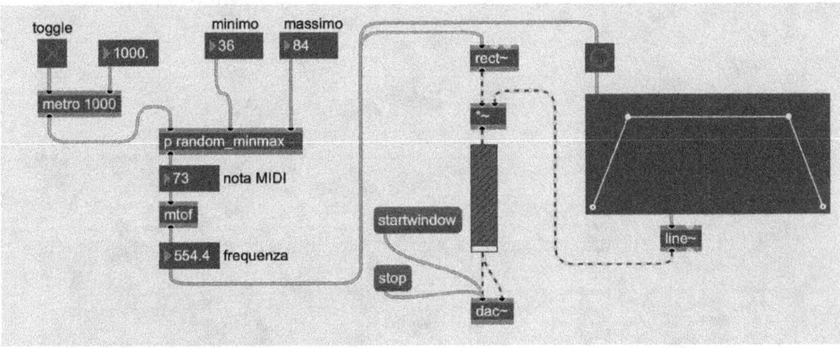

fig. IA.29: la *subpatch* all'opera

L'oggetto **patcher** contiene l'algoritmo per la generazione dei numeri random ed è utilizzabile in Max proprio come una qualsiasi altra "scatoletta" che abbiamo usato finora. Mettete in modalità *performance* entrambe le *Patcher Window* e verificate che il funzionamento della *patch* sia rimasto lo stesso generando un flusso di note random e variando i parametri. È possibile chiudere la finestra *[random–minmax]* e riaprirla successivamente facendo doppio clic (in modalità *performance*) sull'oggetto **patcher**.

Un altro modo per creare una *subpatch* è selezionare il gruppo di oggetti che vogliamo inserire nel nuovo oggetto e poi richiamare dal menù *Edit* la voce **Encapsulate**; proviamo ad esempio a trasformare la sezione dell'oscillatore in una *subpatch* che prende in ingresso un valore di nota MIDI e l'ampiezza, e che produce il segnale relativo. Per prima cosa selezioniamo la sezione che ci interessa, cioè dal *number box* "nota MIDI" al moltiplicatore collegato all'oggetto **gain~** (fig. IA.30).

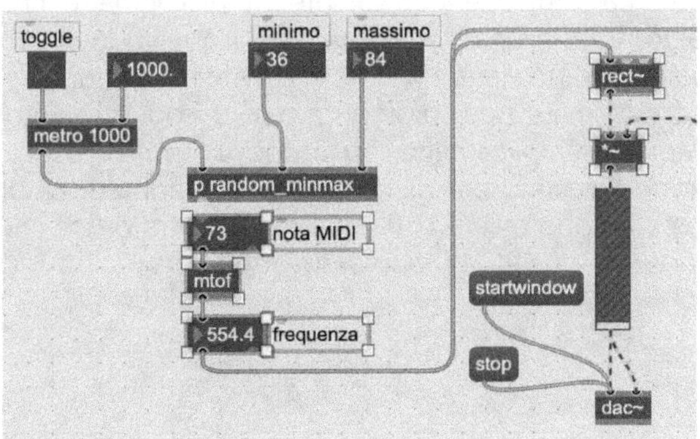

fig. IA.30: selezione del blocco oscillatore

Poi richiamiamo la voce *Encapsulate* dal menù *Edit*[5] e il gruppo di oggetti verrà racchiuso "magicamente" in un **patcher** senza argomento; aggiungiamone uno che illustri la funzione dell'oggetto, ad esempio "oscillatore", e compattiamo la *patch* che a questo punto occupa molto meno spazio. In figura IA.31 vediamo come dovrebbe apparire alla fine: notate che, per comodità grafica, ora il **button** collegato all'oggetto **function** riceve il *bang* direttamente dall'oggetto **metro**.

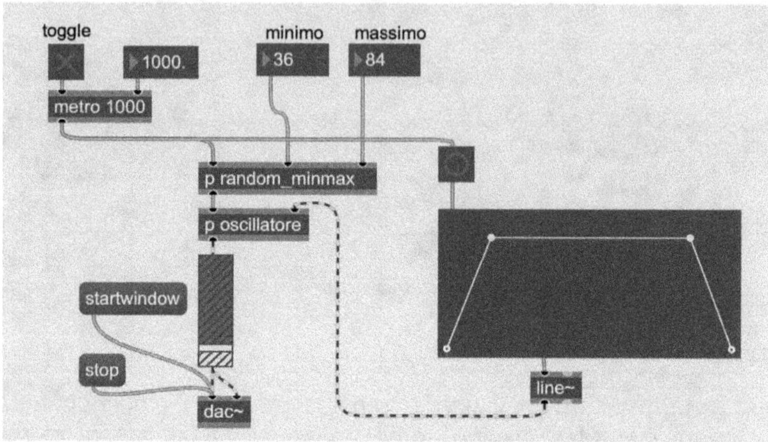

fig. IA.31: aggiunta di una seconda *subpatch*

Se avete avuto qualche problema a seguire tutti i passaggi, abbiamo incluso la *patch* completa nel file **IA_04_subpatch.maxpat**; vi consigliamo però di provare comunque a realizzarla da soli. È possibile modificare in ogni momento una *subpatch* facendo doppio clic sull'oggetto **patcher** corrispondente e andando in modalità *edit*. Notate che *patch* e *subpatch* possono passare (indipendentemente l'una dall'altra) in modalità *edit* o *performance*.

LE ABSTRACTION

L'oggetto **patcher** è molto utile, come abbiamo visto, per trasformare un algoritmo che comprende diversi oggetti connessi tra loro in un unico *object box* che svolge una funzione equivalente. Il problema è che se vogliamo usare questo algoritmo in una *patch* diversa da quella dove l'abbiamo creato, dobbiamo copiarlo ed incollarlo sulla nuova *Patcher Window*; sarebbe invece comodo poter trasformare questo algoritmo in un oggetto vero e proprio che possiamo richiamare semplicemente scrivendo il suo nome in un *object box*, esattamente come facciamo per gli oggetti Max standard. La buona notizia è che qualunque *patch* può essere richiamata in un'altra *patch* come se fosse un oggetto; l'importante è che Max sappia dove trovarla.

---

5 È anche possibile utilizzare l'abbreviazione da tastiera <Mac: Shift-Command–e>, <Win: Shift-Control–e>.

Carichiamo ad esempio il file **IA_05_abstraction.maxpat** e vediamo come è fatto (fig. A.32)
Questa *patch* è quasi uguale alla precedente, l'unica differenza è che al posto dei due oggetti `patcher` che avevano come argomento rispettivamente "random–minmax" e "oscillatore" ci sono ora due oggetti esterni il cui nome è `random–minmax` e `oscillatore`.

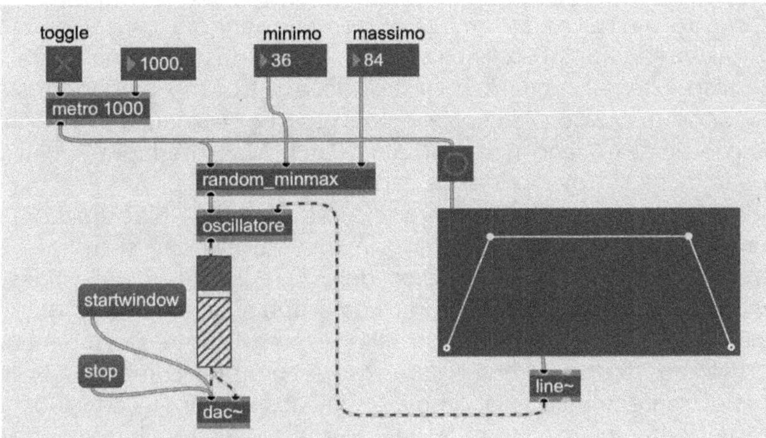

fig. IA.32: file IA_05_abstraction.maxpat

Anche se possiamo aprire questi oggetti con un doppio clic e vedere che all'interno sono uguali alle due *subpatch* che avevamo creato nella *patch* precedente, non possiamo modificarli andando in modalità *edit*. Questa differenza non è di poco conto: i due oggetti non sono infatti delle *subpatch* create all'interno della *patch* principale, ma si trovano in due file esterni che Max ha caricato nella *patch* principale. I file Max di questo tipo si chiamano **abstraction**, e sono delle *patch* concepite per essere utilizzate come oggetti. Come si crea un'*abstraction*? Esattamente come si crea una *patch*. Tra un file *abstraction* e un file *patch*, infatti, non c'è alcuna differenza: quando creiamo una *patch* o una *subpatch* e la salviamo con un nome (ad esempio, fra quelli che abbiamo utilizzato, il nome 01_06_glissandi oppure oscillatore) Max crea un file che può essere indifferentemente richiamato come *patch* autonoma oppure come *abstraction*, cioè come una sorta di nuovo oggetto utilizzabile in qualsiasi *Patcher Window*. Questa *abstraction* può essere utilizzata semplicemente digitandone il nome senza l'estensione (quindi ad esempio non oscillatore.maxpat, ma solo oscillatore) all'interno di un *object box*. Bisogna fare solo un po' di attenzione nella gestione delle cartelle, per essere sicuri che tutto funzioni. Tornando ai due oggetti esterni `random–minmax` e `oscillatore`, dove si trovano i file che contengono queste due *abstraction*? Nella cartella "Patch Max/Interludio A Patch": se date un'occhiata all'interno della cartella troverete due file chiamati rispettivamente **random–minmax.maxpat** e **oscillatore.maxpat**. Il programma infatti, quando viene aperta o creata una *patch*, carica in memoria gli oggetti andandoli a cercare prima nella cartella che contiene la *patch* stessa e poi, se non li ha trovati, nelle cartelle che si trovano nel *search path* (in italiano percorso di ricerca) che in

parte sono predefinite, e in parte possono essere specificate nella finestra *File Preferences* richiamabile dal menù *Options*.
Ecco spiegato perché non bisogna mai chiamare una *patch* con il nome di un oggetto esistente: Max rischierebbe di caricare la *patch* omonima (come *abstraction*) al posto dell'oggetto reale.

Con riferimento alla *patch* illustrata in figura IA.32, ad esempio, abbiamo gli oggetti **random-minmax** e **oscillatore** che vengono caricati dalla cartella "Patch Max/Interludio A Patch", mentre l'oggetto **line~** viene caricato dalla cartella "msp-externals" che è la cartella dove si trovano gli oggetti standard MSP. Gli oggetti **random-minmax** e **oscillatore** sono quindi visibili solo dalle *patch* che si trovano nella cartella "Patch Max/Interludio A Patch", ma non da *patch* che si trovano in altre cartelle.
Per rendere un oggetto non standard (cioè ad esempio un'*abstraction*) visibile da qualunque *patch* bisogna metterlo in una cartella che si trovi all'interno del *search path*, indicando il percorso della cartella stessa nella finestra *File Preferences*[6] (menù *Options*), oppure, come abbiamo accennato al par. 1.5, possiamo inserire l'oggetto nella cartella "{Nome Utente}/Documenti/Max 9/Library" ({Nome Utente} è il nome del vostro account nel computer). Potremmo ad esempio creare una cartella intitolata "my abstractions" ed includerla nella finestra *File Preferences* o inserirla nella cartella "{Nome Utente}/Documenti/Max 9/Library": in tal modo ogni *patch* salvata nella cartella "my abstractions" (o in una sua sottocartella) potrà essere usata come un'*abstraction* all'interno di qualsiasi *patch* di Max indipendentemente da dove si trovi quest'ultima.

Ricapitolando:
- Se voglio che le mie *abstraction* siano visibili soltanto dalle *patch* che si trovano in una determinata cartella, metterò le *abstraction* nella stessa cartella. In questo modo le *patch* che si trovano in altre cartelle ignoreranno l'esistenza di queste *abstraction*.
- Se invece voglio che le *abstraction* siano visibili da qualunque *patch* di Max, metterò tali *abstraction* in una cartella che si trova nel percorso di ricerca di Max: ovvero in una cartella che includerò nella finestra *File Preferences*.

Torniamo per un momento alla libreria *Virtual Sound Macros*: questa cartella contiene decine di oggetti che ci serviranno nel corso dello studio di questo libro. Abbiamo già visto uno di questi oggetti: **vs.square~**. Questo oggetto è, in realtà, una semplice *abstraction*: se lo create in una *patch* vuota, e poi andate in modalità *performance* e fate doppio clic sull'oggetto, si aprirà una finestra che mostrerà la *patch* interna.
Oltre alle *abstraction* è possibile creare degli oggetti esterni in linguaggio C e in Java.

[6] Per includere una nuova cartella nella finestra *File Preferences* fate clic sul simbolo "+" in basso a sinistra: verrà creata un nuovo percorso contenente un pulsante "*choose*". Fate clic sul pulsante e selezionate la cartella che volete includere.

Ci sono in rete decine di librerie di oggetti esterni e di *abstraction* disponibili gratuitamente o a pagamento, inoltre è possibile installare direttamente da Max le librerie (Packages) che Cycling '74 mette a disposizione tramite il **Package Manager**: selezionate la voce *Show Package Manager* dal menù *File*, apparirà una finestra che ci permetterà di installare decine di utilissime estensioni.
Resta da dire un'ultima cosa: abbiamo visto che se facciamo doppio clic su un oggetto `patcher` che contiene una *subpatch* si apre una finestra che ci fa vedere il contenuto dell'oggetto e ci permette di modificarlo in modalità *edit*; nel caso di una *abstraction* invece possiamo vederne il contenuto sempre con un doppio clic ma non possiamo andare in modalità *edit* e modificarlo. Come si fa quindi per modificare le *abstraction*? Abbiamo detto che questi oggetti sono in realtà dei file che si trovano su disco: ci basterà quindi caricare direttamente il file in Max e modificarne il contenuto come una qualunque altra *patch*. Per caricare il file originale di un'abstraction è sufficiente, dopo aver aperto la finestra relativa, fare clic sulla terza icona della *Toolbar* inferiore in basso, raffigurante due rettangoli bianchi sovrapposti, si aprirà un menù da cui dobbiamo scegliere la voce "Open Original" che carica, appunto, il file originale. Una volta modificata e salvata su disco l'*abstraction*, tutte le *patch* che la contengono utilizzano immediatamente la nuova versione.

Per concludere il paragrafo facciamo il punto della situazione sui diversi tipi di oggetti che possiamo avere in Max:

1) Oggetti standard: fanno parte della "dotazione standard" di Max e si trovano in una cartella chiamata *externals* che viene installata insieme al programma.

2) *Subpatch*: ovvero delle *patch* Max che si trovano all'interno di altre *patch*. Come abbiamo visto è possibile creare una *subpatch* utilizzando l'oggetto `patcher`.

3) *Abstraction*: sono *patch* Max che vengono utilizzate come oggetti in altre *patch*; Per essere "viste" dall'applicazione vengono generalmente poste in cartelle incluse nel *search path* di Max (vedi sopra). Ci sono molte *abstraction* realizzate dagli utenti Max e disponibili in rete.
La libreria *Virtual Sound Macros* è composta quasi interamente da *abstraction* create appositamente per questo libro.

4) *External* di "terze parti": ovvero scritti da programmatori indipendenti e disponibili gratuitamente o a pagamento in rete. Questi oggetti aggiungono funzionalità a Max, e sono scritti in C. Anche questi devono essere messe in una cartella inclusa nel *search path*. Non parleremo di questo tipo di *external* nel corso del testo, ma indichiamo le librerie più interessanti nella pagina "Link Utili per Max" che troverete su www.virtual-sound.com/cmsupport.

5) *Oggetti Java e Javascript*: è possibile scrivere dei programmi nei linguaggi Java e Javascript ed includerli in oggetti appositi, come `mxj`, `js`, o `jsui`. Non parleremo di questi oggetti perché la programmazione Java e Javascript esula dagli scopi di questo libro.

IA.5 ALTRI GENERATORI RANDOM

Finora abbiamo usato l'oggetto **`random`** per generare numeri casuali interi. Se vogliamo generare numeri con la virgola è sufficiente aggiungere un argomento numerico con la virgola, ovvero con il punto decimale (come abbiamo già visto per gli operatori matematici): vedi figura IA.33.

fig. IA.33: generare numeri decimali tra 0 e 1

Se non vogliamo aggiungere un argomento all'oggetto, oppure se per qualunque motivo vogliamo alternare tra numeri con i decimali e numeri interi, possiamo attivare (o disattivare) l'attributo "floatoutput".
Per modificare i valori degli attributi direttamente nella *patch* in modalità *performance* (senza quindi utilizzare l'*inspector*) possiamo fare ricorso all'oggetto **`attrui`** (il nome sta per *ATTRibute User Interface*). Questo oggetto, collegato a qualunque altro oggetto, permette di visualizzarne e modificarne gli attributi (vedi fig. IA.34a).

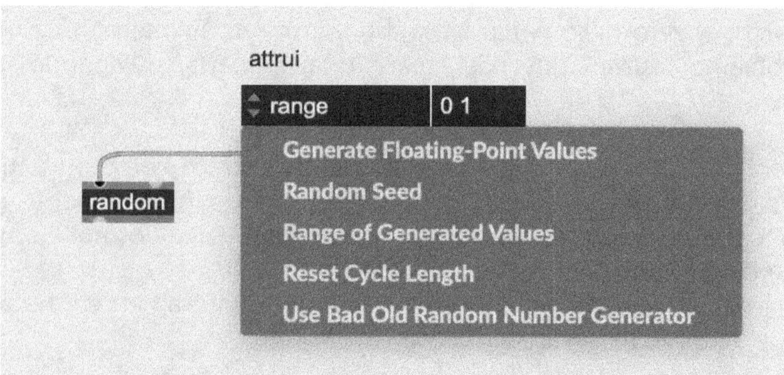

fig. IA.34a: oggetto **`attrui`** collegato all'oggetto **`random`**

In figura vediamo un oggetto **`attrui`** collegato all'oggetto **`random`**: a sinistra è visibile il nome dell'attributo e a destra il valore relativo. Se si fa clic sul nome dell'attributo compare un menù a discesa con l'elenco di tutti gli attributi dell'oggetto collegato.
L'oggetto **`attrui`** si può creare come al solito richiamando (con il tasto 'n') un *object box* generico e scrivendo all'interno il nome "attrui".

Un altro metodo più veloce consiste nel selezionare un attributo dell'oggetto che ci interessa dall'*Object Action Menu*[7] (vedi figg. 1.16b e 1.16c del paragrafo 1.1): apparirà un attrui collegato all'oggetto e con l'attributo selezionato (vedi figura IA.34b).

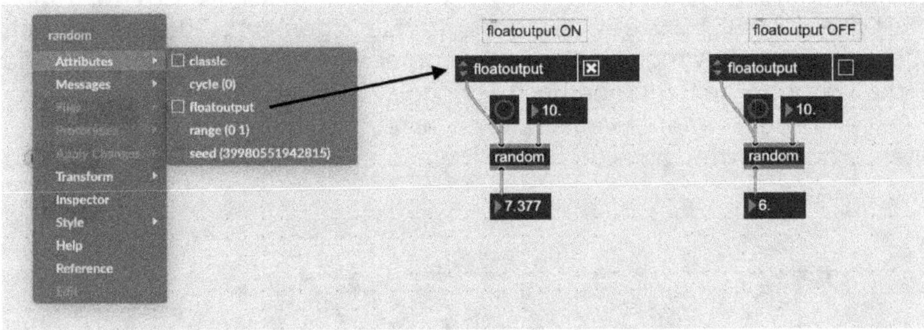

fig. IA.34b: attrui richiamato con l'*Object Action Menu*

Come abbiamo visto nel paragrafo IA.2, se vogliamo generare numeri casuali compresi tra un minimo e un massimo dobbiamo inviare all'oggetto `random` una lista di due elementi tramite un *message box* o oggetti che gestiscono le liste come `pak`.
Se vogliamo la stessa funzionalità usando un singolo oggetto possiamo ricorrere all'oggetto **`vs.between`**, della libreria *Virtual Sound Macros*: questo oggetto permette di generare numeri interi o con la virgola compresi tra un minimo e un massimo[8] (fig. IA.35).

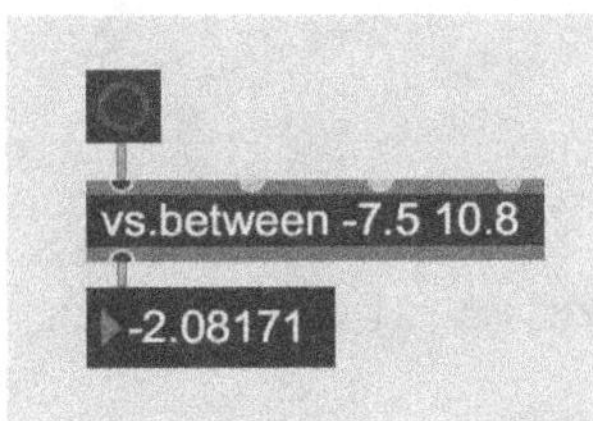

fig. IA.35: l'oggetto `vs.between`

I due argomenti dell'oggetto ci permettono di definire i limiti dell'intervallo di numeri casuali che vogliamo generare: in questo caso generiamo numeri compresi tra -7.5 e 10.8. Il secondo e il terzo ingresso di `vs.between` consentono di modificare questi limiti.

[7] Vi ricordiamo che l'icona dell'*Object Action* (un triangolo inscritto in un cerchio) appare portando il mouse sul lato sinistro dell'oggetto.
[8] Notate che questo oggetto è un'*abstraction* che contiene la coppia di oggetti `random` e `pak`. Potete verificarlo aprendolo con un doppio clic (in modalità *performance*).

Vediamo un'applicazione di questo oggetto; ricostruite la *patch* di figura IA.36. Il generatore casuale a sinistra produce valori di nota MIDI compresi fra 36 e 95 [9], mentre il generatore di destra produce valori di intensità in deciBel tra -20 e 0. I valori di nota MIDI vengono poi convertiti in frequenze, mentre i deciBel vengono convertiti in valori d'ampiezza mediante **dbtoa**. Notate che l'oggetto **vs.between** di destra ha due argomenti: "0. e 0." (ovvero due numeri con la virgola). Si tratta di argomenti fittizi che servono solo a far sì che l'oggetto generi numeri con la virgola; in assenza di argomenti o con argomenti interi, infatti, **vs.between** avrebbe generato solo valori di dB interi, e quindi avremmo avuto una minore definizione in termini di ampiezza.

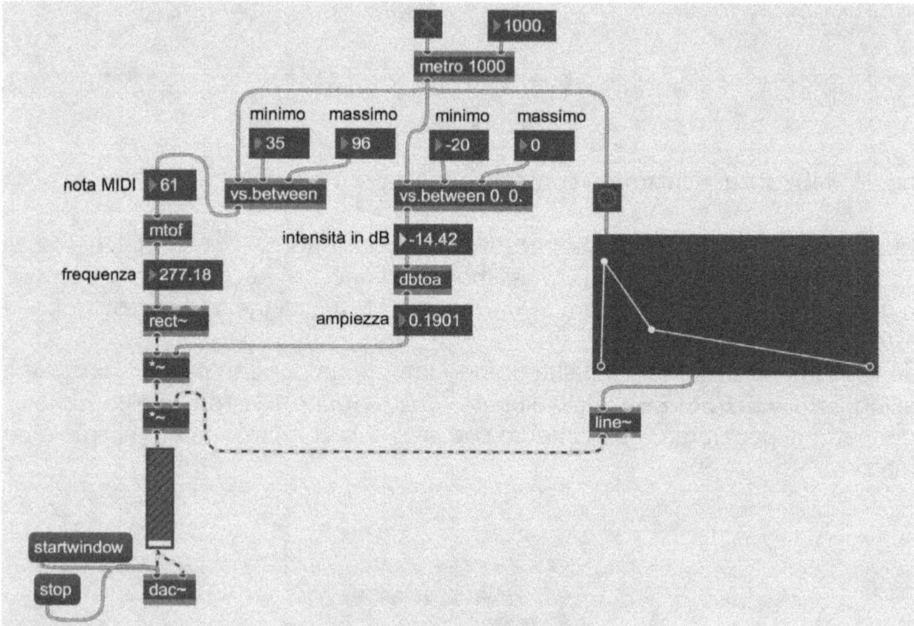

fig. IA.36: applicazione di **vs.between**

C'è un altro interessante generatore random che fa parte della libreria standard di Max: **drunk**. Questo oggetto accetta due argomenti e genera numeri casuali compresi tra 0 e il primo argomento, ma due valori generati in successione possono discostarsi tra loro solo di una distanza (detta *step size*) compresa tra 0 e il secondo argomento meno 1.

[9] Quando **vs.between** genera numeri interi, infatti, questi sono compresi fra il valore minimo e il massimo meno 1.

Osservate la *patch* di fig. IA.37 (che come sempre vi invitiamo a ricreare).

fig. IA.37: il generatore **drunk**

In questo caso **drunk** genera numeri casuali compresi tra 0 e 128, e tra un numero e il successivo c'è una distanza compresa tra 0 e 4. Provate a generare una serie di numeri e vedrete che tra un numero e il successivo c'è un salto che è sempre minore di 5: questo oggetto compie quindi una "passeggiata casuale" (in inglese *random walk*) tra i numeri interi. Aggiungete ora un *number box* all'ingresso centrale (corrispondente al massimo numero casuale generabile) e all'ingresso di destra (corrispondente al massimo passo tra un numero e il successivo meno 1), e osservate attentamente i numeri che vengono generati e come cambia la passeggiata casuale al cambiare del passo (cioè del numero che inviamo all'ingresso di destra).

L'oggetto **drunk**, proprio come l'oggetto **random**, genera numeri interi se il suo primo argomento è un intero e numeri con la virgola se l'argomento è un numero con la virgola. In alternativa possiamo attivare o disattivare l'attributo "floatoutput" per ottenere numeri *float* o interi (vedi figura IA.34b). Inoltre è possibile inviare una lista di valori (ad esempio tramite l'oggetto **pak**) al suo secondo ingresso per impostare i valori minimo e massimo della "passeggiata casuale". Se non vogliamo usare due oggetti per impostare un minimo e un massimo, nella libreria *Virtual Sound Macros* è disponibile l'oggetto **vs.drunk**, che ci permette di impostare come argomenti il minimo, il massimo e lo *step size*.
In figura IA.38 vediamo come funziona l'oggetto **vs.drunk**.

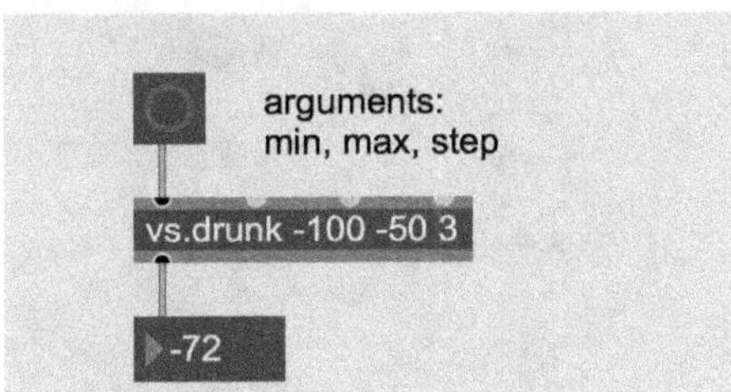

fig. IA.38: l'oggetto **vs.drunk** con un minimo e un massimo

L'oggetto può avere tre argomenti che impostano rispettivamente il valore minimo, il massimo e lo *step size*, cioè la distanza casuale tra un numero e il successivo. Se almeno uno dei due argomenti minimo e massimo è un valore con la virgola, avremo in uscita valori *floating point*, in caso contrario avremo valori interi. Gli **inlet** numero 2, 3 e 4 servono per modificare tali argomenti.

Vediamo ora l'oggetto in azione, caricate il file **IA_06_random_walk. maxpat** (fig. IA.39).

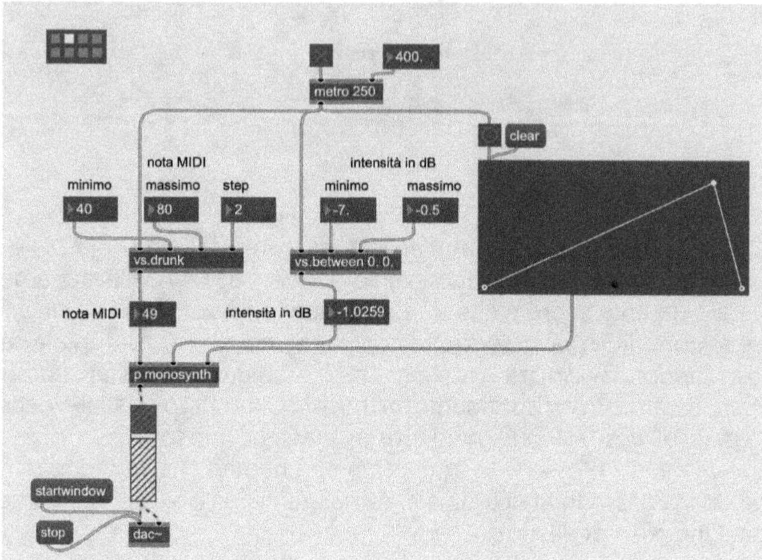

fig. IA.39: file IA_06_random_walk.maxpat

Questa *patch* è una versione modificata di quella di figura IA.36. L'oggetto `vs.drunk` serve a generare valori MIDI, mentre `vs.between` regola l'intensità in modo simile all'analogo oggetto in fig. IA.36.

La *subpatch* in basso, il cui nome è "monosynth", contiene il generatore `rect~` che abbiamo usato anche nelle *patch* precedenti, e un oggetto `line~` per l'inviluppo (vedi fig. IA.40).

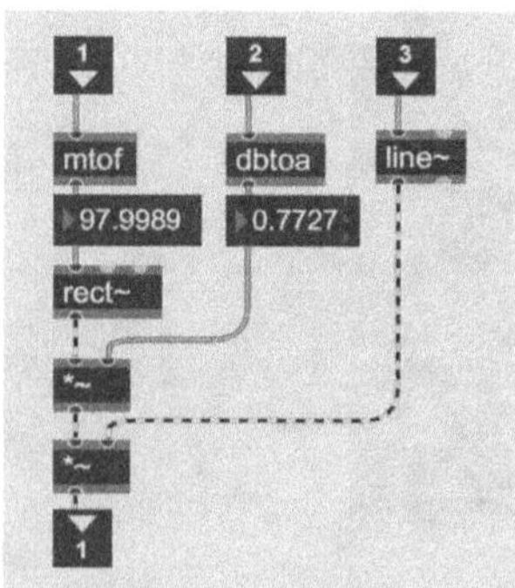

fig. IA.40: interno della *subpatch* "monosynth"

Come potete vedere il primo `inlet` della *subpatch* "monosynth" è collegato ad un convertitore `mtof` (da MIDI a frequenza) mentre il secondo `inlet` è collegato ad un `dbtoa` che converte i valori in deciBel in valori di ampiezza. L'ultimo `inlet` è collegato al `line~` che, come abbiamo detto, viene usato

per gli inviluppi. Selezionando le diverse configurazioni di parametri che abbiamo memorizzato nell'oggetto **preset** in alto a sinistra della *patch* possiamo ascoltare alcuni esempi di elaborazione timbrica tramite le diverse impostazioni dell'inviluppo, insieme ad esempi di generazione di sequenze di note e valori di intensità. Vi ricordiamo che facendo clic nelle caselle più chiare dell'oggetto **preset** è possibile richiamare delle configurazioni che sono state precedentemente registrate; facendo "*shift-clic*" in una casella è possibile invece memorizzare una nuova configurazione. Per capire meglio come funziona la generazione di sequenze di note osserviamo i valori prodotti da **vs.drunk**: selezionando i diversi *preset* possiamo vedere, o meglio ascoltare, i diversi percorsi prodotti dal generatore di numeri casuali. Approfondiamo il funzionamento del parametro "*step*": sappiamo che questo parametro indica qual è la distanza massima, meno 1, che ci può essere tra un numero casuale e il successivo. Questo significa che, ad esempio, con uno *step* pari a 5 potrò avere un intervallo tra un numero e il successivo compreso tra 0 e 4, mentre con uno *step* pari ad 1 verrà sempre generato lo stesso numero, in quanto l'unica distanza possibile tra un numero e il successivo sarà 0. Anche con *step* molto piccoli, ad esempio 2 o 3, vengono generate frequentemente successioni di note identiche, la cui distanza cioè è pari a 0: se vogliamo essere sicuri che due note consecutive siano sempre diverse dobbiamo impostare lo *step* come numero negativo (si tratta ovviamente di una convenzione voluta da chi ha programmato l'oggetto **drunk**). Uno *step* negativo impone all'oggetto di scegliere un intervallo compreso tra 1 e il valore assoluto dello *step* meno 1. Ci assicura quindi che la distanza tra un numero e il successivo non sia mai uguale a *0*: uno *step* pari a *–2*, ad esempio, fa sì che le note si muovano tutte cromaticamente (tutte con una distanza pari ad *1*), mentre uno *step* di *–3* genera movimenti di tono e di semitono.
Per concludere facciamo un riassunto dei generatori di numeri casuali di cui abbiamo parlato in questo paragrafo:

`random`	Genera numeri casuali ogni volta che riceve un bang. Ha un argomento numerico che indica l'intervallo di numeri casuali generabili: se l'argomento è un intero vengono generati numeri interi, se è un *float* vengono generati numeri *floating point*. Tramite una lista è possibile generare numeri casuali compresi tra un minimo e un massimo.
`vs.between`	Permette di generare numeri casuali, interi o con la virgola, compresi tra un minimo e un massimo.
`drunk`	Accetta due argomenti e genera numeri casuali compresi tra 0 e il primo argomento. Due valori generati in successione, però, possono discostarsi tra loro solo di una distanza (*step*) compresa tra 0 e il secondo argomento meno 1. In altre parole, l'oggetto compie una passeggiata casuale (*random walk*) tra i numeri. Se lo *step size* è espresso con un valore negativo non viene generato lo stesso numero casuale due volte di seguito.
`vs.drunk`	Genera passeggiate casuali comprese tra un minimo e un massimo.

IA.6 GESTIRE I MESSAGGI CON TRIGGER

Continuiamo con la presentazione degli oggetti fondamentali di Max e parliamo di **trigger**, un oggetto che ci permette di replicare un messaggio su varie uscite. Questo oggetto accetta un numero variabile di argomenti che indicano il tipo e il numero di uscite che deve avere. Realizzate la *patch* di fig. IA.41.

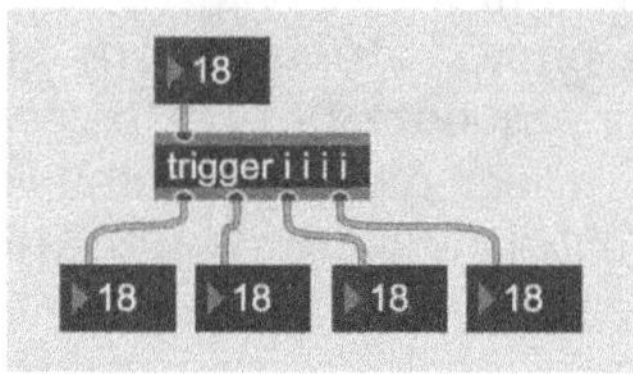

fig. IA.41: l'oggetto trigger

Abbiamo dato all'oggetto 4 *"i"* come argomento, e questo ha fatto sì che l'oggetto abbia 4 uscite di tipo intero, *"i"* infatti è un argomento che specifica un'uscita di tipo intero per trigger: se colleghiamo un *number box* al suo ingresso otteniamo in uscita 4 copie del numero prodotto. A cosa serve avere 4 copie di uno stesso numero? Principalmente ad accertarsi dell'ordine in cui verranno prodotti i messaggi; come sappiamo l'ordine di esecuzione degli oggetti Max va da destra a sinistra. Ciò significa che il primo messaggio ad essere prodotto dall'oggetto trigger è quello che esce dal quarto outlet, il più a destra. Se abbiamo quindi bisogno di essere sicuri che un determinato oggetto riceva il numero prima degli altri ci basterà collegarlo all'uscita di destra di trigger.
Vediamo ad esempio cosa succede realizzando una *patch* come quella di fig. IA.42, che non usa trigger (vi ricordiamo che se volete incolonnare gli oggetti o allinearli come nella figura, dovete selezionare la riga o la colonna di oggetti in questione e digitare <Mac: Command–y> <Win: Control–Shift-a>).

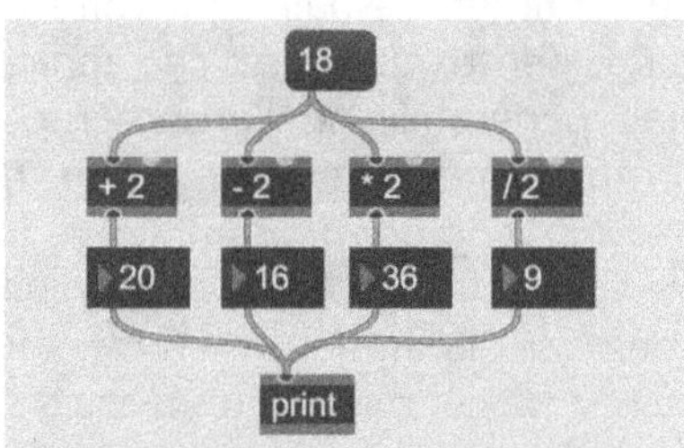

fig. IA.42: operazioni simultanee

Se fate clic sul *message box* che contiene il numero 18, vedrete sulla *Max Console* i risultati delle 4 operazioni in quest'ordine: 9, 36, 16, 20. Come già sappiamo viene eseguita per prima l'operazione più a destra, e per ultima l'operazione più a sinistra.

Ora cambiamo di posto la divisione e la moltiplicazione (fig. IA.43).

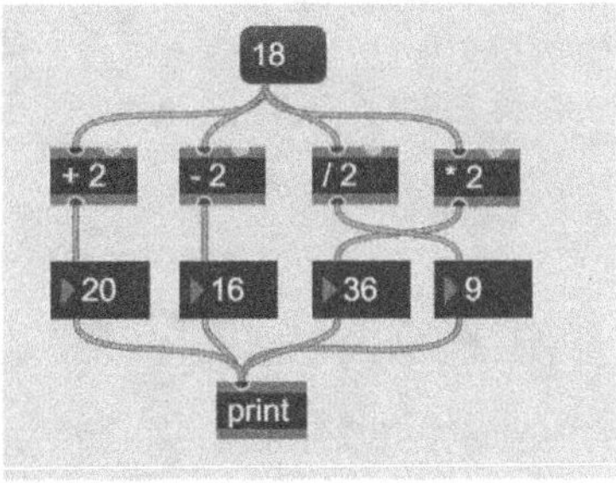

fig. IA.43: messaggi incrociati

Se facciamo nuovamente clic sul *message box* questa volta i risultati nella *Max Console* saranno: 36, 9, 16, 20, perché la moltiplicazione è quella che viene eseguita per prima. Qui possiamo capire meglio come lavora Max: infatti, anche se il *number box* che è collegato al moltiplicatore si trova alla sinistra di quello collegato al divisore (e quindi dovrebbe teoricamente entrare in esecuzione dopo il *number box* alla sua destra), il risultato della moltiplicazione è comunque quello che raggiunge prima l'oggetto `print`. Questo avviene perché una volta che il numero 18 contenuto nel *message box* ha raggiunto il moltiplicatore (ovvero il primo oggetto sulla destra), il percorso viene seguito fino in fondo, fino a quando, cioè, il risultato della moltiplicazione raggiunge l'oggetto `print`. Solo a quel punto si ritorna in cima e il numero 18 del *message box* raggiunge il divisore, cioè il secondo operatore da destra: una volta che anche il risultato della divisione ha raggiunto l'oggetto `print` si passa alla sottrazione, ed infine all'addizione. Proviamo ora ad applicare un `trigger` a questa *patch* (vedi fig. IA.44). Notate che abbiamo usato il nome abbreviato `t:` essendo un oggetto molto usato, infatti, `trigger` può essere abbreviato con la sola iniziale.

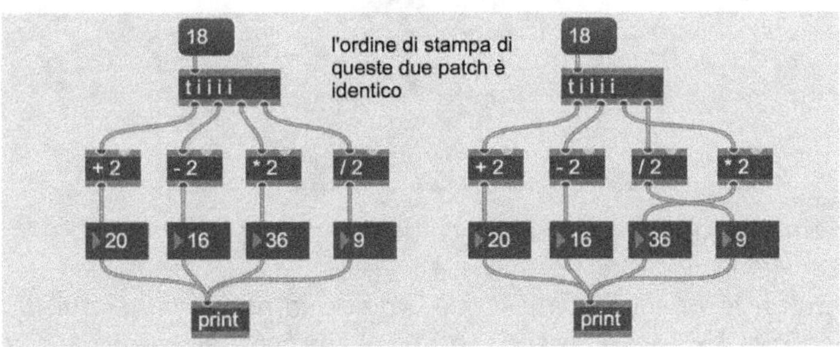

fig. IA.44: messaggi incrociati con `trigger`

Ora, anche se invertiamo la posizione del moltiplicatore e del divisore (vedi la parte destra della figura) l'ordine dei risultati stampati sulla *Max Console* non cambierà, perché verrà sempre eseguita per prima la divisione, essendo l'oggetto / collegato all'uscita di destra di `trigger`. Provate!

L'oggetto **trigger** non smista soltanto numeri interi, ma anche diversi altri tipi di messaggi (fig. IA.45).

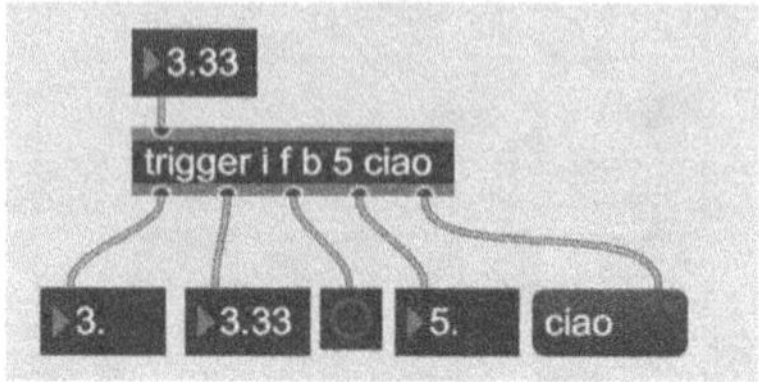

fig. IA.45: diversi argomenti di **trigger**

In questa *patch* (che vi invitiamo a ricostruire) abbiamo dato a **trigger** 5 argomenti diversi: "*i*" è un intero, "*f*" è un numero *floating point*, cioè con la virgola, "*b*" è un "*bang*", "*5*" è una costante numerica e "*ciao*" è una costante stringa. Quando mandiamo un numero all'ingresso di **trigger**, i primi due argomenti ("*i*" e "*f*") lo convertono rispettivamente in un numero intero (come vedete infatti il numero 3.33 viene trasformato nell'intero 3) e in un numero con la virgola, mentre gli altri tre argomenti lo trasformano in un *bang*, nel numero costante 5 e nella stringa costante "ciao". Notate che per poter visualizzare la stringa "ciao" all'interno di un *message box* abbiamo collegato l'uscita di **trigger** all'ingresso destro del *message box*, non al sinistro! L'ingresso sinistro infatti serve ad inviare alcuni comandi al *message box* che vedremo in seguito.[10]
L'oggetto **trigger**, come abbiamo visto, fa molto di più che smistare messaggi: può cambiarne il formato o può trasformarli in costanti.
Questa caratteristica è molto utile, ad esempio, quando vogliamo ottenere un risultato da un'operazione aggiornando l'operatore di destra (fig. IA.46).

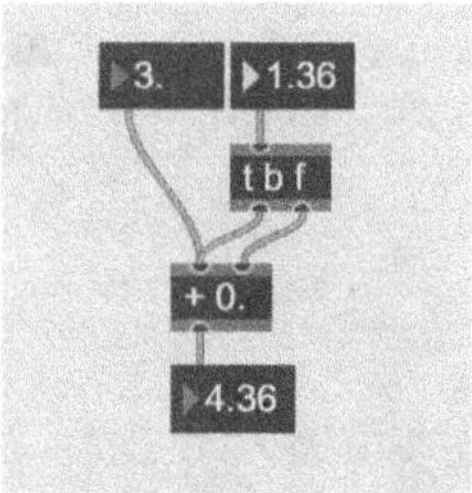

fig. IA.46: un altro modo di rendere caldo un ingresso freddo

Con questo sistema ogni volta che aggiorniamo il *float number box* di destra l'oggetto **trigger** manda prima il numero all'ingresso di destra del sommatore e poi un *bang* all'ingresso di sinistra, forzando l'oggetto ad eseguire l'operazione: utilizzate questa tecnica all'interno del **patcher** "drunk-between"

[10] Si tratta, come si può notare, di una vistosa eccezione alla regola che l'ingresso "caldo" di un oggetto è quello di sinistra: in realtà l'ingresso destro del *message box* è stato aggiunto a partire dalla versione 5 di Max, mentre nelle versioni precedenti per visualizzare un messaggio in ingresso al *message box* era necessario utilizzare l'ingresso sinistro e compiere un'operazione leggermente più complicata di cui parleremo al par. IA.8.

nel file IA_06_random_walk.maxpat, sostituendo il *bang* **`button`** con l'oggetto **`trigger`**, e verificate che il funzionamento della *patch* non sia cambiato.
Nelle *patch* più complesse è spesso difficile stabilire un preciso ordine di esecuzione delle diverse parti basandosi solamente sulla posizione degli oggetti; in questi casi **`trigger`** è un oggetto insostituibile. Tornate ad esempio alla *patch* di fig. IA.4, al par. IA.1, dove l'errata posizione del **`button`** determinava un risultato non corretto: utilizzando l'oggetto **`trigger`** con gli argomenti "b i"siamo sempre sicuri che il *bang* all'ingresso sinistro arriverà dopo il valore numerico all'ingresso destro.
In conclusione ricapitoliamo i diversi argomenti dell'oggetto **`trigger`**, introducendone alcuni che ancora non conosciamo:

i numero intero
f numero con la virgola o *floating point number*
b *bang*
l lista (ovvero un messaggio composto da più elementi, vedi par. 1.3 e par. IA.7)
s simbolo (ovvero una stringa, come ad esempio "open", "close", "start", "johnny" etc.)

Qualunque altro argomento viene interpretato come una costante, ad esempio se uso "55" come primo argomento, l'oggetto **`trigger`** genererà il valore 55 dalla prima uscita qualunque sia il messaggio in ingresso.

IA.7 OGGETTI PER GESTIRE LE LISTE

GLI OGGETTI UNPACK E UNJOIN

Abbiamo già conosciuto le liste al paragrafo 1.3 e le abbiamo usate per creare dei segmenti con l'oggetto `line~`; vediamo ora qualche altro modo di trattarle. Una lista, che come sappiamo è un messaggio composto da più elementi, può essere scomposta utilizzando l'oggetto **`unpack`**, che necessita di tanti argomenti quanti sono gli elementi della lista; ciascun argomento serve a specificare il tipo di elemento. In fig. IA.47a vediamo un esempio (da ricreare come al solito).

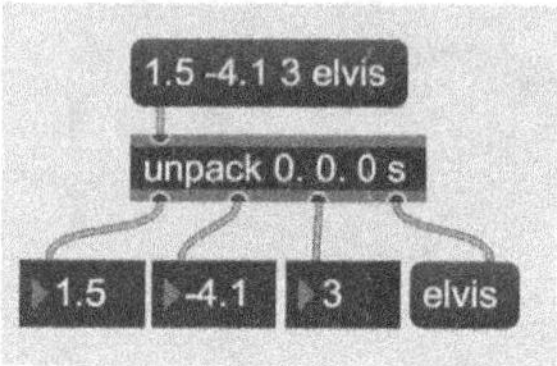

fig. IA.47a: l'oggetto `unpack`

In questo esempio un *message box* contenente una lista di quattro elementi è collegato ad un oggetto `unpack` che ha quattro argomenti: i primi due sono numeri con la virgola, il terzo è un numero intero e il quarto è una stringa (rappresentata nell'oggetto con la lettera "s"). Facendo clic sul *message box* i quattro elementi vengono separati e inviati ai *number box* e al *message box* collegati a `unpack` (come abbiamo visto nel precedente paragrafo per visualizzare un messaggio che inviamo ad un *message box* dobbiamo inviarlo all'ingresso di destra).
Un altro oggetto che scompone le liste è **`unjoin`**: questo oggetto ha un argomento numerico che specifica quanti sono gli elementi della lista in ingresso (vedi fig. IA.47b).

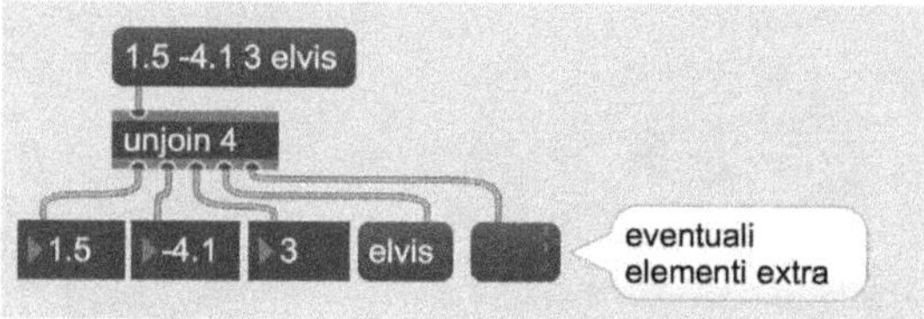

fig. IA.47b: l'oggetto `unjoin`

In questo caso non è quindi necessario specificare di che tipo sono gli elementi della lista (numeri interi, con la virgola o stringhe). Come si vede l'argomento numerico dell'oggetto è 4, questo significa che può scomporre una lista di quattro elementi. Notate però che l'oggetto `unjoin` in figura ha cinque uscite, non quattro: l'ultima uscita serve a trasmettere gli eventuali elementi in più della lista in ingresso. Se ad esempio inviamo all'oggetto in figura la lista [1 2 3 4 5 6 7], i primi quattro elementi verranno passati alle prime quattro uscite e gli elementi rimanenti verranno passati come lista [5 6 7] alla quinta uscita (ricostruite la *patch* e provate).

GLI OGGETTI PACK E JOIN

Una serie di elementi indipendenti può essere "impacchettata" in una lista utilizzando l'oggetto **pack**, che necessita di tanti argomenti quanti sono gli elementi della lista; ciascun argomento serve a specificare il tipo di elemento e il suo valore iniziale. In fig. IA.48 vediamo un esempio (ricreatelo!).

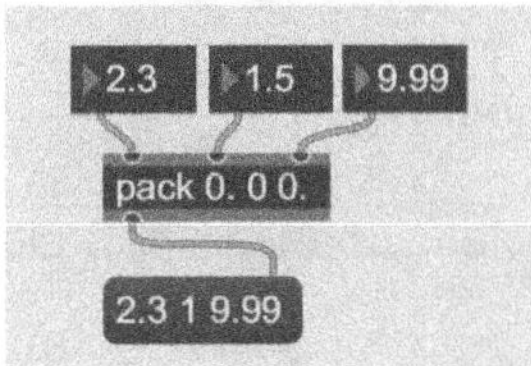

fig. IA.48a: l'oggetto **pack**

Qui abbiamo tre *number box* che sono collegati con un oggetto **pack** che ha tre argomenti: un numero con la virgola, un intero e un altro numero con la virgola: L'oggetto riunisce i tre numeri in una lista che possiamo visualizzare in un *message box* collegato come al solito all'ingresso di destra. Se provate a modificare i *number box* noterete che il *message box* si aggiorna solo quando modifichiamo il numero di sinistra, esattamente come la maggior parte degli oggetti Max (come ormai dovremmo sapere). Notate inoltre che dal momento che il secondo argomento di **pack** è un numero intero, anche se inviamo al secondo ingresso un numero con la virgola questo verrà troncato e trasformato in un numero intero: con riferimento alla fig. IA.48 vediamo infatti che pur inviando al secondo ingresso di **pack** il numero 1.5, il secondo elemento della lista in uscita è il numero intero 1.
Un secondo oggetto che ci permette di riunire gli elementi singoli in una lista è **join**: questo oggetto ha un argomento numerico che specifica il numero di ingressi disponibili per formare una lista (vedi fig. IA.48b).

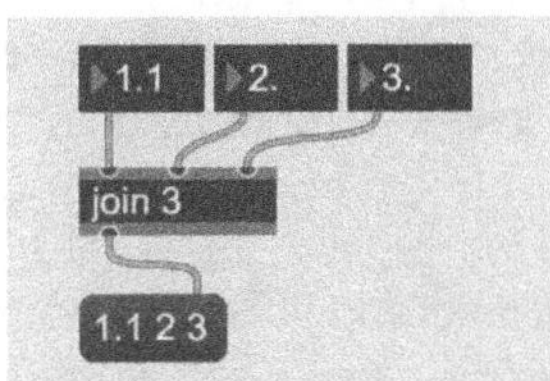

fig. IA.48b: l'oggetto join

In questa figura, che vi invitiamo a ricreare, abbiamo un oggetto join che forma una lista di tre elementi. Ciascun ingresso può accettare messaggi di qualsiasi tipo: numeri interi, con la virgola, stringhe e, cosa molto interessante, anche delle liste; questo significa che è possibile costruire liste con più elementi di quelli specificati dall'argomento numerico di join.

Provate ad esempio a modificare la *patch* come indicato in figura IA.48c.

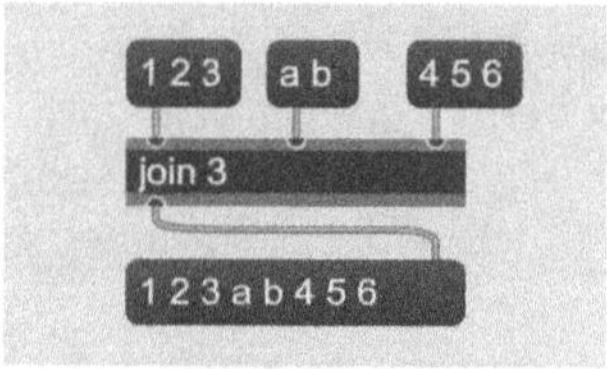

fig. IA.48c: inviare liste all'oggetto **join**

In questo caso abbiamo formato una lista di 8 elementi, inviando una lista in ciascuno dei tre ingressi.
L'oggetto **join** sembrerebbe quindi molto più flessibile di **pack**, ma in alcuni casi quest'ultimo si rivela indispensabile. Abbiamo infatti detto che oltre a specificare il tipo di elemento (se si tratta ad esempio di un numero intero o con la virgola) gli argomenti di **pack** specificano qual è il valore iniziale di quell'elemento. Proviamo ad esempio ad aggiungere un quarto argomento all'oggetto, ma aggiorniamo solo i primi tre elementi (cfr. fig. IA.49).

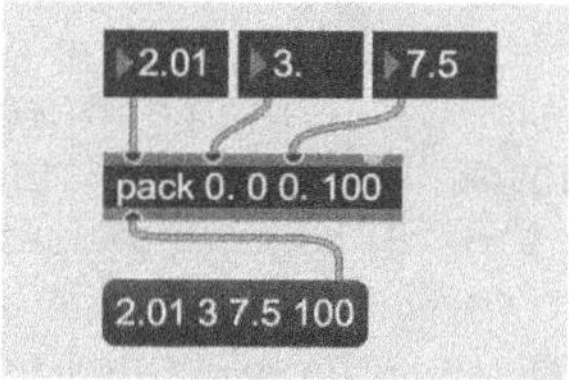

fig. IA.49: passaggio di un argomento come elemento della lista

La lista prodotta è comunque di quattro elementi, e l'ultimo elemento mantiene il valore che gli abbiamo dato come argomento (100). Grazie a questa caratteristica potremmo ad esempio inviare liste che contengono dei valori fissi impostandoli come argomenti e aggiornando solo gli argomenti che cambiano. Al par. 1.4, ad esempio, avevamo visto che per passare all'oggetto **line~** una lista di due elementi (valore da raggiungere e tempo fisso in millisecondi per raggiungere tale valore) si poteva usare l'oggetto **append** avente come argomento il tempo in millisecondi (vedi al par 1.4 la fig. 1.52, file 01_13_conv_interp.maxpat).[11] Con l'oggetto **pack** potremmo ottenere lo stesso risultato (vedi fig. IA.50).

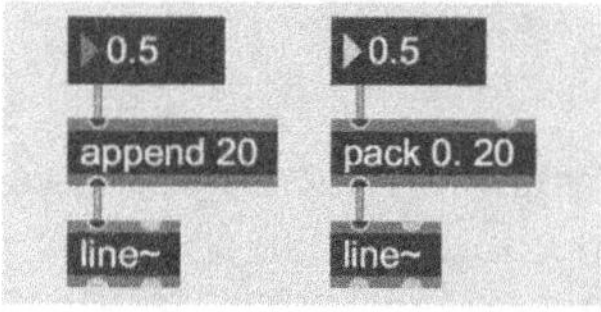

fig. IA.50: creare liste di due elementi per l'oggetto **line~**

[11] Se non ricordate niente di tutto ciò, questa è una buona occasione per tornare al par. 1.4 alla sezione "Conversione Decibel-Ampiezza" per ripassare l'argomento, perché si tratta di una delle tecniche fondamentali per interpolare i valori numerici, ovvero "smussarli" e trasformarli in segnali MSP.

In entrambi i casi illustrati in figura inviamo all'oggetto **line~** una lista di due elementi, 0.5 e 20. In altre parole stiamo "ordinando" a **line~** di raggiungere il numero 0.5 in 20 millisecondi.

L'OGGETTO ZL

Ci sono naturalmente altri oggetti che ci permettono di lavorare con le liste; uno dei più importanti è l'oggetto **zl** che è in realtà un gruppo di oggetti, o meglio un oggetto multiplo che cambia funzionalità a seconda dell'argomento che gli diamo. Ad esempio con l'argomento "*len*" l'oggetto ci dice quanti elementi ci sono nella lista che riceve (vedi fig. IA.51)

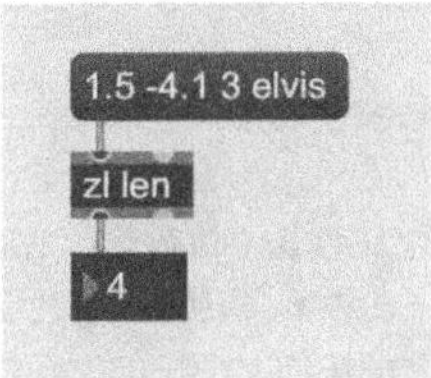

fig. IA.51: l'oggetto zl "*len*"

In figura IA.51 vediamo che ricevendo una lista di 4 elementi l'oggetto restituisce il numero 4.
Se invece l'argomento di zl è "*group*" seguito da un secondo argomento numerico, l'oggetto raggruppa gli elementi che riceve successivamente in liste la cui lunghezza è data dal secondo argomento (vedi fig. IA.52).

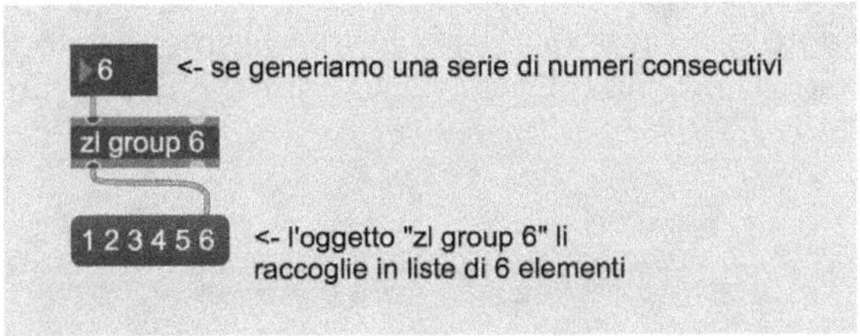

fig. IA.52: l'oggetto zl "group"

Ricreate la *patch* di figura IA.52 (ricordandovi di collegare il *message box* dall'ingresso di destra) e generate una serie di numeri facendo scorrere il mouse sul *number box*: i numeri che man mano arrivano vengono raccolti in liste di 6 elementi. Ogni volta che una lista è completa viene inviata all'uscita di zl e visualizzata nel *message box*.

Ci sono molte altre varianti dell'oggetto **zl**: con l'argomento "*join*" ad esempio l'oggetto unisce due liste, con l'argomento "*slice*" seguito da un secondo argomento numerico l'oggetto divide la lista in due parti, la prima è una lista lunga quanto l'argomento numerico, la seconda contiene gli elementi rimanenti (vedi fig. IA.53).

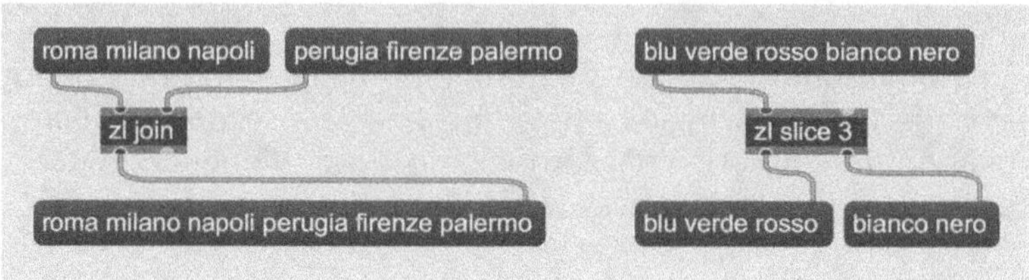

fig. IA.53: altre varianti dell'oggetto **zl**

Per vedere altre funzioni realizzabili con **zl** date un'occhiata al file di help dell'oggetto (facendo come al solito "*Alt-clic*" sull'oggetto in modalità *edit*).
Gli oggetti del gruppo "zl" possono anche essere creati nella forma "zl. nome_della_funzione", ad esempio [zl len] diventa **zl.len**, [zl slice] diventa **zl.slice** e così via.

GLI OGGETTI APPEND E PREPEND

Approfondiamo ora brevemente le caratteristiche di altri due oggetti molto usati per comporre liste: **append** e **prepend**. L'oggetto **append** (che, lo ricordiamo ancora, abbiamo già utilizzato nella *patch* 01_13_conv_interp.maxpat) aggiunge il proprio argomento alla fine della lista che riceve, mentre l'oggetto **prepend** aggiunge il proprio argomento all'inizio della lista che riceve (fig. IA.54).

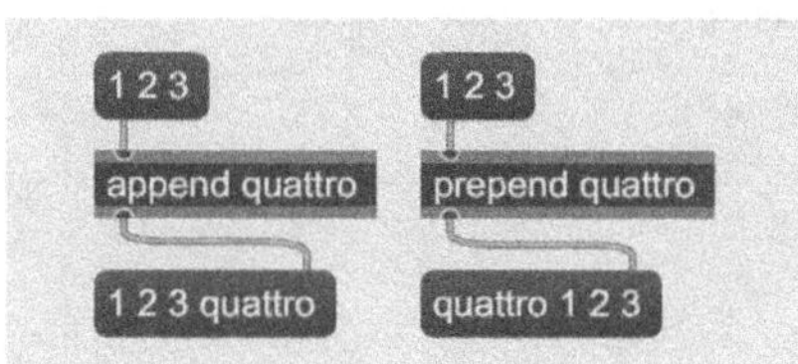

fig. IA.54: **append** e **prepend**

Abbiamo già visto un possibile uso per l'oggetto **append**, ma a cosa può servirci l'oggetto **prepend**? Ad esempio ci può essere utile nei casi in cui dobbiamo inviare ad un oggetto un comando (fisso) seguito da un valore numerico (variabile). Aprite nuovamente il file 01_14_audiofile.maxpat (par. 1.5, fig. 1.53): in questa *patch* viene illustrato il funzionamento dell'oggetto **sfplay~** che serve a leggere un file audio da disco e che può variare la velocità di lettura con il comando "speed"; "speed 1" significa velocità normale, "speed 0.5" velocità dimezzata etc. Collegando un *float number box* ad un oggetto **prepend** con argomento "speed", e connettendo quest'ultimo all'oggetto **sfplay~** possiamo ottenere una variazione continua della velocità di lettura del file audio, come si vede in figura IA.55. Provate ad applicare la modifica al file 01_14_audiofile.maxpat.

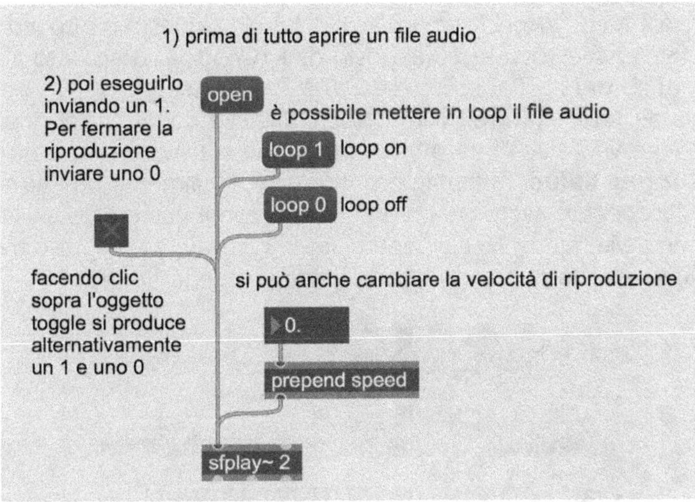

fig. IA.55: un possibile uso dell'oggetto **prepend**

Analogamente è possibile gestire i comandi "*loop 1*" e "*loop 0*" che si trovano in alto a destra nella figura collegando un **toggle** ad un oggetto **prepend** con argomento "*loop*": provate!

L'OGGETTO MULTISLIDER

Passiamo adesso ad un oggetto grafico che genera liste di numeri, **multislider** (vedi fig. IA.56). Questo oggetto si trova nella *palette* "Sliders" (*Toolbar* superiore): fate clic sul pulsante "UI Objects" nella parte alta della finestra in modo da poter recuperare la categoria "Sliders" più facilmente.

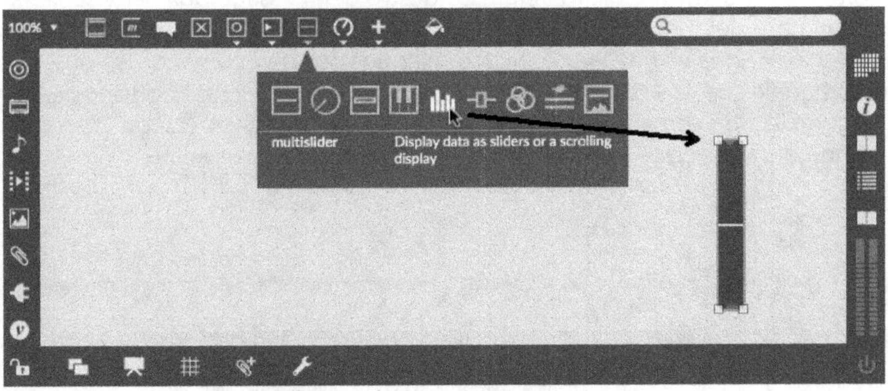

fig. IA.56: il **multislider**

La prima cosa da fare è allargare l'oggetto trascinando con il mouse il suo angolo in basso a destra: dovete avvicinare il puntatore del mouse alla parte in basso a destra dell'oggetto, e quando la freccetta si trasforma in una doppia freccia dovete fare clic e trascinare verso destra, fino ad ottenere un rettangolo che ha una larghezza all'incirca doppia dell'altezza (come in fig. IA.57). La seconda cosa da fare è richiamare l'*inspector* di **multislider**: a questo punto individuate la categoria "Sliders" e scrivete 16 al posto di 1 nello spazio accanto alla dicitura "**Number of Sliders**". Poi scrivete *"0 100"* al posto di *"-1. 1."* nello spazio accanto alla dicitura "**Range**". Ora passate alla categoria "Style" e selezionate "**Integer**" (che vuol dire "intero") nel menù che si trova a destra della dicitura "**Sliders Output Value**" (ultima voce in basso). Finalmente potete chiudere la finestra dell'*inspector*: avete creato un oggetto con il quale è possibile generare graficamente delle liste di 16 elementi di interi con valore compreso tra 0 e 100. Aggiungete un *message box* allungato, come si vede in fig. IA.57.

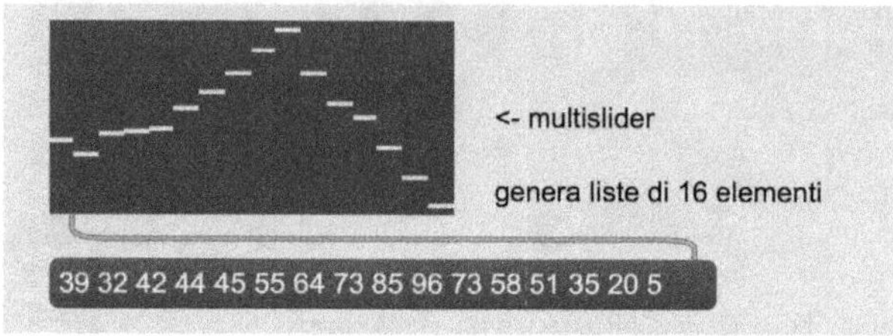

fig. IA.57: liste di numeri generati da **multislider**

Ogni volta che modificate con il mouse la posizione dei 16 *slider* all'interno di **multislider** viene generata una lista di 16 elementi di cui possiamo vedere i valori numerici all'interno del *message box*. Nel corso del libro avremo diverse occasioni per usare questo utilissimo oggetto.

PDF

IA.8 IL MESSAGE BOX E GLI ARGOMENTI VARIABILI

COMANDI PER IL MESSAGE BOX

Finora abbiamo sempre usato l'ingresso destro del *message box* per visualizzare direttamente dei messaggi al suo interno, ma esiste anche un ingresso sinistro attraverso il quale possiamo inviare all'oggetto dei comandi o possiamo aggiornare le sue variabili interne. I possibili messaggi di comando sono illustrati in figura IA.58: come vedete sono contenuti in diversi *message box* che li inviano ad un *message box* "ricevente". Provate a ricostruire la *patch*.

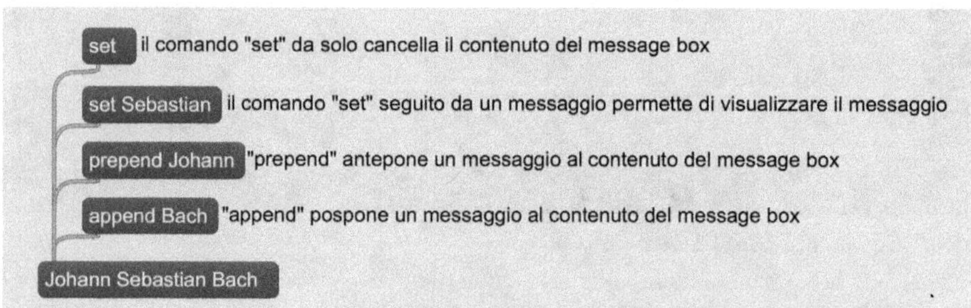

fig. IA.58: i comandi del *message box*

Esaminiamo uno ad uno questi messaggi di comando: il primo è *"set"*, che

cancella il contenuto del *message box* e lo sostituisce con il messaggio che segue il comando *"set"* stesso. Ad esempio, il comando *"set Sebastian"* che vediamo in figura, farà apparire la parola "Sebastian" all'interno del *message box* (provate). Prima di Max 5 era necessario usare il comando *"set"* per visualizzare un messaggio in un *message box*, ora come sappiamo possiamo anche utilizzare l'ingresso di destra. Il comando *"set"* senza alcun messaggio cancella semplicemente il contenuto del *message box*. Il comando *"prepend"* antepone il suo messaggio al contenuto del *message box*: se ad esempio dopo aver inviato il comando *"set Sebastian"* inviate il comando *"prepend Johann"* otterrete nel *message box* ricevente il messaggio *"Johann Sebastian"*. Il comando *"append"* aggiunge il proprio messaggio in coda al contenuto del *message box*: se ora fate clic sul comando *"append Bach"* otterrete *"Johann Sebastian Bach"*.
Se ripetiamo questi ultimi due comandi aggiungeremo nuovi elementi al messaggio: se fate clic nuovamente su *"append Bach"* otterrete *"Johann Sebastian Bach Bach"* e se poi fate clic su *"prepend Johann"* avrete *"Johann Johann Sebastian Bach Bach"* e così via.
Attenzione a non confondere i messaggi di comando *"append"* e *"prepend"* con gli oggetti **append** e **prepend**: gli oggetti **append** e **prepend** aggiungono il proprio argomento al messaggio che ricevono in ingresso, ed emettono il messaggio risultante dalla propria uscita; i comandi *"append"* e *"prepend"* aggiungono degli elementi al contenuto del *message box* che li riceve.
Nelle versioni di Max precedenti la 5, come abbiamo detto, non esisteva l'ingresso destro del *message box*, ed era quindi necessario anteporre il comando *"set"* a qualsiasi messaggio si volesse visualizzare nel *message box*. Il modo più semplice di fare ciò era attraverso l'oggetto **prepend** (non il comando *"prepend"*!) con argomento *"set"*. In figura IA.59 vediamo il metodo vecchio e il metodo nuovo di visualizzare i messaggi in un *message box*.

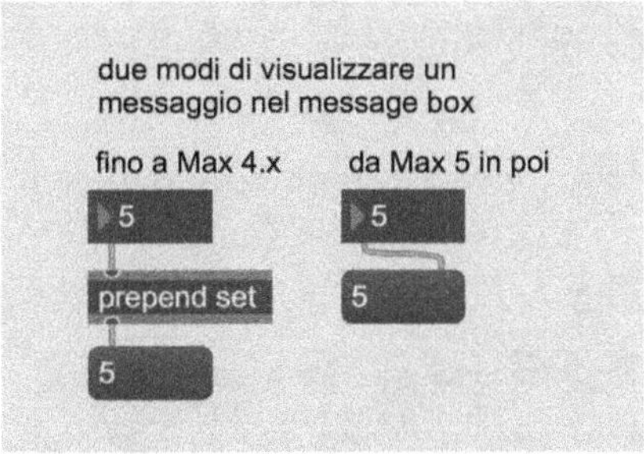

fig. IA.59: visualizzare un messaggio

Nel "vecchio" sistema si prendeva il messaggio e, tramite l'oggetto **prepend**, si anteponeva il comando *"set"*: in questo modo si trasformava, ad esempio il messaggio *"5"* nel messaggio *"set 5"*. Quando un *message box* riceve il messaggio *"set 5"* cancella il suo contenuto precedente e mostra *"5"* al suo interno.
Naturalmente il vecchio sistema è ancora utilizzabile con le nuove versioni di Max, altrimenti le vecchie *patch* non funzionerebbero più.

GLI ARGOMENTI VARIABILI: IL SEGNO DEL DOLLARO ($)

Passiamo ad una caratteristica molto importante e molto utile del *message box*: la possibilità di utilizzare **argomenti variabili**. Il segno del dollaro (*$*) in un *message box* rappresenta un argomento variabile: quando in un *message box* abbiamo uno o più elementi costituiti dal segno del dollaro seguito da un numero intero (ad esempio "*$1*", "*$2*" etc.), questi elementi vengono sostituiti dai corrispondenti elementi di un messaggio che inviamo al *message box*.

Facciamo qualche esempio per chiarire il funzionamento degli argomenti variabili; ricreate la *patch* di fig. IA.60, che utilizza un singolo argomento dollaro.

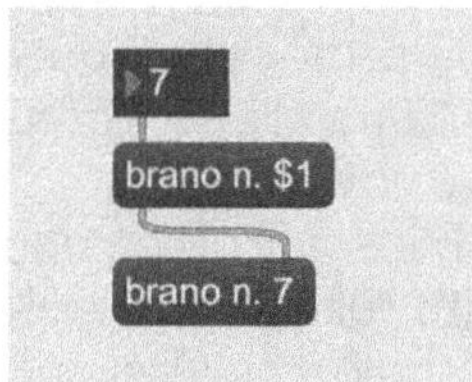

fig. IA.60: uso di un argomento variabile nel *message box*

Nel *message box* centrale abbiamo due elementi stringa ("*brano*" e "*n.*") e un argomento variabile, "*$1*", che prenderà il valore del primo elemento del messaggio che inviamo all'oggetto. Abbiamo collegato al *message box* un *number box* che invia un messaggio costituito da un unico elemento numerico; questo elemento sostituisce l'argomento variabile "*$1*" nel messaggio che viene prodotto dal *message box* centrale e che viene visualizzato nel *message box* in basso. In pratica il *message box* centrale ha una variabile interna (corrispondente a "*$1*") che può essere modificata da qualunque messaggio inviato all'ingresso sinistro.

Questa tecnica ci fornisce un terzo modo per costruire una lista di due valori da inviare ad un oggetto `line~` che effettua una interpolazione (dei primi due avevamo parlato al par. IA.7, fig. IA.50): ne vediamo l'esempio in figura IA.61.

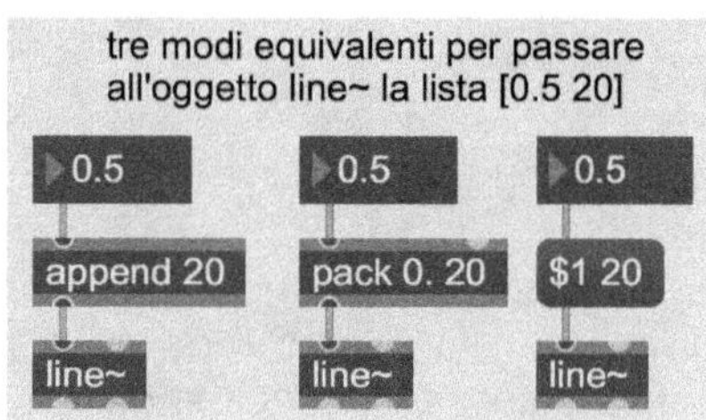

Fig. IA.61: spesso con Max ci sono più modi per ottenere un risultato

Il prossimo esempio (cfr. fig. IA.62, da ricreare come al solito) utilizza due argomenti variabili.

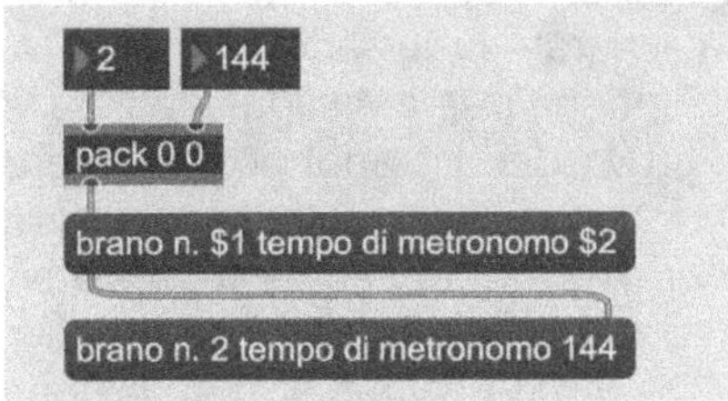

fig. IA.62: come usare due variabili dollaro

Qui gli argomenti variabili sono *"$1"* e *"$2"*, questo significa che verrà usato il primo e il secondo elemento della lista che invieremo al *message box*. Per poter mandare due argomenti numerici sotto forma di lista al *message box* li abbiamo "impacchettati" tramite l'oggetto **pack** (ricordatevi che la lista viene inviata al *message box* solo quando aggiorniamo l'ingresso di sinistra di **pack**, ovvero l'ingresso caldo): non è possibile mandare semplicemente il primo elemento all'ingresso sinistro e il secondo al destro, perché tutto ciò che viene inviato all'ingresso destro sostituisce l'intero contenuto del *message box*.
In fig. IA.63 illustriamo una *patch* che genera glissandi random: ricostruitela.

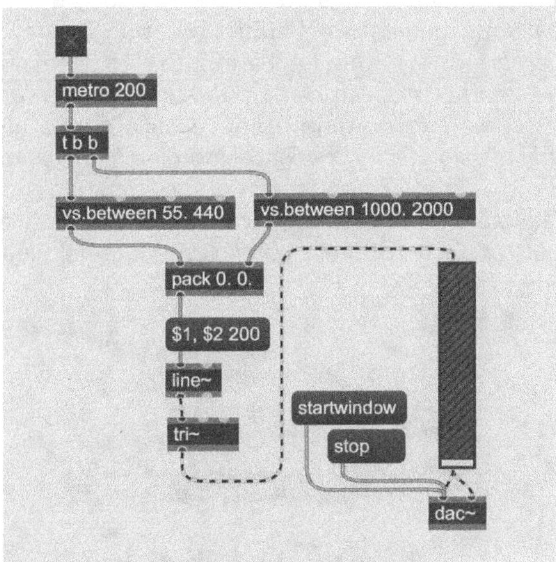

fig. IA.63: flusso di glissandi casuali

Ad ogni *bang* generato dal metronomo, vengono creati due numeri casuali, il primo compreso tra 55 e 440, e il secondo compreso tra 1000 e 2000; questi due numeri vengono uniti in una lista e mandati ad un *message box*. All'interno del *message box* c'è un messaggio contenente due variabili dollaro: *"$1, $2 200"*: se ad esempio i due generatori **vs.between** producono i numeri 400 e 1500, il messaggio generato dal *message box* diventa *"400, 1500 200"*.

Questo messaggio viene inviato a `line~` che genera un segmento che va da 400 a 1500 in 200 millisecondi: l'oscillatore `tri~` collegato a `line~` realizzerà quindi un glissando da 400 a 1500 Hz. Vi ricordiamo che la virgola all'interno del *message box* serve a separare i messaggi. In figura IA.63, quindi, il *message box* collegato a `line~` contiene due messaggi: "*$1*" e "*$2 200*". Per cambiare i punti di partenza e di arrivo dei glissandi potete creare quattro *float number box* e collegarli al secondo e terzo ingresso di ciascun `vs.between`. In questo modo potreste creare dei glissandi discendenti impostando valori di frequenza più alti per il punto di partenza rispetto al punto di arrivo: ad esempio potreste dare i valori 1000 e 2000 ai *float number box* dell'oggetto `vs.between` di sinistra e i valori 55 e 440 ai *float number box* dell'oggetto `vs.between` di destra. Provate.

GLI ARGOMENTI VARIABILI: SETDOMAIN

Passiamo ad un altro utilizzo pratico dell'argomento variabile nel *message box*: un problema che abbiamo incontrato nelle *patch* che creano una sequenza di note scandita da un `metro`, con un inviluppo generato dall'oggetto `function` collegato a `line~`, è che la durata dell'inviluppo è sempre la stessa, anche se acceleriamo o rallentiamo la scansione del metronomo, e quando la durata dell'inviluppo è superiore al tempo che intercorre fra due *bang* successivi generati dall'oggetto `metro` otteniamo dei clic indesiderati.
La durata dell'inviluppo generato da `function` può essere cambiata, come sappiamo dal paragrafo 1.3, tramite l'attributo "Hi Domain Display Value (x-Axis)" che troviamo nell'*inspector*, ma può anche essere cambiata inviando all'oggetto il messaggio "**setdomain**" seguito dalla durata in millisecondi. In inglese "*set domain*" significa "imposta il dominio": nella rappresentazione grafica di una funzione infatti l'ambito dei valori assegnati all'asse delle x (l'asse orizzontale) si chiama "dominio". Proviamo ad esempio a collegare questi messaggi all'oggetto `function` nella *patch* contenuta nel file IA_06_random_walk.maxpat (vedi fig. IA.64).

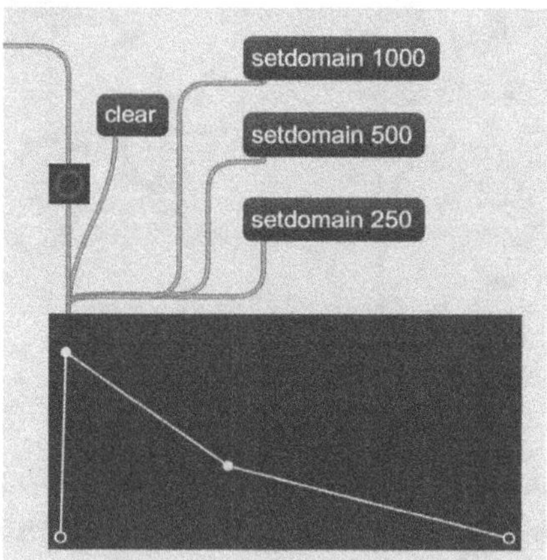

fig. IA.64: cambiare la durata di un inviluppo

Facendo clic nei diversi *message box* mentre la *patch* è in esecuzione sentiremo che la durata dell'inviluppo cambia (con i valori in figura possiamo avere un inviluppo che dura 1, 0.5 e 0.25 secondi). Grazie all'utilizzo dell'argomento modificabile "*$1*" possiamo anche legare la durata dell'inviluppo al tempo di scansione di **metro**. Provate a modificare la *patch* nel modo indicato in fig. IA.65).

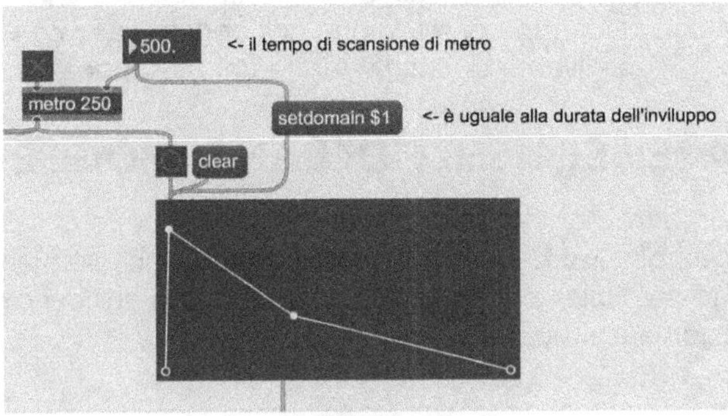

fig. IA.65: la durata dell'inviluppo è legata al tempo di scansione di **metro**

Adesso il *float number box* che regola il tempo di scansione dell'oggetto **metro** modifica anche il messaggio "*setdomain $1*" che viene inviato a **function**, e se rallentiamo o acceleriamo il tempo di scansione la durata dell'inviluppo aumenterà o diminuirà proporzionalmente.
Naturalmente "*setdomain*" non è l'unico messaggio che può essere inviato all'oggetto **function**: vi invitiamo a dare un'occhiata al file di help per approfondire le diverse caratteristiche dell'oggetto.
Potremmo utilizzare la stessa tecnica di fig. IA.65 per sincronizzare la durata dei glissandi e la scansione del metronomo nella *patch* di fig. IA.63.
Provate ad effettuare le modifiche riportate in figura IA.66.

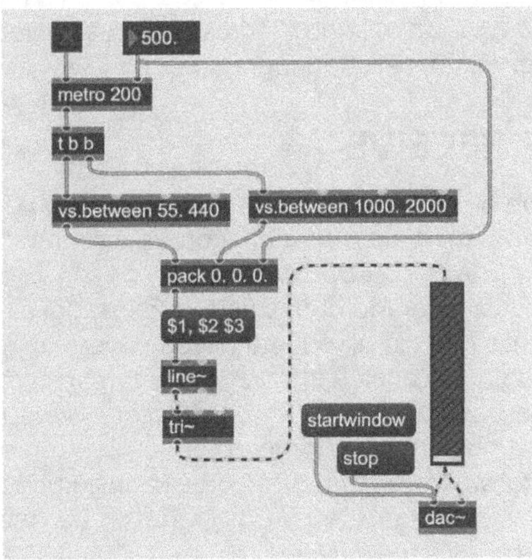

fig. IA.66: flusso di glissandi casuali con tempo variabile

Come vedete abbiamo fornito un tempo di scansione variabile all'oggetto **metro** tramite il *float number box* collegato all'ingresso destro. Lo stesso valore viene anche mandato all'ultimo ingresso dell'oggetto **pack** che stavolta realizza liste di tre elementi, corrispondenti rispettivamente alla frequenza di partenza del glissando, alla frequenza di arrivo e alla durata del glissando. Questa lista viene passata al *message box* che contiene il messaggio "*$1, $2 $3*": i tre valori della lista vengono quindi utilizzati dalle tre variabili dollaro e inviati all'oggetto **line~**. In particolare il tempo di scansione dell'oggetto **metro** viene utilizzato dalla variabile "*$3*", e diventa quindi la durata del glissando.

IA.9 INVIARE SEQUENZE DI BANG: L'OGGETTO UZI

Introduciamo un altro oggetto che ci tornerà utile in molte occasioni, a partire dal prossimo capitolo: **uzi**. Questo oggetto "spara" una sequenza di *bang* (il più velocemente possibile) di lunghezza variabile. Il numero dei *bang* generati è stabilito dall'argomento (fig. IA.67).

fig. IA.67: l'oggetto **uzi**

In questo caso ogni volta che l'oggetto riceve un *bang* vengono generati 4 *bang* in successione (che possiamo vedere stampati nella *Max Console*).
Parallelamente l'uscita di destra di **uzi** genera invece una sequenza numerica (sempre alla massima velocità possibile) che di *default* parte da 1 e arriva al numero dato dall'argomento: provate a spostare il **print** alla terza uscita di **uzi** e verificate il risultato nella *Max Console*. È possibile modificare il numero di *bang* generati da **uzi** utilizzando l'ingresso di destra dell'oggetto (provate, collegate un *number box* al secondo ingresso di **uzi**).

IA.10 SEND E RECEIVE

Vediamo adesso due oggetti molto utili per sbrogliare le *patch* più complesse, e che ci permettono di realizzare una comunicazione "wireless" (ovvero "senza fili") in Max: **send** e **receive**.
L'oggetto **send** è infatti in grado di trasmettere messaggi all'oggetto **receive** senza l'uso di cavi: per fare ciò gli oggetti devono avere un identico argomento stringa che rappresenta il "canale" attraverso cui comunicare.
In figura IA.68 (che potrete ricreare in una *Patcher Window* vuota) vediamo un oggetto **send** che ha come argomento la parola "remoto", e un oggetto **receive** che ha lo stesso argomento: questo argomento può essere una stringa qualunque, l'importante è che gli oggetti che debbono comunicare abbiano lo stesso argomento.

All'oggetto **send** è collegato un *float number box* che invia un numero all'oggetto che a sua volta lo trasmette a **receive**.

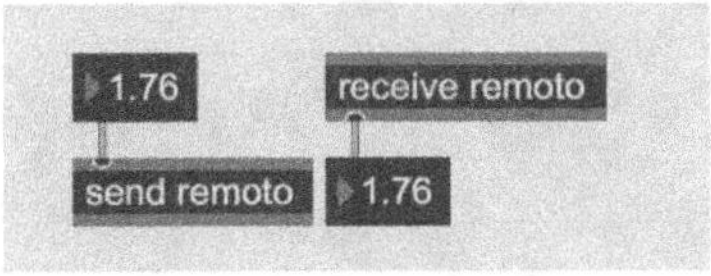

fig. IA.68: connessione wireless

Questi due oggetti sono molto importanti e sono di uso così comune che possono anche essere abbreviati semplicemente con l'iniziale "**s**" e "**r**". È possibile trasmettere qualsiasi messaggio e se ci sono più oggetti **receive** con lo stesso argomento ricevono tutti lo stesso messaggio dal corrispondente oggetto **send** (vedi fig. IA.69).

fig. IA.69: uno stesso messaggio ricevuto da due oggetti **receive**

Naturalmente è possibile anche avere più oggetti **send** con lo stesso argomento, e ognuno trasmetterà il proprio messaggio a tutti i **receive** che hanno quell'argomento. Questa coppia di oggetti diventa indispensabile quando si realizzano delle *patch* complesse perché ci permette di eliminare, ad esempio, i cavi tra oggetti molto lontani che finirebbero per rendere confusa l'immagine; d'altra parte se in una *patch* ci sono troppi **send** e **receive** diventa difficile seguire il percorso dei messaggi. Bisogna quindi saper calibrare l'uso dei cavi e della "comunicazione senza fili".
In ogni caso è importante sottolineare che gli oggetti **send** e **receive** sostituiscono in tutto e per tutto il collegamento diretto dei cavi: due o più oggetti collegati tramite **send** e **receive** si comportano esattamente come se fossero collegati direttamente tramite dei cavi. Questo significa, ad esempio, che i segnali MSP collegati ad oggetti **send** con lo stesso argomento si sommano tra loro esattamente come i segnali che vengono inviati ad uno stesso ingresso.[12]

[12] Di questa caratteristica dei segnali MSP abbiamo già parlato a proposito del file 01_06_glissandi.maxpat, vedi anche le figg. 1.33 e 1.34 al par. 1.3.

Aprite ora il file **IA_07_multisend.maxpat** (fig. IA.70)

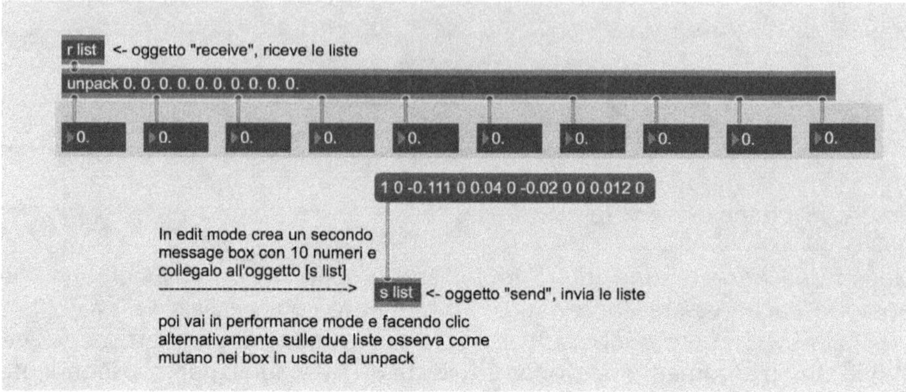

fig. IA.70: file IA_07_multisend.maxpat

Questo è un caso in cui si invia una lista di numeri. Eseguite le indicazioni scritte nella *patch*, poi salvatela con un altro nome.
Come potete osservare, la lista di numeri viene inviata da un oggetto `send`, `[s list]`, al corrispondente `receive [r list]`. Quest'ultimo è collegato ad un `unpack` che distribuisce i singoli valori ai dieci *number box* sottostanti.
Aprite il file **IA_08_multislidersend.maxpat** (fig. IA.71).

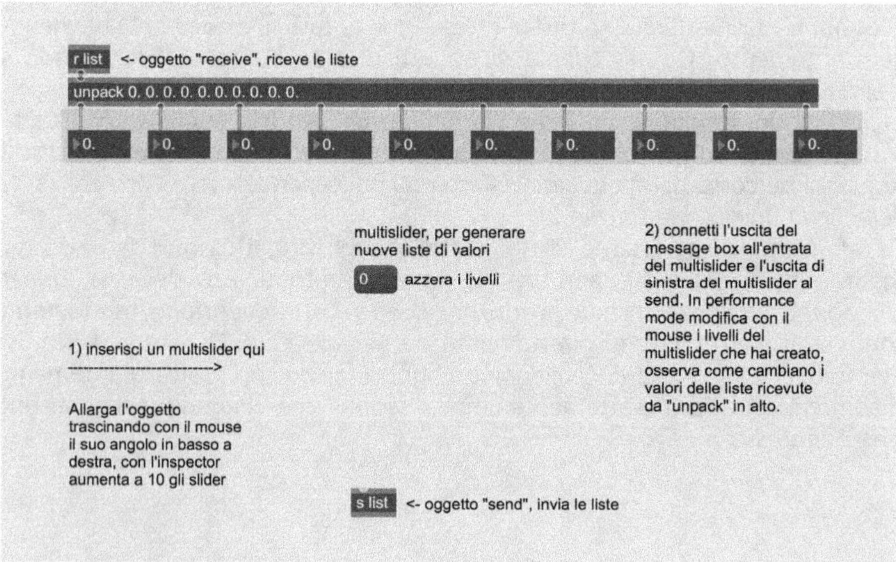

fig. IA.71: file IA_08_multislidersend.maxpat

Questo è un caso simile in cui, però, la lista di numeri da inviare viene controllata mediante un **`multislider`**. Il **`multislider`** va inserito seguendo le indicazioni scritte nella *patch*. Dopo aver verificato che tutto funzioni, salvate la *patch*. Anche in questo caso la lista di numeri viene inviata da un oggetto **`send`**, **`[s list]`**, al corrispondente **`receive [r list]`**.[13]

IA.11 USO DEGLI ATTRIBUTI ALL'INTERNO DELL'OGGETTO

Come sappiamo gli argomenti sono dei parametri che possiamo impostare scrivendone il valore all'interno degli oggetti, per cui se, ad esempio, creiamo l'oggetto [**`cycle~`** 440] otteniamo un oscillatore sinusoidale il cui argomento (440) specifica la frequenza iniziale.
Gli attributi sono invece dei parametri che impostiamo all'interno dell'*inspector* di un oggetto, oppure inviando un messaggio all'oggetto stesso: se ad esempio vogliamo modificare il valore massimo sull'asse delle x di un oggetto **`function`** possiamo impostare l'attributo *Hi Domain Display Value* nell'*inspector* oppure inviare il messaggio "setdomain" seguito dal valore desiderato direttamente all'oggetto (vedi paragrafo IA.8).
C'è un altro modo per impostare gli attributi: scrivere direttamente all'interno dell'*object box* il nome dell'attributo preceduto (senza spazi) dal simbolo @ e seguito dal valore desiderato. Gli attributi vanno inseriti dopo gli eventuali argomenti e, a differenza di questi ultimi, non devono seguire un ordine particolare.
Ricostruite la *patch* in figura IA.72.

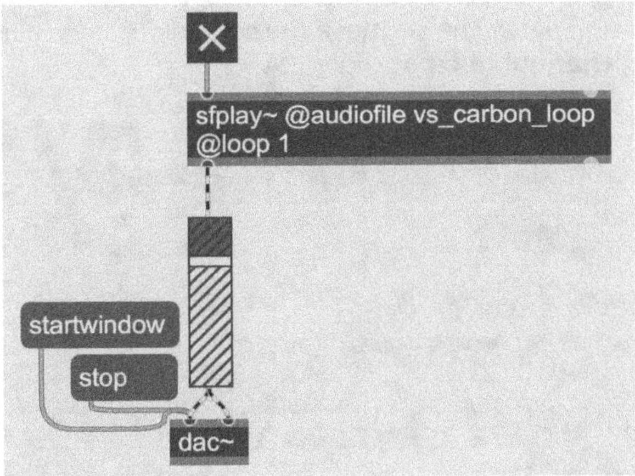

fig. IA.72: **`sfplay~`** con attributi

[13] Se avete lasciato aperta anche la *patch* precedente (IA_07_multisend.maxpat) noterete che vengono aggiornati anche i *number box* di quest'ultima; questo avviene perché i **`send`** e **`receive`** di entrambe le *patch* condividono lo stesso argomento ("list") e i messaggi vengono quindi trasmessi da una *patch* all'altra. Ciò è molto comodo quando vogliamo passare un messaggio da una *patch* all'altra; se invece volete evitare che i messaggi passino tra le diverse *patch* dovete assicurarvi che queste non abbiano oggetti **`send`** e **`receive`** con gli stessi argomenti.

In questa patch vediamo un oggetto **sfplay** in cui sono stati impostati gli attributi "audiofile" e "loop" direttamente all'interno dell'oggetto. Se attivate la *patch* udrete il *pattern* di batteria vs_carbon_loop[14] eseguito in *loop*. Aprite l'*inspector* dell'oggetto e verificate che gli attributi siano stati effettivamente impostati (si trovano nell'ultima categoria "sfplay~").
Come abbiamo detto, l'ordine degli attributi non ha importanza (perché viene comunque specificato il nome dell'attributo desiderato): provate ad esempio a invertire l'ordine di "audiofile" e "loop" all'interno di **sfplay~**; il risultato sarà lo stesso.

IA.12 AUDIO MULTICANALE

Parliamo ora di una importante cratteristica di Max: la possibilità di gestire segnali audio multipli usando un singolo *patch cord*, cioè un singolo "cavo". Questo semplifica enormemente la gestione di segnali che devono essere elaborati parallelamente, come ad esempio i segnali prodotti dagli oscillatori in sintesi additiva (vedi al capitolo 2) o i segnali che vengono utilizzati per la spazializzazione del suono realizzata con più altoparlanti (ne parleremo nel capitolo 4 e, in maniera più estesa, nel terzo volume): come vedremo le applicazioni sono molteplici e faremo ricorso alle funzionalità multicanale di Max ogni volta che sarà necessario.
Gli oggetti multicanale si riconoscono dal prefisso "mc" aggiunto al loro nome: quasi tutti gli oggetti MSP hanno una versione multicanale (**mc.cycle~**, **mc.line~** etc.). Esistono inoltre diversi altri oggetti, pensati espressamente per la gestione dei segnali multipli, che vedremo nel corso di questo e dei prossimi volumi.
Vediamo subito una *patch* che sfrutta le funzioni multicanale di Max: caricate il file **IA_09_multichannel.maxpat** (figura IA.73).

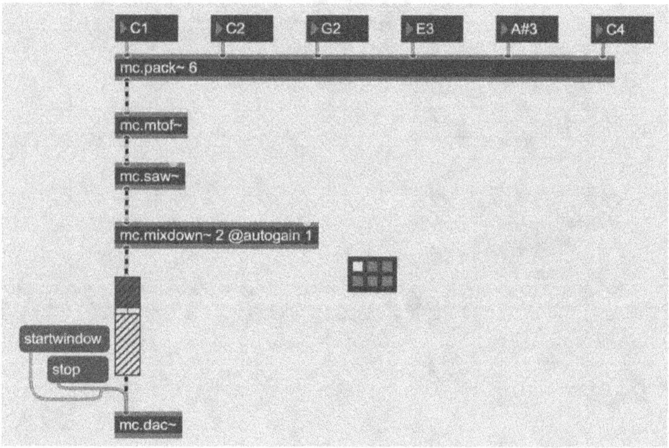

fig. IA.73: file **IA_09_multichannel.maxpat**

---

[14] Il file audio **vs_carbon_loop.aif** fa parte della libreria *Virtual Sound Macros*: affinché la *patch* di figura IA.72 produca un suono è necessario aver installato tale libreria. Fate riferimento alle indicazioni riportate all'inizio del capitolo 1P per la corretta installazione della libreria.

In questa *patch* c'è la versione multicanale di alcuni oggetti che già conosciamo, `mc.saw~`, `mc.mtof~` e `mc.dac~`, e un paio di oggetti multicanale nuovi, `mc.pack~` e `mc.mixdown~`. Oltre ai nomi nuovi, la cosa che sicuramente avrete notato è l'aspetto dei *patch cord* che collegano gli oggetti multicanale: sono a strisce nere e azzurre e sono più spessi dei normali "cavi audio" MSP.
Ascoltate prima di tutto i vari *preset*: si sentono diversi accordi realizzati con 6 oscillatori limitati in banda. Notate che il segnale in uscita è stereofonico e si sentono tre oscillatori sul canale sinistro e tre sul destro.
Analizziamo la *patch*: il primo oggetto in alto, **`mc.pack~`**, serve a costruire segnali multicanale; l'argomento indica il numero di ingressi che ha l'oggetto. Ciascun ingresso può ricevere un segnale audio o un valore numerico che viene convertito internamente in un segnale costante (come fa l'oggetto `sig~` che abbiamo visto al paragrafo 1.5, figura 1.57). In uscita abbiamo un segnale multicanale che contiene tutti i segnali in ingresso: attenzione, i segnali non vengono sommati o mixati, ma semplicemente raggruppati, e possono essere separati nuovamente, ad esempio con l'oggetto **`mc.unpack~`** o con altri operatori multicanale. È possibile sapere quanti segnali contiene un *patch cord* multicanale passandovi sopra il puntatore del mouse: se lo fate con il cavo in uscita da `mc.pack~`, dovrebbe apparire un piccolo riquadro azzurro con il numero 6 al suo interno.
L'oggetto seguente, `mc.mtof~`, converte i valori di nota MIDI nella frequenza corrispondente: in uscita dall'oggetto avremo quindi un segnale multicanale che raggruppa 6 valori di frequenza. Notate che l'oggetto `mc.mtof~` non ha nessun argomento o attributo che stabilisca quanti canali deve gestire, perché in questo caso non è necessario. Se non specifichiamo altrimenti, infatti, gli oggetti multicanale si adattano al numero di canali audio che ricevono: l'oggetto `mc.mtof~`, quindi, ricevendo un segnale a 6 canali, genera a sua volta un segnale a 6 canali.
La stessa cosa succede al successivo oggetto `mc.saw~`, che genera 6 oscillatori a dente di sega limitati in banda, ciascuno con una frequenza ricevuta da `mc.mtof~`.
Se ora vogliamo sentire il suono di questi 6 oscillatori con un impianto stereofonico, è necessario prima ridurre il numero di canali da 6 a 2: senza questa operazione sentiremmo solo i primi due canali, e gli altri 4 andrebbero persi. L'oggetto `mc.mixdown~` serve precisamente a questo: riceve un segnale multicanale e ne miscela le componenti. L'argomento "2" che abbiamo dato all'oggetto specifica che verrà generato un segnale a due canali (stereofonico), e l'attributo @autogain che abbiamo impostato fa sì che i segnali vengano riscalati in modo che la loro somma non ecceda i limiti di ampiezza -1/1 del convertitore digitale analogico.
Provate a portare il puntatore del mouse sopra il cavo in uscita da **`mc.mixdown~`**, il numero di canali è passato da 6 e 2.
Come vengono distribuiti i canali? Di *default* l'oggetto `mc.mixdown~` assegna ciclicamente i canali in ingresso ai canali in uscita: nel nostro caso i canali 1, 3 e 5 vengono mixati nel canale sinistro, mentre i canali 2, 4 e 6 nel canale destro. È possibile naturalmente distribuire diversamente i canali nello spazio stereofonico: ne parleremo più avanti.

Il segnale stereofonico viene passato all'oggetto **mc.gain~** (versione multicanale di **gain~**)[15] e da qui a **mc.dac~** che invia il segnale alla scheda audio.

Facciamo una precisazione: la versione multicanale degli oggetti MSP (**mc.mtof~**, **mc.saw~** etc.) è ottenuta tramite un *wrapper* (letteralmente: involucro) "invisibile" che al suo interno crea un numero di oggetti MSP pari al numero di canali necessari. L'oggetto **mc.saw~** di figura IA.73, quindi, non è in realtà un singolo oggetto, ma un *wrapper* che contiene 6 copie (dette anche istanze) dell'oggetto **saw~**. Per semplicità, comunque, chiameremo "oggetti" tutte le versioni multicanale dei comuni oggetti MSP.

Vediamo ora un'altra caratteristica del sistema multicanale: se effettuiamo un'operazione (ad esempio un'operazione matematica) tra due segnali multipli, l'operazione viene eseguita tra coppie di canali, e viene generato un segnale multicanale che contiene il risultato di tutte le operazioni.
La *patch* di figura IA.74 ci fa vedere come possiamo riscalare il segnale di quattro oscillatori con una sola operazione multicanale: provate a ricostruirla.

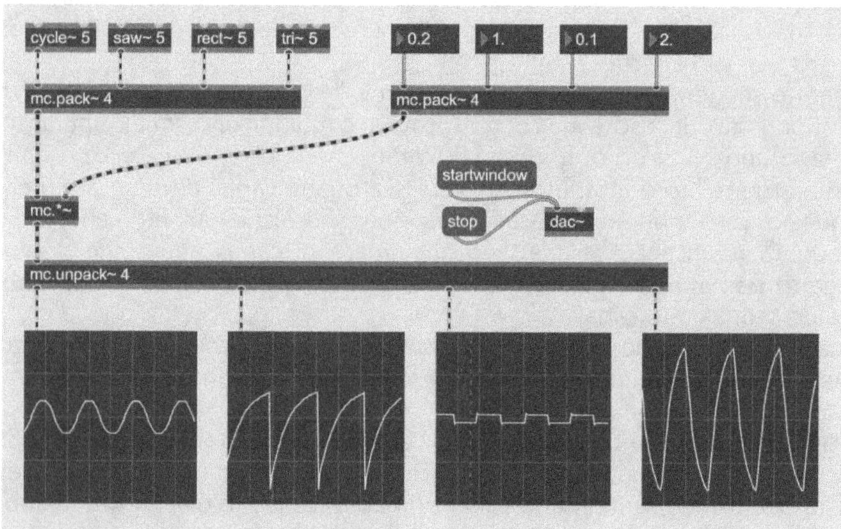

fig. IA.74: moltiplicazione multicanale

Notate innanzitutto che questa *patch* non produce suoni, perché l'oggetto **dac~** e i *message box* collegati servono solo ad attivare il "motore" DSP.
Tramite due oggetti **mc.pack~** abbiamo creato un segnale multicanale che raggruppa le uscite di quattro oscillatori e un secondo segnale multicanale contenente quattro fattori di riscalamento; i due segnali vengono inviati a un

[15] Se osservate bene l'oggetto **mc.gain~**, noterete che il cursore è diviso in due: questo indica che il segnale ricevuto ha due canali. Provate a copiare l'oggetto e a collegarlo direttamente all'uscita di **mc.saw~**: il cursore sarà ora diviso in 6 parti, corrispondente ai 6 canali generati dall'oggetto collegato.

moltiplicatore multicanale **mc.*~** che esegue le quattro moltiplicazioni a due a due. Dopo di che inviamo il segnale multicanale all'oggetto **mc.unpack~** che separa gli oscillatori riscalati.
È possibile impostare i fattori di riscalamento direttamente all'interno dell'oggetto **mc.*~** utilizzando l'attributo @values: modificate la *patch* di figura IA.74 nel modo mostrato in figura IA.74b.

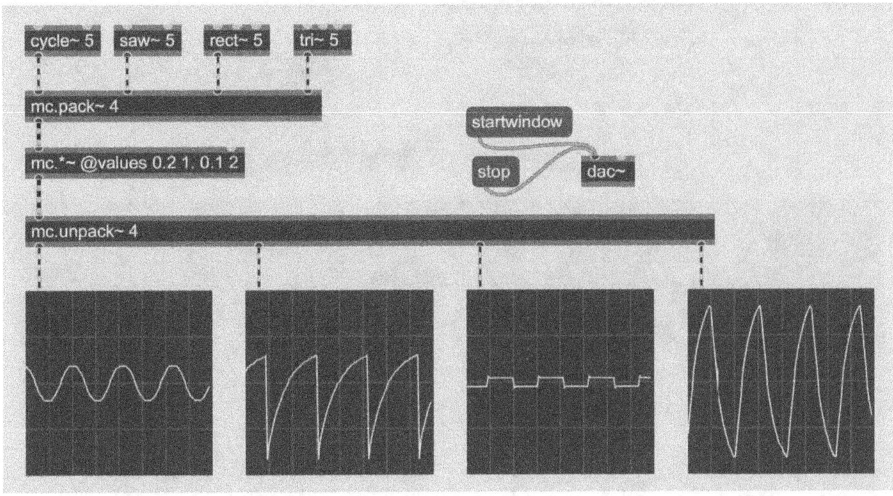

fig. IA.74b: uso dell'attributo @values

I valori che seguono l'attributo @values rappresentano il secondo operando del moltiplicatore multicanale, in altre parole hanno la stessa funzione dell'argomento del moltiplicatore "semplice". Questi valori possono anche essere impostati dinamicamente utilizzando il messaggio "applyvalues": modificate la *patch* nel modo mostrato in figura IA.74c.

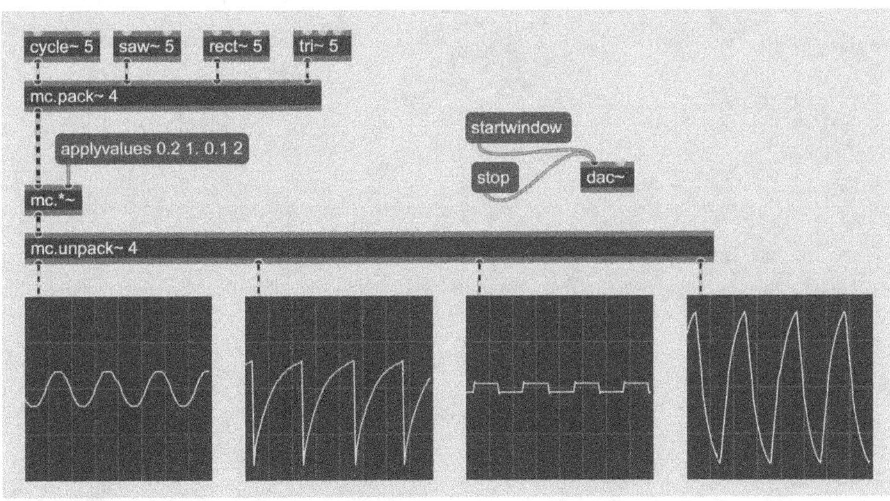

fig. IA.74c: uso del messaggio applyvalues

Dopo aver creato il *message box* contenente il messaggio "applyvalues" è naturalmente necessario fare clic al suo interno (in modalità *performance*).
Anche l'oggetto **scope~** è in grado di gestire i segnali multicanale: partendo dalla figura IA.74c, create un nuovo **scope~**[16] e collegatelo all'uscita di **mc.*~** (figura IA.74d).

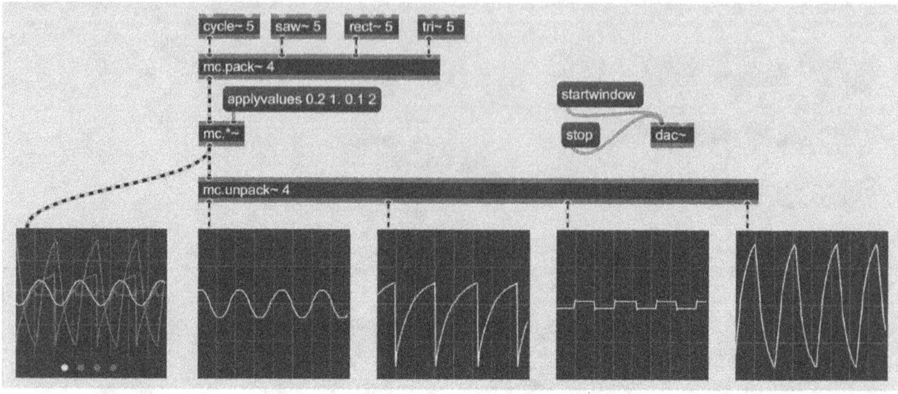

fig. IA.74d: utilizzo di **scope~** con segnali multicanale

Come si può vedere, il nuovo **scope~** (sulla sinistra) visualizza tutti i segnali che riceve: uno di questi è in evidenza (la sinusoide, in figura) mentre gli altri, con un colore più scuro, sono sullo sfondo. I quattro puntini nella parte bassa del riquadro dell'oggetto servono appunto a selezionare il segnale da mettere in evidenza. Naturalmente il numero di puntini presente dipende dal numero di canali ricevuti dall'oggetto.

Nel corso dei prossimi capitoli esamineremo altre caratteristiche del sistema multicanale che, come abbiamo detto, ci sarà utile in moltissime situazioni.

16 Non è necessario creare l'oggetto con il nome **mc.scope~** (anche se è possibile farlo), l'oscilloscopio si adatta automaticamente al numero di canali ricevuti.

ATTIVITÀ - *ANALISI DI ALGORITMI*

Osservate questa *patch*

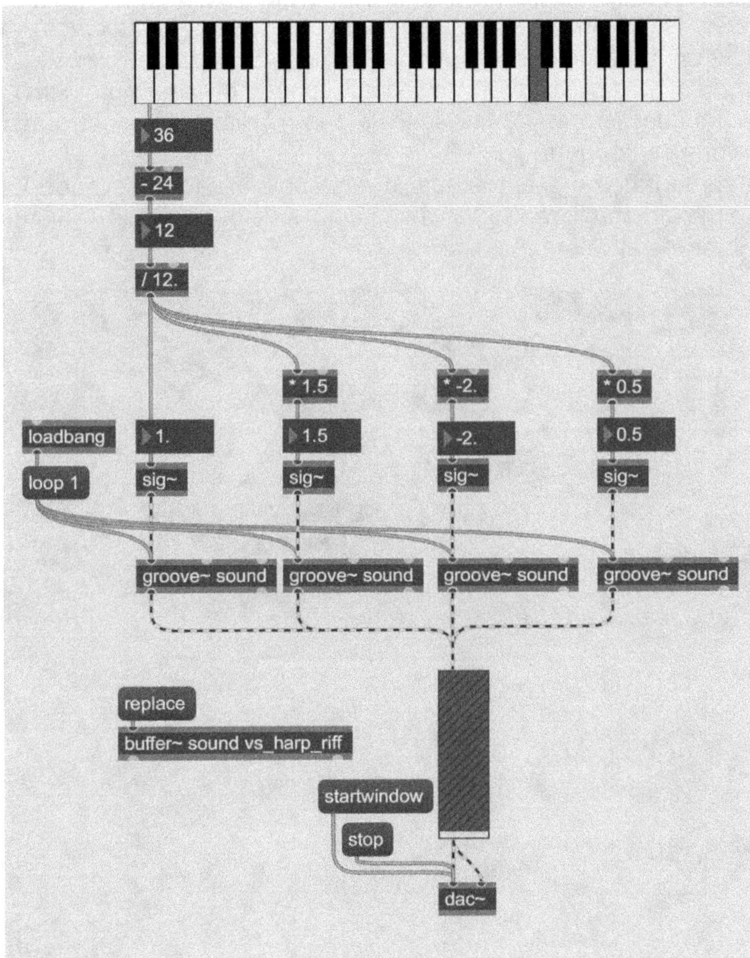

fig. IA.75

Ricostruite questo algoritmo al computer e descrivetene il funzionamento dettagliando i diversi gruppi di suoni in uscita a seconda del tasto premuto e dei fattori di moltiplicazione. Per avere una indicazione più chiara riguardo i valori dei moltiplicatori, consultate la tabella D del par. 1.4 della teoria. Considerate che i valori generati da questo algoritmo vanno da -24 a 24 (questo significa che il primo Do del kslider deve valere 0, la successiva sottrazione ne porta il valore a -24). Notate l'uso non standard della tastiera: i tasti successivi infatti non corrispondono a semitoni successivi. Ad esempio al do più acuto corrisponde il fattore 2 che trasporta all'ottava superiore e al doppio della velocità il suono del file audio. Qual è il tasto che causa un dimezzamento della frequenza, e quale quello che la porta ad ¼ dell'originale?

ATTIVITÀ - *COMPLETAMENTO DI ALGORITMI - ATTIVITÀ A*

Aprite la *patch* **IA_Completion.maxpat**.
Questa *patch* è incompleta. Ci sono quattro oggetti da mettere al posto giusto, li trovate sul lato destro, senza collegamenti. L'uscita della *subpatch* "random-minmax" è un messaggio, non un segnale, mentre in entrata `groove~` accetta, come fattori di moltiplicazione, solo segnali: come risolviamo il problema? A cosa potrà servire l'oggetto `*~`? E che segnale può monitorare l'oggetto `number~`? Che funzione ha l'oggetto `sig~`?
Completate la *patch* e sperimentate diverse possibilità modificando i valori di minimo e massimo utilizzando sia valori negativi sia positivi (con il valore minimo sempre inferiore al valore massimo).

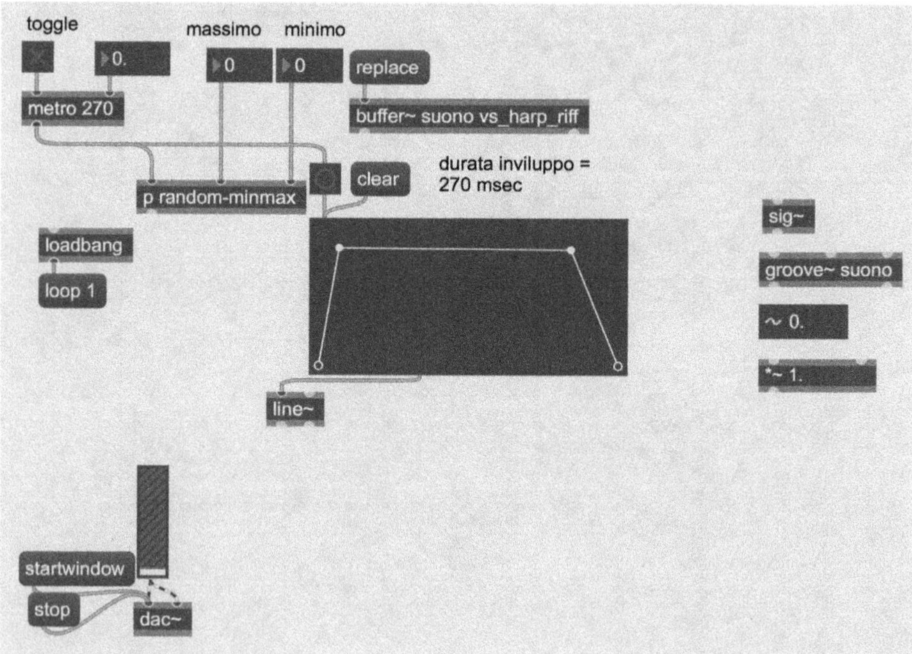

fig. IA.76

ATTIVITÀ B

Nella figura IA.76 vediamo che il valore in millisecondi dell'oggetto `metro` è uguale a quello dell'oggetto `function`: questa uguaglianza è stata regolata manualmente, semplicemente inserendo gli stessi valori nell'entrata di destra di `metro` e nell'*inspector* di `function`. Se volessimo controllare entrambe le durate con un solo *number box* cosa dovremmo aggiungere?

ATTIVITÀ - *SOSTITUZIONE DI PARTI DI ALGORITMI*

Aprite il file **IA_06_random_walk.maxpat** (vedi fig. IA.77).

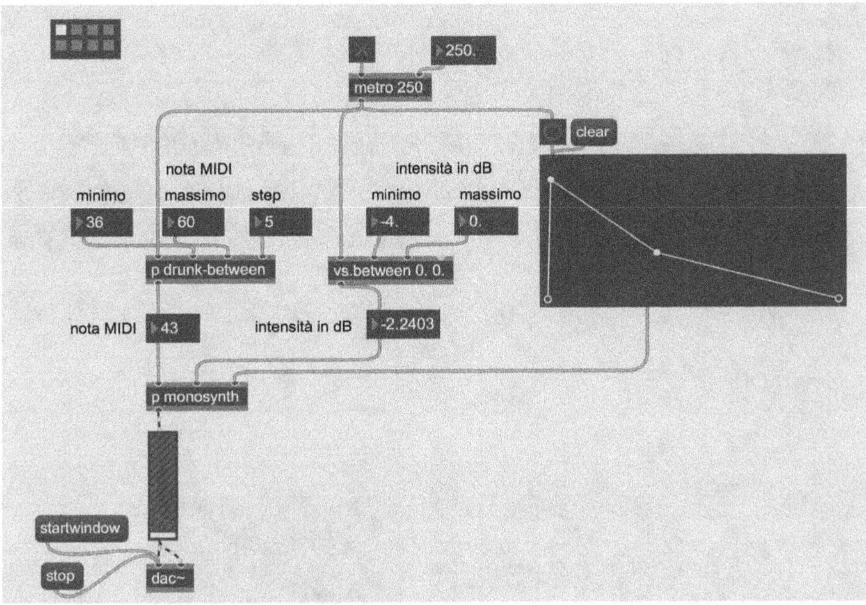

fig. IA.77

Alla *subpatch* "monosynth" sostituite un oggetto **sfplay~** senza argomento (cioè in mono).
A questo punto i *number box* con i valori minimo, massimo e step della *subpatch* "drunk-between" non dovranno più avere la funzione di inviare note MIDI, ma dovranno indicare i fattori di moltiplicazione della velocità di lettura del suono campionato, i quali verranno inviati ad un oggetto **prepend** con argomento "speed". In questo modo **sfplay~** riceverà i fattori moltiplicazione preceduti dal messaggio "speed". Modificate i valori della velocità in modo che il minimo sia 1 e gli altri due siano numeri positivi coerenti con la funzione che devono svolgere. Per fare in modo che tutto funzioni correttamente ci sono diverse cose di cui tenere conto:
1) la *subpatch* "monosynth" era configurata in modo da avere tre entrate separate per l'altezza, l'intensità e l'inviluppo; viceversa **sfplay~** avrà bisogno di un moltiplicatore dopo la sua uscita a cui inviare i valori di intensità e inviluppo
2) la *subpatch* "monosynth" aveva al suo interno un oggetto **line~** che riceveva i valori da **function**; nella nuova situazione come invieremo i dati da **function** al moltiplicatore che avremo disposto fra **sfplay~** e **gain~**?
3) Volendo utilizzare il file audio "vs_harp_riff.wav" come lo caricheremo su **sfplay~**? Come lo disporremo in *loop*? Come lo attiveremo e disattiveremo? Ricordatevi, una volta che siete in modalità *performance*, di aprire prima il file audio, poi attivare il *loop*, e poi inviare il segnale di avvio lettura del file audio.
4) Sincronizzate la durata del tempo di scansione di **metro** con la durata dell'inviluppo utilizzando il messaggio "setdomain".

ATTIVITÀ - *CORREZIONE DI ALGORITMI - ATTIVITÀ A*

Aprite la *patch* **IA_Correction_A.maxpat** (vedi fig. IA.78)

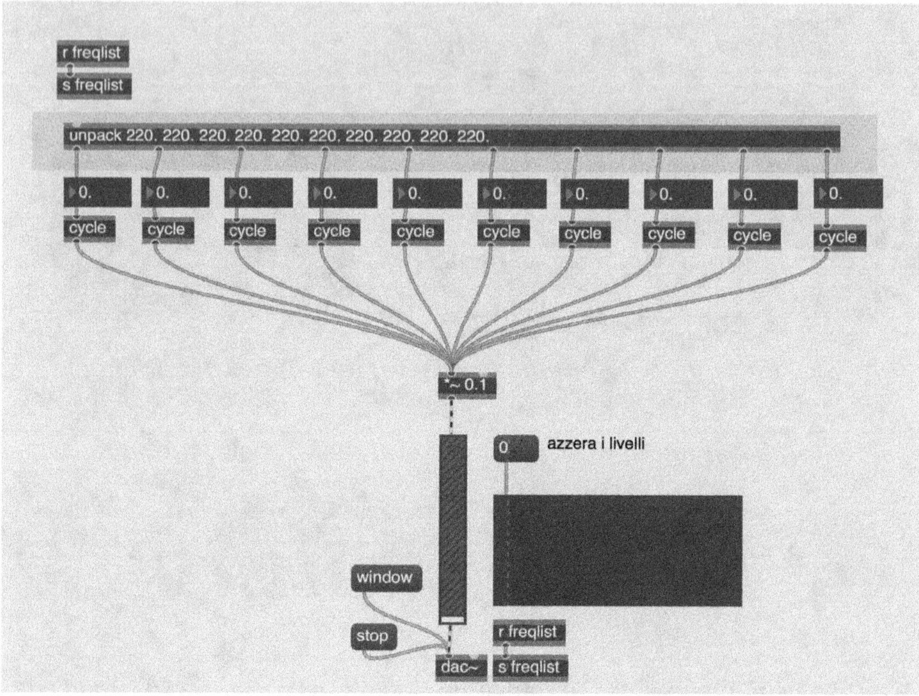

fig. IA.78

Questa *patch* contiene alcuni errori, ognuno dei quali può ripetersi anche più volte. Lo scopo della *patch*, una volta corretta, è quello di generare dieci sinusoidi con frequenze diverse regolate dal `multislider` e di sommarle prima di mandarle in uscita. Trovate gli errori e sperimentate diverse frequenze dei vari oscillatori agendo sul `multislider`.

ATTIVITÀ - *CORREZIONE DI ALGORITMI - ATTIVITÀ B*

Aprite il file **IA_Correction_B.maxpat**

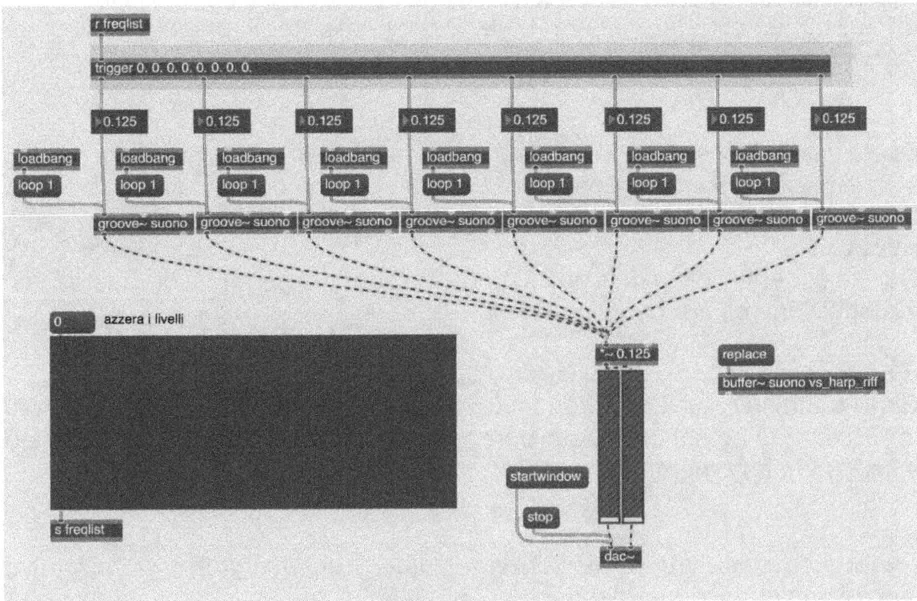

fig. IA.79

Questa *patch* contiene alcuni errori, ognuno dei quali può ripetersi anche più volte. Lo scopo della *patch*, una volta corretta, è quello di generare 8 istanze dello stesso file audio "vs_harp_riff.wav" con velocità di lettura diverse regolate dal `multislider` e di sommarle prima di mandarle in uscita. Trovate gli errori e sperimentate diverse combinazioni delle 8 velocità agendo sul `multislider`.

COMPITI UNITARI - *COMPITO DI REVERSE ENGINEERING*

Aprite l'algoritmo che avete preparato come soluzione dell'esercizio di sostituzione di parti di algoritmi (vedi fig. IA.77). Adesso ascoltate i seguenti 3 suoni:

"IA_reverse_engine_A.aif"
"IA_reverse_engine_B.aif"
"IA_reverse_engine_C.aif"

Ascoltate attentamente un suono per volta e, utilizzando la vostra *patch*, modificate i dati della velocità di lettura e l'inviluppo all'interno dell'oggetto `function` in modo da avvicinarvi più possibile al suono. Tutti e tre i suoni possono essere realizzati con la stessa *patch* utilizzando come suono di base "vs_harp_riff.wav" e senza alterare la programmazione dell'algoritmo (tranne ovviamente i valori dei due parametri indicati).
Tempo per la realizzazione 1 ora

LISTA OGGETTI MAX

!-

Opera una sottrazione in cui è il *secondo* operando quello che entra nell'ingresso di sinistra (e che fa scattare l'operazione), mentre il *primo* operando è l'argomento.

!/

Opera una divisione in cui è il *secondo* operando quello che entra nell'ingresso di sinistra (e che fa scattare l'operazione), mentre il *primo* operando è l'argomento.

attrui

Questo oggetto, collegato a qualunque altro oggetto, permette di visualizzarne e modificarne gli attributi.

drunk

Genera numeri casuali compresi tra 0 e il primo argomento. Due valori generati in successione possono discostarsi tra loro solo di una distanza compresa tra 0 e il secondo argomento meno 1.

float

Oggetto che consente di memorizzare numeri con la virgola e di richiamarli successivamente con un *bang*.

inlet

Oggetto che, inserito in una *subpatch*, crea un input nell'oggetto `patcher` della finestra principale.

int

Oggetto che consente di memorizzare dei numeri interi e di richiamarli successivamente con un *bang*.

join

Permette di costruire liste con i messaggi ricevuti all'ingresso.

mc.mixdown~

Esegue il missaggio dei segnali multicanale

mc.pack~

Raggruppa i segnali singoli in un segnale multicanale

mc.unpack~

Separa i segnali singoli contenuti in un segnale multicanale

metro

Genera una sequenza di *bang* distanziati tra loro da un intervallo di tempo espresso in millisecondi e specificato dall'argomento.

multislider
Oggetto grafico che rappresenta un insieme di slider che generano liste di numeri.

outlet
Oggetto che, inserito in una *subpatch*, crea un output nell'oggetto `patcher` della finestra principale.

p
Vedi oggetto `patcher`.

pack
Consente di "impacchettare" in una lista una serie di elementi indipendenti.

patcher
Oggetto che contiene le *subpatch*.

prepend
Oggetto che antepone il proprio argomento al messaggio che riceve.

r
Vedi oggetto `receive`.

random
Oggetto che genera numeri casuali.

receive
Oggetto in grado di ricevere messaggi dall'oggetto **send** senza l'uso di cavi.

s
Vedi oggetto `send`.

send
Oggetto in grado di trasmettere messaggi all'oggetto **receive** senza l'uso di cavi.

t
Vedi oggetto `trigger`.

trigger
Permette di replicare un messaggio su varie uscite.

unjoin
Scompone una lista nei singoli elementi.

unpack
Consente di scomporre una lista in una serie di elementi indipendenti.

`uzi`
Oggetto che invia in uscita una sequenza di *bang* (alla massima velocità possibile) di lunghezza variabile.

`vs.between`
Oggetto della libreria *Virtual Sound Macros*, che permette di generare numeri compresi tra un minimo e un massimo.

`vs.drunk`
Oggetto della libreria *Virtual Sound Macros* che genera "passeggiate casuali" tra un minimo e un massimo.

`zl`
Oggetto a funzionalità multipla che gestisce liste: la sua funzione cambia a seconda dell'argomento che gli viene dato.

LISTA MESSAGGI, ATTRIBUTI E PARAMETRI PER OGGETTI MAX SPECIFICI

argomenti
`trigger`
b: converte il messaggio in ingresso in un *bang*
f: converte il messaggio in ingresso in un numero con la virgola
i: converte il messaggio in ingresso in un numero intero
l: converte il messaggio in ingresso in una lista
s: converte il messaggio in ingresso in un simbolo

`zl`
group: raggruppa i valori in ingresso in liste di lunghezza determinata
join: unisce le due liste in ingresso
len: restituisce la lunghezza di una lista
slice: divide in due parti la lista in ingresso

`drunk`
- step
Valore che determina la distanza massima tra due numeri casuali successivi generati dall'oggetto `drunk`. Deve essere inviato al terzo ingresso dell'oggetto.

`function`
- setdomain (messaggio)
Permette di impostare la grandezza del *"Hi Domain Display Value (x-Axis)"* (v. cap. 1P) dell'oggetto `function`.

gruppo di oggetti
- Encapsulate (messaggio)
Permette di creare una *subpatch* partendo da un gruppo di oggetti opportunamente selezionati all'interno di una *patcher window*.

message box
- append (messaggio)
Il messaggio *"append"*, seguito da un messaggio, aggiunge quel messaggio in coda al contenuto del *message box*.
È importante non confondere questo messaggio con l'oggetto omonimo (vedi "Lista Oggetti Max" nel cap. 1P).
- prepend (messaggio)
Il messaggio *"prepend"*, seguito da un messaggio, antepone quel messaggio al contenuto del *message box*.
È importante non confondere questo messaggio con l'oggetto omonimo (vedi "Lista Oggetti Max" nel cap. 1P).
- set (messaggio)
Questo messaggio cancella il contenuto del *message box* e lo sostituisce con il messaggio che segue il messaggio "set" stesso. Il comando "set" senza alcun messaggio cancella semplicemente il contenuto del *message box*.

multislider
- Number of Sliders (attributo)
attributo che imposta il numero degli slider contenuti in un **`multislider`**.
- Range (attributo)
Attributo che imposta i valori minimo e massimo generabili dal **`multislider`**

oggetti multicanale
- @values (attributo)
Permette di impostare i valori per le singole istanze di un oggetto multicanale
- applyvalues (messaggio)
Permette di impostare dinamicamente i valori per le singole istanze di un oggetto multicanale

`sfplay~`
- speed (messaggio)
messaggio che serve a variare la velocità di lettura per file audio.

GLOSSARIO

$
Argomento variabile: quando in un *message box* abbiamo uno o più elementi costituiti dal segno del dollaro seguiti da un numero intero (ad esempio $1, $2 etc.), questi elementi vengono sostituiti dai corrispondenti elementi di un messaggio che inviamo al *message box*.

Abstraction
Oggetto che contiene una *patch* utilizzabile all'interno di un'altra *patch*. Se il file contenente l'*abstraction* si trova nel percorso di ricerca di Max, l'*abstraction* è visibile in qualunque *patch*.

Subpatch
Patch che sono contenute all'interno di un oggetto `patcher` e che sono visualizzabili come un singolo *object box* con ingressi e uscite. Sono visibili solo all'interno della *patch* in cui sono state create, a meno che non vengano manualmente copiate e incollate da una *patch* all'altra.

2T
SINTESI ADDITIVA E SINTESI VETTORIALE

2.1 SINTESI ADDITIVA A SPETTRO FISSO
2.2 BATTIMENTI
2.3 DISSOLVENZA INCROCIATA DI TABELLE: SINTESI VETTORIALE
2.4 SINTESI ADDITIVA A SPETTRO VARIABILE

CONTRATTO FORMATIVO

PREREQUISITI PER IL CAPITOLO

- Contenuti del cap. 1 (teoria)

OBIETTIVI

Conoscenze

- Conoscere la teoria della somma di onde (fase, interferenza costruttiva, distruttiva etc.)
- Conoscere la teoria e gli utilizzi di base della sintesi additiva a spettro fisso e spettro variabile, a spettro armonico e inarmonico
- Conoscere il rapporto fra fase e battimenti
- Conoscere il modo in cui si utilizzano le tabelle e in cui avviene l'interpolazione
- Conoscere la teoria e gli utilizzi di base della sintesi vettoriale

Abilità

- Saper individuare all'ascolto le caratteristiche di base dei suoni armonici e inarmonici
- Saper riconoscere all'ascolto i battimenti
- Saper individuare le varie fasi dell'inviluppo di un suono e saperne descrivere le caratteristiche

CONTENUTI

- Sintesi additiva a spettro fisso e variabile
- Suoni armonici e inarmonici
- Fase e battimenti
- Interpolazione
- Sintesi vettoriale

TEMPI - Cap. 2 (Teoria e Pratica)

Autodidatti

Per 300 ore globali di studio individuale (vol. I, teoria e pratica):

- ca. 60 ore

Corsi

Per un corso globale di 60 ore in classe + 120 di studio individuale (vol. I, teoria e pratica):

- ca. 10 ore frontali + 2 di feedback
- ca. 24 di studio individuale

ATTIVITÀ

Esempi video

VERIFICHE

Test a risposte brevi
Test con ascolto e analisi

SUSSIDI DIDATTICI

Concetti di base - Glossario - Discografia - Un pò di storia

2.1 SINTESI ADDITIVA A SPETTRO FISSO

Il suono prodotto da uno strumento acustico o il suono in generale è propriamente un'oscillazione complessa esprimibile attraverso un insieme di più vibrazioni elementari che vengono prodotte contemporaneamente dallo strumento stesso: la somma di queste diverse vibrazioni contribuisce in modo determinante al timbro percepito e ne determina quindi la forma d'onda. Ogni suono può quindi essere scomposto in sinusoidi che, come abbiamo detto nel capitolo precedente, costituiscono il mattone fondamentale con cui è possibile costruire ogni altra forma d'onda. Ognuna di queste sinusoidi, o componenti del suono, ha una propria frequenza, ampiezza e fase. L'insieme delle frequenze, ampiezze e fasi delle sinusoidi che formano un determinato suono è definito **spettro sonoro**: vedremo più avanti come può essere rappresentato graficamente.
Non solo i suoni naturali, ma anche i suoni sintetici possono essere scomposti in un insieme di sinusoidi: le forme d'onda che abbiamo descritto nel paragrafo 1.2, quindi, hanno ciascuna un diverso spettro sonoro, ognuna contiene cioè una diversa mistura (combinazione) di sinusoidi (ad eccezione ovviamente della forma d'onda sinusoidale che contiene soltanto sé stessa!).

SPETTRO E FORMA D'ONDA

Spettro e forma d'onda sono due modi differenti per descrivere un suono. La forma d'onda è la rappresentazione grafica dell'ampiezza in funzione del tempo.[1] Nel grafico in figura 2.1 possiamo osservare la forma d'onda di un **suono complesso** in cui sull'asse delle *x* abbiamo il tempo, sull'asse delle *y* l'ampiezza; notiamo che la forma d'onda di questo suono è *bipolare*, cioè i suoi valori d'ampiezza oscillano al di sopra e al di sotto dello zero. Questa è una rappresentazione grafica nel **dominio del tempo** (*time domain*), vengono cioè tracciate tutte le ampiezze istantanee che vanno a formare, istante dopo istante la forma d'onda del suono complesso.

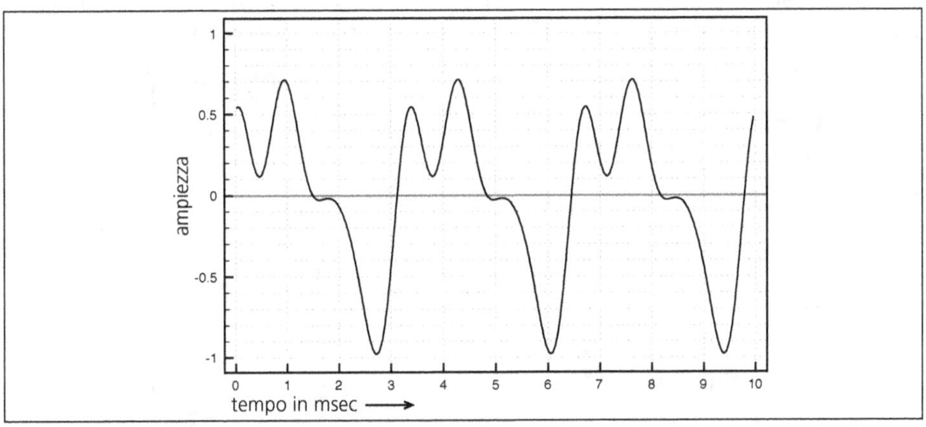

fig. 2.1: forma d'onda di un suono complesso

[1] Nel caso di suoni periodici la forma d'onda può essere rappresentata da un singolo ciclo.

Nella fig. 2.2a vediamo invece come si può scomporre in sinusoidi il suono complesso appena osservato: abbiamo infatti quattro sinusoidi con frequenza e ampiezza diverse, che sommate costituiscono il suono complesso rappresentato nel grafico precedente.

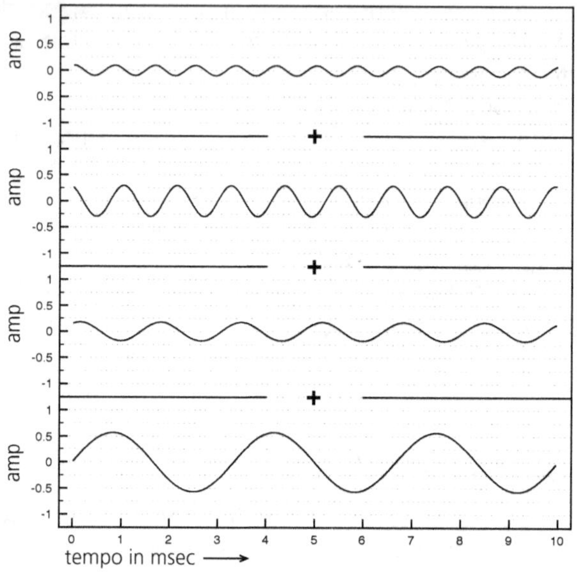

fig. 2.2a: scomposizione in sinusoidi di un suono complesso

Se vogliamo "fotografare" in modo più chiaro le varie frequenze di questo suono e la loro ampiezza, possiamo affidarci ad un grafico dello spettro sonoro, cioè la rappresentazione dell'ampiezza delle componenti in funzione della frequenza (ovvero nel **dominio della frequenza** o *frequency domain*). In questo caso sull'asse delle *x* abbiamo i valori di frequenza, sull'asse delle *y* i valori d'ampiezza. La figura 2.2b mostra le ampiezze di picco di ciascuna componente presente nel segnale.

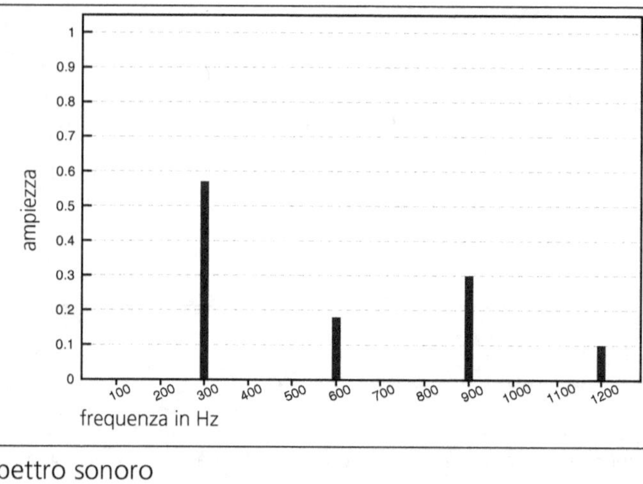

fig. 2.2b: spettro sonoro

Per vedere l'andamento nel tempo delle componenti di un suono possiamo usare anche il **sonogramma**, che ci mostra sull'asse delle *y* le frequenze e in quello delle *x* il tempo (fig. 2.2c). Le linee corrispondenti alle frequenze delle componenti sono più o meno marcate in funzione della loro ampiezza. In questo caso abbiamo 4 linee rette, perché si tratta di uno spettro fisso.

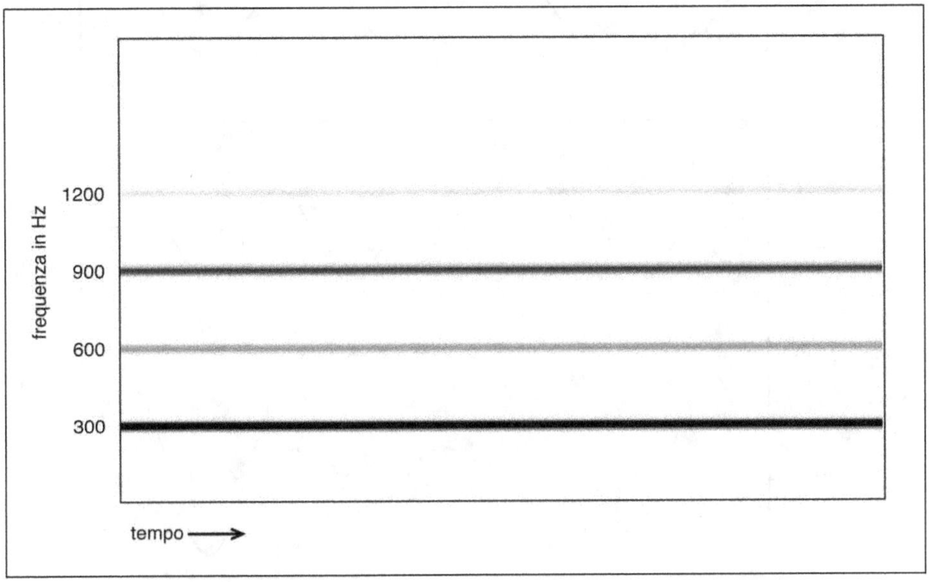

fig. 2.2c: sonogramma (o spettrogramma)

Adesso consideriamo il processo opposto, quello cioè in cui, invece di scomporre un suono complesso in sinusoidi, partiamo dalle singole sinusoidi e creiamo un suono complesso. La tecnica che ci permette di creare qualunque forma d'onda partendo dalla somma di sinusoidi si chiama **sintesi additiva** (fig. 2.3).

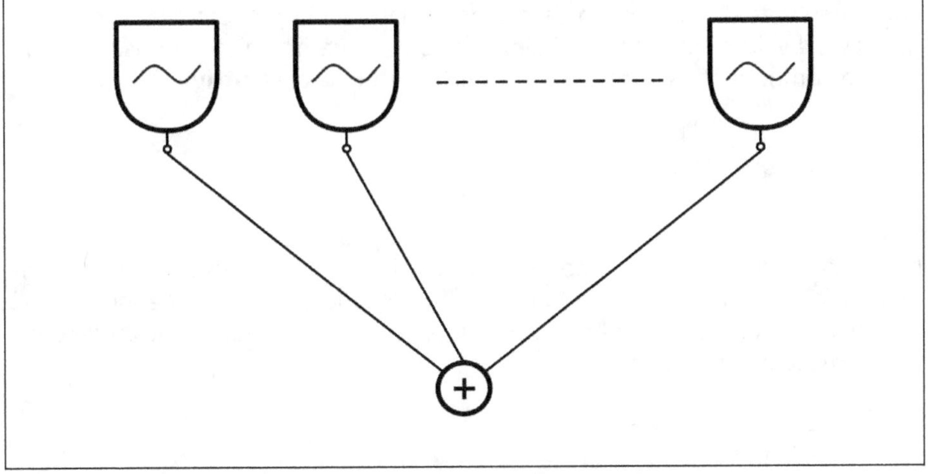

fig. 2.3: somma di segnali in uscita da oscillatori sinusoidali

In fig. 2.4 sono mostrate due onde sonore, A e B, e la loro somma C.

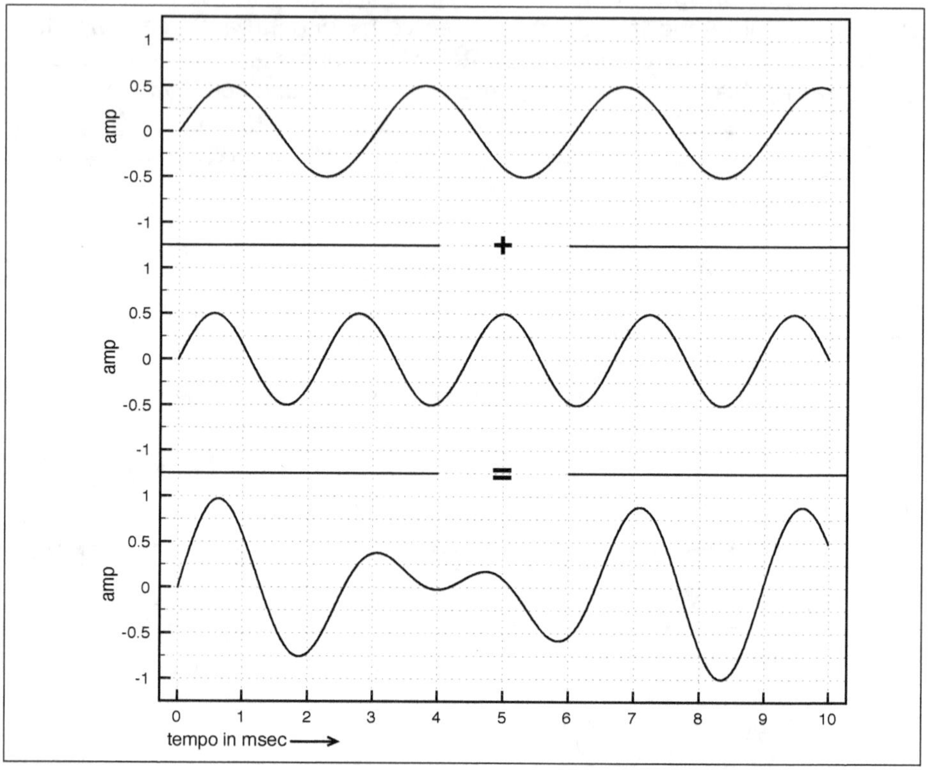

fig. 2.4: rappresentazione grafica di una somma di sinusoidi

Come si può facilmente verificare, le ampiezze istantanee dell'onda C sono ottenute sommando punto per punto le ampiezze istantanee dell'onda A a quelle dell'onda B. Istante per istante i valori dell'ampiezza delle diverse onde si sommano *algebricamente*, cioè con il loro segno, positivo o negativo. Nel caso in cui le ampiezze di A e B, in un dato istante, siano entrambe positive o entrambe negative, il valore assoluto di ampiezza di C risulterà maggiore di ciascuna delle singole componenti, si otterrà cioè un'**interferenza costruttiva**, ad es.

A = -0.3
B = -0.2
C = -0.5

Nel caso in cui invece le ampiezze di A e B, in un dato istante, siano una positiva e l'altra negativa, il valore assoluto della loro somma algebrica C sarà minore di almeno una delle due componenti, e si avrà perciò un'**interferenza distruttiva**, ad es.

A = 0.3
B = -0.1
C = 0.2

"La maggior parte, anzi la quasi totalità, dei suoni che udiamo nel mondo reale non è composta da suoni *puri*, ma da **suoni complessi**, cioè suoni scomponibili in una maggiore o minore quantità di suoni puri; questi vengono detti *componenti* del suono complesso. Per meglio comprendere questo fenomeno, stabiliamo un'analogia con l'ottica. È noto come alcuni colori siano *puri*, cioè non ulteriormente scomponibili (rosso, arancio, giallo, fino al violetto). A ciascuno di essi corrisponde una certa *lunghezza d'onda* del raggio luminoso. Nel caso in cui sia presente soltanto uno dei colori puri, il prisma, che scompone la luce bianca nei sette colori dello spettro luminoso, mostrerà solamente quella componente. La medesima cosa avviene per il suono. A una certa **lunghezza d'onda**[2] del suono corrisponde una certa altezza percepita. Se non è presente contemporaneamente nessun'altra frequenza, il suono sarà *puro*. Un suono puro, come sappiamo, ha forma d'onda *sinusoidale*."
(Bianchini, R., Cipriani, A., 2001, pp. 69-70)

Le componenti di un suono complesso possono avere frequenze che sono multipli interi della frequenza della componente più grave. In questo caso la componente più grave si chiama **fondamentale** e le altre si chiamano **componenti armoniche** (ad esempio, fondamentale = 100 Hz, altre componenti = 200 Hz, 300 Hz, 400 Hz etc.) La componente che ha una frequenza doppia rispetto a quella della fondamentale si chiama *seconda armonica*; la componente di frequenza tripla della fondamentale viene detta *terza armonica* etc. Quando, come in questo caso, le componenti del suono sono multipli interi della fondamentale il suono si dice *armonico*. Notiamo che in un suono armonico la frequenza della fondamentale rappresenta il *massimo comun divisore* delle frequenze di tutte le altre componenti: è cioè il massimo numero che divide esattamente (senza resto) tutte le frequenze.

ESEMPIO VIDEO 2A • *COMPONENTI ARMONICHE*

Se i suoni puri che compongono un suono complesso non sono multipli interi della componente più grave, abbiamo un suono inarmonico e le componenti prendono il nome di **componenti inarmoniche** (o *parziali*).

ESEMPIO VIDEO 2B • *COMPONENTI INARMONICHE*

2 "La lunghezza di un ciclo si dice **lunghezza d'onda** e si misura in metri [m] o in centimetri [cm]. Questo è lo spazio che un ciclo occupa fisicamente nell'aria, e se il suono fosse visibile potrebbe facilmente essere misurato, per esempio con un metro." (Bianchini, R. 2003)

DETTAGLI TECNICI • *LA FASE*

Abbiamo già accennato nel capitolo precedente alle funzioni trigonometriche **seno** e **coseno** che generano rispettivamente sinusoidi e cosinusoidi. Queste funzioni sono importantissime perché descrivono il moto armonico semplice, ovvero il movimento fondamentale di ogni corpo vibrante (e quindi di ogni corpo che produca suoni).
Più in generale la funzione sinusoidale descrive il moto di un oggetto sottoposto ad una forza che lo spinge verso una posizione di equilibrio. La grandezza di questa forza è proporzionale alla distanza dell'oggetto dal punto di equilibrio.
Molti movimenti nel mondo reale seguono un andamento sinusoidale: dal movimento di un pendolo che oscilla, alla lunghezza delle giornate nel corso dell'anno, al movimento di un pistone di automobile etc.
Dal punto di vista trigonometrico, se costruiamo un cerchio di raggio unitario (cioè il cui raggio è pari ad 1) in un sistema di assi cartesiani, con il centro della circonferenza all'origine degli assi, possiamo definire seno e coseno rispettivamente come la proiezione del raggio sull'asse delle *y* e sull'asse delle *x* (fig. 2.5).

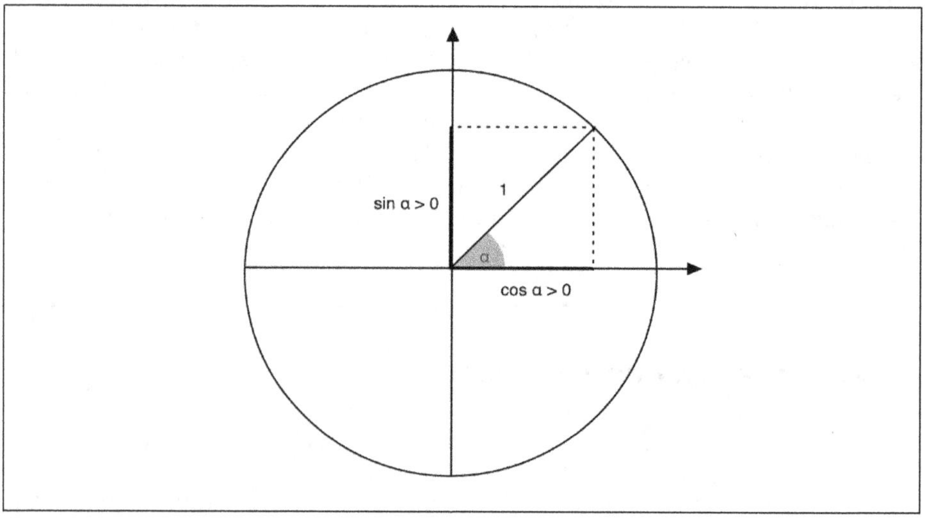

fig. 2.5: seno e coseno dell'angolo α

Come si vede in figura 2.5, se ruotiamo il raggio della circonferenza in senso antiorario in modo che ci sia un angolo α tra il raggio e l'asse delle *x*, le proiezioni sugli assi cartesiani rappresentano il valore di sen(α) e cos(α).
Quando l'angolo α percorre tutta la circonferenza, variando tra 0 e 360 gradi, ovvero tra 0 e 2π radianti[3], fa compiere un ciclo completo alle funzioni seno e coseno. La sinusoide rappresenta graficamente la proiezione del raggio sull'asse delle *y* al variare dell'angolo: vedi fig. 2.6.

3 Per l'approfondimento di questi argomenti vi rimandiamo alle dispense di trigonometria disponibili sul sito www.virtual-sound.com/cmsupport.

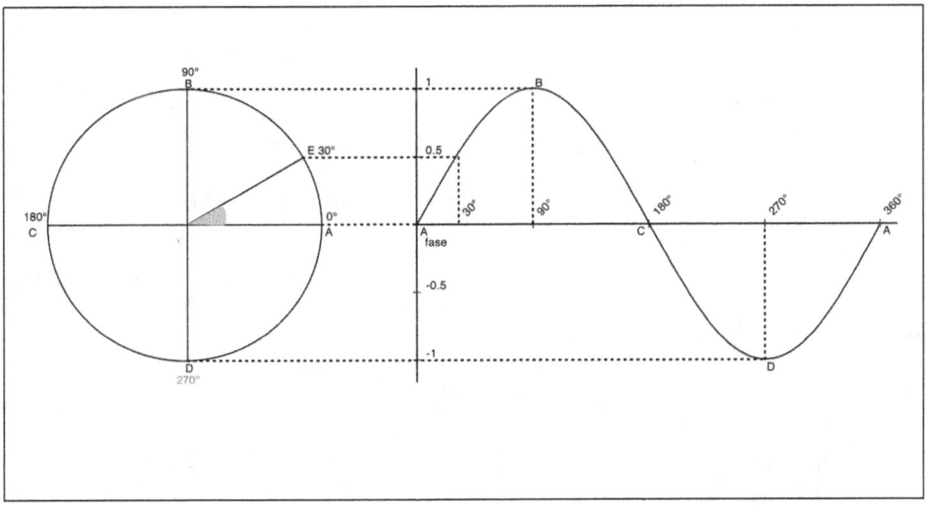

fig. 2.6: rappresentazione grafica di una sinusoide in relazione alla fase

L'angolo viene anche definito come la fase della forma d'onda: quando la fase passa da 0° a 360° (o da 0 a 2π) la forma d'onda compie, come abbiamo già detto, un ciclo. Spesso nei linguaggi di programmazione per la computer music si usa la **fase normalizzata**, ovvero una fase che, invece di essere rappresentata in gradi da 0° a 360°, o in radianti da 0 a 2π, viene rappresentata in valori decimali da 0 a 1.

Per chiarire i rapporti tra queste diverse rappresentazioni della fase ecco alcune corrispondenze tra fase e valore della sinusoide che possiamo verificare nella figura 2.7:

FASE			VALORE
Gradi	Radianti	Decimali	
0°	(0)	0	0
45°	(π/4)	0.125	0.707
90°	(π/2)	0.25	1
135°	(3π/4)	0.375	0.707
180°	(π)	0.5	0
225°	(5π/4)	0.625	-0.707
270°	(3π/2)	0.75	-1
315°	(7π/4)	0.875	-0.707
360°	(2π)	1	0

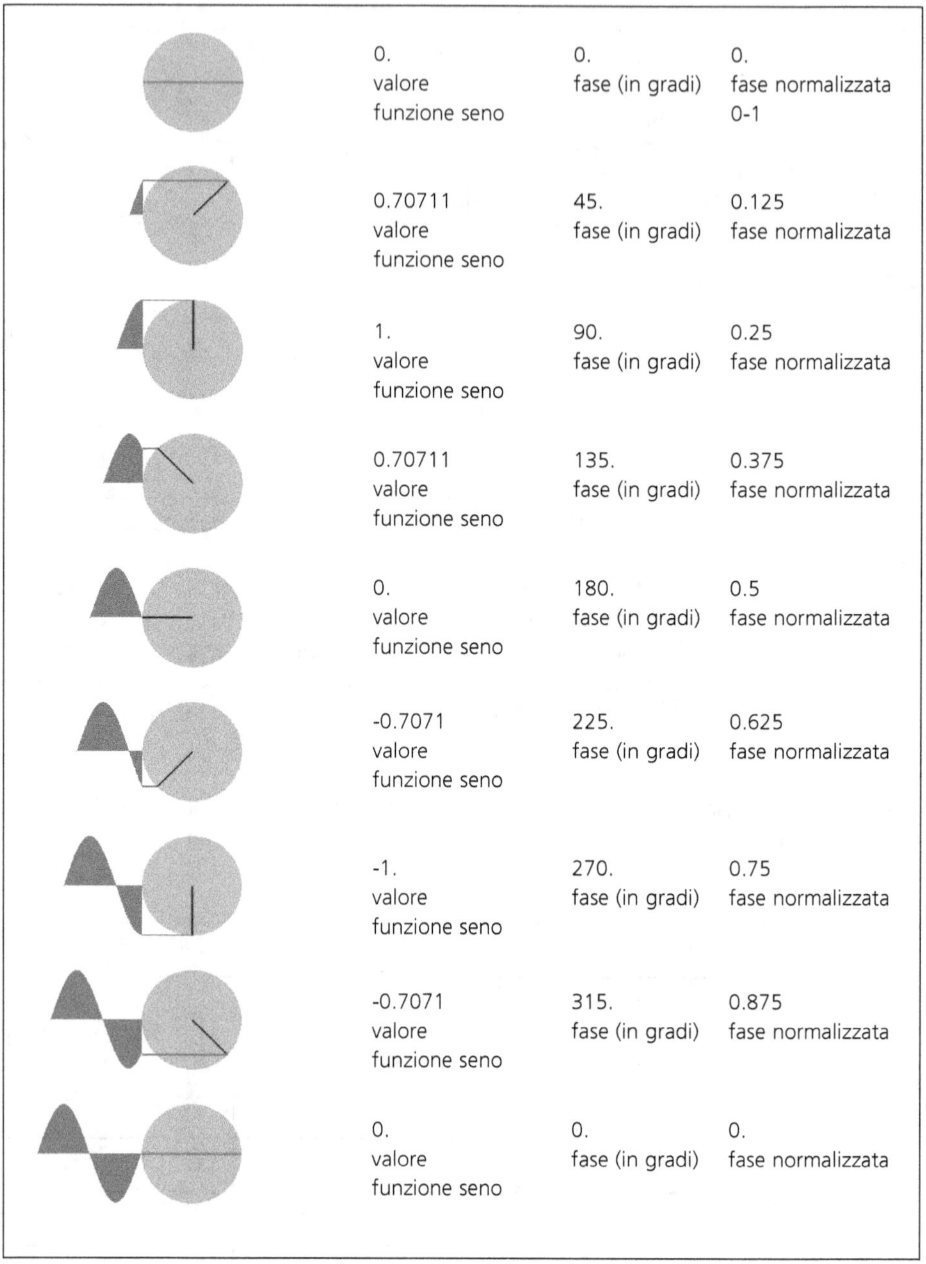

fig. 2.7: costruzione di una sinusoide

ESEMPIO VIDEO 2C • *FASE E SINUSOIDE*

La fase di 360° è equivalente alla fase di 0°; quindi, se dopo un ciclo incrementiamo ulteriormente la fase, il ciclo ricomincia.
In fig. 2.8 invece abbiamo la rappresentazione grafica della proiezione del raggio sull'asse delle *x*, ovvero una cosinusoide.

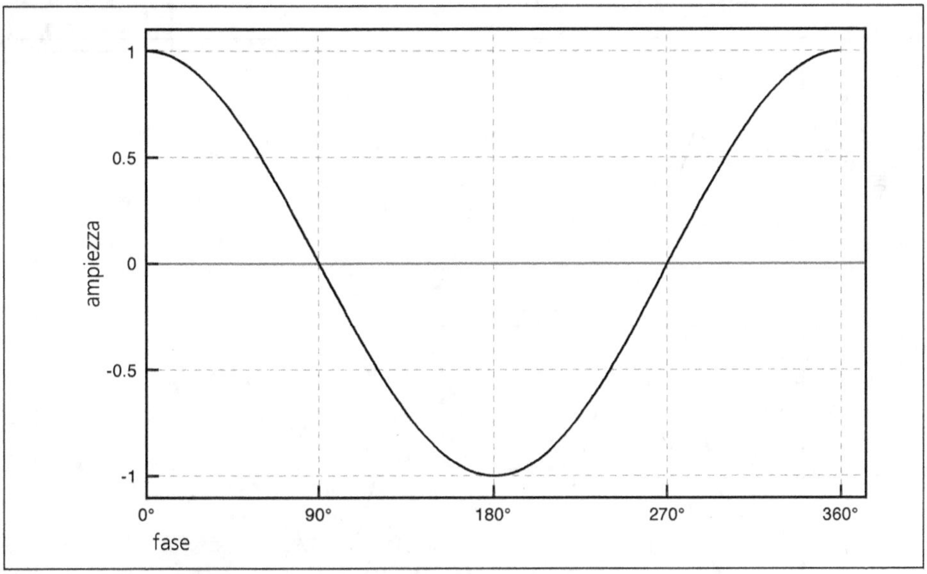

fig. 2.8: cosinusoide

Le due forme d'onda sono praticamente equivalenti, la cosinusoide infatti non è altro che una sinusoide la cui fase è spostata di 90°, come si vede in fig. 2.9.

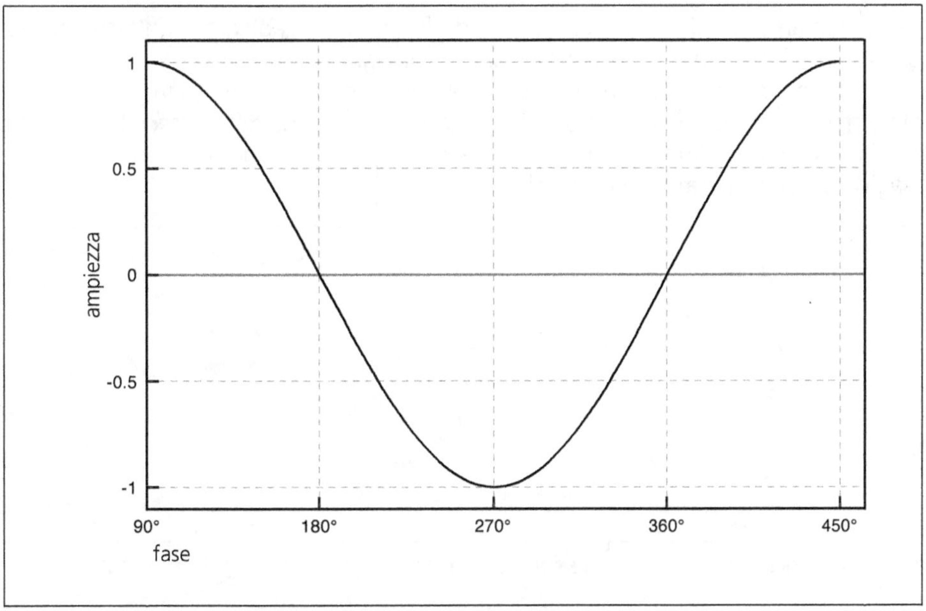

fig. 2.9: sinusoide sfasata di 90°

Inoltre se spostiamo di 180° la fase di una sinusoide o di una cosinusoide otteniamo una forma d'onda con la polarità rovesciata rispetto alla forma d'onda corrispondente con fase a 0°; ovvero ad ogni valore positivo di una forma d'onda corrisponde un valore negativo equivalente nell'altra. In tal caso si dice che le due onde sono in **controfase** (fig. 2.10).

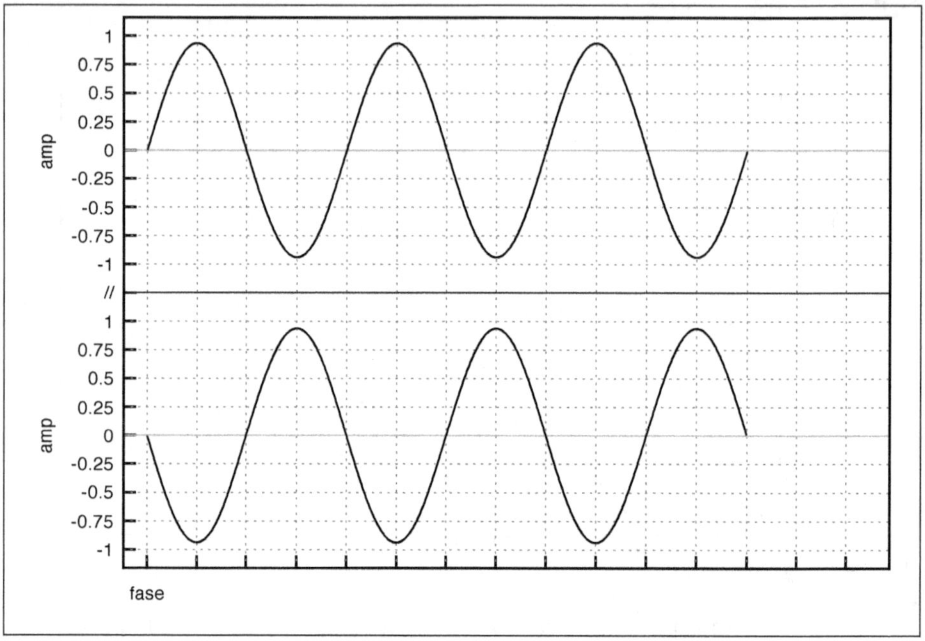

fig. 2.10: due sinusoidi in controfase

Se sommiamo le due forme d'onda di figura 2.10 abbiamo un'interferenza distruttiva che annulla il suono (la somma di ogni campione della prima forma d'onda con il corrispondente campione della seconda dà come risultato sempre 0). Un altro sistema per ottenere una forma d'onda con polarità rovesciata consiste nel moltiplicare ogni campione per –1; in questo modo i valori positivi si trasformano in negativi, e i negativi in positivi.

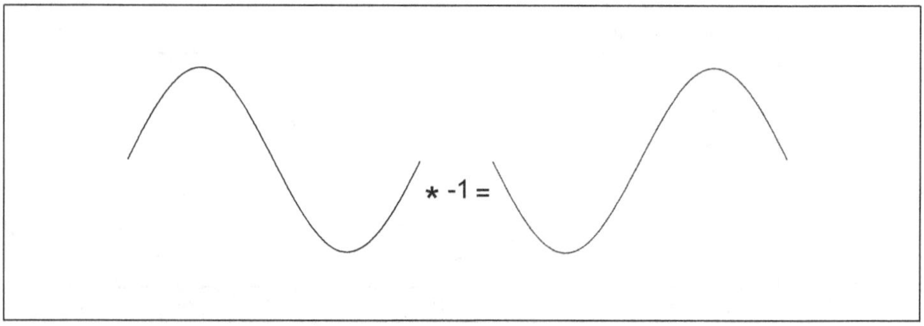

fig. 2.11: moltiplicazione di un segnale campionato per una costante negativa

Riprenderemo questi argomenti al paragrafo 2.2 "Battimenti".

SPETTRI ARMONICI E INARMONICI

Con la sintesi additiva possiamo ottenere sia suoni a **spettro armonico** sia a **spettro non armonico**.

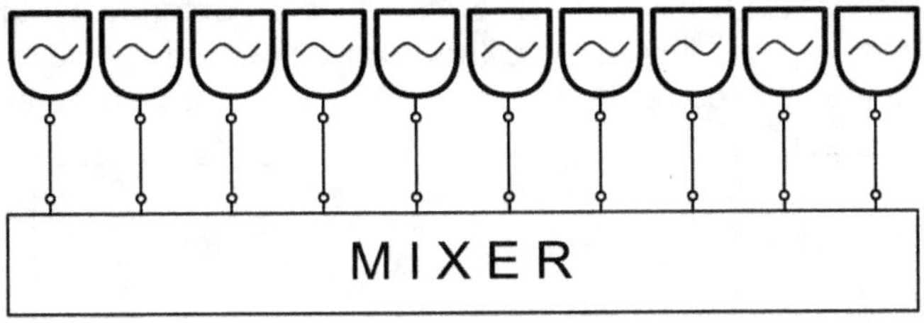

fig. 2.12: somma di oscillatori

Nello schema a blocchi di fig. 2.12 possiamo vedere alcuni oscillatori sinusoidali, la cui uscita viene sommata mediante un mixer.
In fig. 2.13 mostriamo quattro esempi di sintesi additiva a spettro armonico.

arm	amp
1	1
2	0
3	.33
4	0
5	.2
6	0
7	.14
8	0
9	.11
10	0

arm	amp
1	1
2	.5
3	.33
4	.25
5	.2
6	.16
7	.14
8	.12
9	.11
10	.1

arm	amp
1	.5
2	1
3	0
4	0
5	0
6	0
7	0
8	0
9	0
10	0

arm	amp
1	1
2	0
3	0
4	0
5	0
6	0
7	0
8	0
9	0
10	0

fig. 2.13: forme d'onda costruite come somma di sinusoidi

Per la definizione dello spettro di un suono armonico sarà sufficiente definire le ampiezze delle componenti non nulle, per esempio con tabelle di questo genere:

ARMONICA	I	II	III	IV	V	VI	VII	VIII	IX	X
FREQ.(Hz)	100	200	300	400	500	600	700	800	900	1000
AMPIEZZA	1	.8	.6	.75	.4	.3	.2	.28	.26	.18

In questa tabella si suppone che tutte le componenti al di sopra della decima siano nulle, cioè con ampiezza pari a 0. Questa tabella può essere rappresentata in un grafico come in fig. 2.14. Qui vediamo lo spettro di un suono: sull'asse orizzontale vi sono le frequenze, sull'asse verticale le ampiezze. Si può notare come questo spettro sia di tipo armonico, in quanto le frequenze sono equispaziate: ciò significa che sono tutte in rapporto armonico con la fondamentale. La linea tratteggiata al di sopra dello spettro è l'**inviluppo spettrale**, ovvero la curva che unisce le sommità delle barre che rappresentano le ampiezze delle armoniche.[4]

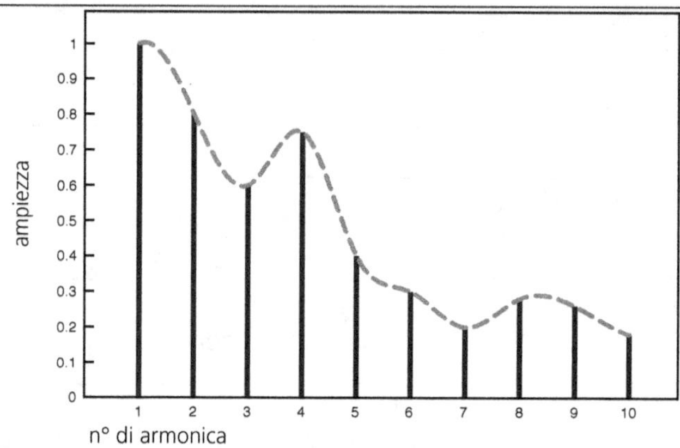

fig. 2.14: inviluppo spettrale

In fig. 2.15 è mostrata la forma d'onda prodotta dallo spettro di figura 2.14: come si vede si tratta di un'onda periodica, cioè un'onda la cui forma si ripete uguale in ogni periodo.

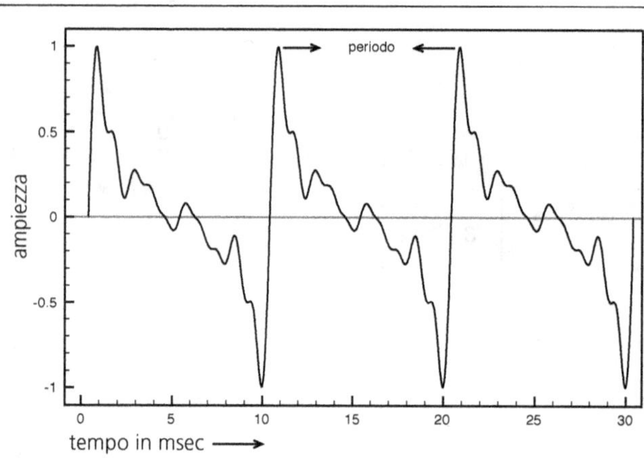

fig. 2.15: forma d'onda periodica

[4] Tramite questo inviluppo è possibile, ad esempio, applicare il profilo spettrale di un suono ad un altro del tutto diverso, indipendentemente dal contenuto frequenziale delle componenti (vedi il par. 2.4 e soprattutto il Cap. 12).

Ci sono alcune forme d'onda, molto comuni nella produzione di musica elettronica analogica e digitale, che possono essere approssimate da serie di armoniche i cui rapporti d'ampiezza sono espressi da una formula opportuna.

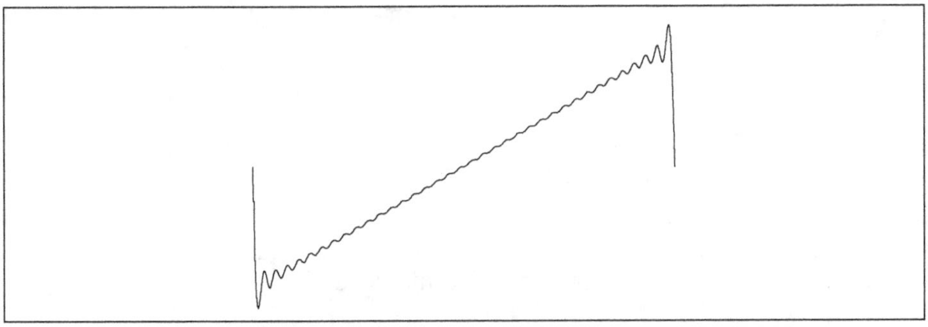

fig. 2.16: onda a dente di sega

Ad esempio l'**onda a dente di sega** (fig. 2.16) può essere approssimata da una serie di sinusoidi in rapporto armonico e sfasate di 180° (come quella nella parte bassa di figura 2.10) le cui ampiezze sono

fondamentale	1/1
II armonica	1/2
III armonica	1/3
IV armonica	1/4
V armonica	1/5
VI armonica	1/6
VII armonica	1/7
VIII armonica	1/8
IX armonica	1/9...

cioè, chiamando *n* l'ennesima armonica, la sua ampiezza sarà 1/n. Quante più armoniche saranno presenti tanto più la forma d'onda risulterà simile a quella di figura 2.16.

Una forma d'onda a dente di sega "perfetta", comunque, si può ottenere solo con una serie infinita di armoniche (fig. 2.17).

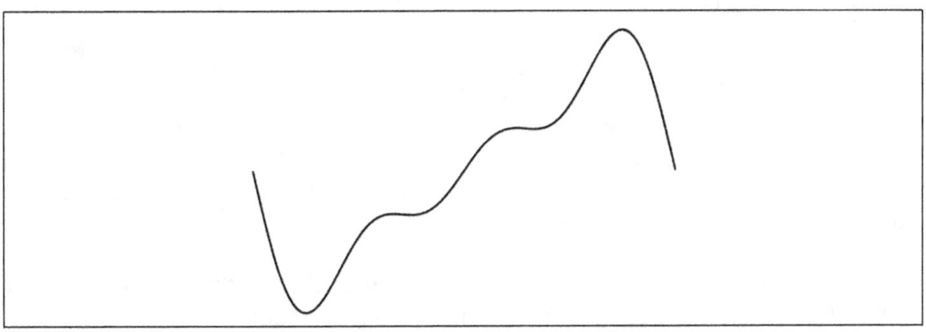

fig. 2.17a - onda a dente di sega con 3 armoniche

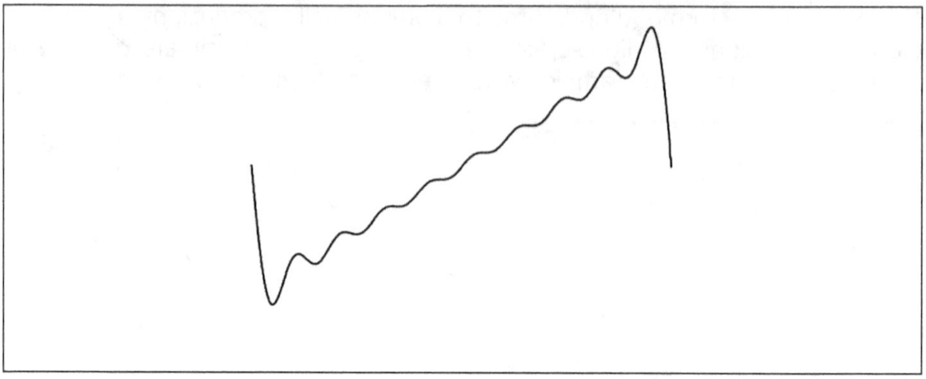

fig. 2.17b - onda a dente di sega con 9 armoniche

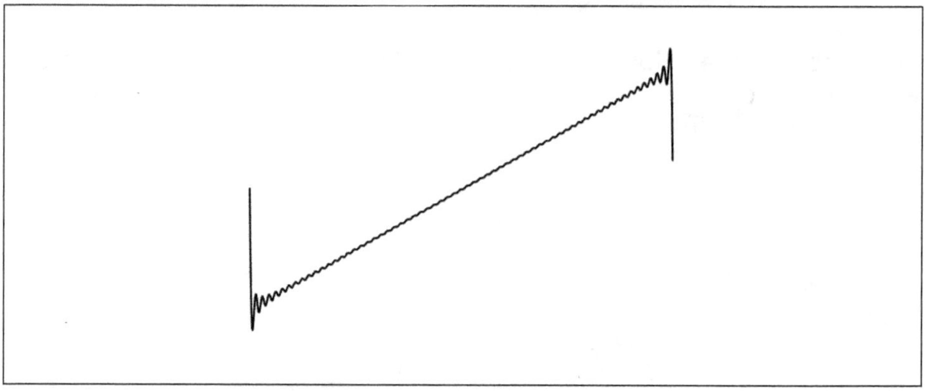

fig. 2.17c - onda a dente di sega con 64 armoniche

Un'altra forma d'onda molto comune è l'onda quadra (fig. 2.18):

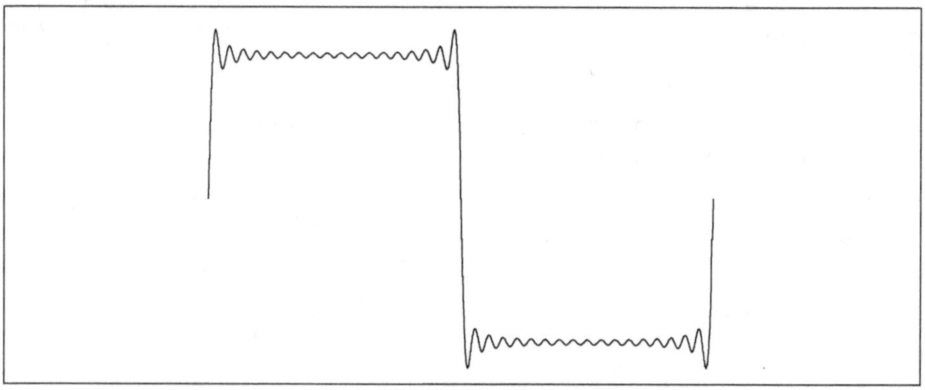

fig. 2.18: onda quadra

la serie di componenti per l'approssimazione dell'**onda quadra** è simile a quella dell'onda a dente di sega, ma comprende solo le componenti dispari con fase 0°, mentre l'ampiezza delle componenti pari è uguale a 0.

fondamentale	1/1
II armonica	0
III armonica	1/3
IV armonica	0
V armonica	1/5
VI armonica	0
VII armonica	1/7
VIII armonica	0
IX armonica	1/9...

La forma d'**onda triangolare** (fig. 2.19)

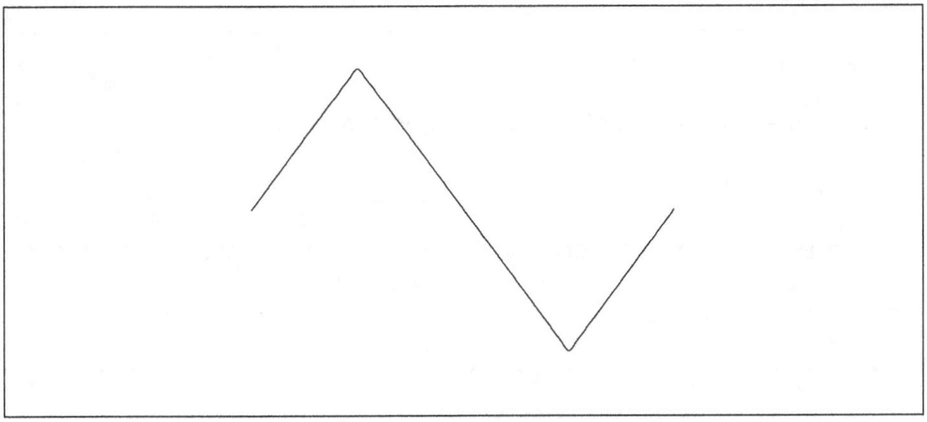

fig. 2.19 : onda triangolare

si approssima con $1/n^2$, con n numero dispari, moltiplicando la serie dei numeri dispari alternativamente per 1 e per -1, ovvero alternando sinusoidi con fase 0° e sinusoidi con fase 180°

fondamentale	1/1
II armonica	0
III armonica	-1/9
IV armonica	0
V armonica	1/25
VI armonica	0
VII armonica	-1/49
VIII armonica	0
IX armonica	1/81

Come abbiamo visto nella sezione dedicata alla fase, infatti, moltiplicando una sinusoide digitalizzata per un numero negativo si ottiene una forma d'onda "rovesciata", ovvero sfasata di 180 gradi.

Infine l'**impulso** (fig. 2.20), ovvero un segnale che contiene energia a tutte le frequenze (per una definizione più approfondita dell'impulso vedi par. 3.9).

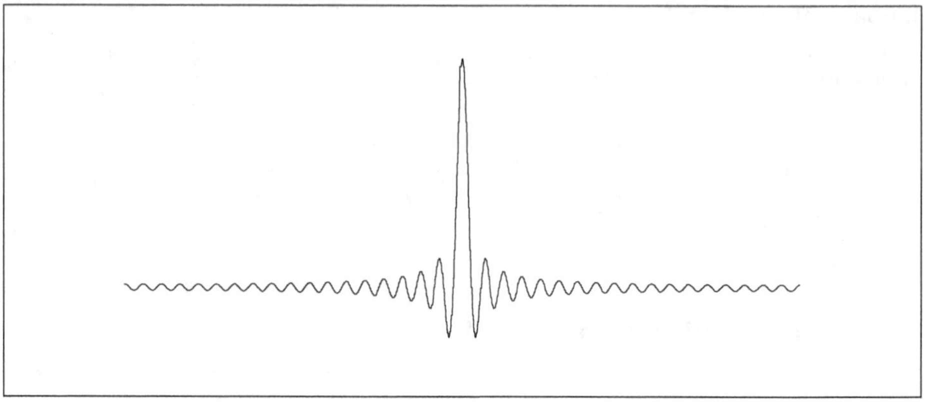

fig. 2.20: impulso

si approssima utilizzando un'ampiezza identica per tutte le armoniche

1 1 1 1 1 1 1 1 1...

ma in questo caso le componenti sono cosinusoidi, non sinusoidi. La funzione coseno è, come sappiamo, identica alla funzione seno, ma è sfasata di $\pi/2$, ovvero 90° (vedi "la Fase" più sopra).

ESEMPIO VIDEO 2D • *FORME D'ONDA CLASSICHE*

Normalmente, in presenza di suoni armonici, percepiamo una singola altezza, che quasi sempre è quella della fondamentale. Ci sono casi in cui la fondamentale non è presente ma la struttura è ugualmente di tipo armonico. Anche in questo caso si può arrivare a riconoscere la fondamentale mancante (o *frequenza fantasma*, oppure **fondamentale apparente**). È comune l'esempio del telefono o delle radioline, i quali hanno diffusori che non consentono di riprodurre le frequenze basse. Tuttavia, pur ascoltando solo le armoniche superiori, siamo comunque in grado di inferire la frequenza fondamentale del suono.

Facciamo due esempi ponendo per entrambi la frequenza fondamentale a 100 Hz:
- il primo suono comprende tutte le parziali armoniche dalla 1ª alla 7ª (fig. 2.21); - il secondo le parziali armoniche dalla 4ª alla 7ª (400 Hz, 500 Hz, 600 Hz, 700 Hz, fig. 2.22).
Come si può osservare, il periodo delle due forme d'onda è il medesimo, cioè il massimo comun divisore tra le componenti di ciascun suono (100 Hz) è lo stesso; pertanto anche l'altezza percepita sarà la stessa, anche laddove la frequenza di 100 Hz sia assente.

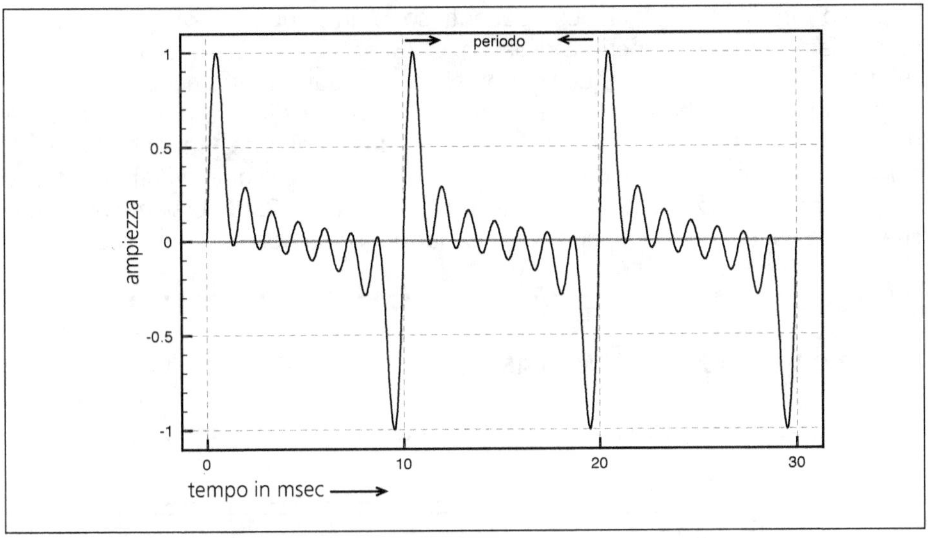

fig. 2.21: suono periodico con parziali armoniche dalla 1ª alla 7ª

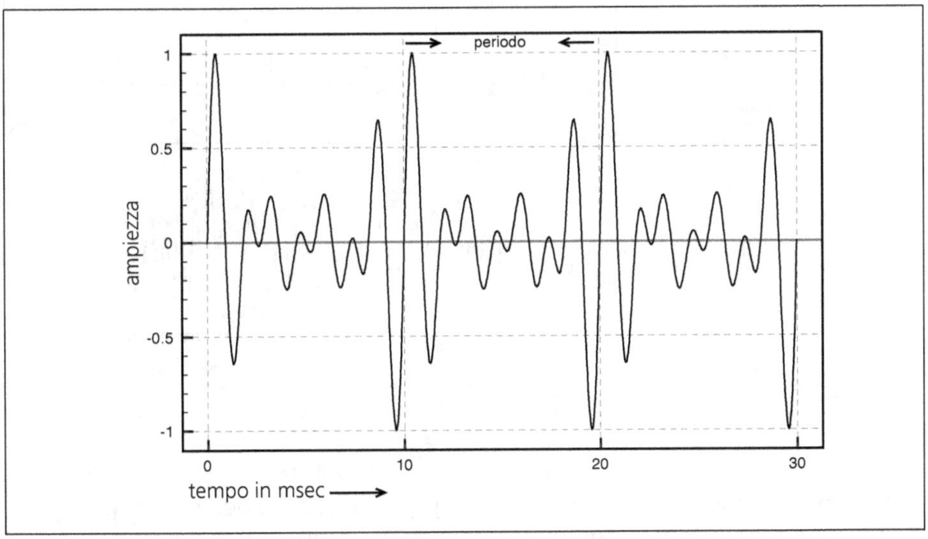

Fig. 2.22: suono periodico con parziali armoniche dalla 4ª alla 7ª

Se però le componenti mancanti nella parte grave dello spettro sono troppe, non siamo più in grado di percepire la fondamentale, e il suono appare privo di un'altezza definita.

ESEMPIO VIDEO 2E • *FONDAMENTALE MANCANTE*

Vediamo un altro caso: le componenti sono in rapporti *non armonici*. Se compariamo la parte superiore della fig. 2.23 con la fig. 2.14, ci accorgeremo subito che nel grafico le frequenze non sono più equispaziate: nel caso in figura inoltre si suppone che non esista un massimo comun divisore per le frequenze delle componenti. Ciò significa che non esiste una frequenza "fondamentale" di cui le altre componenti siano multipli interi. In questo caso quindi i rapporti tra le frequenze sono irrazionali.[5] Nella parte inferiore della fig. 2.23 possiamo osservare che l'onda risultante non è periodica, cioè la sua forma non si ripete ciclicamente.

ESEMPIO VIDEO 2F • *SUONI INARMONICI*

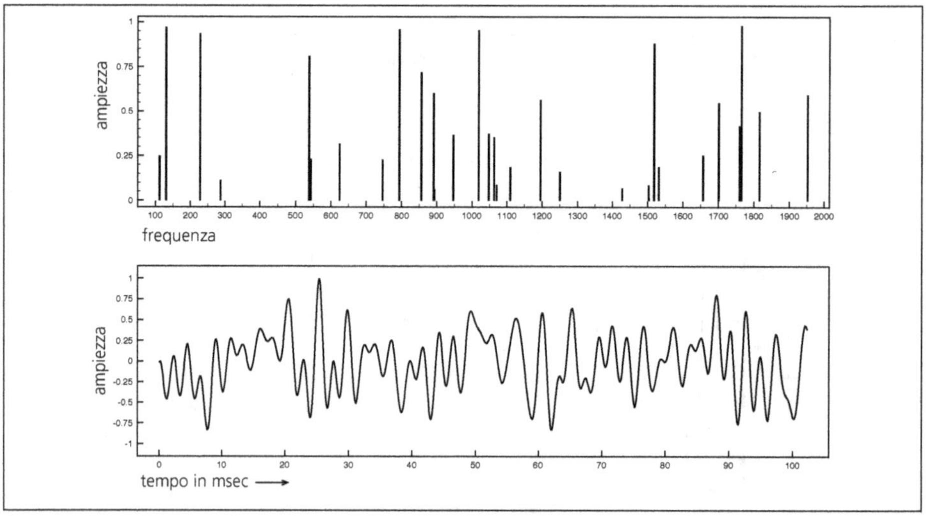

fig. 2.23: spettro e forma d'onda di un suono inarmonico

"I suoni periodici (o meglio, *quasi periodici*, dal momento che in fisica si definisce periodico un fenomeno che prosegue all'infinito) vengono percepiti come dotati di altezza definita[6], per esempio i suoni degli strumenti musicali ad altezza determinata o i suoni vocalici della voce umana. I suoni non periodici invece non vengono percepiti come dotati di altezza definita; al massimo è possibile individuare una *gamma* o *banda di frequenza* in cui c'è un addensamento di componenti dotate di ampiezza rilevante; per esempio i suoni degli strumenti musicali ad altezza non determinata (piatti, gong, triangolo) o i suoni consonantici della voce umana." (Bianchini, R., Cipriani, A., 2001, pp. 71-72)

[5] Un numero irrazionale è un numero che non è esprimibile esattamente con una frazione di interi e in cui il denominatore sia diverso da 0, per esempio: $\sqrt{2}$, π etc.

[6] Naturalmente se la frequenza fondamentale ricade all'interno della banda audio.

I suoni possono contenere sia componenti armoniche sia inarmoniche, e questo vale soprattutto per i suoni di strumenti musicali. Ad esempio un suono di flauto contiene, oltre alle frequenze armoniche proprie della nota eseguita, anche una parte inarmonica dovuta al soffio dell'esecutore. Un altro esempio è quello del suono del pianoforte che ha componenti inarmoniche durante la fase di attacco generate dal martelletto sulla corda; la vibrazione della corda del pianoforte inoltre non produce parziali perfettamente armoniche dal punto di vista matematico, ma leggermente crescenti.[7]
Un'esperienza interessante, che può rimettere in discussione alcuni concetti di base espressi a proposito dell'armonicità e dell'inarmonicità, è quella di provare a costruire suoni periodici con frequenza fondamentale al di sotto della banda audio. Scegliendo opportunamente alcune componenti distanziate irregolarmente fra loro, noteremo che il suono pur essendo periodico per definizione (in quanto tutte le componenti sono in rapporto intero con la fondamentale infrasonica), è inarmonico e non è possibile ricondurlo ad un'altezza definita. Ad esempio, ipotizziamo un suono le cui componenti siano: 113 Hz; 151 Hz; 257 Hz; 331 Hz; 577 Hz; 811 Hz; 1009 Hz; 1237 Hz. Questo suono è inarmonico all'ascolto, ma in realtà è periodico ed ha una fondamentale di 1 Hz, di cui tutte le componenti sono multipli interi. L'effetto della fondamentale mancante di cui abbiamo parlato in precedenza non può verificarsi in quanto, oltre al fatto che l'orecchio non può percepire la frequenza di 1 Hz, le componenti in questione sono molto lontane dalla fondamentale, essendo rispettivamente la 113a armonica, la 151a etc.

ESEMPIO VIDEO 2G • *PRESET 1 - Suono inarmonico a struttura periodica con fondamentale infrasonica*

In realtà è possibile costruire un suono inarmonico all'ascolto che abbia componenti in rapporto intero con la fondamentale, e che sia quindi periodico, anche nel caso che la fondamentale sia nel campo audio. Ad esempio, utilizziamo componenti armoniche con frequenza fondamentale mancante di 35 Hz, le cui frequenze siano 455 Hz, 665 Hz, 735 Hz, 945 Hz, 1085 Hz, 1295 Hz, 1695 Hz, 1995 Hz. In questo caso, in assenza delle componenti armoniche più gravi, non è possibile ricostruire la fondamentale mancante e attribuire quindi un'altezza definita al suono.

ESEMPIO VIDEO 2G • *PRESET 2 - Suono inarmonico a struttura periodica con fondamentale mancante 35 Hz*

[7] Come ben sanno gli accordatori di pianoforte, che infatti accordano lo strumento leggermente calante nelle ottave basse e crescente nelle alte per fare in modo che gli armonici superiori delle note gravi siano intonati con le fondamentali delle note acute.

PERIODICO/APERIODICO, ARMONICO/INARMONICO

Chiariamo e sistematizziamo i concetti appena espressi.
Il ciclo è la più piccola porzione, che si ripete identica nel tempo, di un'onda sonora.
La fondamentale di un suono armonico è la frequenza più grave, che è solitamente quella ad ampiezza maggiore, di cui tutte le altre componenti sono multipli interi.
Se in un suono armonico manca la componente più grave, ma sono presenti le armoniche immediatamente successive, il suono viene comunque percepito con una altezza pari alla fondamentale, e in questo caso si parla di fondamentale mancante. Questo avviene perché il periodo della forma d'onda (cioè la sua durata, il modulo che si ripete periodicamente) corrisponde all'inverso della frequenza della fondamentale mancante.
Se oltre alla fondamentale cominciamo a togliere un certo numero di armoniche basse, noteremo che il suono perde progressivamente di armonicità perché non è più possibile, per l'orecchio, ricostruire la fondamentale. Il suono così ottenuto è inarmonico, ma nello stesso tempo è periodico, perché il suo periodo è sempre l'inverso della frequenza della fondamentale "virtuale".
Abbiamo detto che la fondamentale di un **suono periodico** è la frequenza di cui tutte le altre componenti sono multipli interi: ne consegue che la fondamentale, virtuale o reale, di un qualunque suono periodico è il massimo comun divisore delle componenti presenti. Ad esempio un suono inarmonico composto dalle parziali 100, 205, 290, 425 e 460 Hertz ha una fondamentale di 5 Hz, ed è un suono periodico che si ripete 5 volte al secondo (anche se non possiamo udirne la fondamentale).
Un **suono aperiodico** è invece un suono del quale non è possibile individuare una porzione che si ripete nel tempo. Un esempio di suono aperiodico è il rumore bianco[8], o il suono di uno strumento a percussione ad altezza indefinita (piatti, tamburo etc.)
Abbiamo visto che si può avere un suono periodico senza percepire un'altezza definita; viceversa, si può avere un suono aperiodico con una altezza definita? Certamente, basta che le componenti siano abbastanza vicine ai multipli di una fondamentale udibile. Ad esempio un suono con queste parziali: 110, 220.009, 329.999, 439.991, 550.007, viene percepito inequivocabilmente come un La, il suo periodo tuttavia non corrisponde a quello della fondamentale percepita, ma al MCD delle componenti, ovvero 0.001 Hertz. Per essere precisi quindi il periodo di questa forma d'onda è di 1000 secondi; un periodo così lungo che percettivamente potremmo assimilare questo suono ad un suono aperiodico.
Per avere un suono realmente aperiodico utilizzando uno spettro fisso dovremmo avere uno spettro con delle frequenze irrazionali, ad esempio: 100, $200+\pi/5$, $300+\pi/4$, $400+\pi/3$, $500+\pi/2$. Un suono così sarebbe però impossibile da riprodurre esattamente al computer a causa dei limiti della precisione dei numeri utilizzati dal processore per il calcolo: otterremmo quindi, come nel

[8] Per una definizione di rumore bianco vedi il par. 3.1

caso precedente, un suono con un periodo molto lungo che solo per praticità potremmo considerare aperiodico.
Definiamo i suoni come quelli degli ultimi due esempi, che hanno un'altezza percepibile e una serie di componenti che sono quasi multipli della fondamentale, come "**componenti quasi armoniche**".
I suoni a spettro variabile (di cui parleremo nel par. 2.4) possono facilmente essere aperiodici (ad esempio se le componenti glissano irregolarmente da una frequenza ad un'altra).
I suoni del mondo reale poi, quelli non elettronici, non sono praticamente mai periodici: è semplicemente impossibile, anche per il clarinettista più preciso al mondo, emettere un suono in cui i periodi successivi dell'onda siano perfettamente identici (senza contare che il povero clarinettista dovrebbe suonare per un tempo infinito...).
Nel caso di suoni naturali (il clarinetto di cui sopra), armonici e con frequenza definita, si parla di suoni "quasi periodici" o "pseudo-periodici".

La fondamentale
È abbastanza difficile dare una definizione di fondamentale che si adatti a tutti i casi. Per un suono periodico ad altezza definita la **fondamentale**, come abbiamo visto, è la frequenza di cui tutte le altre componenti sono multipli interi. L'altezza che percepiamo corrisponde all'altezza della fondamentale.
Per analogia potremmo dire che, nell'esempio di suoni "quasi armonici" che abbiamo fatto sopra, la fondamentale è la componente più bassa, perché anche in questo caso corrisponde alla frequenza che percepiamo.
Ma nel caso di un suono inarmonico? Se il suono è anche periodico potremmo dire che la fondamentale è quella che corrisponde al massimo comun divisore delle componenti, come nel caso delle parziali multiple di 5 che abbiamo visto sopra. Ma quella "fondamentale" non è affatto udibile (è al di sotto della banda audio). Potremmo allora dare il nome di fondamentale alla componente più bassa presente nello spettro inarmonico (100 Hz nel caso di cui sopra), ma spesso questa componente non è la più importante: in molti suoni percussivi, ad esempio, può capitare che la componente più grave sia quasi del tutto inudibile, mentre sono altre le frequenze che caratterizzano il timbro.
Togliendo tale "fondamentale" dal suono, probabilmente il timbro rimarrebbe identico. In questi casi potremmo dire semplicemente che non c'è una fondamentale, e utilizzare questo termine solo per i suoni ad altezza definita; periodici, aperiodici, armonici o quasi-armonici che siano.

INTERPOLAZIONE NELLA LETTURA DI TABELLE

Nei paragrafi precedenti abbiamo parlato di **oscillatori digitali** senza chiederci come funzionino. Con riferimento alla fig. 2.24, costruiamo una **tabella** o vettore[9] di 20 elementi, e riempiamolo con i valori di una sinusoide di ampiezza compresa fra 1 e -1.

indici	0	1	2	3	4	5	6	7	8	9	10	11	12	13	14	15	16	17	18	19
valori	0	.31	.60	.83	.97	1	.92	.74	.48	.17	-.16	-.47	-.73	-.91	-1	-.97	-.84	-.61	-.32	0

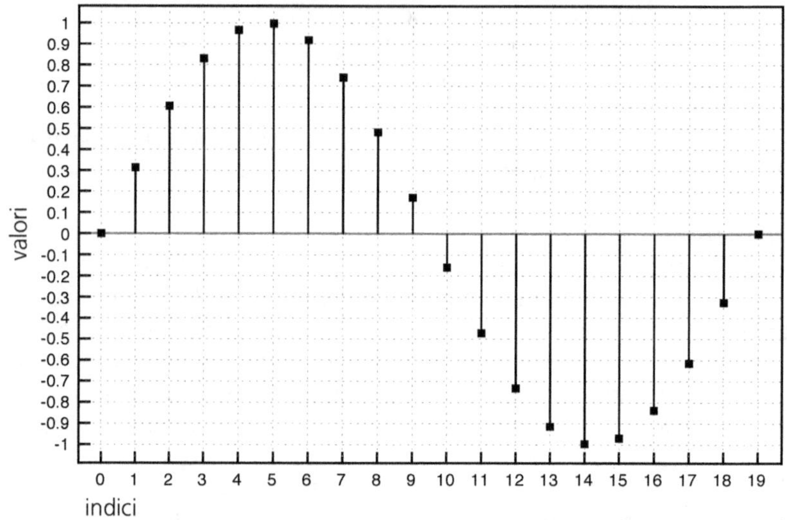

fig. 2.24: tabella contenente i valori di un'onda sinusoidale

Ogni elemento è identificato da un *indice* o *fase*[10], numerato da 0 a 19 nell'esempio. Ad ogni numero di indice corrisponde un valore (indicato nella parte superiore della figura). Questi valori della tabella nel grafico "disegnano" una sinusoide, o meglio, alcuni punti di essa.
Per generare una sinusoide, quindi, basterà leggere uno dopo l'altro i valori contenuti nella tabella e, una volta giunti alla fine di questa, ricominciare da capo. Attenzione però, non capita quasi mai di poter semplicemente leggere i valori *esattamente* corrispondenti ai numeri di indice della tabella. Nel caso dell'illustrazione, ad esempio, leggendo i 20 elementi uno dopo l'altro alla frequenza di campionamento di 44100 Hz, in un secondo avremo letto l'intera tabella 2205 volte, ovvero avremo generato 2205 cicli sinusoidali, in quanto 44100/20 = 2205.

---

[9] Un vettore (***array***) è una serie ordinata di valori, in cui a ciascun valore è associato un numero indice. I numeri indici sono numeri interi consecutivi che solitamente partono da 0. Per esempio, l'indice 0 nel vettore (2, 3.5, 6, 1, -12) corrisponde al valore 2, l'indice 1 al valore 3.5, l'indice 2 al valore 6 etc.

[10] Vedi "la Fase" più sopra: si tratta dello stesso concetto, anche qui l'indice o fase indica la posizione all'interno di un ciclo della forma d'onda.

Se invece volessimo una frequenza diversa, ad esempio 441 Hz, ogni ciclo dovrebbe essere lungo 100 elementi perché 44100/100 = 441. Questo significa che, disponendo di una tabella di soli 20 elementi, dovremmo leggere molti elementi "intermedi" che in realtà non esistono: i numeri di indice da considerare, infatti, non sono 0, 1, 2, 3, 4 etc., come nel primo caso, ma 0, 0.2, 0.4, 0.6, 0.8, 1 etc. Questi indici frazionari servono appunto ad arrivare a 100 elementi. Che valori utilizziamo in questo caso? Non disponendo dei valori corrispondenti agli indici frazionari potremmo ad esempio usare il valore 0 (corrispondente all'indice 0, come da figura 2.24), per tutti gli indici frazionari compresi fra 0 e 1. Per tutti gli indici frazionari compresi fra 1 e 2 potremmo invece usare il valore 0.31 (corrispondente all'indice 1) e così via.
Un'altra possibilità è quella di arrotondare gli indici e far corrispondere 0.2 e 0.4 al valore 0 (che corrisponde all'indice 0) e gli indici 0.6 e 0.8 al valore 0.31 (che corrisponde all'indice 1). In entrambi i casi, però, otterremo una distorsione causata dal segnale a gradini (vedi fig. 2.25).

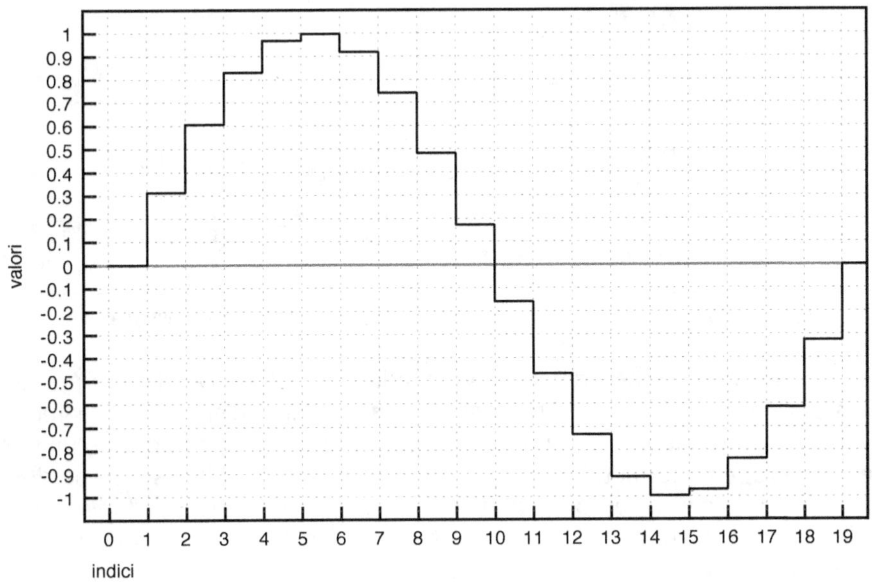

fig. 2.25: forma d'onda a "gradini"

Ad essere più precisi il problema è che la differenza tra i valori che si vorrebbero e quelli ottenuti dal troncamento dei decimali producono un segnale digitale di errore le cui ampiezze variano continuamente e la cui presenza viene avvertita sotto forma di disturbo per distorsione della forma d'onda. Per ottenere risultati sensibilmente migliori è utile ricorrere ad una qualche tecnica d'**interpolazione**, che consiste nel calcolare i valori intermedi tra due punti adiacenti di una tabella. La tecnica di cui vediamo un esempio in fig. 2.26 viene detta **interpolazione lineare**. In questa figura sono indicati un punto qualsiasi della tabella, che chiameremo *k*, e il successivo, che chiameremo *k+1*.

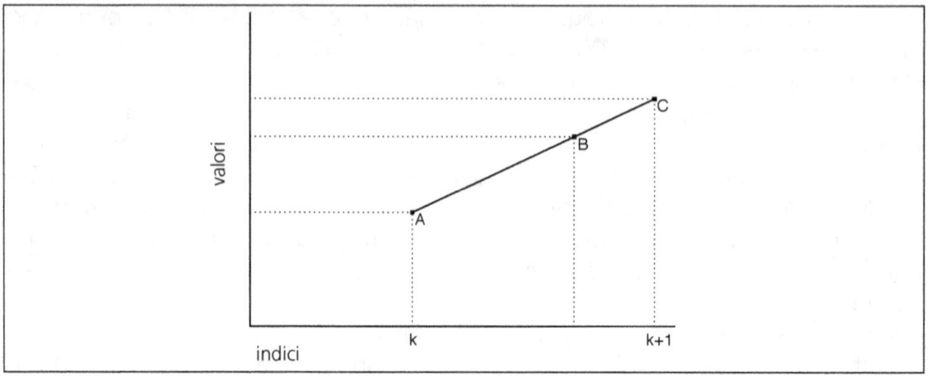

fig. 2.26a: interpolazione lineare

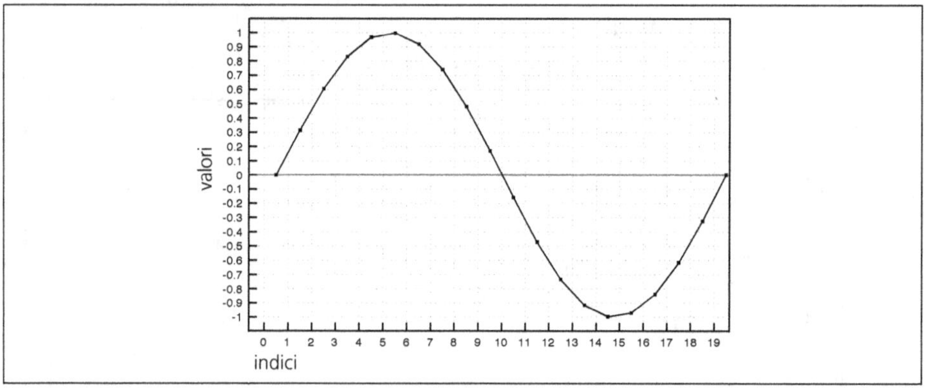

fig. 2.26b: rappresentazione grafica della forma d'onda interpolata

Con la linea generata (da A a C) mediante la tecnica di interpolazione lineare, viene calcolato il punto intermedio tra i due indici che chiameremo B. L'interpolazione lineare consente di procedere in questo modo per ciascun punto della tabella, e ci permette quindi di ridurre sensibilmente la distorsione dovuta ai gradini. Il miglioramento in termini di qualità, cioè in termini di diminuzione della distorsione armonica[11], è molto grande, a spese di un tempo di calcolo leggermente maggiore. Tornando al caso della sinusoide di fig. 2.24 avremmo quindi i seguenti valori per gli indici frazionari compresi tra 0 e 1 (vedi fig. 2.26b):

Indici	**Valori**	
0.0	=	0
0.2	=	0.062
0.4	=	0.124
0.6	=	0.186
0.8	=	0.248
1.0	=	0.31

[11] Come vedremo la distorsione armonica è la modificazione di un segnale dovuta all'alterazione della sua forma d'onda: vedi par. 5.1

Si possono ottenere diversi tipi di interpolazione. Oltre all'interpolazione lineare (che è il metodo più semplice ma non il più efficace), è molto usata l'interpolazione polinomiale (quadratica, cubica, etc.) che permette di ottenere una maggiore riduzione della distorsione armonica, ma è più complessa da calcolare. Data la sua complessità non approfondiremo questo tipo di interpolazione; molti linguaggi di programmazione per la sintesi del suono dispongono comunque di oscillatori in grado di effettuare una interpolazione polinomiale.
Nei linguaggi di programmazione per la computer music si usano spesso l'indice o la fase normalizzati (vedi anche "la Fase" più sopra), in cui, indipendentemente dal numero degli elementi della tabella, l'indice è sempre un numero decimale che va da 0 a 1: 0 corrisponde all'inizio della tabella, 0.5 al punto centrale etc. Nel caso della tabella illustrata in fig. 2.24 ad esempio, la corrispondenza tra indice reale e indice normalizzato è:

INDICE REALE	INDICE NORMALIZZATO
0	0
1	0.05
2	0.1
3	0.15
4	0.2
...	...
10	0.5
...	...
18	0.9
19	0.95

Come si vede il valore normalizzato 1 non viene in realtà raggiunto, perché corrisponde all'inizio di un nuovo ciclo (così come il valore 360° corrisponde a 0°).

Quando dobbiamo realizzare un suono con **sintesi additiva a spettro fisso**, in cui cioè né la frequenza né l'ampiezza delle componenti variano nel tempo, possiamo operare in due modi diversi:

- nel primo modo, quello tipico della sintesi additiva, si sommano i segnali sinusoidali in uscita da diversi oscillatori ognuno dei quali conterrà la frequenza di una componente del suono;
- nel secondo modo si sommano le varie componenti sinusoidali direttamente all'interno di una tabella, la quale conterrà, perciò, un ciclo della forma d'onda complessa risultante. Useremo poi un solo oscillatore che leggerà quella tabella per generare il suono complesso. Questo secondo metodo permette di economizzare le risorse del computer: per realizzare ad esempio il suono corrispondente allo spettro in figura 2.14 possiamo usare un solo oscillatore anziché 10 oscillatori sinusoidali.

Ad essere precisi non si potrebbe propriamente parlare di sintesi additiva (perché non vengono addizionati i segnali in uscita degli oscillatori), ma della forma più semplice di **wavetable synthesis**, la quale consiste appunto nel leggere con un oscillatore un ciclo di una forma d'onda complessa, ovvero contenente più componenti sinusoidali.[12] Il risultato che otteniamo e i principi che stanno dietro le due tecniche sono gli stessi.

VERIFICA • *TEST A RISPOSTE BREVI (max. 30 parole)*

1) Cosa si può ottenere mediante la sintesi additiva?
2) Quando si ottiene un'interferenza costruttiva e quando una distruttiva?
3) Che rapporto con la fondamentale deve avere una componente per poter essere definita armonica?
4) Se lo spettro di un suono è di tipo armonico, esso darà luogo ad un'onda periodica o non periodica? Perché?
5) Se di un suono è impossibile percepire un'altezza definita, esso sarà armonico o inarmonico?

2.2 BATTIMENTI

Se due onde hanno la stessa frequenza (anche se non necessariamente la stessa ampiezza), e se i loro picchi positivi (e negativi) coincidono, diremo che sono **in fase**.
Se sommiamo queste due onde non avremo mai un'interferenza distruttiva e l'ampiezza dell'onda risultante andrà calcolata sommando algebricamente punto per punto le ampiezze istantanee delle due onde. In figura 2.27a vediamo due onde della stessa frequenza e in fase, quindi con interferenza sempre costruttiva, che sommate danno un'onda con ampiezza pari alla somma delle singole ampiezze. Se invece, come in fig. 2.27b, le due onde sono in controfase, ovvero sono sfasate di 180°, la somma algebrica fatta punto per punto ci darà un'onda risultante che ha un'ampiezza pari alla differenza delle ampiezze massime delle onde sommate.

---

[12] Possiamo tradurre il termine *wavetable synthesis* con "sintesi tabellare": questa tecnica, utilizzata in diversi sintetizzatori commerciali, prevede quasi sempre l'utilizzazione di diverse tabelle e un meccanismo per passare da una tabella all'altra allo scopo di ottenere un suono che si evolve nel tempo. Nel caso qui illustrato invece, trattandosi di uno spettro fisso, viene utilizzata una sola tabella. Vedremo nel par. 2.3 una variazione di questa tecnica.

Al limite, se le due onde sono in controfase e le loro ampiezze sono uguali, come in fig. 2.27c, il risultato della loro somma algebrica sarà sempre uguale a 0, in quanto le due onde si annulleranno reciprocamente.
Nell'esempio in fig. 2.27d le due onde, di pari frequenza e ampiezza, sono stavolta sfasate di 90° (sono quindi una sinusoide e una cosinusoide): in questo caso picchi positivi e picchi negativi non coincidono più e otterremo quindi interferenze costruttive e interferenze distruttive.
La sinusoide risultante avrà la stessa frequenza ma fase e ampiezza diverse.

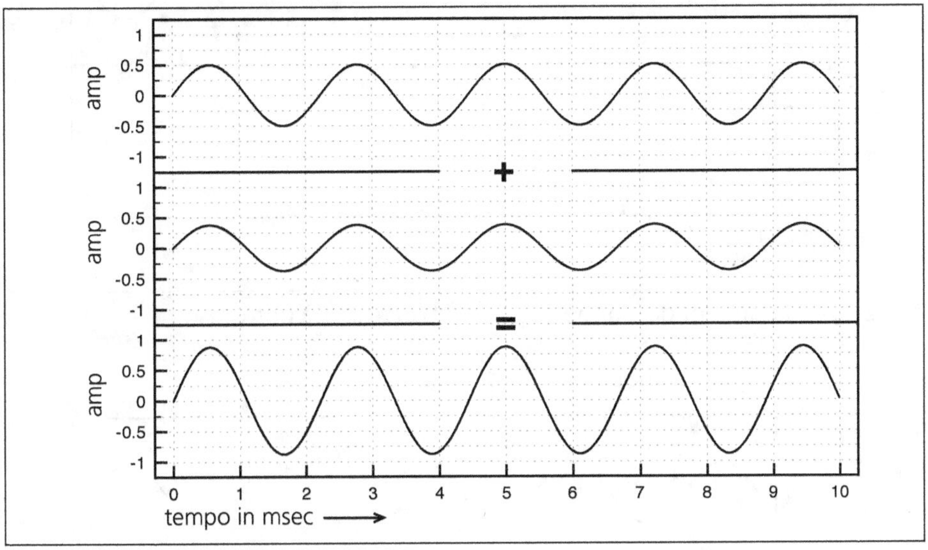

fig. 2.27a: somma di due onde in fase

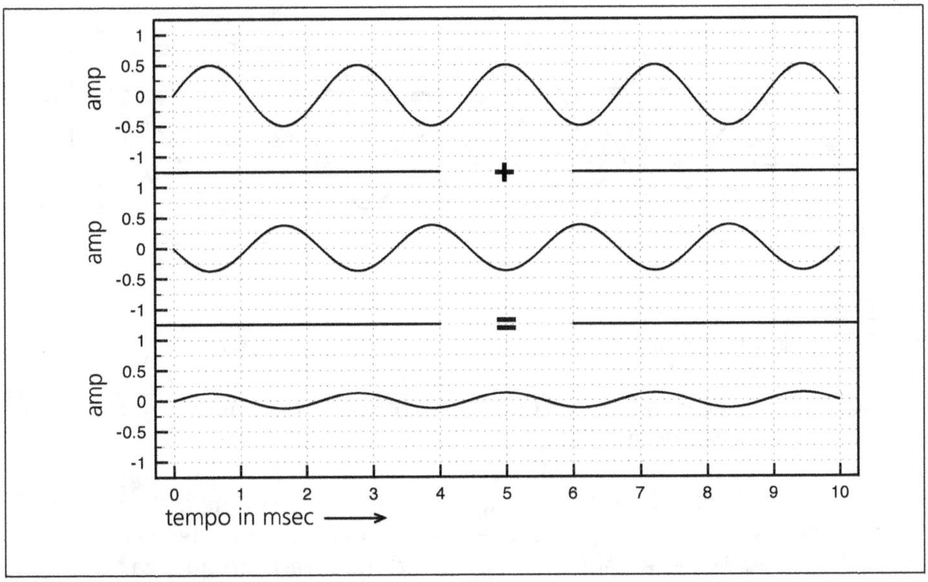

fig. 2.27b: somma di due onde in controfase

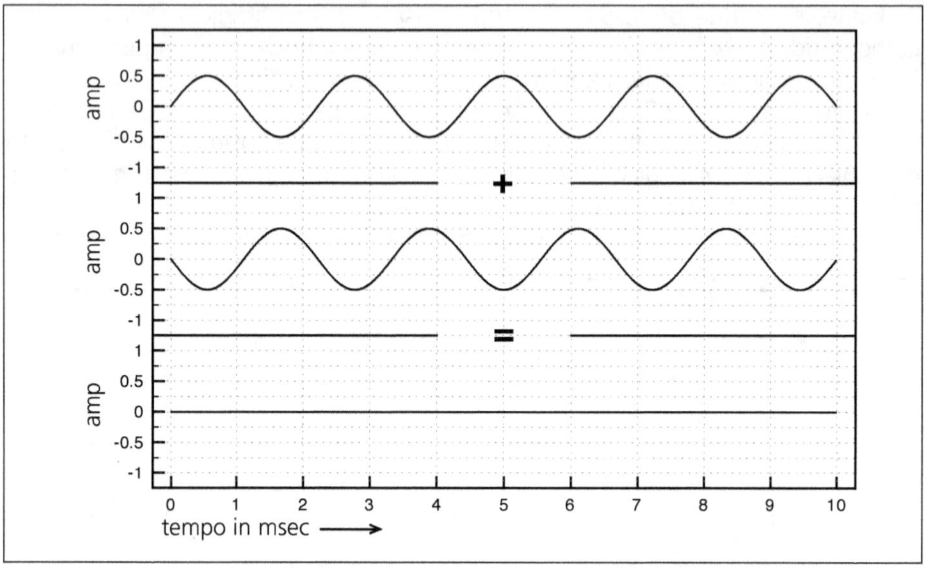

fig. 2.27c: somma di due onde di pari ampiezza e in controfase

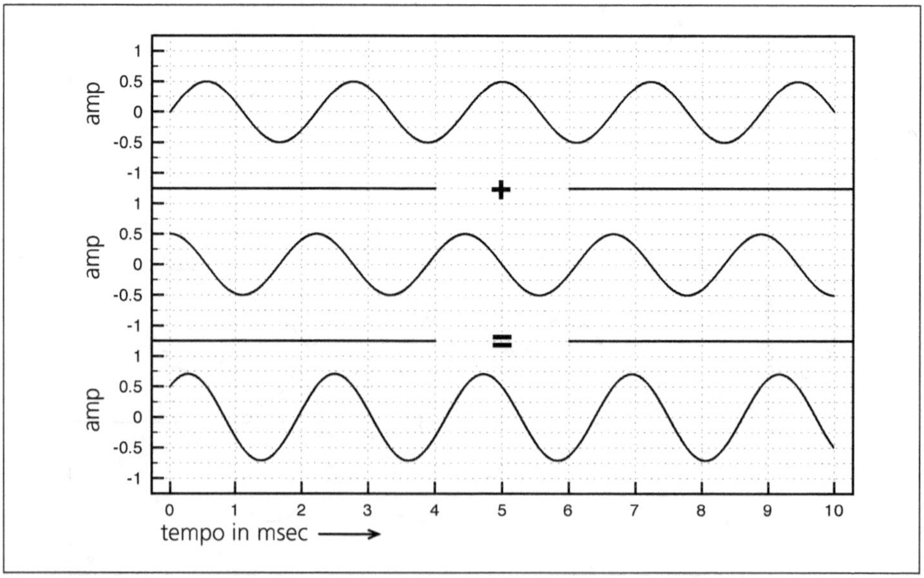

fig. 2.27d: somma di due onde sfasate (sinusoide e cosinusoide)

Consideriamo invece la somma di due onde sinusoidali di frequenza leggermente diversa, come nella figura 2.28.

All'istante zero le due onde sono in fase. Dopo un certo numero di oscillazioni, le due onde saranno in controfase e si avrà una diminuzione dell'ampiezza risultante. Ciò avviene a causa di una lieve differenza di frequenza. Dopo un certo altro numero di oscillazioni le onde saranno di nuovo in fase, e così via.

Di conseguenza vi sarà un'alternanza ciclica di aumento e diminuzione dell'ampiezza dell'onda risultante.

Questo fenomeno si chiama **battimento**.

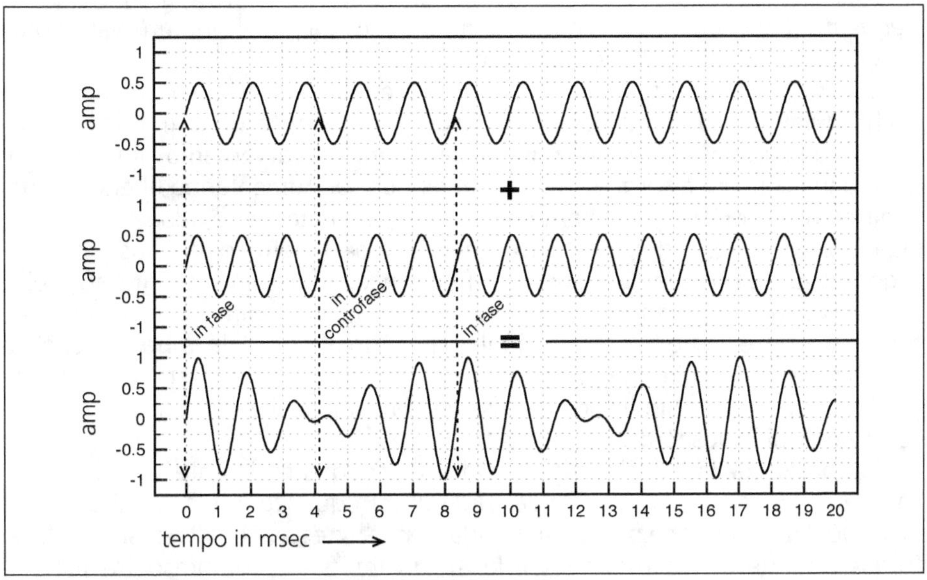

fig. 2.28: somma di onde di frequenza diversa

Tale oscillazione periodica dell'ampiezza avrà frequenza pari alla *differenza di frequenza* delle due onde interferenti. Ad esempio, se la frequenza della prima onda sinusoidale è di 220 Hz e quella della seconda onda è di 222 Hz si produrranno due cicli al secondo di oscillazione dell'ampiezza dell'onda risultante, cioè due battimenti al secondo. Inoltre quest'ultima avrà una frequenza percepita che è intermedia tra le frequenze delle due sinusoidi, ovvero, se le due frequenze sono f1 e f2, la frequenza percepita sarà (f1+f2)/2, cioè, in questo caso, 221 Hz.

ESEMPIO VIDEO 2H • *PRESET 1 battimenti 220-222 Hz*

Se invece la frequenza della prima onda è di 439 Hz e quella della seconda onda è di 435 Hz, si produrranno 4 battimenti al secondo, mentre la frequenza percepita dell'onda risultante sarà di 437 Hz, e così via.[13]

[13] Se la differenza di frequenza è superiore alla minima frequenza udibile (circa 30 Hz), in certe condizioni la frequenza di battimento diviene udibile, e dà luogo al cosiddetto *suono differenziale* o *terzo suono di Tartini*.

ESEMPIO VIDEO 2H • *PRESET 2 battimenti 439-435 Hz*

In sostanza il fenomeno del battimento è causato da una leggera differenza di *frequenza* di due onde che vengono sommate, ma ha per effetto una variazione ciclica dell'*ampiezza* dell'onda risultante.
Man mano che aumenta la differenza tra le frequenze delle due onde aumenta anche la velocità dei battimenti. Oltre una certa distanza tra le frequenze non siamo più in grado di percepire i singoli battimenti, ma avvertiamo l'interferenza tra le onde come una sorta di "rugosità" del suono. Aumentando ulteriormente la differenza riusciamo finalmente a percepire separatamente i due suoni.
Quando due suoni interferiscono creando i battimenti o la sensazione di rugosità, diciamo che le rispettive frequenze si trovano all'interno della "banda critica"; quando invece riusciamo a percepire le due distinte frequenze ci troviamo al di fuori di tale banda. In altre parole la **banda critica** delinea i confini all'interno dei quali il nostro apparato percettivo non è in grado di separare i singoli suoni e "risolve" la complessità del segnale con una sensazione di rugosità o di battimenti.
La larghezza della banda critica, stabilita sperimentalmente, varia con il variare della frequenza intermedia tra le due frequenze in gioco. Al di sopra dei 200 Hz, la larghezza della banda critica cresce con il crescere della frequenza intermedia e corrisponde ad un intervallo compreso tra il tono e la terza minore. Questo spiega perché percepiamo gli intervalli di tono e semitono come dissonanti, e gli intervalli superiori come consonanti.[14] Al di sotto dei 200 Hz invece la larghezza della banda critica è grosso modo costante, e di conseguenza occupa un intervallo (in semitoni) sempre più grande man mano che la frequenza intermedia scende: questo significa che possiamo percepire come consonanti solo intervalli molto ampi. Di questo fenomeno sono ben coscienti i compositori di tutti i tempi; infatti osservando una qualsiasi partitura, ad esempio per pianoforte, è molto probabile che nel registro grave gli intervalli tra note simultanee siano più ampi degli intervalli nel registro medio e acuto.[15]
Nella tabella che segue (tratta da Rossing, T., 1990, p. 74) abbiamo la corrispondenza tra alcune frequenze intermedie e la larghezza di banda critica: come si può vedere, quando la frequenza intermedia è di circa 100 Hz la banda

[14] Stiamo parlando di suoni puri, cioè privi di armoniche. Nei suoni più complessi, come ad esempio i suoni degli strumenti acustici, bisogna considerare anche le componenti più forti dello spettro, in genere le prime armoniche. Un intervallo di settima realizzato con suoni complessi, ad esempio, viene percepito come dissonante perché la seconda armonica del suono più grave e la fondamentale del suono più acuto si trovano all'interno della banda critica. Gli intervalli considerati dissonanti possono essere percepiti come tali da un musicista anche se vengono realizzati con suoni puri, perché un orecchio musicalmente educato è abituato ad associare a questi intervalli la sensazione di dissonanza. Al contrario è possibile che un non musicista percepisca come consonante (cioè non rugoso) qualunque intervallo di suoni puri superiore alla banda critica.

[15] A meno che naturalmente il compositore non stia cercando proprio un effetto di dissonanza sulle frequenze gravi.

critica è 90 Hz, pari quindi al 90% della frequenza intermedia. All'estremo opposto, per una frequenza intermedia di 10000 Hz abbiamo una banda critica di 1200 Hz, pari al 12% della frequenza intermedia.

Frequenza Intermedia	Larghezza Banda Critica
100	90
200	90
500	110
1000	150
2000	280
5000	700
10000	1200

ESEMPIO VIDEO 2H • *PRESET 3 - Passaggio graduale dai battimenti a due suoni distinti*

Quando sommiamo tre o più sinusoidi di frequenza lievemente diversa si avranno battimenti tra tutte le coppie di sinusoidi; ad esempio, se abbiamo tre sinusoidi di frequenza 200, 201 e 202.5 Hz, si avrà il seguente schema:

1) suono a 200 Hz + suono a 201 Hz   1 battimento al secondo
2) suono a 201 Hz + suono a 202.5 Hz   1.5 battimenti al secondo
3) suono a 200 Hz + suono a 202.5 Hz   2.5 battimenti al secondo

Inoltre i battimenti delle tre combinazioni si incontreranno periodicamente, a coppie o tutti e tre, creando degli accenti che si ripetono regolarmente: nel nostro caso il ciclo ritmico si ripete ogni 2 secondi. In 2 secondi la prima coppia di suoni avrà prodotto 2 battimenti interi, la seconda coppia 3 battimenti interi, la terza coppia 5 battimenti interi.

ESEMPIO VIDEO 2H • *PRESET 4 - Battimenti multipli: combinazione di tre sinusoidi*

Dodge e Jerse (1985, p. 37) riferiscono che il fenomeno dei battimenti si verifica anche, sebbene in modo meno marcato, tra due frequenze intonate quasi all'ottava (battimenti del II ordine, con rapporto di ca. 2 : 1); ad esempio tra due frequenze rispettivamente a 220 e 443 Hz. La frequenza di battimento è pari alla differenza tra la frequenza del suono quasi all'ottava e la frequenza del suono più grave trasposto esattamente un'ottava sopra (es.: 443-440).
Questi battimenti scompaiono all'incirca sopra i 1500 Hz.[16]

ESEMPIO VIDEO 2H • *PRESET 5 - Battimenti d'ottava*

Se invece di sommare due sinusoidi sommiamo due suoni complessi con frequenze lievemente diverse, potremo creare battimenti fra alcune componenti del primo suono e alcune componenti del secondo suono.

Ad esempio, se abbiamo un primo suono contenente le seguente componenti:

1a comp. 100 Hz
2a comp. 202,5 Hz
3a comp. 750 Hz

e un secondo suono contenente le seguenti componenti:

1a comp 101 Hz
2a comp. 200,5 Hz
3a comp. 753,5 Hz

otterremo:

1 battimento al secondo fra 100 e 101 Hz
2 battimenti al secondo fra 200,5 e 202,5 Hz
3 battimenti e mezzo al secondo fra 750 e 753,5 Hz

(tralasciamo i battimenti d'ottava che in questo caso sono poco percepibili)

In figura 2.29 vediamo il sonogramma relativo, notate i battimenti che appaiono come zone scure a intervalli regolari.

[16] Sul testo di Dodge e Jerse vengono citati anche battimenti di quinta e di quarta che sono però di scarsa udibilità.

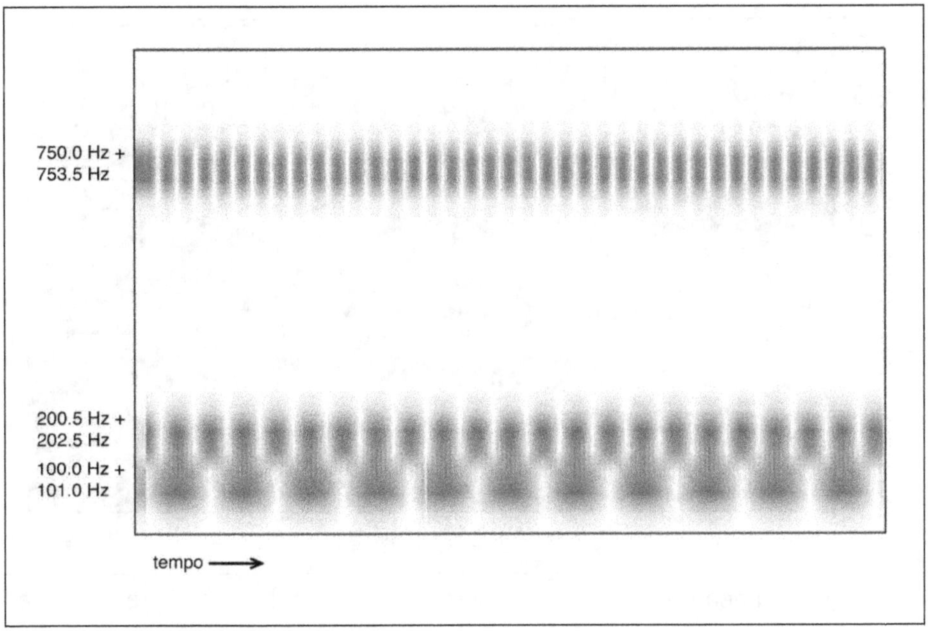

fig. 2.29: battimenti fra due suoni complessi

ESEMPIO VIDEO 2H • *PRESET 6 - Battimenti multipli: combinazione di due suoni complessi*

Se più oscillatori generano suoni a frequenza leggermente diversa utilizzando una stessa tabella contenente una forma d'onda complessa, si possono ottenere interessanti *pattern* di pulsazioni prodotti dai battimenti delle armoniche, che possono essere percepiti come "melodie interne" al suono o addirittura glissandi di armoniche. Questo è dovuto al fatto che la pulsazione dei battimenti ha velocità diverse per ogni armonica. Due suoni complessi con la stessa forma d'onda e con fondamentale a 110 e 111 Hz, ad esempio, generano una pulsazione al secondo per le fondamentali, 2 al secondo per le seconde armoniche (che sono rispettivamente a 220 e 222 Hz), 3 per le terze e così via; l'interazione tra queste pulsazioni crea un movimento dentro il suono. Se poi abbiamo un terzo suono a 112 Hz, si aggiungono anche 2 pulsazioni al secondo per le fondamentali, 4 per le seconde armoniche, 6 per le terze etc., e queste pulsazioni sono più o meno forti a seconda che tutte e tre le componenti, o solo due, siano in fase nello stesso momento. Aumentando il numero degli oscillatori aumenta la complessità del ritmo delle pulsazioni.
In fig. 2.30 abbiamo il sonogramma della somma di 7 suoni (ciascuno dei quali ha 24 armoniche) di frequenza intorno a 110 Hz; le frequenze degli oscillatori sono distanziate di 0.07 Hz (110.07, 110.14, 110.21 etc.).

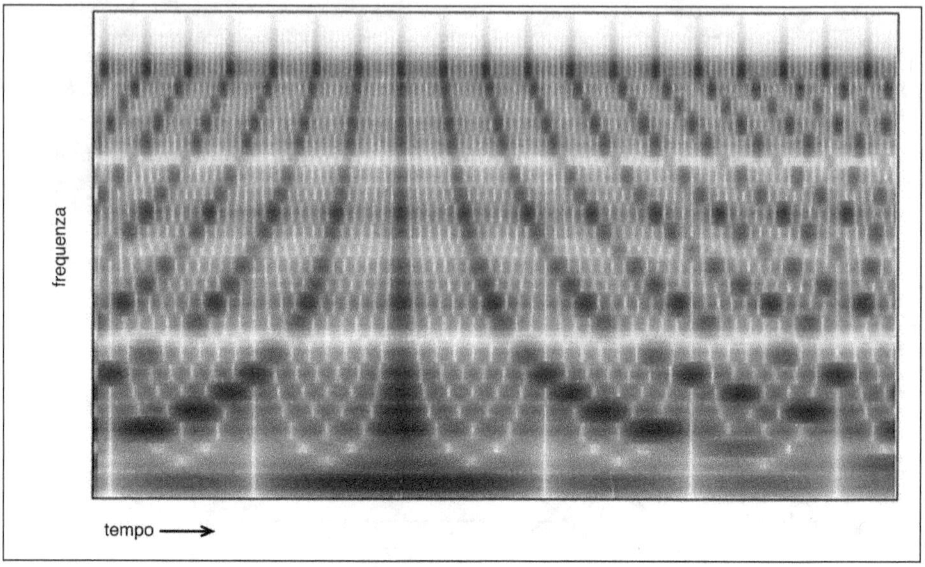

fig. 2.30: battimenti fra 7 suoni complessi ciascuno dei quali ha 24 armoniche

Come si vede le parti scure dello spettro disegnano una specie di "cascata" di armoniche, e l'effetto sonoro corrisponde a quello visivo:

ESEMPIO VIDEO 2I • *BATTIMENTI MULTIPLI: COMBINAZIONE DI 7 SUONI COMPLESSI*

2.3 DISSOLVENZA INCROCIATA DI TABELLE: SINTESI VETTORIALE

Tutti i suoni che abbiamo realizzato fino a questo momento sono ottenuti utilizzando tabelle singole. In questo paragrafo invece parleremo di una tecnica che ci permette di generare suoni a spettro variabile tramite la dissolvenza incrociata di tabelle. Finora abbiamo utilizzato modelli timbrici unici all'interno di una sola tabella. Se costruiamo diverse tabelle, ognuna delle quali contiene un diverso modello timbrico, potremo poi operare delle dissolvenze incrociate fra le varie tabelle consentendo quindi una relativa dissolvenza fra un modello timbrico e il successivo. Ad esempio potremmo utilizzare l'attacco di un liuto a cui viene fatto seguire, tramite una dissolvenza incrociata, un *decay* di una chitarra elettrica.
Per ora comunque, dato che non abbiamo ancora affrontato le altre tecniche di sintesi, ci limiteremo ad utilizzare tabelle che contengono un singolo ciclo di forma d'onda, diversa per ciascuna tabella. In questo modo nel corso di un evento, cioè nel corso di una nota, possiamo generare un suono che si

trasforma nel tempo, passando appunto da una tabella all'altra. Questa tecnica è denominata in molti modi: dissolvenza incrociata di tabelle (*wavetable crossfading*); **sintesi vettoriale** (*vector synthesis*); *linear arithmetic synthesis*.
In realtà realizzare una sintesi di questo tipo è piuttosto semplice, in quanto si tratta di sommare suoni diversi con inviluppi adatti; si tratta solo di impostare opportunamente il primo suono, la sua durata, la durata della dissolvenza incrociata con il secondo suono, la durata di quest'ultimo e così via. Nel caso di due suoni, avremo ad esempio un segmento d'inviluppo che porta il primo suono dall'ampiezza massima a 0, e parallelamente un segmento di inviluppo che porta l'ampiezza del secondo suono da 0 al massimo. In genere in questi casi si usa un unico segmento, il quale viene applicato direttamente al primo suono, e applicato in forma rovesciata[17] al secondo suono.
Vediamo in fig. 2.31 un esempio di dissolvenza incrociata: date due forme d'onda, si passa, nel giro di 10 cicli dalla prima alla seconda.

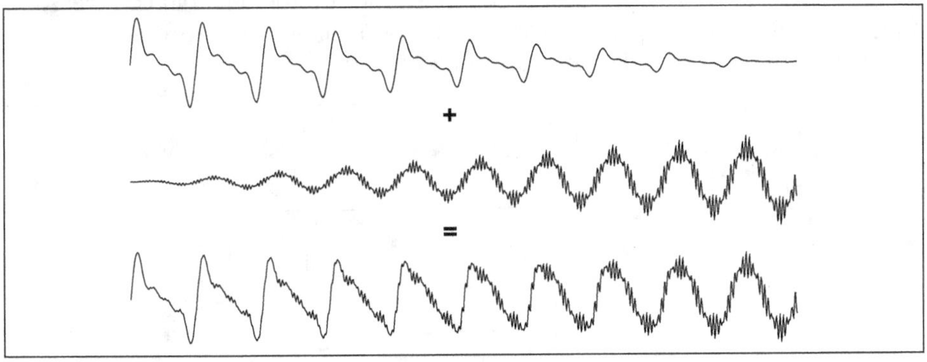

fig. 2.31: dissolvenza incrociata tra due forme d'onda

Se nel caso di due sorgenti il passaggio fra l'una e l'altra è dato dal movimento su un segmento di retta, quando le sorgenti sono più di due il movimento può avvenire anche su un piano o nello spazio. Spesso infatti nella sintesi vettoriale implementata in hardware viene usato un joystick come controllo del "missaggio" fra le diverse sorgenti. Con la sintesi vettoriale, inoltre, è possibile realizzare un particolare effetto sonoro noto come *glissando infinito* o **Shepard tone**. In questo particolare effetto un suono sembra glissare all'infinito senza mai raggiungere un punto d'arrivo. Ciò è ottenuto mediante dissolvenza incrociata di suoni i cui glissati sono leggermente sfasati nel tempo fra di loro. Approfondiremo l'implementazione di questo effetto nell'interludio B della parte pratica.

ESEMPIO VIDEO 2J • SINTESI VETTORIALE SU SEGMENTO
ESEMPIO VIDEO 2K • SINTESI VETTORIALE SU PIANO
ESEMPIO VIDEO 2L • GLISSANDO INFINITO O SHEPARD TONE

[17] Vedremo nella parte pratica come si esegue questa operazione.

2.4 SINTESI ADDITIVA A SPETTRO VARIABILE

Questo paragrafo parlerà di come superare alcune delle limitazioni date dalla fissità dello spettro nel tempo. Il suono, infatti, non è un fenomeno statico, ma estremamente dinamico e variabile. Nel corso dell'evoluzione di ciascuna nota musicale suonata da uno strumento acustico, ad esempio, tutti e tre i parametri fondamentali (frequenza, ampiezza, timbro) variano continuamente.
"L'evoluzione temporale indipendente di ogni componente è una caratteristica fondamentale dei suoni naturali, perciò è importante, per avere un suono 'vivo', imparare a gestire tali mutamenti." (ivi, p.55). Non soltanto l'ampiezza e la frequenza di un suono complesso hanno andamenti caratteristici nel tempo, ma anche l'ampiezza e la frequenza di ciascuna delle sue componenti non rimane affatto costante. Anche da ciò possiamo dedurre che la sintesi additiva a spettro fisso, esemplificata nel par. 2.1, può non essere la più interessante. Cerchiamo di capire quindi come si può realizzare un modello più complesso, a spettro variabile. In fig. 2.32 vediamo come può variare lo spettro di un suono applicando un inviluppo diverso a ciascuna delle sue componenti.

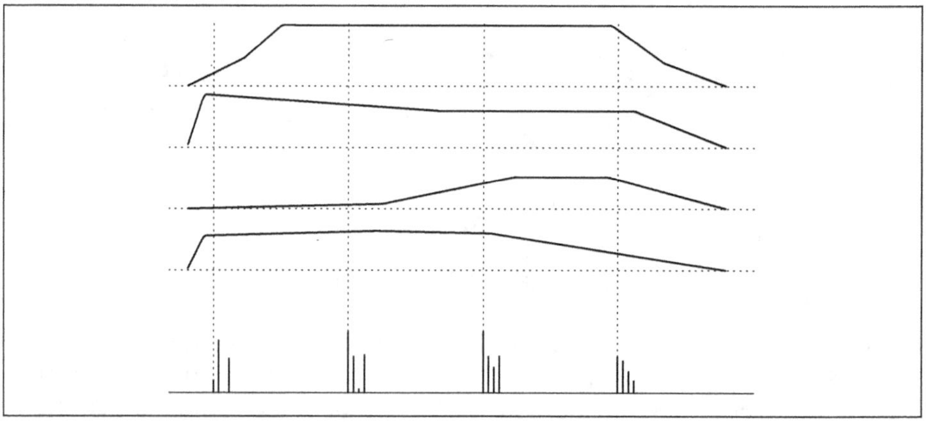

fig. 2.32: spettro variabile

In uno stesso evento, come abbiamo già detto, possiamo avere sia la variazione di ampiezza sia la variazione di frequenza di ogni singola componente. Nella parte pratica creeremo componenti inizialmente armoniche che diventano inarmoniche (e viceversa), mantenendo fissa la frequenza della fondamentale, e modificando la frequenza delle componenti stesse attraverso glissandi. Questo modo di operare consente di generare *spettri variabili*, cioè suoni il cui timbro muta nel tempo, a causa dei diversi rapporti di frequenza e/o di ampiezza fra le componenti che si creano nel corso dell'evento sonoro.
Da quanto si è detto è evidente la differenza del parametro timbro rispetto ai parametri frequenza e ampiezza. Queste ultime sono grandezze unidimensionali (un solo numero è cioè sufficiente alla loro completa definizione, ed esse possono essere rappresentate da punti su una retta). Trattandosi di grandezze unidimensionali, è sempre possibile affermare, per esempio, che una certa frequenza è maggiore di un'altra. Il timbro (o meglio, lo spettro), invece, è una grandezza pluridimensionale (per la sua definizione è necessaria una serie di

numeri che esprimano i valori delle ampiezze, delle frequenze e delle fasi di ciascuna componente), e non è quindi possibile definire una scala assoluta dei timbri (non è cioè possibile dire che un timbro sia "maggiore" di un altro). Tutt'al più è possibile individuare delle caratteristiche (brillantezza, armonicità, rugosità, densità etc.) mediante le quali ordinare i timbri, ma queste caratteristiche sono comunque difficilmente riconducibili a precise quantità numeriche.[18]
La **sintesi additiva a spettro variabile** è quindi una tecnica molto potente, perché ci permette di definire la variazione nel tempo di ogni singola componente di un suono: in questo modo è *teoricamente* possibile descrivere qualsiasi timbro, ovvero qualsiasi suono. In pratica, però, realizzare questa descrizione potrebbe non essere troppo agevole: ogni suono potrebbe essere definito da decine o anche centinaia di componenti, per ciascuna delle quali è necessario descrivere un inviluppo di ampiezza e una frequenza (o magari una serie di glissandi da una frequenza all'altra). È facile immaginare che in un brano di media complessità, con centinaia di suoni, ciascuno dei quali è il risultato della somma di decine di componenti, potrebbe essere necessario specificare parecchie migliaia di parametri. Dal punto di vista pratico possiamo dire che fino a che le componenti di un suono sono poche (non più di 8-16) è ancora possibile definirne il comportamento in maniera puntuale, altrimenti è necessario ricorrere a strategie diverse.
Si può, ad esempio utilizzare il metodo della **mascheratura**: questo metodo consiste nel definire delle "maschere", cioè degli inviluppi che tracciano il percorso della frequenza della componente più grave e di quella più acuta, e ricavare la frequenza delle altre componenti suddividendo lo spazio tra i due estremi in parti uguali o diseguali (fig. 2.33).[19]

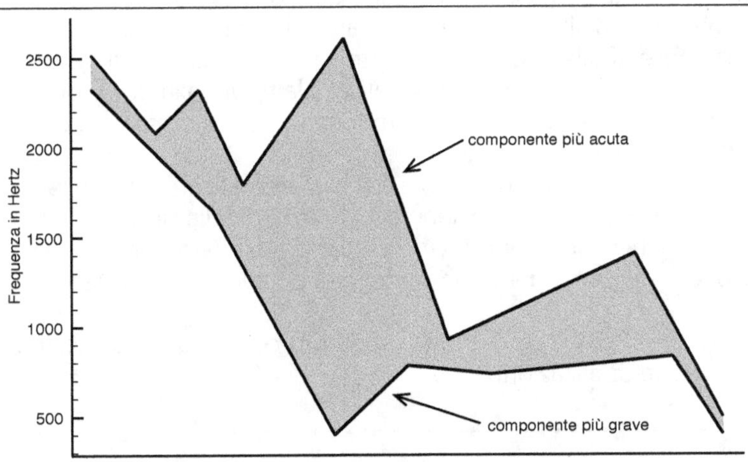

fig. 2.33: mascheratura delle frequenze di un suono complesso

[18] Alcuni interessanti saggi a proposito della rappresentazione multi-dimensionale del timbro sono di J. Grey (1975 e 1977)

[19] La tecnica della mascheratura può essere applicata, ovviamente, anche ad altri parametri oltre a quello della frequenza

In fig. 2.34 vediamo il sonogramma (parziale) relativo all'operazione di mascheratura della fig. 2.33, applicato a un suono con 10 parziali.

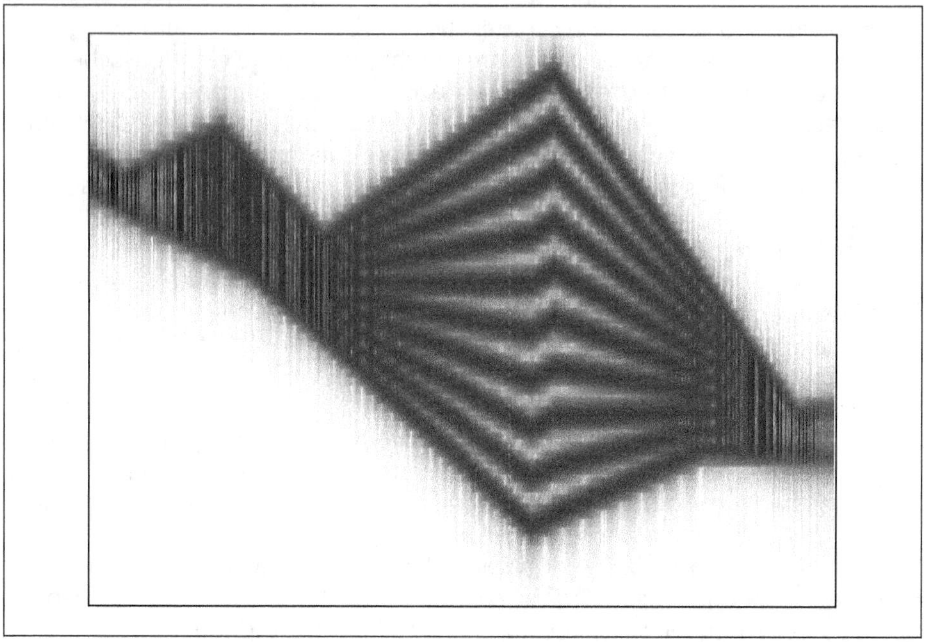

fig. 2.34: spettro risultante da un'operazione di mascheratura

Un'altra possibilità è quella di definire due o più inviluppi spettrali e fare un'interpolazione dall'uno all'altro durante l'evoluzione del suono. Questa interpolazione è simile a quella che otteniamo con la sintesi vettoriale di cui abbiamo parlato nel par. 2.3, ma in quel caso la frequenza delle componenti era fissa. Qui invece le frequenze delle componenti possono essere diverse e quindi glissare da un inviluppo spettrale all'altro.
Si possono anche definire graficamente o matematicamente delle funzioni di controllo per governare la variazione dei parametri della sintesi additiva, oppure ricorrere alla generazione di numeri casuali, o realizzare particolari algoritmi di generazione e selezione delle componenti di un suono complesso.

Nel paragrafo 2.4 del libro di pratica vedremo come possono essere realizzate alcune di queste applicazioni.

ESEMPIO VIDEO 2M • *SINTESI ADDITIVA A SPETTRO VARIABILE CONTROLLO PUNTUALE*

ESEMPIO VIDEO 2N • *SINTESI ADDITIVA A SPETTRO VARIABILE CONTROLLO MEDIANTE MASCHERATURA*

Il metodo più usato per gestire questi parametri è comunque quello che prevede l'*analisi* di un suono e la *risintesi* di questo tramite la sintesi additiva a spettro variabile. Finora abbiamo costruito infatti suoni complessi con la somma di suoni semplici, abbiamo cioè svolto un processo di *sintesi*. Ma è anche possibile effettuare il cammino opposto, di *analisi*, ovvero di scomposizione di un suono complesso nelle sue componenti semplici. Nel **teorema di Fourier** (dal matematico e fisico francese, attivo nel primo '800, Jean Baptiste Fourier) si afferma che "qualsiasi forma d'onda periodica è rappresentabile con una serie di armoniche, ovvero di componenti sinusoidali ciascuna dotata di una particolare ampiezza e fase. È quindi possibile ricavare lo *spettro* di qualsiasi suono periodico." (ivi, p.72) I sistemi di analisi del suono, anche non periodico, sono molteplici. Ne daremo conto in un prossimo volume, dove approfondiremo anche il concetto di risintesi. Per ora è utile sapere che i dati per l'evoluzione delle ampiezze e delle frequenze, che finora abbiamo stabilito liberamente, possono anche essere ricavati dall'analisi di qualunque suono complesso.

VERIFICA • *TEST A RISPOSTE BREVI*

1) In quali condizioni si può dire che due suoni sono in fase?

2) In quali condizioni si può dire che due suoni sono in controfase?

3) Se due suoni sinusoidali, uno di 5600 Hz e uno di 5595 Hz vengono sommati, quanti battimenti al secondo si produrranno?

4) Qual è la differenza fra la sintesi additiva a spettro fisso e quella a spettro variabile?

5) Se modifichiamo le frequenze e le ampiezze delle componenti di un suono complesso, otterremo una variazione del timbro del suono stesso?

VERIFICA • *TEST CON ASCOLTO E ANALISI*

6) Il suono dell'esempio AA2.1 è armonico o inarmonico? Motiva la risposta

7) Il suono dell'esempio AA2.2 si trasforma da armonico ad inarmonico o viceversa? Motiva la risposta

8) L'attacco del suono dell'esempio AA2.3 è armonico o inarmonico? Motiva la risposta

9) Il decay del suono dell'esempio AA2.4 è armonico o inarmonico? Motiva la risposta

CONCETTI DI BASE

1) Nella sintesi additiva, i valori dell'ampiezza delle diverse onde, istante per istante, si sommano algebricamente, cioè con il loro segno positivo o negativo.

2) In un suono complesso le **componenti armoniche** sono quelle la cui frequenza è in rapporto intero con quella della fondamentale. In assenza di tale rapporto si parla di **componenti inarmoniche**.

3) Se due onde hanno la stessa frequenza, e se i loro picchi positivi coincidono, diremo che esse sono **in fase**, se esse sono sfasate di un semiperiodo sono **in controfase**.

4) Il fenomeno del **battimento** è causato da una leggera differenza di frequenza di due onde che vengono sommate, ma ha per effetto una variazione ciclica dell'ampiezza dell'onda risultante. Se invece di sommare due sinusoidi sommiamo due suoni complessi di frequenza lievemente diversa, si creano battimenti non solo fra le due fondamentali, ma anche fra ognuna delle componenti del primo suono e ognuna delle componenti corrispondenti del secondo suono.

5) Nei suoni naturali tutti i valori dei **parametri fondamentali variano nel tempo**, compresa la frequenza e l'ampiezza di ogni componente.

GLOSSARIO

Battimenti
Variazione ciclica dell'ampiezza di un suono risultante dalla somma di due suoni con frequenza leggermente diversa.

Componenti armoniche
Componenti superiori di un suono complesso con frequenza in rapporto intero con la frequenza della fondamentale.

Componenti inarmoniche
Componenti superiori di un suono complesso con frequenza in rapporto non intero con la frequenza più grave.

Componenti quasi armoniche
Componenti superiori di un suono complesso con frequenza in rapporto molto vicino a quello intero con la frequenza della fondamentale.

Dominio della frequenza (Rappresentazione nel)
Rappresentazione grafica dell'ampiezza delle componenti di un suono in cui i valori di frequenza sono posti sull'asse delle x e i valori d'ampiezza sull'asse delle y.

Dominio del tempo (Rappresentazione nel)
Rappresentazione grafica dell'andamento dell'ampiezza istantanea di un suono in cui i valori di tempo sono posti sull'asse delle x e i valori d'ampiezza sull'asse delle y.

Fase
La posizione in cui si trova il ciclo di un'onda in un determinato istante.

Fase normalizzata
Fase che, invece di essere rappresentata in gradi da 0° a 360°, o in radianti da 0 a 2π, viene rappresentata in valori decimali da 0 a 1.

Fondamentale
La componente più grave di un suono armonico. Se la fondamentale è apparente, ovvero la sua ampiezza è 0, essa corrisponde al massimo comun divisore fra le frequenze delle componenti presenti.

Fondamentale apparente
Fenomeno in cui, in un suono ad altezza definita pur mancando la fondamentale, il suono viene comunque percepito con un'altezza pari alla fondamentale mancante.

Frequency domain
Vedi dominio della frequenza.

Glissando infinito
Vedi Shepard Tone

In controfase
Condizione in cui si trovano due onde della stessa frequenza e forma d'onda se sfasate di un semiperiodo.

In fase
Condizione in cui si trovano due onde della stessa frequenza i cui picchi d'ampiezza coincidono.

Interferenza costruttiva
Condizione determinata dalla somma di due onde le cui ampiezze siano, in un dato istante, entrambe positive o entrambe negative.

Interferenza distruttiva
Condizione determinata dalla somma di due onde le cui ampiezze siano, in un dato istante, di segno diverso.

Inviluppo spettrale
Considerato il grafico di uno spettro, l'inviluppo spettrale è la curva che unisce le sommità delle barre che rappresentano le ampiezze delle armoniche.

Mascheratura
Un'area limitata da due confini di tempo varianti. I limiti inferiori e superiori della maschera possono essere valori costanti e/o inviluppi.

Onda periodica
Onda la cui forma si ripete uguale in ogni periodo.

Parziali
Vedi Componenti (varie voci).

Shepard tone
Effetto per il quale un suono sembra glissare all'infinito senza mai raggiungere un punto d'arrivo. Ciò è ottenuto mediante dissolvenza incrociata di suoni i cui glissati sono leggermente sfasati nel tempo fra loro.

Sintesi additiva a spettro fisso
Sintesi additiva in cui ha luogo la somma fra componenti che non variano nel tempo in ampiezza e frequenza.

Sintesi additiva a spettro variabile
Sintesi additiva in cui le componenti variano nel tempo in ampiezza e/o frequenza.

Sintesi tabellare (o Wavetable Synthesis)
Tecnica di sintesi che, nella forma più semplice, consiste nella lettura con un oscillatore di una tabella contenente un ciclo di una forma d'onda complessa, ovvero formata da più componenti sinusoidali. Esiste inoltre un tipo più evoluto di sintesi tabellare (come ad esempio la sintesi vettoriale) che prevede interazioni fra più tabelle a forma d'onda complessa. Questo secondo tipo può includere un algoritmo per modificare in modo dinamico la forma d'onda mentre l'evento sonoro procede nel tempo.

Sintesi vettoriale (Vector Synthesis o Wavetable Crossfading)
Dissolvenza incrociata di tabelle come metodo per generare suoni a spettro variabile.

Sonogramma o spettrogramma
Rappresentazione dell'evoluzione di uno spettro in funzione del tempo. La frequenza delle componenti è mostrata su un asse (in genere delle y) il tempo sull'altro asse, la scala cromatica (o dei grigi) indica l'ampiezza di ogni componente.

Spettro sonoro
Rappresentazione dell'ampiezza delle componenti di un suono in funzione della frequenza (frequency domain).

Suono complesso
Un suono formato da (e scindibile in) più componenti sinusoidali.

Suono periodico / Suono aperiodico
Un suono periodico è un suono prodotto dalla ripetizione ciclica di una forma d'onda. Un suono

aperiodico, invece, è un suono nel quale non è possibile individuare una forma d'onda che si ripete ciclicamente nel tempo.

Tabella
Una tabella o vettore (array) è una serie ordinata di valori, in cui a ciascun valore è associato un numero indice.

Teorema di Fourier
Teorema elaborato da Jean Baptiste Fourier secondo il quale qualsiasi forma d'onda, purché periodica, è rappresentabile con una serie teoricamente infinita di armoniche, ciascuna delle quali è dotata di una particolare ampiezza e fase.

Time domain
Vedi dominio del tempo.

Vettore
Vedi Tabella.

DISCOGRAFIA

Karlheinz Stockhausen, Studie I e Studie II, Stockhausen Verlag, CD ST100-3
Franco Evangelisti, Incontri di Fasce sonore, ed. RZ 1011-12
Walter Branchi, Alba Plena, www.walter-branchi.com
David Wessel, Antony, Wergo, WER 20302

UN PO' DI STORIA • www.virtual-sound.com/cmsupport

Leggi file: "Storia_Additiva.pdf" (G. Rapisarda)

2P
SINTESI ADDITIVA E SINTESI VETTORIALE

CONTRATTO FORMATIVO

PREREQUISITI PER IL CAPITOLO
- Cap. 1 (teoria e pratica), Cap.2 (teoria), Interludio A

OBIETTIVI
Abilità
- Saper sintetizzare un suono complesso partendo da semplici sinusoidi
- Saper sintetizzare suoni armonici e inarmonici in sintesi additiva e tabellare e trasformare gli uni negli altri e viceversa tramite controlli d'ampiezza e frequenza
- Saper realizzare forme d'onda triangolari, quadre, o a dente di sega approssimate mediante addizione di componenti armoniche sinusoidali
- Saper controllare i battimenti fra due suoni sinusoidali o armonici
- Saper sintetizzare suoni in sintesi vettoriale

Competenze
- Saper realizzare un breve studio sonoro basato sulle tecniche di sintesi additiva e memorizzarlo su file audio.

CONTENUTI
- Sintesi additiva a spettro fisso e variabile
- Suoni armonici e inarmonici
- Fase e battimenti
- Interpolazione
- Sintesi vettoriale

TEMPI - Cap. 2 (Teoria e Pratica)
Autodidatti
Per 300 ore globali di studio individuale (vol. I, teoria e pratica):
- ca. 60 ore

Corsi
Per un corso globale di 60 ore in classe + 120 di studio individuale (vol. I, teoria e pratica):
- ca. 10 ore frontali + 2 di feedback
- ca. 24 di studio individuale

ATTIVITÀ
- Attività al computer: sostituzione di parti di algoritmi, correzione, completamento e analisi di algoritmi, costruzione di nuovi algoritmi

VERIFICHE
- Realizzazione di uno studio breve
- Compiti unitari di Reverse Engineering

SUSSIDI DIDATTICI
- Lista oggetti Max - Lista messaggi, attributi e parametri per oggetti Max specifici - Glossario

2.1 SINTESI ADDITIVA A SPETTRO FISSO

Realizziamo per prima cosa una *patch* per la sintesi additiva con *spettro armonico*, ricreando con Max la figura 2.12 nel par 2.1 della parte teorica, che rappresenta 10 oscillatori le cui uscite vengono sommate da un miscelatore. Abbiamo bisogno quindi di 10 oggetti `cycle~` ai quali forniremo 10 frequenze, ciascuna delle quali deve essere un multiplo intero della fondamentale: per ottenere queste frequenze moltiplicheremo quindi una fondamentale data per una serie di interi successivi.
In figura 2.1 vediamo la *patch* relativa (**02_01a_additiva.maxpat**).

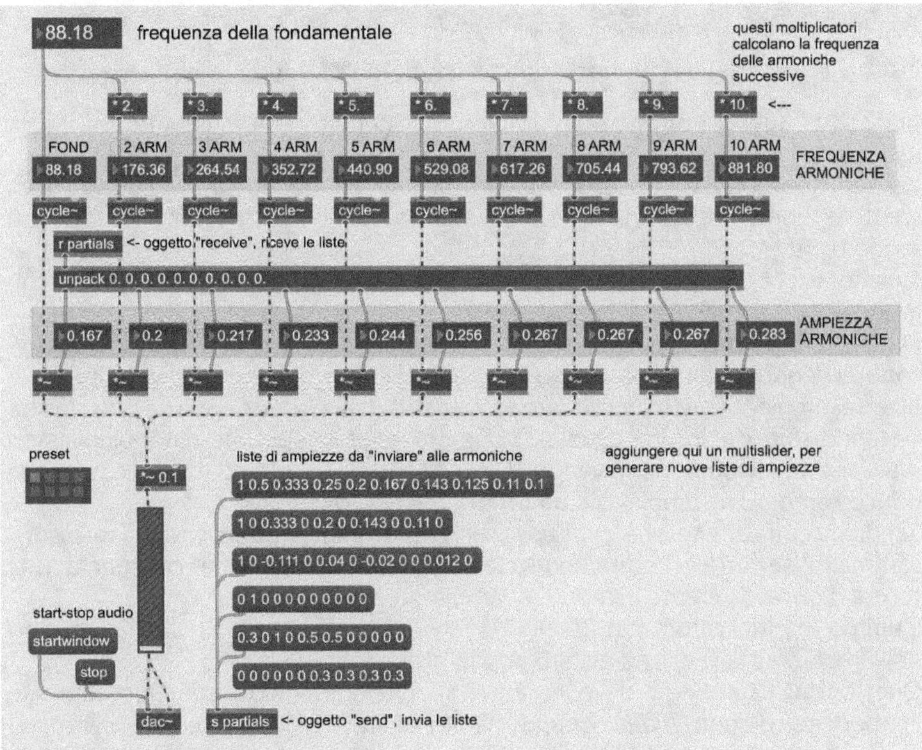

fig. 2.1: file 02_01a_additiva.maxpat

Il *number box* in alto ci permette di impostare la frequenza fondamentale, che viene passata ad alcuni operatori `*~` che la moltiplicano per interi successivi in modo da darci una serie di frequenze multiple della fondamentale. La frequenza della fondamentale e le frequenze che escono dai moltiplicatori sono visualizzate in 10 *number box* collegati ad altrettanti `cycle~`, e ogni `cycle~` è connesso a un moltiplicatore di segnali (`*~`) che ne riscala l'uscita. Notiamo che normalmente l'ampiezza del segnale in uscita da `cycle~` ha valore 1, perciò il valore dato ad ogni moltiplicatore esprimerà direttamente l'ampiezza di ogni armonica (ad es. 1 · 0.5 = 0.5). Questi moltiplicatori di segnali, dunque, fanno sì che ogni armonica abbia una diversa ampiezza, a seconda del valore inserito nel moltiplicatore. Dato che abbiamo 10 oscillatori, ci sono dieci valori per i moltiplicatori da determinare.

Come abbiamo visto nelle *patch* al par. IA.10 dell'interludio A, possiamo inserire una lista di numeri in un *message box* oppure in un **multislider**.
Vediamo innanzitutto il primo caso: le ampiezze desiderate vengono raggruppate in liste all'interno di *message box* e vengono inviate ai 10 moltiplicatori da un oggetto **send**, [s partials], e dal corrispondente **receive**, che è collegato ad un **unpack** che distribuisce i singoli valori ai relativi moltiplicatori (fig. 2.1b).

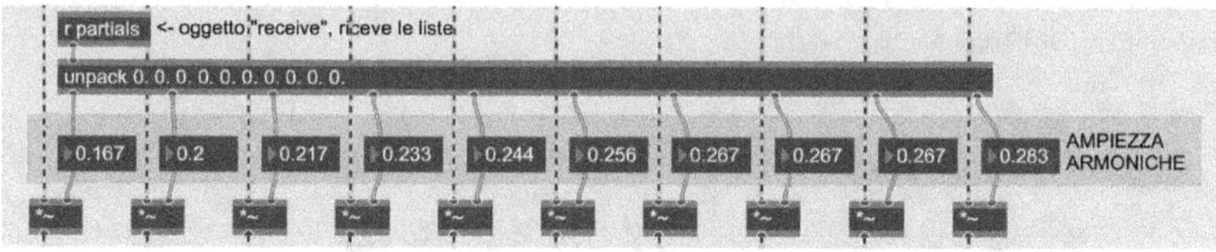

fig. 2.1b: l'oggetto **unpack** suddivide una lista nei singoli elementi

Le liste di ampiezze si possono creare anche utilizzando un **multislider**: createne uno in basso a destra, impostando tramite l'*inspector* 10 *slider* con *range* 0, 1.
Questo **multislider** dovrà essere collegato ad un oggetto **send** con argomento "partials".
Oltre a ciò è anche possibile agire direttamente sui *float number box* che sono collegati all'ingresso destro dei moltiplicatori di segnale per calibrare le diverse ampiezze, e memorizzare il risultato nell'oggetto **preset** a sinistra (facendo *shift-clic* in una casella). Dopo essere state riscalate dai moltiplicatori d'ampiezza, le componenti vengono inviate tutte a un ultimo moltiplicatore che riduce l'ampiezza complessiva ad un decimo.
Sappiamo infatti che due o più segnali che entrano in uno stesso ingresso si sommano; se tutte le componenti avessero ampiezza massima, cioè pari a 1, la forma d'onda risultante avrebbe un'ampiezza pari a 10.
L'ultimo moltiplicatore ha quindi lo scopo di riportare il valore assoluto dell'ampiezza tra 0 e 1 ed evitare così la distorsione del suono.[1]
Questo **multislider** deve inviare i suoi dati in modo continuo: durante la modifica di uno *slider*, cioè, tutte le variazioni devono essere inviate ai moltiplicatori. Di *default* però il **multislider** invia la sua lista soltanto alla fine della modifica, quando viene rilasciato il tasto del mouse. Per ottenere l'aggiornamento continuo apriamo l'*inspector* dell'oggetto, cerchiamo l'attributo "Mouse Output Mode" (categoria Style) e nel menu dell'attributo selezioniamo la voce "Mouse Down + Continuous Data".

Come abbiamo detto, grazie alla possibilità di gestire canali audio multipli, diventa molto semplice creare *patch* in cui diversi segnali vengono elaborati in parallelo: la *patch* di figura 2.1 non sfrutta ancora questa possibilità perché abbiamo voluto innanzitutto mostrare l'algoritmo completo, in modo da capire meglio il percorso dei singoli segnali.

---

1 Sulla distorsione dovuta ad ampiezze eccessive vedi par. 1.2 della teoria.

Adesso possiamo vedere come si può realizzare lo stesso algoritmo utilizzando i segnali multicanale: caricate la *patch* **02_01b_additiva_multicanale.maxpat** (figura 2.1c).

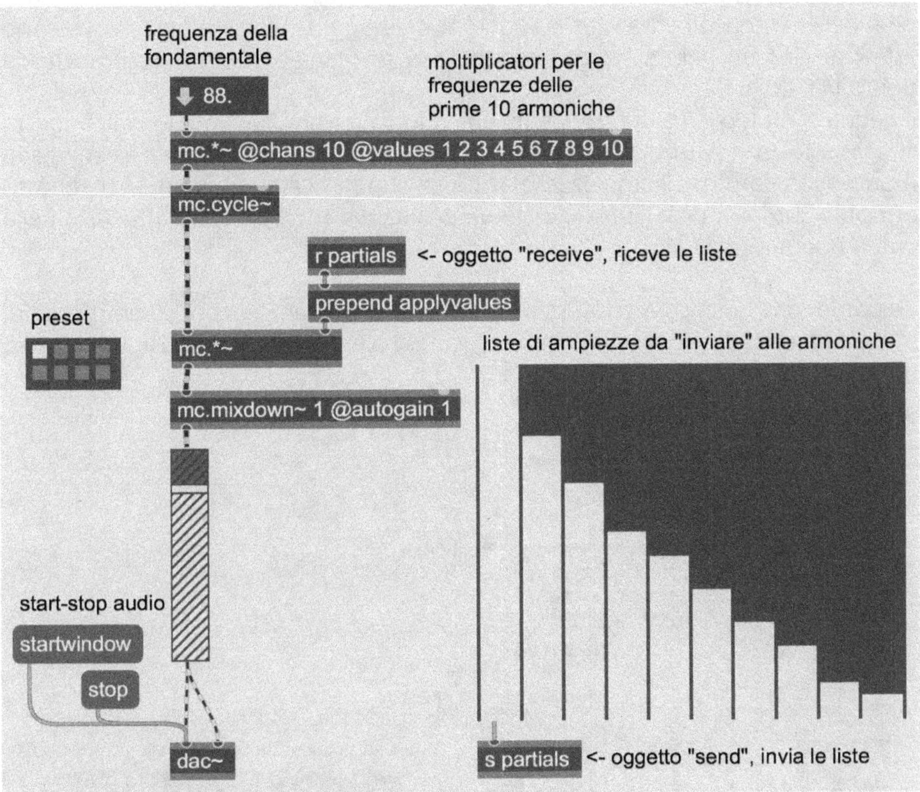

fig. 2.1c: file **02_01b_additiva_multicanale.maxpat**

Analizziamo la *patch* partendo dall'alto: il primo oggetto è un `number~` in modalità "generatore di segnale"; notate infatti che la piccola onda che normalmente appare nella parte sinistra è stata sostituita da una freccia che punta verso il basso. In questa modalità l'oggetto `number~` genera un segnale costante corrispondente al valore mostrato. Per passare da una modalità all'altra è necessario fare clic sull'icona (onda o freccia) presente sulla sinistra dell'oggetto. Il valore generato da `number~` (88, in figura) viene passato al moltiplicatore multicanale `mc.*~`: notate che all'interno di quest'ultimo oggetto è stato impostato, come primo attributo, "@chans 10". Questo attributo determina, come è facile capire, il numero di canali audio che desideriamo (ovvero il numero di copie, o istanze, del moltiplicatore di segnali): il segnale (singolo) trasmesso dall'oggetto `number~`, viene inviato a tutti canali dell'oggetto `mc.*~`. Il secondo attributo è "@values 1 2 3 4 5 6 7 8 9 10", che imposta i fattori di moltiplicazione per ogni istanza (vedi anche la figura IA.74b al paragrafo IA.12). I valori generati dal moltiplicatore vengono passati all'oscillatore multiplo `mc.cycle~` che, ricevendo un segnale a 10 canali, genera 10 oscillatori sinusoidali (in questo caso, quindi, non c'è bisogno dell'attributo @chans, perché

l'oggetto `mc.cycle~` si adatta al numero di canali che riceve). L'ampiezza di ciascun oscillatore viene poi riscalata da un altro moltiplicatore `mc.*~`, che riceve, tramite la coppia di oggetti [`s` partials] e [`r` partials], la lista di ampiezze generata dal **`multislider`**: prima di essere passata al moltiplicatore, alla lista viene anteposto (tramite prepend) il messaggio "applyvalues", necessario affinché ciascun valore venga assegnato a un canale diverso (vedi anche la figura IA.74c al paragrafo IA.12).
Il segnale multiplo risultante viene poi ridotto a segnale singolo dall'oggetto `mc.mixdown~`: l'attributo "@autogain 1", come sappiamo, riscala il segnale in modo da evitare che l'ampiezza istantanea superi i valori massimi -1/1 (questo attributo svolge qui la stessa funzione svolta dal moltiplicatore [*~ 0.1] nella *patch* di figura 2.1).

Vediamo ora una caratteristica del sistema multicanale che ci permette di semplificare ulteriormente la *patch*: caricate il file **02_01c_additiva_harmonic.maxpat** (figura 2.1d).

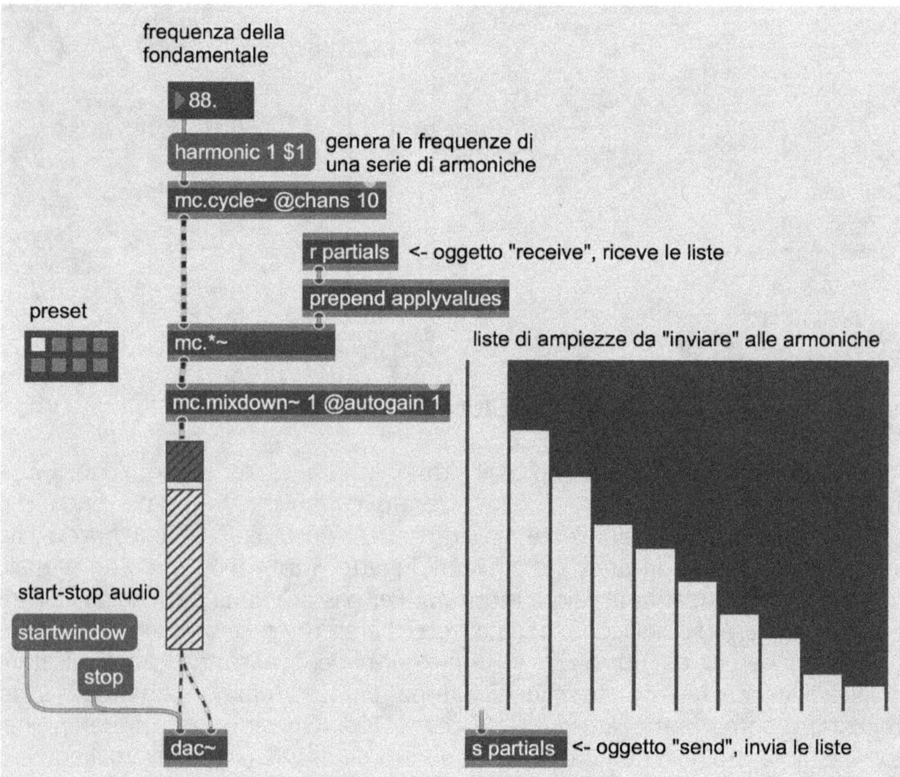

fig. 2.1d: *patch* **02_01c_additiva_harmonic.maxpat**

Come si può vedere abbiamo sostituito il moltiplicatore presente in alto nella *patch* precedente con il messaggio [harmonic 1 $1]. Questo messaggio fa parte di una serie di messaggi "generatori" che impostano, secondo determinate funzioni, i valori delle istanze contenute in un *wrapper* multicanale[2]: "harmonic" è il nome del generatore, il successivo valore, 1, indica una normale sequenza di armoniche (vedremo più avanti cosa viene generato con valori diversi) e l'ultimo valore determina la frequenza fondamentale della serie armonica. La serie generata nella *patch* in figura sarà quindi 88, 176, 264 etc. Ognuno di questi valori viene inviato a un diverso oscillatore. Questo è solo uno dei messaggi che abbiamo a disposizione per generare valori nel sistema multicanale: ne vedremo altri a breve.
Notate che abbiamo aggiunto all'oggetto `mc.cycle~` l'attributo "@chans 10" (che nella *patch* precedente si trovava nel moltiplicatore in alto, ora cancellato) in modo che il *wrapper* sappia quante copie (o istanze) dell'oscillatore desideriamo.

La *patch* di figura 2.1d è molto più "snella" dell'equivalente *patch* di figura 2.1, e ci fa capire l'utilità del sistema multicanale. Non bisogna però pensare che la seconda *patch*, avendo molti meno oggetti, sia più leggera per la CPU: in realtà, come abbiamo detto, il *wrapper* multicanale crea "dietro le quinte" il numero di oggetti necessari a gestire tutti i segnali; questo significa che anche nella *patch* di figura 2.1d sono presenti, pur se invisibili, 10 oscillatori `cycle~` e 10 moltiplicatori MSP.

Create diversi profili spettrali, memorizzateli nei *preset* e cercate di apprezzare la differenza di timbro che si ha quando vengono enfatizzate le componenti più gravi, o le centrali, o quelle acute.

• •

ATTIVITÀ

Usando la *patch* **02_01c_additiva_harmonic.maxpat** create due *preset*, uno con tutte le ampiezze delle armoniche dispari a 1 e le pari a 0 e l'altro con le armoniche pari a 1 e le dispari a 0. A parte il timbro, qual è la differenza più evidente? E perché?

Sempre con la *patch* **02_01c_additiva_harmonic.maxpat**, (facendo riferimento alla questione della fondamentale mancante o frequenza fantasma, trattata nel par. 2.1 della teoria) partite da uno spettro in cui tutte le ampiezze delle armoniche siano a 1, e poi azzerate l'ampiezza della fondamentale. Sentirete ancora uno spettro la cui fondamentale è pari alla frequenza che abbiamo azzerato. Provate a ridurre a zero l'ampiezza delle armoniche successive, una ad una. A che punto non si percepisce più la fondamentale?

• •

[2] Ricordiamo che il *wrapper* è l' "involucro" che racchiude le istanze (copie) degli oggetti MSP necessari a generare il segnale multiplo: vedi il paragrafo IA.12.

LA FASE

Affrontiamo qui un argomento lungamente discusso nel par. 2.1 della parte di teoria, ovvero quello della *fase* di una forma d'onda periodica: si tratta di un concetto fondamentale che verrà sviluppato in diversi capitoli, è quindi importante comprendere come la fase viene gestita in Max.
Probabilmente avrete notato che l'oggetto **cycle~** ha due ingressi: il sinistro, come già sappiamo, ci permette di impostare la frequenza, il destro ci permette invece di impostare la fase *normalizzata*, ovvero ci permette di inviare un valore compreso tra 0 e 1 che corrisponde ad uno scostamento di fase compreso tra 0° e 360° (o tra 0 e 2π radianti, vedi box dedicato alla fase nel par. 2.1 della teoria).
Ricostruite la *patch* di fig. 2.2 in una nuova *Patcher Window*.

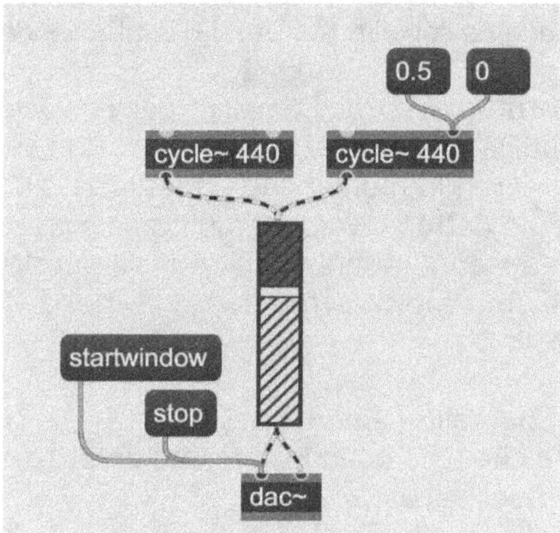

fig. 2.2: interferenza costruttiva e distruttiva

Abbiamo due **cycle~** a 440 Hz, il secondo dei quali ha due *message box* collegati all'ingresso destro (quello della fase, come sappiamo adesso) contenenti i numeri 0.5 e 0. Avviate la *patch* facendo clic su "*startwindow*" e alzate il cursore dell'oggetto **gain~**: si sente un La a 440 Hz generato dai due oscillatori che si sommano e sono perfettamente in fase.
Fate ora clic sul *message box* contenente il numero 0.5 e il suono scomparirà.
Cosa è successo? È successo che abbiamo spostato la fase del secondo oscillatore di 0.5, ovvero di mezzo ciclo, o più propriamente di 180°. I due oscillatori si trovano quindi in *opposizione di fase*[3] e la somma dei due segnali è pari a 0. Facendo clic sul *message box* che contiene il numero 0, riportiamo i due oscillatori in concordanza di fase, e torniamo a sentire il suono.
Per comprendere meglio il meccanismo, modificate la *patch* come da fig. 2.3.
Abbiamo sostituito i due *message box* collegati all'ingresso destro del secondo oscillatore con un *float number box* e abbiamo aggiunto tre oggetti **send** per inviare i segnali prodotti dai due oscillatori e la loro somma a tre **scope~**.

[3] O polarità rovesciata, vedi box dedicato alla fase nel par. 2.1 della teoria.

Inoltre, tramite altri tre **send** collegati ad un *number box* per i numeri interi, possiamo inviare l'attributo "samples per pixel"[4] ai tre oscilloscopi per regolare la visualizzazione.

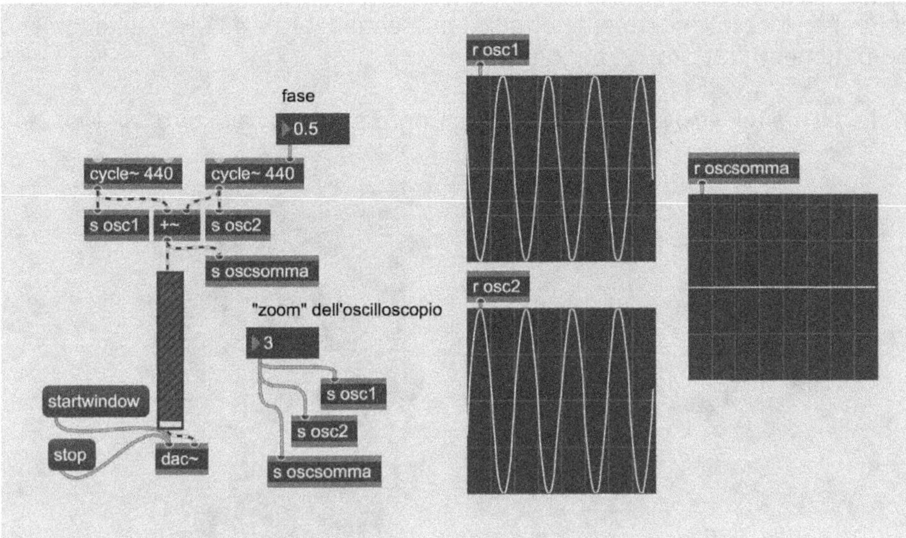

fig. 2.3: variazioni di fase

Notate che sia i segnali sia i valori numerici vengono inviati agli oscilloscopi tramite oggetti **send** con lo stesso nome ("osc1", "osc2" e "oscsomma"): l'oggetto **scope~** infatti, come sappiamo, accetta nello stesso ingresso segnali che visualizza come forma d'onda e valori numerici che utilizza come parametro per la visualizzazione.
Impostate i *number box* come quelli illustrati in figura e fate clic su "*startwindow*": dovreste vedere le onde sinusoidali in opposizione di fase nei due primi oscilloscopi e la somma "nulla" nel terzo. Fate clic su "*stop*" e verificate che le due sinusoidi negli oscilloscopi siano effettivamente in opposizione di fase (come si vede in figura). Proviamo ora (dopo aver nuovamente fatto clic su "*startwindow*") a modificare il valore del *float number box* che controlla la fase del secondo oscillatore: appena iniziamo a scendere da 0.5 a 0 udiamo un suono (corrispondente alla somma dei due oscillatori) che cresce progressivamente in ampiezza, fino ad oscillare tra -2 e 2 quando i due oscillatori sono in fase.[5] Se poi proviamo valori di fase superiori a 1, noteremo che quando la fase corrisponde a un numero intero il suono raggiunge la sua massima ampiezza, mentre si annulla quando la fase è a metà strada tra due numeri interi (1.5, 2.5, 3.5 etc.): valori superiori a 1 (ovvero superiori a 360°), infatti, fanno compiere

[4] Vedi par. 1.2, dove abbiamo spiegato che questo attributo può essere considerato, anche se un po' impropriamente, come una sorta di fattore di "zoom" dell'oscilloscopio.

[5] L'onda risultante oscilla tra -2 e 2 perché è la somma di due cosinusoidi (vedi più avanti) che oscillano tra -1 e 1 e sono perfettamente in fase.

ulteriori rotazioni alla fase come abbiamo spiegato nel paragrafo 2.1 della parte di teoria, nel box dedicato alla fase. Tutto questo funziona, naturalmente, solo se i due generatori hanno la stessa frequenza, in caso contrario il rapporto tra le fasi delle due oscillazioni varierebbe in continuazione, dando luogo, nel caso di frequenze solo leggermente diverse (ad esempio 440 e 441 Hz), al fenomeno dei battimenti trattato nel par. 2.2.

Vediamo ora un altro possibile utilizzo dell'ingresso di destra di **cycle~** (fig. 2.4).

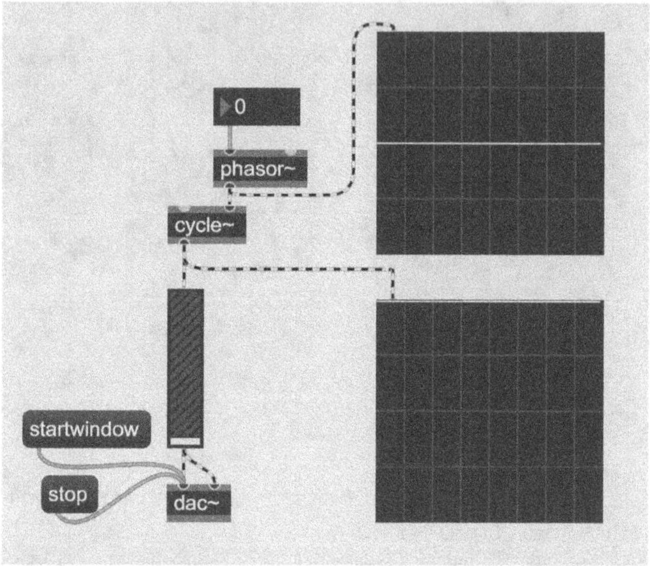

fig. 2.4: oscillatore guidato da un **phasor~**

Qui abbiamo un **cycle~** a 0 Hz (dal momento che non ha nessun argomento e nessun messaggio numerico all'ingresso di sinistra) la cui fase viene modificata da un **phasor~** che nell'immagine ha una frequenza di 0 Hz (è quindi fermo). Osservando gli oscilloscopi vediamo che **phasor~** genera un flusso di campioni di valore 0 (è quindi fermo all'inizio del suo ciclo), e **cycle~** genera un flusso di campioni di valore 1, è anch'esso quindi fermo all'inizio del suo ciclo. È importante sottolineare il fatto che il ciclo della forma d'onda generata da **cycle~** comincia da 1: come abbiamo infatti accennato nel par 1.1, **cycle~** genera una *cosinusoide*, non una sinusoide, e inizia quindi il suo ciclo partendo da 1 (cioè dal massimo valore positivo).[6]
Viceversa, come già sappiamo, l'oggetto **phasor~** inizia il suo ciclo partendo da 0.

[6] Per una definizione della funzione coseno vedi i parr. 1.2 e 2.1 della teoria.

Adesso diamo al **phasor~** una frequenza maggiore di 0, ad esempio 5 Hz (vedi fig. 2.5).

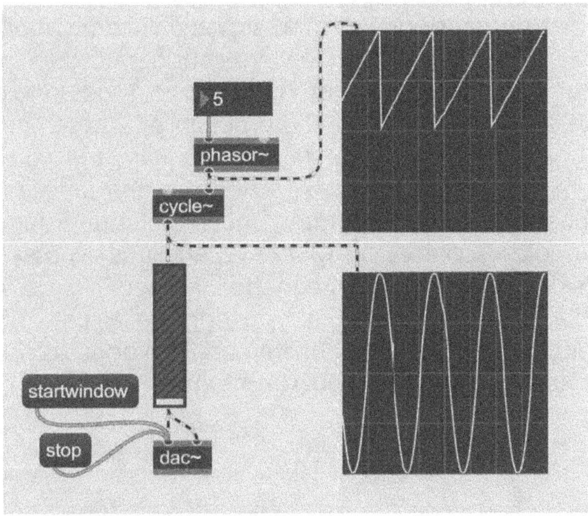

fig. 2.5: **phasor~** a 5 Hz

Provate a ricostruire questa *patch*: l'oggetto **phasor~** controlla in modo continuo la fase di **cycle~** facendolo oscillare alla sua stessa frequenza e con la sua stessa fase. Come sappiamo dal par. 1.2, infatti, **phasor~** genera rampe che vanno da 0 a 1: queste rampe, applicate alla fase di **cycle~**, ne provocano l'oscillazione (e questo ci spiega il motivo per cui l'oggetto **phasor~** si chiama così, perché una delle sue funzioni principali è guidare la fase di un altro oggetto).
Come vediamo in figura 2.5, ad ogni rampa generata da **phasor~** corrisponde un'oscillazione completa di **cycle~**: quest'ultimo quindi oscilla alla frequenza di 5 Hz. Se eliminiamo il **phasor~** e diamo a **cycle~** una frequenza di 5 Hz tramite un messaggio al suo ingresso di sinistra, o un argomento, otteniamo la stessa identica oscillazione: in altre parole è come se **cycle~** avesse un suo "motore phasor" interno.
Questo "motore" ad esempio manca nell'oggetto **triangle~** (vedi par. 1.2) che infatti può oscillare solo se è guidato da un **phasor~**. Anche nel caso della forma d'onda triangolare possiamo parlare di fase: infatti, la fase (o indice) si può anche definire come la posizione all'interno di un ciclo della forma d'onda (vedi par. 2.1 della parte di teoria). Vedremo tra poco un altro importante esempio di oggetto che produce oscillazioni quando viene collegato ad un **phasor~**.

Ci si potrebbe chiedere cosa succederebbe se l'oggetto **cycle~** della figura 2.5 avesse anche una propria frequenza, oltre ad essere guidato dal **phasor~**: niente di particolarmente complesso, i valori delle due frequenze (quella del **cycle~** e quella del **phasor~**) semplicemente si sommerebbero.
Provate ad esempio a dare l'argomento 440 al **cycle~** e impostate la frequenza del **phasor~** a 220 Hz: il risultato sarà una (co)sinusoide a 660 Hz.

USO DI TABELLE PER GLI OSCILLATORI

Generare uno spettro armonico fisso, ovvero una singola forma d'onda periodica, sommando un certo numero di oscillatori sinusoidali come abbiamo fatto nelle *patch* di figura 2.1, 2.1c e 2.1d[7], può essere considerato uno spreco di risorse. Gli oscillatori infatti, come abbiamo visto nel capitolo 1, possono generare anche forme d'onda diverse dalla sinusoide, ed è possibile, ad esempio, memorizzare una forma d'onda arbitraria in una tabella ed utilizzarla con un oscillatore. Sarebbe quindi molto più "economico" scrivere in una tabella il risultato della somma delle sinusoidi (ovvero la forma d'onda risultante) e far eseguire quella tabella ad un singolo oscillatore. In MSP una tabella che possa contenere una forma d'onda si chiama *buffer* e l'oggetto che serve a gestirla è appunto `buffer~`: abbiamo già incontrato questo oggetto al par. 1.5. Vediamo un esempio in cui oltre a `buffer~` presentiamo un altro oggetto che ci servirà nelle prossime *patch*: aprite il file **02_02_buffer.maxpat** (vedi fig. 2.6).

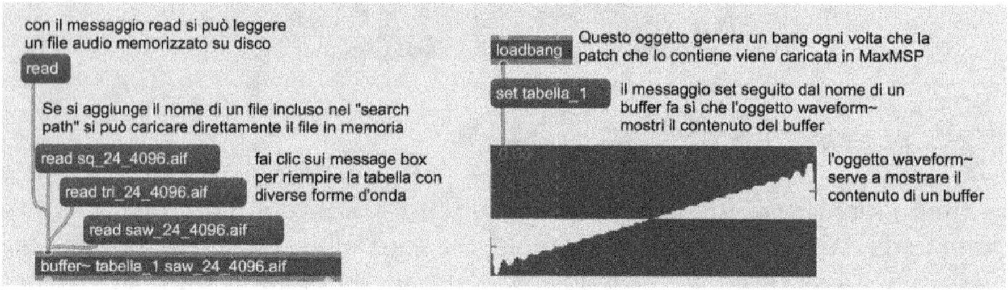

fig. 2.6: file 02_02_buffer.maxpat

Per ora osserviamo solo la parte sinistra della *patch* dove abbiamo l'oggetto `buffer~` seguito da due argomenti: "tabella_1" e "saw_24_4096.aif". Il primo argomento è il nome della tabella (vedremo tra poco qual è l'utilità di dare un nome ad una tabella) e il secondo è il nome del file audio che viene caricato all'interno di questa tabella: il file audio per essere "visto" da Max si deve trovare all'interno del cosiddetto "percorso di ricerca" o *search path*.[8]
È anche possibile caricare nel *buffer* un nuovo file audio tramite il messaggio "*read*" seguito o meno dal nome di un file, come potete vedere in figura[9], e si può anche trascinare il nome di file audio dal *File Browser* all'oggetto `buffer~`, esattamente come avevamo fatto con l'oggetto `sfplay~` al par. 1.5.[10]
Ricapitolando, nella parte sinistra della *patch* abbiamo un oggetto `buffer~` che contiene una tabella che abbiamo chiamato "tabella_1" che a sua volta contiene una forma d'onda che è memorizzata nel file "saw_24_4096.aif";

[7] Ricordiamo che, anche se nelle figure 2.1c e 2.1d usiamo un solo oscillatore multicanale, questo è realizzato utilizzando più copie di oscillatori singoli.

[8] E in effetti il file "saw_24_4096.aif" si trova nella libreria Virtual Sound Macros. Sul percorso di ricerca vedi il par. 1.2 e il par. IA.4 su subpatch e abstraction nell'Interludio A.

[9] Le forme d'onda che è possibile caricare in questa patch si trovano all'interno della libreria Virtual Sound, in una cartella chiamata "virtualsound waves".

[10] Vi ricordiamo che il File Browser è richiamabile dal menù File o digitando <Mac: Command–b> <Win: Control–b>.

lo strano nome che abbiamo dato al file indica semplicemente che la forma d'onda è un "dente di sega", ovvero un *sawtooth*, costruito con 24 componenti armoniche e lungo 4096 campioni. Facendo doppio clic sull'oggetto **buffer~** si apre una finestra che ci mostra il contenuto della tabella.
Passiamo ora alla parte destra della *patch* dove abbiamo introdotto l'oggetto **waveform~**: questo oggetto grafico si trova nella sotto-categoria "Audio" della *palette* "Add" e serve a visualizzare il contenuto di un oggetto **buffer~** nella *Patcher Window*. Dal momento che potrebbero esserci più **buffer~** nella *patch*, dobbiamo indicare a **waveform~** qual è la tabella a cui vogliamo riferirci tramite il messaggio "*set*" seguito dal nome del **buffer~**: è quello che facciamo con il *message box* collegato all'oggetto.
Il messaggio **set** merita un'analisi approfondita, perché ha molte applicazioni diverse: abbiamo visto (nel paragrafo IA.8 dell'Interludio A, dedicato ai *message box*) che quando precede un altro messaggio serve a far visualizzare quest'ultimo all'interno del *message box*. In questo caso, invece, "*set*" serve a indicare all'oggetto **waveform~** qual è la tabella che deve visualizzare. Il messaggio "*set*" (fate attenzione al fatto che è un *messaggio*, non un oggetto!) viene usato in molti altri oggetti Max e MSP e serve generalmente per impostare determinati parametri (che sono diversi da oggetto a oggetto); incontreremo ancora questo messaggio nel corso dei prossimi capitoli.
Notate che il nome che passiamo a **waveform~** è il nome del *buffer* ("*tabella_1*"), non il nome del file ("saw_24_4096.aif"), e ogni volta che carichiamo una nuova forma d'onda nel *buffer* l'oggetto **waveform~** ce la mostra. I numeri nella parte alta dell'oggetto indicano il tempo in millisecondi: un file audio di 4096 campioni alla frequenza di campionamento di 44100 Hz è lungo circa 93 millisecondi.
L'oggetto **loadbang** collegato al *message box* genera, come sappiamo, un *bang* ogni volta che carichiamo in Max la *patch* che lo contiene. Questo *bang* fa sì che il messaggio "*set tabella_1*" venga inviato a **waveform~** senza che ci sia bisogno di farlo manualmente con un clic sul *message box*.
L'oggetto **buffer~** è solamente il contenitore della tabella, per utilizzarne il contenuto come forma d'onda abbiamo bisogno di un oscillatore; tra le diverse possibilità che MSP ci offre abbiamo scelto l'oggetto **wave~**.
Chiudete la *patch* che avete caricato e aprite il file **02_03_wave.maxpat** (fig. 2.7).

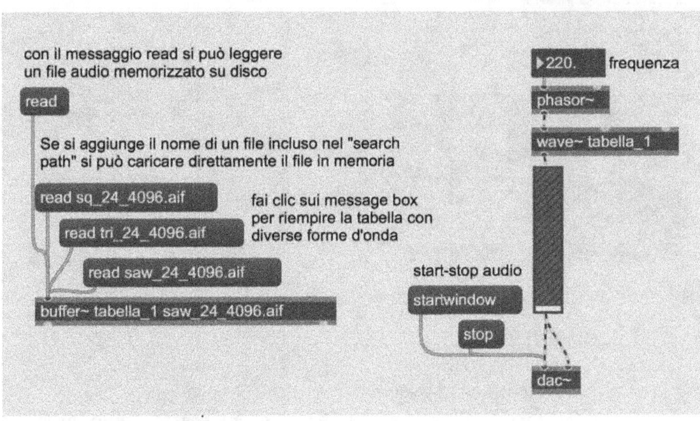

fig. 2.7: file 02_03_wave.maxpat

In realtà l'oggetto **wave~** non è propriamente un oscillatore, ma un lettore di tabelle che per funzionare deve essere connesso ad un **phasor~** che gli indichi la fase, ovvero il punto della tabella da leggere istante per istante, esattamente come avviene per l'oggetto **triangle~** che abbiamo incontrato al paragrafo 1.2.[11] Come vedete l'oggetto ha bisogno di un argomento che corrisponda al nome della tabella da usare: in questo caso usiamo il nome "*tabella_1*" che si riferisce al contenuto dell'oggetto **buffer~** sulla sinistra. Il nome della tabella serve quindi ad indicare quale *buffer* usare; potremmo avere infatti diversi oggetti **buffer~** ognuno con un diverso nome di tabella e diversi oggetti **wave~** ciascuno dei quali usa un suo *buffer*, al quale si riferisce appunto tramite il nome della tabella. Se attiviamo la *patch* e facciamo clic sui vari *message box* collegati al **buffer~** sentiremo il timbro che cambia, perché ogni messaggio carica una diversa forma d'onda nella tabella.[12] Queste forme d'onda contengono fino a 24 componenti e sono quindi equivalenti alla somma di 24 oscillatori sinusoidali in rapporto armonico.
Non esiste un oggetto standard di Max che ci permetta di compilare forme d'onda partendo dalle ampiezze delle componenti (come ad esempio il generatore GEN10 di Csound); fortunatamente però Max è un linguaggio così versatile da permetterci di costruire e utilizzare un oggetto che svolga una funzione analoga, ed è quello che abbiamo fatto costruendo un algoritmo apposito che si trova nella nostra libreria *Virtual Sound* (file **02_04_gen10.maxpat**: fig. 2.8).

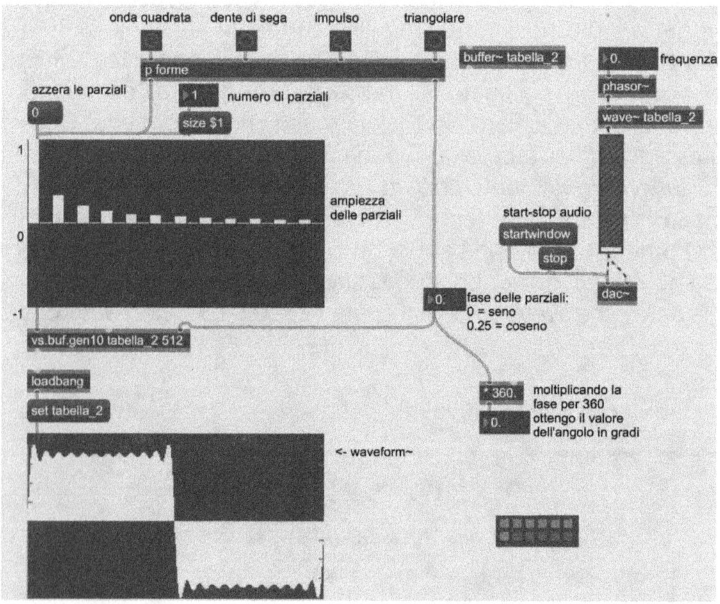

fig. 2.8: file 02_04_gen10.maxpat

11 Vedi anche le sezione dedicata alla fase nel paragrafo 2.1 della teoria.

12 Dobbiamo precisare che anche l'oggetto **cycle~** può caricare, tramite un *buffer*, forme d'onda diverse dalla sinusoide.

In questo caso l'oggetto **buffer~** contiene una tabella chiamata "*tabella_2*", all'interno della quale non caricheremo nessun file, ma compileremo una forma d'onda tramite l'oggetto **vs.buf.gen10** che si trova nella parte sinistra della *patch*, sotto il **multislider**. Questo oggetto (che in realtà è una *abstraction* costruita utilizzando gli oggetti standard di Max) fa parte, come già detto, della libreria *Virtual Sound*, e serve a riempire una tabella con una forma d'onda calcolata come somma di componenti armoniche.[13] L'oggetto accetta due argomenti: il nome della tabella da compilare e la sua lunghezza in campioni che può essere cambiata dall'ingresso centrale. I valori di ampiezza delle componenti armoniche sono forniti a **vs.buf.gen10** come lista numerica: nella *patch* vediamo il **multislider** che genera liste con un numero variabile di elementi, ciascuno dei quali rappresenta l'ampiezza di una componente.

Possiamo vedere il contenuto della tabella compilata grazie all'oggetto grafico **waveform~** che si trova in basso a sinistra. L'oggetto **loadbang** collegato al *message box* ha la funzione, come già sappiamo, di generare un *bang* quando la *patch* che lo contiene viene caricata da Max: quindi, all'apertura del file 02_04_gen10.maxpat, l'oggetto **loadbang** ha generato automaticamente un *bang* che ha "sollecitato" il *message box* a inviare il messaggio "*set tabella_2*" all'oggetto **waveform~** a cui è collegato; quest'ultimo si è quindi predisposto a mostrare il contenuto del **buffer~** "*tabella_2*".
Modificando il **multislider** si possono creare timbri diversi. Provate anche in questo caso a realizzare diversi timbri modificando i valori d'ampiezza delle componenti. È possibile aumentare o diminuire le componenti da compilare modificando il numero di cursori del **multislider** con il *number box* connesso al messaggio "*size $1*" (sui messaggi con argomenti variabili vedi il paragrafo IA.8 nell'interludio A). È anche possibile cambiare la *fase* delle componenti: come sappiamo dal paragrafo 2.1 della parte teorica una sinusoide e una cosinusoide sono la stessa forma d'onda sfasata di 90°, ovvero di un quarto di ciclo. L'ingresso di destra dell'oggetto **vs.buf.gen10** ci permette di impostare la fase delle componenti come porzione di ciclo: la fase 0 è ad inizio ciclo, la fase 0.5 è a metà ciclo e così via. Se vogliamo quindi avere delle somme di sinusoidi dobbiamo impostare una fase pari a 0, per le cosinusoidi una fase pari a 0.25 (spostata di un quarto di ciclo, ovvero di 90°, rispetto a quella delle sinusoidi) etc. Se modificate la fase agendo sul *float number box* collegato all'ingresso destro di **vs.buf.gen10** vedrete cambiare la forma d'onda mostrata da **waveform~**[14]: azzerate tutte le componenti facendo clic sul *message box* che contiene lo "0" e che si trova sopra il **multislider** a cui è collegato, poi date un valore positivo alla prima componente (alzate il primo *slider* del **multislider**), otterrete una sinusoide che potrete far "scorrere" nel quadrante di **waveform~** variando gradualmente la sua fase. Notate che se impostate la fase a 0.5 (cioè a metà ciclo, equivalente ad uno sfasamento di 180°) la sinusoide appare rovesciata

[13] Ricordiamo che, come spiegato nel par. 2.1 della teoria, in questo caso non si tratta propriamente di sintesi additiva, ma di wavetable synthesis, che comunque porta, nel caso di spettri armonici fissi, a risultati del tutto identici.

[14] Ricordatevi di modificare i valori decimali, e quindi dovete portare il puntatore del mouse sulla parte destra del float number box.

come avevamo già visto nel paragrafo 2.1 della teoria nella sezione dedicata alla fase. Possiamo ottenere una sinusoide rovesciata, o in controfase, anche dando alla componente un valore negativo, ovvero spostando il primo *slider* sotto la linea dello 0, e riportando naturalmente la fase a 0.
Nella parte alta della *patch* c'è la *subpatch* [p forme] che genera alcune forme d'onda classiche: onda quadra, a dente di sega, triangolare ed impulso (vedi paragrafo 2.1 della parte di teoria). Facendo clic sui quattro *bang button* verranno generate le liste di armoniche (a 24 componenti) che approssimano le forme d'onda relative. Aprendo la *subpatch* con un doppio clic si può vedere come vengono generate queste liste. Fare un'analisi di tutti gli algoritmi sarebbe troppo lungo e complesso, ci limiteremo a quello per l'onda a dente di sega (vedi fig. 2.9).

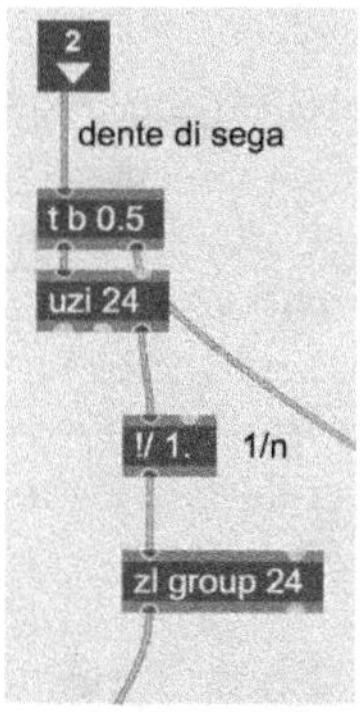

fig. 2.9: calcolo delle componenti per l'onda a dente di sega

Dal paragrafo 2.1 della parte di teoria sappiamo che l'onda a dente di sega si approssima sommando le armoniche (sinusoidi con fase a 180°) con ampiezza 1/n (con n= numero di armonica):

1/1 1/2 1/3 1/4 1/5 1/6 1/7...

Quindi il nostro algoritmo deve generare questa serie di ampiezze e raggrupparle in una lista che verrà passata al **multislider** esterno, vediamo come.
Dall'**inlet** arriva un *bang* che raggiunge un **trigger**; quest'ultimo per prima cosa invia il valore 0.5 all'**outlet** di destra[15]: questo valore rappresenta la fase, e serve appunto per ruotare di 180° le componenti. Successivamente il **trigger** genera un *bang* che viene passato all'oggetto **uzi**, il quale come sappiamo "spara" in sequenza un certo numero di *bang* (in questo caso 24) dal suo **outlet** di sinistra, e una serie di numeri consecutivi (da 1 a 24) dal suo **outlet** di destra. Questa serie di numeri viene passata all'oggetto **!/** che la usa come denominatore per calcolare 1/n (abbiamo già parlato delle operazioni aritmetiche con il punto esclamativo nel paragrafo IA.1 dell'Interludio A). Il risultato di questi calcoli viene passato all'oggetto **[zl group 24]**, che raggruppa gli elementi che riceve, e quando ne ha collezionati 24 (come indicato dall'argomento) li invia come lista dal suo **outlet** di sinistra. Questa lista esce infine dalla *subpatch* e arriva al **multislider**.

15 Ricordatevi che gli oggetti Max seguono la precedenza destra-sinistra (vedi par. 1.7).

ATTIVITÀ

Con la *patch* **02_04_gen10.maxpat**, (facendo riferimento alla questione della fondamentale mancante o frequenza fantasma, trattata nel par. 2.1 della teoria) partite da uno spettro in cui tutte le ampiezze delle armoniche siano a 1, e poi azzerate l'ampiezza della fondamentale. Sentirete ancora uno spettro la cui fondamentale è pari alla frequenza che abbiamo azzerato. Provate a ridurre a zero l'ampiezza delle armoniche successive, una ad una. A che punto non si percepisce più la fondamentale?

Aprite la *subpatch* [`p` forme] della *patch* **02_04_gen10.maxpat** e cercate di capire come funzionano gli algoritmi che generano le componenti per la forma d'onda quadra e quella dell'impulso. Richiamate gli *help file* dei vari oggetti e studiatene il funzionamento. (L'oggetto `vs.even-odd` fa parte della libreria *Virtual Sound* e smista i numeri che riceve: se il numero è pari esce dall'`outlet` sinistro, se è dispari dal destro). Il primo oggetto di ogni algoritmo è un `trigger` che invia un numero all'`outlet` di destra e un *bang* al resto dell'algoritmo. Vi ricordate a cosa serve quel numero?

SPETTRO FISSO INARMONICO

Per realizzare uno spettro fisso inarmonico è necessario che i valori delle frequenze non siano multipli interi di una fondamentale e che possano essere impostati a piacimento. Non possiamo perciò compilare una tabella con `vs.buf.gen10`, ma dobbiamo riprendere una *patch* che contenga un oscillatore per ogni parziale, e lo faremo utilizzando il sistema multicanale: aprite il file **02_05a_inarmonico_mc.maxpat** (figura 2.10a).

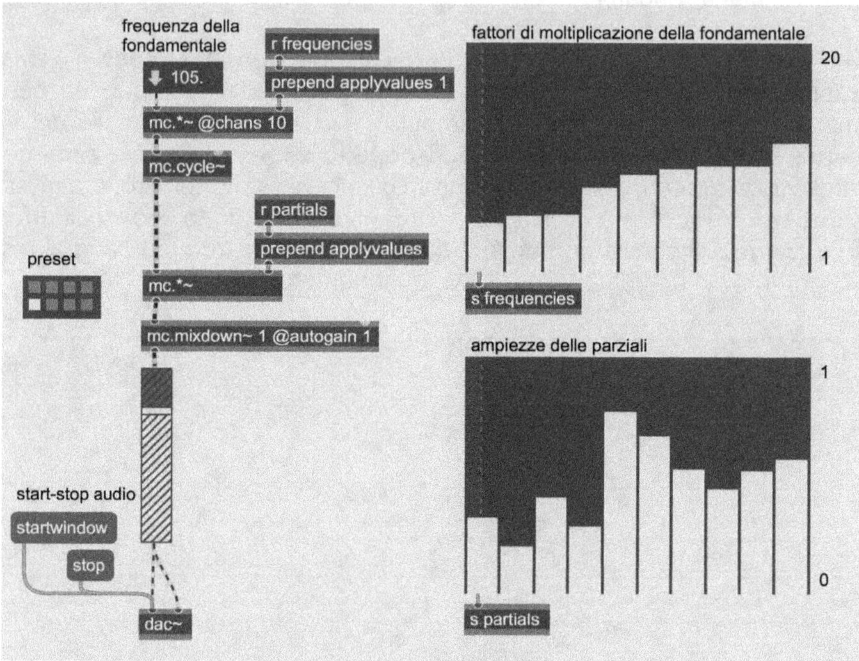

fig. 2.10a: file **02_05a_inarmonico_mc.maxpat**

Questa *patch* è molto simile a quella di figura 2.1c (02_01b_additiva_multicanale.maxpat), la differenza è che i moltiplicatori della frequenza fondamentale (nella parte alta della *patch*) non sono valori interi consecutivi, ma valori arbitrari, compresi tra 1 e 20, impostati con il `multislider` in alto. Notate che questo `multislider` ha 9 *slider*, uno per ogni componente, esclusa la fondamentale. La lista generata arriva, tramite [`r` frequencies], all'oggetto [`prepend` applyvalues 1] visibile in alto: il valore numerico 1 subito dopo il messaggio "applyvalues" rappresenta il fattore di moltiplicazione della fondamentale, gli altri 9 fattori di moltiplicazione sono impostati, come abbiamo detto, dal `multislider`. In basso abbiamo un secondo `multislider` (con 10 elementi) che genera una lista di ampiezze per le parziali, con un meccanismo identico a quello di figura 2.1c.
Con il messaggio per la generazione di serie armoniche che abbiamo visto in figura 2.1d (*patch* 02_01c_additiva_harmonic.maxpat) è in realtà possibile creare anche delle particolari serie inarmoniche: caricate la *patch* **02_05b_serie_inarmonica.maxpat** (figura 2.10b).

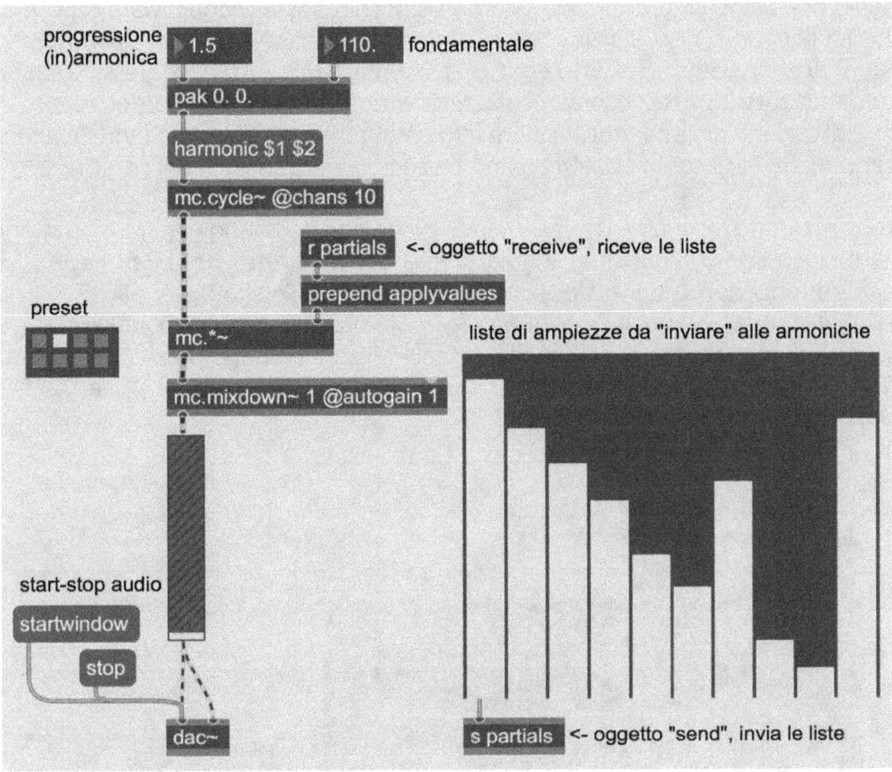

fig. 2.10b: *patch* **02_05b_serie_inarmonica.maxpat**

Come sappiamo la sintassi per generare, ad esempio, una serie armonica con fondamentale 100 Hz è "harmonic 1 100": il primo argomento, 1, rappresenta il fattore di moltiplicazione della serie armonica. Come funziona questo fattore di moltiplicazione? Notiamo innanzitutto che l'intervallo in hertz tra una componente e la successiva, in una serie armonica, è sempre uguale, ed è pari alla frequenza della fondamentale. Ad esempio, la serie armonica costruita su una fondamentale di 100 Hz è 100, 200, 300, 400, 500, etc. L'intervallo tra ogni componente è 100, pari alla frequenza della fondamentale. Come abbiamo appena detto, il primo argomento del generatore "harmonic" è il fattore di moltiplicazione di tale intervallo; quindi, ad esempio, il messaggio "harmonic 0.9 100" riscala di un fattore 0.9 l'intervallo tra una componente e l'altra, riducendolo a 90 (cioè 100*0.9), e la serie diventa quindi 100, 190 (100+90), 280 (100 + 90*2), 370 (100 + 90*3) e così via. In altre parole la serie diventa, con la compressione o l'espansione dell'intervallo tra le componenti, inarmonica. I due *number box* in alto nella *patch* servono rispettivamente a impostare il fattore di compressione/espansione della serie armonica e la frequenza fondamentale: prima di essere inviati al *message box* [harmonic $1 $2], i due valori entrano nell'oggetto **pak** che li trasforma in una lista di due elementi. Notate che l'oggetto si chiama **pak** e non **pack**: non si tratta di un errore di battitura; questo oggetto si differenzia da quello che già conosciamo perché genera una lista ogni volta che viene modificato uno qualsiasi dei suoi elementi e non solo quello di sinistra. In questo modo siamo sicuri che la lista venga inviata ogni volta che aggiorniamo uno dei due valori. L'oggetto **pak** quindi è un costruttore di liste simile a **pack**, ma a differenza di quest'ultimo ha tutti gli ingressi "caldi". Ascoltate tutti i *preset* e provate a crearne dei nuovi: attenzione al fattore di moltiplicazione della serie! Un valore alto rischia di portare rapidamente le ultime componenti al di sopra della massima frequenza riproducibile dal sistema[16]

Abbiamo detto, all'inizio di questa sezione, che non possiamo generare un suono inarmonico compilando una singola tabella con l'oggetto **vs.buf.gen10**; in realtà questo non è del tutto vero. Come abbiamo spiegato nel par. 2.1 della parte di teoria, è infatti possibile creare un suono inarmonico utilizzando le armoniche più lontane di una fondamentale assente e di frequenza molto bassa. Vediamo come possiamo realizzare suoni di questo tipo; aprite il file **02_06_inarm_gen10.maxpat** (fig. 2.11).

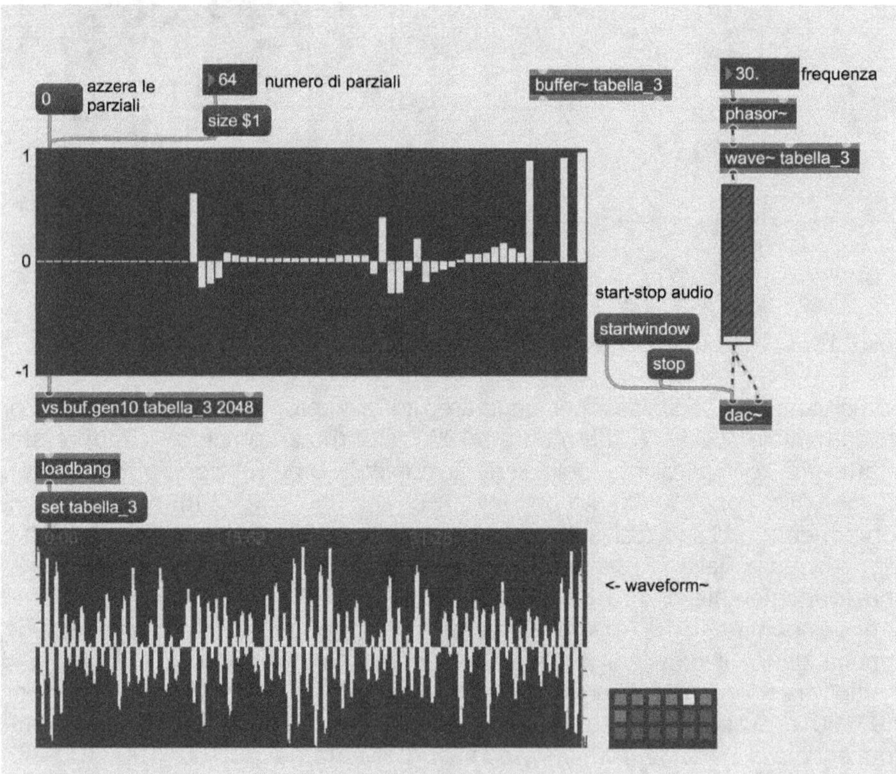

fig. 2.11: file **02_06_inarm_gen10.maxpat**

Questa *patch* è molto simile a quella di fig. 2.8: anche in questo caso compiliamo con l'oggetto **vs.buf.gen10** una tabella da leggere con **wave~**.

---

[16] Ad esempio con il messaggio "harmonic 10 300" la nona componente si troverebbe a 24300 Hz, al di sopra della massima frequenza riproducibile con una frequenza di campionamento di 44100 o 48000 Hz.

Questa tabella contiene forme d'onda che hanno fino a 64 armoniche, e nei *preset* che abbiamo realizzato abbiamo impiegato solo le armoniche superiori, evitando di dare un valore significativo alle prime armoniche e soprattutto alla fondamentale. La frequenza d'oscillazione di queste forme d'onda è impostata su valori molto bassi, spesso al di sotto della banda audio: quello che sentiamo è quindi un insieme di parziali che non sappiamo ricondurre ad una fondamentale comune (sia perché si trova al di sotto della banda audio sia perché ha un'ampiezza nulla), in definitiva udiamo un suono inarmonico.

Provate i diversi *preset* e notate come gli esempi utilizzino di preferenza poche componenti distanziate irregolarmente tra loro; poi createne di nuovi, facendo naturalmente attenzione a non realizzare suoni armonici! È stato necessario, dal momento che utilizziamo le armoniche superiori, incrementare le dimensioni della tabella del **buffer~**[17] (che qui è di 2048 elementi)..

ATTIVITÀ

Partendo dalla *patch* **02_05a_inarmonico.maxpat** provate a creare spettri con le parziali molto vicine tra loro: cambiate il range del **multislider**[18] dei moltiplicatori di frequenza in modo che abbia un minimo di 1 e un massimo di 1.05, e poi modificate i valori, impostando una frequenza di base tra i 50 e i 400 Hz. Stiamo generando ancora uno spettro inarmonico? Come definireste quello che si sente? Vedremo la risposta al paragrafo 2.2.

[17] Ciò è dovuto al fatto che, ad esempio, la 64a armonica si ripete 64 volte all'interno della tabella, ed un numero troppo piccolo di punti nella tabella stessa avrebbe causato una distorsione. L'oggetto **wave~** infatti realizza una semplice interpolazione lineare (vedi la sezione sull'interpolazione di tabelle nel par. 2.1 della teoria) e una sinusoide campionata con pochi punti è molto simile ad un triangolo, o comunque ad una forma di linee spezzate.

[18] In edit mode selezionate il **multislider** e poi aprite l'inspector (Mac Command-i, Win Control-i) e nella categoria Sliders impostate i due valori dello Slider Range a 1 e 1.05

2.2 BATTIMENTI

Riprodurre il fenomeno dei battimenti con Max è piuttosto immediato, basta infatti sommare due oscillatori **cycle~** le cui frequenze siano lievemente differenti, ad esempio 440 e 441 Hz; come sappiamo, questa somma produce un'onda la cui frequenza percepita è di 440.5 Hz e la cui ampiezza oscilla una volta al secondo (vedi fig. 2.12).

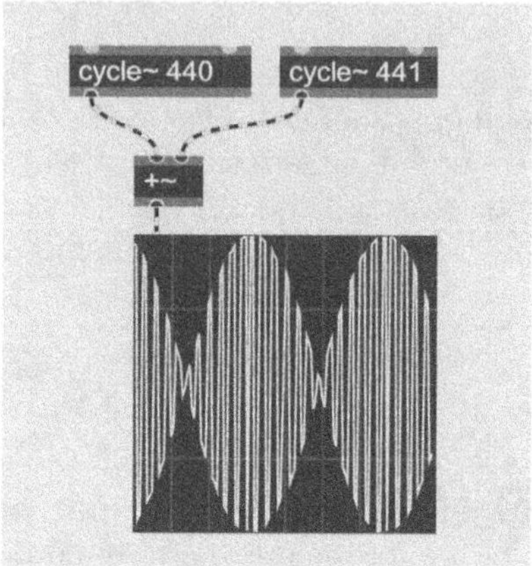

fig. 2.12: battimenti

Ricostruite la *patch* di fig. 2.12 regolando nell'*inspector* dello **scope~**, sotto alla categoria "Value" il numero dei *samples per pixel* in modo da vedere uno, due o tre cicli all'interno della finestra (cominciate con il valore 256).
Se aumentiamo la frequenza del secondo oscillatore per aumentare la frequenza dei battimenti, anche la frequenza risultante subirà un incremento: ad esempio se portiamo il secondo **cycle~** a 450 Hz avremo 10 battimenti al secondo e una frequenza percepita dell'onda risultante di 445 Hz. Provate: costruite una *patch* che sommi semplicemente due sinusoidi come quella di figura 2.12, ricordandovi di collegarle ad un **gain~** con il **dac~** e i relativi comandi. Partendo da una stessa frequenza, provate a variare la frequenza di uno dei due oscillatori per creare dei battimenti. Noterete che la frequenza intermedia percepita si muove al variare della distanza in Hz tra gli oscillatori.

Vediamo allora come si può realizzare una *patch* che ci permetta di variare il numero di battimenti senza modificare la frequenza percepita dell'onda risultante (*patch* **02_07_battimenti.maxpat**: fig. 2.13).

Abbiamo un *number box* per la frequenza centrale e uno per il numero di battimenti al secondo. Il numero di battimenti viene diviso per 2 e sommato e sottratto alla frequenza intermedia; si ottengono in questo modo due frequenze distanziate tra loro di un numero di Hz pari ai battimenti che vogliamo ottenere, e la cui frequenza intermedia è esattamente quella che abbiamo impostato. Provate a variare il numero dei battimenti e notate che la frequenza centrale rimane fissa, dato che le due componenti si allontanano simmetricamente.

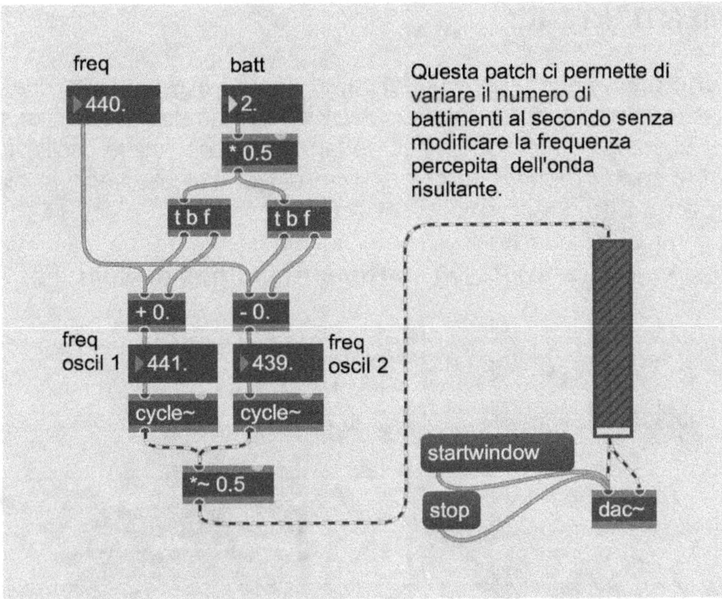

fig. 2.13: file 02_07_battimenti.maxpat

Ricordate a cosa servono i due **trigger** con argomenti "*b f*" che si trovano nella parte alta della *patch*? Fate riferimento al par. IA.6.

Come sappiamo dal par. 2.2 della parte di teoria, aumentando il numero di battimenti (ovvero aumentando la differenza di frequenza tra i due suoni) si arriva ad un punto in cui non è possibile distiguere i singoli battimenti, e il suono viene percepito come rugoso. Aumentando ulteriormente la differenza di frequenza i due suoni vengono percepiti come distinti.
Facendo riferimento alla tabella di Thomas D. Rossing (tratta da Rossing, T., 1990, p. 74) che riportiamo anche in questo paragrafo, provate ad impostare, nella *patch* di fig. 2.13, i diversi valori di frequenza intermedia e cercate, aumentando la distanza tra i due suoni, il punto in cui li percepite come distinti: ci sono differenze tra i valori che avete trovato e quelli riportati nella tabella A?

Frequenza Intermedia	Larghezza Banda Critica
100	90
200	90
500	110
1000	150
2000	280
5000	700
10000	1200

tabella A

BATTIMENTI RITMICI

Se avete effettuato l'ultima attività del paragrafo 2.1 avrete notato che, al posto di uno spettro complesso, tutto ciò che si ottiene è una sinusoide la cui ampiezza oscilla più o meno irregolarmente. Ora sappiamo che quelle oscillazioni sono battimenti, e sono irregolari perchè ci sono più di due oscillatori in gioco, e le interferenze tra tutte le sinusoidi si sovrappongono.
In effetti, sommando quattro o più sinusoidi è possibile ottenere dei "battimenti ritmici" interessanti (*patch* **02_08_battimenti multipli.maxpat**: fig. 2.14).

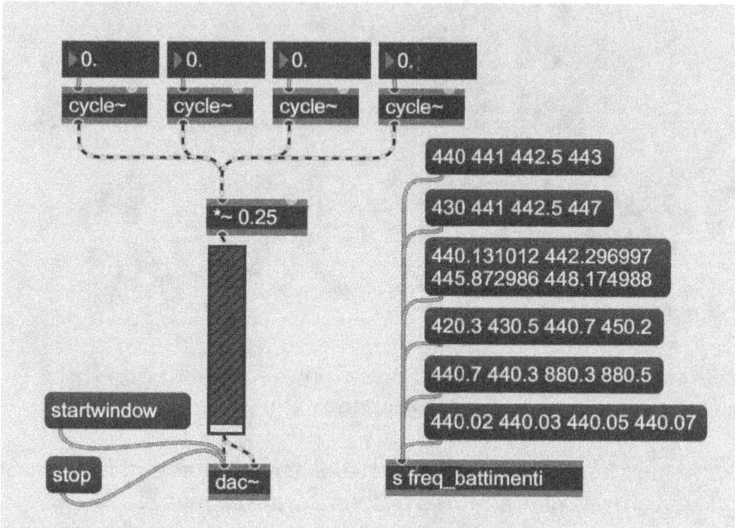

fig. 2.14: file 02_08_battimenti_multipli.maxpat

La *patch* di fig. 2.14 è incompleta: ci sono due oggetti da aggiungere nella parte alta per far sì che i quattro *float number box* collegati agli oscillatori ricevano i valori inviati dai *message box* che si trovano nella parte destra della figura. Prima di proseguire con la lettura aggiungeteli effettuando tutti i collegamenti necessari.
Qui ci sono 4 oscillatori sinusoidali che si sommano: fate clic sui *message box* per sentire alcuni esempi di pattern ritmici generati dai battimenti.
Provate ad ottenere altri ritmi interessanti variando le frequenze degli oscillatori.
Domanda: perché i quattro oscillatori vengono inviati ad un moltiplicatore che li moltiplica per 0.25? Se non sapete rispondere tornate all'inizio del par. 2.1!
Provate a descrivere, ascoltando a lungo l'esempio dell'ultima lista, cosa succede dal punto di vista dell'ampiezza.
Notate che le variazioni di intensità più evidenti si verificano dopo qualche minuto, potete spiegare perché?

È possibile realizzare facilmente una versione multicanale della *patch* precedente: trasformatela come in figura 2.14b.

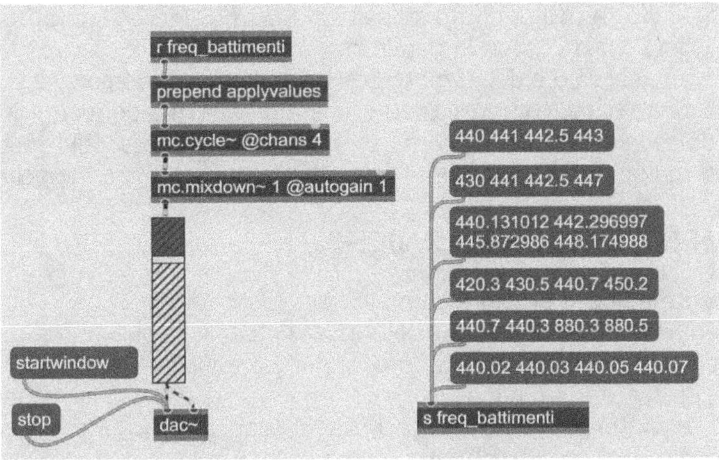

fig. 2.14b: versione multicanale della *patch* **02_08_battimenti_multipli.maxpat**

Le liste di battimenti vengono mandate (precedute dal messaggio "applyvalues") direttamente all'oggetto **mc.cycle~** che, grazie all'attributo "@chans 4", genera 4 oscillatori sinusoidali. L'oggetto **mc.mixdown~** con argomento "1" trasforma il segnale multicanale in segnale singolo.

Come abbiamo già detto esistono diversi messaggi che generano serie di valori per il sistema multicanale: abbiamo già visto il messaggio "harmonic", vediamo ora "deviate", che crea una serie casuale di valori attorno a un valore centrale. Trasformate la *patch* precedente come in figura 2.14c.
Abbiamo collegato un *floating point number box* al messaggio [deviate $1 440]: come abbiamo detto, questo ci permette di generare una serie di valori casuali attorno a un valore centrale. Il primo argomento rappresenta la massima quantità casuale da aggiungere o togliere al valore centrale, e il secondo argomento rappresenta il valore centrale: nel caso illustrato in figura, quindi, ciascun oscillatore sinusoidale avrà una frequenza casuale compresa tra 436 (440 - 4) e 444 (440 + 4).

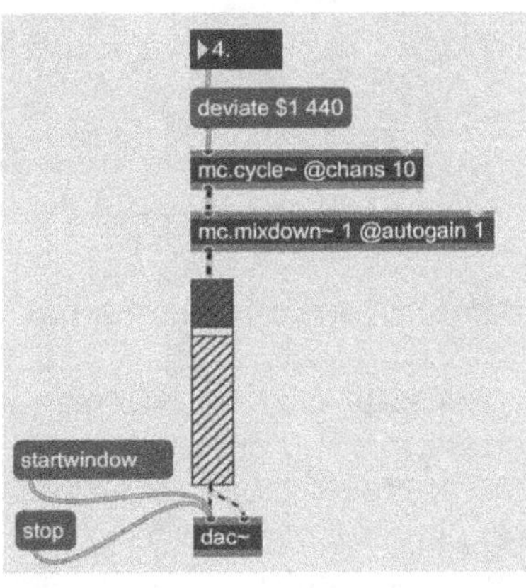

fig. 2.14c: il messaggio "deviate"

Notate che il valore dell'attributo @chans di **mc.cycle~** è stato portato a 10, abbiamo quindi 10 oscillatori in parallelo.
Provate a variare il valore del *number box* e ascoltate le differenze che si creano con valori molto bassi (compresi tra 0 e 1) e molto alti (maggiori di 10). Portate il valore del *number box* al di sopra di 10 e sentite il passaggio graduale tra battimenti multipli, suono "rugoso" e banda di frequenze inarmoniche.

BATTIMENTI DELLE ARMONICHE

Naturalmente è anche possibile sommare dei suoni complessi.
Come sappiamo dal paragrafo 2.2 della parte di teoria, se questi suoni complessi hanno frequenze molto vicine tra loro, si genereranno dei battimenti per ogni armonica presente. Sommando più suoni complessi è possibile generare una poliritmia di battimenti, una vera e propria "danza delle armoniche" (*patch* **02_09_battimenti_armoniche.maxpat**: fig. 2.15).

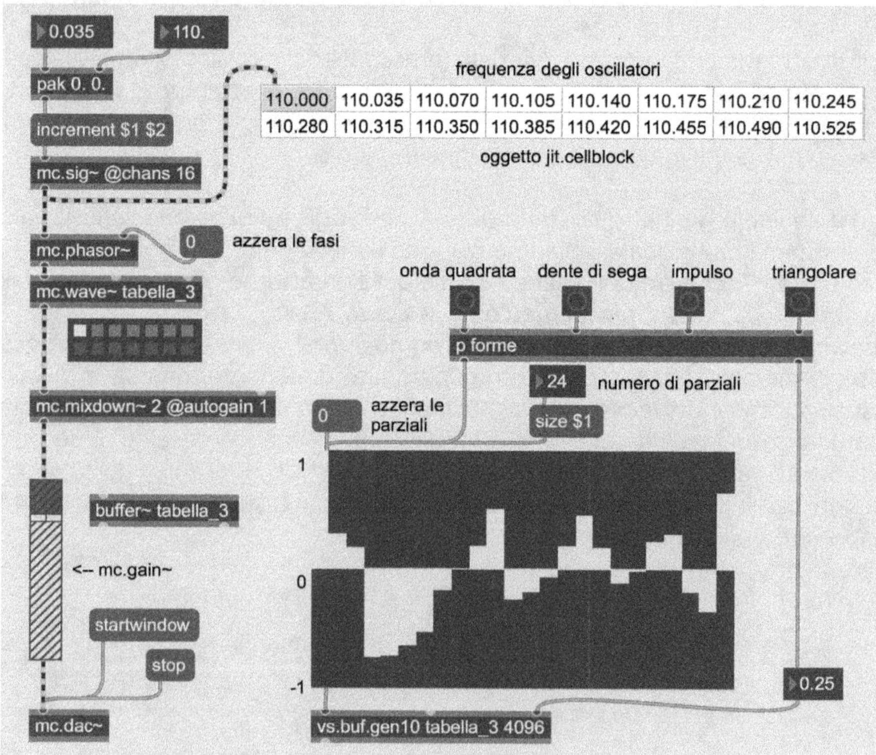

fig. 2.15: file **02_09_battimenti_armoniche.maxpat**

In questa *patch* vengono generati, grazie al sistema multicanale, 16 oscillatori che utilizzano tutti una stessa forma d'onda che viene compilata da **vs.buf.gen10** e memorizzata nel [**buffer~** tabella_3]; è possibile anche generare le forme d'onda "classiche" con la *subpatch* [**p** forme] (vedi paragrafo 2.1).
La *patch* presenta alcune novità: innanzitutto in alto a sinistra vediamo un nuovo messaggio che serve a generare valori per il sistema multicanale,

"increment" che crea una serie di valori numerici con incremento costante. Il primo argomento è il valore dell'incremento, e il secondo è il valore iniziale della serie: ad esempio il messaggio "increment 2 100" produce la serie di valori 100, 102, 104, 106 etc.
Il messaggio è inviato all'oggetto **mc.sig~**, versione multicanale di **sig~** (vedi paragrafo 1.5P), che produce un segnale multicanale composto da 16 canali, ciascuno dei quali trasmette uno dei valori creati dal generatore "increment".
Il segnale multicanale è inviato a un nuovo oggetto, **jit.cellblock**, visibile nella parte alta della *patch*. Questo oggetto mostra i valori di un segnale multicanale ad esso collegato[19].
Lo stesso segnale è inviato anche all'oggetto **mc.phasor~** (che, ricevendo un segnale a 16 canali, genera 16 istanze dell'oggetto **phasor~**) e quest'ultimo all'oggetto **mc.wave~** che utilizza la forma d'onda memorizzata nel [**buffer~** tabella_3].
Notate il *message box* [0] collegato all'ingresso destro di **mc.phasor~**: quando un valore singolo viene inviato a un oggetto multicanale, questo valore raggiunge tutte le istanze presenti. In questo caso il valore 0 riporta la fase di tutti i **phasor~** al punto iniziale.
L'oggetto **mc.mixdown~** collegato a **mc.wave~** riduce i 16 canali a un segnale stereofonico (8 canali a sinistra e 8 a destra) e lo invia all'oggetto **mc.gain~**, che come sappiamo è la versione multicanale di **gain~**.

Provate i diversi *preset*, e notate come il generatore "increment" crei una serie di frequenze molto vicine tra loro. Si possono sentire le diverse armoniche che emergono dal suono, per poi scomparire di nuovo. È interessante come da una somma di oscillatori con frequenza e spettro fissi venga generato un suono dinamico, con pulsazioni interne che cambiano continuamente.[20]
Anche qui vi invitiamo a sperimentare diverse combinazioni di frequenze; sentite come varia il comportamento dei battimenti aumentando e diminuendo l'incremento delle frequenze.

Quando la distribuzione delle frequenze degli oscillatori è irregolare, non si sente più una poliritmia di battimenti definita, perché i suoni emergono e scompaiono in modo casuale, ma il suono acquisisce comunque una profondità e densità che lo rendono molto più interessante rispetto al suono fisso generato da un singolo oscillatore.

---

[19] Il prefisso "jit" all'inizio del nome indica che l'oggetto fa parte della libreria Jitter, dedicata all'elaborazione del video, della grafica e alla gestione delle matrici. Con il tempo questo oggetto si è "evoluto" e svolge ora funzioni diverse, come ad esempio la visualizzazione di segnali multicanale.
[20] La particolare sonorità di questa somma di onde complesse ci è stata mostrata per la prima volta dal Prof. Giuseppe di Giugno.

Provate a modificare la *patch* nel modo indicato in figura 2.15b (si tratta di sostituire il messaggio "increment" con "deviate", che abbiamo visto in figura 2.14c).

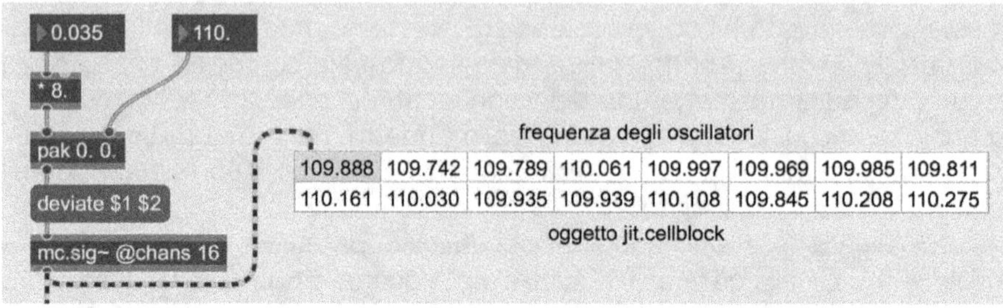

fig. 2.15b: modifica alla *patch* 02_09_battimenti_armoniche.maxpat

Notate che abbiamo moltiplicato per 8 il primo argomento (in alto a sinistra), per fare in modo che la differenza tra le frequenze generate da "deviate" sia paragonabile a quella delle frequenze generate da "increment" (sapreste spiegare perché? Che funzione svolge il primo argomento nei due generatori?). Ascoltate nuovamente tutti i *preset* e notate le differenze con la precedente versione.

ATTIVITÀ

Sommate un oscillatore sinusoidale e un suono complesso (usando **vs.buf.gen10**), e provate a creare dei battimenti tra la sinusoide e una delle componenti del suono complesso.

Utilizzando la coppia di oggetti **function** e **line~** create dei glissandi (come abbiamo fatto nel paragrafo 1.3) per un oscillatore il cui segnale in uscita si somma a quello di un altro oscillatore fisso, in modo da ottenere battimenti che accelerano e rallentano. Provate anche con più oscillatori i cui segnali si sommano e glissano, per ottenere "ritmi di battimenti" che si modificano.
Ripetere l'esercizio precedente utilizzando forme d'onda complesse (come quelle della *patch* **02_09_battimenti_armoniche.maxpat**.
Cercare di capire quali sono i valori più efficaci.

Create una *patch* simile a **02_07_battimenti.maxpat** utilizzando però le forme d'onda complesse.

SUPERSAW

Se nella *patch* modificata di figura 2.15b sostituiamo l'oggetto **mc.wave~** con l'oggetto **mc.saw~** otteniamo una *supersaw*. Con questo termine si definisce il suono ricco e profondo di una serie di oscillatori a dente di sega in parallelo che differiscono leggermente tra loro in frequenza, in genere di pochi Hz.[21]
Vediamo una implementazione multicanale di questa tecnica, caricate il file 02_09b_supersaw.maxpat (fig. 2.15c).

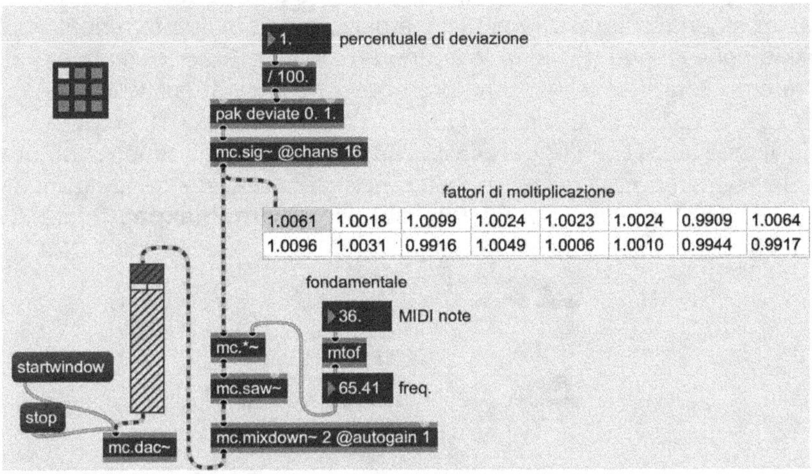

fig. 2.15c: file **02_09b_supersaw.maxpat**

Rispetto alla *patch* precedente abbiamo fatto una modifica: il precedente messaggio *deviate* di figura 2.15b, infatti, aggiungeva o toglieva valori assoluti alla frequenza. Questo significa che, a parità di deviazione, alle frequenze più gravi il suono risulta più "stonato" rispetto alle frequenze più acute, perché una stessa deviazione in Hz ha un impatto tanto maggiore quando più la fondamentale ha una frequenza bassa.
Per risolvere questo problema nell'implementazione di figura 2.15c applichiamo il messaggio *deviate* a un fattore di moltiplicazione della fondamentale, e non direttamente alla frequenza. Come si vede in figura questo fattore di moltiplicazione varia leggermente al di sopra e al di sotto di 1. Quando poi applichiamo il fattore di moltiplicazione alla fondamentale del suono, la deviazione in Hz crescerà al crescere della frequenza della fondamentale, e questo manterrà costante la sensazione di *detuning*.
Ascoltate i *preset* e provate a crearne di nuovi. Provate anche a sostituire l'oscillatore **mc.saw~** con gli altri oscillatori limitati in banda **mc.rect~** e **mc.tri~**.

La libreria "Ableton DSP Objects" contiene degli interessanti moduli tratti dai *device* nativi di Ableton Live. In questa libreria sono presenti, sotto forma

[21] Il primo synth commerciale che ha introdotto questa tecnica è stato il Roland JP-8000.

di oggetti Max, diversi algoritmi di sintesi ed elaborazione del suono. Questi oggetti hanno il vantaggio di essere pronti per l'uso, risparmiandoci la fatica di dover programmare gli algoritmi relativi da zero. Dall'altro lato hanno il limite di essere delle "scatole nere" delle quali non conosciamo i dettagli, e spesso, come vedremo, i parametri hanno un *range* normalizzato da 0 a 1 che non ci dà informazioni sull'effettivo andamento del parametro stesso. Un altro limite è che l'algoritmo non è modificabile (essendo gli oggetti compilati e quindi chiusi): questo significa che se abbiamo bisogno di una implementazione diversa da quella proposta dagli oggetti della libreria, non abbiamo altra strada che programmare in Max gli algoritmi che ci servono (che è poi lo scopo di questa serie di libri).
Diversi di questi oggetti sono comunque molto efficaci e man mano che esploreremo le diverse tecniche ne presenteremo le caratteristiche.

Cominciamo subito con l'oggetto **`abl.dsp.swarm~`**, che simula, con qualche differenza, il suono *supersaw*, e ci permette di scegliere tra quattro diverse forme d'onda. Aprite la *patch* **02_09c_abl.dsp.swarm.maxpat** (figura 2.15d).

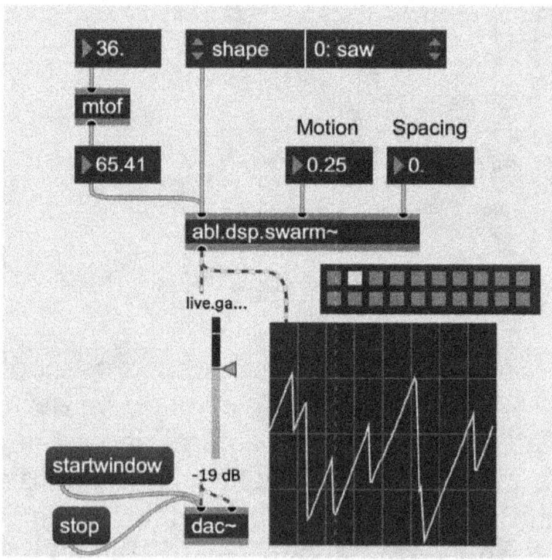

fig. 2.15d: *patch* **02_09c_abl.dsp.swarm.maxpat**

L'oggetto riceve al primo ingresso la frequenza fondamentale del gruppo di oscillatori, al secondo ingresso un parametro "motion" che imposta il movimento dei singoli oscillatori (la frequenza di ogni oscillatore varia nel tempo in modo casuale), e al terzo ingresso un parametro "spacing" che dispone gli oscillatori su frequenze a intervalli diversi che danno una maggiore o minore armonicità al risultato. Entrambi questi parametri sono normalizzati tra 0 e 1.
Un ultimo parametro è "shape" con il quale possiamo scegliere una forma d'onda tra "saw", "sine", "square" e "triangle". Per modificare questo parametro abbiamo usato un oggetto `attrui`.
Lo `slider` collegato a `dac~` si chiama `live.gain~` e svolge la stessa funzione di `gain~`, cioè modifica l'ampiezza del suono in ingresso.
Provate i diversi *preset* e sperimentatene di nuovi. Con i 10 *preset* della seconda riga abbiamo tentato di individuare le diverse distribuzioni di frequenze date dal parametro "spacing".

2.3 DISSOLVENZA INCROCIATA DI TABELLE: SINTESI VETTORIALE

Per realizzare una sintesi per dissolvenza, o vettoriale, con Max abbiamo bisogno di due forme d'onda e di un sistema per passare da una all'altra. Vediamo innanzitutto come si combinano i suoni di due oscillatori alla stessa frequenza che hanno forme d'onda diverse, apriamo la *patch* **02_10_due_tabelle.maxpat** (vedi fig. 2.16).

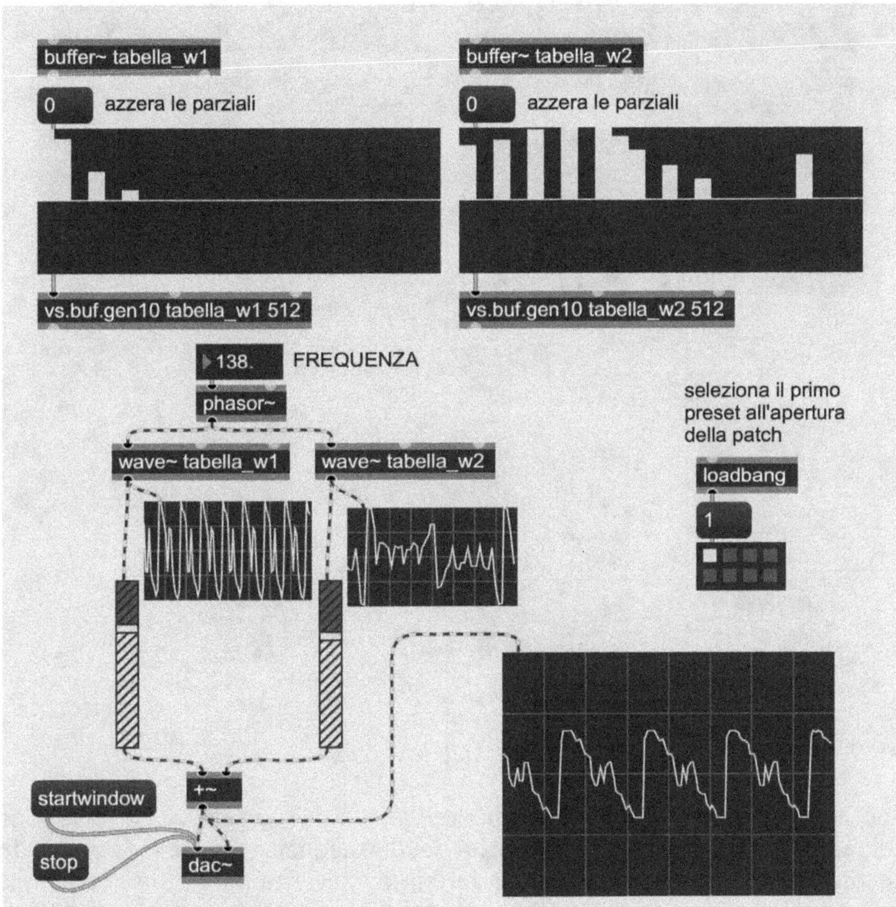

fig. 2.16 : file 02_10_due_tabelle.maxpat

Le due forme d'onda vengono caricate in due oggetti **wave~** che sono guidati da un unico **phasor~** (perché devono andare alla stessa frequenza). Le due uscite sono regolabili separatamente da due slider **gain~** e vengono sommate prima di essere inviate al **dac~**.
Osservando lo **scope** in basso a destra noterete che, a seconda se teniamo lo slider di sinistra più alto di quello di destra o viceversa, abbiamo una forma d'onda risultante più simile alla tabella di sinistra (o di destra). Oltre a ciò, è anche possibile, modificare i valori delle parziali di ogni tabella.

Apriamo ora la *patch* **02_11_dissolvenza.maxpat** (vedi fig. 2.17).

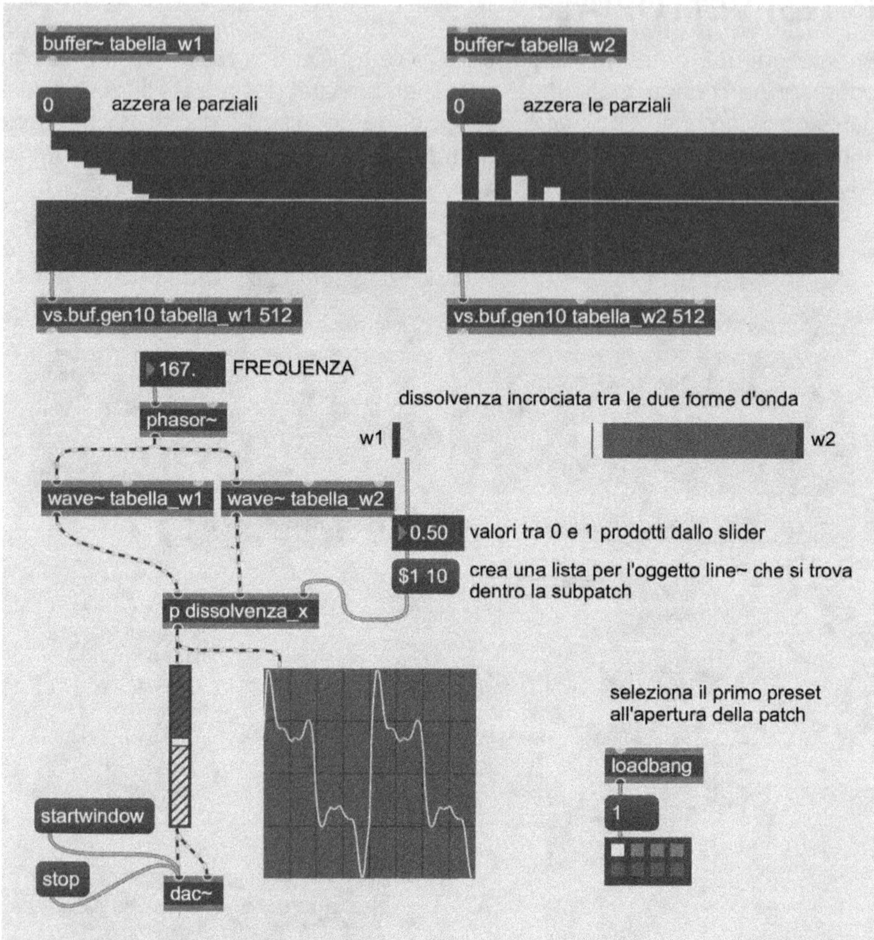

fig. 2.17: file 02_11_dissolvenza.maxpat

Anche qui abbiamo due forme d'onda caricate in due oggetti `wave~` che sono guidati da un unico `phasor~`. L'uscita dei due segnali entra nella *subpatch* [`p` dissolvenza_x] che serve appunto a fare la dissolvenza incrociata. Il controllo della dissolvenza incrociata viene effettuato mediante l'oggetto `slider` (che abbiamo già visto al par. 1.6) i cui attributi sono stati modificati tramite l'*inspector* per fare in modo che produca numeri decimali tra 0 e 1. Questi valori vengono inviati all'`inlet` di destra della *subpatch* [`p` dissolvenza_x] sotto forma di lista per `line~`.
Ricordiamo che il primo elemento della lista (che qui è costituito dalla variabile *$1*) indica a `line~` il valore da raggiungere, mentre il secondo elemento della lista indica il tempo da impiegare per raggiungere tale valore (in questo caso 10 millisecondi). Quando il valore è 0 udremo il suono della tabella *w1*, quando è 1 udremo il suono della tabella *w2*, per valori intermedi udremo una miscela dei due suoni.

Il contenuto della *subpatch* [p dissolvenza_x] è illustrato in figura 2.18.

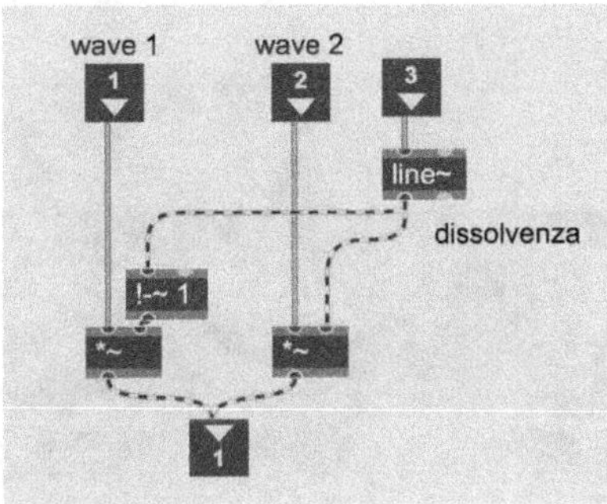

fig. 2.18: la *subpatch* [p dissolvenza_x]

Vediamo un po' più da vicino il funzionamento di questa *subpatch*: l'oggetto **!-~** è la versione MSP dell'oggetto Max **!-** (senza la tilde) che è spiegato nel paragrafo IA.1. La funzione dell'oggetto **line~** è di smussare i valori generati esternamente da **slider**: questi valori moltiplicano direttamente il segnale proveniente dalla tabella "wave 2". A questo segnale viene aggiunto quello della tabella "wave 1" che utilizza lo stesso valore di controllo ma invertito dall'oggetto [!-~ 1]: così quando il valore di controllo è 0, la tabella *w1* viene moltiplicata per 1 (massima ampiezza) e la tabella *w2* per 0 (viene annullata); quando invece il valore di controllo è 1, la tabella *w1* viene moltiplicata per 0 (viene annullata) e *w2* per 1 (massima ampiezza). Il resto della *patch* è molto semplice da capire.
Provate a realizzare qualche miscela di suoni: innanzitutto create le forme d'onda impostando le componenti nei due **multislider** che sono connessi all'oggetto **vs.buf.gen10**, poi impostate la frequenza e infine variate il timbro spostando il cursore dello slider orizzontale, che serve a interpolare le due forme d'onda; naturalmente ricordatevi di accendere il DSP facendo clic sul messaggio "*startwindow*"!

La prossima *patch* (**02_12_autodissolvenza.maxpat**, vedi fig. 2.19) ci permette di automatizzare la dissolvenza e di suonare una sequenza di note il cui timbro varia continuamente.
Sulla destra abbiamo un **metro** collegato a **vs.between**; quest'ultimo genera dei valori casuali compresi in un intervallo dato (come abbiamo già visto nel paragrafo IA.5). Questi valori, corrispondenti a note MIDI, vengono trasformati in frequenze ed inviati (tramite [s dissolv_freq]) al **phasor~** che controlla i due oggetti **wave~**. Il tempo di scansione del **metro** viene memorizzato nell'oggetto **float** (ovvero viene inviato all'ingresso freddo di **float**).
Ad ogni *bang* del metronomo, tale tempo viene inviato tramite [s dissolv_time] ad una lista che serve ad impostare la dissolvenza incrociata tra la prima e la seconda forma d'onda, utilizzando la *subpatch* [p dissolvenza_x] che abbiamo già visto nella *patch* precedente.
Questa semplice *patch* dà dei risultati piuttosto interessanti, che ricordano a volte il tipo d'effetto che si può ottenere con la sintesi sottrattiva, ovvero con l'uso dei filtri (di cui parleremo al cap. 3) e dimostra che la tecnica della dissolvenza incrociata può essere molto efficace: provate i vari *preset* (ricordandovi di fare

clic sull'oggetto **preset**, sul **toggle** collegato all'oggetto **metro**, e come al solito sul messaggio "*startwindow*"), e create degli altri suoni.

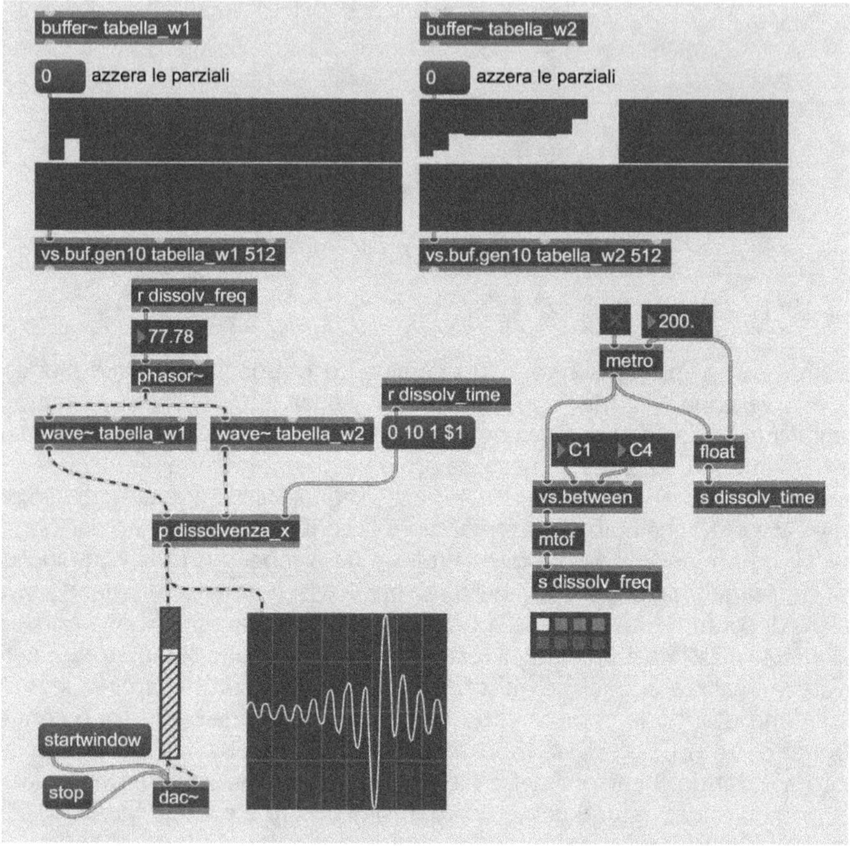

fig. 2.19: file 02_12_autodissolvenza.maxpat

ATTIVITÀ

Nella *patch* di figura 2.19 aggiungete un inviluppo d'ampiezza della forma d'onda risultante usando l'oggetto **function**. La durata dell'inviluppo deve essere pari al tempo di scansione del **metro** (bisogna usare il messaggio "*setdomain*" e gli argomenti variabili del *message box*, cfr. par. IA.8).
Realizzate nuovi suoni cercando di utilizzare efficacemente l'inviluppo di ampiezza.

Automatizzate la *patch* **02_11_dissolvenza.maxpat** in maniera tale che lo slider orizzontale si muova "da solo" in modo casuale tra 0 e 1. Utilizzate prima **random** e poi **drunk** (e naturalmente l'oggetto **metro**), e analizzate le differenze. Fate in modo che i generatori casuali producano valori compresi tra 0 e 100 e poi riscalate il risultato in modo che vari tra 0 e 1.

Nella *patch* **02_12_autodissolvenza.maxpat** il tempo di scansione è utilizzato tutto per la dissolvenza tra 0 e 1, cioè tra la prima e la seconda tabella, mentre per il ritorno alla prima tabella c'è un tempo fisso di 10 millisecondi (vedi il *message box* [0 10 1 $1]). Modificate la *patch* in modo che metà del tempo venga utilizzato per il ritorno alla prima tabella.

Sempre nella *patch* **02_12_autodissolvenza.maxpat** utilizzate un oggetto `function` al posto del *message box* per realizzare una dissolvenza in più segmenti. La durata dell'inviluppo creato con `function` deve essere pari al tempo di scansione del `metro` (bisogna usare il messaggio *setdomain* e gli argomenti variabili del *message box*, cfr. par. IA.8).

• •

Prima di andare avanti vi presentiamo un nuovo oggetto, uno slider bidimensionale che si chiama **`pictslider`** (si trova nella *palette* "Sliders" nella *Toolbar* superiore[22] vedi fig. 2.20):

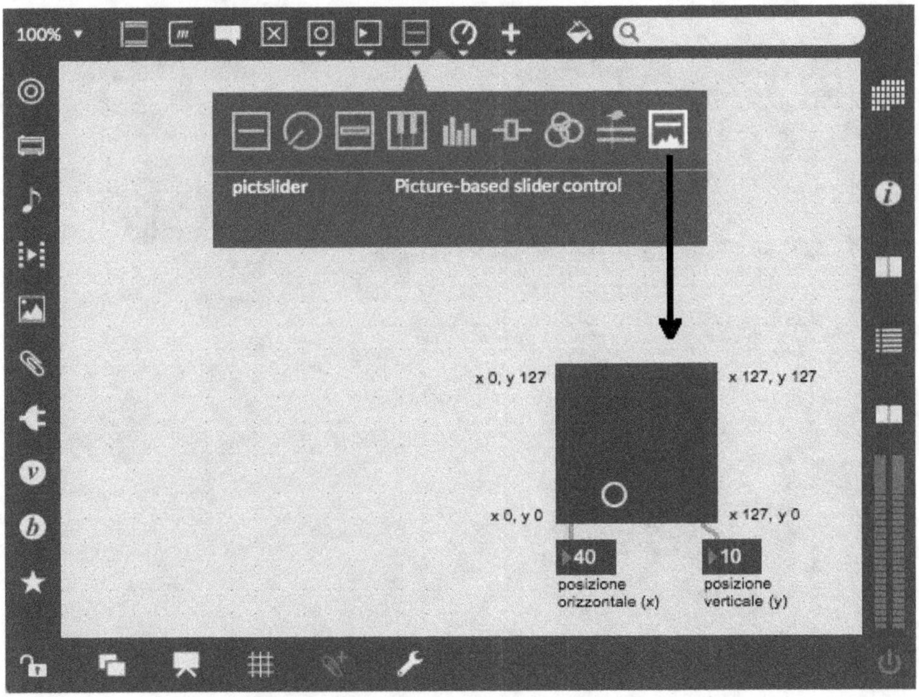

fig. 2.20: l'oggetto `pictslider`

[22] Se non riuscite ad individuarlo create un object box e scrivete `pictslider` al suo interno.

In questo oggetto il cursore si può muovere lungo due dimensioni, l'uscita di sinistra corrisponde alla posizione orizzontale del cursore, quella di destra alla posizione verticale. Di default l'intervallo di valori generato dal **`pictslider`** in entrambe le direzioni va da 0 a 127, ma può naturalmente essere modificato con l'*inspector*. Ricreate la *patch* di figura 2.20 per capire come funziona.
È anche possibile inviare dei valori numerici ai due ingressi dell'oggetto e spostare il cursore tramite questi valori: i valori all'ingresso di sinistra controllano il movimento orizzontale del cursore e quelli all'ingresso di destra il movimento verticale.
Entriamo ora nel territorio specifico della sintesi vettoriale e costruiamo un'interpolazione tra 4 tabelle: utilizziamo a questo scopo uno slider bidimensionale **`pictslider`** e 3 *subpatch* [`p` dissolvenza_x] collegate tra loro (file **02_13_vettoriale.maxpat**, figura 2.21).

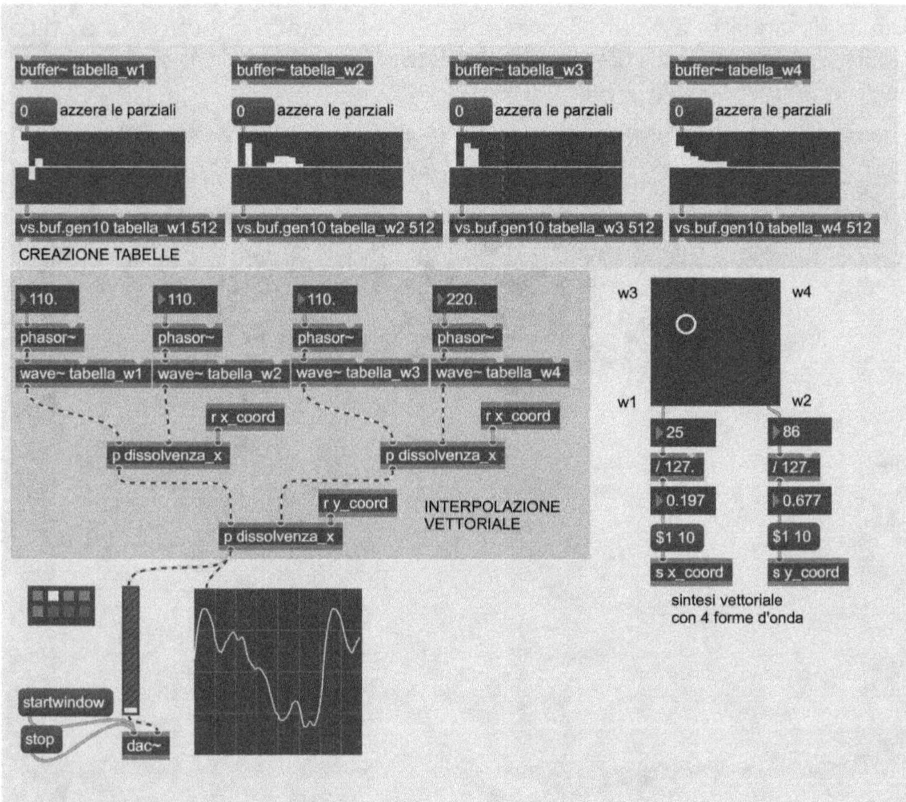

fig. 2.21: file 02_13_vettoriale.maxpat

In questo caso la tavolozza timbrica che possiamo ottenere è molto più estesa, perché ci possiamo muovere liberamente su un piano ai cui angoli si trovano le forme d'onda. Abbiamo utilizzato 4 diversi **`phasor~`**, ciascuno dei quali è collegato ad un diverso **`wave`**, in modo da poter differenziare le frequenze degli oscillatori e creare così interessanti effetti di battimenti e cambiamenti di pitch. Notate che i quattro segnali prodotti dagli oscillatori vanno in due *subpatch* [`p`

dissolvenza_x] identiche all'omonima *subpatch* di fig. 2.18, e le uscite di queste due *subpatch* vanno in un'altra *subpatch* [`p` dissolvenza_x].
Sulla destra abbiamo un `pictslider` che generea i valori di default da 0 a 127, questi valori vengono divisi per 127 e si trasformano quindi in valori decimali che variano tra 0 e 1 (non è possibile impostare direttamente i valori decimali tra 0 e 1 nell'*inspector* perché `pictslider` genera solo numeri interi). Vediamo ora il percorso dei valori generati dal `pictslider`: i valori prodotti all'uscita di sinistra, dopo essere stati ridotti in decimali da 0 a 1, vengono associati al valore 10 dal *message box* contenente la variabile dollaro e inviati, tramite [`s` x_coord], alle due *subpatch* [`p` dissolvenza_x] a cui sono collegati i quattro oscillatori. Il movimento orizzontale del `pictslider`, quindi, regola il missaggio della coppia di oscillatori contenenti le forme d'onda tabella_w1/tabella_w2 e il missaggio della coppia di oscillatori contenenti le forme d'onda tabella_w3/tabella_w4. I due segnali che escono dalle due *subpatch* [`p` dissolvenza_x] superiori vengono inviate, come abbiamo detto, alla *subpatch* [`p` dissolvenza_x] inferiore. Tornando al `pictslider` vediamo che i valori prodotti dall'uscita di destra (dopo aver subito la stessa trasformazione dei valori di sinistra) vengono inviati, tramite [`s` y_coord], alla *subpatch* [`p` dissolvenza_x] inferiore. Il movimento verticale del `pictslider`, quindi, regola il missaggio tra i due segnali ricevuti dalla *subpatch* [`p` dissolvenza_x] inferiore, che sono, lo ripetiamo, i segnali prodotti dalle due *subpatch* [`p` dissolvenza_x] superiori. Quando il cursore si trova esattamente in uno dei quattro angoli il gioco dei missaggi incrociati lascia passare una sola forma d'onda secondo lo schema illustrato in fig. 2.21: verificatelo e spiegate perché ciò avviene.

ATTIVITÀ

Automatizzate la *patch* **02_13_vettoriale.maxpat** con un `metro` per generare note casuali e due `function` per creare un percorso variabile tra le 4 forme d'onda.

Vediamo ora un altro oggetto della libreria Ableton, **`abl.dsp.basicshapes~`**: caricate il file **02_13b_abl.dsp.basicshapes.maxpat** (fig. 2.21b).

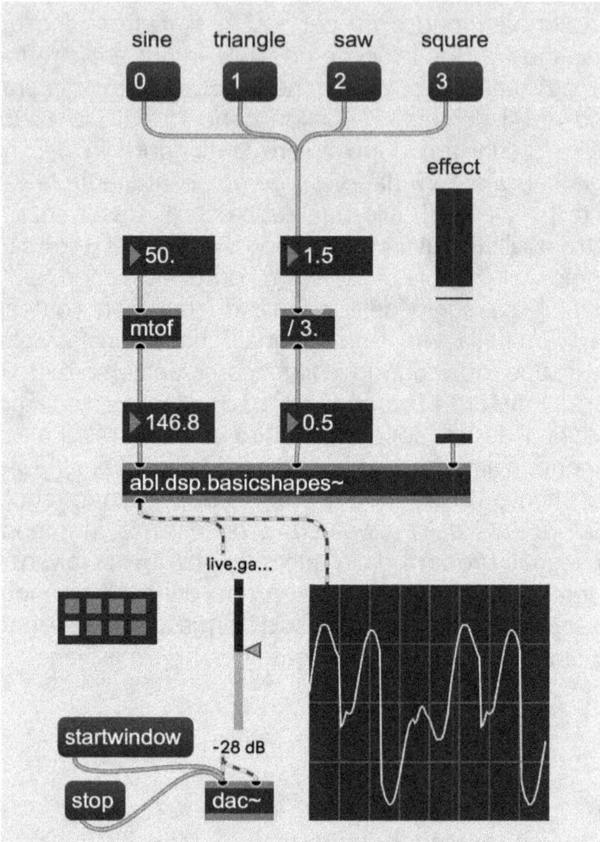

fig. 2.21b: file **02_13b_abl.dsp.basicshapes.maxpat**

Il primo ingresso dell'oggetto è per il valore di frequenza, gli altri due sono per due parametri chiamati rispettivamente "shape" e "effect". Il parametro "shape" serve a interpolare tra le forme d'onda sinusoidale, triangolare, dente di sega e quadrata. Essendo il parametro normalizzato tra 0 e 1 è difficile selezionare direttamente una forma d'onda esatta; abbiamo perciò esteso il range da 0 a 3, in modo che le 4 forme d'onda corrispondano ai numeri interi 0, 1, 2 e 3, e poi prima di passare il parametro al secondo ingresso abbiamo diviso il valore per 3 ottenendo il range originale da 0 a 1.
Anche il parametro "effect" è normalizzato tra 0 e 1, e per ogni forma d'onda realizza una trasformazione diversa: provate a vedere come funziona selezionando ciascuna forma d'onda a turno e muovendo lo slider in tutta la lunghezza.[23]

[23] Esiste anche l'oggetto `abl.dsp.dualbasicshapes~` che contiene due copie degli oscillatori e un parametro di *detune*.

Possiamo controllare i parametri "shape" e "effect" contemporaneamente tramite un **pictslider** e realizzare una sintesi vettoriale con l'oggetto. Modificate la *patch* come illustrato in figura 2.21c.

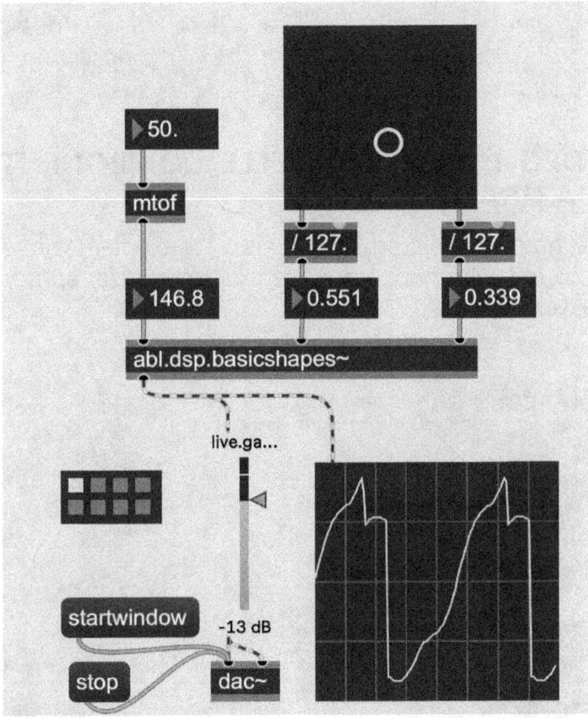

fig. 2.21c: sintesi vettoriale con **abl.dsp.basicshapes~**

Di default l'oggetto **pictslider** produce valori tra 0 e 127, dobbiamo dividere quindi le uscite per 127 per ottenere valori tra 0 e 1. Provate a muovervi nello spazio timbrico dell'oggetto **abl.dsp.basicshapes~** variando in modo continuo il cursore del **pictslider**.

Nel par. 2.3 della parte di teoria abbiamo parlato anche dello Shepard Tone: rimandiamo la trattazione Max di questo particolare effetto all'interludio B, quando avremo acquisito le conoscenze necessarie alla sua implementazione.

2.4 SINTESI ADDITIVA A SPETTRO VARIABILE

Come sappiamo dal par. 2.4 della parte di teoria, la sintesi additiva a spettro variabile richiede una notevole quantità di dati, soprattutto se viene realizzata con molte componenti. Iniziamo quindi a vedere come si possono gestire un numero limitato di parziali con le tecniche che già conosciamo, passeremo poi a esplorare altre strategie.

GESTIONE DEGLI INVILUPPI DELLE COMPONENTI TRAMITE INTERFACCIA GRAFICA

Procediamo per gradi e vediamo innanzitutto l'implementazione di un singolo oscillatore dotato di inviluppi di ampiezza e di frequenza: aprite il file **02_14a_oscil_func.maxpat** (fig. 2.22).

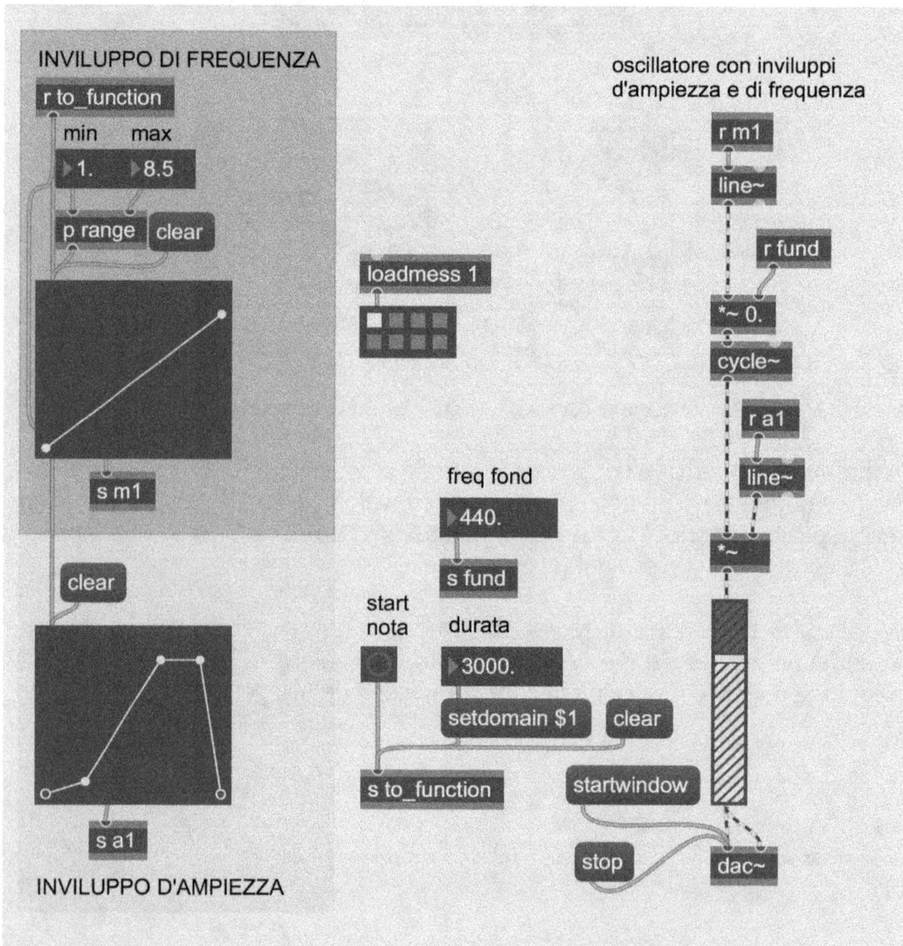

fig. 2.22: file **02_14a_oscil_func.maxpat**

Prima di analizzare nel dettaglio la *patch* proviamo a farla funzionare: fate clic sulle diverse celle dell'oggetto **preset** che si trova al centro della finestra e notate i cambiamenti nei due oggetti **function** all'interno dei riquadri colorati. Questi due oggetti definiscono gli inviluppi di ampiezza e di frequenza di un suono sinusoidale.
Ora fate clic sul *message box* che contiene il messaggio "*startwindow*" e poi sul *bang button* che si trova sotto la scritta "start nota": udrete un suono la cui ampiezza e frequenza segue gli inviluppi definiti nei due oggetti **function**. Notate che l'oggetto **preset** è collegato ad un oggetto **loadmess** che è del tutto simile a **loadbang**, ma invece di generare un *bang* al caricamento della *patch* genera il suo argomento (in questo caso 1) che serve a selezionare il primo *preset*.
Provate tutti i *preset* e notate che la durata del suono (e del corrispondente glissando) è data dal valore contenuto nel *number box* che si trova al di sotto della scritta "durata". L'ambito in cui si può muovere il glissando, invece, è dato dal valore contenuto nel *number box* che si trova al di sotto della scritta "freq fond" *moltiplicato* per i valori contenuti nei due *number box* che si trovano in alto a sinistra nella *patch* e che sono contrassegnati dalle scritte "min" e "max" (se ci riferiamo alla figura il valore di "freq fond" è 440 mentre quelli di "min" e "max" sono rispettivamente 1 e 8.5. Il glissando va quindi da 440 · 1= 440 Hz a 440 · 8.5 = 3740 Hz). Cominciamo ad analizzare il funzionamento della *patch*: nella parte sinistra, come abbiamo visto, ci sono due oggetti **function** con cui si possono definire gli inviluppi di ampiezza e di frequenza. Questi due oggetti trasmettono, tramite gli oggetti **send** e **receive**, le liste per gli inviluppi agli oggetti **line~** che si trovano nella parte destra della *patch*.
Più precisamente, ogni volta che facciamo clic sul *bang button* che si trova al centro della *patch* al di sotto della scritta "start nota", inviamo il *bang* all'oggetto [**s** to_function] che lo trasmette a [**r** to_function], da qui il *bang* arriva ai due oggetti **function** e questi a loro volta inviano le liste per gli inviluppi (di frequenza e di ampiezza) agli oggetti **line~**.
Gli inviluppi di frequenza e di ampiezza hanno la stessa durata: il valore della durata, in millisecondi, viene inviato a entrambi gli oggetti **function** dal *float number box* che si trova al di sotto della scritta "durata" ed è collegato al *message box* contenente il messaggio "setdomain $1". Il messaggio "*setdomain*", come sappiamo dal par IA.8 dell'Interludio A, serve ad impostare il valore massimo sull'asse delle *x* (orizzontale) della **function**, e determina quindi la durata massima dell'inviluppo.
Passiamo al range dell'asse delle *y* (verticale) che rappresenta l'intervallo dei valori all'interno dei quali si muove l'inviluppo. L'oggetto **function** in alto serve, come abbiamo detto, per disegnare gli inviluppi di frequenza: come vedremo, per questo inviluppo è possibile definire un valore minimo e uno massimo dei moltiplicatori della frequenza fondamentale tramite la *subpatch* [**p** range] che analizzeremo tra poco. Questi due valori rappresentano i limiti che possono essere raggiunti dall'inviluppo dei moltiplicatori. Ad esempio in figura 2.22 (lo ripetiamo) abbiamo una frequenza fondamentale di 440 Hz, e dal momento che il moltiplicatore ha come limite minimo il valore 1 e come limite massimo il valore 8.5, la frequenza dell'oscillatore potrà variare fra 440 Hz (1 · 440) e 3740 Hz (8.5 · 440). I valori del moltiplicatore (in questo caso 1 e 8.5)

corrispondono alla voce "Lo and Hi Display Range" che si trova nell'*inspector* dell'oggetto `function`. Apriamo la *subpatch* [`p` range] con un doppio clic e vediamo come funziona (fig. 2.23).

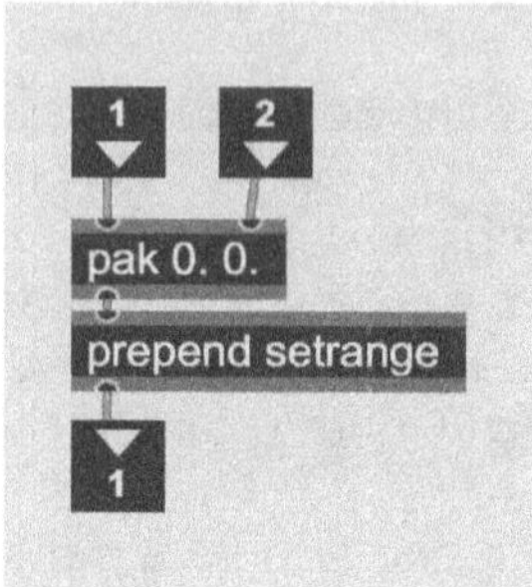

fig. 2.23: il contenuto della *subpatch* [`p` range]

I due valori di minimo e massimo entrano nell'oggetto **`pak`**[24] che li trasforma in una lista di due elementi.
La lista così generata da **`pak`** entra nell'oggetto **`prepend`** che antepone la parola "*setrange*" e la invia all'**`outlet`**: il messaggio finale che esce dalla *subpatch* e raggiunge l'inviluppo di frequenza è quindi una lista di tre elementi di cui il primo è la parola "*setrange*" e gli altri due sono valori numerici. I due valori impostati non rappresentano la frequenza effettiva, ma sono dei moltiplicatori di una frequenza fondamentale: per tornare all'esempio dell'inviluppo in figura 2.22, questo può variare tra la frequenza della fondamentale (impostata con il *float number box* che si trova sotto la scritta "freq fond") e una frequenza 8.5 volte superiore.
Agli *inviluppi di ampiezza* non viene inviato il messaggio "*setrange*" perché il range dell'ampiezza è sempre compreso tra 0 e 1.
Procedendo con l'analisi della *patch* vediamo che le liste generate dagli oggetti **`function`** vengono mandate all'oscillatore tramite degli oggetti **`send`** (per la precisione [`s m1`] e [`s a1`]), così come la fondamentale, che viene inviata tramite l'oggetto [`s fund`].
L'oscillatore che riceve questi valori si trova nella parte destra della *patch*: tramite l'oggetto [`r m1`] viene ricevuto l'inviluppo del moltiplicatore della frequenza, che viene inviato ad un **`line~`** e moltiplicato per il valore della fondamentale ricevuto da [`r fund`]. Il segnale in uscita dal moltiplicatore viene inviato all'ingresso della frequenza di **`cycle~`**. Il segnale prodotto da quest'ultimo viene riscalato dall'inviluppo di ampiezza (ricevuto da [`r a1`] che è collegato ad un altro **`line~`**) mediante la solita moltiplicazione dei valori prodotti dall'oscillatore per quelli prodotti al contempo da **`line~`**.

---

[24] Vi ricordiamo che l'oggetto `pak` svolge una funzione simile a quella dell'oggetto **pack**, ma a differenza di quest'ultimo ha tutti gli ingressi "caldi".

Partendo da questa *patch* vedremo tra poco come si può realizzare un algoritmo di sintesi additiva a spettro variabile utilizzando il sistema multicanale.
Prima però dobbiamo parlare di un messaggio che ci permette di inviare valori alle singole istanze di un oggetto multicanale: "setvalue". Questo messaggio necessita di due parametri, il primo indica l'istanza da modificare, il secondo il valore (o i valori) da inviare[25]. Ricostruite la *patch* di figura 2.24a.

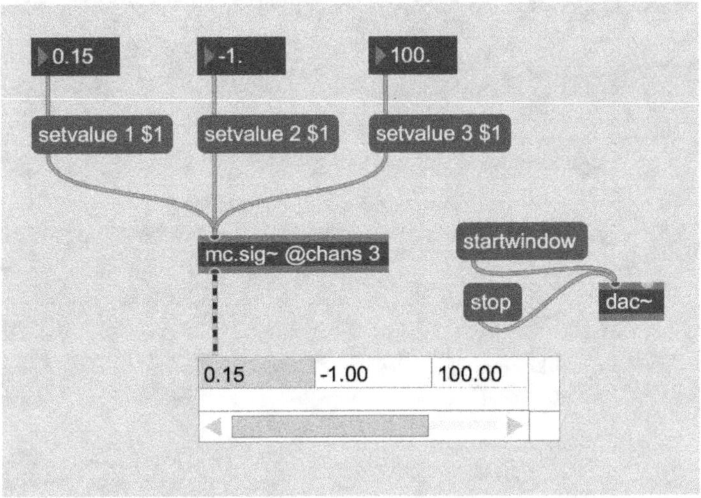

fig. 2.24a: il messaggio "setvalue"

Abbiamo un oggetto **mc.sig~** a tre canali, e tramite tre messaggi "setvalue" possiamo modificare il valore delle singole istanze, come si può vedere nell'oggetto **jit.cellblock** che si trova nella parte bassa della *patch*.
Grazie a questo messaggio possiamo modificare in modo completamente indipendente gli inviluppi di frequenza e di ampiezza delle componenti di uno spettro variabile.

[25] Come vedremo più avanti, tramite "setvalue" possiamo anche inviare messaggi o modificare gli attributi di singole istanze di un oggetto multicanale.

Caricate la *patch* **02_14b_addvar_func.maxpat** (figura 2.24b).

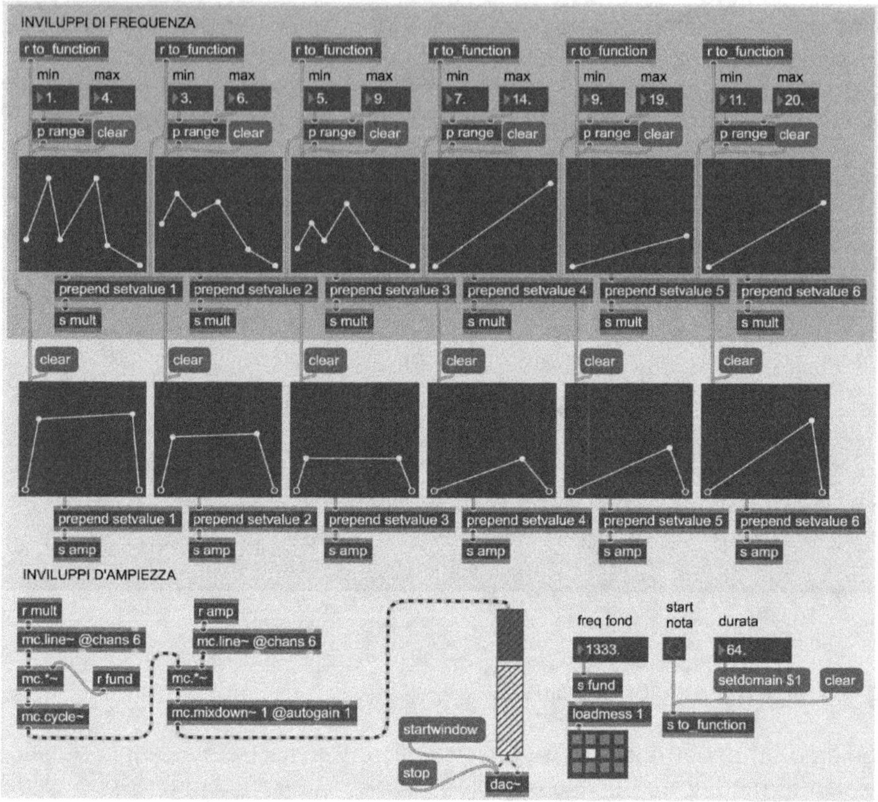

fig. 2.24b: *patch* **02_14b_addvar_func.maxpat**

Ascoltate innanzitutto i diversi *preset*.
In questa *patch* possiamo specificare gli inviluppi di frequenza e d'ampiezza di 6 oscillatori sinusoidali. Ci sono, infatti, 6 coppie di oggetti `function` ciascuna delle quali manda le liste per gli inviluppi a una diversa istanza di un algoritmo multicanale (visibile nella parte in basso a sinistra dell'immagine).
La lista generata da ogni oggetto `function`, infatti, prima di essere inviata al sistema multicanale viene passata a un oggetto **`prepend`**, che vi antepone il messaggio "setvalue" seguito dal numero di istanza di destinazione (un valore da 1 a 6).
Le liste degli inviluppi di ampiezza e di frequenza vengono inviate quindi a due oggetti `mc.line~` che generano gli inviluppi relativi. Notate l'attributo "@chans 6" che imposta il numero di istanze desiderate: l'attributo è stato specificato solo nei due oggetti `mc.line~`; come sappiamo gli altri oggetti, ricevendo il segnale multicanale, vengono impostati automaticamente.
La durata e la frequenza fondamentale, che vengono definite con i due *float number box* visibili in basso a destra nella *patch*, sono comuni a tutte le istanze.
Le coppie di moltiplicatori della frequenza fondamentale, definibili tramite i due *float number box* collegati alla *subpatch* [`p` range] sono invece diverse

per i diversi oscillatori. Anche in questa *patch* il messaggio "setdomain" e il relativo valore di durata vengono inviati agli oggetti **receive** [r to_function] tramite un **send** [s to_function]. Tali **receive** inviano il messaggio sia agli oggetti **function** delle frequenze, sia a quelli corrispondenti che controllano l'ampiezza.
Rivediamo ora i 12 *preset* memorizzati: la prima riga di *preset* contiene brevi suoni con fondamentale riconoscibile e con un inviluppo "pseudo-strumentale", la seconda suoni caratterizzati da glissandi e la terza fasce sonore inarmoniche. Studiate attentamente i diversi parametri che caratterizzano i suoni: i *range* dei vari inviluppi d'ampiezza, la frequenza della fondamentale, la lunghezza del suono, la forma degli inviluppi; ognuno di questi parametri contribuisce alla creazione del suono che udiamo. Provate a fare delle variazioni dei *preset*, prima alterando i parametri globali, cioè la durata e la frequenza fondamentale, e poi i parametri specifici delle singole componenti: il *range* dei moltiplicatori di frequenza e la forma degli inviluppi.
Cercate di capire in che modo ciascuno di questi parametri influenza il risultato sonoro. Provate infine a creare dei suoni ex-novo.

ATTIVITÀ

Aggiungete alla *patch* di fig. 2.24a un **kslider** (una tastiera) per modificare la frequenza della fondamentale secondo la scala temperata.

GESTIONE DEGLI INVILUPPI DELLE SINGOLE COMPONENTI TRAMITE TESTO

Abbiamo visto che con la gestione degli inviluppi tramite un'interfaccia grafica possiamo realizzare dei suoni interessanti anche con pochi oscillatori, e soprattutto possiamo disegnare i percorsi delle singole componenti e stabilire così un rapporto immediato tra ciò che si vede e ciò che si sente.
Se però abbiamo bisogno di definire in modo preciso questi percorsi (ad esempio vogliamo che l'attacco della prima componente duri 5 millisecondi, quello della seconda componente 7.5 millisecondi etc.) dobbiamo rinunciare all'interfaccia grafica e descrivere i percorsi, cioè gli inviluppi, tramite delle liste testuali. Questo, se da una parte ci fa perdere l'immediatezza dell'interazione tra l'utente e l'interfaccia, dall'altra ci garantisce la precisione e ci permette di gestire più oscillatori, dal momento che una linea di testo occupa meno spazio di un'interfaccia grafica. Naturalmente stiamo parlando di un numero comunque limitato di componenti, perché sarebbe estremamente laborioso scrivere liste di inviluppi per decine o centinaia di oscillatori.
Prima di studiare la *patch* che gestisce gli inviluppi tramite linee di testo, dobbiamo presentare una caratteristica del *message box* che non abbiamo ancora sfruttato: la sua possibilità di collegarsi "in remoto" con altri oggetti.

Sappiamo già che se facciamo clic su un *message box* il suo contenuto esce dal suo **outlet** e può quindi essere trasmesso agli oggetti a cui è collegato. Possiamo però inviare i messaggi anche agli oggetti non collegati utilizzando il carattere *punto e virgola* ";" che ha un significato speciale per il *message box*: il primo elemento dopo il punto e virgola infatti viene considerato come il nome di un oggetto **receive** e gli elementi successivi come il messaggio da inviare all'oggetto **receive** in questione.
Per chiarire questo punto aprite il file **02_15_message_send.maxpat** (fig. 2.25).

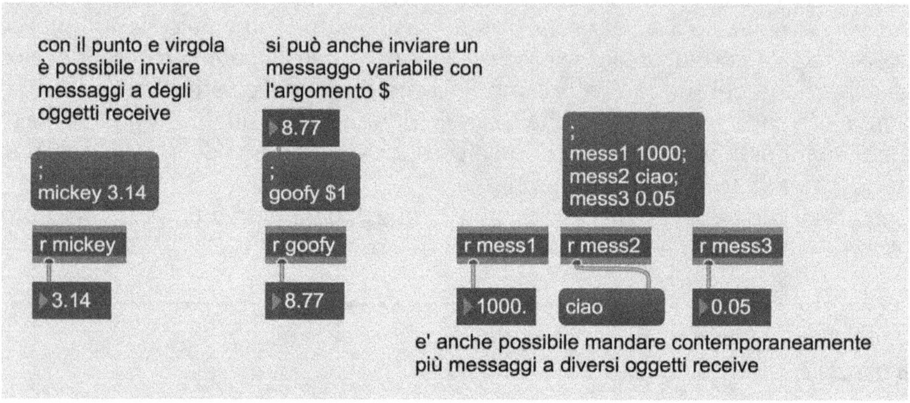

fig. 2.25: file 02_15_message_send.maxpat

Se nella *patch* fate clic sul messaggio [; mickey 3.14] vedrete che l'oggetto [**r mickey**] riceverà il messaggio 3.14, esattamente come se avessimo mandato il messaggio numerico attraverso un oggetto [**send mickey**]. Il primo elemento dopo il punto e virgola quindi è equivalente all'argomento degli oggetti **send** e **receive**, gli elementi successivi rappresentano il messaggio da inviare. È anche possibile inviare messaggi variabili utilizzando l'argomento $, come si vede nell'esempio successivo. La cosa più interessante è che possiamo mandare più messaggi contemporaneamente a più destinatari con un unico *message box*: se fate clic sul *message box* nella parte destra della *patch* invierete tre diversi messaggi a tre distinti oggetti **receive**.[26]
Possiamo quindi creare dei *message box* che contengono tutti i parametri di un suono in sintesi additiva a spettro variabile ed inviarli contemporaneamente con un clic: vedremo adesso come.

[26] Il message box manda il testo a capo dopo ogni punto e virgola, ma non prima, e non è possibile impostare gli a capo a piacere. Questo spiega il curioso aspetto che ha il contenuto di un message box che invia messaggi a destinatari multipli, dove il primo punto e virgola è isolato, e i successivi si trovano attaccati al messaggio della riga precedente.

Apriamo il file **02_16_addvar_mess.maxpat** (fig. 2.26).

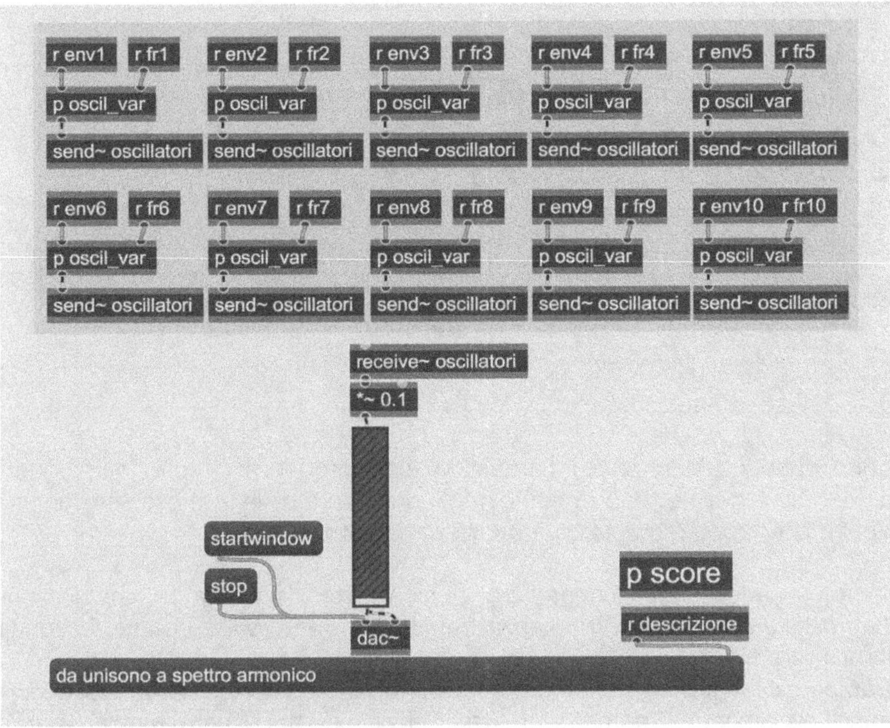

fig. 2.26: file 02_16_addvar_mess.maxpat

Notate che in questo caso non usiamo il sistema multicanale, ma una serie di oscillatori separati. Per rendere la *patch* più "pulita", abbiamo realizzato una *subpatch* simile alla rappresentazione classica di un oscillatore, con un ingresso per l'ampiezza e uno per la frequenza (vedi fig. 2.27).

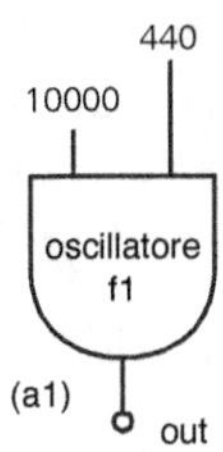

fig. 2.27: oscillatore "classico"

In fig. 2.28 vediamo il contenuto della *subpatch* che abbiamo chiamato [p oscil_var].

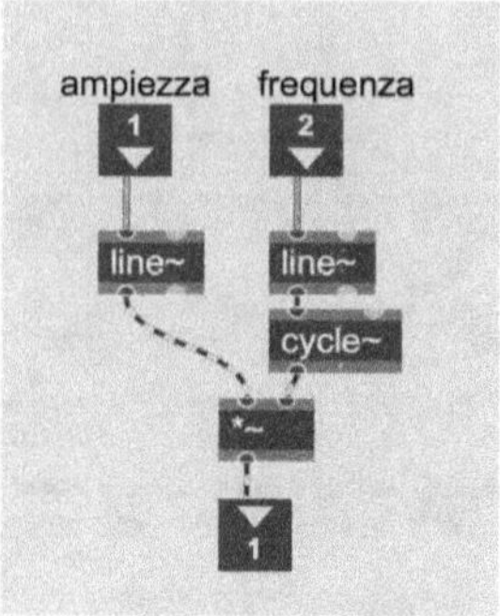

fig. 2.28: il contenuto della *subpatch* [p oscil_var]

Subito dopo gli ingressi per l'ampiezza e la frequenza ci sono due oggetti **line~** che ci permettono di mandare all'oscillatore delle liste che serviranno a definire l'inviluppo d'ampiezza e quello di frequenza.

Diamo ora un'occhiata alla *patch* principale: ci sono 10 oscillatori, che ricevono i dati per l'ampiezza e la frequenza tramite dei **receive** e inviano il segnale all'uscita tramite un **send~**.
Le ampiezze e le frequenze sono diverse per ogni oscillatore e i relativi **receive** hanno ovviamente argomenti diversi: "env1" e "fr1" per l'ampiezza e la frequenza del primo oscillatore, "env2" e "fr2" per l'ampiezza e la frequenza del secondo oscillatore, e così via.
I valori delle ampiezze e delle frequenze sono contenuti in diversi *message box* che, come abbiamo appena visto, possono comunicare con gli oggetti **receive**; questi *message box* si trovano all'interno della *subpatch* [p score] sulla destra della *patch* principale.

Se apriamo la *subpatch* con un doppio clic possiamo vedere che ci sono 6 *message box*, ognuno dei quali genera un diverso timbro.
Vediamo ad esempio il contenuto del primo *message box*:

;
descrizione 5 armoniche con inviluppi diversi;
env1 0, 1 1600 0 2400;
env2 0, 1 2200 0 1800;
env3 0, 1 2800 0 1200;
env4 0, 1 3400 0 600;
env5 0, 1 4000 0 10;
fr1 200;
fr2 400;
fr3 600;
fr4 800;
fr5 1000

Ricordiamo che la prima parola di ogni riga è il nome di un corrispondente oggetto **receive** nella *patch* principale. La prima linea contiene un ";". La seconda invia un commento all'oggetto [**r** descrizione], che lo visualizza nel *message box* in basso; seguono poi i dati per gli inviluppi (preceduti da "env1", "env2", etc.), in formato **line~**, e le frequenze ("fr1", "fr2"...) date, in questo caso, come valori singoli. Facendo clic sul *message box* inviamo tutti i dati contemporaneamente mediante il comando ";" che li invia ai rispettivi **receive**. Osserviamo ancora una volta queste righe della *subpatch* e ricapitoliamo.
Nella terza riga troviamo "env1": è il nome del **receive** a cui inviare la lista "0, 1 1600 0 2400" che verrà utilizzata per l'inviluppo d'ampiezza; "fr1" invece (all'ottava riga) è il nome del **receive** a cui viene inviato il valore di frequenza 200 (ma potremmo usare una lista se volessimo un inviluppo di frequenza).
Ricordatevi come al solito di fare clic sul messaggio "*startwindow*" nella *patch* principale e di alzare il cursore dell'oggetto **gain~**); con un clic sugli altri *message box* possiamo sentire gli altri timbri.

Ecco una breve illustrazione delle configurazioni memorizzate nei *message box*:
1) *5 armoniche con inviluppi diversi*
   Cinque parziali, con frequenza fissa in rapporto armonico, che raggiungono l'ampiezza massima in tempi diversi, creando un cambiamento di colore nel suono
2) *5 armoniche statiche e 5 parziali progressivamente inarmoniche* (*battimenti*)
   Le cinque parziali precedenti più altre cinque che diventano progressivamente inarmoniche e creano battimenti
3) *7 armoniche con ingressi successivi*
   Sette parziali con attacco percussivo in tempi successivi, che creano un arpeggio che si fonde in un timbro
4) *spettro inarmonico* (*gong*)
   Uno spettro inarmonico con alcune parziali fisse ed altre che glissano. Le componenti vicine creano dei battimenti. Inviluppo percussivo.
5) *da unisono a spettro armonico*
   Dieci parziali che, partendo da un'unica frequenza di 400 Hz, glissano fino a creare uno spettro armonico con fondamentale a 150 Hz passando, durante il glissando, per una configurazione inarmonica delle parziali. Durante il decay le componenti si estinguono in successione cominciando dalla più grave, e ciò crea un cambiamento graduale del timbro.
6) *da spettro armonico a spettro inarmonico* (*tutte le parziali abbassate di 260 Hz*)
   Le componenti di uno spettro armonico con fondamentale a 1000 Hz (1000 Hz, 2000 Hz, 3000 Hz...) vengono tutte abbassate di 260 Hz, cioè effettuano un glissando discendente e creano uno spettro inarmonico (760 Hz, 1760 Hz, 2760 Hz...). Inoltre le ampiezze si modificano e cambia quindi il profilo spettrale del suono.

Questi suoni possono apparire più semplici di quelli creati con la *patch* di figura 2.24a, pur essendo più complessi da programmare: ciò è dovuto al fatto che è piuttosto laborioso creare le liste per gli inviluppi, ed un lavoro per prova ed errore risulta molto più lungo quando non si ha a disposizione un'interfaccia grafica. Il vantaggio di questo metodo, come già detto, sta soprattutto nella precisione con cui possiamo definire i percorsi: realizzare ad esempio un timbro come quello dell'esempio 6 sarebbe quasi impossibile con gli inviluppi grafici della *patch* di figura 2.24a. Se in un progetto compositivo abbiamo bisogno di specificare tempi, frequenze ed ampiezze con precisione useremo quindi il metodo delle liste, se invece stiamo cercando un timbro particolare e dobbiamo verificarne l'efficacia "a orecchio" useremo il metodo degli inviluppi grafici.

ATTIVITÀ

Utilizzando la *patch* **02_16_addvar_mess.maxpat** realizzate i seguenti timbri aggiungendo nuovi *message box*:

- suono con attacco percussivo, che parte da un unisono (frequenza grave) e arriva ad un timbro armonico di sole componenti dispari, in seguito le componenti a coppie glissano fino a creare battimenti a velocità diverse;

- suono inarmonico le cui componenti hanno un attacco molto lento, la durata di ogni componente è diversa e l'ampiezza massima di ciascuna viene raggiunta alla fine; il decay di ogni inviluppo deve durare 10 millisecondi;

- suono armonico le cui componenti dispari hanno un attacco percussivo e un decadimento lento, e le componenti pari un attacco lento e un decadimento improvviso.

Realizzate una versione multicanale della *patch* 02_16_addvar_mess.maxpat

USO DI BANCHI DI OSCILLATORI

Abbiamo già detto che sonorità più complesse e interessanti si possono ottenere utilizzando decine o centinaia di parziali. Potremmo naturalmente usare il sistema multicanale per generare centinaia di componenti, ma questo significa che il wrapper multicanale deve generare (dietro le quinte) centinaia di oscillatori separati, che potrebbero presto esaurire tutta la potenza di calcolo che abbiamo a disposizione. Fortunatamente Max ci permette di usare un *banco di oscillatori* tramite l'oggetto **oscbank~** o il suo omologo **ioscbank~** che ha un suono migliore perché gli oscillatori sono interpolati.[27] Questi banchi di oscillatori, essendo racchiusi in un singolo oggetto MSP, permettono un sensibile risparmio di CPU rispetto all'uso di più oscillatori separati.
Vediamo quindi come funziona **ioscbank~**: ricostruite la *patch* di fig. 2.29a.

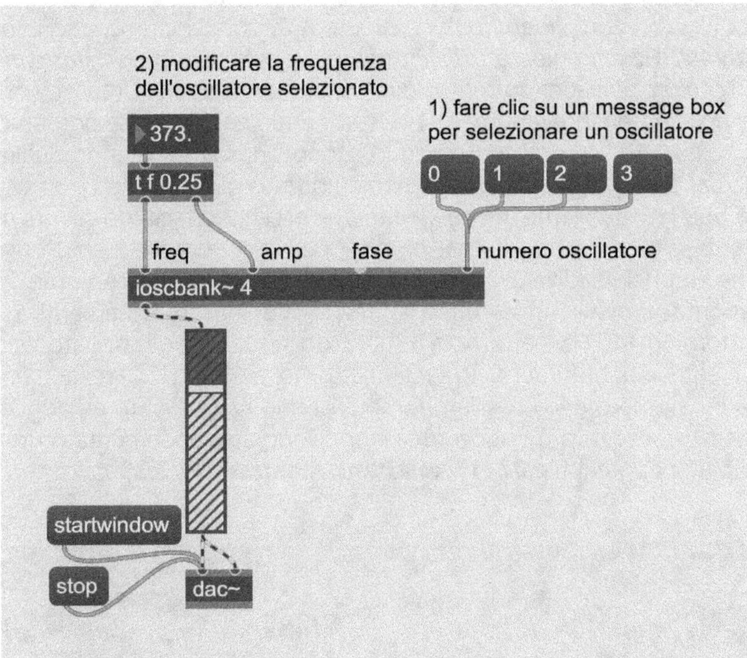

fig. 2.29a: un banco di oscillatori

L'oggetto **ioscbank~** ha quattro ingressi, rispettivamente per frequenza, ampiezza (che in questo oggetto viene chiamata *magnitude*), fase e *numero d'indice dell'oscillatore*. Quest'ultimo è un numero che identifica un oscillatore sinusoidale all'interno di **ioscbank~**: il primo oscillatore ha il numero di indice 0, il secondo oscillatore ha il numero di indice 1, il terzo oscillatore ha il numero di indice 2 e così via.
L'argomento dell'oggetto indica il numero di oscillatori contenuti nel banco (nel caso della nostra *patch* l'oggetto **ioscbank~** contiene quindi 4 oscillatori).

27 Vedi sull'argomento il paragrafo 2.1 della teoria, nella sezione dedicata all'interpolazione nella lettura di tabelle.

Oltre a questo primo argomento è possibile specificarne altri di cui parleremo più avanti. Come vedete ci sono 4 *message box* collegati all'ingresso di destra di **ioscbank~**, ovvero all'ingresso nel quale è possibile specificare il numero di indice dell'oscillatore, mentre a sinistra c'è un *float number box* collegato ad un oggetto **trigger** che ha due argomenti, "f" e "0.25", e di conseguenza due uscite: l'uscita di sinistra passa il numero generato dal *number box* all'ingresso della frequenza di **ioscbank~**, l'uscita di destra invia la costante 0.25 all'ingresso dell'ampiezza (o *magnitude*) di **ioscbank~**; notate che non viene inviato nessun messaggio al terzo ingresso di **ioscbank~**, relativo alla fase dell'oscillatore. Procediamo con ordine: la prima cosa da fare è specificare quale oscillatore vogliamo modificare (di default tutti gli oscillatori di **ioscbank~** hanno frequenza 0 Hz e ampiezza 0). Facciamo ad esempio clic sul *message box* contenente il numero 0: adesso i successivi messaggi che invieremo agli altri ingressi modificheranno i parametri del primo oscillatore.
Portiamo il valore del *float number box* a 440: ora il primo oscillatore avrà frequenza 440 Hz e ampiezza 0.25. Facendo clic sul messaggio "*startwindow*" e alzando il cursore del fader potremo udire il suono sinusoidale. Ora facciamo clic sul *message box* contenente il numero 1 e trascinando con il mouse portiamo il *float number box* a 550: udremo un secondo suono sinusoidale che gradualmente si allontana dal primo suono. In pratica abbiamo fatto glissare il secondo oscillatore da 440 a 550 Hz. Attiviamo anche gli altri due oscillatori facendo clic sui *message box* restanti, e modificando il *float number box* in modo che ciascun oscillatore abbia una frequenza diversa: fate un po' di prove per capire come funziona il meccanismo. Provate ad esempio a creare due serie di battimenti a velocità diverse attorno a 440 Hz e attorno a 880 Hz (dovrete usare gli oscillatori a coppie), oppure create dei battimenti irregolari attorno a 440 Hz. Provate anche ad aumentare il numero degli oscillatori, modificando l'argomento ed aggiungendo i *message box* per attivare i nuovi oscillatori. Dopo aver sperimentato un po' con la vostra *patch* aprite il file **02_17_ioscbank.maxpat** (fig. 2.29b).

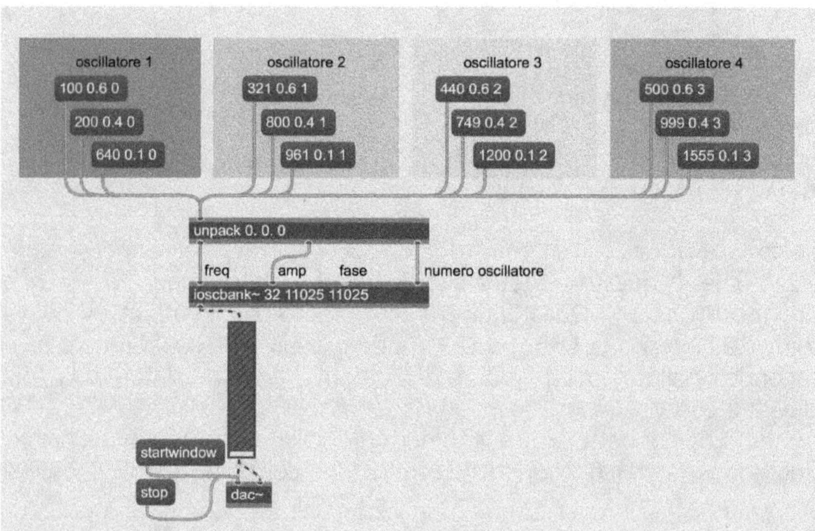

fig. 2.29b: file 02_17_ioscbank.maxpat

In questa *patch* abbiamo aggiunto altri due argomenti oltre al primo, che come sappiamo specifica il numero di oscillatori (in questo caso 32). I due nuovi argomenti indicano il tempo di passaggio (in campioni, non in millisecondi) da una frequenza all'altra e da un'ampiezza all'altra in uno stesso oscillatore: questi due parametri vengono chiamati *freqsmooth* e *magsmooth*, e possono anche essere cambiati inviando all'oggetto il messaggio "*freqsmooth*" o "*magsmooth*" seguito dalla durata in campioni.[28]
Nella *patch* abbiamo quindi un banco di 32 oscillatori, le cui frequenze ed ampiezze variano entrambe nel tempo di 11025 campioni.[29]
I riquadri colorati contengono dei *message box* con liste di 3 elementi che utilizzeremo per impostare frequenza, ampiezza e numero d'oscillatore; abbiamo tralasciato la fase che non utilizziamo in questa *patch*. Facendo clic su un *message box* la lista che contiene viene trasmessa all'oggetto **unpack** che separa i 3 elementi che, come sappiamo, escono in ordine da destra a sinistra: il primo elemento che esce corrisponde quindi al numero d'indice dell'oscillatore che va al quarto ingresso di **ioscbank**, seguono poi l'ampiezza e la frequenza relativa. Nella *patch* usiamo solo 4 dei 32 oscillatori disponibili. Ogni riquadro contiene le liste per modificare uno stesso oscillatore: il primo riquadro per il primo oscillatore, il secondo riquadro per il secondo oscillatore etc. Facendo clic nei diversi *message box* potete ottenere diverse combinazioni di frequenze. Prestate attenzione al passaggio tra una frequenza e l'altra, cioè al glissando la cui durata è specificata nel secondo argomento dell'oggetto **ioscbank~** (11025 campioni, cioè 250 millisecondi alla frequenza di campionamento di 44100 Hz). Aggiungendo altri *message box* con indici diversi potrete attivare altri oscillatori.

---

[28] Il tempo in campioni è naturalmente dipendente dalla frequenza di campionamento: se ad esempio abbiamo una frequenza di campionamento di 44100 Hz ogni campione ha una durata di 1/44100 di secondo cioè circa 0.022 millisecondi. Affronteremo più dettagliatamente questo tema nel par. 5.1 della teoria.

[29] Alla frequenza di campionamento di 44100 Hz, ciò equivale ad un tempo di 250 millisecondi.

Vediamo adesso un modo per gestire la "massa" di dati necessaria ad attivare tutti e 32 gli oscillatori: possiamo ad esempio generare dei suoni con 32 parziali scelte casualmente tra un minimo e un massimo (aprite il file **02_18_ioscbankrand.maxpat**: fig. 2.30).

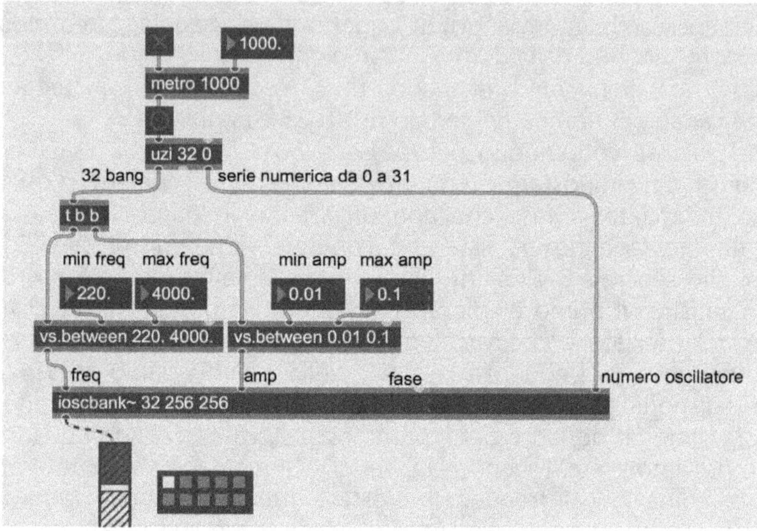

fig. 2.30: file 02_18_ioscbankrand.maxpat

In questo caso c'è l'oggetto [`uzi 32 0`] che ogni volta che riceve un *bang* ne produce 32 che escono dall'`outlet` di sinistra. Notate che l'oggetto ha un secondo argomento pari a 0. Il secondo argomento serve ad impostare il punto di partenza della serie numerica che viene generata all'uscita di destra (abbiamo visto nell'interludio A che di default questa serie parte da 1, in questo caso invece parte da 0): abbiamo quindi una serie di numeri da 0 a 31 dall'`outlet` di destra. Per la regola della precedenza di Max, da destra a sinistra, viene prima prodotto il numero 0 dall'uscita destra, poi il primo *bang* dall'uscita sinistra, poi il numero 1 dall'uscita destra, poi il secondo *bang* dall'uscita sinistra etc. La serie di numeri ci serve come indice degli oscillatori per `ioscbank~`.
I 32 *bang* vengono sdoppiati da un `trigger` e inviati a due generatori random `vs.between` rispettivamente per le frequenze e le ampiezze: l'intervallo di frequenza (min freq, max freq) utilizzato per generare il suono complesso si chiama anche *banda di frequenza* dello spettro. Ogni volta che l'oggetto `uzi` riceve un *bang*, quindi, vengono generati dei nuovi gruppi di parametri per i 32 oscillatori di `ioscbank~` (numero oscillatore, ampiezza, frequenza, numero oscillatore, ampiezza, frequenza etc.). Il metronomo collegato all'`uzi` crea una scansione regolare di timbri (notate che abbiamo ridotto i valori di *freqsmooth* e *magsmooth* dell'oggetto `ioscbank~` a 256 campioni). Provate i *preset* che abbiamo memorizzato e sperimentate il comportamento della *patch* con diverse impostazioni dei parametri.

CONVERSIONE DA MILLISECONDI A CAMPIONI E VICEVERSA

Parliamo ora di una conversione che ci sarà utile tra poco, ovvero la conversione da durata in millisecondi a durata in campioni. Questa conversione può essere effettuata dagli oggetti **sampstoms~** e **mstosamps~**. Più precisamente, **sampstoms~** ci dice quanti millisecondi dura un segnale composto da un certo numero di campioni, e **mstosamps~** ci dice di quanti campioni è composto un segnale che ha una certa durata in millisecondi (vedi fig. 2.31).

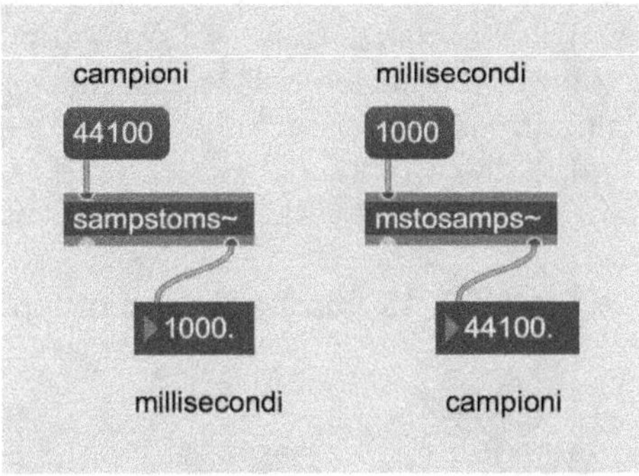

fig. 2.31: conversione da campioni a millisecondi e viceversa

Notate che abbiamo collegato i *number box* all'uscita di destra, perché dall'uscita di sinistra il valore esce sotto forma di segnale MSP e non di messaggio Max.
Perché abbiamo bisogno di questi due oggetti per quella che sembrerebbe essere una banale moltiplicazione?
Perché in realtà i due oggetti fanno riferimento all'effettiva frequenza di campionamento della scheda audio. Nel caso di fig. 2.31 la frequenza di campionamento è 44100 Hz.
Se la frequenza fosse stata di 48000 Hz avremmo ottenuto i risultati illustrati in fig, 2.32.

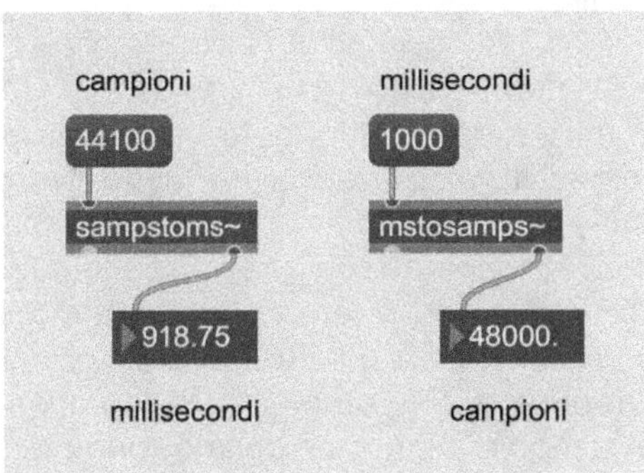

fig. 2.32: conversione con Sample Rate a 48000 Hz

Indipendentemente dalla frequenza di campionamento che impostiamo nella nostra scheda audio, quindi, siamo sicuri di ottenere sempre la giusta conversione.
Nel prossimo paragrafo vedremo un uso dell'oggetto **mstosamps~**.

SPETTRI VARIABILI CON BANCHI DI OSCILLATORI

Abbiamo visto che con **ioscbank~** possiamo creare delle sonorità molto complesse e dense di componenti, ma finora non abbiamo creato nessuno spettro variabile: ad ogni *bang* prodotto dal metronomo, infatti, vengono generate 32 componenti che restano fisse in frequenza e ampiezza fino al *bang* successivo.[30] Per creare uno spettro variabile potremmo ad esempio fare un'interpolazione tra i valori di frequenza e ampiezza delle componenti di due suoni successivi, creando così dei glissandi di frequenza e dei crescendi e diminuendi di ampiezza delle singole componenti. È abbastanza facile realizzare quest'interpolazione nella *patch* di figura 2.30, ci basta modificare nell'**ioscbank~** il tempo di passaggio tra una frequenza e l'altra (*freqsmooth*) e tra una ampiezza e l'altra (*magsmooth*) e renderlo uguale al tempo di scansione del **metro**: in questo modo si passa da uno spettro all'altro senza soluzione di continuità, e le componenti non sono mai fisse.
Provate a modificare la *patch* **02_18_ioscbankrand.maxpat** come in fig. 2.33.

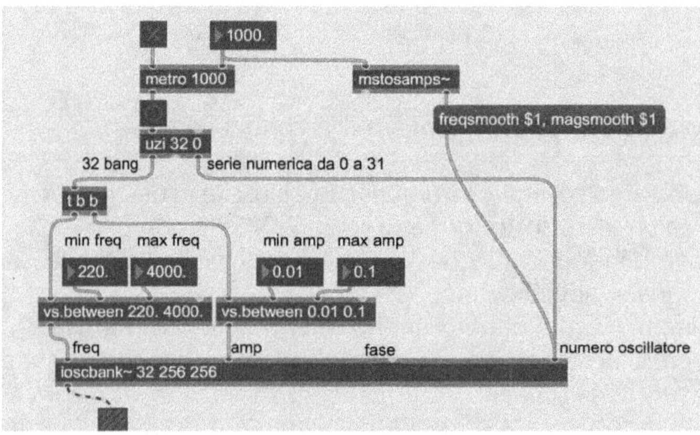

fig. 2.33: spettri variabili

Abbiamo collegato il *number box* che imposta il tempo di scansione del metronomo (in millisecondi) all'oggetto **mstosamps~** che converte i millisecondi in campioni: il valore convertito viene passato, tramite l'uscita destra di **mstosamps~**, al *message box* che contiene i messaggi "*freqsmooth $1*" e "*magsmooth $1*" separati da una virgola. Questi due messaggi, come abbiamo detto, impostano il tempo di passaggio in campioni tra una frequenza e l'altra e una ampiezza e l'altra. In questo modo, quindi, il tempo di passaggio tra le frequenze e le ampiezze delle componenti di due suoni successivi è uguale al tempo di scansione del metronomo. Il *message box* viene collegato all'ingresso di destra di **ioscbank~**.[31]

---

30 In realtà i valori di frequenza e ampiezza vengono interpolati, tra uno spettro e l'altro, in un tempo di 256 campioni; c'è quindi un brevissimo glissando all'inizio di ogni spettro.

31 Usiamo l'ingresso di destra per pura comodità grafica: i comandi che impostano i parametri interni di un oggetto (cioè quelli che di solito si impostano mediante l'inspector) possono generalmente essere mandati a qualunque ingresso.

Se provate a selezionare i *preset* dopo aver modificato la *patch* sentirete degli evidenti glissandi tra le componenti. Create altre configurazioni, rallentando molto la scansione del metronomo (ad es. 20000/30000 millisecondi, cioè 20/30 secondi), in modo da generare fasce di suono a lenta evoluzione (e rendere meno evidente l'effetto del glissando). Provate inoltre a impostare delle bande di frequenza di diversa larghezza; noterete che più larga è la banda, maggiore è l'effetto di glissando, mentre una banda stretta (da 50 a 500 Hz di differenza tra la frequenza minima e la massima) può produrre interessanti evoluzioni di battimenti irregolari. Potreste anche copiare l'intera *patch*, selezionandola tutta (in *edit mode*, ovviamente) e trascinandola mentre tenete premuto il tasto *Alt* [32]; in questo modo potrete creare delle fasce parallele, ad esempio una nella regione grave, con banda da 0 a 400 Hz, che si muove velocemente, e una nella regione acuta, molto lenta e con banda stretta. E nulla vi impedisce di creare quante copie volete della *patch* da mandare in parallelo; fino a quando la potenza della CPU del vostro computer ve lo consente, naturalmente!

ATTIVITÀ

Modificate la *patch* **02_18_ioscbankrand.maxpat** in modo che abbia più componenti (64, 128, 256...). Realizzate dei timbri. Qual è il massimo numero di componenti che la CPU del vostro computer può gestire? Sostituite l'oggetto `ioscbank~` con `oscbank~`, di quanto potete incrementare il numero di oscillatori? La qualità del suono è cambiata?

32 Vedi il "Manuale di sopravvivenza" al par. 1.1, sezione "selezionare, cancellare e copiare".

IL CONTROLLO MEDIANTE MASCHERATURA

Un altro sistema è quello della mascheratura (cfr. par. 2.4 della parte di teoria) in cui utilizziamo due inviluppi per definire l'andamento delle frequenze rispettivamente della componente più bassa e di quella più alta di un suono complesso, mentre le altre componenti riempiono lo spazio intermedio. Con questo sistema possiamo "disegnare" fasce sonore che si evolvono nel tempo. Per realizzare un algoritmo di questo tipo in Max abbiamo bisogno di conoscere un po' di oggetti nuovi e di studiare una caratteristica dell'oggetto `function` che ancora non conosciamo: le prossime pagine saranno quindi dedicate allo studio di queste novità.
Cominciamo proprio da `function`: ricostruite la *patch* di figura 2.34 (non c'è bisogno che il disegno dell'inviluppo sia lo stesso, create un inviluppo qualsiasi[33]). L'oggetto `function` ci servirà infatti per definire l'andamento della frequenza della componente inferiore e della componente superiore della nostra maschera.

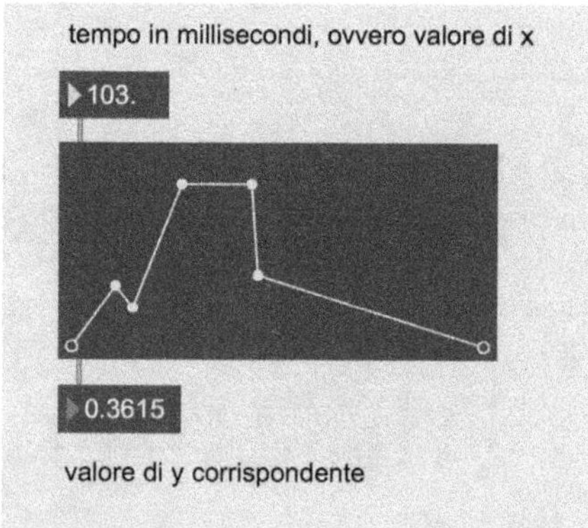

fig. 2.34: lettura dell'inviluppo di `function`

Come potete vedere qui utilizziamo la prima uscita di `function` (finora avevamo usato la seconda, che genera una lista da inviare a `line~`): questa uscita genera un numero che rappresenta il valore dell'inviluppo (ovvero il valore sull'asse delle *y*) ad un determinato istante che specifichiamo nel *float number box* superiore. Quindi in figura, con il particolare inviluppo che abbiamo disegnato, a 103 millisecondi dall'inizio il valore dell'inviluppo è 0.3615. Se fate scorrere il *float number box* superiore da 0 a 1000 (ovvero per tutti i valori dell'asse delle *x*) potrete vedere l'andamento punto per punto dei valori sull'asse delle *y*.
Abbiamo detto che l'oggetto `function` servirà a definire l'andamento della frequenza delle componenti estreme della maschera. Abbiamo quindi bisogno di un sistema per "scorrere" uniformemente tutti i punti sull'asse delle *x* per

33 Questo "inviluppo" non verrà applicato a nessuna funzione particolare, ma ci serve solo per illustrare questa particolare caratteristica dell'oggetto `function`. Ricordate che di default l'oggetto `function` ha un range di valori tra 0 e 1000 nell'asse delle x (valori che normalmente si usano per il tempo in millisecondi) e tra 0 e 1 in quello delle y.

ottenere i corrispondenti punti sull'asse delle *y*. Per fare ciò modifichiamo la *patch* come in figura 2.35. Qui invece di scorrere "a mano" i valori in entrata nell'oggetto **function**, utilizziamo il segnale uniforme e periodico prodotto da **phasor~**. Vediamo come; innanzitutto ci sono due oggetti nuovi: **snapshot~**, che trasforma un segnale MSP in un flusso di numeri Max (in altre parole ci permette di passare dai cavi giallo-neri ai cavi grigi, vedremo tra poco perché), e **sig~** che trasforma i numeri Max in segnale MSP. Seguiamo l'algoritmo per capire che cosa succede: il **phasor~** in alto genera, come sappiamo, rampe da 0 a 1, e in figura ha una frequenza di 2 Hz, questo significa che genera 2 rampe al secondo.
Il segnale prodotto da **phasor~** viene trasformato da **snapshot~** in un flusso di numeri Max.

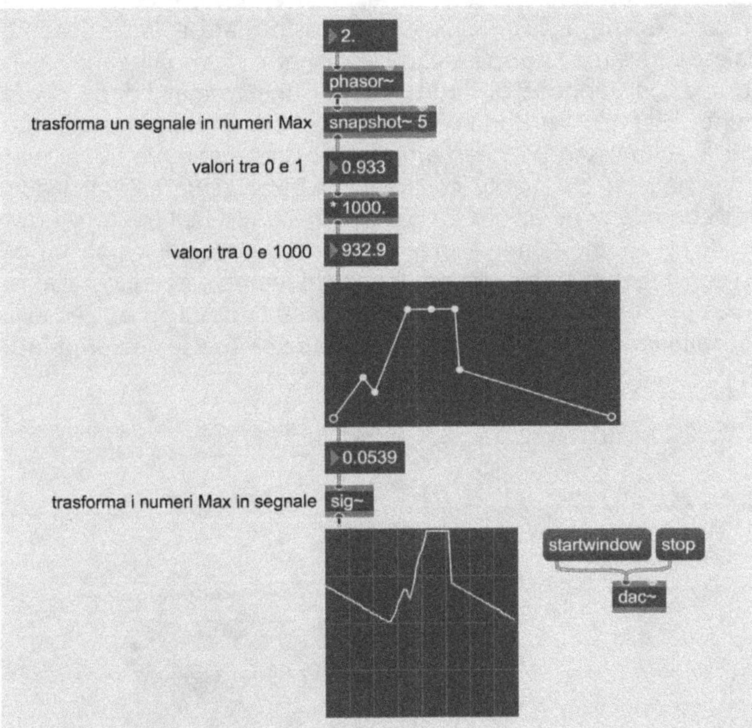

fig. 2.35: scansione dell'oggetto **function**

Come vedete **snapshot~** ha un argomento: questo rappresenta il tempo che intercorre tra la generazione di un numero Max e il successivo, in millisecondi. Nel nostro caso il tempo è di 5 millisecondi, questo significa che produce 200 (cioè 1000/5) numeri al secondo. La sua frequenza di campionamento è quindi di 200 Hz, molto inferiore alla frequenza di campionamento del segnale che è in genere di 44100 Hz o più. In pratica quindi **snapshot~** converte in numeri Max un solo campione ogni 5 millisecondi, tralasciando tutti i campioni intermedi.
Perché abbiamo trasformato il segnale MSP prodotto da **phasor~** in un flusso di numeri Max? Perché dobbiamo utilizzare questi numeri con l'oggetto **function** che non è in grado di gestire i segnali.

Proseguiamo: dopo che le rampe da 0 a 1 prodotte da **phasor~** sono state trasformate in numeri Max, le moltiplichiamo per 1000 (ricordatevi di mettere il punto decimale alla fine dell'argomento del moltiplicatore!) e otteniamo così delle rampe (di numeri Max) che vanno da 0 a 1000. In questo modo possiamo scorrere, come anticipato, i valori dell'inviluppo dell'oggetto **function** con una scansione uniforme e regolare (grazie all'oggetto **phasor~**): le rampe da 0 a 1000 vengono infatti inviate a **function** che genera quindi i valori corrispondenti dell'inviluppo. Notate inoltre che **phasor~** genera ciclicamente le sue rampe (nel nostro caso due rampe al secondo) e questo significa che **function** genererà di conseguenza due inviluppi al secondo. In pratica stiamo utilizzando **function** come una tabella controllata da **phasor~**. La funzione di **phasor~** in questo caso è quella di generare l'indice (o fase, che in questo caso non varia tra 0 e 1 ma tra 0 e 1000, il concetto comunque non cambia). Grazie a **sig~** possiamo ritrasformare i numeri Max generati in segnale da inviare a **scope~** che ci permette di visualizzarlo: nella figura vediamo che l'inviluppo è diventato quindi una forma d'onda che si ripete ciclicamente. Per far funzionare la *patch* dobbiamo avviare il motore DSP facendo clic sul messaggio "*startwindow*", non si genererà ovviamente alcun suono, perché non c'è niente collegato al **dac~** (cioè all'uscita audio), ma potremo vedere la generazione ciclica dell'inviluppo nell'oggetto **scope~**.
Per praticità, visto che l'intervallo di valori dell'asse delle *x* non ha più alcun rapporto con il tempo in millisecondi (perché il tempo è definito dalla frequenza del **phasor~**), possiamo ridurre il dominio della **function** a 1, ed evitare così di dover moltiplicare per 1000 l'uscita di **phasor~** (come avevamo fatto in fig. 2.35). Trasformate la *patch* come in figura 2.35b.

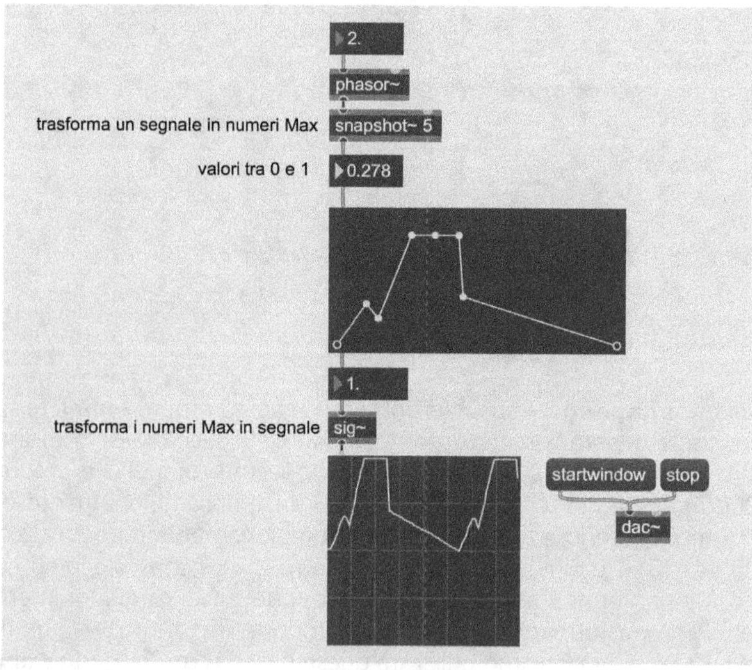

fig. 2.35b: modifica del dominio di **function**

Come vedete qui abbiamo tolto il moltiplicatore dopo l'oggetto **snapshot~** e abbiamo collegato il *number box* direttamente all'oggetto **function**. Dobbiamo ora modificare il dominio di **function**: aprite l'*inspector* dell'oggetto, individuate la categoria "Behavior" e cambiate il valore dell'attributo "Hi Domain Display Value" portandolo da 1000 a 1. Ora i valori sull'asse delle *x* vanno da 0 a 1 e non da 0 a 1000 come di default. Questa modifica ci serve, come abbiamo detto, per rendere il dominio della **function** identico alle rampe generate dall'oggetto **phasor~** (che vanno da 0 a 1), in questo modo non sarà più necessario moltiplicare l'uscita di **phasor~** per 1000.
Come abbiamo accennato, utilizzeremo l'oggetto **function**, o meglio, una variante dell'oggetto che vedremo tra poco, per generare la componente più grave e quella più acuta della maschera.
Ma come distribuiamo le componenti interne? Potremmo dividere lo spazio tra le due componenti estreme in parti eguali, ottenendo frequenze equispaziate da assegnare alle altre componenti, oppure utilizzare una distribuzione logaritmica (differenze di frequenza sempre più piccole) o esponenziale (differenze di frequenza sempre più grandi). Per ottenere queste diverse distribuzioni utilizzeremo l'oggetto **vs.explist**.

Vediamo come funziona: ricostruite la *patch* di fig. 2.36.

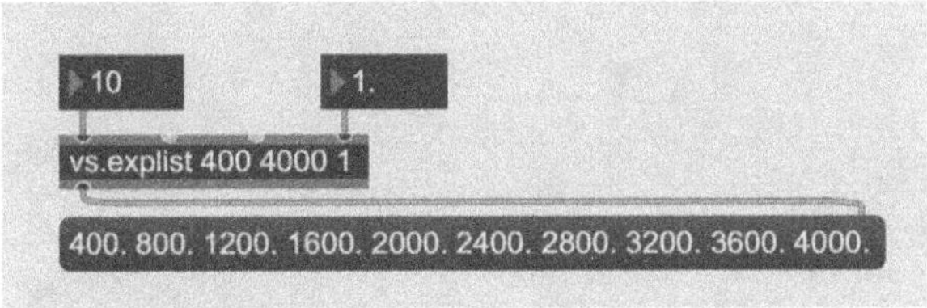

fig. 2.36: l'oggetto **vs.explist**

L'oggetto **vs.explist**, come possiamo capire dal prefisso del nome, fa parte della libreria *Virtual Sound Macros* e genera una serie di numeri. Tramite i 4 ingressi è possibile specificare, il numero di elementi, il valore minimo, il massimo e l'andamento di questa serie (lineare, esponenziale o logaritmico: per questi concetti rivedi il par. 1.3 sia della teoria, sia della pratica). L'oggetto accetta 3 argomenti che sono il minimo, il massimo e l'andamento.
Quest'ultimo viene specificato tramite un numero: i numeri maggiori di 1 indicano un andamento esponenziale, quelli compresi tra 0 e 1 un andamento logaritmico, e il valore 1 rappresenta l'andamento lineare. In figura vediamo quindi una lista di 10 elementi, compresa tra 400 e 4000, con andamento lineare (ovvero con tutti gli elementi equidistanti tra loro). Provate a modificare i diversi valori per capire come funziona l'oggetto: cercate di analizzare cosa succede trasformando l'andamento da lineare a esponenziale o logaritmico (dovete agire sul *number box* di destra che, vi ricordiamo, è collegato ad un ingresso "freddo"; per produrre una nuova lista è necessario quindi agire ogni volta anche sul primo *number box*, quello che specifica il numero di elementi).

Per poter assegnare questi valori a ciascuna componente abbiamo ancora bisogno di un ultimo oggetto, **`listfunnel`**: modificate la *patch* precedente come in fig. 2.37.

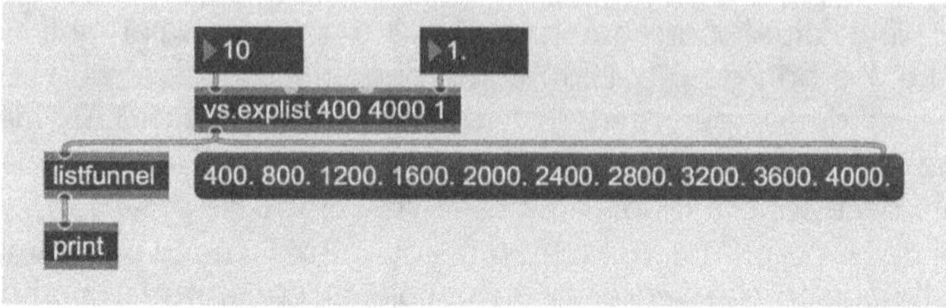

fig. 2.37: l'oggetto `listfunnel`

Qui abbiamo collegato **`vs.explist`** a **`listfunnel`** e quest'ultimo a **`print`** che come sappiamo stampa tutto ciò che riceve nella Max Console.
L'oggetto **`listfunnel`** è una specie di "imbuto per liste"[34], nel senso che quando riceve una lista la restituisce un elemento alla volta, facendo precedere ogni elemento da un numero d'ordine che, di default, parte da 0. Ad esempio se portiamo a 10 il *number box* collegato all'ingresso sinistro di **`vs.explist`** (come si vede in figura), ecco cosa viene stampato nella Max Console:

print: 0 400.
print: 1 800.
print: 2 1200.
print: 3 1600.
print: 4 2000.
print: 5 2400.
print: 6 2800.
print: 7 3200.
print: 8 3600.
print: 9 4000.

Tutti gli elementi della lista sono stati separati (infatti appaiono ciascuno in una linea diversa) e sono stati fatti precedere da un numero d'ordine che va da 0 a 9: ovvero, per ogni elemento della lista in entrata abbiamo una lista di due elementi (numero d'ordine e valore) in uscita.

Introduciamo un ultimo oggetto che ci serve per realizzare il controllo mediante mascheratura: **`mc.function`**, versione multicanale di **`function`**. Aprite la *patch* **02_19a_mc_function.maxpat** (figura 2.38a).

[34] E in effetti funnel in inglese significa imbuto.

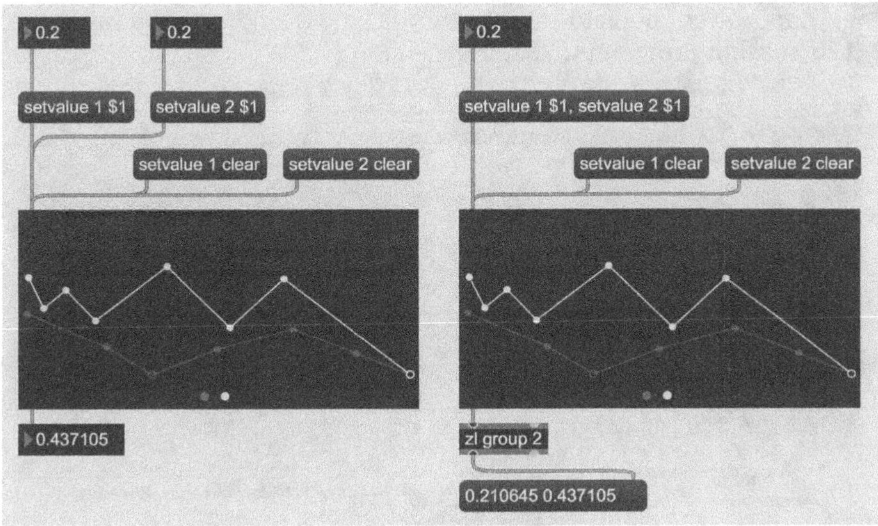

fig. 2.38a: *patch* **02_19a_mc_function.maxpat**

In questa *patch* abbiamo due oggetti **mc.function**, ciascuno dei quali contiene due istanze di **function**. Notate i puntini nella parte bassa dell'oggetto, che ci permettono di selezionare le diverse istanze, proprio come per la versione multicanale dell'oggetto **scope~** (vedi paragrafo IA.12, figura IA.74d).

Come già sappiamo, per mandare un messaggio a una particolare istanza di un oggetto multicanale, dobbiamo anteporre al messaggio il comando "setvalue" seguito dal numero dell'istanza (vedi anche figura 2.24a). Se quindi vogliamo inviare il valore dell'asse delle x alla prima istanza di **mc.function**, dovremo utilizzare il messaggio "setvalue 1 $1", e per la seconda istanza "setvalue 2 $1": in risposta a questi messaggi, l'oggetto manderà in uscita il corrispondente valore y (vedi la parte sinistra della figura).

Come vedremo tra poco, per il nostro algoritmo di mascheratura abbiamo bisogno di distinguere i valori in uscita della prima istanza da quelli della seconda, per inviarli a due destinazioni diverse; ma questo apparentemente non è possibile perché entrambi i valori escono dall'uscita di sinistra e non sembra esserci modo di distinguerli. Esistono naturalmente molti modi per risolvere questo problema e, con le conoscenze che abbiamo acquisito finora, possiamo utilizzare il metodo illustrato nella parte destra della figura: inviamo consecutivamente i messaggi "setvalue 1 $1"e "setvalue 2 $1" utilizzando lo stesso valore di x (notate che i due messaggi si trovano all'interno di un unico message box separati da una virgola), e raggruppiamo in una lista i due valori in uscita tramite l'oggetto [**zl** group 2][35]. Il primo elemento della lista sarà il valore y della prima istanza, l'elemento successivo sarà il valore della seconda istanza.

Notate infine che, per cancellare il contenuto di un'istanza di **mc.function**, dobbiamo inviare il messaggio "clear" preceduto da "setvalue 1" o "setvalue 2".

35 Vi ricordiamo che le caratteristiche dell'oggetto **zl** sono state descritte al paragrafo IA.7.

Bene, dopo aver studiato queste novità, possiamo passare alla *patch* **02_19b_masking.maxpat** (fig. 2.38b)..

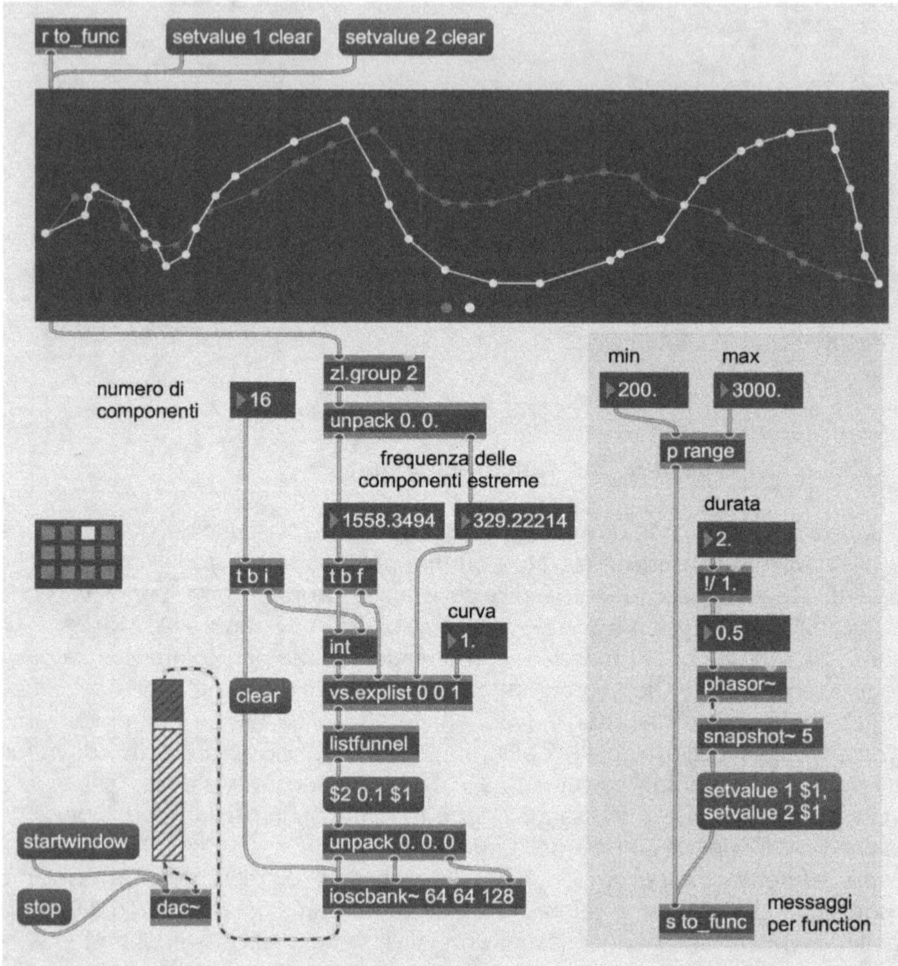

fig. 2.38b: file **02_19b_masking.maxpat**

Qui c'è un oggetto `mc.function` a due istanze che serve a disegnare i limiti della maschera (vedremo tra poco come). L'oggetto riceve dei messaggi tramite [`r` to_func]: questi messaggi vengono inviati dagli oggetti che si trovano nel riquadro in basso a destra, dove tutti gli oggetti sono collegati a [`s` to_func]. Le due istanze contenute in `mc.function` sono state modificate tramite l'*inspector* e il loro dominio va da 0 a 1 e non da 0 a 1000 come di *default*. Questa modifica ci serve, come sappiamo, per rendere il dominio di `mc.function` identico alle rampe generate dall'oggetto `phasor~` (che vanno da 0 a 1).
Nel riquadro in basso a destra vediamo innanzitutto la *subpatch* [`p` range], che è identica a quella della *patch* 02_14_addvar_func.maxpat, e che serve a impostare il minimo e il massimo valore che `function` può generare: nel caso in figura i valori sono 100 e 1000, questo significa che sull'asse delle *y* ora possiamo

avere valori che variano tra 100 e 1000 e, come vedremo tra poco, questi valori rappresentano la frequenza minima e massima che possiamo impostare. Sulla destra del riquadro, poi, abbiamo il **phasor~** collegato all'oggetto **snapshot~** che fa la "scansione" di **mc.function** in maniera analoga a quella che abbiamo già visto in fig. 2.35 e 2.35b. Vi ricordiamo che il parametro "durata", che trovate nella parte in alto a destra del riquadro, è espresso in secondi e non in millisecondi.
La rampa generata da **phasor~** viene trasformata in valori Max da **snapshot~** e poi inviata al *message box* che contiene i comandi "setvalue" da inviare alle due istanze, come abbiamo già visto in figura 2.38a. Gli inviluppi disegnati nelle due istanze rappresentano l'andamento della componente più grave e di quella più acuta (i due inviluppi si possono anche incrociare, e naturalmente in questo caso la componente più grave diventa la più acuta e viceversa). Non resta ora che "riempire" l'intervallo tra i due inviluppi con le altre componenti.
Osservando la parte centrale della *patch* notiamo che i valori generati dalle due **function** vengono inviati all'oggetto **vs.explist**: questo oggetto, come sappiamo, genera una lista di valori compresi tra un minimo e un massimo, e noi useremo gli elementi di questa lista come valori delle frequenze delle nostre componenti.
Ma procediamo con ordine e diamo un'occhiata al *number box* sulla sinistra, etichettato come "numero di componenti": l'oggetto è collegato ad un **trigger** che memorizza il numero in un oggetto **int** (che come sappiamo è un contenitore per numeri interi che possono essere riutilizzati, vedi par. IA.1) e manda il messaggio "*clear*" all'oggetto **ioscbank~** (questo messaggio serve ad azzerare tutti gli oscillatori del banco).
Ora spostiamoci leggermente a destra e osserviamo il *number box* etichettato come "curva": il numero generato dall'oggetto viene inviato all'ingresso destro di **vs.explist**, e determina l'andamento, lineare, esponenziale o logaritmico, della lista (in questo caso è esponenziale, perché 1.5 è maggiore di 1).
Torniamo all'oggetto **mc.function**: la seconda istanza manda il suo numero al terzo ingresso di **vs.explist** e rappresenta il limite massimo della lista da generare. La prima istanza manda il numero ad un **trigger**, che a sua volta lo manda al secondo ingresso di **vs.explist** (corrispondente al limite minimo) e manda un *bang* all'oggetto **int** che produce il numero di elementi che vi avevamo memorizzato in precedenza: questo numero raggiunge il primo ingresso di **vs.explist** e quest'ultimo genera la sua lista.
La lista generata da **vs.explist** viene inviata a **listfunnel** che la divide in elementi singoli, ciascuno preceduto da un numero d'ordine (vedi fig. 2.37). Ora dobbiamo mandare ciascun elemento a **ioscbank~**, che ha bisogno del numero d'ordine dell'oscillatore nel suo ingresso di destra, mentre le liste di due elementi prodotte da **listfunnel** hanno il numero d'ordine all'inizio (cioè a sinistra); inoltre abbiamo bisogno anche di un valore per l'ampiezza (o *magnitude*). Possiamo "riarrangiare" le liste grazie ad un *message box*: come vedete infatti, **listfunnel** è collegato al *message box* [$2 0.1 $1], che mette il secondo elemento della lista al primo posto, la costante 0.1 al secondo e il primo elemento della lista all'ultimo posto. Questa nuova lista viene mandata ad un oggetto **unpack** che può "spacchettare" gli elementi ed inviarli a **ioscbank~**, rispettivamente agli ingressi della frequenza, della magnitude e del numero di oscillatore.

Studiate attentamente tutti i *preset* che abbiamo realizzato, cercando di capire come i diversi parametri influenzino il suono: in casi come questi, di media complessità, è importante variare un solo parametro per volta. Provate nell'ordine a:
- variare per ogni *preset* il valore "curva" che imposta l'andamento lineare, esponenziale o logaritmico delle liste prodotte da **vs.explist**
- variare il numero delle componenti (da 1 a 64)
- modificare l'intervallo "min" "max" (che trovate all'interno del riquadro) delle frequenze gestite dalle due istanze di **mc.function**
- cambiare la durata della maschera (con il parametro "durata" all'interno del riquadro in basso a destra).

Quando avete provato a fondo l'influenza che hanno questi parametri sul suono risultante, cominciate a modificare gli inviluppi, oppure createne alcuni ex-novo (per cancellare un inviluppo preesistente fate clic sui messaggi "clear" collegati a **mc.function**.

Una possibile variazione sul tema consiste nell'utilizzare due **phasor~** indipendenti per i due inviluppi che delimitano la maschera: in questo modo, dando due durate diverse ai due **phasor~** si possono ottenere combinazioni che variano in continuazione. Provate a modificare la *patch* di fig. 2.38 in questo modo: cancellate il blocco del **phasor~** che si trova nella parte destra del riquadro e create due blocchi indipendenti; mandate le uscite dei due **snapshot~** a un oggetto **pack** e da qui al *message box* [setvalue 1 $1, setvalue 2 $2]. In questo modo i valori dei prodotti dai due **phasor~** raggiungono le due istanze (fig. 2.39).

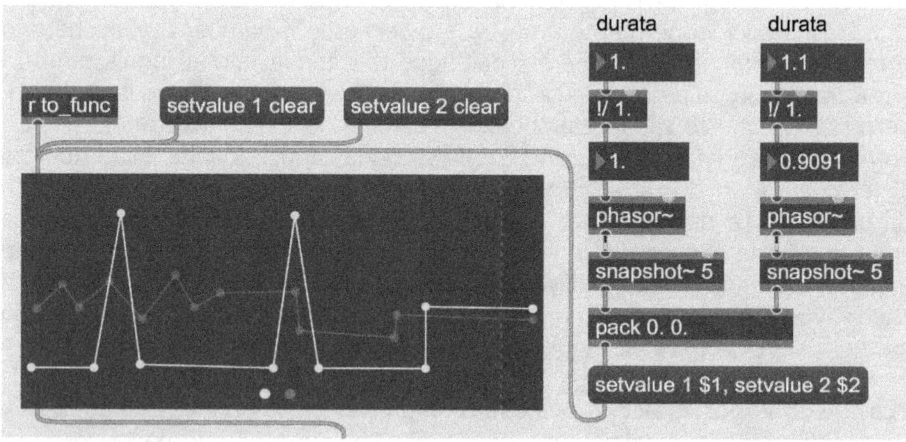

fig. 2.39: mascheratura sfasata

Come vedete in figura la durata del primo inviluppo è di 1 secondo e quella del secondo è di 1.1 secondi. Ci sarà quindi un progressivo sfasamento tra i due inviluppi, e la maschera sarà leggermente diversa ad ogni ciclo. Gli inviluppi, in questo caso, tornano in fase ogni 11 secondi, quando il primo **phasor~** ha fatto 11 cicli e il secondo 10. Provate diverse combinazioni di inviluppi sfasati; provate anche durate molto diverse, ad esempio una durata di 8 secondi per il primo inviluppo e una di 0.77 per il secondo.

ATTIVITÀ - *CORREZIONE DI ALGORITMI*

Aprite la *patch* **2_Correction.maxpat**.

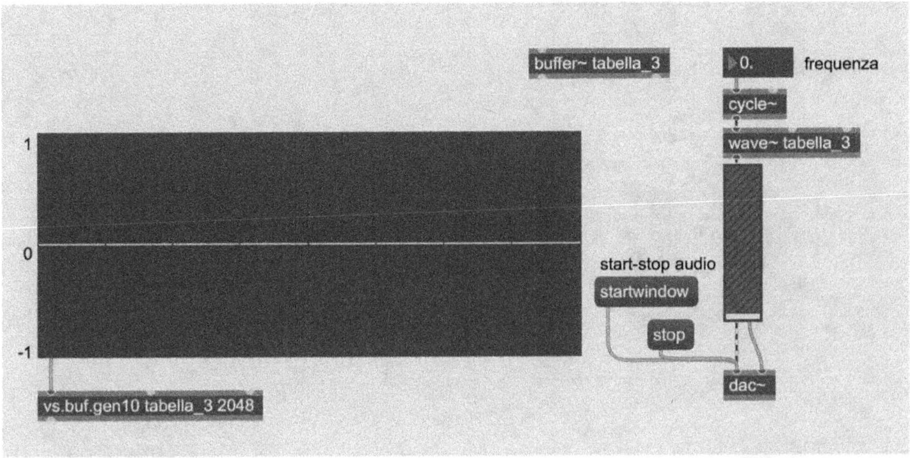

fig. 2.40

Vorremmo poter ascoltare la dodicesima armonica di una fondamentale posta a 80 Hz (un suono puro a 960 Hz) su tutti e due i canali della stereofonia. C'è una cosa da aggiungere e 4 cose da correggere.

ATTIVITÀ - *COMPLETAMENTO DI ALGORITMI*

Aprite la *patch* **2_Completion.maxpat**.

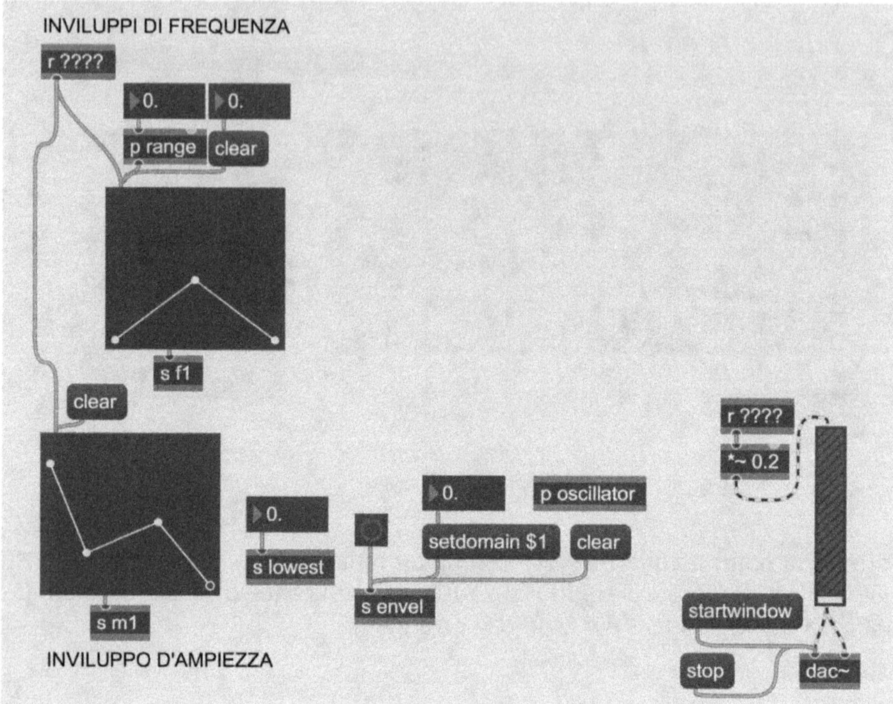

fig. 2.41

Questa *patch* è incompleta. Per consentire all'oscillatore di funzionare correttamente e di essere controllato in ampiezza e frequenza dalle 2 `function`, l'algoritmo necessita di 5 argomenti che non sono esplicitati. Trovate i 5 dati mancanti (controllando anche le *subpatch*) e completate l'algoritmo; successivamente spiegate la logica secondo la quale avete operato, passo dopo passo.

COMPITI UNITARI - *COMPITO DI REVERSE ENGINEERING A*

Ascoltate attentamente e analizzate il suono **2_reverse_engine.aif** descrivendone le caratteristiche timbriche anche in relazione ai battimenti. Elaborate poi un algoritmo che consenta di ricreare un tipo simile di suono. La fondamentale è fissa a 200 Hz e vanno create 6 componenti superiori suddivise in 3 coppie.
In ogni coppia le due componenti si comportano in modo simile: glissano insieme, poi si separano, poi tornano insieme e glissano di nuovo. Le frequenze delle 6 componenti siano, all'inizio e alla fine del suono, in rapporto intero con la fondamentale. Utilizzate oggetti `function` per guidare i mutamenti di frequenza delle varie componenti

ATTIVITÀ - *SOSTITUZIONE DI PARTI DI ALGORITMI*

Aprite l'algoritmo che avete preparato come soluzione dell'esercizio di *reverse engineering*, e sostituite agli inviluppi realizzati con gli oggetti `function` degli inviluppi realizzati con liste.

ATTIVITÀ - *ANALISI DI ALGORITMI*

Questa attività non è specifica della sintesi additiva, ma vi farà scoprire un uso diverso e interessante delle mascherature, che in questo caso vengono applicate alla lettura multipla di suoni campionati. Aprite la *patch* **02_analysis.maxpat**. Provate a suonare e ad ascoltare con molta attenzione i vari *preset*. Osservate anche le due *subpatch range* e *8_audiofile*. Ora cercate di capire come funziona questo algoritmo, che sostanzialmente è una variazione della *patch* **02_19_masking.maxpat**, applicata al suono **vs_harp_riff.wav**.

In particolare descrivete:

1) il percorso dei segnali nella *patch*, comprese le *subpatch*

2) l'evoluzione del suono per ognuno dei *preset*

3) il modo in cui si è ottenuto il suono in ognuno dei *preset* concentrandosi sull'uso del parametro di durata, dei valori minimo e massimo inviati a [`p` range], e degli inviluppi delle velocità di lettura presenti nei due oggetti `function`.

Realizzate una versione multicanale della *patch*: utilizzate l'oggetto `mc.function` e modificate il contenuto della *subpatch*.

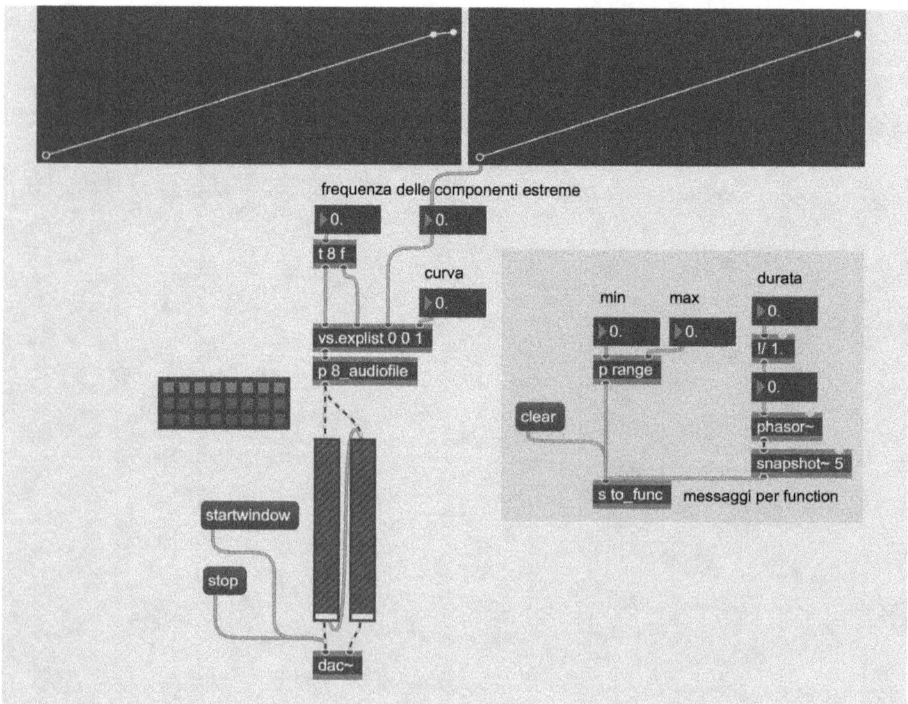

fig. 2.42 – La finestra principale della *patch* **02_analysis.maxpat**

COMPITI UNITARI - *REALIZZAZIONE DI UNO STUDIO BREVE*

Realizzare un primo studio sonoro di due minuti, cioè un breve pezzo basato sulle tecniche finora acquisite e memorizzatelo su file audio, indicando su un file di testo che tipo di operazioni sono state svolte e che tipo di percorso sonoro si è inteso realizzare nel corso dei 2 minuti. Per questo studio sonoro, basato sulla sintesi additiva, evitate i suoni campionati e realizzate tutto tramite l'addizione di componenti singole. In particolare concentratevi sull'uso di glissandi, di battimenti, di variazione degli inviluppi d'ampiezza e di frequenza delle varie componenti, Utilizzate solo suoni molto brevi, a carattere percussivo, e suoni molto lunghi (oltre i 5 secondi) con inviluppi caratterizzati da un attacco lento e da un *decay* lento. Cercate di sfruttare il sistema multicanale di Max.

COMPITI UNITARI - *REALIZZAZIONE DI UNO STUDIO BREVE*

Realizzate un secondo studio sonoro basato sulle tecniche sopra indicate ma controllando i parametri di frequenza delle componenti tramite la tecnica delle mascherature, e lavorando solo con suoni con durata superiore ai 5 secondi.

LISTA OGGETTI MAX

abl.dsp.basicshapes~
Oscillatore limitato in banda che può fare il *morphing* tra quattro forme d'onda: sinusoidale, triangolare, dente di sega e quadrata.

abl.dsp.swarm~
Oscillatore "supersaw" con possibilità di cambiare la forma d'onda.

buffer~
In MSP una tabella che possa contenere una forma d'onda si chiama *buffer* e l'oggetto che serve a gestirla è appunto `buffer~`.

ioscbank~
Banco di oscillatori interpolati. Ha quattro ingressi, rispettivamente per frequenza, ampiezza (o *magnitude*), fase, e numero d'indice dell'oscillatore.

jit.cellblock
Oggetto che permette di visualizzare un insieme di valori disposti in righe e colonne. Nel sistema multicanale viene usato per visualizzare i valori dei segnali prodotti da un *patch chord* multicanale ad esso collegato.

listfunnel
"Imbuto per liste": quando riceve una lista la restituisce un elemento alla volta, facendo precedere ogni elemento da un numero d'ordine progressivo che parte da 0.

loadmess
È del tutto simile a `loadbang`, ma invece di generare un *bang* al caricamento della *patch*, genera il suo argomento.

mstosamps~
Converte una durata in millisecondi in durata espressa in numero di campioni.

oscbank~
Banco di oscillatori non interpolati. Vedi `ioscbank~`.

pak
Oggetto simile a `pack`. Si differenzia da quest'ultimo perché genera una lista ogni volta che viene modificato uno qualsiasi dei suoi elementi e non solo quello di sinistra.

pictslider
Slider bidimensionale. il nome esteso è *Picture-based slider*.

sampstoms~
Converte una durata espressa in numero di campioni in durata definita in millisecondi.

sig~
Trasforma i numeri Max in segnale MSP.

snapshot~
Trasforma un segnale MSP in un flusso di numeri Max.

vs.buf.gen10
Serve a riempire una tabella con una forma d'onda calcolata come somma di componenti armoniche. I valori di ampiezza delle componenti armoniche sono forniti a `vs.buf.gen10` come lista numerica.

vs.explist
Genera una lista di numeri. Tramite i 4 ingressi è possibile specificare, il numero di elementi, il valore minimo, il massimo e l'andamento di questa serie.

wave~
Legge il contenuto di un `buffer~` quando riceve (ad esempio tramite `phasor~`) un segnale che va da 0 a 1.

waveform~
Serve a visualizzare il contenuto di un oggetto `buffer~`.

LISTA MESSAGGI, ATTRIBUTI E PARAMETRI PER OGGETTI MAX SPECIFICI

buffer~
- read (messaggio)

Messaggio per caricare nel *buffer* un nuovo file audio. A differenza del messaggio "*replace*", con il messaggio "*read*" il *buffer* non viene ridimensionato, quindi se le dimensioni del file audio sono maggiori di quelle del *buffer* verrà caricata solo la prima parte del suono.

function
- setrange (messaggio)

Messaggio che imposta i valori minimo e massimo che vengono mostrati sull'asse dell *y* dell'oggetto `function`.

ioscbank~
- freqsmooth (messaggio)
- magsmooth (messaggio)

Messaggi che stabiliscono il tempo di passaggio (in campioni) da una frequenza all'altra e da un'ampiezza all'altra.

mc wrapper
- deviate (messaggio)

crea una serie di valori casuali attorno a un valore centrale.
- harmonic (messaggio)

genera una serie armonica: il primo argomento è un fattore di moltiplicazione, il secondo la frequenza fondamentale.
- increment (messaggio)

crea una serie di valori con incremento costante.
- setvalue (messaggio)

permette di inviare messaggi alle singole istanze di un oggetto multicanale.

oscbank~
- freqsmooth (messaggio)
- magsmooth (messaggio)

Messaggi che stabiliscono il tempo di passaggio (in campioni) da una frequenza all'altra e da un'ampiezza all'altra.

waveform~
- set (messaggio)

Messaggio che serve ad assegnare all'oggetto **waveform~** un *buffer* di riferimento. Il nome che segue il messaggio infatti deve corrispondere al nome di un oggetto **buffer~**.

GLOSSARIO.

Punto e virgola
(Uso nel message box)
Un punto e virgola all'interno di un *message box* ci permette di inviare i messaggi ad un oggetto **receive** esattamente come se fosse stato inviato da un **send**.

Set
Messaggio che ha diverse funzioni, fra cui quella di impostare i valori interni di un oggetto Max senza generare un output.

3T
GENERATORI DI RUMORE, FILTRI E SINTESI SOTTRATTIVA

CONTRATTO FORMATIVO

PREREQUISITI PER IL CAPITOLO
- Contenuti dei capp. 1 e 2 (teoria)

OBIETTIVI
Conoscenze
- Conoscere la teoria della sintesi sottrattiva
- Conoscere la teoria e l'uso dei parametri dei filtri principali
- Conoscere la differenza fra la teoria dei filtri ideali e la risposta di quelli digitali
- Conoscere la teoria e la risposta dei filtri FIR e IIR
- Conoscere l'uso di filtri disposti in serie o in parallelo
- Conoscere la teoria e l'uso degli equalizzatori grafici e parametrici
- Conoscere le applicazioni dei filtri a diversi tipi di segnale
- Conoscere le funzioni principali di un tipico sintetizzatore per sintesi sottrattiva

Abilità
- Saper individuare all'ascolto le caratteristiche di base di un filtraggio e saperle descrivere

CONTENUTI
- Sintesi sottrattiva
- Filtri passa-basso, passa-alto, passa-banda ed elimina-banda
- Filtri high shelving, low shelving, peak/notch
- Fattore Q
- Ordini dei filtri
- Filtri finite impulse response e infinite impulse response
- Equalizzatori grafici e parametrici
- Filtraggio di suoni provenienti da generatori di rumore, suoni campionati, impulsi

TEMPI - Cap. 3 (Teoria e Pratica) + Interludio B
Autodidatti
Per 300 ore globali di studio individuale (vol. I, teoria e pratica):
- ca. 110 ore

Corsi
Per un corso globale di 60 ore in classe + 120 di studio individuale (vol. I, teoria e pratica):
- ca. 18 ore frontali + 4 di feedback
- ca. 44 di studio individuale

ATTIVITÀ
- Esempi video

VERIFICHE
- Test a risposte brevi
- Test con ascolto e analisi

SUSSIDI DIDATTICI
- Concetti di base - Glossario - Discografia - Un po' di storia

In questo capitolo parleremo dei *filtri*, argomento fondamentale nel campo del sound design e della musica elettronica, e di una tecnica di sintesi che ne fa largo uso: la sintesi sottrattiva.

3.1 SORGENTI PER LA SINTESI SOTTRATTIVA

La **sintesi sottrattiva** nasce dall'idea di poter creare un suono modificando, attraverso l'uso di filtri, l'ampiezza di alcune componenti di un altro suono. Lo scopo della maggior parte dei filtri digitali, infatti, è quello di alterare in qualche modo lo spettro di un suono. Un **filtro** quindi è un dispositivo che agisce prevalentemente su alcune frequenze contenute in un segnale, di solito attenuandole o enfatizzandole.[1]
Qualsiasi suono può essere filtrato. Attenzione, però! Non possiamo attenuare o enfatizzare componenti che non esistono nel suono originario, ad esempio non ha senso usare un filtro per enfatizzare i 50 Hz se stiamo filtrando la voce di un soprano, semplicemente perché tale frequenza non è presente nel suono originario.
I suoni originari utilizzati in genere nella sintesi sottrattiva sono ricchi dal punto di vista spettrale, e, come abbiamo detto, i filtri servono a modellare lo spettro di questi suoni e ottenere in uscita suoni diversi da quelli originari.
In questo paragrafo ci concentreremo sui suoni tipici utilizzati come sorgenti per la sintesi sottrattiva e per l'uso dei filtri in genere. Affronteremo le tecniche di filtraggio nei paragrafi successivi.

In generale nel lavoro in studio i filtri vengono utilizzati con diversi tipi di suoni:

- Suoni provenienti da generatori di rumore, da generatori di impulsi, da banchi di oscillatori, da altri generatori di segnale e da algoritmi di sintesi
- File audio/suoni campionati
- Suoni provenienti da fonti dal vivo in tempo reale (per esempio un suono proveniente dal microfono di un musicista che sta suonando un oboe)

GENERATORI DI RUMORE: RUMORE BIANCO E RUMORE ROSA

Uno dei suoni più utilizzati come sorgente per la sintesi sottrattiva è il **rumore bianco**, cioè un suono che contiene tutte le frequenze udibili e il cui spettro è essenzialmente piatto (pur essendo l'ampiezza delle singole frequenze distribuita casualmente).
È chiamato rumore bianco in analogia con l'ottica, dato che il colore bianco contiene tutti i colori dello spettro visibile. Si utilizza spesso il rumore bianco come suono originario perché, dal momento che contiene tutte le frequenze udibili, può essere utilmente filtrato da qualunque tipo di filtro a qualunque frequenza (vedi fig. 3.1).

[1] Oltre all'ampiezza un filtro può modificare la fase delle componenti di un suono.

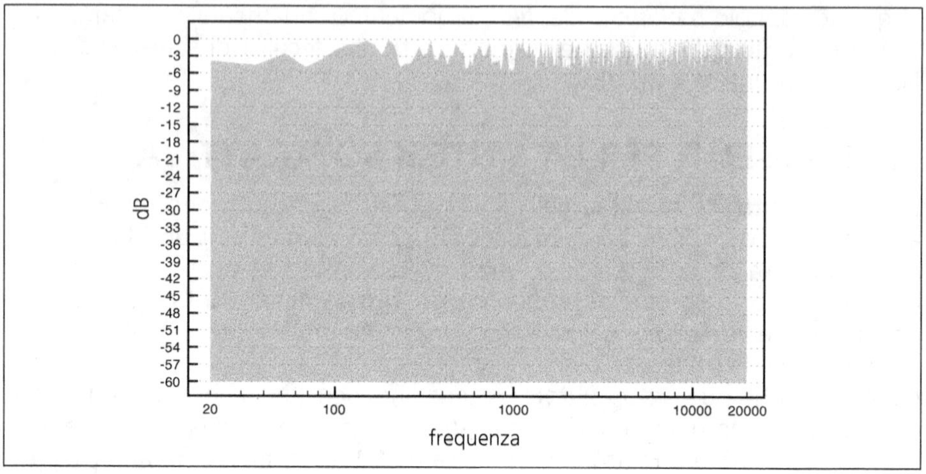

fig. 3.1: spettro del rumore bianco

Un altro tipo di rumore spesso utilizzato nella sintesi sottrattiva è il **rumore rosa**. Quest'ultimo, a differenza del rumore bianco, ha uno spettro la cui energia diminuisce all'aumentare della frequenza, più precisamente l'attenuazione è di 3 dB per ottava[2]; è anche chiamato generatore di rumore 1/f, per indicare che la sua energia spettrale è proporzionale al reciproco della frequenza. Viene spesso utilizzato, insieme ad un analizzatore di spettro, per testare e correggere la risposta in frequenza di impianti audio in relazione ad ambienti in cui si svolgono eventi musicali (fig. 3.2).

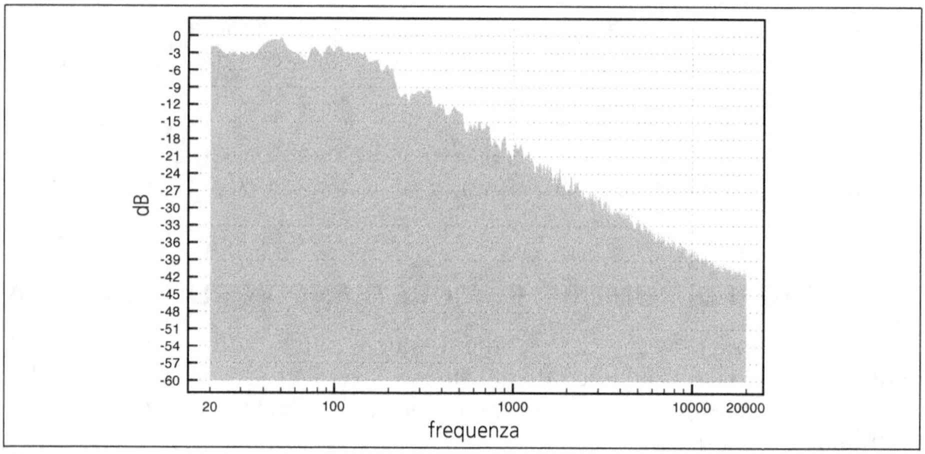

fig. 3.2: spettro del rumore rosa

[2] Un altro modo per definire la differenza tra rumore bianco e rumore rosa è questo: mentre lo spettro del rumore bianco ha la stessa energia per ogni frequenza, lo spettro del rumore rosa ha *la stessa energia per ogni ottava*. Dal momento che salendo verso l'acuto un'ottava occupa uno spazio di frequenza doppio dell'ottava precedente, la stessa energia totale viene distribuita in uno spazio sempre maggiore e questo determina l'attenuazione di 3 dB caratteristica del rumore rosa.

Nei sistemi digitali in genere il rumore bianco viene prodotto mediante generatori di numeri *random* (casuali): l'onda casuale che ne deriva contiene tutte le frequenze riproducibili dal sistema digitale usato. In realtà, i generatori di numeri *random* utilizzano procedure matematiche che non sono propriamente casuali: infatti generano serie che si ripetono dopo un certo numero di eventi. Questi generatori vengono perciò definiti **generatori pseudocasuali**.
Modificando alcuni parametri si possono generare tipi di rumore diversi. Il generatore di rumore bianco, ad esempio, genera campioni casuali alla frequenza di campionamento (ovvero, se la frequenza di campionamento del sistema è 48000 Hz, vengono generati 48000 valori casuali al secondo); è possibile però modificare la frequenza con cui questi numeri vengono generati: utilizzando una frequenza di generazione dei numeri pari a 5000 al secondo ad esempio, non avremo più un rumore bianco, ma un rumore con forte attenuazione sulle frequenze acute.

Quando la frequenza di generazione dei campioni è minore della frequenza di campionamento si crea il problema di come "riempire i vuoti" tra un campione e il successivo: un sistema DSP (vedi glossario cap. 1T) infatti deve sempre produrre un numero di campioni al secondo pari alla frequenza di campionamento.
Ci sono vari modi per risolvere questo problema. In particolare possiamo fare tre esempi:

- **Generatori di campioni pseudocasuali semplici**.
  Generano valori casuali ad una frequenza data e mantengono il valore di ciascun campione fino alla generazione del valore successivo, creando un andamento a gradini. In fig. 3.3 vediamo il grafico relativo ad un generatore di rumore a 100 Hz: ogni valore casuale generato viene ripetuto nei campioni successivi per un periodo pari ad 1/100 di secondo, dopo di che si genera un nuovo valore. Se la frequenza di campionamento fosse 48000 Hz, ad esempio, ogni valore casuale verrebbe ripetuto per 48000/100 = 480 campioni.

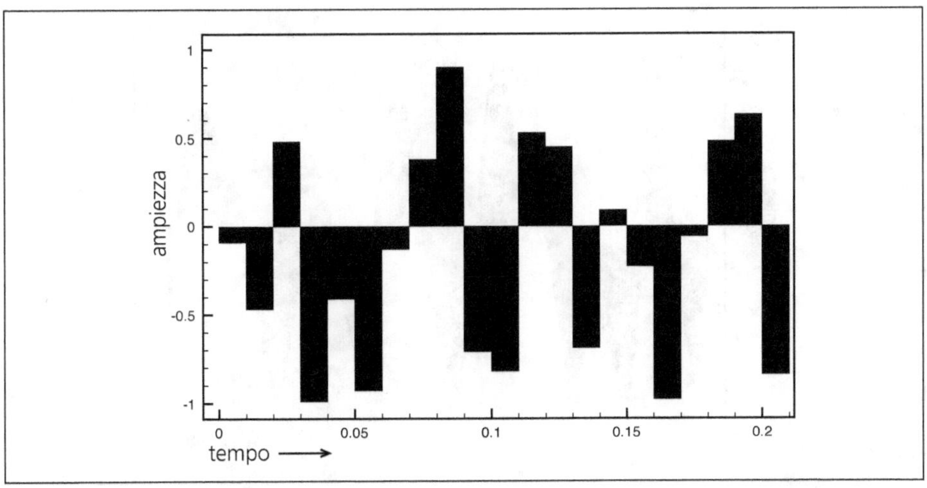

fig. 3.3: generazione di valori pseudo-casuali

- **Generatori di campioni pseudocasuali con interpolazione** fra un numero *random* e il successivo (vedi la sezione sull'interpolazione lineare nel cap. 2.1): come possiamo vedere in fig. 3.4, i campioni che si trovano fra i valori casuali prodotti dal generatore formano un segmento di retta che porta gradualmente da un valore all'altro.

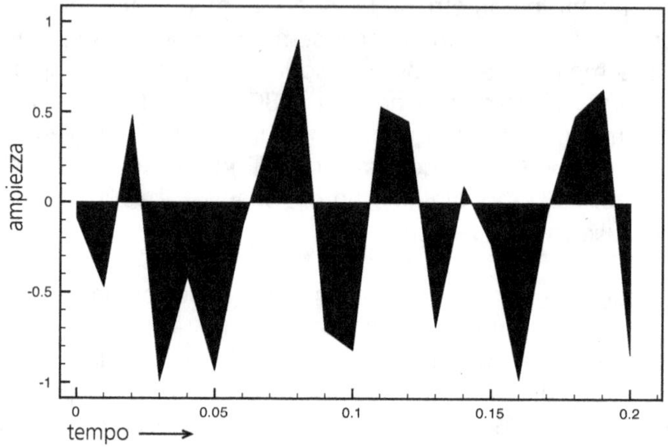

fig. 3.4 : generazione di valori pseudo-casuali con interpolazione lineare

L'interpolazione tra un valore e l'altro può essere lineare, come quella illustrata in figura, oppure *polinomiale*, realizzata cioè utilizzando delle funzioni polinomiali (che non approfondiremo in questa sede) che collegano i valori tramite delle curve anziché tramite delle rette (vedi fig. 3.5). Le interpolazioni polinomiali più usate nella computer music sono l'interpolazione *quadratica* (realizzata cioè con un polinomio di secondo grado) e quella *cubica* (polinomio di terzo grado): normalmente i linguaggi di programmazione per la sintesi e l'elaborazione del suono hanno già degli algoritmi pronti che realizzano queste interpolazioni.

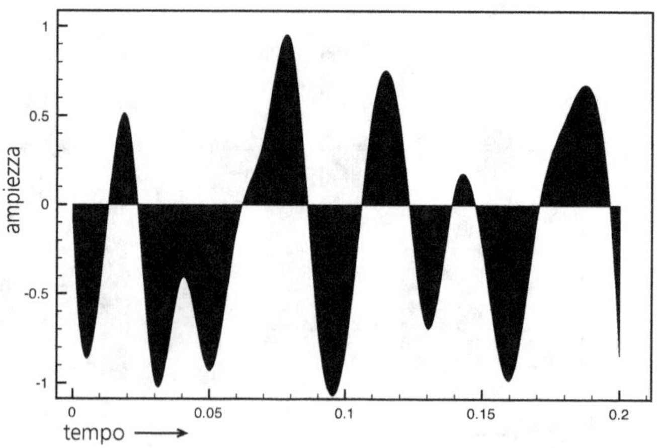

fig. 3.5: generazione di valori pseudo-casuali con interpolazione polinomiale

- **Generatori di campioni pseudocasuali con filtro:** in questo tipo di sistema il segnale in uscita viene filtrato mediante un filtro passa-basso. Parleremo di questo tipo di generatore nella sezione dedicata ai filtri passa-basso.

ESEMPIO VIDEO 3A • *GENERATORI DI RUMORE* - PRESET 1-4

OSCILLATORI E ALTRI GENERATORI DI SEGNALE

Nel paragrafo 1.2 abbiamo visto alcune forme d'onda "classiche" impiegate normalmente nei sintetizzatori, come l'onda quadra, l'onda a dente di sega e la triangolare; nel paragrafo 2.1, inoltre, abbiamo visto che tali forme d'onda, quando sono geometricamente perfette (cioè perfettamente quadrate, triangolari etc.) contengono un numero infinito di componenti. La presenza di infinite componenti, però, causa alcuni importanti problemi nella riproduzione del suono digitale: ciò è dovuto al fatto che una scheda audio non può riprodurre frequenze superiori alla metà della frequenza di campionamento[3] (approfondiremo questo argomento nel capitolo 5).
Quando si tenta di riprodurre digitalmente un suono in cui la frequenza delle componenti supera le capacità della scheda, si ottengono componenti indesiderate quasi sempre inarmoniche. Per evitare questo problema vengono spesso usati, nella musica digitale, gli **oscillatori limitati in banda**. Tali oscillatori, che riproducono le forme d'onda classiche, sono fatti in modo che le componenti non superino mai la metà della frequenza di campionamento. I suoni generati da questo tipo di oscillatori possono quindi essere un buon punto di partenza per ottenere sonorità particolari mediante l'uso di filtri, e sono largamente impiegati, infatti, nell'implementazione di sintetizzatori che operano mediante la sintesi sottrattiva. Nel par. 3.5 analizzeremo la struttura di un tipico sintetizzatore sottrattivo.
Naturalmente sarà possibile utilizzare per la sintesi sottrattiva anche suoni sintetici ricchi di parziali realizzati con le diverse tecniche (ad esempio le tecniche di sintesi non lineare o la sintesi per modelli fisici) di cui parleremo nei prossimi capitoli.

FILTRAGGIO DI SUONI CAMPIONATI

Uno degli utilizzi più comuni dei filtri e degli equalizzatori, al là della sintesi sottrattiva, è il filtraggio dei suoni campionati. A differenza del rumore bianco, che contiene tutte le frequenze alla stessa ampiezza, un suono campionato conterrà un numero limitato di frequenze e rapporti d'ampiezza fra le componenti che possono variare a seconda del suono considerato.

[3] È per questo motivo che la frequenza di una scheda audio è quasi sempre superiore al doppio della massima frequenza udibile dall'uomo.

È necessario perciò, prima di effettuare un filtraggio, essere coscienti del *range* frequenziale del suono da elaborare. Infatti, come già accennato in precedenza, *possiamo attenuare o esaltare solo frequenze che siano già contenute nel file di partenza*. Ciò vale anche per i suoni che giungono al nostro computer da una fonte dal vivo.

3.2 FILTRI PASSA-BASSO, PASSA-ALTO, PASSA-BANDA ED ELIMINA-BANDA

È importante sottolineare che i filtri, pur modificando lo spettro nel modo che abbiamo descritto, ovvero alterando l'ampiezza e la fase delle componenti del suono, lasciano comunque inalterata la *frequenza* di oscillazione fondamentale del segnale originale (e ovviamente quella delle sue componenti).
Per cominciare, scegliamo il suono che vogliamo modificare con il filtro: questo suono sarà il nostro *segnale d'ingresso*. Definiamo poi le caratteristiche del filtro, in particolare quali frequenze del nostro suono eliminare o attenuare, ed eventualmente quali frequenze enfatizzare.
L'azione del filtro sul nostro suono ci restituisce un *segnale d'uscita* (vedi fig. 3.6).

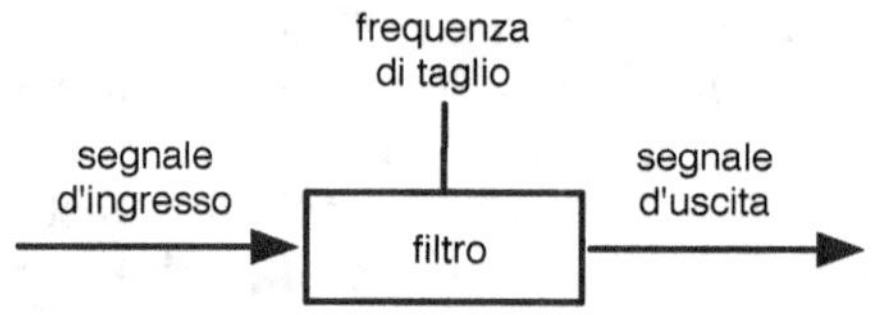

fig. 3.6: diagramma di un filtro

I filtri più usati[4] sono:

- Filtro passa-basso (*lowpass filter*)
- Filtro passa-alto (*highpass filter*)
- Filtro passa-banda (*bandpass filter*)
- Filtro elimina-banda (*bandreject filter*)
- Filtri shelving (*high, low, peak/notch shelving filters*)

Ci occuperemo per ora dei primi quattro: filtro passa-basso, filtro passa-alto, filtro passa-banda, filtro elimina-banda.

FILTRO PASSA-BASSO

"Il **filtro passa-basso** attenua tutte le frequenze *al di sopra* della frequenza di taglio: il termine passa-basso indica, infatti, che in uscita il nostro filtro lascerà

[4] Oltre ai filtri di cui parliamo in questo capitolo, vanno considerati anche i filtri basati sulla tecnica dell'analisi e risintesi dello spettro del segnale di cui parleremo nel cap.11

passare le frequenze basse, o meglio, quelle al di sotto della frequenza di taglio che abbiamo specificato, mentre attenuerà le frequenze al di sopra di essa." (Bianchini, R., Cipriani, A., 2001, p.85)
Prendiamo in considerazione il caso in cui la **frequenza di taglio** (*cutoff frequency*) sia di 1000 Hz (fig. 3.7).

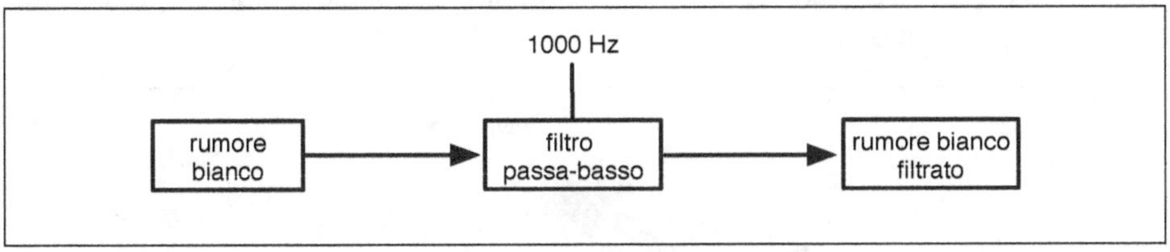

fig. 3.7: filtro passa-basso

Il filtro attenua, secondo una certa curva (detta *curva di attenuazione*) le frequenze al di sopra dei 1000 Hz, mentre le frequenze al di sotto dei 1000 Hz rimangono invariate (fig. 3.8).

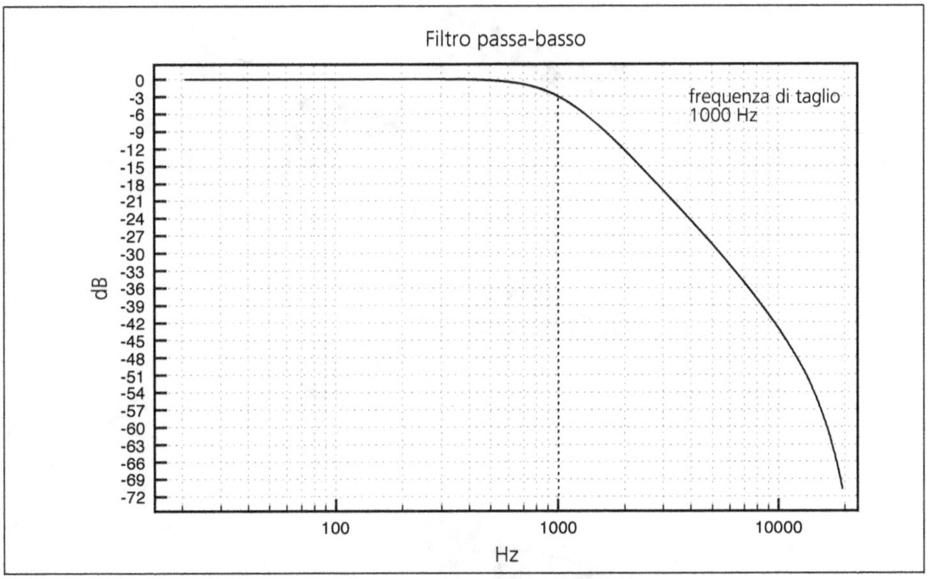

fig. 3.8: Curva di attenuazione di un filtro passa-basso

Il suono in uscita sarà quindi meno brillante, più scuro, perché le frequenze acute risulteranno attenuate rispetto al suono originario.
Ascoltiamo alcuni esempi di rumore bianco, di suono campionato e di onda a dente di sega filtrati con passa-basso con diverse frequenze di taglio.

ESEMPIO VIDEO 3A • *FILTRO PASSA-BASSO* - PRESET 5-14

Un altro uso del passa-basso è quello di "smussare" i mutamenti repentini da un numero all'altro nei generatori di numeri pseudocasuali (come ad esempio quelli di fig. 3.3). Quando il segnale in uscita da tali generatori viene filtrato mediante un filtro passa-basso, il segnale stesso viene "arrotondato".
Nella figura 3.9 vediamo 4 esempi diversi in cui viene smussato sempre più il passaggio da un valore ad un altro: si vede in alto il segnale d'ingresso, in basso il segnale dopo l'elaborazione.

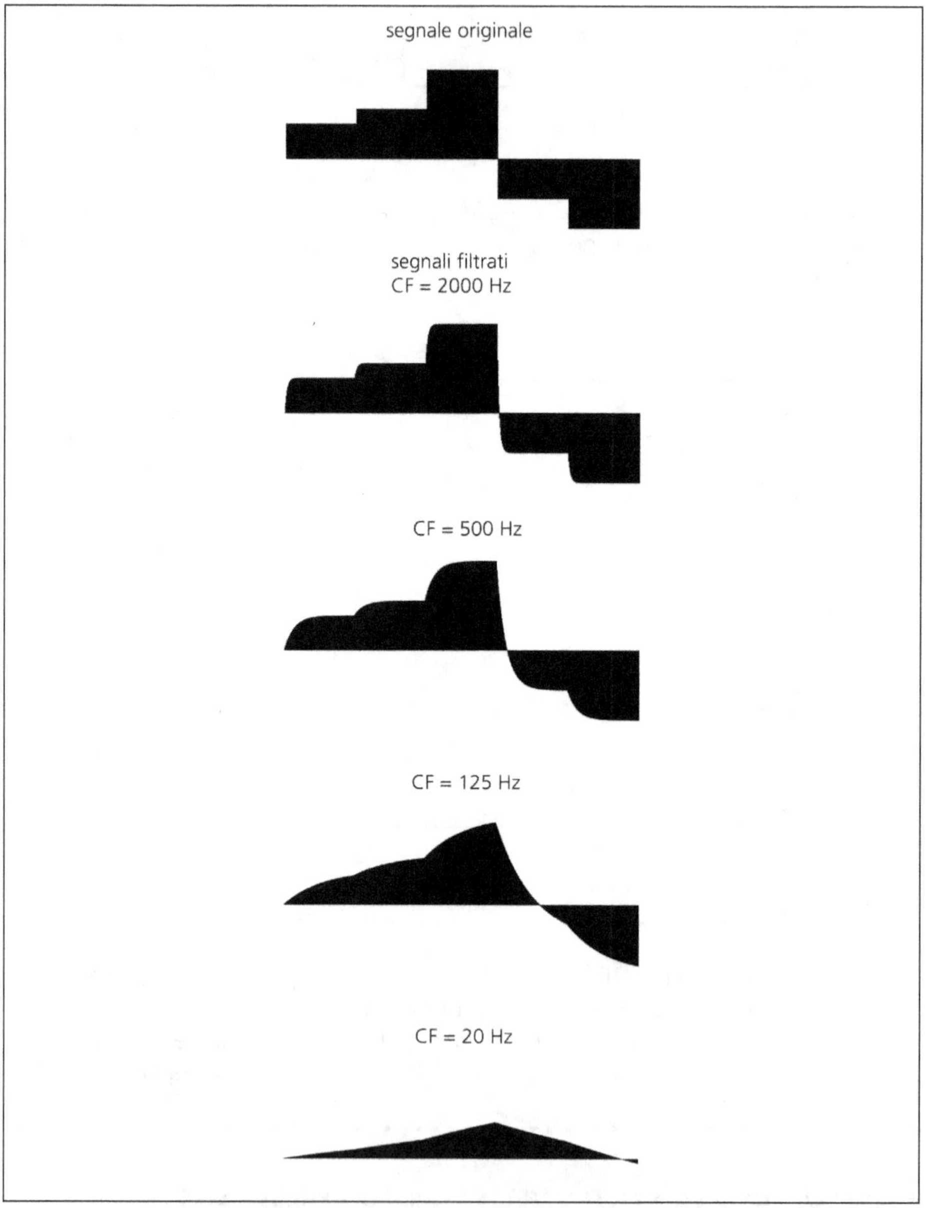

fig. 3.9: filtraggi passa-basso di valori pseudo-casuali con frequenza di taglio sempre più bassa

FILTRO PASSA-ALTO

"Il **filtro passa-alto** attenua tutte le frequenze *al di sotto* della frequenza di taglio. Il termine passa-alto indica infatti che in uscita il filtro lascerà passare le frequenze al di sopra della frequenza di taglio che abbiamo specificato, mentre attenuerà le frequenze al di sotto di essa." (ivi, p.86)

Se la frequenza di taglio è di 1000 Hz, il filtro attenua, secondo una certa curva, le frequenze al di sotto dei 1000 Hz, mentre le frequenze al di sopra di questa soglia rimangono invariate (fig. 3.10).

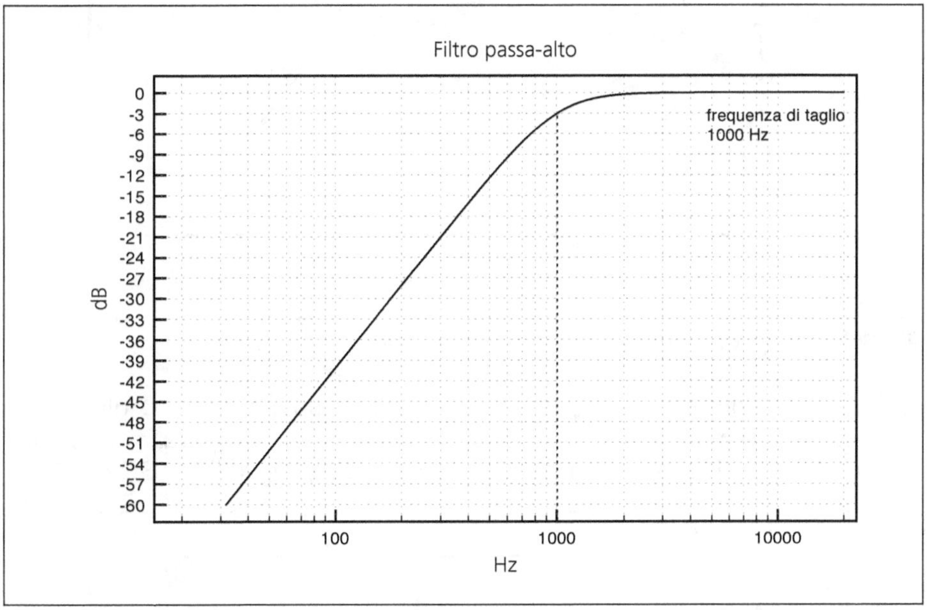

fig. 3.10 Curva di attenuazione di un filtro passa-alto

Il suono in uscita sarà quindi più brillante, più chiaro, perché le frequenze gravi risulteranno attenuate rispetto al suono originario.
Ascoltiamo alcuni esempi di filtraggio con un passa-alto:

ESEMPIO VIDEO 3A • *FILTRO PASSA-ALTO* - PRESET 15-24

FILTRO PASSA-BANDA

Un **filtro passa-banda** consente di attenuare le frequenze *al di sopra* e *al di sotto* di una certa banda, ovvero di una zona continua di frequenze delimitata da un estremo superiore e un estremo inferiore detti **estremi di banda**: ad esempio se abbiamo come estremi di banda 1600 e 2000 Hz otterremo un'attenuazione di tutte le frequenze superiori a 2000 Hz e inferiori a 1600 Hz (vedi fig. 3.11).

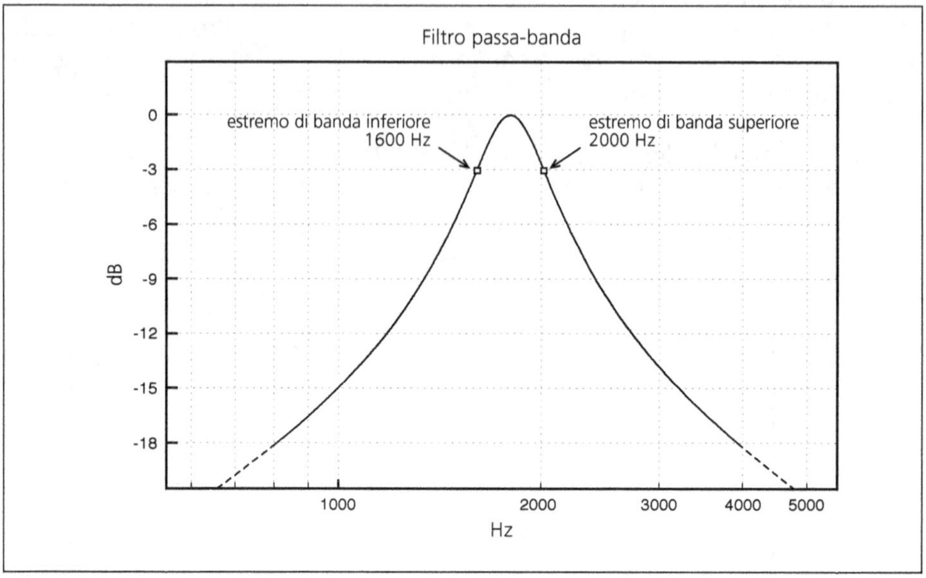

fig. 3.11 Estremi di banda di un filtro passa-banda

Per definire il comportamento di un filtro passa-banda, al posto degli estremi di banda possiamo anche utilizzare altri due valori: la **larghezza di banda** (*bandwidth*) e la **frequenza centrale** (*center frequency*, vedi fig. 3.12).

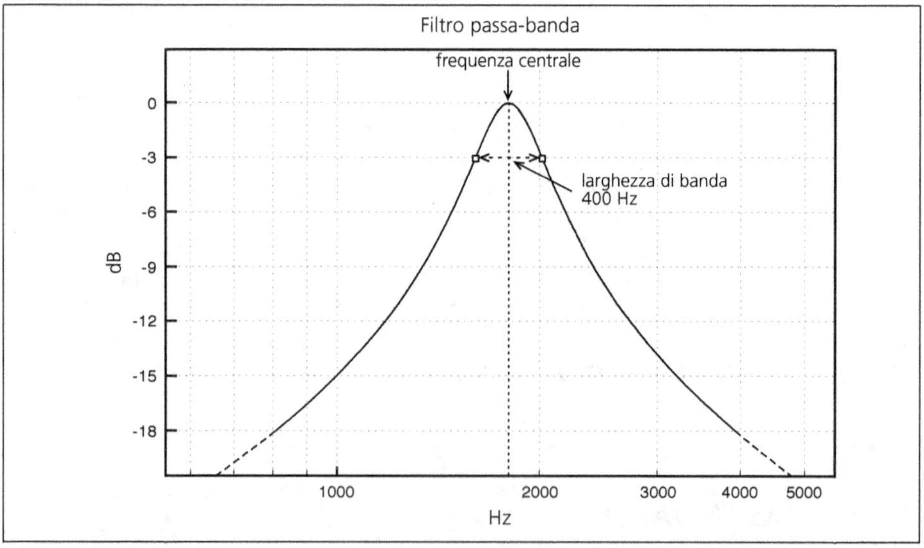

fig. 3.12 Larghezza di banda e frequenza centrale di un filtro passa-banda

Se gli estremi della banda sono 1600 e 2000 Hz, la larghezza di banda sarà 400 Hz (da 1600 a 2000 Hz), e la frequenza centrale intorno a 1800 Hz.

Cosa succede se stringiamo sempre di più la larghezza di banda? Avremo un'attenuazione sempre più marcata delle frequenze attorno a quella centrale, fino a che solo quest'ultima risulterà udibile. Filtrando un rumore bianco con un passa-banda e impostando una banda passante molto stretta, ad esempio, è possibile ottenere un suono quasi sinusoidale che oscilla alla frequenza centrale del filtro.

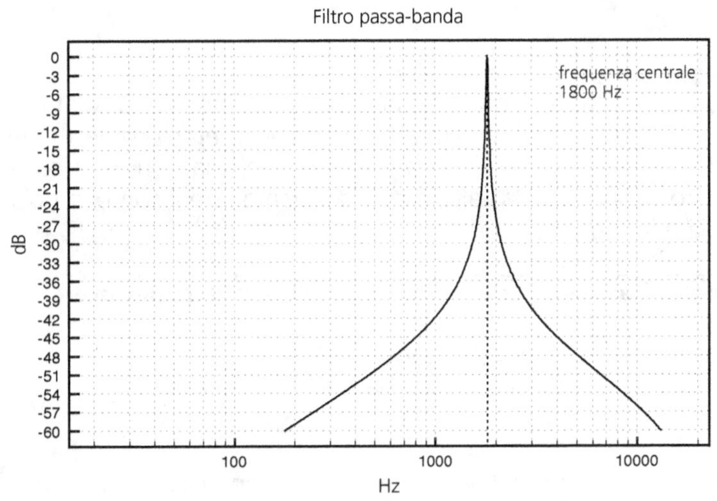

fig. 3.13: filtro passa-banda con banda passante stretta

Vediamo alcuni esempi di filtraggio con frequenza centrale fissa e larghezze di banda sempre più strette (da 1000 Hz a 2 Hz); proviamo poi lo stesso effetto utilizzando una frequenza centrale più bassa.

ESEMPIO VIDEO 3A • *FILTRO PASSA-BANDA (BANDPASS)* PRESET 25-37

ESEMPIO VIDEO 3A • *LARGHEZZA DI BANDA* - PRESET 38-42

Mantenendo invece inalterata la larghezza di banda (ad esempio 100 Hz) e aumentando il valore della *frequenza centrale*, metteremo in evidenza una banda sempre più acuta del suono originale.

ESEMPIO VIDEO 3A • *FREQUENZA CENTRALE* - PRESET 43-55

Avrete notato che all'inizio di questo sottoparagrafo abbiamo definito la frequenza centrale con l'espressione "intorno a 1800 Hz" senza darne il valore preciso. Il calcolo della frequenza centrale infatti viene spesso approssimato, per comodità, ad un valore vicino alla media aritmetica fra gli estremi di banda, secondo la formula:

(Estremo_di_banda_inferiore + Estremo_di_banda_superiore) / 2

Ad esempio (1600+2000)/2 = 1800.

In realtà, però, la vera frequenza centrale di un filtro va calcolata non in base alla *media aritmetica*, ma secondo la *media geometrica* fra le frequenze degli estremi di banda. Ciò può sembrare complicato, ma non lo è: con l'aiuto del computer (o di una piccola calcolatrice) possiamo fare il conto in pochi secondi. La formula è la seguente:

$$\sqrt{\textbf{estremo di banda inferiore} \cdot \textbf{estremo di banda superiore}}$$

Ad esempio $1600 \cdot 2000 = 3200000$

$\sqrt{3200000} = 1788.854$

La vera frequenza centrale fra i due estremi di banda 1600 Hz e 2000 Hz non è perciò 1800 Hz, ma circa 1789 Hz.

Se la distanza fra la media aritmetica e quella geometrica fosse sempre di pochi Hz, ciò, in molte applicazioni pratiche, non rappresenterebbe un gran problema, particolarmente nella zona delle frequenze alte. In genere, infatti, se la larghezza di banda è stretta, la distanza fra la media aritmetica (più comoda da calcolare) e quella geometrica non è molta; ma cosa avviene se abbiamo una larghezza di banda ampia? Poniamo ad esempio che i nostri estremi di banda siano 500 e 5500 Hz. La media aritmetica sarebbe di 3000 Hz, quella geometrica 1658.312 Hz: una differenza molto marcata!

FILTRO ELIMINA-BANDA

Nel **filtro elimina-banda** la larghezza di banda si riferisce alla zona di frequenze che viene attenuata. Se per esempio gli estremi della banda sono 1600 e 2000 Hz, il filtro elimina-banda attenuerà le frequenze comprese fra 1600 Hz e 2000 Hz. Anche in questo caso dobbiamo perciò definire la *larghezza di banda* (*bandwidth*) e la *frequenza centrale* (*center frequency*). Come per il passa-banda, se gli estremi della banda sono 1900 e 2000 Hz, la larghezza di banda sarà di 100 Hz, e la frequenza centrale circa 1950 Hz (fig. 3.14).

Il filtro elimina-banda può essere molto utile per eliminare il ronzio di un'apparecchiatura elettronica (ad esempio un amplificatore) che disturba una registrazione: è necessario creare un filtro con una banda molto stretta e una frequenza centrale pari alla frequenza del ronzio. A volte può essere necessario filtrare anche le armoniche del disturbo: ad esempio il tipico ronzio prodotto dalla frequenza di rete ha una fondamentale (in Europa) di 50 Hz; in questo caso si possono utilizzare più filtri elimina-banda con frequenza di 50 Hz, 100, 150, 200 etc. Tali filtri vanno collegati in serie (vedi par. 3.4).

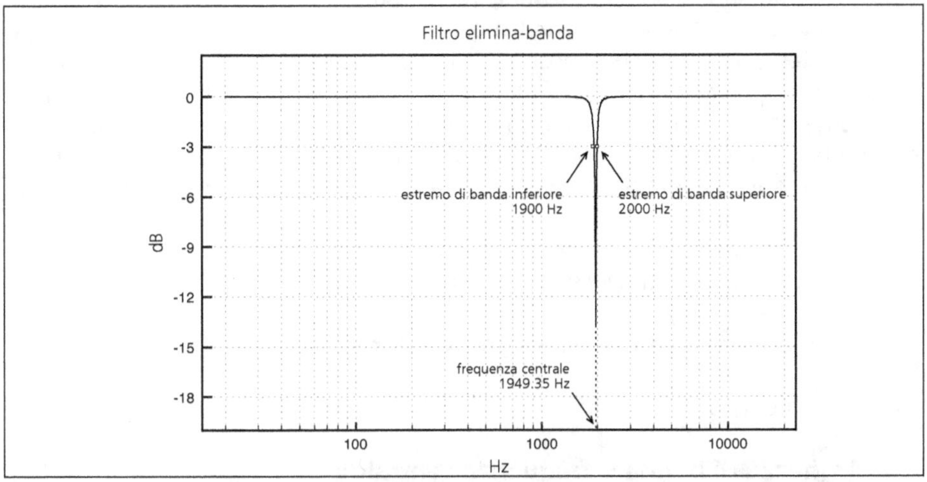

fig. 3.14: estremi di banda e frequenza centrale di un filtro elimina-banda

ESEMPIO VIDEO 3A • *FILTRO ELIMINA-BANDA* - PRESET 56-59

VERIFICA • *TEST A RISPOSTE BREVI (max. 30 parole)*

1) Perché il rumore bianco è un segnale particolarmente adatto per la sintesi sottrattiva?

2) Quali frequenze vengono attenuate usando un filtro passa-alto con frequenza di taglio 2000 Hz?

3) Quali frequenze vengono attenuate usando un filtro passa-banda con frequenza centrale 2000 Hz e larghezza di banda 4 Hz?

4) Quali frequenze vengono attenuate usando un filtro elimina-banda con frequenza centrale 2000 Hz e larghezza di banda 30 Hz?

5) Quali frequenze vengono attenuate usando un filtro passa-basso con frequenza di taglio 2000 Hz?

6) Qual è la frequenza centrale di un filtro passa-banda se gli estremi di banda sono 300 e 3300?

3.3 IL FATTORE Q O FATTORE DI RISONANZA

Nel paragrafo precedente abbiamo visto che possiamo definire le caratteristiche di un filtro passa-banda specificando gli estremi di banda oppure la coppia di valori "larghezza di banda/frequenza centrale".
Esiste un terzo metodo che consiste nello specificare la frequenza centrale e il *fattore di risonanza* del filtro, o *fattore Q*. I tre sistemi sono equivalenti, e si può facilmente passare da uno all'altro, ma nella maggior parte dei filtri in uso oggi, anche quelli commerciali, viene utilizzato il fattore Q.
Per questo motivo è importante capire cosa è questo fattore e perché è utilizzato così frequentemente.

Il **fattore Q** (*quality factor*) viene definito come:

Q = frequenza centrale / larghezza di banda

e da questo deriva:

larghezza di banda = frequenza centrale / Q

Come possiamo vedere, la larghezza di banda e il fattore Q sono inversamente proporzionali. Infatti mantenendo fissa la frequenza centrale, all'aumentare del Q *diminuisce* la larghezza di banda, e quindi vengono enfatizzate le frequenze più vicine alla frequenza centrale.

Vediamo uno dei motivi per cui si preferisce usare il fattore Q. L'effetto ottenuto da una larghezza di banda di 300 Hz non è mai lo stesso dal punto di vista dell'ascoltatore se muta la frequenza centrale: ad esempio, 300 Hz di larghezza di banda sono molti se la nostra frequenza centrale è di 200 Hz (estremi di banda da 100 Hz a 400 Hz = 2 ottave di larghezza di banda), ma diventano pochi se la nostra frequenza centrale è di 5198 Hz (estremi di banda da 5050 Hz a 5350 Hz = circa un semitono di larghezza di banda). Da ciò capiamo che utilizzare la larghezza di banda senza valutare il suo rapporto con la frequenza centrale può essere fuorviante.

ESEMPIO VIDEO 3B • *FATTORE Q* - PRESET 1-7

Nei due esempi citati sopra la larghezza di banda è la stessa ma l'effetto ottenuto dal filtraggio è diverso perché cambiano le frequenze centrali: nel caso del rumore bianco filtrato con larghezza di banda 300 Hz e frequenza centrale 200 Hz il fattore di risonanza Q ha valore 0.66 (due ottave); nel caso invece del rumore bianco filtrato con larghezza di banda 300 Hz e frequenza centrale 5198 Hz il Q ha valore 17.3 (un semitono). Pertanto, comparando i due Q, capiamo immediatamente che il secondo filtraggio risulterà più "stretto" da un punto di vista psicoacustico e la risonanza della frequenza centrale risulterà più marcata rispetto al primo filtraggio, pur avendo i due esempi la stessa larghezza di banda.

Il fattore Q esprime la larghezza di banda *sempre in relazione alla frequenza centrale*. Se spostiamo la frequenza centrale (non modificando il valore del Q) l'effetto di filtraggio sarà più stabile dal punto di vista psicoacustico. Se in un filtro manteniamo fisso il Q, sapremo che variando la frequenza centrale avremo lo stesso tipo di filtraggio, e quindi un effetto uniforme dal punto di vista dell'ascoltatore. Mantenendo fisso il Q, come abbiamo detto, la larghezza di banda varierà in funzione della frequenza centrale, e il rapporto tra frequenza centrale e larghezza di banda rimarrà *costante*. Il *quality factor* è detto fattore di risonanza perché più il Q è alto, più "stretto" sarà il filtraggio, più il filtro andrà in oscillazione, in risonanza, ogni volta che immetteremo nel circuito un suono la cui frequenza è vicina alla frequenza centrale del filtro. Approfondiremo questo tema nel par. 3.9. Per capire meglio, ascoltiamo questi esempi:

- nei preset 8 e 9 dell'esempio video 3B il fattore Q è fisso ed ha un valore basso (0.66), di conseguenza, in entrambi i casi, la larghezza di banda è di circa *due ottave*.[5]

- nei preset 10 e 11 dell'esempio video 3B il Q è fisso ad un valore alto (17.3) e la larghezza di banda, in entrambi i casi, è di circa *un semitono*.

ESEMPIO VIDEO 3B • *FATTORE Q* - PRESET 8-12

Un'ulteriore caratteristica dei filtri, in generale, è quella di avere un tempo di risposta direttamente proporzionale al fattore Q. Più stringiamo la larghezza di banda di un filtro, ovvero, più aumentiamo il Q, più lungo sarà il tempo di risposta del filtro. Con un tempo di risposta alto verranno smussati l'attacco e il *decay* del suono filtrato rispetto a quello in ingresso. In questo caso è anche possibile che si verifichi un effetto di **ringing**, cioè un'oscillazione prodotta dai **transienti**[6] che rimane attiva anche dopo il passaggio di questi. Tale effetto in certi casi perdura anche dopo che il suono in ingresso è tornato ad ampiezza 0.

[5] Il valore del fattore Q può essere messo in rapporto con gli intervalli musicali temperati. Ad esempio il Q corrispondente ad un intervallo di quinta ha valore 2.445, quello per l'ottava ha valore 1.414, quello per un terzo d'ottava ha valore 3.464, etc. Ritroveremo questo rapporto fra larghezza di banda e ottave negli equalizzatori grafici, cioè quei banchi di filtri che servono a correggere il suono quando si fa un missaggio, e i cui filtri possono avere un campo di intervento di un'ottava, di mezza ottava, o un terzo d'ottava. (vedi par. 3.7)

[6] Un transiente è un segnale di breve durata che rappresenta la porzione inarmonica dell'attacco di un suono il cui contenuto successivo è diverso dal punto di vista spettrale. In genere il transiente di attacco è caratterizzato da una maggiore ampiezza delle componenti acute e inarmoniche rispetto alla fase successiva del suono.

ESEMPIO VIDEO 3B • *TEMPO DI RISPOSTA E RINGING* - PRESET 13-15

Da ultimo, vediamo quali sono i rapporti tra frequenza centrale, larghezza di banda e Q.
Detti *fc* la frequenza di centro banda, *lb* la larghezza di banda, valgono le seguenti relazioni:

$Q = fc/lb$
$lb = fc/Q$
$fc = Q \cdot lb$

3.4 GLI ORDINI DEI FILTRI E COLLEGAMENTO IN SERIE

FILTRI DEL PRIMO ORDINE

Abbiamo visto fin qui la gestione dell'attenuazione delle frequenze nei vari filtri, ma qual è la curva con cui tali frequenze vengono attenuate? Dipende dall'*ordine* del filtro. Prendiamo ad esempio un filtro passa-basso: ipotizziamo di avere un **filtro del primo ordine** con frequenza di taglio di 1000 Hz. Se immettiamo nel filtro una sinusoide di frequenza 2000 Hz (ovvero un'ottava sopra la frequenza di taglio), avremo in uscita la stessa sinusoide con ampiezza all'incirca dimezzata. Una sinusoide di 4000 Hz avrà l'ampiezza ridotta a circa 1/4 e così via. In pratica per ogni raddoppio della frequenza a partire dalla frequenza di taglio si ha un dimezzamento dell'ampiezza; il che equivale ad una attenuazione di circa 6 dB per ottava (cfr par. 1.2).
Facciamo un altro esempio ipotizzando una frequenza di taglio pari a 300 Hz: l'ampiezza di una sinusoide, o di una componente di un suono più complesso, a 600 Hz viene attenuata di 6 dB (ovvero dimezzata), una sinusoide a 1200 Hz viene attenuata di 12 dB (ridotta a 1/4 dell'ampiezza originale), una sinusoide a 2400 Hz viene attenuata di 18 dB (ridotta a 1/8 dell'ampiezza originale) e così via. Vediamo la situazione illustrata in una tabella tratta da "Il Suono Virtuale" di R. Bianchini e A. Cipriani (p.86).[7]

Ampiezza	Frequenza	Frequenza	Frequenza	Frequenza
0 dB	→fino a 300 Hz			
-6 dB		600 Hz		
-12 dB			1200 Hz	
-18 dB				2400 Hz

Facciamo ora l'esempio di filtro passa-alto del primo ordine.[8]

[7] Nella tabella lo 0 dB rappresenta l'ampiezza originaria del suono alle varie frequenze.
[8] In questa sezione non faremo esempi di filtri passa-banda o elimina-banda perché tali filtri esistono solo a partire dal secondo ordine.

Ipotizziamo una frequenza di taglio pari a 1000 Hz: l'ampiezza di una sinusoide, o di una componente di un suono più complesso, a 500 Hz (un'ottava sotto la frequenza di taglio) viene attenuata di 6 db (ovvero dimezzata), una sinusoide a 250 Hz viene attenuata di 12 dB (ridotta a 1/4 dell'ampiezza originale), una sinusoide a 125 Hz viene attenuata di 18 dB (ridotta a 1/8 dell'ampiezza originale) e così via. Anche in questo caso quindi abbiamo un'attenuazione di 6 dB per ottava: la tabella che segue è tratta da "Il Suono Virtuale" (ivi, p.87).

Ampiezza	Frequenza	Frequenza	Frequenza	Frequenza
0 dB				1000 Hz→
-6 dB			500 Hz	
-12 dB		250 Hz		
-18 dB	125 Hz			

Quanto detto vale per i filtri *ideali*; per i filtri *digitali* (come ad esempio i filtri di Pure Data) la frequenza di taglio di un filtro (passa-basso o passa-alto) non è esattamente a zero poiché si ha, in effetti, una lieve attenuazione che può arrivare anche fino a -3dB.[9] Nei filtri digitali la zona intorno alla frequenza di taglio viene chiamata **zona di transizione**, perché anziché trovarsi esattamente a zero dB, subisce un'attenuazione che può essere più o meno ripida. Al contrario, anche nei filtri digitali, alla frequenza doppia di quella di taglio (nel passa-basso) e alla frequenza pari alla metà della frequenza di taglio (nel passa-alto) l'attenuazione è, come detto, di 6 dB; alla frequenza quadrupla (o pari a 1/4) l'attenuazione è di 12 dB etc. Vediamo un grafico (fig. 3.15) che rappresenta la risposta in frequenza[10] di un filtro ideale rispetto a quella di un filtro digitale (cf sta per *cutoff frequency*, frequenza di taglio).

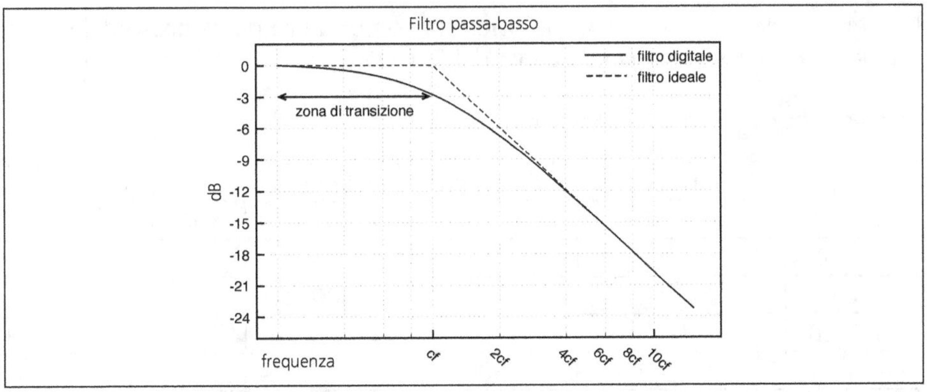

fig. 3.15: Curve di attenuazione di un filtro digitale di primo ordine e del corrispondente filtro ideale

9 Questa attenuazione si ha in genere nei filtri non risonanti.

10 La risposta in frequenza è la misurazione dello spettro all'uscita di un sistema (in questo caso un filtro) quando all'ingresso viene mandato un segnale contenente tutte le frequenze all'interno della banda di frequenza di cui si vuole conoscere la risposta.

In generale, comunque, i filtri di primo ordine sono usati per applicazioni speciali, che vedremo successivamente.

FILTRI DEL SECONDO ORDINE

Consideriamo ora i **filtri del secondo ordine**. Essi hanno un'attenuazione doppia rispetto a quelli del primo ordine.
Nell'uso pratico, quando filtriamo un suono abbiamo generalmente bisogno di una curva d'attenuazione maggiore rispetto a quella che può garantire un filtro del primo ordine: per questo motivo, negli esempi della parte pratica relativi ai paragrafi precedenti, abbiamo utilizzato filtri del secondo ordine. In particolare i filtri che abbiamo utilizzato negli esempi sono chiamati **filtri di Butterworth** (da Stephen Butterworth, il fisico che per primo li ha descritti).[11] Se in un filtro passa-basso del *secondo ordine* la frequenza di taglio è di 300 Hz, la frequenza di 600 Hz (un'ottava sopra) verrà attenuata di 12 dB, la frequenza di 1200 Hz verrà attenuata di 24 dB, cioè del doppio rispetto a quella di un filtro del primo ordine.

Ampiezza	Frequenza	Frequenza	Frequenza	Frequenza
0 dB	→fino a 300 Hz			
-6 dB		---		
-12 dB		600 Hz	---	
-18 dB				---
-24 dB			1200 Hz	
-30 dB				
-36 dB				2400 Hz

I segni --- indicano l'attenuazione ottenuta con un filtro passa-basso del primo ordine. Si può osservare che la curva del filtro del secondo ordine è più ripida.

Lo stesso discorso vale per il filtro passa-alto.

Ampiezza	Frequenza	Frequenza	Frequenza	Frequenza
0 dB				1000 Hz e oltre→
-6 dB			---	
-12 dB		---	500 Hz	
-18 dB	---			
-24 dB		250 Hz		
-30 dB				
-36 dB	125 Hz			

[11] I filtri di *Butterworth* sono filtri del secondo ordine, di tipo IIR (filtri a risposta di impulso infinita). Tali filtri presentano caratteristiche più vicine a quelle dei filtri ideali. "Si distinguono per una buona costanza nella banda passante, da un'ottima precisione e da un'ottima attenuazione delle frequenze fuori dalla banda passante." (Bianchini, R., Cipriani, A., 2001, p. 96).

Anche qui i segni --- indicano l'attenuazione ottenuta con un filtro passa-alto del primo ordine e la curva del filtro del secondo ordine è più ripida.

Un discorso analogo, anche se più complesso, si può fare per un filtro passa-banda del secondo ordine con estremi di banda 1600 e 2000 Hz: In questo caso partendo dall'estremo di banda acuto (2000 Hz), ogni raddoppio di frequenza comporta un'attenuazione di 12 dB, mentre partendo dall'estremo di banda grave (1600 Hz) ogni dimezzamento della frequenza comporta un'attenuazione di 12 dB. La tabella seguente (ivi, p. 90) illustra l'attenuazione delle frequenze in uscita dal filtro.

Ampiezza	Freq (Hz)	Freq (Hz)	Freq (Hz)	Freq (Hz)	Freq (Hz)	Freq (Hz)	Freq (Hz)
0 dB				1789			
-3 dB			1600		2000		
-12 dB		800				4000	
-24 dB	400						8000

In realtà, come si vede dal grafico, le frequenze che vanno da 1600 a 2000 Hz non rimangono inalterate. L'unica frequenza che rimane inalterata, cioè a 0 dB, è quella centrale. La larghezza di banda di un filtro passa-banda ideale prevede che i suoi estremi abbiano un'ampiezza di -3 dB rispetto alla frequenza centrale. Vi è dunque una curva d'attenuazione da 1789 a 2000 Hz e una curva opposta che va da circa 1789 a 1600 Hz: entrambe vanno da 0 a -3 dB.

Ovviamente anche in questo caso ciò vale per i filtri ideali; i valori dei filtri passa-banda digitali, già a due ottave sopra e sotto gli estremi di banda, possono essere diversi, anche di oltre 6 dB. Nei filtri digitali, bisogna tener conto non solo della *zona di transizione*, ma anche del tipo di segnale in ingresso, della frequenza di campionamento, della qualità del filtro etc. I valori appena descritti servono perciò solo come punto di riferimento; se si vogliono misurazioni più precise bisogna realizzarle con il filtro e con il suono specifico che si sta utilizzando.

FILTRI DEL SECONDO ORDINE RISONANTI

Il fattore Q definisce, come abbiamo già detto nel par. 3.3, il rapporto tra la frequenza centrale e la larghezza di banda di un filtro passa-banda.
Esiste anche una particolare implementazione di questo filtro che all'aumentare del fattore Q enfatizza la frequenza centrale (incrementandone l'ampiezza rispetto al segnale d'ingresso): questo tipo di filtro si chiama passa-banda risonante. In figura 3.16 vediamo la differenza tra la risposta in frequenza di un filtro passa-banda risonante che, all'aumentare di Q, enfatizza le frequenze che si trovano fra un estremo di banda e l'altro, e un filtro passa-banda che, al contrario, attenua le frequenze che si trovano al di fuori degli estremi di banda.

Esistono inoltre anche dei filtri passa-basso e passa-alto risonanti, in cui è possibile specificare un fattore Q che determina un'enfatizzazione della frequenza di taglio e delle frequenze vicine senza tuttavia alterare il resto della banda passante.[12]

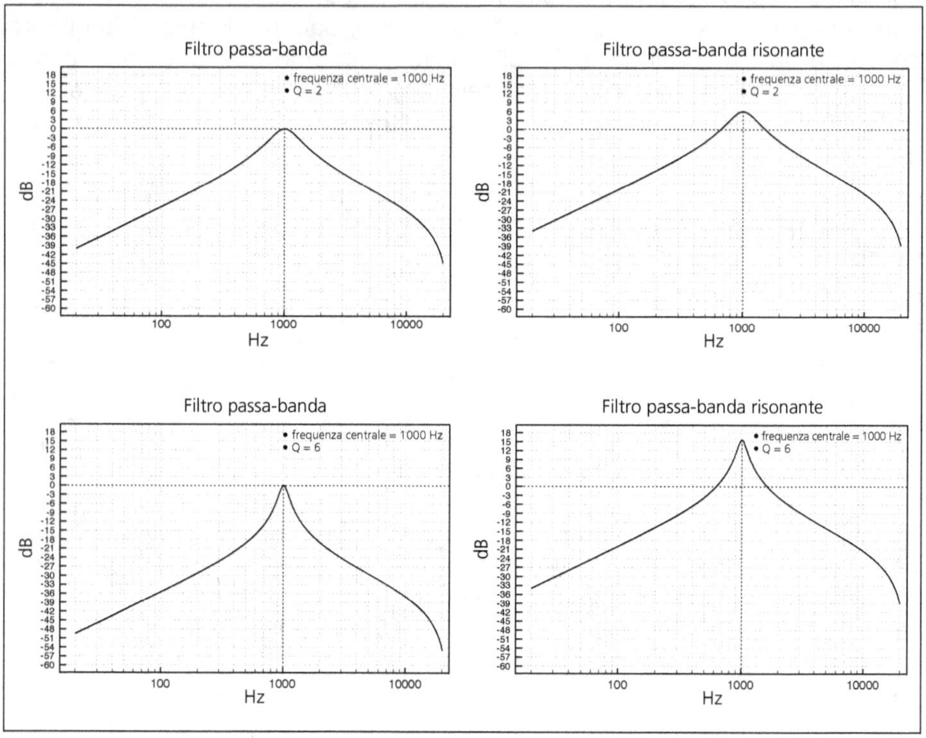

fig. 3.16: Filtri passa-banda e passa-banda risonanti con diversi fattori Q

ESEMPIO VIDEO 3B • *FILTRI PASSA-BANDA, PASSA-BASSO E PASSA-ALTO RISONANTI* - PRESET 16-25

FILTRI DI ORDINE SUPERIORE: IL COLLEGAMENTO IN SERIE

E se volessimo raddoppiare l'effetto di attenuazione al di sopra e al di sotto degli estremi di banda, in modo da avere curve di attenuazione ancora più ripide? Basterà mettere *in serie* (o *in cascata*) due filtri del secondo ordine con la stessa frequenza di taglio e otterremo un filtro del quarto ordine, più selettivo.

---

12 Notiamo che i filtri passa-alto e passa-basso di Butterworth che abbiamo usato nei paragrafi precedenti non hanno un fattore Q di risonanza.

Vediamo ora come creare **filtri in serie** per realizzare un filtro del quarto ordine: il *segnale d'ingresso* (input) entra nel primo filtro. Il *segnale d'uscita* dal primo filtro viene utilizzato come *segnale d'ingresso* per un secondo filtro, che dunque attenua ulteriormente le frequenze interessate. Si può notare come in entrambi i filtri sia stata mantenuta la stessa frequenza di taglio.
Questo schema vale sia per il passa-basso sia per il passa-alto.

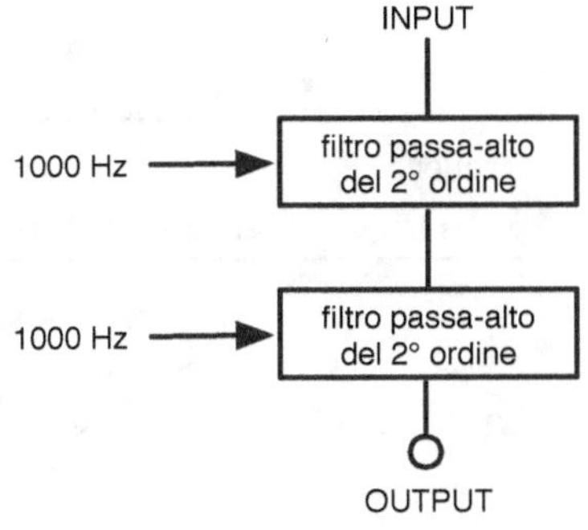

fig. 3.17a: due filtri di secondo ordine disposti in serie

Allo stesso modo è possibile costruire filtri passa-banda ed elimina-banda di ordine superiore, mantenendo la stessa frequenza centrale e larghezza di banda nei due filtri disposti in serie.
Osserviamo l'effetto ottenuto con un passa-banda del quarto ordine mettendo in serie due passa-banda del secondo ordine:

Ampiezza	Freq (Hz)	Freq (Hz)	Freq (Hz)	Freq (Hz)	Freq (Hz)	Freq (Hz)	Freq (Hz)
0 dB				1789			
-3 dB			---		---		
-6 dB			1600		2000		
-12 dB		---				---	
-24 dB	---	800				4000	---
-36 dB							
-48 dB	400						8000

I segni --- indicano l'attenuazione ottenuta con un filtro passa-banda del secondo ordine. Si può osservare che la curva del filtro di quarto ordine è più ripida. Se consideriamo inoltre che gli estremi di banda di un filtro ideale sono a -3dB, dalla tabella si evince che avendo disposto i due filtri in serie, i precedenti estremi di banda (1600 e 2000 Hz) sono ora a -6dB, quindi l'effetto ottenuto è anche quello di un restringimento della larghezza di banda i cui estremi sono più vicini alla frequenza centrale (vedi fig. 3.17b).

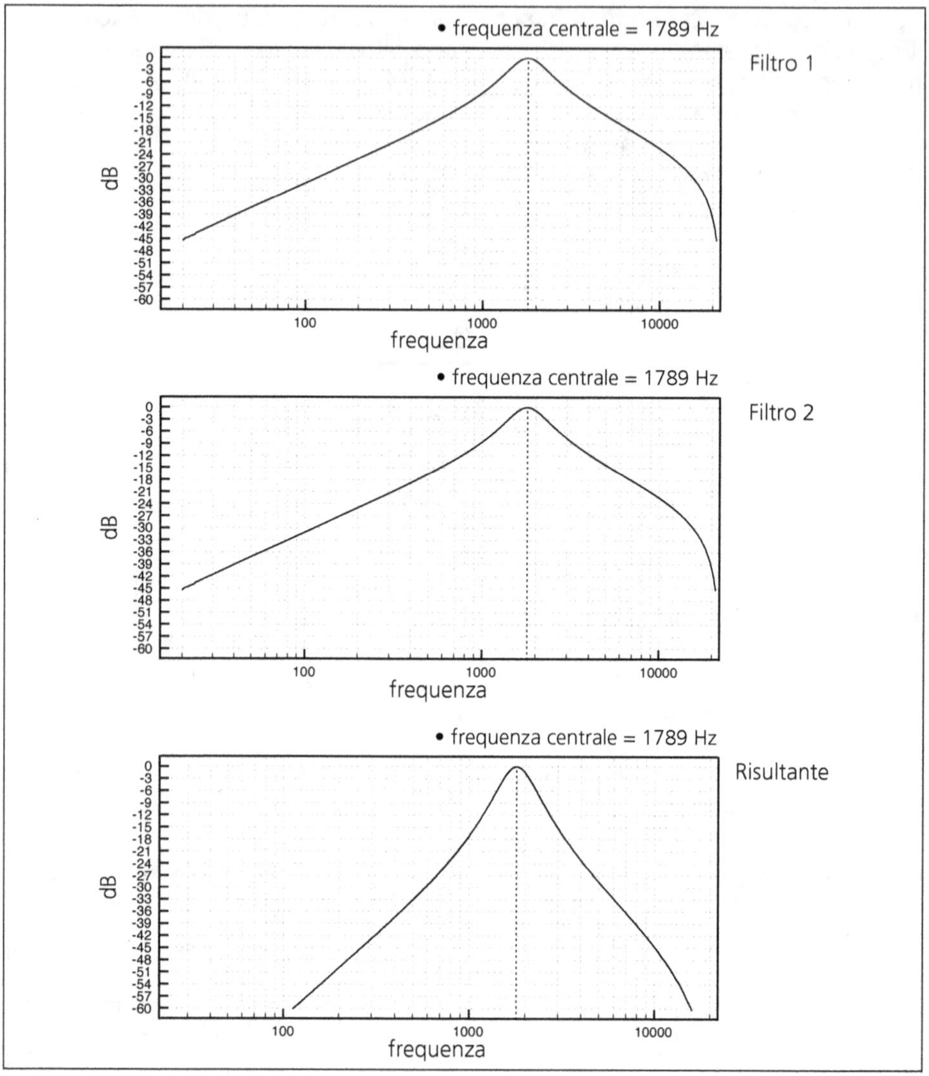

fig. 3.17b Restringimento della banda passante a causa dell'aumento dell'ordine dei filtri

ESEMPIO VIDEO 3C • *ORDINI DEI FILTRI* - PRESET 1-10

Si possono utilizzare i filtri in serie anche in un modo diverso, allo scopo di effettuare un filtraggio con una banda passante più larga ma con una pendenza più ripida: basterà mettere in serie due filtri passa-banda con frequenze centrali vicine (ma non identiche) e larghezza di banda uguale (vedi figura 3.18a e 3.18b).

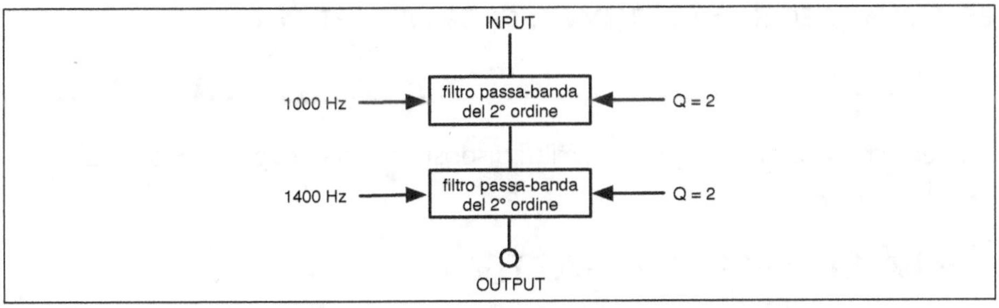

fig. 3.18a: 2 passa-banda in cascata con frequenze 1000 e 1400 e Q = 2

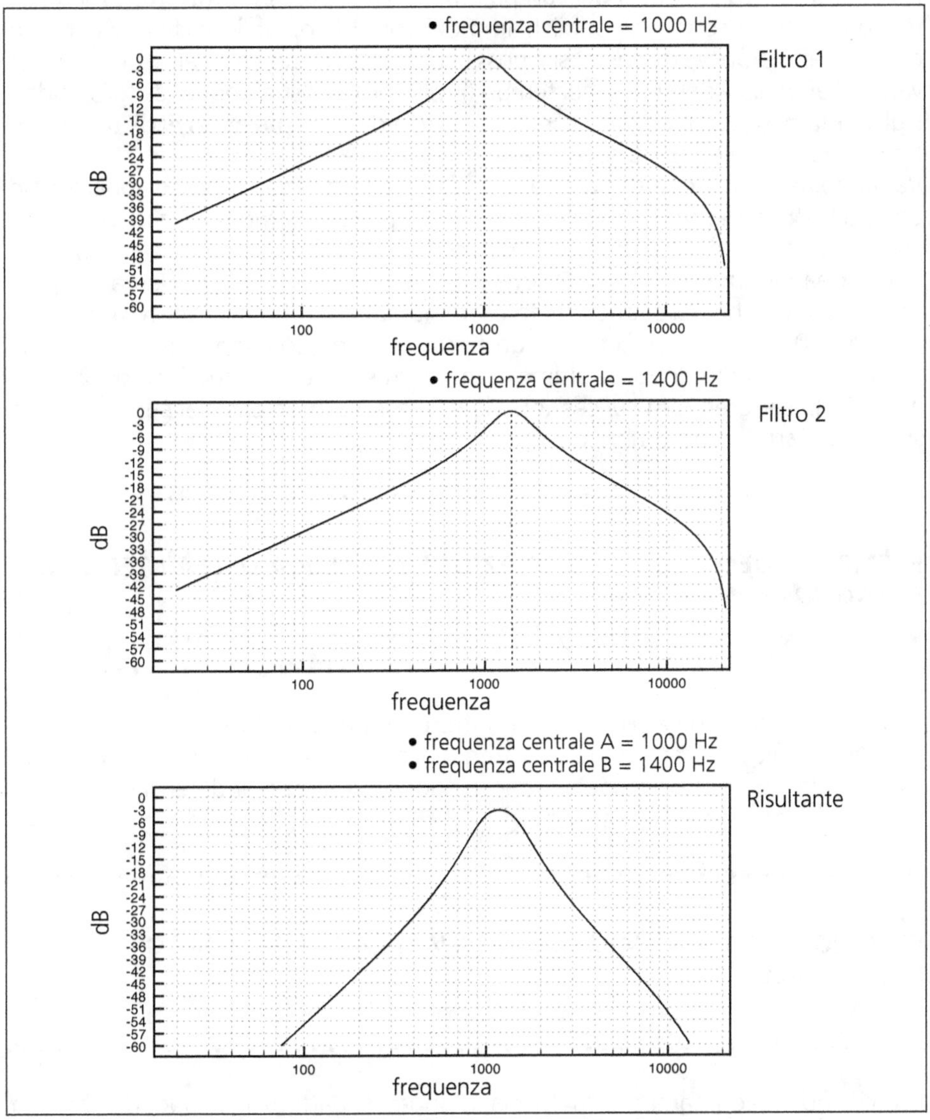

fig. 3.18b: due filtri in cascata con differenti frequenze di taglio producono una banda passante più larga con pendenza più ripida

ESEMPIO VIDEO 3C • *FILTRI IN CASCATA* - PRESET 11-20

Vedremo un uso più complesso di filtri disposti in serie nel par. 3.8 dedicato agli equalizzatori parametrici.

3.5 LA SINTESI SOTTRATTIVA

I suoni ascoltati finora risultano poco interessanti a causa del fatto che ci siamo concentrati su valori statici dei vari parametri. La sintesi sottrattiva tuttavia offre molte possibilità sonore se applichiamo dei controlli dinamici ai filtri. Nel primo capitolo abbiamo visto come sia possibile utilizzare dei segmenti di retta per variare l'ampiezza del suono nel tempo (inviluppo) o la sua frequenza (glissando). Nulla ci impedisce di applicare le stesse procedure ai **parametri di un filtro**: frequenza centrale (o di taglio) e fattore Q.
Variando ad esempio la frequenza di taglio di un filtro passa-basso applicato ad un oscillatore a dente di sega con frequenza fissa possiamo realizzare un suono che progressivamente si schiarisce o si scurisce; inoltre, se il passa-basso è del tipo risonante e ha un fattore Q sufficientemente alto, è possibile enfatizzare le singole armoniche del suono. Se ad esempio abbiamo un oscillatore a dente di sega a 220 Hz a cui applichiamo un filtro passa-basso risonante e variamo la frequenza di taglio di quest'ultimo tramite un segmento che glissa da 220 Hz a 2200 Hz sentiremo in successione le prime 10 armoniche del suono, in una specie di "arpeggio" timbrico.

ESEMPIO VIDEO 3C • *VARIAZIONE DINAMICA DELLA FREQUENZA DI TAGLIO* - PRESET 21-24

Se invece variamo dinamicamente il fattore Q, portandolo ad esempio da 1 a 100, in un filtro passa-banda con frequenza centrale 900 Hz applicato a un rumore bianco possiamo passare da un suono ad altezza indeterminata a uno ad altezza determinata e viceversa.

ESEMPIO VIDEO 3C • *VARIAZIONE DINAMICA DEL FATTORE Q* PRESET 25-28

Scegliendo adeguatamente la forma d'onda di partenza, il tipo di filtro da applicare e controllando l'evoluzione dinamica della frequenza di taglio e del fattore Q possiamo realizzare dei suoni "vivi" e cangianti con un costo

computazionale abbastanza limitato: la sintesi sottrattiva è infatti da questo punto di vista più economica di quella additiva, dove per variare dinamicamente lo spettro di un suono è necessario modificare decine o centinaia di parametri.
Proprio grazie alla economicità di questa tecnica, dalla metà degli anni '60 del secolo scorso apparvero sul mercato i primi sintetizzatori analogici: modelli "storici" come il Moog, l'Arp, l'Oberheim, fino ad arrivare ai prodotti della Roland, della Korg e della Yamaha, si basavano tutti sulla sintesi sottrattiva.
Ancora oggi, la gran parte dei sintetizzatori digitali, reali o virtuali che siano, sfruttano a fondo questa tecnica.

ANATOMIA DI UN SINTETIZZATORE IN SINTESI SOTTRATTIVA

I **sintetizzatori per la sintesi sottrattiva** sono generatori di segnali audio controllabili da un musicista mediante un pannello di controllo, una tastiera o altro dispositivo. Questi sintetizzatori sono dotati di uno o più oscillatori, detti anche **VCO** (***Voltage Controlled Oscillator***[13]) che producono le forme d'onda classiche (dente di sega, quadra, triangolare) e a volte anche il rumore bianco per realizzare degli effetti particolari. Questi oscillatori vengono miscelati tra loro, e possono avere frequenze leggermente diverse in modo da creare battimenti.
Normalmente un sintetizzatore hardware è dotato di una tastiera simile a quella di un pianoforte, ma limitata a 4 o 5 ottave, oppure può esserne privo (in questo caso viene chiamato *expander*) ed essere collegato a una tastiera esterna tramite il protocollo MIDI (vedi cap. 9): ogni volta che viene premuto un tasto l'oscillatore genera un suono alla frequenza corrispondente. Questo suono passa attraverso un inviluppo di ampiezza (**VCA**: **Voltage Controlled Amplitude**), che ne definisce le fasi di attacco, decadimento, costanza ed estinzione. In seguito il suono viene inviato ad un filtro passa-basso (o più filtri in cascata) la cui frequenza di taglio può dipendere dalla frequenza della nota suonata (può essere, ad esempio, un multiplo della fondamentale): questo parametro viene definito **key follow** in quanto la frequenza di taglio segue (*to follow*) la frequenza relativa al tasto (*key*) premuto. La frequenza del filtro può inoltre dipendere dall'inviluppo d'ampiezza, ovvero può seguirne il profilo, restituendo un suono più brillante quando l'ampiezza è massima e più scuro quando l'ampiezza diminuisce, comportandosi quindi come buona parte degli strumenti acustici. A volte il filtro possiede un proprio inviluppo per la frequenza di taglio (**VCF: Voltage Controlled Filter**) indipendente dall'inviluppo di ampiezza, e naturalmente anche il fattore Q può essere impostato a piacere e controllato da un altro inviluppo. Come abbiamo visto, quindi, i parametri del filtro possono essere controllati dalla frequenza della nota suonata o dalla sua ampiezza. Talvolta sono presenti anche altri strumenti di controllo noti come LFO (*Low Frequency Oscillator*) o oscillatori a bassa frequenza, di cui parleremo nel prossimo capitolo.

[13] Ovvero oscillatore controllato tramite voltaggio, con riferimento al tipo di controllo che si aveva nei sintetizzatori analogici: per un approfondimento vedi il capitolo sulla storia della sintesi sottrattiva nel sito www.virtual-sound.com/cmsupport.

ESEMPIO VIDEO 3D • *SINTETIZZATORE SOTTRATTIVO* - PRESET 1-10

L'esempio video 3D presenta un semplice sintetizzatore sottrattivo: dal momento che si tratta di un esempio piuttosto articolato cerchiamo di esaminarlo nel dettaglio.

In fig. 3.19 possiamo vedere il diagramma del sintetizzatore.

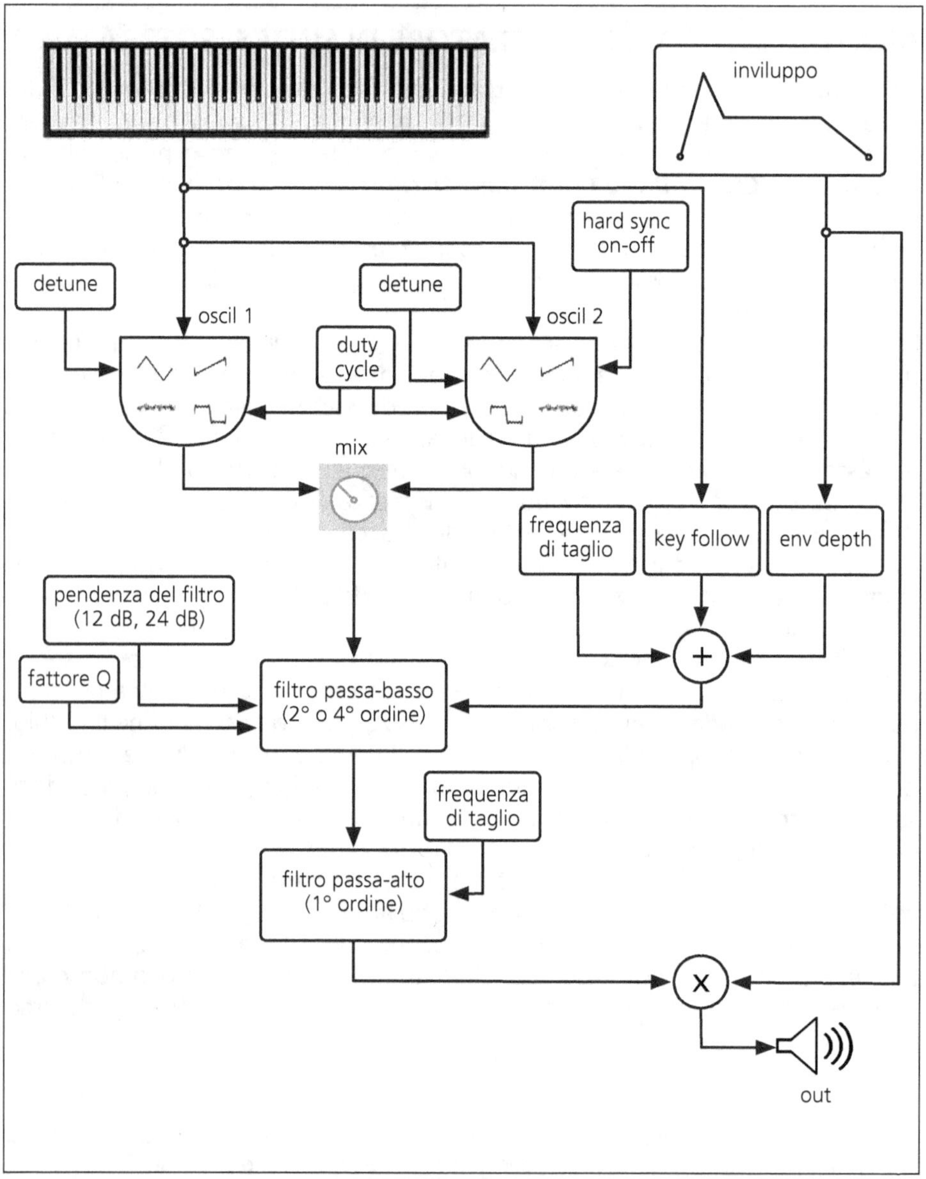

fig. 3.19: diagramma del sintetizzatore sottrattivo

Il nostro sintetizzatore virtuale ha 2 oscillatori che possono produrre onde a dente di sega, quadre e triangolari, oltre al rumore bianco. È possibile miscelare a piacere i due oscillatori.
L'onda quadra può essere anche modificata variandone il *duty cycle* in modo da ottenere spettri armonici diversi. Attraverso il *detune* l'intonazione degli oscillatori può essere modificata per ottenere un effetto di battimenti, oppure per avere intervalli che procedono parallelamente (ad es. intervalli di quinta o di ottava).
Inoltre è possibile realizzare un **hard sync** tra il primo e il secondo oscillatore: si tratta di una tecnica molto usata in questi tipi di sintetizzatore che permette di sincronizzare il ciclo dei due oscillatori anche se hanno una frequenza diversa. Quando l'*hard sync* è attivato, infatti, ogni volta che il primo oscillatore ricomincia il ciclo, forza il secondo a fare altrettanto, indipendentemente dalla frequenza di quest'ultimo. Poniamo ad esempio che il primo oscillatore abbia una frequenza di 100 Hz e il secondo di 150 Hz: nel tempo in cui il primo oscillatore compie un ciclo, il secondo ne compie uno e mezzo dopo di che, come abbiamo detto, è forzato a ricominciare (vedi fig. 3.20). Ovviamente in questo modo è possibile ottenere spettri non realizzabili con le sole forme d'onda classiche.

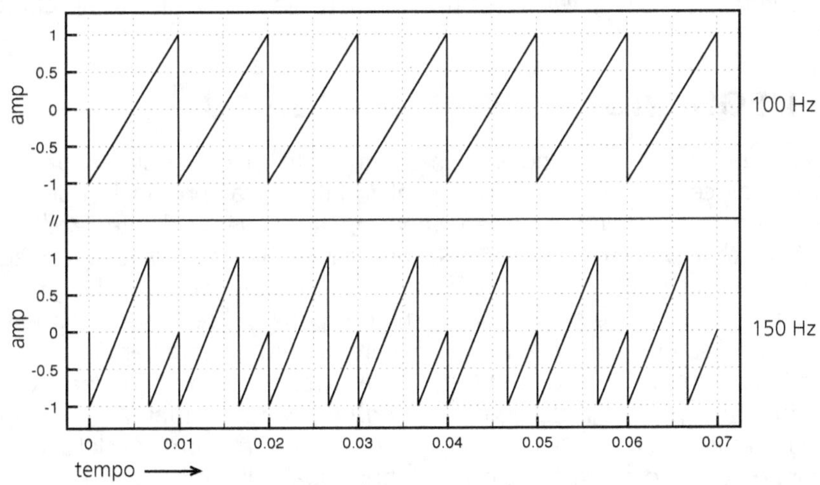

fig. 3.20 : *Hard Sync* fra un oscillatore a 100 Hz e uno a 150 Hz

ESEMPIO VIDEO 3D • *HARD SYNC* - PRESET 11-17

Nel nostro sintetizzatore il suono prodotto dai generatori passa attraverso un classico inviluppo ADSR e attraverso un filtro passa-basso che può essere del secondo ordine (con 12 dB per ottava di attenuazione) o del quarto (24 dB per ottava).

La frequenza di taglio del filtro è il risultato della somma di tre parametri, ciascuno dei quali è impostabile o escludibile a piacere:

1) una frequenza fissa
2) un multiplo della frequenza della nota suonata (*key follow*): se il multiplo è pari a 0 la frequenza della nota non influenza il filtro
3) l'inviluppo d'ampiezza ADSR, che viene moltiplicato per un fattore di "profondità" (*depth*): quando questo fattore vale 0 l'inviluppo non influenza il filtro.

C'è inoltre un filtro passa-alto del primo ordine che si può impostare solo con una frequenza fissa e serve per attenuare le componenti più gravi del suono: questo filtro permette di realizzare un suono meno cupo, o più "sottile" (dipende dalle impostazioni), e può essere molto utile per evitare che in un missaggio il suono del sintetizzatore si impasti troppo con altri suoni gravi (basso, cassa etc.).
Il fattore Q può essere impostato con un valore fisso, e darà, a seconda delle impostazioni, maggiore o minore risalto alle componenti vicine alla frequenza di taglio del filtro.
Nell'esempio troverete diversi esempi di timbri realizzati con questo sintetizzatore virtuale.

3.6 L'EQUAZIONE DEI FILTRI DIGITALI

Vediamo ora come vengono implementati i filtri di cui abbiamo parlato nei paragrafi precedenti in un sistema digitale. I filtri digitali principali si dividono in due categorie: FIR (*finite impulse response*), che opera mediante *feedforward*, e IIR (*infinite impulse response*), o filtro ricorsivo, che opera mediante feedback unito a volte al *feedforward*. Definiamo innanzitutto i due nuovi termini: con riferimento all'entrata e all'uscita di un filtro si parla di **feedback** quando una o più copie del segnale *in uscita* vengono ritardate, moltiplicate per un coefficiente e combinate con il segnale in entrata attuale, mentre si parla di **feedforward** quando una o più copie del segnale *in entrata* vengono ritardate, moltiplicate per un coefficiente e combinate con il segnale in entrata attuale. Nel seguito del paragrafo vedremo come funzionano i filtri e qual è il ruolo svolto da *feedback* e *feedforward* [14].
I **filtri FIR** (ovvero quelli che utilizzano soltanto il *feedforward*) sono dotati di stabilità e non vanno in oscillazione (cioè non hanno un fattore Q di risonanza), ma richiedono architetture e calcoli più complessi. I **filtri IIR** (che utilizzano il *feedback* unito a volte al *feedforward*) possono eseguire filtraggi molto potenti con meno calcoli, ma possono dar luogo a effetti di *ringing* [15], distorsione di fase e a una resa non limpida delle frequenze acute e dei transienti.

---

[14] In italiano *feedback* si traduce con *retroazione*, mentre non c'è un termine preciso per *feedforward* che a volte viene chiamato *azione in avanti* o *alimentazione in avanti*.

[15] Ricordiamo che per *ringing* si intende la risonanza, prodotta dai transienti del suono filtrato, che resta attiva anche dopo l'estinzione di questi ultimi.

Ciascun tipo di filtro può essere di diversi ordini. L'ordine di un filtro corrisponde alla sua capacità di enfatizzare o attenuare le ampiezze di alcune zone frequenziali seguendo una curva più o meno ripida. Finora, però, per noi il filtro resta una specie di "scatola nera" che prende un segnale e lo restituisce trasformato.
Effettivamente, in senso lato, possiamo considerare un filtro digitale qualsiasi funzione che trasformi una sequenza di numeri in un'altra sequenza di numeri. Ma come vengono trasformati questi numeri, esattamente? Il filtro digitale compie essenzialmente tre semplici operazioni sui campioni che riceve: li moltiplica per un qualche valore (detto *coefficiente*), li ritarda e li somma. La sezione "Dettagli tecnici" che segue potrà fornire ulteriori informazioni a riguardo.

DETTAGLI TECNICI • *IL FILTRO NON RICORSIVO O FILTRO FIR*

Quello che descriveremo è l'algoritmo del *filtro non ricorsivo*, detto così perché utilizza solo i campioni in ingresso per calcolare il segnale filtrato. Vedremo più avanti la differenza tra questi tipi di filtro e i *filtri ricorsivi*.
Per ogni campione che il filtro FIR deve generare, vengono applicati dei coefficienti di moltiplicazione al campione in entrata e ad un certo numero di campioni ricevuti in precedenza.
Tutti questi campioni vengono poi sommati tra loro: il risultato è il nuovo campione prodotto dal filtro (fig. 3.21).

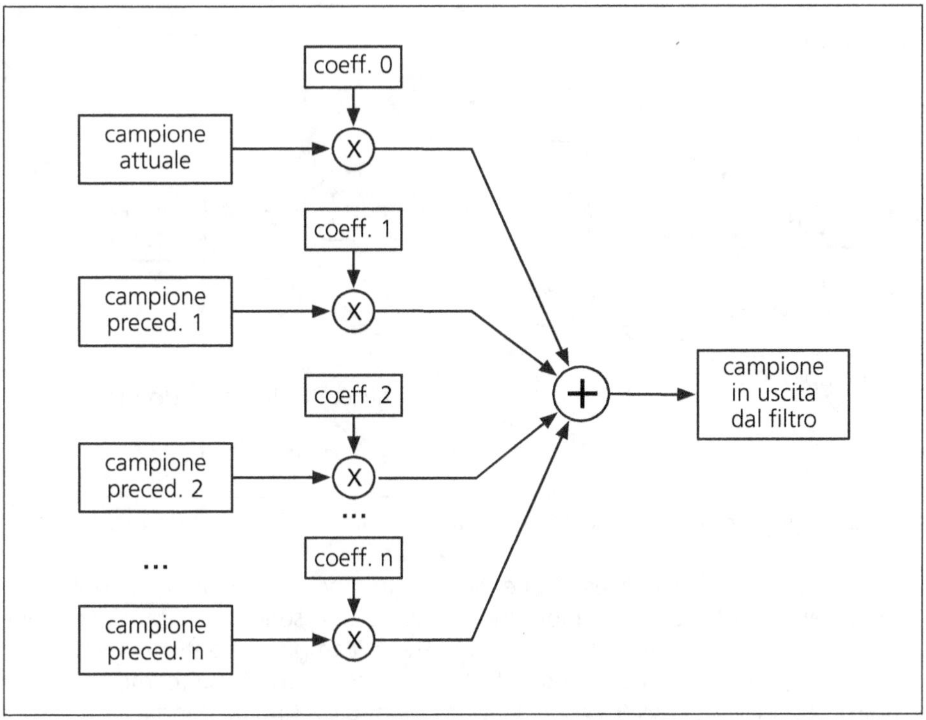

fig. 3.21: diagramma di flusso di un filtro FIR

Quanti sono i campioni che vengono presi in considerazione? Dipende dall'ordine del filtro: un filtro del primo ordine prende in considerazione il campione in entrata e il campione precedente, uno del secondo ordine utilizza il campione in entrata e i due campioni precedenti e così via. La cosa interessante è che qualunque tipo di filtro di un particolare ordine (passa-basso, passa-alto, passa-banda etc.) utilizza lo stesso algoritmo per modificare il suono: l'unica differenza sta nei coefficienti di moltiplicazione (fig. 3.22).

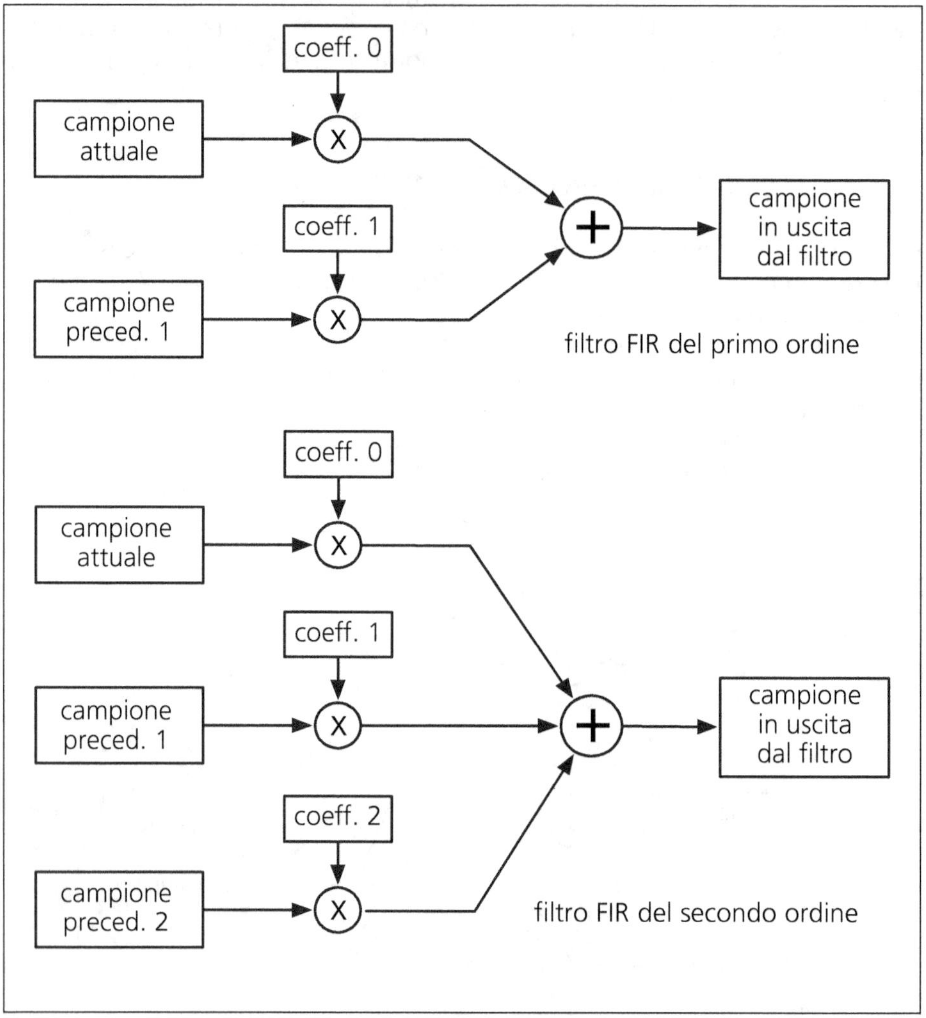

fig. 3.22: diagrammi di flusso dei filtri FIR del primo e del secondo ordine

Vediamo ora che cosa fa esattamente un filtro del primo ordine: dobbiamo immaginare una serie di campioni in ingresso e una serie in uscita. I campioni vengono prodotti ovviamente alla frequenza di campionamento; ciò significa, ad esempio, che alla frequenza di 44100 Hz viene elaborato un campione ogni 1/44100 di secondo, ovvero all'incirca uno ogni 0.023 millisecondi (un periodo che chiameremo *ciclo di elaborazione*).

Per ogni nuovo campione in ingresso il filtro genera un nuovo campione in uscita. Per eseguire il calcolo il filtro ha bisogno, oltre che del campione in ingresso, del campione precedente (ovvero del campione che era entrato nel filtro durante il ciclo di elaborazione precedente): questo campione si trova in un'apposita cella di memoria, detta **linea di ritardo**, che serve appunto a conservare un campione prodotto durante il ciclo di elaborazione precedente. Quando un nuovo campione entra nel filtro, il "vecchio" campione in ingresso viene scritto nella cella di memoria della linea di ritardo al posto di quello che vi si trovava precedentemente, e così via. La linea di ritardo può contenere più celle, e in questo caso è possibile avere un ritardo di più campioni, ovvero conservare i vecchi campioni per più di un ciclo di elaborazione, e questo è utile nel caso di filtri del secondo ordine o superiore.
Torniamo al nostro filtro del primo ordine: il campione in uscita viene generalmente indicato con il simbolo **y(n)**, il campione in ingresso è indicato con **x(n)**, il campione in ingresso precedente viene indicato con **x(n-1)** ed infine i due coefficienti che moltiplicano l'ampiezza del campione in ingresso e quello precedente vengono indicati con $\mathbf{a_0}$ e $\mathbf{a_1}$.
Possiamo scrivere quindi questa equazione:

$$\mathbf{y(n) = a_0\, x(n) + a_1\, x(n-1)}$$

ciò significa che il campione **y(n)** prodotto dal filtro è dato dal campione in ingresso **x(n)** moltiplicato per il coefficiente numerico $\mathbf{a_0}$ più il campione in ingresso precedente **x(n-1)** moltiplicato per il coefficiente numerico $\mathbf{a_1}$. Il comportamento del filtro (se sarà cioè un filtro passa-basso o passa-alto, e quale sarà la sua frequenza di taglio) dipende dai valori che assegneremo ad $\mathbf{a_0}$ e $\mathbf{a_1}$.

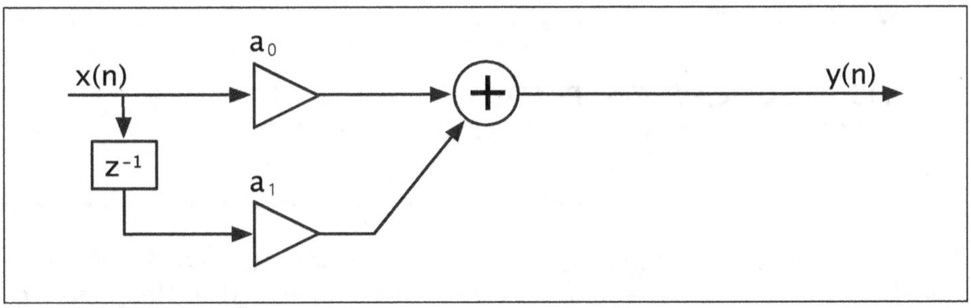

fig. 3.23: rappresentazione di un filtro digitale FIR del primo ordine

In figura 3.23 vediamo una classica rappresentazione di un filtro digitale: il simbolo $\mathbf{z^{-1}}$ indica l'operazione di ritardo di un campione, l'elemento triangolare rappresenta la moltiplicazione del campione per il coefficiente che si trova sopra l'elemento stesso.
Il calcolo dei coefficienti non è una cosa semplice, ed esula decisamente dagli scopi di questo libro: fortunatamente però linguaggi di programmazione come Pure Data e Max hanno delle funzioni che calcolano **i coefficienti dei filtri** a partire dai parametri musicalmente più significativi (frequenza di taglio, Q etc.) forniti dall'utente.

Capire il funzionamento dei filtri è comunque estremamente utile per renderci conto di cosa succede al nostro segnale e per comprendere alcuni usi speciali dei filtri di cui parleremo più avanti. Torniamo quindi alla nostra equazione, e assegniamo ad $\mathbf{a_0}$ e ad $\mathbf{a_1}$ il valore di 1/2:

y(n) = 1/2 x(n) + 1/2 x(n-1)

Questa equazione corrisponde ad un filtro passa-basso con frequenza di taglio pari ad 1/4 della frequenza di campionamento: nel caso di una frequenza di campionamento di 44100 Hz, la frequenza di taglio sarà quindi a 11025 Hz.

ESEMPIO VIDEO 3E • *FILTRO PASSA-BASSO* - PRESET 1
- 2 secondi di rumore bianco e 2 secondi di rumore bianco filtrato

Essendo un filtro del primo ordine, l'attenuazione del segnale al di sopra della frequenza di taglio, come sappiamo, non è molto pronunciata.

Se invece assegniamo ad $\mathbf{a_0}$ il valore di 1/2 e ad $\mathbf{a_1}$ il valore di -1/2

y(n) = 1/2 x(n) - 1/2 x(n-1)

otterremo un filtro passa-alto, sempre con frequenza di taglio pari ad 1/4 della frequenza di campionamento.

ESEMPIO VIDEO 3E • *FILTRO PASSA-ALTO* - PRESET 2
- 2 secondi di rumore bianco e 2 secondi di rumore bianco filtrato

Come possiamo vedere, non c'è una corrispondenza immediata tra i coefficienti e la frequenza di taglio, e inoltre quest'ultima dipende dalla frequenza di campionamento. Questo significa che con una frequenza di campionamento di 96000 Hz, ad esempio, le stesse equazioni che abbiamo illustrato filtreranno il segnale alla frequenza di taglio di 24000 Hz (cioè ad un quarto della frequenza di campionamento). L'arte del filtraggio digitale consiste appunto nel trovare una serie di formule che mettano in rapporto le caratteristiche di frequenza e risonanza che desideriamo dare al nostro filtro con i coefficienti di moltiplicazione di cui l'algoritmo ha bisogno per calcolare il segnale filtrato. Forniremo un esempio alla fine di questo paragrafo: per saperne di più vi rimandiamo ai testi consigliati in bibliografia. Passiamo adesso all'equazione del filtro di secondo ordine: in questo caso dobbiamo considerare il campione in ingresso e i due campioni precedenti.

L'equazione sarà quindi:

$$y(n) = a_0\, x(n) + a_1\, x(n-1) + a_2\, x(n-2)$$

anche qui, come al solito, **x(n)** è il campione in entrata, **x(n-1)** è il campione in entrata precedente e **x(n-2)** è il campione che precede **x(n-1)** (fig. 3.24).

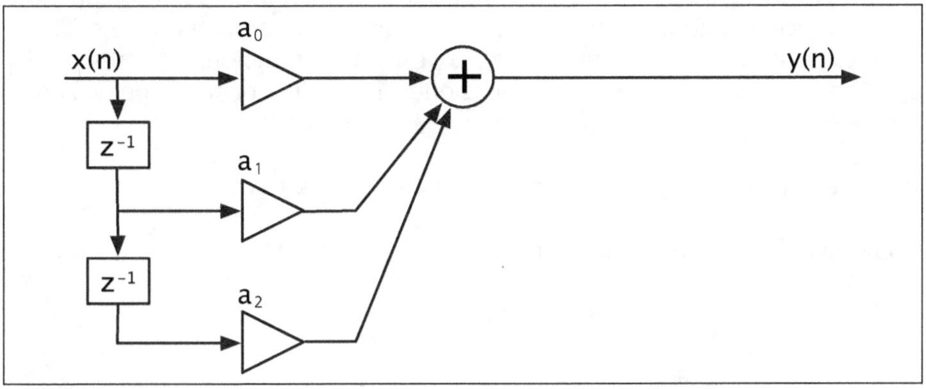

fig. 3.24: rappresentazione di un filtro digitale FIR del secondo ordine

Se assegniamo ad a_0 il valore 1/2, ad a_1 il valore 0 e ad a_2 il valore -1/2 otterremo questa equazione

$$y(n) = 1/2\, x(n) - 1/2\, x(n-2)$$

che produce un filtro passa-banda con frequenza centrale pari a 1/4 della frequenza di campionamento (notate che il termine con il campione **x(n-1)** è scomparso perché è stato moltiplicato per 0).

ESEMPIO VIDEO 3E • *FILTRO PASSA-BANDA* - PRESET 3
- 2 secondi di rumore bianco e 2 secondi di rumore bianco filtrato

Questa operazione - moltiplicazione di uno o più campioni di un segnale in ingresso per altrettanti coefficienti, e somma dei risultati - è chiamata *convoluzione*, e svolge un ruolo molto importante in diversi processi di sintesi ed elaborazione del suono: ne parleremo approfonditamente al capitolo 12.

DETTAGLI TECNICI • IL FILTRO RICORSIVO O FILTRO IIR

Tutte le equazioni che abbiamo visto finora in questo paragrafo rappresentano i cosiddetti "filtri non ricorsivi", cioè, in pratica, quei filtri che utilizzano solo i campioni in ingresso per calcolare il segnale filtrato.

Esiste un'altra classe di filtri, molto più usata nella sintesi sottrattiva, che è quella dei "filtri ricorsivi", che utilizzano oltre ai campioni in ingresso, anche i campioni precedenti *in uscita* per calcolare il segnale filtrato. Un filtro ricorsivo del secondo ordine utilizzerà quindi, per calcolare il campione in uscita **y(n)**, oltre al campione in ingresso attuale, **x(n)**, e ai due precedenti **x(n-1)** e **x(n-2)**, anche i due campioni precedenti in uscita (cioè prodotti in precedenza dal filtro stesso) **y(n-1)** e **y(n-2)**: il filtro viene detto *ricorsivo* appunto perché i campioni che produce vengono riutilizzati per il calcolo del campione successivo. I coefficienti di moltiplicazione sono $\mathbf{a_0}$, $\mathbf{a_1}$ e $\mathbf{a_2}$ per i campioni in ingresso e $\mathbf{b_1}$ e $\mathbf{b_2}$ per i campioni in uscita. L'equazione di un filtro ricorsivo del secondo ordine è la seguente:

$$\mathbf{y(n) = a_0\, x(n) + a_1\, x(n-1) + a_2\, x(n-2) - b_1\, y(n-1) - b_2\, y(n-2)}$$

Come possiamo vedere, mentre i campioni in ingresso vengono sommati nell'equazione, quelli in uscita vengono sottratti (se il coefficiente è negativo, però, il segno ovviamente cambia) (fig. 3.25).

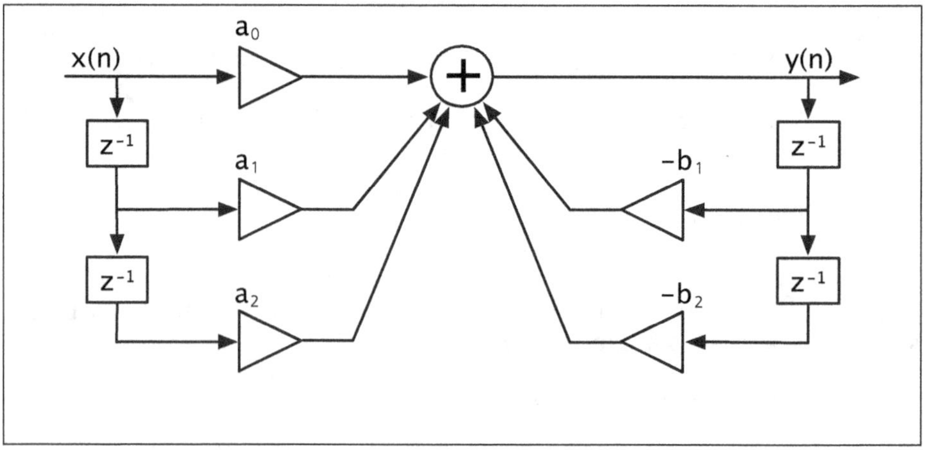

fig. 3.25: rappresentazione di un filtro digitale IIR del secondo ordine

Tutti i filtri di cui abbiamo parlato nei paragrafi 3.2 e 3.3 sono filtri ricorsivi del secondo ordine, ed utilizzano l'equazione esposta sopra.
Come abbiamo già detto, calcolare i coefficienti dell'equazione per ottenere un determinato filtro con una determinata frequenza di taglio non è un'operazione semplice: a titolo di esempio, solo per dare un'idea del grado di complessità dell'operazione, vediamo quali sono le formule che ci permettono di calcolare l'equazione di un filtro passa-basso di Butterworth, data una frequenza di taglio desiderata. Se chiamiamo $\mathbf{f_s}$ la frequenza di campionamento e $\mathbf{f_c}$ la frequenza di taglio che ci interessa, calcoliamo prima di tutto una variabile **C** intermedia in questo modo:

$$\mathbf{C} = \frac{1}{\tan\left(\pi \frac{f_c}{f_s}\right)}$$

Partendo da questa variabile **C** possiamo poi calcolare i 5 coefficienti:

$$a_0 = \frac{1}{1 + \sqrt{2}C + C^2}$$

$$a_1 = 2a_0$$

$$a_2 = a_0$$

$$b_1 = 2a_0(1 - C^2)$$

$$b_2 = a_0(1 - \sqrt{2}C + C^2)$$

Se ad esempio volessimo usare un filtro di Butterworth con una frequenza di taglio di 1000 Hz e una frequenza di campionamento di 44100 Hz, avremmo:

$$C = \frac{1}{\tan\left(\pi \frac{1000}{44100}\right)} = 14.014$$

$$a_0 = \frac{1}{1 + \sqrt{2}C + C^2} = 0.0046$$

$$a_1 = 2a_0 = 0.0092$$

$$a_2 = a_0 = 0.0046$$

$$b_1 = 2a_0(1 - C^2) = -1.7991$$

$$b_2 = a_0(1 - \sqrt{2}C + C^2) = 0.8175$$

E l'equazione corrispondente sarà quindi (attenzione al cambiamento di segno nei coefficienti $\mathbf{b_1}$ e $\mathbf{b_2}$):

y(n) = 0.0046 x(n) + 0.0092 x(n-1) + 0.0046 x(n-2) + 1.7791 y(n-1) - 0.8175 y(n-2)

Come abbiamo già detto, nei linguaggi di programmazione per la *computer music* come Pure Data o Max, esistono già dei moduli che eseguono questi calcoli per noi, o comunque è possibile impostare equazioni come questa una volta per tutte e liberarci così dall'incombenza di dover calcolare i 5 coefficienti per ogni frequenza che vogliamo utilizzare.

VERIFICA • *TEST A RISPOSTE BREVI (max. 30 parole)*

7) Perché il *fattore Q* è utile nella determinazione dei parametri dei filtri passa-banda ed elimina-banda?

8) Nei filtri passa-basso di primo ordine di quanto vengono attenuate le frequenze all'ottava sopra la frequenza di taglio?

9) Nei filtri passa-alto di secondo ordine di quanto vengono attenuate le frequenze all'ottava sotto la frequenza di taglio?

10) A cosa può servire il collegamento in serie dei filtri?

11) Perché è importante tenere in considerazione la zona di transizione, e qual è la differenza tra filtri ideali e filtri digitali riguardo all'attenuazione della frequenza di taglio?

3.7 FILTRI COLLEGATI IN PARALLELO ED EQUALIZZATORI GRAFICI

È possibile filtrare un segnale in modo da mettere in evidenza più bande, invece che una sola. Uno dei sistemi è quello di collegare più **filtri in parallelo**, cioè di mandare simultaneamente lo stesso segnale all'ingresso di diversi filtri e miscelare poi le loro uscite per formare un segnale unico. Lo scopo è quello di creare forme d'inviluppo spettrale[16] complesse con diversi picchi su differenti bande di frequenza.

ESEMPIO VIDEO 3E • *FILTRI IN PARALLELO* - PRESET 4-7

Lo spettro in uscita da un banco di filtri in parallelo è uguale alla somma algebrica degli spettri in uscita dai singoli filtri, mentre lo spettro in uscita da filtri disposti in serie è uguale al prodotto degli spettri individuali.[17]

Nella figura seguente vediamo un esempio di collegamento di filtri in serie e un collegamento di filtri in parallelo.

[16] Per la definizione di inviluppo spettrale vedi il sottoparagrafo dedicato agli spettri armonici e inarmonici del par. 2.1.

[17] Approfondiremo il tema della moltiplicazione degli spettri nel capitolo 12

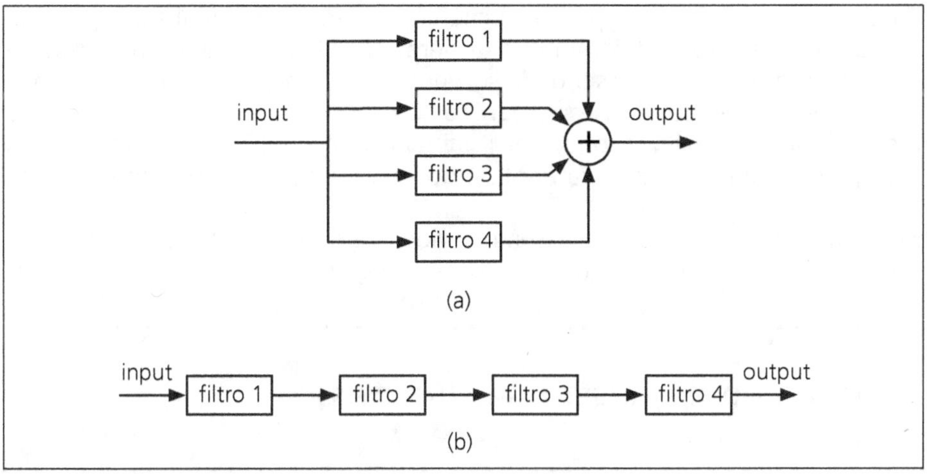

fig. 3.26: filtri disposti in parallelo (a) e in serie (b)

In questo e nel prossimo paragrafo vedremo alcune applicazioni pratiche in cui faremo uso dei collegamenti di filtri in serie e in parallelo. Come abbiamo visto nei paragrafi precedenti, si possono costruire inviluppi della frequenza centrale o della larghezza di banda di un filtro, oppure inviluppi d'ampiezza del suono etc. L'interazione fra questi tre inviluppi e l'uso di filtri disposti in parallelo può portare, ad esempio, a costruire timbri dinamici interessanti. Facciamo alcuni esempi in cui rendiamo progressivamente più interessante il suono aggiungendo moduli all'algoritmo.
Iniziamo ad utilizzare, per il momento, solo un generatore di rumore bianco, con 4 filtri passa-banda in parallelo. Ognuno di questi 4 filtri ha una frequenza centrale fissa diversa (40 Hz, 80 Hz, 120 Hz, 160 Hz). Il generatore di rumore bianco manda in entrata ai 4 filtri eventi con attacco ed estinzione brevi distanziati fra loro di 3 decimi di secondo. I segnali prodotti dai 4 filtri vengono addizionati e mandati all'uscita.

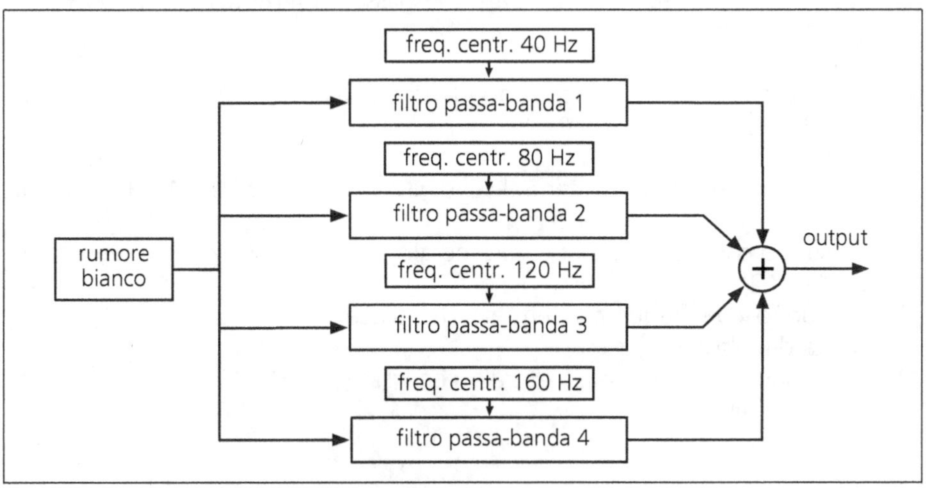

fig. 3.27: schema dell'algoritmo con 4 filtri in parallelo

Possiamo immaginare che per far sì che il generatore emetta il suo suono sia necessario premere un tasto di una tastiera MIDI[18] collegata al sintetizzatore virtuale. In questo caso, essendo la sorgente un rumore bianco ed essendo le frequenze centrali dei filtri fisse, ogni tasto produce lo stesso suono. L'unico modo di diversificare il suono, per il momento, è quello di suonare note di maggiore o minore ampiezza applicando una maggiore o minore pressione sul tasto.
Nel finale della sequenza dell'esempio video 3F1, ad esempio, ascoltiamo il suono prodotto esercitando una pressione maggiore sul tasto.

ESEMPIO VIDEO 3F • PRESET 1 - *INVILUPPO FISSO*

I suoni sono piuttosto meccanici e simili l'uno all'altro. Potrebbe essere una buona idea quella di far glissare le frequenze centrali dei 4 filtri, in modo tale che i quattro glissandi partano da una frequenza unica e arrivino a 4 frequenze centrali diverse (40 Hz per il filtro 1, 80 Hz per il filtro 2, 120 Hz per il filtro 3, 160 Hz per il filtro 4).
In questo caso ogni tasto sulla tastiera attiva la frequenza di partenza dei glissandi: ad esempio premendo il tasto corrispondente al DO7, quindi con frequenza di partenza 4186.01 Hz avremo i seguenti 4 glissandi:

1) un suono con frequenza centrale che glissa da 4186.01 Hz a 40 Hz (in uscita dal filtro 1)
2) un suono con frequenza centrale che glissa da 4186.01 Hz a 80 Hz (in uscita dal filtro 2)
3) un suono con frequenza centrale che glissa da 4186.01 Hz a 120 Hz (in uscita dal filtro 3)
4) un suono con frequenza centrale che glissa da 4186.01 Hz a 160 Hz (in uscita dal filtro 4)

Viceversa, premendo il tasto corrispondente al Mib3 (311.12 Hz) otterremo i seguenti 4 glissandi:

1) un suono con frequenza centrale che glissa da 311.12 Hz a 40 Hz (in uscita dal filtro 1)
2) un suono con frequenza centrale che glissa da 311.12 Hz a 80 Hz (in uscita dal filtro 2)
3) un suono con frequenza centrale che glissa da 311.12 Hz a 120 Hz (in uscita dal filtro 3)
4) un suono con frequenza centrale che glissa da 311.12 Hz a 160 Hz (in uscita dal filtro 4)

[18] Per il protocollo MIDI vedi il cap. 9.

ESEMPIO VIDEO 3F • PRESET 2 - *Più suoni brevi con inviluppo d'ampiezza e della frequenza centrale, e frequenza di partenza 4186.01 e 311.12 Hz)*

• •

Per rendere più naturale il suono proviamo a diversificare i tempi del glissando della frequenza centrale. Daremo un tempo più lungo alle note che partono da una frequenza più alta per compiere il loro glissando (ad esempio gli eventi che partono da Fa7 = 5587.65 Hz avranno un glissando più lungo, quelli che partono da Fa#1 = 92.5 Hz saranno caratterizzati da un glissando più breve etc.). Inoltre introduciamo un inviluppo della larghezza di banda, operando un restringimento della banda del filtro in connessione con il glissando della frequenza centrale: via via che la frequenza centrale scende la larghezza di banda si restringe. Modifichiamo anche le fasi dell'inviluppo d'ampiezza del suono, prolungando la fase di sustain quando il glissando della frequenza centrale è più lento.

• •

ESEMPIO VIDEO 3F • PRESET 3 - *Più suoni brevi con inviluppo d'ampiezza, della frequenza centrale e della larghezza di banda temporalmente coerenti*

• •

Nell'esempio che abbiamo ascoltato le durate dei *sustain* dell'inviluppo d'ampiezza, così come le durate del restringimento della larghezza di banda, sono state fissate allo stesso valore delle durate dei glissandi delle frequenze centrali, perciò i parametri del suono si modificano in modo coerente, cioè nello stesso intervallo di tempo. La coerenza temporale può essere importante quando si vuole rafforzare un effetto, ma a volte può essere un'opzione valida quella di diversificare i tempi dei vari inviluppi per creare varietà nel suono, come vedremo nell'esempio 3F.

Tornando al nostro esempio, potremmo desiderare di allungare questi suoni, pur mantenendo la coerenza temporale degli inviluppi d'ampiezza, della frequenza centrale e della larghezza di banda. Ciò si ottiene moltiplicando ad esempio, per un identico valore fisso sia la durata del sustain dell'inviluppo d'ampiezza, sia il tempo del glissando della frequenza centrale, sia il tempo di restringimento della larghezza di banda.

• •

ESEMPIO VIDEO 3F • PRESET 4 - *Più suoni di media durata con inviluppo d'ampiezza, della frequenza centrale e della larghezza di banda temporalmente coerenti*

• •

A questo punto potremmo sommare al rumore bianco in entrata nei 4 filtri anche una serie di suoni armonici con frequenze fondamentali fisse, non dipendenti cioè dal tasto che viene premuto, e leggermente diverse fra loro (quindi con produzione di battimenti).[19] Il suono risultante da tale addizione, composto da una parte armonica e una parte inarmonica, verrà filtrato allo stesso modo dell'esempio 3F3.

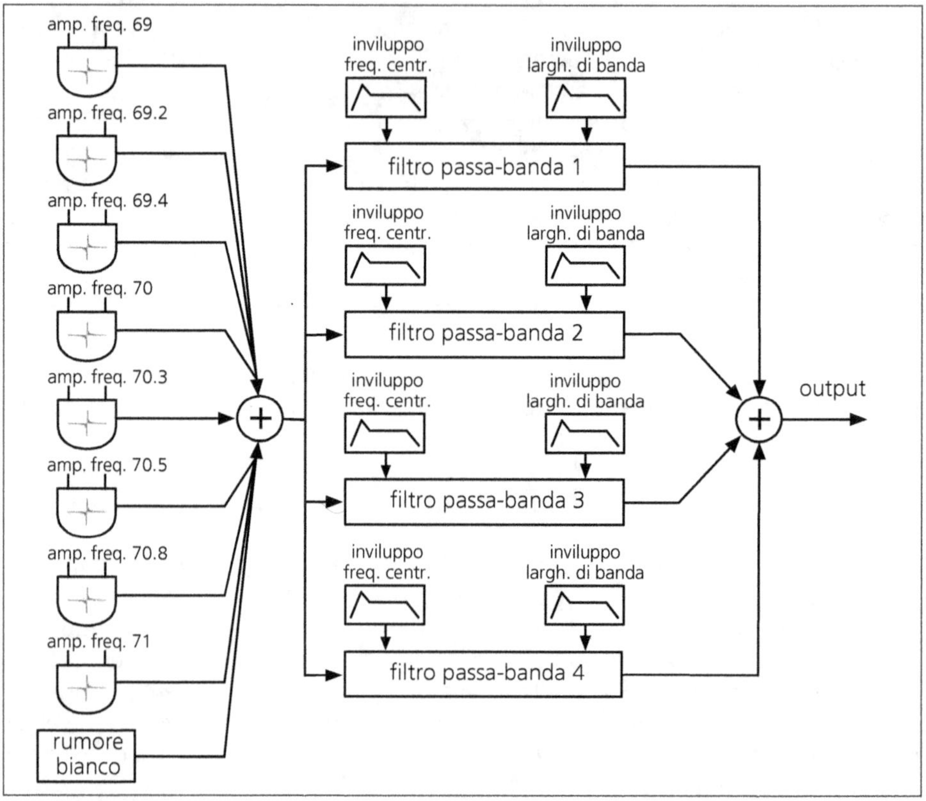

fig. 3.28: schema dell'algoritmo con rumore bianco + suoni armonici e filtri

ESEMPIO VIDEO 3F • PRESET 5 - *Filtri applicati ad un suono complesso formato da una serie di suoni armonici e da un rumore bianco*

Un'altra possibilità di sviluppo interessante è di applicare filtri dinamici a sorgenti sonore complesse provenienti da suoni campionati di strumenti musicali.

[19] Per la precisione le frequenze sono 69, 69.2, 69.4, 70, 70.3, 70.5, 70.8 e 71 Hz e la forma d'onda utilizzata è un impulso.

Utilizzando un algoritmo simile a quello dell'esempio 3F3, sostituiamo al rumore bianco un suono campionato di orchestra: ascolteremo suoni di archi filtrati.

ESEMPIO VIDEO 3F • PRESET 6 - *Filtri applicati ad un suono campionato*

Proviamo ora ad osservare un meccanismo di decorrelazione dei tempi d'inviluppo dei vari parametri. In questo esempio organizziamo due banchi di filtri.
Vediamo il primo banco: un rumore bianco viene filtrato in parallelo da 20 filtri passa-banda con larghezze di banda molto strette e frequenze fisse organizzate in cinque gruppi, in modo da costituire altrettanti formanti, cioè 5 picchi nello spettro delle frequenze: (1° gruppo 308, 309 Hz; 2° gruppo 400, 401 402 Hz; 3° gruppo 897, 898, 900, 902, 903 Hz; 4° gruppo 1498, 1498.5, 1500, 1501.5, 1502; 5° gruppo 2996, 2998, 3000, 3002, 3004 Hz). Dopo essere passati attraverso questi filtri i 20 suoni vengono filtrati di nuovo mediante 20 filtri passa-basso con inviluppi della frequenza di taglio, e poi da 20 filtri passa-alto con inviluppi della frequenza di taglio non correlati temporalmente a quelli dei passa-basso. Quindi i passa-banda, i passa-basso e i passa-alto sono disposti in serie: l'uscita di ognuno dei 20 filtri passa-banda entra in un passa-basso e l'uscita di ogni passa-basso entra in un passa-alto. (figura 3.29, che rappresenta il primo banco di filtri)

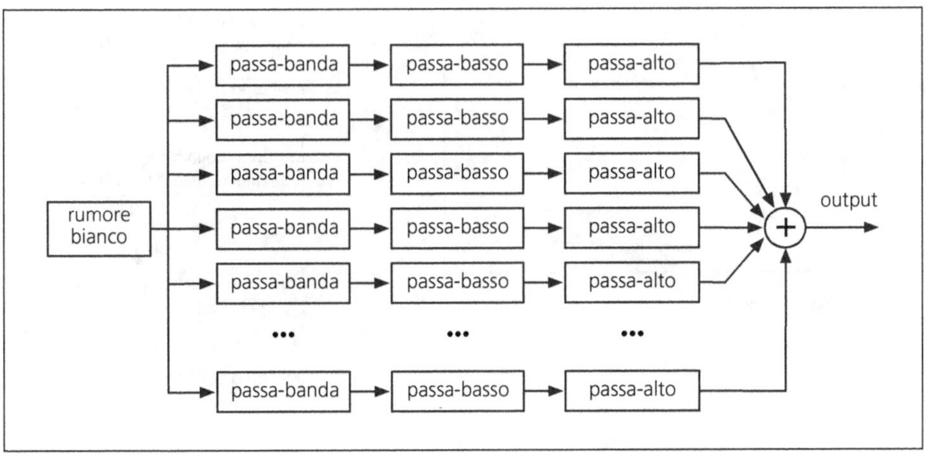

fig. 3.29: primo banco di filtri dell'esempio video 3F preset 7

La larghezza di banda di tutti questi filtri, inizialmente stretta, è controllata in realtà da un inviluppo che mantiene stabile per 14 secondi tali larghezze di banda (fra 2 e 8 Hz), dopodiché la larghezza di banda aumenta fino a 200 Hz rivelando la natura originariamente inarmonica del suono, per poi ritornare ad un filtraggio più stretto.

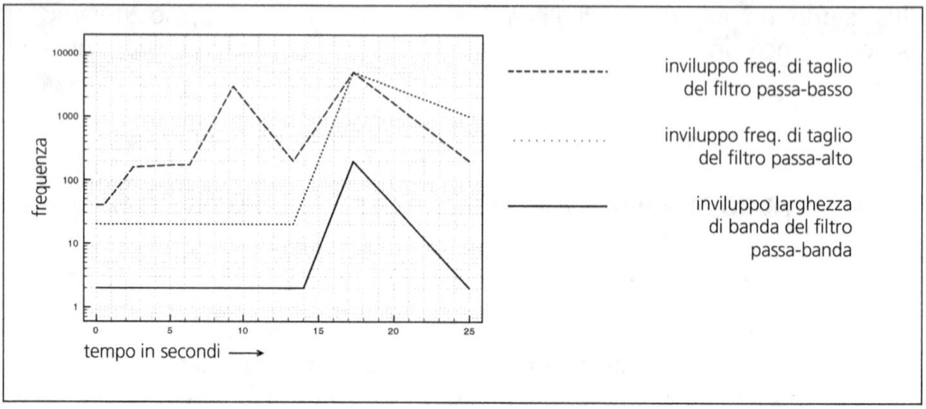

fig. 3.30: inviluppi dei parametri dell'esempio video 3F preset 7

Il secondo banco comprende alcuni filtri passa-banda ed ha in ingresso lo stesso rumore bianco originario utilizzato per il primo banco. Diversamente da quest'ultimo, i filtri passa-banda del secondo banco hanno frequenze centrali non fisse, ma continuamente glissanti. L'inviluppo della larghezza di banda di questo secondo banco di filtri è decorrelato temporalmente rispetto a quello del primo banco. Infine il segnale in uscita dai passa-banda entra in altrettanti filtri passa-basso.

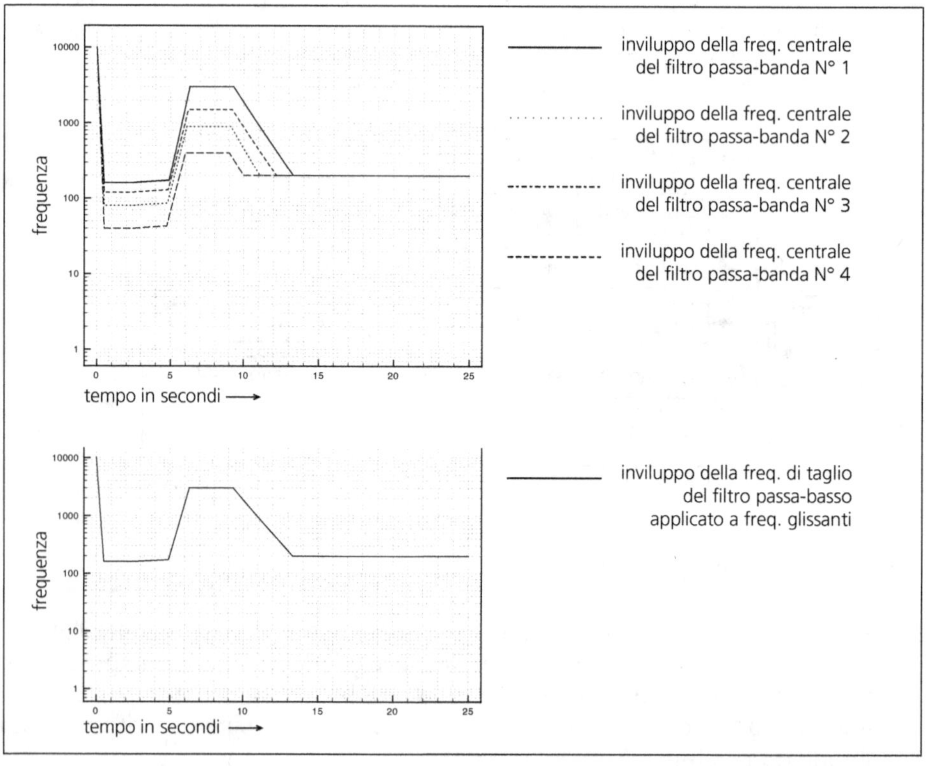

fig. 3.31: inviluppi delle frequenze dei filtri dell'esempio video 3F preset 7

ESEMPIO VIDEO 3F • PRESET 7 - *Filtri in serie e in parallelo con parametri decorrelati temporalmente*

EQUALIZZATORE GRAFICO

Uno degli utilizzi tecnici più importanti dei filtri in parallelo, al di là della sintesi sottrattiva vera e propria, è la costruzione di quello che comunemente si chiama **equalizzatore grafico**. L'equalizzatore grafico è un banco di filtri passa-banda disposti in parallelo ad intervalli uguali (ad esempio un'ottava l'uno dall'altro). Ognuno di questi filtri ha un Q costante e una frequenza centrale differente che non può essere cambiata. Può essere cambiato solo il *gain* di ognuna delle bande e, a seconda di come sono regolati tali *gain*, si determinerà l'ampiezza di ogni banda. I filtri adiacenti si sovrappongono leggermente come larghezza di banda in modo che non si creino *zone vuote* nello spettro in uscita. Si possono avere equalizzatori grafici a più o meno bande, a seconda del numero di filtri (in genere 10, 20 o 30). Un equalizzatore grafico consente di attenuare o enfatizzare separatamente ogni banda di frequenze per controllare il suono globalmente e modificarne lo spettro.

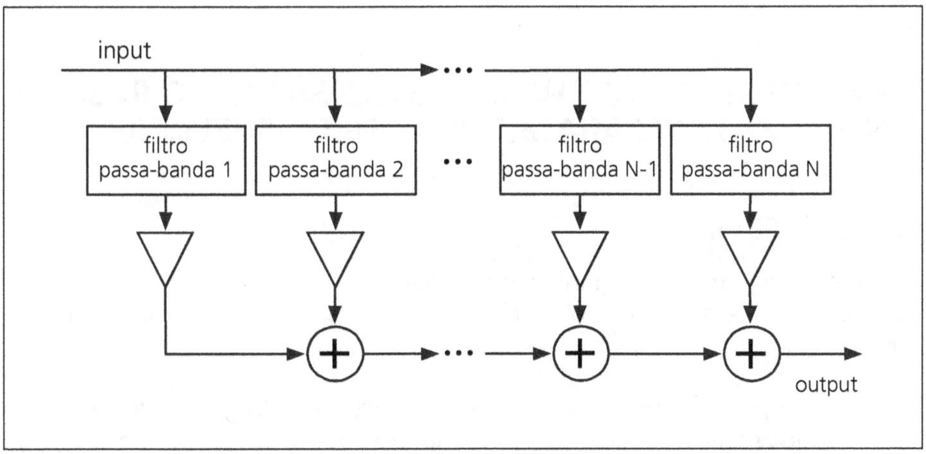

fig. 3.32: filtri in parallelo

In fig. 3.32 vediamo lo schema di un equalizzatore grafico: gli elementi triangolari rappresentano il controllo del *gain* per ciascun filtro. I filtri sono disposti in parallelo, esattamente come quelli illustrati in fig. 3.27, ma la rappresentazione grafica utilizzata è diversa.
Lo spettro delle frequenze udibili si divide generalmente in 10, 20 o 30 bande. Il Q dei filtri dell'equalizzatore viene fatto corrispondere ad una larghezza di banda di un'ottava (nel caso di 10 bande), di mezza ottava (20 bande) o di un terzo d'ottava (gli equalizzatori ad un terzo d'ottava e a 30 bande consentono quindi un intervento più accurato). Da notare che la gran parte degli equalizzatori in commercio non è a Q perfettamente costante, ma presenta lievi aggiustamenti in alcune delle frequenze.

Ad esempio, le frequenze centrali di un *equalizzatore grafico a 30 bande* (a terzi d'ottava) sono generalmente:
25, 31, 40, 50, 63, 80, 100, 125, 160, 200, 250, 315, 400, 500, 630, 800, 1000, 1200, 1600, 2000, 2500, 3200, 4000, 5000, 6300, 8000, 10000, 12000, 16000, 20000 Hz.

L'intervallo esatto di un terzo d'ottava sotto i 1000 Hz sarebbe 793.7 Hz, ma negli equalizzatori standard viene corretto a 800.
Le frequenze standard dell'*equalizzatore grafico a 20 bande* (mezza ottava) sono:
31, 44, 63, 87, 125, 175, 250, 350, 500, 700, 1000, 1400, 2000, 2800, 4000, 5600, 8000, 11000, 16000, 20000 Hz.

Quelle dell'*equalizzatore grafico a 10 bande* (ottava) sono:
31, 63, 125, 250, 500, 1000, 2000, 4000, 8000, 16000 Hz.

ESEMPIO VIDEO 3G • PRESET 8 - *EQUALIZZATORI GRAFICI*

3.8 ALTRE APPLICAZIONI DEL COLLEGAMENTO IN SERIE: EQUALIZZATORI PARAMETRICI E FILTRI SHELVING

FILTRI SHELVING

I filtri *shelving*, molto comuni negli equalizzatori interni ai mixer, vengono utilizzati per avere un controllo su determinate aree delle frequenze udibili. Sono chiamati:

- Filtro **high shelving** per attenuare o enfatizzare le frequenze acute
- Filtro **low shelving** per attenuare o enfatizzare le frequenze gravi
- Filtro **peak/notch** per attenuare o enfatizzare le frequenze intermedie

È molto importante notare che, al contrario del passa-basso e del passa-alto, i nomi dei filtri (*high* e *low*) non si riferiscono in questo caso alle frequenze che passano inalterate, ma a quelle modificate in ampiezza.
Consideriamo prima il filtro *high shelving* (fig.3.33): tutte le frequenze al di sopra di una certa soglia, (detta in inglese **shelf point**) possono subire un'attenuazione (**cut**), oppure un aumento delle ampiezze (**boost**). Quando usiamo un filtro *high shelving* per attenuare le frequenze al di sopra della soglia non dobbiamo pensare che l'effetto sia lo stesso del passa-basso. In realtà c'è una differenza sostanziale: usando un filtro *high shelving* tutte le frequenze al di sopra dello *shelf point* sono attenuate in modo uguale e liberamente impostabile (ad esempio 12 dB, o qualunque altro valore), mentre con il passa-

basso più ci allontaniamo dalla frequenza di taglio verso le frequenze acute, più l'attenuazione aumenta, e l'incremento di tale attenuazione è fisso e dipendente dall'ordine del filtro (di 6 dB per ottava nel filtro del primo ordine, di 12 dB per ottava nei filtri del secondo ordine etc.).[20]

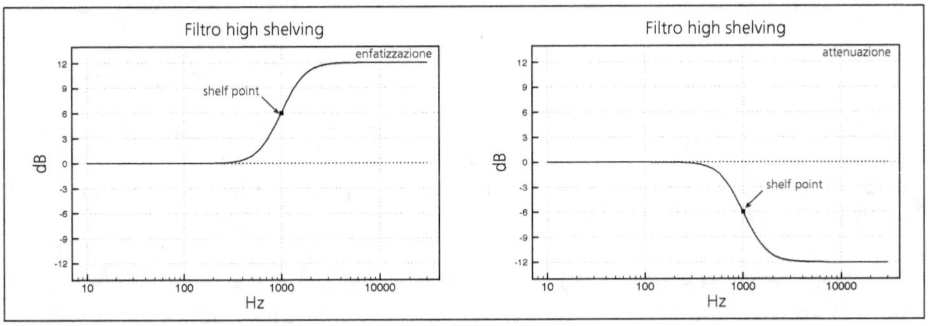

fig. 3.33: Enfatizzazione e attenuazione delle frequenze acute con filtro *high shelving*

La stessa cosa avviene per il filtro *low shelving* (fig.3.34): le frequenze che si trovano al di sotto della soglia del filtro subiscono un'attenuazione oppure un'enfatizzazione in modo eguale, mentre l'attenuazione che si ha con un passa-alto è differente in ognuna delle frequenze al di sotto della frequenza di taglio.

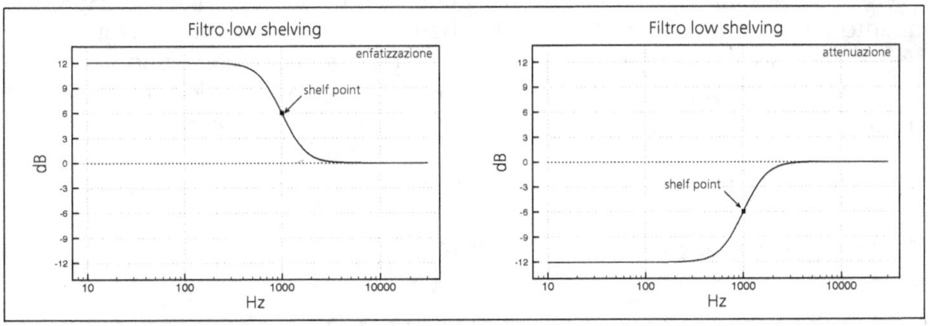

fig. 3.34: Enfatizzazione e attenuazione delle frequenze medio-basse con filtro *low shelving*

I filtri *peak/notch*, infine, hanno caratteristiche paragonabili ai filtri passa-banda ed elimina-banda in quanto enfatizzano o attenuano una regione dello spettro, ma a differenza dei filtri passa-banda lasciano inalterate le frequenze al di fuori della regione interessata (fig.3.35).
Dal momento che i filtri *shelving* operano solo su una banda di frequenze definita a piacere, lasciando intatto il resto del segnale, sono ideali per realizzare le connessioni in cascata tipiche degli equalizzatori parametrici (vedi più avanti in questo paragrafo).

[20] Il termine *shelf* in inglese significa scaffale, con chiaro riferimento alla zona piatta corrispondente al livello di attenuazione o enfatizzazione delle frequenze.

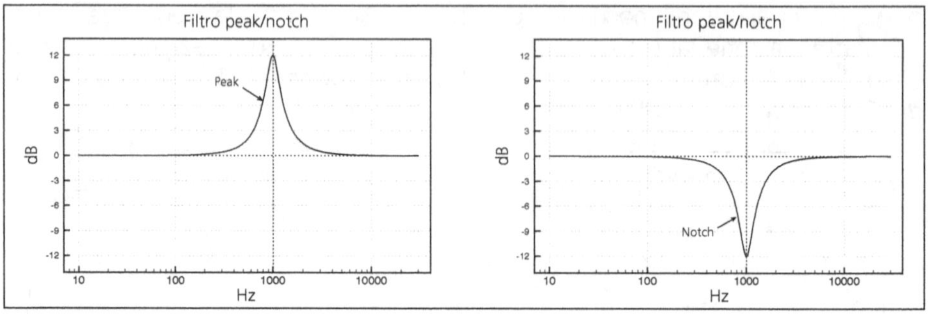

fig. 3.35: Enfatizzazione e attenuazione delle frequenze intorno a 1000 Hz con filtri *peak/notch*

I parametri dei filtri *shelving* sono:
- la frequenza di taglio (o centrale nel caso del *peak/notch*)
- il fattore di *gain*, che determina l'enfatizzazione o l'attenuazione della banda di frequenza interessata
- il fattore di **slope** o pendenza (questo fattore viene spesso indicato come Q, anche se funziona in modo leggermente diverso).

Anche nel caso dei filtri *shelving* il passaggio dalle frequenze non filtrate a quelle filtrate non è brusco, ma segue una curva, o meglio una pendenza, che porta la risposta del filtro fino al fattore di attenuazione o di enfatizzazione desiderato. Lo *slope* serve a regolare la larghezza della banda in cui avviene questo passaggio: quanto più il fattore è alto tanto più la banda sarà stretta e di conseguenza la pendenza sarà ripida. La combinazione del *gain* e dello *slope* può portare il filtro all'auto-oscillazione (quando entrambi i fattori sono sufficientemente alti) proprio come avviene nei filtri risonanti quando si alza il fattore Q.

ESEMPIO VIDEO 3H • *FILTRI SHELVING*

EQUALIZZATORE PARAMETRICO

L'**equalizzatore parametrico** generalmente prevede la regolazione di un numero minore di bande di frequenza rispetto a un equalizzatore grafico, ma per ognuna di esse consente il controllo di un numero maggiore di *parametri*: oltre ad attenuare o enfatizzare ciascuna banda, con un equalizzatore parametrico si può spostare la frequenza centrale di ogni banda e regolarne il Q, cioè determinare in che misura le frequenze ad essa adiacenti sono interessate dall'enfatizzazione/attenuazione. L'equalizzatore parametrico dunque non suddivide lo spettro sonoro in bande prefissate (come avviene con gli *equalizzatori grafici*), ma consente la variazione dei parametri (frequenza centrale, larghezza di banda oppure fattore Q, *gain* di ogni banda). Un'altra differenza con gli equalizzatori grafici è che quelli parametrici contengono filtri disposti in serie. In molti mixer si trovano equalizzatori parametrici che

contengono filtri *shelving*, e precisamente: un filtro *lowshelf* per la regione grave, un filtro *hishelf* per la regione acuta e un numero variabile di filtri *peak/notch* per le regioni intermedie. Esistono anche **equalizzatori semi-parametrici** nei quali è possibile variare solo *gain* e frequenza centrale, come in alcuni mixer non professionali.
Si possono trovare molti tipi di equalizzatori grafici e parametrici in commercio, sia hardware sia software, anche sotto forma di *plug-in* di altri programmi. Utilizzando un software che consente la programmazione (come Pure Data) possiamo costruire equalizzatori con quante bande vogliamo.

ESEMPIO VIDEO 3I • *EQUALIZZATORI PARAMETRICI*

3.9 ALTRE SORGENTI PER LA SINTESI SOTTRATTIVA: IMPULSI E CORPI RISONANTI

Come abbiamo già detto nel par. 3.3, il tempo di risposta di un filtro risonante è direttamente proporzionale al fattore Q: tanto più questo è alto, tanto più lenta sarà la risposta del filtro. In particolare l'estinzione del suono può subire un deciso allungamento quando il filtro genera un'oscillazione di risonanza, e il fenomeno è molto evidente soprattutto in presenza di suoni brevi e ad ampio spettro, come ad esempio i suoni percussivi (vedi esempio video 3B).
Anche l'attacco, quando i valori del Q sono molto alti, subisce un allungamento. Si può sfruttare quest'effetto di risonanza e trasformare il filtro passa-banda in un generatore di suono usando come sorgente un **impulso unitario**, ovvero un segnale costituito da un singolo campione alla massima ampiezza seguito da campioni di valore 0. Questo segnale contiene energia a tutte le frequenze, compresa la frequenza centrale che abbiamo impostato nel filtro passa-banda. Immettendo un impulso unitario in un filtro con un fattore Q abbastanza alto, il filtro entrerà in **risonanza** (alla frequenza centrale), e la durata di questa risonanza dipenderà dal fattore Q: quello che si ottiene è una sinusoide smorzata con attacco percussivo e decadimento esponenziale.

ESEMPIO VIDEO 3J • *IMPULSI UNITARI FILTRATI* - PRESET 1-2

Con questa tecnica è possibile utilizzare i filtri passa-banda come se fossero dei corpi risonanti. Abbiamo detto che la durata della risonanza dipende dal fattore Q: tale fattore, cioè, è *direttamente proporzionale al numero di oscillazioni di risonanza* che verranno prodotte. Ne consegue che, a parità di Q, la durata della risonanza diminuisce all'aumentare della frequenza centrale.

Poniamo, infatti, che per un certo fattore Q la risonanza prodotta sia composta all'incirca da 100 oscillazioni: se la frequenza centrale è di 100 Hz, il periodo (cioè la durata di un'oscillazione) sarà di 0.01 secondi e quindi le 100 oscillazioni dureranno un secondo; se la frequenza centrale è di 1000 Hz, il periodo sarà di 0.001 secondi e quindi le stesse 100 oscillazioni dureranno un decimo di secondo. Una formula che si può utilizzare per conoscere approssimativamente la durata della risonanza (D), conoscendo il fattore Q e la frequenza centrale di un filtro passa-banda di Butterworth del secondo ordine, è la seguente:

$$D=2Q/Fc$$

Questa formula ci dice quanto tempo impiega la risonanza a diminuire di 60 dB. Ad esempio se Q=50 e Fc=100 Hz avremo (50 · 2)/100 e quindi la durata sarà di 1 secondo.
Se Q=50 e Fc=1000 Hz, la durata sarà di 0.1 secondi

Come si può vedere moltiplicando per 2 il fattore Q otteniamo il numero di oscillazioni compiute dalla risonanza: con Q = 50 abbiamo infatti 100 oscillazioni che a 100 Hz durano un secondo, e a 1000 Hz durano 0.1 secondi. Ripetiamo comunque che si tratta di un valore approssimativo.

Viceversa se conosciamo la frequenza centrale del filtro e vogliamo sapere di quale Q abbiamo bisogno per produrre una data durata di risonanza (D), possiamo calcolarlo approssimativamente con la seguente formula:

$$Q=1/2Fc \cdot D$$

Indicando con N il numero delle oscillazioni, sono valide anche le seguenti formule:

$N=Q \cdot 2$ (ad esempio se Q=50 il numero di oscillazioni è 100);
$Q= N/2$ (ad esempio se il numero di oscillazioni è 100 allora il Q è 50).

Da notare che con altre implementazioni di filtri passa-banda del secondo ordine le relazioni fra fattore Q e durata della risonanza potrebbero essere diverse.

ESEMPIO VIDEO 3J • PRESET 3 - *IMPULSI UNITARI FILTRATI - RISONANZA*

In fig. 3.36 è visibile in alto il segnale originale (un breve impulso), e in basso lo stesso segnale all'uscita di un filtro passa-banda.
Notiamo che, oltre a evidenziare una singola frequenza (un'onda sinusoidale), la durata stessa del segnale filtrato è molto maggiore rispetto a quella del segnale originale. Inoltre è importante osservare che il segnale filtrato ha un decadimento molto evidente (di tipo esponenziale), ottenuto semplicemente con le caratteristiche intrinseche del filtro passa-banda.
La tecnica del filtraggio di un impulso è stata ampiamente usata da Stockhausen in brani elettroacustici come *Gesang der Junglinge* e *Kontakte*.

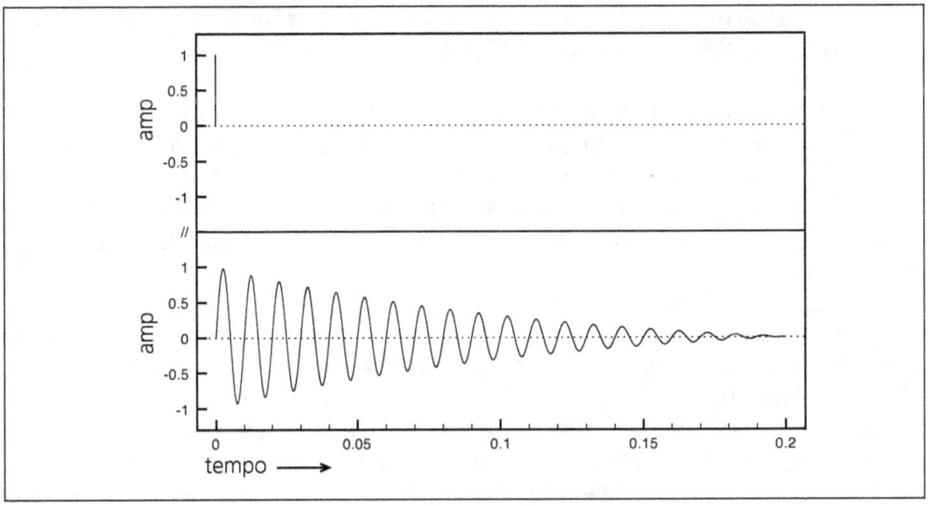

fig. 3.36: Impulso (in alto) – Impulso filtrato (in basso)

Inviando un impulso unitario a più filtri passa-banda disposti in parallelo, è possibile simulare degli "oggetti risonanti" di diverso materiale, ad esempio:

Metallo: frequenze medio-acute e risonanze lunghe
Legno: frequenze medie e risonanze brevi
Vetro: frequenze acute e risonanze medie
Pelle: frequenze medio-basse e risonanze medio-brevi

Questo dipende dal fatto che un oggetto, quando viene percosso, entra in vibrazione producendo un insieme di "modi di vibrazione" a diverse frequenze e con differenti durate. La distribuzione spettrale di queste vibrazioni e la loro durata ha una precisa corrispondenza con la forma, la dimensione e il materiale di cui è costituito l'oggetto percosso.

La quantità dei filtri utilizzati e la maggiore o minore armonicità e casualità nella distribuzione delle frequenze e delle durate contribuisce in modo decisivo al tipo di materiale evocato dal suono: ad esempio con 10 filtri la cui frequenza è scelta casualmente tra 200 e 2000 Hz e la cui durata delle risonanze varia tra 1 e 10 secondi è possibile simulare dei gong di medie dimensioni; mantenendo la stessa banda di frequenze, ma incrementando il numero di filtri fino a 40 e riducendo la durata delle risonanze ad un massimo di 2 secondi si ottiene un suono più simile a quello di un attrezzo metallico battuto sul coperchio di una pentola.
L'esempio video 3K ci mostra i parametri per la simulazione di diversi materiali, reali o immaginari.

ESEMPIO VIDEO 3K • *CORPI RISONANTI*

DETTAGLI TECNICI • *ANALISI DEL COMPORTAMENTO DI UN FILTRO: RISPOSTA ALL'IMPULSO E RISPOSTA IN FREQUENZA*

Nei precedenti paragrafi abbiamo visto qual è il comportamento dei diversi tipi di filtri e come si possono impiegare efficacemente con le diverse sorgenti di suono. Pur conoscendo il comportamento *teorico* di un filtro, può essere utile analizzare come questo risponda *praticamente* ad un determinato segnale in ingresso: per fare ciò dobbiamo analizzare la *risposta all'impulso* e la *risposta in frequenza* del filtro.

La **risposta all'impulso** è il segnale in uscita da un sistema il cui segnale d'ingresso è costituito da un impulso. Per sistema intendiamo in questo caso un blocco di elaborazione che, presa in ingresso una sequenza di campioni, produce in uscita una sequenza di campioni diversa. In questo caso immaginiamo che il nostro sistema sia un filtro passa-banda e che il segnale in ingresso sia un impulso, cioè un segnale istantaneo (di un solo campione) alla massima ampiezza (vedi la parte alta di fig. 3.36). Dato che i segnali impulsivi sono caratterizzati da uno spettro molto ampio (il più ampio possibile alla frequenza di campionamento utilizzata), essi sono ideali per vedere come un sistema (ad esempio un filtro) reagisce. Vediamo nella parte bassa di fig. 3.36 la risposta all'impulso (nel dominio del tempo) del filtro passa-banda.
Quanto detto finora spiega la ragione dei nomi IIR (*infinite impulse response*) e FIR (*finite impulse response*) per i filtri, rispettivamente, ricorsivi e non ricorsivi. In un filtro ricorsivo la risposta all'impulso ha una durata infinita, perché il segnale in uscita dal filtro, dopo essere stato moltiplicato per determinati coefficienti (vedi par. 3.6), viene rimandato all'ingresso senza che (teoricamente) si estingua mai. In un filtro FIR, invece, non essendoci retroazione (cioè *feedback*) la risposta all'impulso ha una durata finita. A causa degli inevitabili limiti di precisione che si incontrano nella rappresentazione digitale dei numeri, anche la risposta all'impulso di un filtro IIR digitale ha in realtà una durata finita.
In figura 3.37a vediamo una risposta all'impulso e i due grafici che ne rappresentano lo spettro, rispettivamente il grafico delle ampiezze delle componenti (3.37b) e il grafico delle fasi relative alle stesse componenti (fig. 3.37c).
La figura 3.37b rappresenta la curva di risposta delle ampiezze in relazione alle diverse frequenze ed è solitamente (anche se impropriamente) chiamata "risposta in frequenza del filtro". Questo grafico serve a individuare le frequenze che il filtro attenua o enfatizza, cioè ci consente, ad esempio, di distinguere un filtro passa-basso da un passa-alto etc. In realtà, nonostante l'uso comune, per **risposta in frequenza** si dovrebbe intendere non solo la risposta delle ampiezze in relazione alle diverse frequenze (fig.3.37b), ma l'insieme delle informazioni riguardanti l'ampiezza e la fase delle diverse frequenze, ovvero i grafici di fig. 3.37b e 3.37c. Il solo grafico di fig. 3.37b rappresenta in realtà la *risposta in ampiezza.*
Oltre a enfatizzare o attenuare le diverse frequenze, un filtro può ritardarne la fase in misura diversa a seconda della frequenza. Questa alterazione della fase avviene perciò in modo non uniforme alle diverse frequenze. Lo scostamento della fase alle diverse frequenze è illustrato, come abbiamo visto, in fig. 3.37c ed è chiamato *risposta di fase*.

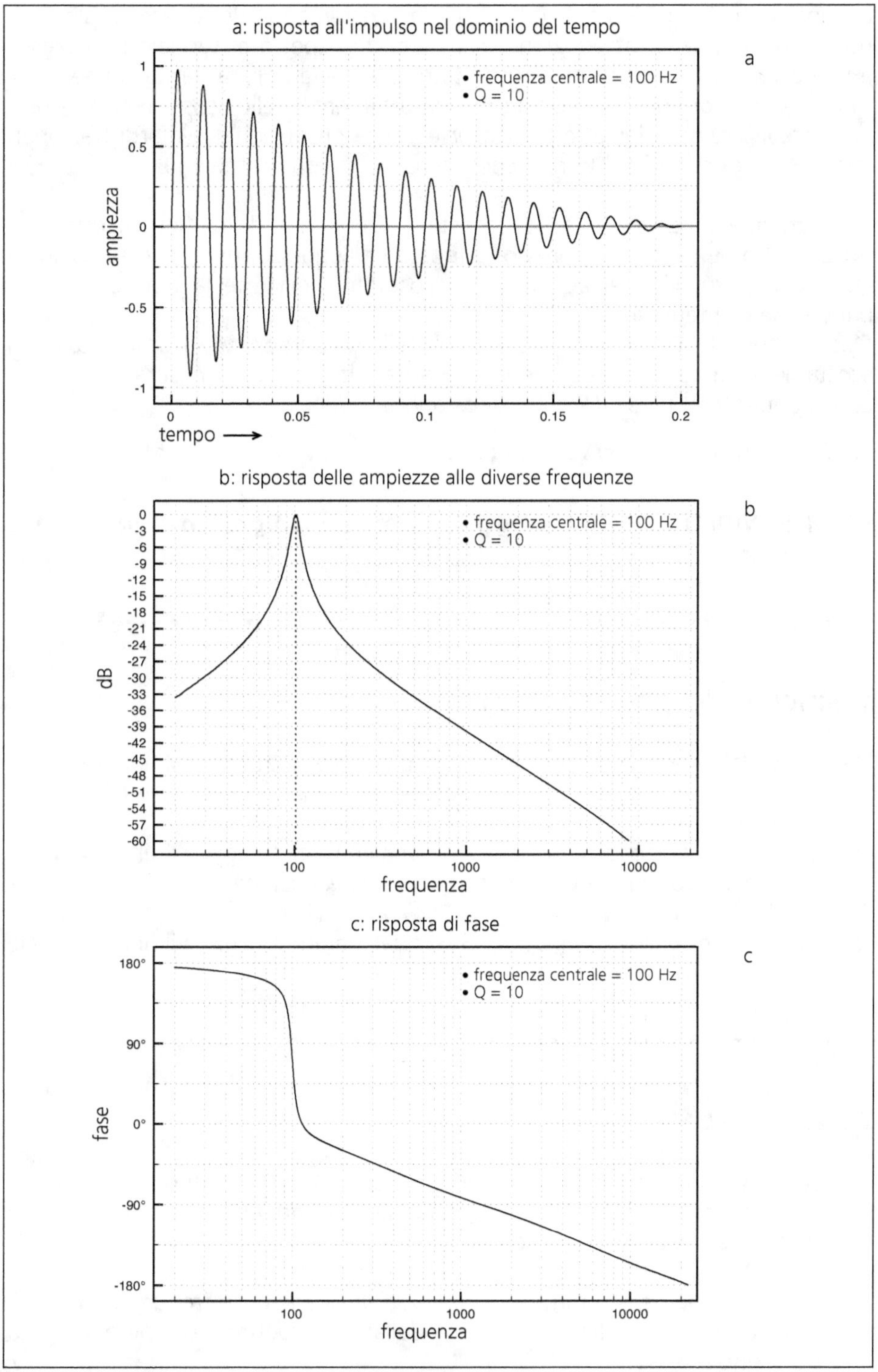

fig. 3.37: risposta all'impulso nel dominio del tempo (a), risposta delle ampiezze in relazione alle diverse frequenze (b) e risposta di fase (c)

È importante sottolineare il fatto che lo scostamento della fase implica un ritardo temporale. L'introduzione di un ritardo rispetto al segnale in ingresso è una caratteristica, comune a tutti i filtri, che viene utilizzata musicalmente in molti modi: vedremo nel capitolo 6 lo sfruttamento dello scostamento di fase per la realizzazione dell'effetto *phaser* e per la produzione di ritardi frazionari (ovvero ritardi minori del tempo che intercorre tra due campioni).

Un altro modo per ottenere la risposta in frequenza di un filtro è quello di utilizzare come suono in ingresso, al posto dell'impulso, un suono sinusoidale che viene fatto glissare, ad ampiezza costante, per tutte le frequenze della banda che ci interessa.
Questo tipo di glissando viene anche definito **sweeping**. L'ampiezza e lo scostamento di fase del segnale in uscita dal filtro vengono misurati e i grafici corrispondenti rappresentano la *risposta in frequenza*.

ESEMPIO VIDEO 3L • *Sweeping filtrato e relativo grafico della risposta in ampiezza*

VERIFICA • *TEST CON ASCOLTO E ANALISI*

Nel suono dell'esempio sonoro AA3.1 su quali parametri agisce il filtro? E quale tipo di filtro si può utilizzare per controllare tale variazione?

Nel suono dell'esempio sonoro AA3.2 su quali parametri agisce il filtro? E quale tipo di filtro si può utilizzare per controllare tale variazione?

Nel suono dell'esempio sonoro AA3.3 su quali parametri agisce il filtro? E quale tipo di filtro si può utilizzare per controllare tale variazione?

CONCETTI DI BASE

1) La sintesi sottrattiva nasce dall'idea di poter creare un suono sottraendo ampiezza ad alcune componenti di un altro suono, più complesso di quello da ottenere, attraverso l'uso di filtri.

2) I filtri servono per modificare l'ampiezza di alcune delle frequenze presenti nel suono originale allo scopo di modellarne lo spettro e ottenere in uscita un suono diverso.

3) A un filtro si invia un segnale d'ingresso, cioè il suono che vogliamo modificare.

4) I filtri più usati sono:
- filtro passa-basso (*lowpass filter*)
- filtro passa-alto (*highpass filter*)
- filtro passa-banda (*bandpass filter*)
- filtro elimina-banda (*bandreject filter*)
- filtri shelving (*high, low, peak/notch shelving filter*)

5) Il filtro passa-basso lascia passare virtualmente inalterate tutte le frequenze al di sotto della frequenza di taglio e attenua (secondo una pendenza dipendente dall'ordine del filtro) quelle al di sopra di tale frequenza.

6) Il filtro passa-alto lascia passare virtualmente inalterate tutte le frequenze al di sopra della frequenza di taglio e attenua (secondo una pendenza dipendente dall'ordine del filtro) quelle al di sotto di tale frequenza.

7) I filtri passa-banda ed elimina-banda rispettivamente enfatizzano o attenuano la parte dello spettro che ricade all'interno di una certa banda, di cui possiamo fissare gli estremi e la frequenza centrale. Sottraendo il valore dell'estremo inferiore della banda a quello superiore si ottiene il valore della larghezza di banda. La media geometrica fra gli estremi di banda è uguale alla frequenza centrale. La pendenza delle curve d'attenuazione dipende dall'ordine del filtro.

8) Usando un filtro *high shelving* (o *low shelving*) tutte le frequenze al di sopra (o al di sotto) dello *shelf point* sono attenuate in modo uguale (ad esempio di 12 dB), mentre con il passa-basso o il passa-alto più ci allontaniamo dalla frequenza di taglio, più l'attenuazione aumenta (di 6 dB per ottava nel filtro di primo ordine, di 12 dB per ottava nei filtri di secondo ordine etc.). Questi dati valgono per i filtri ideali; nei filtri digitali esiste una zona di transizione intorno alle frequenze di taglio con un'attenuazione non prevista nella teoria.

9) I filtri *peak/notch* hanno caratteristiche paragonabili ai filtri passa-banda ed elimina-banda in quanto enfatizzano o attenuano una regione dello spettro, ma a differenza dei filtri passa-banda lasciano inalterate le frequenze al di fuori della regione interessata.

10 Il fattore Q, utile per la definizione della larghezza di banda di un filtro in funzione della frequenza centrale, è uguale a frequenza centrale/larghezza di banda.

11) In generale, nel lavoro in studio i filtri vengono utilizzati con diversi tipi di suoni:
- suoni provenienti da generatori di rumore, da banchi di oscillatori, da altri generatori di segnale e algoritmi di sintesi
- file audio/suoni campionati
- suoni provenienti da fonti dal vivo in tempo reale (per esempio un suono proveniente dal microfono di un musicista che sta suonando un oboe)
- impulsi

abc 12) Si possono costruire filtri di ordini diversi anche disponendo filtri in serie. Mediante filtri disposti in serie si possono costruire equalizzatori parametrici. Mediante filtri disposti in parallelo si possono costruire equalizzatori grafici.

GLOSSARIO

Boost
Termine inglese per indicare enfatizzazione, ad esempio di alcune frequenze, mediante un filtro.

Coefficienti di un filtro
Fattori di moltiplicazione costanti che moltiplicano i valori dei campioni in entrata (e/o in uscita) da un filtro. Tali coefficienti determinano il comportamento di un filtro (cioè se si tratta di un passa-alto, passa-basso etc. e quali sono le sue caratteristiche).

Curve di attenuazione (Roll-Off)
Pendenza dell'attenuazione al di fuori della banda passante di un filtro.

Cut
Termine inglese per indicare attenuazione, ad esempio di alcune frequenze, mediante un filtro.

Equalizzatori grafici (Graphic Equalizers)
Banco di filtri passa-banda disposti in parallelo ad intervalli uguali. Ognuno di questi filtri ha un Q costante e una differente frequenza centrale che non può essere cambiata. Può essere cambiato solo il gain di ognuna delle bande.

Equalizzatori parametrici (Parametric Equalizers)
Banco di filtri disposti in serie che consente la variazione dei parametri (frequenza centrale, larghezza di banda oppure fattore Q, gain) di ogni banda.

Equalizzatori semi-parametrici
Equalizzatori comunemente usati in alcuni mixer non professionali, simili a quelli parametrici, in cui si possono variare solo gain e frequenza centrale, e non il Q.

Estremi di banda
Frequenza di taglio inferiore e frequenza di taglio superiore della banda di un filtro passa-banda o elimina banda.

Fattore Q (Quality Factor) o Fattore di Risonanza
Fattore che esprime la larghezza di banda di un filtro in relazione alla sua frequenza centrale, in modo tale che, non variando il valore del fattore Q stesso, la larghezza di banda varii in funzione della frequenza centrale, e il rapporto tra frequenza centrale e larghezza di banda rimanga costante.

Feedback
Meccanismo per cui i dati in uscita da un sistema vengono rimandati all'ingresso.

Feedforward
Meccanismo per cui i dati in entrata in un sistema vengono sommati ai dati in uscita.

Filtri
Dispositivi per la modifica dell'ampiezza e/o della fase di alcune delle frequenze presenti nel suono in ingresso.

Filtri del primo ordine
Filtri che provocano un'attenuazione di 6 dB per ottava.

Filtri del secondo ordine
Filtri che provocano un'attenuazione di 12 dB per ottava.

Filtri di Butterworth
Filtri IIR del secondo ordine caratterizzati da una buona costanza nella banda passante e un'ottima precisione.

Filtri elimina-banda (Bandreject Filter)
Filtri che attenuano tutte le frequenze contenute all'interno di una certa banda.

Filtri FIR (Finite Impulse Response)
Filtri non ricorsivi in cui il filtraggio è basato su un ritardo di una o più copie del segnale d'ingresso le quali vengono poi combinate mediante *feedforward* col segnale in uscita.

Filtri high shelving (o high shelf)
Filtri *shelving* in cui tutte le componenti del suono con frequenza al di sopra di una certa soglia possono subire un'attenuazione, oppure un'enfatizzazione. Tutte le frequenze al di sopra dello *shelf point* sono attenuate o enfatizzate in modo uguale.

Filtri IIR (Infinite Impulse Response)
Filtri ricorsivi in cui il filtraggio è causato da un ritardo di una copia del segnale in uscita che viene combinato mediante *feedback* al segnale d'ingresso. I filtri IIR possono contenere anche elementi *feedforward* oltre che *feedback*.

Filtri in parallelo
Collegamento fra filtri in cui si invia simultaneamente lo stesso segnale all'ingresso di diversi filtri e si miscelano poi le loro uscite per formare un segnale unico.

Filtri in serie
Collegamento fra filtri in cui il segnale in uscita di un filtro diventa segnale d'ingresso di un altro filtro.

Filtri low shelving (o low shelf)
Filtri *shelving* in cui tutte le componenti del suono con frequenza al di sotto di una certa soglia possono subire un'attenuazione, oppure un'enfatizzazione. Tutte le frequenze al di sotto dello *shelf point* sono attenuate o enfatizzate in modo uguale.

Filtri Notch
Filtri che attenuano la banda passante e lasciano inalterate le frequenze al di fuori di tale banda. Sono quindi simili ai filtri elimina-banda, ma in genere si utilizzano con valori di Q alti.

Filtri passa-alto (Highpass Filter)
Filtri che attenuano tutte le frequenze al di sotto della frequenza di taglio.

Filtri passa-banda (Bandpass Filter)
Filtri che attenuano tutte le frequenze al di sopra e al di sotto di una certa banda.

Filtri passa-basso (Lowpass Filter)
Filtri che attenuano tutte le frequenze al di sopra della frequenza di taglio.

Filtri Peak
Filtri, detti anche *peaking* che enfatizzano la banda passante e lasciano inalterate le frequenze al di fuori di tale banda.

Filtri peak/notch
Filtri che enfatizzano o attenuano una regione dello spettro e che lasciano inalterate le frequenze al di fuori della regione interessata.

Filtri Risonanti
Filtri che enfatizzano le frequenze vicine alla frequenza di taglio (o alla frequenza centrale) e che possono creare un'oscillazione risonante in corrispondenza di tale frequenza.

Frequenza centrale (Center Frequency) o Frequenza di centro banda
La frequenza centrale di un filtro ha significati diversi a seconda del filtro: è la frequenza che non subisce attenuazione (nel filtro passa-banda); che subisce la massima attenuazione (nei filtri *notch* ed elimina-banda); che viene enfatizzata più delle altre (filtri *peak*). La frequenza centrale è sempre data dalla media geometrica fra gli estremi di banda.

Frequenza di taglio (Cutoff Frequency)
Frequenza al di sopra (o al di sotto) della quale ha luogo l'attenuazione delle frequenze.

Generatori di campioni pseudocasuali con filtro
Generatori di campioni pseudocasuali il cui segnale in uscita viene filtrato mediante filtro passa-basso, il quale provoca un "arrotondamento" nel passaggio dal valore di ciascun campione al valore quello del campione successivo.

Generatori di campioni pseudocasuali con interpolazione
Dispositivi che generano campioni casuali ad una frequenza data, ed effettuano un'interpolazione tra il valore di ciascun campione e quello del campione successivo.

Generatori di campioni pseudocasuali semplici
Dispositivi che generano campioni casuali ad una frequenza data, e mantengono il valore di ciascun campione fino alla generazione del campione successivo, creando un andamento a gradini.

Hard Sync
Tecnica che permette di sincronizzare il ciclo di due oscillatori che hanno una frequenza diversa.

Impulso unitario
Segnale costituito da un singolo campione alla massima ampiezza seguito da campioni di valore 0.

Key follow
Meccanismo, utilizzato anche nei sintetizzatori, mediante il quale la frequenza di un filtro, di un oscillatore etc. viene messa in relazione con i tasti di una tastiera musicale.

Larghezza di banda (Bandwidth)
Misura in Hertz della differenza fra l'estremo di banda superiore e l'estremo di banda inferiore di un filtro passa-banda. Al di sopra dell'estremo superiore e al di sotto dell'estremo inferiore avviene l'attenuazione delle frequenze. Entrambi gli estremi di banda hanno valore d'ampiezza -3dB.

Parametri di un filtro
Valori che definiscono le caratteristiche sonore di un filtro, come ad esempio la frequenza di taglio o la frequenza centrale (in Hz), il fattore Q etc. Tali parametri vengono determinati da coefficienti (vedi) mediante un algoritmo che modella un determinato tipo di filtro.

Plug-in (o Add-on)
Programma non in grado di funzionare da solo, che interagisce con un'applicazione principale (o *host*) per ampliarne le funzioni.

Ringing
Oscillazione prodotta dai transienti in ingresso in un filtro che rimane attiva anche dopo il passaggio di questi.

Risonanza
Effetto provocato dalla tendenza di un sistema ad oscillare a una determinata frequenza (detta *frequenza di risonanza*).

Risposta all'impulso (Impulse Response)
Il segnale in uscita da un sistema il cui segnale d'ingresso è costituito da un impulso. Può essere descritta in un grafico nel dominio del tempo.

Risposta di fase (Phase Response)
vedi *Risposta in frequenza*

Risposta in ampiezza (Amplitude Response)
vedi *Risposta in frequenza*

Risposta in frequenza (Frequency Response)
L'insieme delle informazioni riguardanti l'ampiezza e la fase delle diverse frequenze di un segnale in uscita da un sistema. Tali informazioni vengono rappresentate in due grafici: uno relativo alle ampiezze delle componenti del segnale e l'altro alle fasi delle stesse componenti.

Rumore bianco (White Noise)
Suono che contiene tutte le frequenze udibili, con ampiezza delle singole frequenze distribuita casualmente.

Rumore rosa (Pink Noise)
Suono simile al rumore bianco, caratterizzato da uno spettro la cui energia diminuisce all'aumentare della frequenza; anche chiamato generatore di rumore 1/f, per indicare che la sua energia spettrale è proporzionale al reciproco della frequenza.

Shelf point
Soglia che separa, in un filtro *shelving*, la zona in cui le frequenze sono attenuate o enfatizzate da quella in cui restano inalterate.

Sintesi sottrattiva (Subtractive Synthesis)
Sintesi basata sulla modifica dell'ampiezza di alcune componenti di un suono, mediante l'uso di filtri.

Sintetizzatore a sintesi sottrattiva (Synthesizer)
Generatore elettronico di segnali audio, controllabile da un musicista mediante un pannello di controllo, una tastiera o altro dispositivo.

Sweeping
Segnale sinusoidale che viene fatto glissare, ad ampiezza costante, per tutte le frequenze di una data banda. Si utilizza in genere per conoscere la risposta in frequenza di un sistema (ad esempio un filtro).

Transiente (Transient)
Un transiente è un segnale di breve durata che rappresenta una fase d'attacco (o di decadimento) inarmonica di un suono il cui contenuto successivo è diverso dal punto di vista spettrale.

VCA (Voltage Controlled Amplitude)
Inviluppo d'ampiezza controllato tramite voltaggio, con riferimento al tipo di controllo che si aveva nei sintetizzatori analogici.

VCF (Voltage Controlled Filter)
Inviluppo della frequenza o del Q di un filtro, controllato tramite voltaggio, con riferimento al tipo di controllo che si aveva nei sintetizzatori analogici.

VCO (Voltage Controlled Oscillator)
Oscillatore controllato tramite voltaggio, con riferimento al tipo di controllo che si aveva nei sintetizzatori analogici.

Zona di transizione
Zona frequenziale identificabile nei filtri digitali intorno alla frequenza di taglio che, anziché avere il valore d'ampiezza 0 dB, subisce un'attenuazione non prevista dalla teoria dei filtri ideali.

DISCOGRAFIA

Karlheinz Stockhausen, *Kontakte* Electronic music CD Stockhausen Verlag N°3 1992
György Ligeti, *Glissandi* CD Wergo 60 161-50
Henri Pousseur, *Scambi* CD BVHaast 9010 / Acousmatrix 4
James Tenney, *Analog #1* Noise Study CD Artifact ART 1007
Wendy Carlos, *Switched on Bach* in Switched-On Boxed Set – East Side Digital CD ESD 81422
Morton Subotnick, *Silver Apples of the Moon* CD Wergo 2035

UN PO' DI STORIA • www.virtual-sound.com/cmsupport

Leggi file: "Storia_Sottrattiva.pdf" (G. Rapisarda)

3P
GENERATORI DI RUMORE, FILTRI E SINTESI SOTTRATTIVA

CONTRATTO FORMATIVO

PREREQUISITI PER IL CAPITOLO
- Contenuti dei capp. 1 e 2 (teoria e pratica), cap.3 (teoria), Interludio A

OBIETTIVI
Abilità
- Saper generare e controllare diversi tipi di segnali complessi per la sintesi sottrattiva (rumore bianco, rumore rosa, impulsi etc.)
- Saper costruire algoritmi con filtri passa-basso, passa-alto, passa-banda, elimina-banda, filtri shelving e filtri risonanti, e controllarne, fra i vari parametri, anche il Q e l'ordine dei filtri.
- Saper costruire filtri FIR o non ricorsivi e filtri IIR o ricorsivi
- Saper costruire semplici sintetizzatori in sintesi sottrattiva
- Saper scrivere algoritmi con collegamenti in serie e in parallelo dei filtri
- Saper costruire equalizzatori grafici e parametrici

Competenze
- Saper realizzare un breve studio sonoro basato sulle tecniche di sintesi sottrattiva e memorizzarlo su file audio.

CONTENUTI
- Sorgenti per la sintesi sottrattiva
- Filtri passa-alto, passa-basso, passa-banda, elimina-banda, filtri shelving e filtri risonanti
- Il Quality Factor e l'ordine dei filtri
- Filtri FIR e IIR
- Il collegamento in serie e in parallelo dei filtri
- Gli equalizzatori grafici e parametrici

TEMPI - Cap. 3 (Teoria e Pratica) + Interludio B
Autodidatti
Per 300 ore globali di studio individuale (vol. I, teoria e pratica):
- ca. 110 ore

Corsi
Per un corso globale di 60 ore in classe + 120 di studio individuale (vol. I, teoria e pratica):
- ca. 18 ore frontali + 4 di feedback
- ca. 44 di studio individuale

ATTIVITÀ
- Attività al computer: sostituzione di parti di algoritmi, correzione, completamento e analisi di algoritmi, costruzione di nuovi algoritmi

VERIFICHE
- Realizzazione di uno studio breve
- Compiti unitari di Reverse Engineering

SUSSIDI DIDATTICI
- Lista oggetti Max - Lista attributi per oggetti Max specifici

3.1 SORGENTI PER LA SINTESI SOTTRATTIVA

Come sappiamo dal paragrafo 3.1 della teoria, lo scopo di un filtro è generalmente quello di modificare in qualche modo lo spettro di un segnale. Introduciamo quindi per prima cosa un oggetto MSP che ci serve per visualizzare lo spettro: **`spectroscope~`**. Questo oggetto grafico è reperibile nella sottocategoria "Audio" della palette "Add" (vedi fig. 3.1), ma se non lo trovate potete, come abbiamo già visto, prendere un *object box* e scrivere al suo interno il nome dell'oggetto.

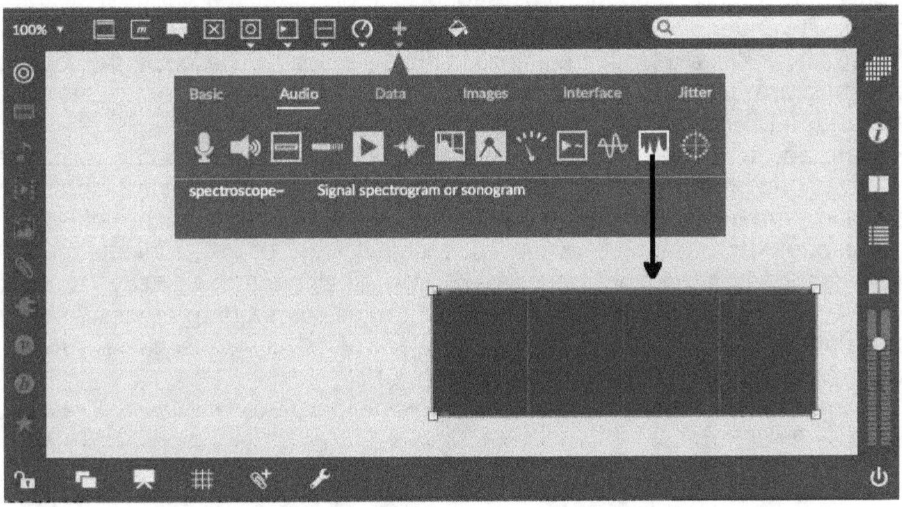

fig. 3.1: oggetto `spectroscope~`

Aprite ora il file **03_01_spectroscope.maxpat** (fig. 3.2).

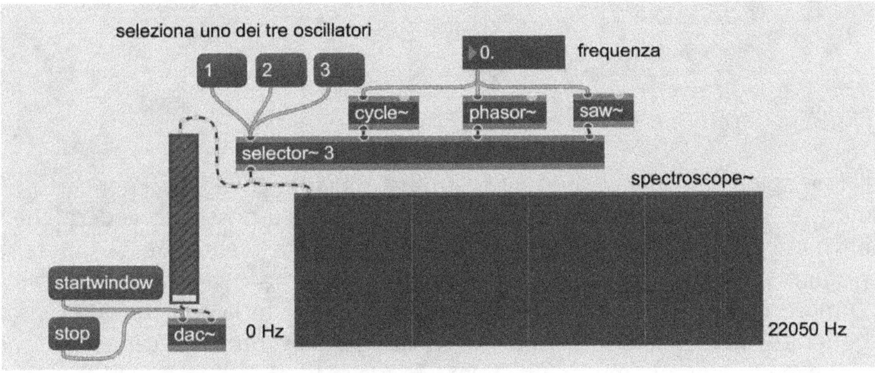

fig. 3.2: file 03_01_spectroscope.maxpat

Qui abbiamo collegato allo spettroscopio un oggetto `selector~` che ci permette di "smistare" tre oscillatori con forma d'onda sinusoidale (`cycle~`), a dente di sega non limitata in banda (`phasor~`) e a dente di sega limitata in

banda[1] (**saw~**). All'ingresso di sinistra di **selector~** (che abbiamo già visto al paragrafo 1.2) sono collegati tre *message box* che servono a selezionare uno dei tre oscillatori: impostando la frequenza nel *float number box* e selezionando i tre oscillatori possiamo vedere gli spettri relativi. Notate che la sinusoide contiene una sola componente, mentre all'oggetto **phasor~**, che genera una forma d'onda non limitata in banda, corrisponde lo spettro più ricco.[2]
Fate alcune prove, cambiando la frequenza e selezionando le diverse forme d'onda e osservate le immagini che si producono nello spettroscopio.
Come abbiamo detto quello che viene visualizzato è lo spettro del suono in ingresso: le diverse componenti del suono sono distribuite da sinistra a destra, e di default vengono visualizzate le frequenze da 0 Hz a 22050 Hz.
Questi due valori, ovvero la frequenza minima e massima che lo spettroscopio ci può mostrare, sono modificabili tramite l'*inspector* (categoria "Value", attributo "Lo and Hi Domain Display Value").
Provate ad aggiungere l'oggetto **spectroscope~** alle *patch* che avete già realizzato, in modo da familiarizzarvi con la relazione che c'è tra un suono e il suo contenuto spettrale: potete aggiungere l'oggetto anche alle *patch* dei capitoli precedenti, provate ad esempio con 01_14_audiofile.maxpat (collegando lo spettroscopio all'uscita di sinistra dell'oggetto **sfplay~**) oppure con IA_06_random_walk.maxpat (collegandolo all'uscita di [**p** monosynth]): in quest'ultima *patch* riuscite a cogliere la relazione tra la frequenza del suono e la forma dello spettro? (Provate il *preset* n. 5).
Passiamo adesso al rumore bianco, che viene generato in Max dall'oggetto **noise~** (vedi fig. 3.3).

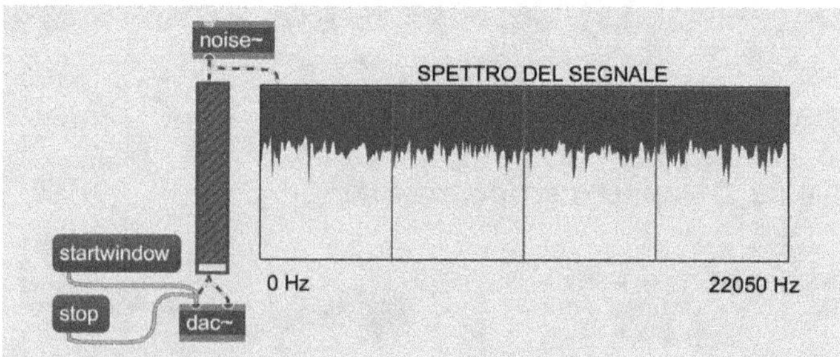

fig. 3.3: generatore di rumore bianco

Nell'immagine (che vi invitiamo a ricostruire) abbiamo collegato il generatore di rumore all'oggetto **spectroscope~** tramite il quale possiamo vedere che lo spettro del rumore bianco contiene energia a tutte le frequenze. A differenza degli altri generatori di suono che abbiamo incontrato finora, il generatore di rumore bianco non ha bisogno di alcun parametro: la sua funzione infatti è generare un segnale costituito da valori casuali compresi tra -1 e 1 alla frequenza di campionamento (vedi par. 3.1 della teoria).

1 Vedi paragrafo 1.2

2 L'oggetto **spectroscope~** contiene un algoritmo di analisi spettrale denominato Fast Fourier Transform (Trasformata di Fourier Veloce): avevamo già accennato al teorema di Fourier alla fine del capitolo 2 della teoria e torneremo sull'argomento, con maggiori dettagli, nel terzo volume.

Il secondo tipo di generatore di rumore che abbiamo a disposizione con Max è l'oggetto **pink~** che genera rumore rosa (fig. 3.4)

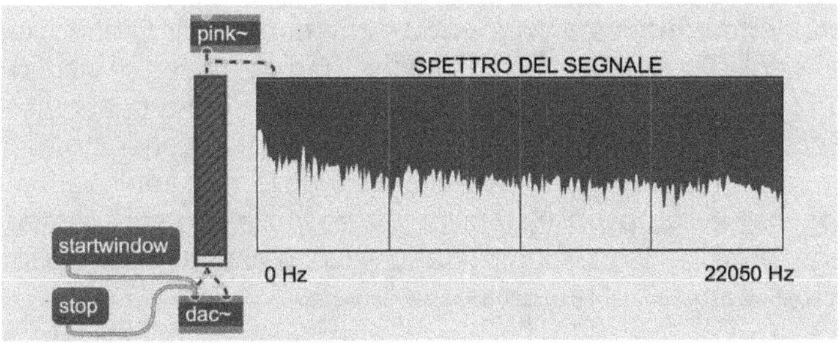

fig. 3.4: rumore rosa

Notate che, a differenza del rumore bianco, lo spettro del rumore rosa subisce un'attenuazione man mano che si procede verso le frequenze più alte, e l'attenuazione (come sappiamo dal par. 3.1 della teoria) è di 3 dB per ottava. Ricostruite la *patch* e ascoltate bene la differenza tra il rumore rosa e il rumore bianco: quale dei due suoni vi sembra più gradevole (o meno sgradevole), e perché?

Aggiungete alle due *patch* appena realizzate un oscilloscopio (**scope~**) di cui avrete impostato a 2 l'attributo "Calccount - samples per pixel"[3] nell'*inspector* (per trovare l'attributo andate alla categoria "Value"), e osservate le differenze tra la forma d'onda del rumore bianco e quella del rumore rosa.

In fig. 3.5 vediamo le due forme d'onda affiancate.

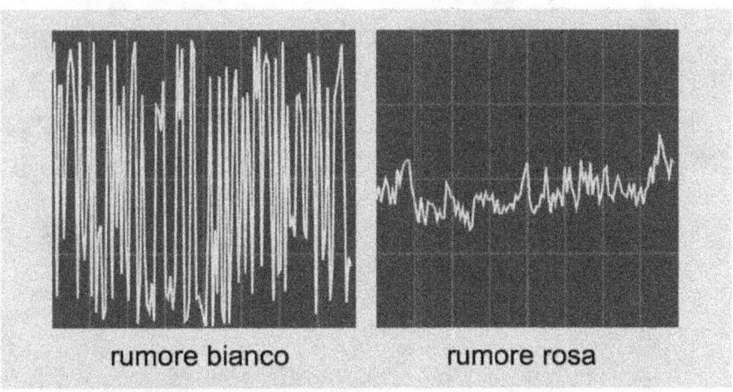

fig. 3.5: forma d'onda del rumore bianco e del rumore rosa

Senza entrare nei dettagli tecnici possiamo osservare che mentre il rumore bianco è, come sappiamo, una successione di valori casuali, il rumore rosa viene generato con un algoritmo più complesso, in cui un campione, che è sempre "casuale", non può però discostarsi eccessivamente dal precedente, e questo genera l'andamento "serpeggiante" della forma d'onda che vediamo in figura. Il comportamento delle due forme d'onda corrisponde al loro contenuto spettrale: maggiore infatti è la differenza tra un campione e il successivo e

[3] Ne abbiamo parlato al paragrafo 1.2.

maggiore è l'energia alle frequenze più alte[4], e come abbiamo detto il rumore bianco ha maggiore energia alle frequenze alte rispetto al rumore rosa.

Un altro generatore interessante è **rand~** che genera campioni casuali ad una frequenza regolabile a piacere e li collega tramite linee, o meglio segmenti di retta (fig. 3.6). A differenza di **noise~** e **pink~**, che generano un nuovo campione casuale ad ogni ciclo del "motore" DSP (cioè generano ogni secondo un numero di campioni casuali pari alla frequenza di campionamento, ad es. 44100), con **rand~** è possibile stabilire la frequenza con cui i campioni casuali verranno generati, e il passaggio tra un campione e il successivo avviene gradualmente, tramite un'interpolazione lineare.

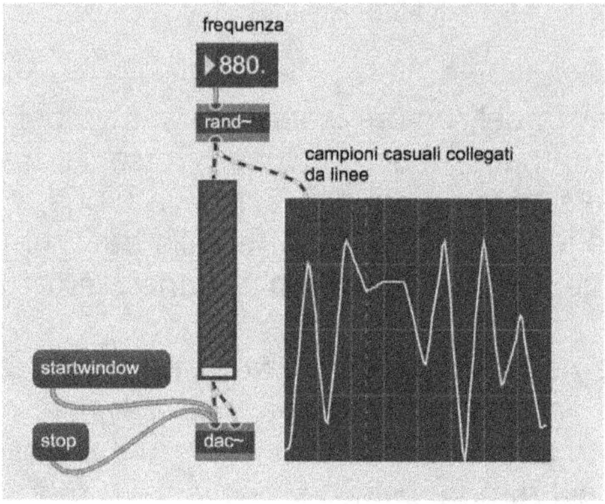

fig. 3.6: l'oggetto **rand~**

Questo generatore produce uno spettro che varia, come è ovvio, in relazione alla frequenza impostata, e che presenta una banda di frequenza principale che va da 0 Hz alla frequenza impostata, seguita da bande secondarie progressivamente attenuate la cui larghezza è pari alla frequenza impostata, vedi fig. 3.7.

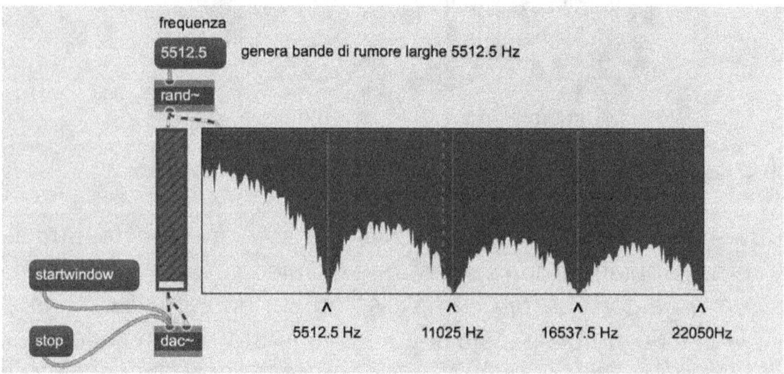

fig. 3.7: spettro generato dall'oggetto **rand~**

4 Per comprendere questa affermazione osserviamo che la forma d'onda di un suono acuto oscilla velocemente, mentre quella di un suono grave oscilla lentamente. Nel primo caso, a parità di ampiezza, la differenza di valore tra due campioni successivi è mediamente maggiore che nel secondo caso.

Nell'esempio vediamo che la frequenza di **rand~** è di 5512.5 Hz (un quarto della massima frequenza visualizzabile nello spettroscopio in figura), e la prima banda va da 0 Hz a 5512.5 Hz. A questa seguono tre bande secondarie, progressivamente attenuate, tutte larghe 5512.5 Hz. Variando la frequenza di **rand~** si varia la larghezza delle bande e il loro numero: ad esempio se raddoppiamo la frequenza e la portiamo a 11025 Hz otteniamo due bande larghe appunto 11025 Hz.

Un altro generatore di rumore è **vs.rand0~**[5] (l'ultimo carattere prima della tilde è uno zero) che genera campioni casuali ad una frequenza data come **rand~**, ma non effettua alcuna interpolazione e mantiene il valore di ciascun campione fino alla generazione del campione successivo, creando un andamento a gradini.
Lo spettro è diviso in bande come lo spettro di **rand~** in fig. 3.7, ma l'attenuazione delle bande secondarie è molto minore a causa del brusco passaggio fra un campione e il successivo (vedi fig. 3.8).

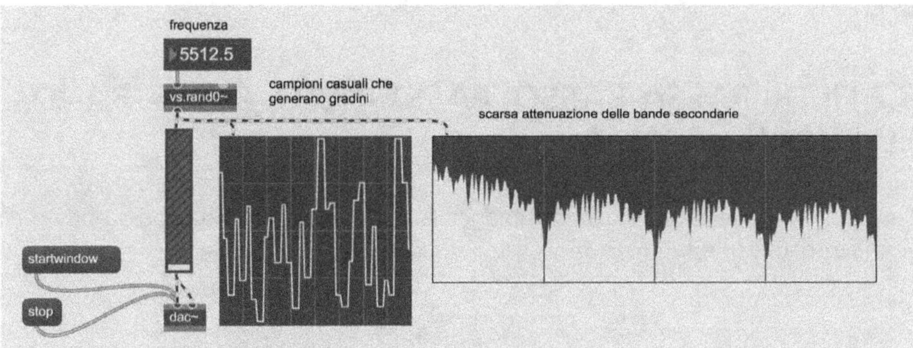

fig. 3.8: l'oggetto **vs.rand0~**

Nella libreria *Virtual Sound Macros* abbiamo anche un generatore di rumore con interpolazione cubica **vs.rand3~** (vedi fig. 3.9).

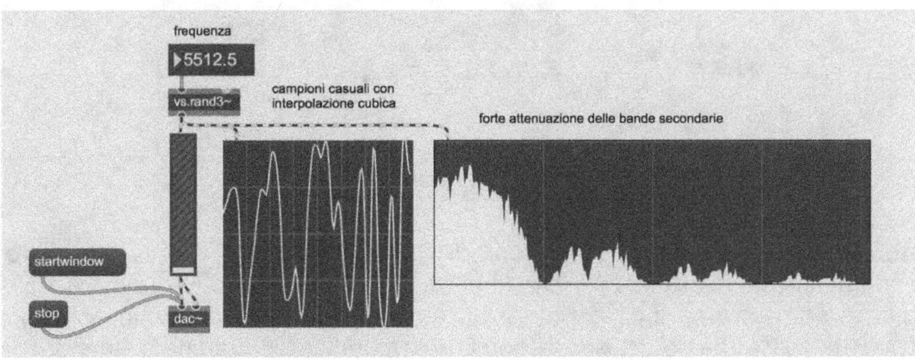

fig. 3.9: l'oggetto **vs.rand3~**

[5] Come si vede dal prefisso "vs" questo oggetto fa parte della libreria Virtual Sound Macros.

Come si vede nell'oscilloscopio, grazie all'interpolazione polinomiale il passaggio tra un campione e l'altro appare "smussato", essendo costituito non da una linea retta, ma da una curva: l'effetto è una forte attenuazione delle bande secondarie. Ricreate le *patch* delle figure 3.6/3.9 per sperimentare i diversi generatori di rumore.

PDF

Altre sorgenti ricche di componenti con le quali si possono utilizzare efficacemente i filtri sono gli oscillatori "classici", con forma d'onda a dente di sega, quadrata e triangolare. Nel paragrafo 1.2 abbiamo visto i tre oscillatori limitati in banda che generano queste forme d'onda: **saw~**, **rect~** e **tri~**. Inoltre nel capitolo 2P abbiamo visto gli oscillatori complessi **abl.dsp.swarm~** e **abl.dsp.basicshapes~**. Utilizzeremo questi oscillatori nel corso di questo capitolo.

Nel paragrafo 3.1 della parte teorica abbiamo anche accennato alla possibilità di filtrare i suoni campionati: daremo perciò, nel corso del capitolo, degli esempi di filtraggio di suoni campionati utilizzando l'oggetto **sfplay~** (di cui abbiamo parlato nel par. 1.5).

3.2 FILTRI PASSA-BASSO, PASSA-ALTO, PASSA-BANDA ED ELIMINA-BANDA

Torniamo al generatore di rumore bianco e applichiamo un filtro passa-basso al segnale (ricostruite la fig. 3.10).

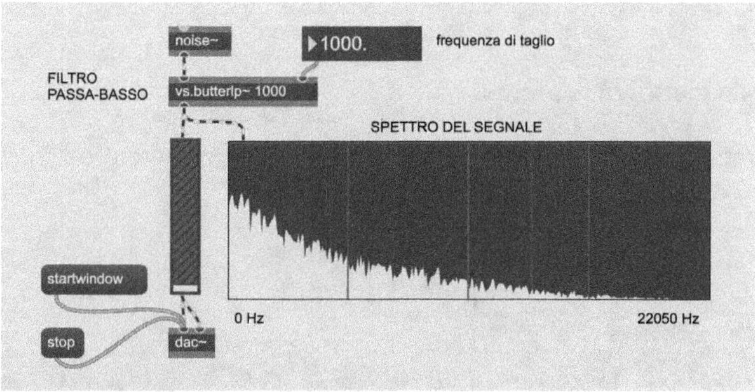

fig. 3.10: rumore bianco filtrato con un passa-basso

Abbiamo inserito, tra il generatore di rumore bianco e l'uscita, un filtro denominato **vs.butterlp~** (che fa parte della libreria *Virtual Sound Macros*): questo nome sta ad indicare che è un filtro di *Butterworth*[6] e che è di tipo *LowPass* (passa-basso). Il suo argomento (modificabile tramite l'ingresso di destra) specifica la frequenza di taglio (in questo caso 1000 Hz). Modificando la frequenza di taglio potrete farvi un'idea dell'effetto del filtro sul segnale (e potete vedere come viene modificato lo spettro grazie a **spectroscope~**).

[6] Per i filtri di Butterworth vedi i paragrafi 3.3 e 3.4 della teoria.

Sostituite ora il filtro passa-basso con un passa-alto modificando il nome dell'oggetto in **vs.butterhp~** (le due lettere finali stanno per *HighPass*, cioè appunto passa-alto) e provate anche qui a "giocare" con la frequenza di taglio per familiarizzarvi con l'effetto prodotto.
Il filtro passa-banda ha bisogno di due parametri: la frequenza centrale e la larghezza di banda. Modificate la *patch* nel modo illustrato in fig. 3.11.

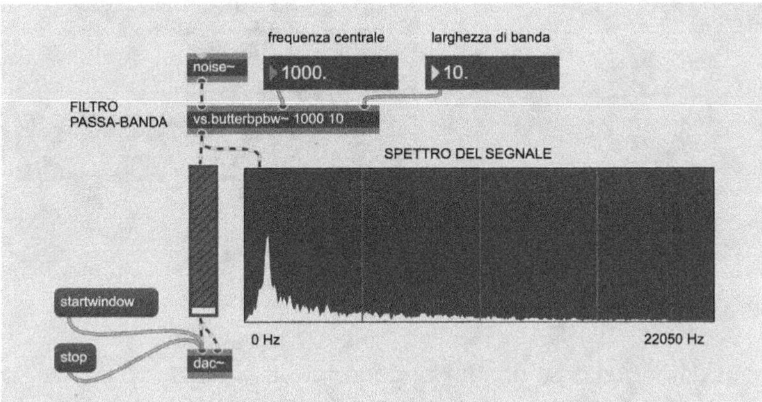

fig. 3.11: rumore bianco filtrato con un passa-banda

Il nome del filtro è ora **vs.butterbpbw~**, e le ultime quattro lettere stanno per *BandPass - BandWidth* (passa-banda - larghezza di banda), per indicare che questo filtro accetta come parametro la larghezza di banda (invece del fattore Q di cui parleremo nel prossimo paragrafo). Variate i parametri per sperimentare anche questo filtro: come potete notare minore è la larghezza di banda e minore è l'intensità del suono in uscita; questo è dovuto ovviamente al fatto che gran parte delle componenti del segnale vengono rimosse dal filtro. Vedremo nel prossimo paragrafo un metodo per controllare l'intensità di un filtro indipendentemente dai parametri impostati.
Ora sostituite il filtro passa-banda con l'elimina-banda **vs.butterbrbw~**, ovvero *BandReject - BandWidth*: abbassate il volume prima di provare quest'ultimo filtro perché lascia passare quasi tutte le frequenze, tranne appunto la banda eliminata, e la sua intensità è quindi mediamente più alta di quella del filtro passa-banda.[7]
Per verificare l'efficacia dell'elimina-banda potete sostituire il generatore di rumore con l'oscillatore sinusoidale `cycle~`. Impostate la frequenza della sinusoide a 1000 Hz e filtratela con una frequenza centrale di 1000 Hz e un'ampiezza di banda di 100 Hz: il suono dell'oscillatore in uscita dal filtro si attenuerà sensibilmente.

---

[7] C'è anche da notare che, utilizzando il rumore bianco, il filtro passa-banda ha maggiore effetto con una larghezza di banda stretta (un decimo della frequenza centrale o meno), mentre l'elimina-banda ha maggiore effetto con una larghezza di banda più ampia (quasi pari alla frequenza centrale).

Torniamo al filtro passa-banda con un esempio più complesso: aprite il file **03_02_bpgliss.maxpat** (fig. 3.12).

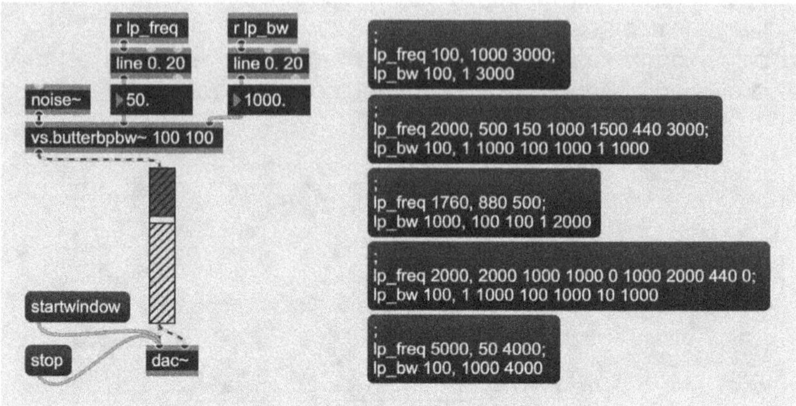

fig. 3.12: file 03_02_bpgliss.maxpat

I parametri del filtro passa-banda vengono inviati al filtro come linee spezzate (glissandi) tramite l'oggetto **`line`**, che a differenza del già noto `line~` genera sequenze di numeri Max e non segnali MSP. Il primo argomento dell'oggetto imposta il valore iniziale e il tipo numerico (intero o *floating point*) che verrà prodotto: nel nostro caso sono valori *floating*, perché l'argomento finisce con un punto decimale. Il secondo argomento imposta l'intervallo (in millisecondi) che deve passare tra un numero generato da `line` e il successivo.
I due `line` sono collegati a due oggetti **`receive`** che ricevono le liste di parametri dai *message box* sul lato destro della *patch*: abbiamo sfruttato la possibilità del *message box* di inviare messaggi tramite il carattere ";" (rivedere a questo proposito il paragrafo 2.4 e il file **02_15_message_send.maxpat**). Facendo clic sui diversi messaggi possiamo generare vari "glissandi" di parametri che modificano dinamicamente lo spettro del rumore bianco: provateli tutti e cercate di capire come funzionano. Poi create altri percorsi per sperimentare le possibili interazioni tra i valori di frequenza centrale e di larghezza di banda.

ATTIVITÀ

Modificate la *patch* **03_02_bpgliss.maxpat** usando, al posto dei *message box*, due oggetti `function` per creare le liste da trasmettere ai due `line`, come abbiamo già spiegato, ad esempio, nel paragrafo 1.3 (vedi anche il file **01_07_inviluppi.maxpat**). Non dimenticate di modificare opportunamente le impostazioni di `function` (durata e intervallo di valori) utilizzando ad esempio l'*inspector* (per maggiori dettagli consultate sempre il paragrafo 1.3).
In alternativa potete usare il comando "setdomain" per le durate e il comando "*setrange*" per l'intervallo di valori; abbiamo già usato entrambi i comandi al paragrafo 2.4, ma se non vi ricordate come si usano potete rinfrescarvi la memoria osservando la fig. 3.13.

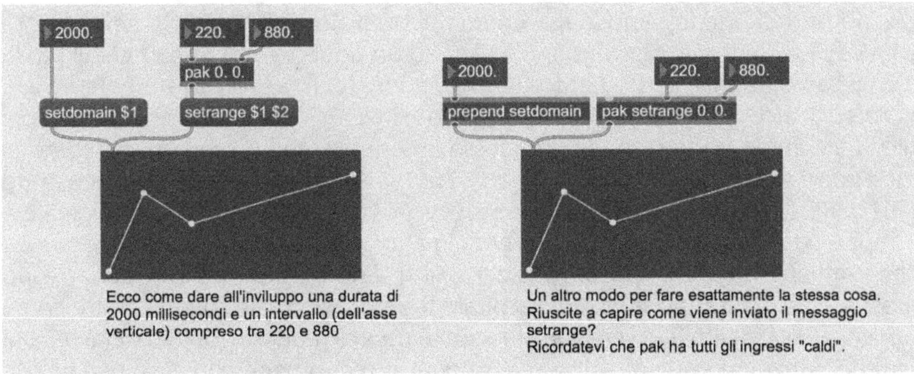

fig. 3.13: come impostare il dominio e l'intervallo di `function`

Aggiungete alla *patch* un terzo oggetto **`function`** per controllare l'ampiezza di uscita del segnale filtrato, e create dei nuovi esempi: potreste memorizzare diversi esempi di inviluppi + glissandi utilizzando un oggetto **`preset`**. Se non vi ricordate come si fa ad aggiungere un inviluppo di ampiezza ad un segnale o come si usa **`preset`** tornate al paragrafo 1.3.

Vediamo ora qualche applicazione dei filtri di Butterworth con i suoni campionati: aprite il file **03_03_filtra_campioni.maxpat** (fig. 3.14)

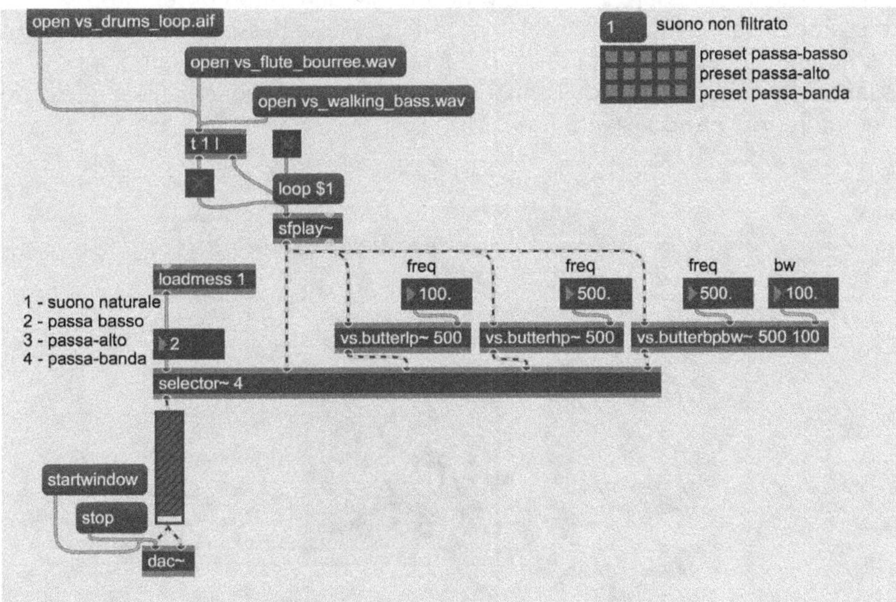

fig. 3.14: file 03_03_filtra_campioni.maxpat

Con questa *patch* è possibile filtrare dei suoni campionati con i filtri di Butterworth passa-basso, passa-alto e passa-banda. Il funzionamento è molto semplice: in alto abbiamo tre messaggi che servono a caricare altrettanti file audio (che si trovano nella libreria *Virtual Sound Macros*), nell'oggetto **sfplay~**. I tre messaggi vengono inviati ad un oggetto **trigger**[8] che li passa a **sfplay~** tramite l'argomento l ("elle" minuscola) e successivamente invia il numero 1 all'oggetto **toggle** collegato a **sfplay~** avviando l'esecuzione del file. Il file audio può anche essere messo in loop tramite il **toggle** collegato al messaggio *"loop $1"*. Il segnale di **sfplay** va all'oggetto **selector~** e ai tre filtri di Butterworth; tramite **selector~** è possibile sentire il suono originale e il suono filtrato da ciascuno dei tre filtri. In alto a destra c'è un oggetto **preset** che contiene alcune impostazioni per i filtri. Sopra l'oggetto **preset** c'è un *message box* che ci permette di ascoltare il suono originale (sapreste dire come funziona?). Provate i diversi *preset* con i tre file audio, noterete che alcuni filtraggi funzionano meglio con certi suoni[9], e meno bene con altri: perché?

ATTIVITÀ

Realizzate dei filtri che variano nel tempo (sull'esempio del file **03_02_bpgliss.maxpat**) e utilizzateli con i file audio.

Come abbiamo detto nel paragrafo 3.2 della teoria, con un fitro passa-basso è anche possibile smussare il segnale prodotto dai generatori di rumore.
Ad esempio, se a **rand~** applichiamo un filtro passa-basso di Butterworth con una frequenza pari alla metà della frequenza di generazione, i campioni casuali risulteranno uniti da curve dall'andamento sinusoidale, molto simili a quelle del generatore **vs.rand3~** (vedi fig. 3.15).

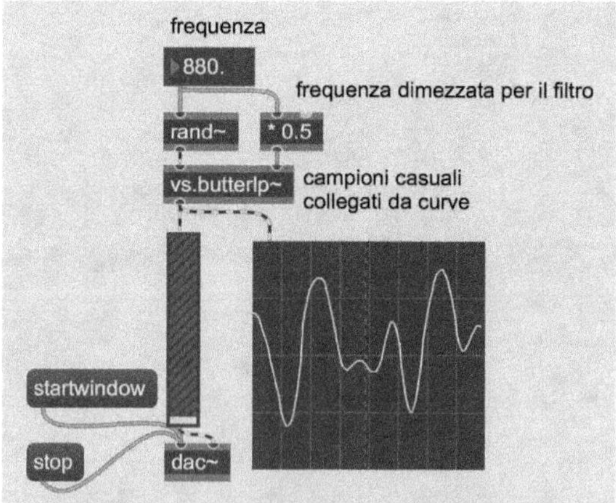

fig. 3.15: rumore "smussato" da un filtro passa-basso

8 Abbiamo parlato dell'oggetto **trigger** nel par. IA.6.
9 Ovvero ne modificano sensibilmente il timbro.

Come vedete con lo stesso valore prodotto da un unico *float number box* impostiamo la frequenza per il generatore di rumore **rand~** e, dopo averne dimezzato il valore, la frequenza di taglio del filtro passa-basso.
Con un filtro passa-alto si può fare un'altra interessante modifica ad un generatore di rumore a frequenza variabile: filtrando infatti il rumore non interpolato **vs.rand0~** con il filtro **vs.butterhp~** a cui viene assegnata una frequenza di taglio pari al doppio della frequenza del generatore di rumore, otteniamo una generazione di pseudo-impulsi con ampiezza casuale (vedi fig. 3.16).

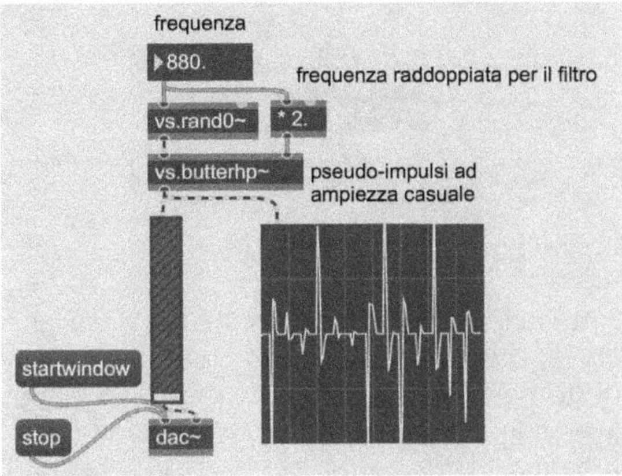

fig. 3.16: generazione di pseudo-impulsi ad ampiezza casuale

Ricostruite le *patch* di fig. 3.15 e 3.16; aggiungete ad entrambe uno spettroscopio per verificare l'andamento dello spettro del rumore filtrato.

3.3 IL FATTORE Q O FATTORE DI RISONANZA

L'oggetto **reson~** è un filtro passa-banda risonante che utilizza il fattore Q (vedi fig. 3.17).

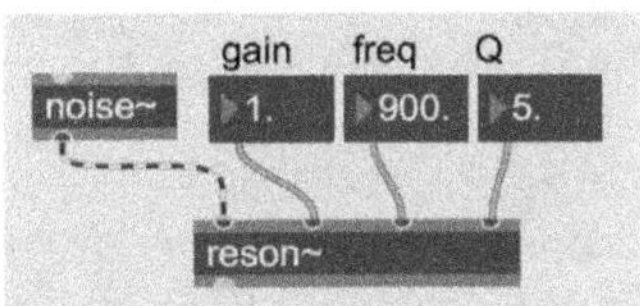

fig. 3.17: il filtro risonante **reson~**

Come si può vedere ha 4 ingressi: il primo è per il segnale sorgente, il secondo è per il *gain* (in italiano "guadagno"), ovvero è un fattore di moltiplicazione del segnale in uscita, il terzo è l'ingresso della frequenza centrale e l'ultimo è il fattore Q. Se realizzate la *patch* di fig. 3.17[10] noterete che aumentando il fattore Q la banda passante diventa sempre più stretta, fino a diventare un'unica frequenza sinusoidale.

[10] Aggiungendo ovviamente i soliti **gain~** e **dac~** che usiamo in tutte le patch MSP.

Anche in questo caso, più la banda è stretta e minore sarà l'intensità del suono in uscita: è possibile compensare questa attenuazione aumentando il *gain*. Una tecnica efficace è quella di mettere in relazione il fattore Q ed il *gain*: possiamo fare in modo, cioè, che al variare del primo vari di conseguenza il secondo. Proviamo ad esempio a prendere il fattore Q, calcolarne la radice quadrata e mandare il risultato al *gain* (vedi fig. 3.18).

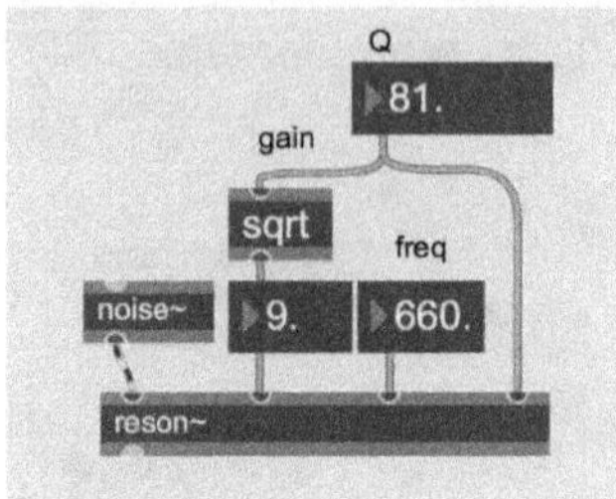

fig. 3.18: come legare il *gain* al fattore Q

In questo modo l'attenuazione del filtro è compensata dall'aumento del volume in uscita. Ricostruite anche questa *patch*.
Vediamo ora l'effetto del filtro **reson~** su un segnale periodico, ad esempio sull'oscillatore **saw~**, che, come sappiamo, genera una forma d'onda a dente di sega limitata in banda.
Ricreate la *patch* di fig. 3.19 (collegando **reson~** agli oggetti **gain~** e **dac~** come al solito).

fig. 3.19: oscillatore a dente di sega filtrato

Innanzitutto vediamo che **reson~** può avere tre argomenti che impostano rispettivamente il *gain*, la frequenza centrale e il fattore Q. Nella nostra *patch* abbiamo un oscillatore a dente di sega a 220 Hz che viene filtrato con un passa-banda che ha una frequenza centrale di 660 Hz e un fattore Q pari a 40: viene quindi messa in evidenza la terza armonica (220 · 3 = 660) del suono. In questo caso non c'è bisogno di aumentare il *gain* del filtro perché il fattore Q riesce ad enfatizzare le componenti di un suono periodico più facilmente di quanto non riesca ad "estrarre" un suono sinusoidale da un rumore bianco.
Se ora scorriamo lentamente con il mouse il number box che si trova al terzo ingresso di **reson~** (quello della frequenza centrale) variando lentamente la frequenza, noteremo che l'ampiezza del segnale cresce quando la frequenza centrale del filtro tocca le componenti del suono (a 220, 440, 660, 880 Hz e così via) creando così una specie di arpeggio di armoniche interno al suono stesso. Possiamo rendere automatico questo processo applicando l'oggetto **line~**

alla frequenza centrale; aggiungiamo anche uno **spectroscope~** per vedere come il filtro modifica lo spettro del suono (fig. 3.20).

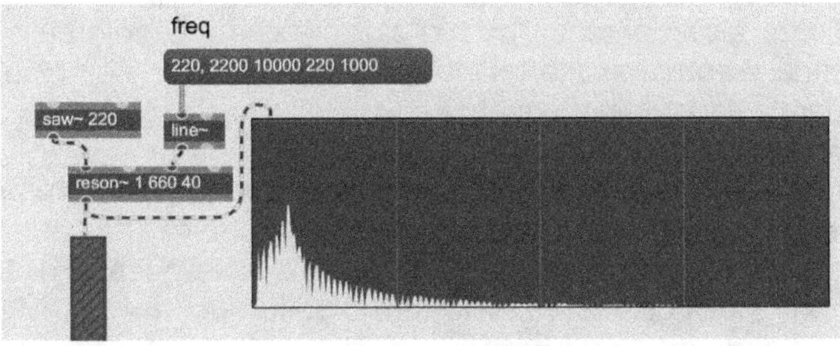

fig. 3.20: glissando della frequenza centrale di **reson~**

Dopo aver modificato la *patch* come in fig. 3.20, fate clic sul *message box* connesso a **line~** e la frequenza centrale dal filtro passerà da 220 Hz (pari alla fondamentale dell'oscillatore a dente di sega) a 2200 Hz (pari alla sua decima armonica) in 10 secondi, per poi tornare a 220 Hz in un secondo: notate come mettendo in evidenza le diverse componenti del suono abbiamo creato un movimento all'interno di una forma d'onda statica.
Anche molti tipi di filtri passa-basso e passa-alto possono avere un fattore Q che rappresenta la quantità di enfasi (ovvero di risonanza) che viene data alla frequenza di taglio.
Sostituite il filtro **reson~** con un passa-basso modificando la *patch* nel modo indicato in fig. 3.21.

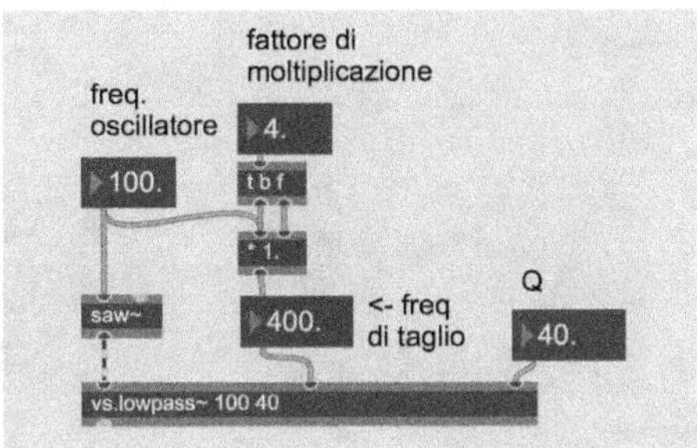

fig. 3.21: filtro passa-basso risonante

Il filtro **vs.lowpass~**, che fa parte della libreria *Virtual Sound* (ma è in realtà un incapsulamento di un filtro facilmente ottenibile con un paio di oggetti standard della libreria MSP di cui parleremo nel prossimo paragrafo), è appunto un passa-basso con risonanza: come possiamo vedere, a differenza di **reson~**, non ha un ingresso per il *gain*, ma solo gli ingressi per il segnale, la frequenza di taglio e il fattore Q. In questo caso abbiamo reso la frequenza di taglio dipendente dalla frequenza dell'oscillatore: ovvero possiamo regolare la frequenza di taglio con un "fattore di moltiplicazione" della frequenza dell'oscillatore. Vediamo ad esempio in figura che la frequenza dell'oscillatore è 100 Hz, ed abbiamo impostato un fattore di moltiplicazione 4 per la frequenza di taglio, che quindi risulta uguale a 400 Hz (100 · 4). Variando la frequenza dell'oscillatore, la frequenza di taglio

varia di conseguenza: ad esempio portando l'oscillatore a 200 Hz la frequenza del filtro passerà a 800 Hz (200 · 4), e se ora portiamo il fattore di moltiplicazione a 3.5, la frequenza di taglio scenderà a 700 Hz (200 · 3.5).
Il `trigger` con gli argomenti "b f" ci assicura che il calcolo della frequenza di taglio venga eseguita anche quando variamo il fattore di moltiplicazione e non solo quando variamo la frequenza dell'oscillatore, secondo una tecnica che abbiamo già visto nell'Interludio A al paragrafo IA.6.
C'è da notare che il fattore di moltiplicazione, quando è un numero intero, corrisponde al numero della componente armonica dell'oscillatore: ad esempio il fattore di moltiplicazione 4 porterà la frequenza di taglio sulla quarta armonica dell'oscillatore, il fattore 5 sulla quinta e così via. Apriamo ora il file **03_04_qsynth.maxpat** (fig. 3.22).
Questa *patch* mette in relazione la frequenza dell'oscillatore e la frequenza di taglio del filtro con la stessa tecnica vista in fig. 3.21; abbiamo aggiunto degli inviluppi (disegnati con l'oggetto `function`) per il fattore di moltiplicazione della frequenza di taglio, per il fattore Q e per l'ampiezza. Provate i diversi *preset*, studiate attentamente l'andamento dei tre inviluppi e cercate di capire come i diversi parametri interagiscano tra loro. Create dei nuovi *preset* e aggiungete un number box per modificare la velocità del metronomo e la lunghezza degli inviluppi (suggerimento: dovete usare il messaggio "*setdomain*" come abbiamo già visto nell'Interludio A, paragrafo IA.8, vedi in particolare la fig. IA.65).

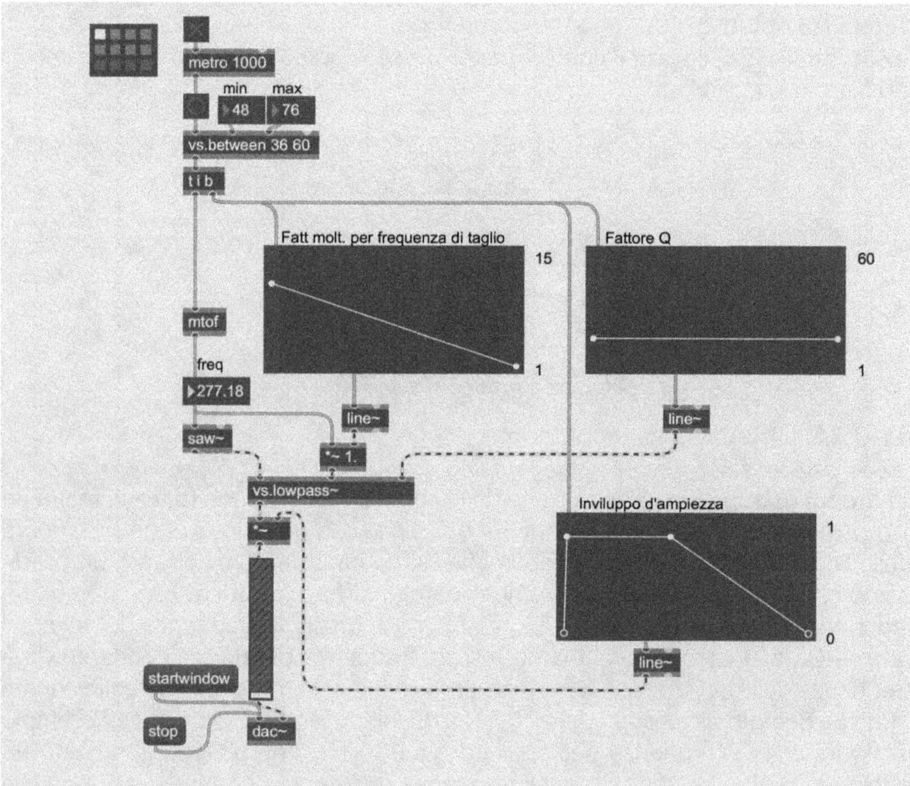

fig. 3.22: file 03_04_qsynth.maxpat

ATTIVITÀ

Partendo dal file **03_04_qsynth.maxpat** (a cui avrete aggiunto un *number box* per il `metro` e un messaggio *setdomain* per i `function` come spiegato sopra), create una *subpatch* [`p` qsynth], simile alla *subpatch* [`p` monosynth] contenuta nel file **IA_06_random_walk.maxpat** che abbiamo visto nell'Interludio A al paragrafo IA.5.
La nuova *subpatch* deve avere 5 `inlet` rispettivamente per nota MIDI, intensità in dB, inviluppo per la frequenza di taglio, inviluppo per il fattore Q e inviluppo d'ampiezza.
Memorizzate diversi timbri del sintetizzatore in un oggetto `preset`.
Fate una copia della *patch* e sostituite l'oggetto `saw~` con l'oggetto `abl.dsp.basicshapes~`. Aggiungete due *floating point number box* (limitati tra 0 e 1) per controllare i parametri "shape" (secondo ingresso) e "effect" terzo ingresso, e create dei nuovi *preset*.
Ora fate un'altra copia della *patch* e usate l'oggetto `abl.dsp.swarm~` come oscillatore. I due parametri normalizzati tra 0 e 1 sono "motion" e "spacing". Aggiungete un `attrui` per controllare il parametro "shape" (vedi figura 2.15d). Anche qui create dei nuovi *preset*.
Nelle due *patch* precedenti sostituite i *number box* che controllano i parametri normalizzati degli oscillatori Ableton con degli oggetti `line~` controllati da altrettanti `function`. Ricordatevi di collegare i `function` al messaggio *setdomain*. Create degli inviluppi per i parametri normalizzati, e memorizzate dei nuovi *preset*.

Applichiamo ora il filtro passa-banda risonante a un suono campionato: aprite il file **03_05_reson_campioni.maxpat** (fig. 3.23). Tramite l'oggetto `loadbang` all'apertura della *patch* carichiamo il file audio "vs_harp_riff.wav" nell'oggetto `sfplay~`. L'uscita di quest'ultimo va ad un filtro `reson~`.

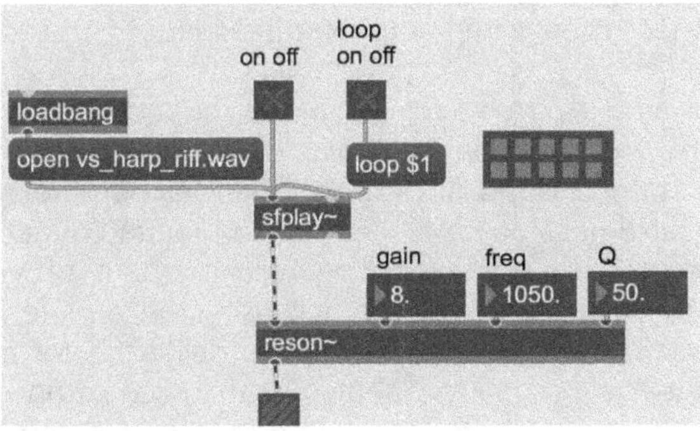

fig. 3.23: file 03_05_reson_campioni.maxpat

Tramite l'oggetto `preset` abbiamo memorizzato alcune configurazioni del filtro; provatele, ascoltando attentamente come vengano evidenziate alcune parziali del suono ed attenuate le altre, poi provate a creare delle nuove configurazioni. Notate che, ultilizzando valori di Q molto alti, abbiamo dovuto alzare di conseguenza il parametro *gain* del filtro. Alcuni filtraggi dell'ultimo esempio saranno parsi sicuramente troppo "poveri" di suono, questo è dovuto al fatto che il passa-banda risonante elimina gran parte del segnale in entrata, lasciando passare solo le frequenze attorno alla frequenza centrale. Per ovviare a questo problema possiamo aggiungere al suono filtrato il suono originale, magari attenuato: in questo modo possiamo enfatizzare certe frequenze tramite **reson~** senza perdere tutte le altre. Una ulteriore variazione sul tema può essere quella di utilizzare due filtri, uno per il canale destro e uno per il sinistro: impostando parametri diversi per i due filtri avremo un effetto di dislocazione stereofonica di alcune componenti del suono originale.

Aprite il file **03_06_reson_campioni_stereo.maxpat** (fig. 3.24).

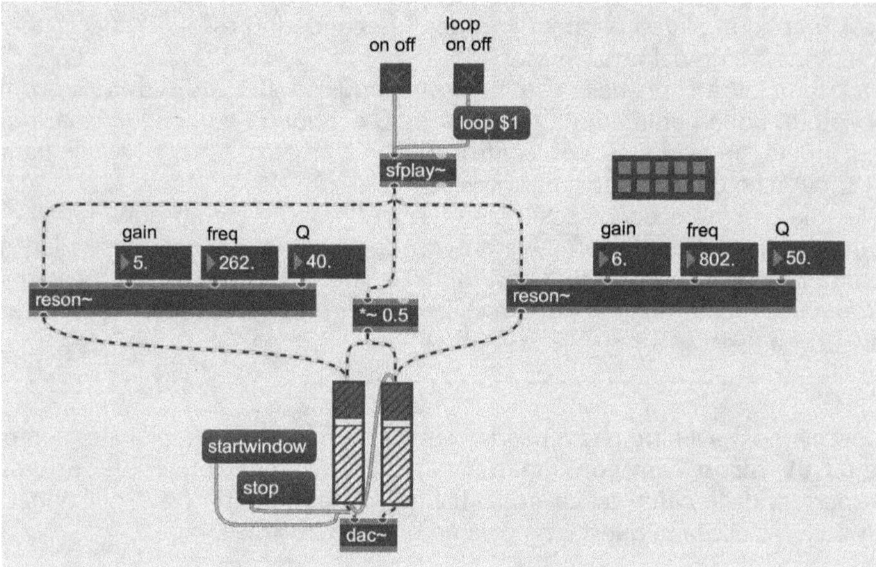

fig. 3.24: file 03_06_reson_campioni_stereo.maxpat

Prima di tutto avviamo la *patch* e proviamo qualche *preset*: non notate niente di strano? Sentiamo il suono di arpa che abbiamo già sentito nella *patch* precedente senza che ci sia stato bisogno di caricare il file nell'oggetto **sfplay~** (come invece avevamo fatto nella *patch* precedente). In realtà l'oggetto **sfplay~** ha (ovviamente) ricevuto l'istruzione di aprire il file "vs_harp_riff.wav", ma questa istruzione è stata inserita direttamente nell'*inspector*: andate in modalità *edit* e aprite l'*inspector* di **sfplay~**. Nella finestra dell'*inspector* andate all'ultima categoria, "sfplay~" e notate che abbiamo un unico attributo "Audio File" seguito dal nome del file caricato tra parentesi graffe: {vs_harp_riff.wav}.
In pratica è possibile aprire un file audio in un oggetto **sfplay~** tramite il suo *inspector* facendo clic sul pulsante "Choose" che appare alla destra dell'attributo e "congelare" tale informazione facendo clic sull'icona "**Freeze Attribute**", che rappresenta un cristallo di neve, presente nella parte bassa della finestra (detta Inspector Toolbar, vedi fig. 3.25).

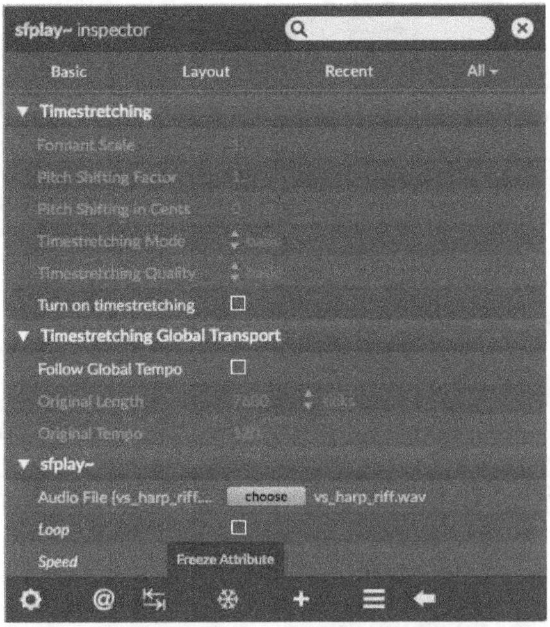

fig. 3.25: come congelare un attributo nell'*inspector*

Dopo che abbiamo "congelato" l'attributo possiamo essere sicuri di ritrovarlo inalterato ogni volta che carichiamo la *patch* (ma ovviamente possiamo sempre modificarlo tramite l'*inspector* o tramite un comando esterno).
Molti attributi dell'*inspector* possono essere "congelati" con questa tecnica. Se vogliamo "scongelare" l'attributo (ovvero fare in modo che non si ripresenti la prossima volta che carichiamo la *patch*) dobbiamo fare nuovamente clic sull'icona del cristallo di neve..
Proseguiamo con l'analisi di questa *patch*: il segnale audio in uscita da **sfplay~** viene inviato a due filtri **reson~** ma viene anche inviato direttamente ai due oggetti **gain~** (dopo essere stato dimezzato in ampiezza). In questo modo, come abbiamo detto, possiamo enfatizzare alcune frequenze tramite i filtri **reson~** e nel contempo mantenere anche le altre.

Per quanto riguarda i due oggetti **gain~** (uno per il canale destro e uno per il canale sinistro), notiamo che sono collegati tra loro tramite un cavo Max (grigio) che va dall'uscita destra del primo **gain~** all'ingresso sinistro del secondo. In questo modo (come avevamo già visto al par. 1.5) i due cursori sono sincronizzati, ed è sufficiente agire sul cursore di sinistra per modificare anche quello di destra.[11]

Provate le diverse configurazioni memorizzate nell'oggetto **preset** (vi consigliamo di utilizzare una cuffia per sentire le sottili variazioni timbriche e spaziali) e create nuove configurazioni.

[11] Infatti l'oggetto **gain~** invia alla sua uscita di sinistra un valore numerico che corrisponde alla posizione del cursore: se tale valore numerico viene ricevuto all'ingresso di sinistra da un altro oggetto **gain~**, quest'ultimo posizionerà il cursore alla stessa altezza.

ATTIVITÀ

Sostituite ai valori fissi inviati ai filtri della *patch* di fig. 3.24 degli inviluppi realizzati con altrettanti oggetti **function** collegati ad oggetti **line** (cfr. anche la figura 3.12 e l'esercizio ad essa successivo).
Memorizzate alcune serie di inviluppi con l'oggetto **preset**.

3.4 GLI ORDINI DEI FILTRI E COLLEGAMENTO IN SERIE

L'OGGETTO UMENU

Prima di affrontare l'argomento di questo paragrafo introduciamo un oggetto che ci servirà più volte in futuro: l'oggetto **umenu**.
Questo oggetto serve a creare dei menù a tendina contenenti voci (linee di testo) liberamente definibili. L'oggetto si trova nella sotto-categoria "Interface" della palette "Add" (vedi fig. 3.26).

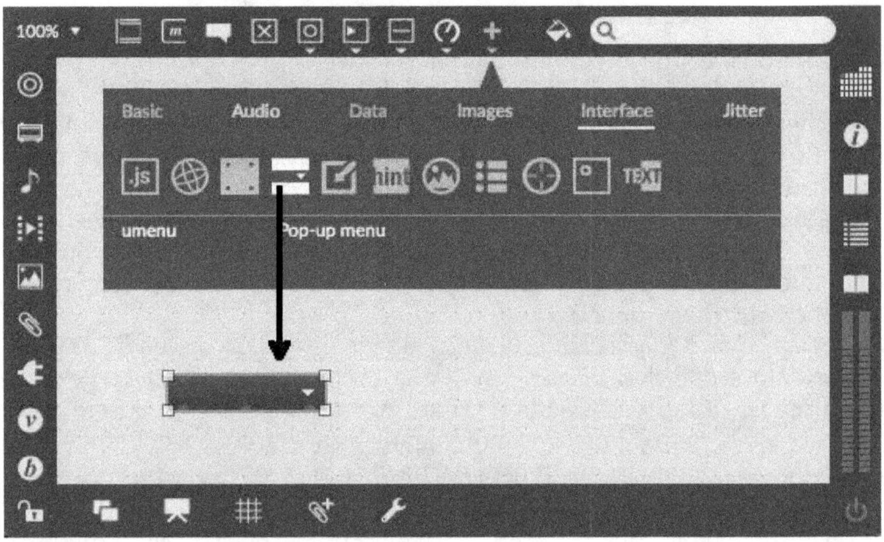

fig. 3.26: l'oggetto **umenu**

Creiamo l'oggetto e apriamo il suo *inspector*, andiamo alla categoria "Items" e facciamo clic sul pulsante "Edit" che si trova alla destra dell'attributo "**Menu Items**".
Apparirà una finestra con un campo di testo all'interno del quale possiamo scrivere le voci del menù: proviamo ad esempio a scrivere "Blu, Rosso, Giallo" separando ogni elemento con una virgola, come si vede in fig. 3.27.
Facciamo clic sul pulsante "OK" in basso a destra e chiudiamo l'*inspector*. Andiamo in modalità *performance* e osserviamo che l'oggetto si comporta come un normale menù a tendina e ci permette di selezionare le tre voci che abbiamo inserito nell'*inspector*.

fig. 3.27: l'*inspector* dell'oggetto **umenu**

Ora colleghiamo un *number box* alla prima uscita e un *message box* alla seconda uscita di **umenu** (fig. 3.28).

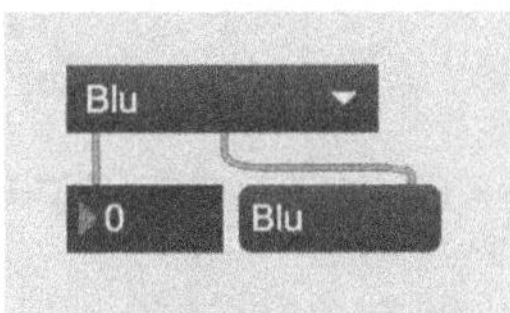

fig. 3.28: visualizzare le voci dell'oggetto **umenu**

Come possiamo vedere in figura, la prima uscita di **umenu** trasmette un numero corrispondente alla voce selezionata (la prima voce ha il numero 0, la seconda 1 e così via), mentre la seconda uscita trasmette il testo contenuto nella voce. Notate che il collegamento con il *message box* va effettuato all'ingresso di destra, in modo da poter visualizzare il messaggio in entrata all'interno del *message box*.[12]

Questo oggetto è molto utile quando dobbiamo selezionare una tra diverse opzioni disponibili in una *patch* oppure dobbiamo inviare un particolare messaggio (preso in un insieme di messaggi possibili) ad un oggetto.

[12] Abbiamo parlato di questa caratteristica del message box nel par. IA.6.

Vediamo una possibile applicazione: aprite il file **01_05_band_limited.maxpat** che avevamo già visto al paragrafo 1.2, e che ci permette di selezionare uno dei tre oscillatori limitati in banda tramite l'oggetto **selector~**. Andate in modalità *edit* e cancellate i tre *message box* collegati al primo ingresso di **selector~**; create un nuovo oggetto **umenu** e collegate la sua uscita di sinistra all'ingresso di sinistra di **selector~**. Entrate nell'*inspector* di **umenu**, andate alla categoria "Items" e inserite, seguendo la procedura indicata sopra, le seguenti quattro voci per il menù: "Off, Dente di sega, Triangolare, Quadrata". Ricordatevi di separare ciascuna voce con una virgola! Ora tornate in modalità *performance* e verificate che l'oggetto **umenu** abbia effettivamente quattro voci (se ne ha di più o di meno significa che avete inserito troppe virgole, o troppo poche). La vostra *patch* dovrebbe avere ora l'aspetto di quella di figura 3.29.

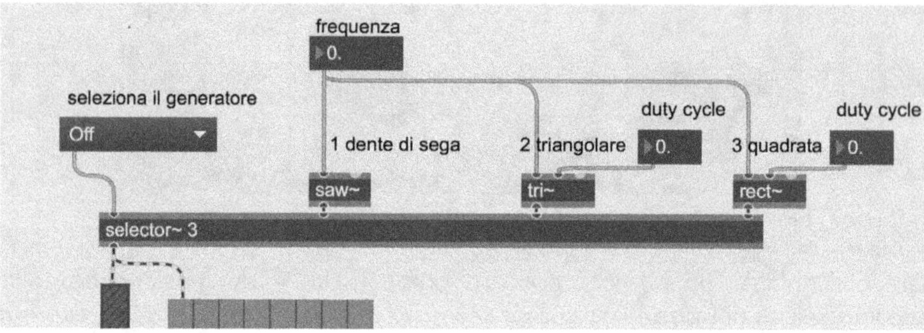

fig. 3.29: utilizzare **umenu** con l'oggetto **selector~**

Ora impostate una frequenza udibile, attivate la *patch* e verificate che le diverse voci del menù funzionino correttamente.
Quello che succede dovrebbe essere abbastanza chiaro: quando selezioniamo la prima voce di **umenu**, "Off", inviamo uno 0 al **selector~** che quindi chiude tutti i suoi ingressi. Quando selezioniamo la seconda voce, "Dente di sega", inviamo un 1 che apre l'ingresso di **selector~** a cui è collegato l'oggetto **saw~**. La terza voce invia un 2 e apre l'ingresso 2 (oggetto **tri~**) e la quarta voce invia un 3 e apre l'ingresso 3 (oggetto **rect~**). Notate che il testo delle diverse voci serve solo come indicazione per l'utente: avremmo potuto scrivere "Blu, Rosso, Verde, Giallo" e avremmo ottenuto esattamente lo stesso risultato.
Vedremo in seguito degli esempi in cui al posto del numero d'ordine utilizzeremo direttamente il testo che esce dal secondo *outlet* di **umenu**.

FILTRI DEL PRIMO ORDINE

In MSP è disponibile un filtro passa-basso del primo ordine che si chiama **onepole~**.
Come sappiamo i filtri del primo ordine hanno una curva di attenuazione piuttosto leggera, di 6 dB per ottava (vedi fig. 3.30).

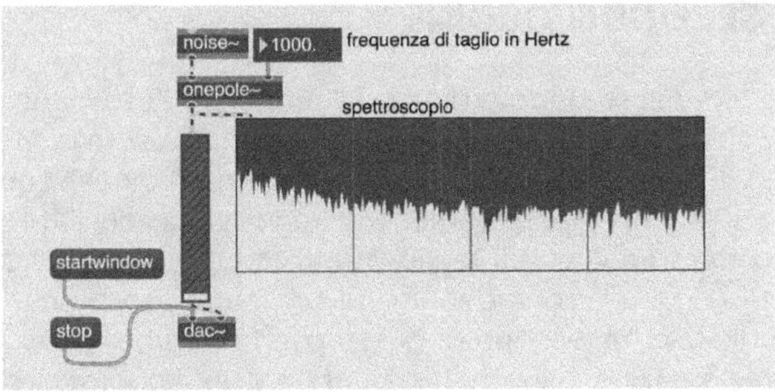

fig. 3.30: filtro passa-basso del primo ordine

Questo filtro non viene usato direttamente per modellare il suono, come abbiamo fatto con i filtri precedenti (che erano tutti del secondo ordine), ma può essere usato per rifinire un suono prima o dopo altri trattamenti. Ad esempio è utile per attenuare il rumore alle alte frequenze in suoni campionati, oppure per rendere meno aspro un suono ottenuto con altre tecniche di sintesi come la modulazione di frequenza o il *waveshaping* (di tutto ciò parleremo nei capitoli relativi). Un altro impiego per questo filtro è l'*envelope following*, che tratteremo nel capitolo 7.
Non esiste, in MSP, un filtro passa-alto del primo ordine, ma è facilmente ottenibile sottraendo al suono originale il suono filtrato con **onepole~** (vedi fig. 3.31).

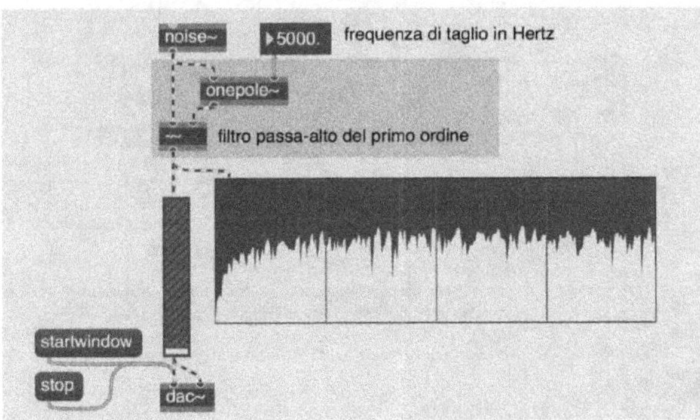

fig. 3.31: passa-alto di primo ordine ottenuto sottraendo al segnale originale il segnale filtrato con il passa-basso

Tramite l'oggetto **-~** (ovvero l'oggetto che sottrae due segnali) sottraiamo al segnale originale il suono filtrato con il passa-basso **onepole~**. Il risultato della sottrazione corrisponde all'uscita di un filtro passa-alto.[13]
Anche questo filtro viene usato per impieghi "speciali" come ad esempio l'eliminazione del *DC Offset* (tratteremo questo argomento nel cap. 5.3 della parte di teoria).

---

13 Nella libreria Virtual Sound Macros esiste l'oggetto **vs.highpass1~** che è un filtro passa-alto del primo ordine realizzato proprio con questo metodo.

FILTRI DEL SECONDO ORDINE

Oltre ad alcuni filtri del secondo ordine già "pronti per l'uso", come ad esempio `reson~` (che abbiamo visto nel paragrafo precedente), esiste in MSP un oggetto che ci permette di definire qualsiasi filtro del secondo ordine: **`biquad~`**. Questo oggetto non vuole i normali parametri di regolazione dei filtri che abbiamo usato finora, come frequenza di taglio o fattore Q, ma un particolare insieme di 5 *coefficienti* la cui relazione definisce il comportamento del filtro: in realtà qualsiasi filtro digitale ha bisogno di questi coefficienti per poter funzionare, e gli oggetti come `reson~` hanno al loro interno un algoritmo che trasforma i parametri di regolazione che noi utilizziamo (frequenza, Q, etc.) negli opportuni coefficienti. Come vedremo nel paragrafo 3.6 della teoria, regolare un filtro manipolando direttamente i coefficienti è un'operazione abbastanza complessa, ma per fortuna esistono in Max degli oggetti che calcolano per noi i coefficienti di un nutrito insieme di filtri del secondo ordine e ci sollevano dalla "fatica" di dover eseguire i calcoli.
Aprite il file **03_07_biquad_filtergraph.maxpat** (fig. 3.32).

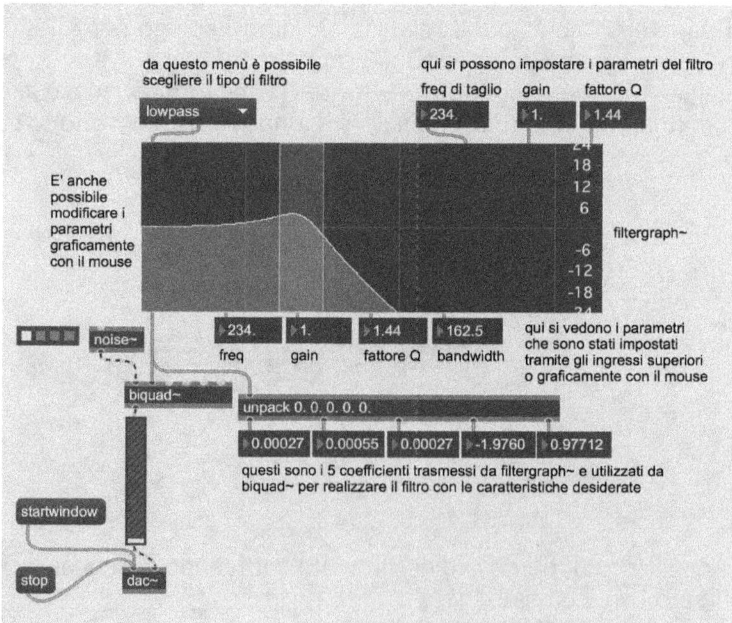

fig. 3.32: file 03_07_biquad_filtergraph.maxpat

L'oggetto grafico che vediamo nella parte superiore della *patch* si chiama **`filtergraph~`** e può gestire i parametri di diversi filtri. Inviando un messaggio all'ingresso di sinistra dell'oggetto possiamo specificare il tipo di filtro desiderato (passa-alto, passa-basso, etc.). Nella *patch* il tipo di filtro viene selezionato tramite un menù a tendina che è stato realizzato con l'oggetto `umenu`.

Come vedete, in questo caso utilizziamo la seconda uscita di `umenu` e quindi inviamo a `filtergraph~` il testo corrispondente alla voce selezionata.

Ogni volta che l'oggetto **filtergraph~** riceve uno dei messaggi contenuti in **umenu** ("*lowpass*", "*highpass*" etc.), al suo interno viene selezionato l'algoritmo che genera i coefficienti per il filtro relativo.
Naturalmente abbiamo inserito in **umenu** solo i messaggi che corrispondono agli algoritmi dei diversi tipi di filtro implementati nell'oggetto **filtergraph~**.
Nella parte destra dell'oggetto ci sono gli ingressi con cui possiamo specificare la frequenza di taglio, il *gain* e il fattore Q del filtro, I parametri del filtro sono impostabili anche graficamente con il mouse, ed è possibile vedere i valori relativi alla frequenza, al *gain*, al fattore Q e alla larghezza di banda da quattro uscite di **filtergraph~** a cui abbiamo collegato altrettanti *float number box*.
Attenzione ora all'uscita di sinistra dell'oggetto. Qui vengono infatti prodotti i "famosi" 5 coefficienti di cui abbiamo parlato: sono questi coefficienti che vengono inviati all'oggetto **biquad~**, cioè al filtro vero e proprio. Possiamo vedere questi coefficienti nei 5 *float number box* collegati all'oggetto **unpack** nella parte bassa della *patch*. Come si può notare questi numeri non hanno apparentemente niente a che fare con i parametri che noi impostiamo in **filtergraph~**, ma di fatto **biquad~** utilizza questi coefficienti per filtrare il segnale: abbiamo chiarito questo "mistero" nel paragrafo 3.6 della parte di teoria. Qualcuno si chiederà quale sia lo scopo di utilizzare due oggetti (**filtergraph~** e **biquad~**) per realizzare un filtro quando sarebbe apparentemente più comodo avere un oggetto per ciascuno dei filtri indicati nel menù collegato a **filtergraph~**: la risposta è che con **biquad~** (o meglio con la possibilità di specificare i 5 coefficienti) possiamo realizzare qualunque filtro del secondo ordine e non soltanto quelli gestiti da **filtergraph~** (che non sono assolutamente gli unici filtri di secondo ordine possibili). Ad esempio i filtri della libreria *Virtual Sound* che abbiamo usato finora, come ad esempio i vari filtri di Butterworth **vs.butterlp~**, **vs.butterhp~** etc., contengono il filtro **biquad~** al quale inviano un particolare insieme di coefficienti: provate ad aprire con un doppio clic uno di questi filtri per vederne il contenuto. Per ulteriori dettagli vi rimandiamo al paragrafo 3.6 della parte di teoria e al corrispondente paragrafo 3.6 della pratica.

ATTIVITÀ

Realizzare una *patch* simile a quella contenuta nel file **03_04_qsynth.maxpat** utilizzando la coppia **filtergraph~** e **biquad~** al posto del filtro **vs.lowpass~**.
Dal momento che **filtergraph~** non può essere controllato da segnali MSP ma solo da messaggi Max, sostituite gli oggetti **function** e i relativi oggetti **line~** con dei generatori *random* **vs.between** che ad ogni *bang* generino un fattore Q e un fattore di moltiplicazione per la frequenza di taglio: in quest'ultimo caso dovrete anche sostituire il moltiplicatore per i segnali [*~] con un moltiplicatore Max per i numeri con la virgola [* 1.].
Per praticità copiate l'oggetto **filtergraph~** e il menù ad esso collegato dal file **03_07_biquad_filtergraph.maxpat** e provate diversi tipi di filtro (passa-alto, passa-basso, passa-banda etc.)

L'oggetto **filtercoeff~** è l'equivalente non grafico di **filtergraph~** ed è molto utile - oltre che per risparmiare spazio sullo schermo se non abbiamo bisogno di modificare graficamente il filtro - anche perché gestisce i parametri come segnali e non come messaggi Max.
In questo modo possiamo variare i parametri con la velocità e la precisione dei segnali audio, e possiamo utilizzare ad esempio l'oggetto line~, come vedremo nella prossima *patch*.

Apriamo il file **03_08_filtercoeff.maxpat** (vedi fig, 3.33).

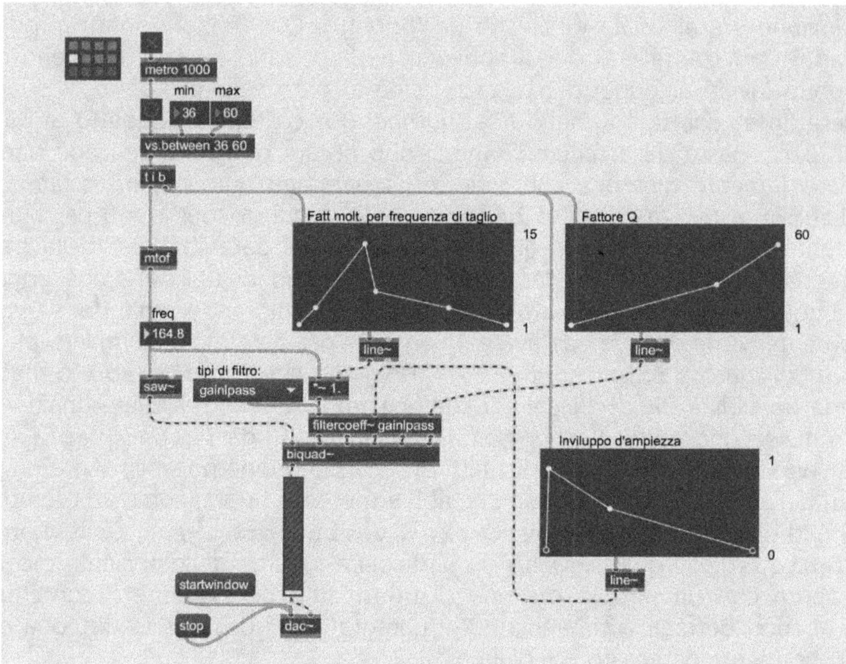

fig. 3.33: file 03_08_filtercoeff.maxpat

Questa *patch* è simile a quella contenuta nel file **03_02_qsynth.maxpat**, con la differenza che il filtro **vs.lowpass~** è sostituito dalla coppia **filtercoeff~ biquad~**: vediamo che **filtercoeff~** può avere un argomento che specifica il tipo di filtro (in questo caso "gainlpass", che significa "passa-basso con controllo del gain" cioè dell'ampiezza), e naturalmente è possibile modificare il tipo di filtro tramite un menù, come abbiamo già visto per **filtergraph~**.
Il menù dei **filtercoeff~** è più ricco di quello di **filtergraph~** perché per ogni tipo di filtro si possono avere due versioni: con o senza il controllo del *gain*. In questa *patch* abbiamo collegato l'inviluppo di ampiezza all'ingresso del *gain* di **filtercoeff~** per risparmiare il moltiplicatore che avremmo dovuto mettere all'uscita di biquad~.

Provate a cambiare il tipo di filtro con i vari *preset*, e create delle nuove configurazioni: attenzione al volume in uscita! con certi filtri l'intensità del suono può aumentare considerevolmente.

Variando la frequenza di taglio di un filtro passa-basso ad intervalli regolari si ottiene un effetto di sintesi sottrattiva noto tradizionalmente come filtraggio con controllo **sample and hold**[14]: provate a ricostruire la *patch* di fig. 3.34.

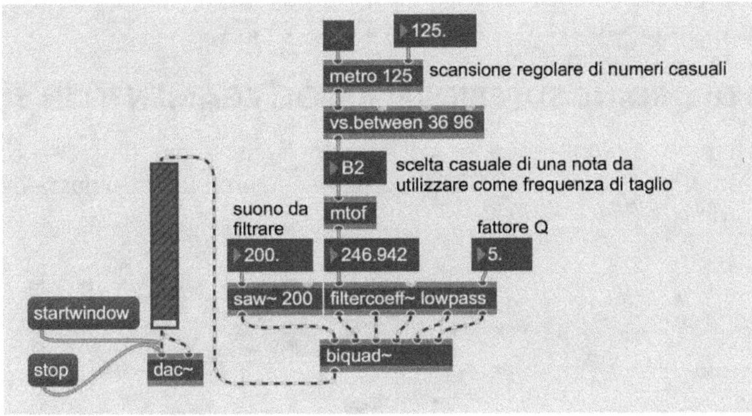

fig. 3.34: filtraggio *sample and hold*

In questa *patch* il suono di un oscillatore con frequenza fissa viene filtrato da un passa-basso la cui frequenza varia ogni 125 millisecondi: ne risulta un suono che ha una "pulsazione ritmico-timbrica" regolare.

ATTIVITÀ

Ecco alcune possibili variazioni della *patch* di fig. 3.34:

- Aggiungete un generatore di note casuali collegato ad un `metro` per variare la frequenza dell'oscillatore con un tempo di scansione più lento di quello che modifica la frequenza del filtro.
- Partendo dalla *patch* realizzata per il primo esercizio, legate i tempi di scansione dei due `metro` (quello della frequenza dell'oscillatore e quello della frequenza del filtro) in modo che per ogni nota dell'oscillatore il filtro vari 8 volte: deve essere possibile variare il tempo di scansione della frequenza dell'oscillatore ed avere il tempo di scansione del filtro che varia automaticamente ad una velocità 8 volte superiore. Aggiungete inoltre un inviluppo d'ampiezza all'oscillatore.
- Trovate un sistema generale per stabilire il rapporto tra la scansione delle note dell'oscillatore e la scansione delle frequenze di taglio: deve essere cioè possibile avere 8 frequenze di taglio per nota (come abbiamo fatto nell'esercizio precedente), oppure 4, 5 etc.

14 Sample and hold significa "campiona e mantieni", e si riferisce alla tecnica di campionare ad intervalli regolari l'uscita di un generatore di suono (spesso un generatore di rumore) e di utilizzare i valori campionati per controllare un parametro di elaborazione, come ad esempio la frequenza di taglio di un filtro. Qui usiamo una tecnica diversa, ma abbiamo mantenuto la denominazione perché l'effetto risultante è identico.

- Fate in modo che la generazione di frequenze casuali per il filtro sia dipendente dalla frequenza dell'oscillatore (aggiungete cioè una serie di numeri casuali alla nota MIDI scelta per l'oscillatore e usate i risultati per la frequenza di taglio).

FILTRI DI ORDINE SUPERIORE: IL COLLEGAMENTO IN SERIE

Creare filtri di ordine superiore collegando in serie più filtri è abbastanza immediato in MSP; in figura 3.35 ad esempio abbiamo un filtro passa-basso del quarto ordine.

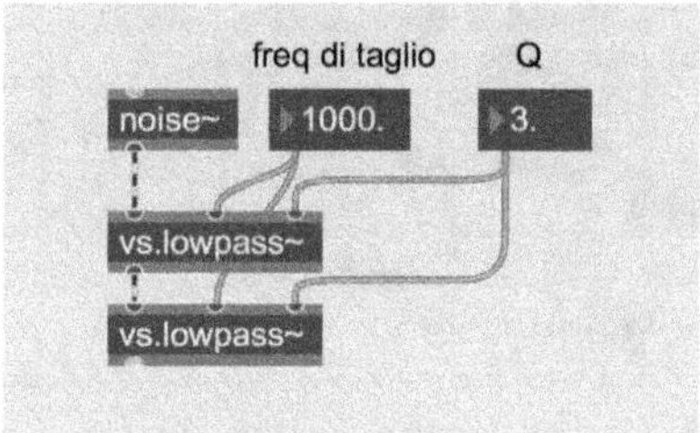

fig. 3.35: filtro passa-basso del quarto ordine

In figura 3.36 vediamo invece un passa-alto dell'ottavo ordine.

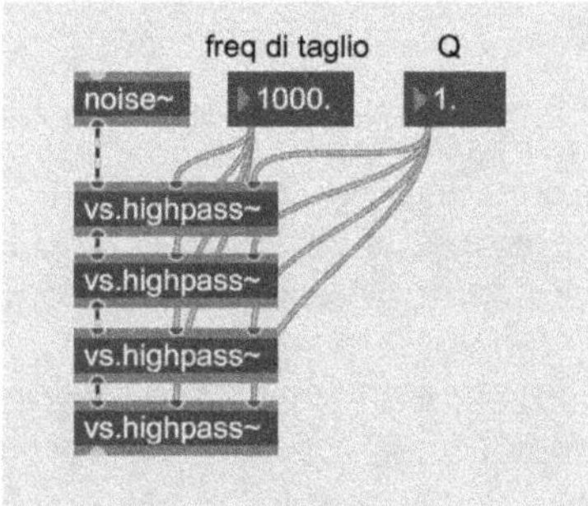

fig. 3.36: filtro passa-alto dell'ottavo ordine

Ricreateli per sentire come suonano: attenzione a non alzare troppo il fattore Q perché la risonanza dei filtri si accumula e può facilmente superare l'ampiezza massima gestita da Max.

È anche possibile creare filtri di ordine superiore partendo da filtri del primo ordine, ad esempio collegando in serie 5 **onepole~** è possibile ottenere un filtro passa-basso del quinto ordine.
A questo proposito è interessante notare che la composizione di filtri dello stesso tipo e dello stesso ordine, realizzati con algoritmi diversi, dà luogo a risultati diversi, anche se idealmente i filtri dovrebbero avere lo stesso effetto sul suono.

Ad esempio considerate i due filtri passa-basso del quarto ordine illustrati in figura 3.37.

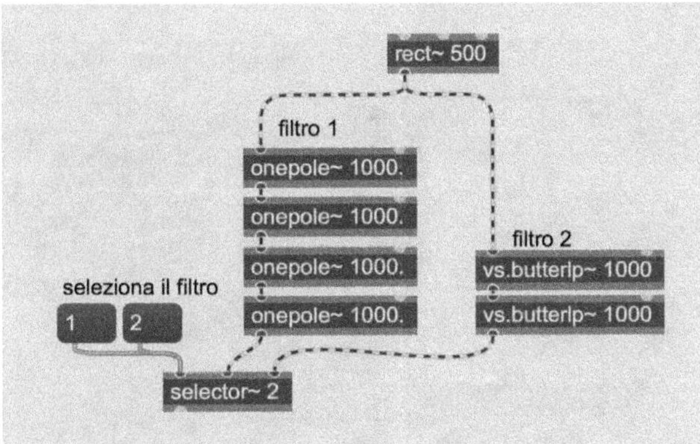

fig. 3.37: due diversi filtri del quarto ordine

Se ricostruite la *patch* noterete che i due filtri modificano diversamente il suono: in particolare il secondo filtro, quello costruito con i filtri di *Butterworth*, tende ad enfatizzare maggiormente le frequenze vicine alla frequenza di taglio. Ciò è dovuto al fatto che le implementazioni dei filtri reali si distanziano, nei risultati, dalle caratteristiche dei filtri ideali come chiarito nel par. 3.4 della teoria.
È anche possibile costruire filtri particolari mettendo in serie dei filtri diversi tra loro. Ad esempio con un passa-basso e un passa-alto risonanti è possibile creare un passa-banda con due frequenze di risonanza (vedi figura 3.38).

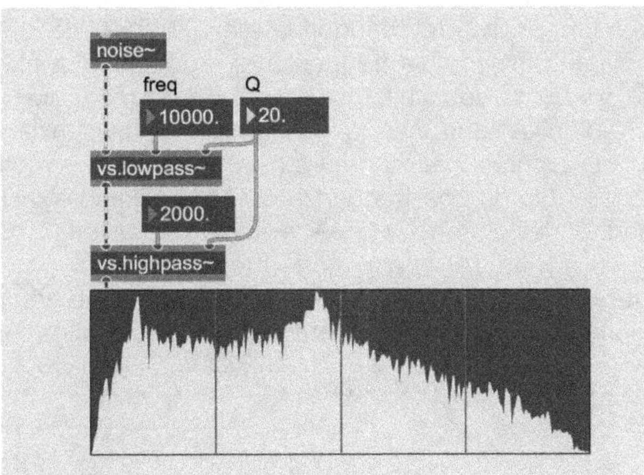

fig. 3.38: filtro passa-banda con due frequenze di risonanza

Notate che la frequenza di taglio del filtro passa-basso (**vs.lowpass~**) deve essere superiore a quella del filtro passa-alto (**vs.highpass~**): avete capito perché?

Partendo dall'ultimo esempio vediamo lo spunto per qualche esercizio musicalmente interessante; aprite il file **03_09_harmonicwalk.maxpat** (figura 3.39).

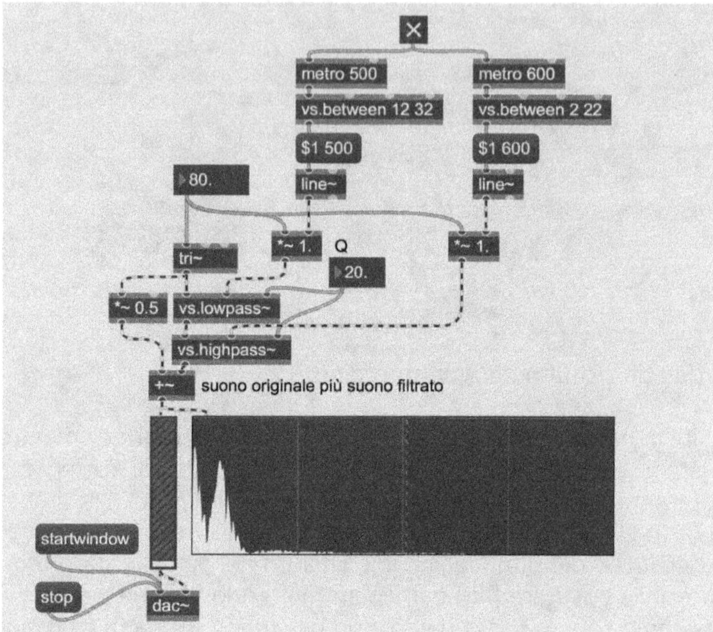

fig. 3.39: file 03_09_harmonicwalk.maxpat

In questa *patch* un oscillatore triangolare viene filtrato da un filtro passa-basso e un passa-alto in serie. La frequenza di taglio dei due filtri è variata da due generatori **`vs.between`** che, guidati da due oggetti **`metro`**, generano dei fattori di moltiplicazione per la fondamentale, evidenziando quindi le diverse armoniche (come abbiamo già visto in fig. 3.21 e in molte altre *patch* successive): il passaggio da una frequenza di taglio all'altra avviene tramite un glissando generato dall'oggetto **`line~`** e la scansione degli oggetti **`metro`** è diversa per i due filtri. Al suono così ottenuto (che si potrebbe definire una passeggiata casuale tra le armoniche del suono) viene aggiunto il suono originale la cui ampiezza è stata dimezzata perché non prevalga sui suoni filtrati.

ATTIVITÀ

Vi proponiamo alcune estensioni della *patch* **03_09_harmonicwalk.maxpat**:
- Aggiungete un generatore di frequenze casuali (tra 50 e 200 Hz) collegato ad un **`metro`** per variare la frequenza dell'oscillatore con un tempo di scansione abbastanza lento (ad es. un *bang* ogni 3000 millisecondi).
- Legate i tempi di scansione (quello principale della frequenza dell'oscillatore e quelli delle frequenze di taglio dei due filtri) in modo che per ogni nota dell'oscillatore i filtri varino rispettivamente 5 e 6 volte.

Questo rapporto deve rimanere costante anche quando si cambia il tempo di scansione del metronomo principale: attenzione al secondo elemento del messaggio che deve essere inviato a **line~**!

- Aggiungete due inviluppi d'ampiezza, uno per il suono originale e uno per il suono filtrato, e provate ad usare altre forme d'onda: cercate di creare un certo numero di timbri interessanti e memorizzateli in un *preset*.

3.5 LA SINTESI SOTTRATTIVA

Nel paragrafo 3.5 della teoria abbiamo descritto il funzionamento di un piccolo sintetizzatore virtuale che sfrutta la tecnica della sintesi sottrattiva. Questo sintetizzatore, che fa parte degli esempi video che si trovano sul sito www.virtual-sound.com/cmsupport, è stato realizzato in Max e qui di seguito ne analizzeremo il funzionamento.
Si tratta sicuramente di una *patch* più corposa e articolata di quelle che abbiamo affrontato finora, e anche se le singole parti non sono particolarmente complesse, per avere una chiara visione dell'insieme è necessaria una certa concentrazione.
Vi consigliamo quindi di affrontare questo paragrafo a mente fresca, di non leggerlo tutto di seguito, ma di spezzare lo studio in più "sedute" e soprattutto di verificare di aver ben assimilato le tecniche di programmazione Max che abbiamo esposto finora.

COMUNICAZIONE "SENZA FILI": L'OGGETTO PVAR

A proposito di tecniche di programmazione, introduciamo innanzitutto un oggetto che ci permette di gestire l'interfaccia Max (ovvero l'insieme di *number box*, *fader* e quant'altro venga usato dall'utilizzatore per impostare i parametri della *patch*) in modo più agevole: **pvar**.
Per vedere come funziona questo oggetto ricostruite innanzitutto la semplice *patch* di fig. 3.40.

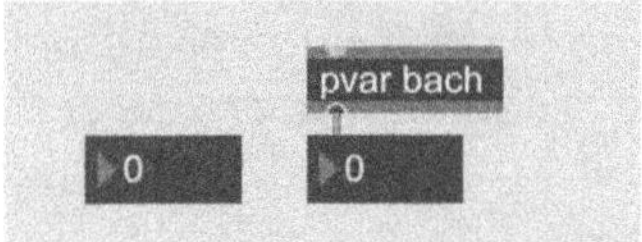

fig. 3.40: l'oggetto **pvar**

Abbiamo due *number box*, al secondo dei quali è stato collegato un oggetto **pvar** con argomento *"bach"*. Se ora provate (in modalità *performance*) a modificare il contenuto dei due *number box* non succede assolutamente nulla, come è ovvio, non essendo l'uscita dei *number box* collegata a nessun altro oggetto. Tornate ora in modalità *edit* e aprite l'*inspector* del *number box* di sinistra (quello non collegato a **pvar**).

Individuate la categoria "Name" in alto e fate doppio clic sullo spazio alla destra dell'attributo "**Scripting Name**", si aprirà un campo di testo all'interno del quale scriverete "bach" (fig.3.41).

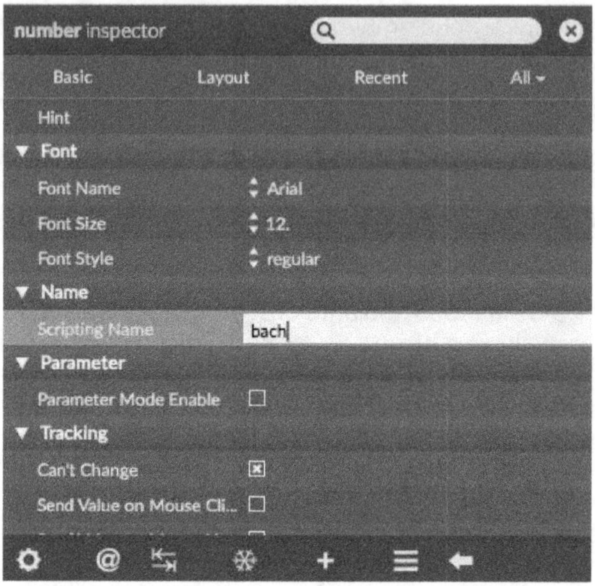

fig. 3.41: dare un nome ad un oggetto nell'*inspector*

Chiudete l'*inspector*: abbiamo appena dato un nome al *number box*. Nessun altro oggetto, all'interno della stessa *patch*, può avere lo stesso nome.
Ora modificate il numero del *number box* a cui abbiamo appena assegnato il nome "bach" e vedrete che lo stesso numero apparirà nel *number box* di destra collegato all'oggetto **pvar**. In pratica quando l'oggetto **pvar** ha un argomento che corrisponde al nome di un altro oggetto, riceve automaticamente i messaggi da quest'ultimo e li riproduce dalla sua uscita. L'oggetto **pvar** assomiglia quindi all'oggetto **receive** che può ricevere dei messaggi da un corrispondente oggetto **send** senza essere connesso a quest'ultimo. Le differenze sono che l'oggetto **pvar** riceve messaggi direttamente da un oggetto a cui è stato assegnato un nome, e la comunicazione avviene solo all'interno di una stessa *patch* (mentre come sappiamo **send** può inviare un messaggio ad un oggetto **receive** che ha lo stesso argomento anche se si trova in una *patch* diversa). Gli oggetti **pvar** sono molto utili per costruire interfacce prive di cavi, come vedremo tra poco.

SCELTA MULTIPLA: L'OGGETTO RADIOGROUP

Prima di analizzare il sintetizzatore sottrattivo vediamo un ultimo oggetto che può essere utile quando bisogna effettuare una scelta da un insieme di opzioni: **radiogroup**.
Questo oggetto si trova nella palette "Buttons", e consiste in un gruppo di pulsanti il cui numero è definibile a piacere (vedi fig. 3.42).

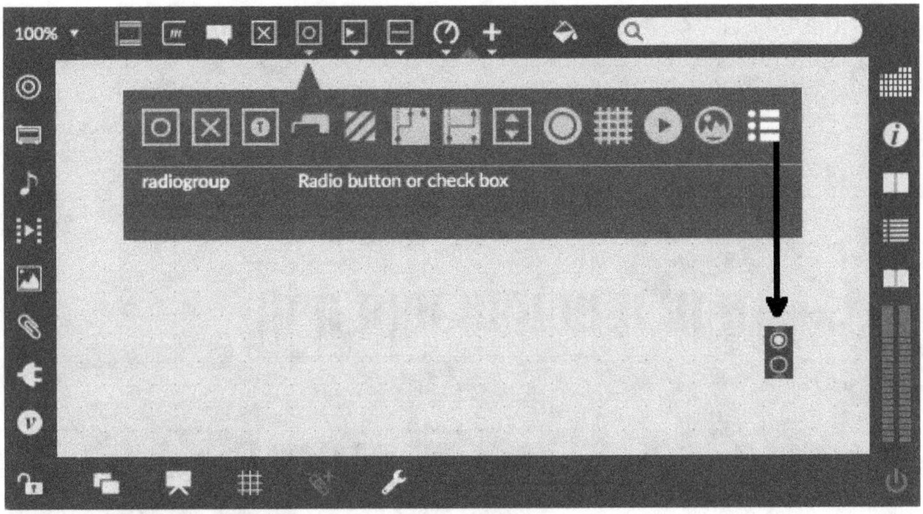

fig. 3.42: oggetto `radiogroup`

Di *default* i pulsanti di `radiogroup` sono due, ma è possibile modificare questo numero tramite l'attributo "**Number of Items**" che trovate nell'*inspector* alla categoria "Value". Create un `radiogroup` con 4 pulsanti (usando l'*inspector*) e collegate un *number box* alla sua uscita. Passate in modalità *performance* e fate clic sui diversi pulsanti. Come vedete ad ogni pulsante corrisponde un numero progressivo: al primo pulsante corrisponde il numero 0, al secondo il numero 1 e così via (fig. 3.43)

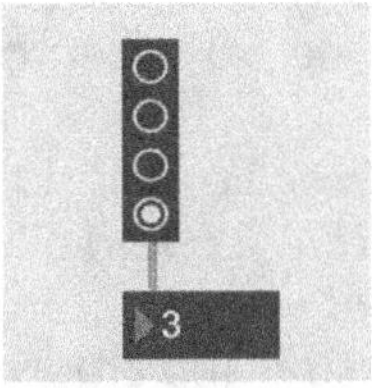

fig. 3.43: `radiogroup` con 4 pulsanti

Questo oggetto ci permette quindi di selezionare una opzione da un insieme di possibilità, in modo simile all'oggetto `umenu`. Sarebbe ad esempio possibile sostituire con un `radiogroup` a quattro pulsanti l'oggetto `umenu` di fig. 3.29 (vedi): accanto a ogni pulsante si potrebbe aggiungere un *comment box* contenente il nome della forma d'onda corrispondente.

ANATOMIA DI UN SINTETIZZATORE IN SINTESI SOTTRATTIVA

Passiamo finalmente al nostro sintetizzatore virtuale. Se non l'avete ancora fatto, rileggete il par. 3.5 della parte di teoria: qui, infatti, non spiegheremo come funziona il sintetizzatore ma soltanto come viene implementato in Max.

A rilettura ultimata potete aprire il file **03_10_subsynth.maxpat**.
In fig. 3.44 vediamo l'interfaccia del sintetizzatore, che si trova nella parte alta della *patch*.

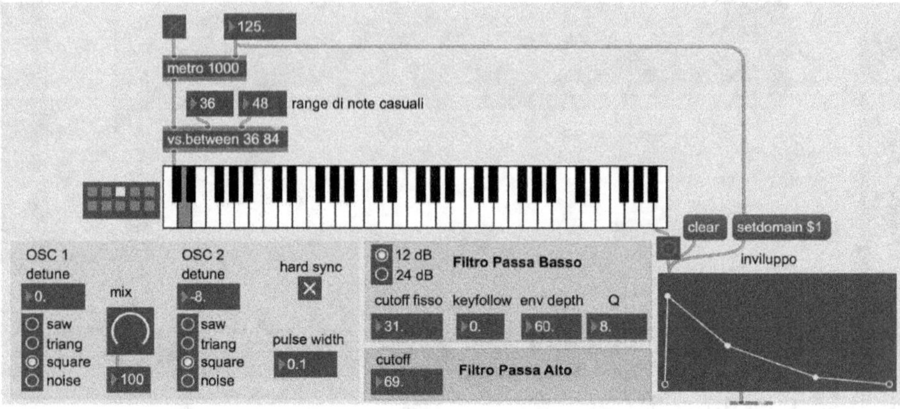

fig. 3.44: file **03_10_subsynth.maxpat**, interfaccia del sintetizzatore

Il riquadro in basso a sinistra contiene i parametri per i due oscillatori. La forma d'onda può essere scelta tramite `radiogroup`. Al di sopra dei `radiogroup` ci sono due *number box* per alterare (in frazioni di semitoni) l'intonazione degli oscillatori. Nella parte centrale, sotto la scritta "mix", abbiamo un oggetto **`dial`** (l'equivalente "rotante" dell'oggetto `slider` che abbiamo incontrato al par. 1.6) che varia tra 0 e 100 e serve a miscelare i due oscillatori: quando il valore è 0 si sente solo l'oscillatore di sinistra, quando il valore è 100 si sente solo quello di destra, quando vale 50 si sentono i due oscillatori miscelati in parti eguali, e così via.
Completano il riquadro un `toggle` per l'*hard sync* (vedi par. 3.5 della teoria) e un *number box* per il *duty cycle* dell'onda quadra (abbiamo usato la terminologia spesso presente nei sintetizzatori, *pulse width*, ovvero larghezza dell'impulso). Spostandoci a destra abbiamo altri due riquadri: il riquadro in alto riguarda il filtro passa-basso e ci permette di impostarne la pendenza (12 o 24 dB per ottava, cioè del secondo o quarto ordine) tramite un `radiogroup`. Abbiamo inoltre dei *number box* per impostare una frequenza di taglio fissa, un fattore di *key follow*, la profondità con cui l'inviluppo influenza il filtro (*env depth*) e infine il fattore Q. Il riquadro in basso ci permette di impostare la frequenza di taglio (fissa) del filtro passa-alto.
A destra dei due riquadri abbiamo un oggetto `function` per l'inviluppo di ampiezza (che può influenzare anche la frequenza del filtro passa-basso, come abbiamo visto nel par. 3.5 della teoria). Nella parte alta dell'interfaccia c'è un generatore di note casuali, del tutto simile a quello che abbiamo visto in molte altre *patch*: notate che il tempo di scansione dell'oggetto `metro` viene anche utilizzato come durata dell'inviluppo tramite il messaggio "*setdomain*" (abbiamo già usato questa tecnica nell'Interludio A, paragrafo IA.8, vedi in particolare la fig. IA.65). Alla maggior parte degli oggetti presenti nell'interfaccia è stato dato un nome, in modo che ciascuno di essi possa comunicare con un corrispondente oggetto `pvar` che si trova nella metà inferiore della *patch*.

Per individuare meglio gli oggetti **pvar** ne abbiamo colorato, tramite l'*inspector*, il bordo, e li abbiamo collegati ognuno ad un *number box*. Provate (a metronomo fermo) a modificare i parametri nell'interfaccia in alto e verificate a quale **pvar** ciascuno di essi è collegato. Ad esempio, se fate clic su una nota del **kslider**, ci sono due **pvar** che ricevono il messaggio, sapete individuarli? Passiamo ora ad analizzare il "motore" del sintetizzatore, cominciando dalla parte che genera il suono, che si trova in basso a sinistra nella *patch* (fig. 3.45).

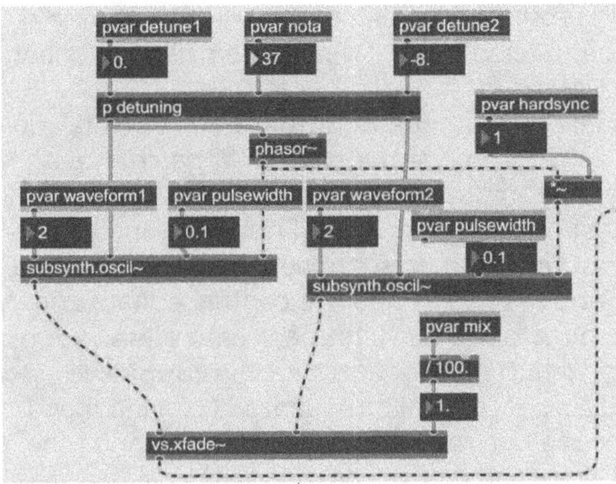

fig. 3.45: file **03_10_subsynth.maxpat**, sezione oscillatori

Nella parte alta di questa sezione abbiamo tre **pvar** che ricevono il valore corrispondente alla nota MIDI generata casualmente e i due fattori di *detuning*. Questi tre valori vengono inviati alla *subpatch* [**p** detuning]. All'interno della *subpatch* (che potete aprire con un doppio clic, vedi fig. 3.46) la nota e i fattori di detuning vengono sommati[15] e i risultati delle due somme vengono convertiti in Hertz da due oggetti **mtof**.

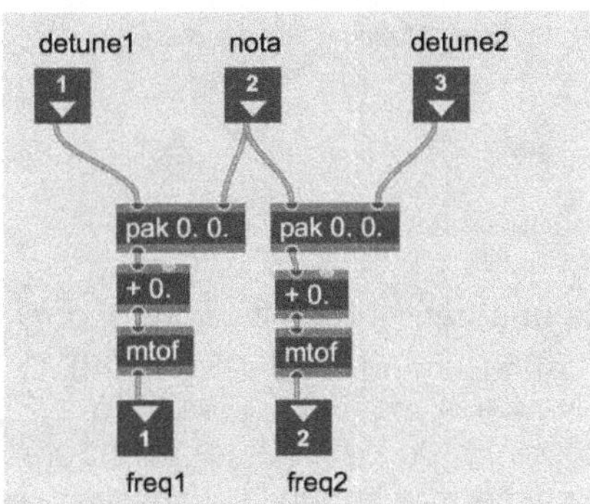

fig. 3.46: il contenuto della *subpatch* [**p** detuning]

15 I valori vengono inviati a **pak** che genera una lista ogni volta che riceve un messaggio in uno qualunque dei suoi ingressi (vedi par. 2.4). In questo caso l'oggetto **pak** invia la lista al sommatore (l'oggetto +) che esegue l'operazione (a proposito delle liste inviate agli operatori vedi par. IA.1).

Le due frequenze così ottenute vengono inviate all'uscita della *subpatch*. Tornando alla *patch* principale di fig. 3.45 vediamo che la prima frequenza raggiunge un **phasor~** (di cui ci occuperemo dopo) e un oggetto **subsynth .oscil~**, la seconda frequenza raggiunge un secondo oggetto **subsynth. oscil~**. Se non avete mai sentito parlare dell'oggetto **subsynth.oscil~** non preoccupatevi, si tratta infatti di una *abstraction* (un oggetto realizzato tramite altri oggetti Max) creata appositamente per questa *patch*. Il file relativo si trova all'interno della cartella che contiene anche il file **03_10_subsynth.maxpat**.
L'oggetto ha 4 ingressi: tramite primo si seleziona la forma d'onda, il secondo è per la frequenza, il terzo è per il *duty cycle* dell'onda quadra e il quarto per l'*hard sync*.
Vediamo il contenuto dell'oggetto **subsynth.oscil~** aprendolo con un doppio clic (fig. 3.47). Come si può vedere la *patch* è piuttosto semplice, un **selector~** che ci permette di scegliere fra tre forme d'onda limitate in banda (dente di sega, triangolare, quadrata) e il rumore bianco. La scelta viene inviata all'oggetto dal **radiogroup** presente nell'interfaccia, e arriva al primo **inlet** di **subsynth.oscil~**, che in figura è contrassegnato con "forma d'onda"; al valore viene sommato 1 e il risultato è inviato al **selector~**: sapreste dire perché il valore generato dall'oggetto **radiogroup** deve essere incrementato di 1? Al secondo **inlet** arriva la frequenza che viene mandata alle tre forme d'onda periodiche ma non, ovviamente, al rumore bianco che, come sappiamo, non necessita di alcun parametro (vedi par. 3.1).

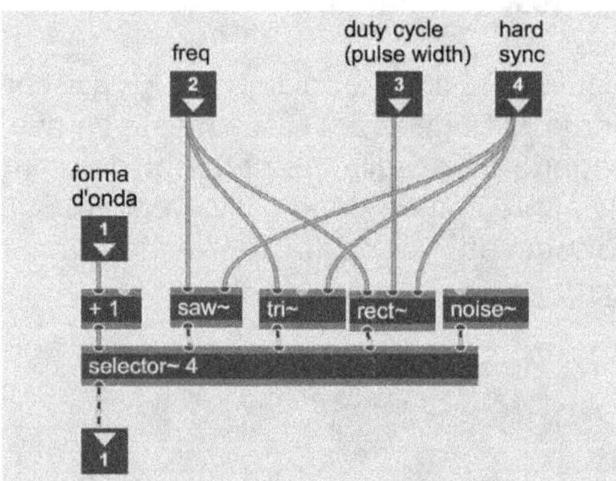

fig. 3.47: interno dell'oggetto **subsynth.oscil~**

L'oggetto **rect~** (onda quadrata) riceve il valore di *duty cycle* dal terzo **inlet** di **subsynth.oscil~** (per ulteriori dettagli sul *duty cycle* rileggete il par. 1.2 della parte teorica e della parte pratica).
Passiamo ora all'*hard sync*: come vedete in figura il quarto **inlet** di **subsynth.oscil~** è etichettato appunto "hard sync" ed è collegato all'ultimo ingresso di ciascun oscillatore limitato in banda. Quando questi oscillatori ricevono all'ultimo ingresso un segnale che passa da un valore inferiore a 0.5 a un valore superiore a 0.5, il ciclo della forma d'onda limitata in banda ricomincia dall'inizio, indipendentemente dal punto in cui si trovava. Questo significa che se colleghiamo un oggetto **phasor~** a questo ingresso, ogni volta che **phasor~** supera la metà del proprio ciclo e passa quindi da un valore inferiore

a 0.5 a un valore superiore, forza l'oscillatore a ricominciare il proprio ciclo. In figura 3.48 vediamo una *patch* che illustra il meccanismo; l'oggetto **phasor~** ha una frequenza di 100 Hz ed è collegato all'ultimo ingresso di un oggetto **saw~** che ha una frequenza di 150 Hz: quest'ultimo quindi viene "obbligato" a ricominciare il ciclo dopo averne compiuto uno e mezzo.

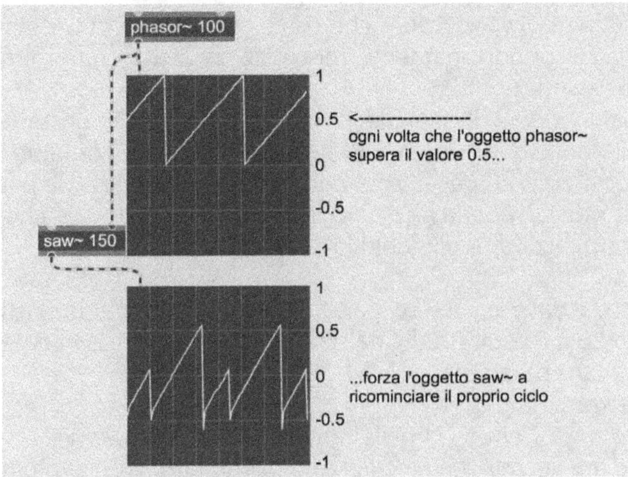

fig. 3.48: *hard sync*

Torniamo nuovamente alla *patch* principale in figura 3.45, e occupiamoci dell'oggetto **phasor~** che riceve da [p detuning] la stessa frequenza del primo oscillatore (quello di sinistra). L'uscita di **phasor~** è collegata ad un moltiplicatore ***~** a destra. Ogni volta che facciamo clic sul **toggle** contrassegnato nell'interfaccia dalla scritta "hard sync", inviamo uno 0 o un 1 all'oggetto [**pvar hardsync**] e quindi moltiplichiamo per 1 o per 0 il segnale di **phasor~** (verificate): moltiplicarlo per 1 significa lasciarlo passare inalterato, moltiplicarlo per 0 significa annullarlo, ovvero ridurlo ad un flusso di campioni di valore 0. L'uscita del moltiplicatore va al quarto ingresso dell'oggetto **subsynth.oscil~** di destra, e questo significa che agendo sul **toggle** attiviamo o disattiviamo l'*hard sync* dell'oscillatore. Dal momento che **phasor~** ha la stessa frequenza dell'oscillatore di sinistra, quando attiviamo l'*hard sync* obblighiamo il secondo oscillatore (quello di destra) a sincronizzarsi con il primo. Come potete vedere il **phasor~** viene inviato anche al quarto ingresso dell'oscillatore di sinistra. Questa potrebbe sembrare un'operazione inutile, dal momento che il primo oscillatore e il **phasor~** hanno la stessa frequenza e quindi non si crea nessuna alterazione della forma d'onda. In realtà in questo modo ci garantiamo che entrambi gli oscillatori siano sincronizzati con il **phasor~** (quando è attivo l'*hard sync*) e che entrambi inizino il ciclo nello stesso momento.

I segnali in uscita dai due oscillatori vengono inviati all'oggetto **vs.xfade~**, che fa parte della libreria *Virtual Sound Macros*. Questo oggetto prende due segnali e li miscela in base al parametro che riceve al terzo ingresso: con 0 riproduce solo il primo segnale, con 1 solo il secondo, con 0.5 miscela i due segnali in parti eguali e così via. Questo parametro arriva dall'oggetto **dial** che nell'interfaccia è contrassegnato dalla scritta "mix", e dopo aver raggiunto

l'oggetto [pvar mix] viene diviso per 100 in modo da trasformare l'intervallo 0-100 prodotto da dial in un intervallo 0-1.
E con questo abbiamo concluso l'impegnativa parte riguardante la generazione del suono. Vi consigliamo di fare una pausa prima di continuare la lettura, perché la parte riguardante il filtraggio è altrettanto impegnativa!

L'uscita dell'oggetto vs.xfade~, che come abbiamo visto trasmette il segnale dei due oscillatori opportunamente miscelati, va alla sezione di filtraggio che possiamo vedere in fig. 3.49.
Come si vede in figura il segnale prodotto dagli oscillatori entra nel primo ingresso dell'oggetto subsynth.filter~ che è un'altra *abstraction* realizzata appositamente per questa *patch*. Prima di analizzarla però vediamo il funzionamento della *subpatch* [p calc_lpfreq] in alto a destra, che si occupa di calcolare la frequenza di taglio del filtro passa-basso.

Come ricorderete dalla lettura del par. 3.5 della teoria, la frequenza di taglio del filtro passa-basso è il risultato di una serie di calcoli, e precisamente è il risultato della somma di tre parametri:
1) una frequenza fissa
2) un multiplo della frequenza della nota suonata (*key follow*)
3) l'inviluppo d'ampiezza ADSR, moltiplicato per un fattore di "profondità" (*depth*).

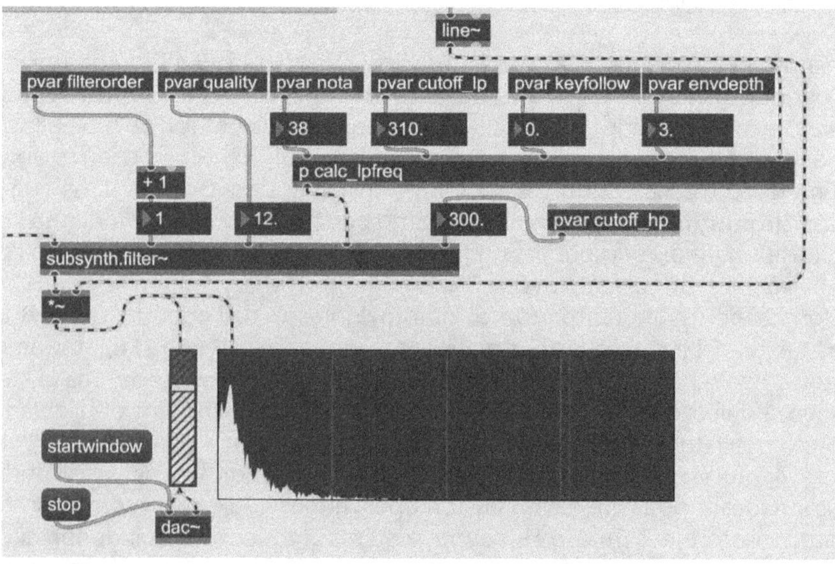

fig. 3.49: file **03_10_subsynth.maxpat**, sezione filtri

In fig. 3.49 vediamo che l'oggetto [p calc_lpfreq] (in alto) ha cinque ingressi: nel primo, riceve il valore corrispondente alla nota MIDI generata casualmente, nel secondo il valore fisso di *cutoff*, nel terzo il fattore di *key follow*, nel quarto il fattore di profondità dell'inviluppo e nel quinto il segnale generato da line~ corrispondente all'inviluppo.
Apriamo con un doppio clic l'oggetto [p calc_lpfreq] (vedi fig. 3.50).

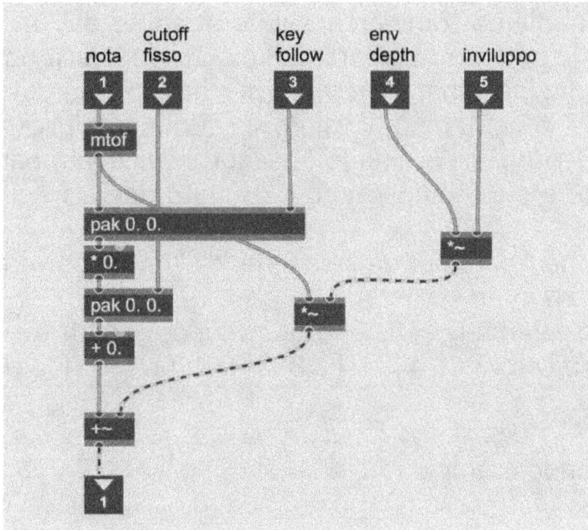

fig. 3.50: il contenuto della *subpatch* [p calc_lpfreq]

Vediamo che il valore di nota MIDI (primo **inlet**) viene immediatamente convertito in frequenza e moltiplicato per il fattore di *key follow* (terzo **inlet**): quando questo fattore vale 1 il parametro corrisponde alla frequenza della nota, se vale 2 corrisponde al doppio della frequenza della nota, e così via.
Naturalmente quando il fattore è pari a 0 il parametro di *key follow* viene annullato. Al *key follow* così calcolato si somma il valore di *cutoff* fisso (secondo **inlet**). Il terzo parametro è ottenuto moltiplicando l'inviluppo di ampiezza per un fattore di profondità (*env depth*, quarto e quinto **inlet**): notate che il moltiplicatore è un oggetto MSP (con la tilde) dal momento che l'inviluppo è un segnale e non un messaggio Max. Anche in questo caso se il fattore di *env depth* è uguale a 1 i valori dell'inviluppo rimangono inalterati, se è uguale a 2 raddoppiano, se è uguale a 0 vengono annullati (e con essi viene annullato anche qualsiasi effetto dell'*env depth*), etc. Il segnale dell'inviluppo moltiplicato per il fattore di *env depth* viene ulteriormente moltiplicato per la frequenza della nota. Infine viene sommato agli altri due parametri (*cutoff* fisso e *key follow*) calcolati in precedenza.
Per capire bene cosa succede alla frequenza di taglio del filtro facciamo un paio di esempi pratici. Per prima cosa supponiamo di avere:

Nota = 440 Hz
Cutoff fisso = 0 Hz
Key Follow = 1
Env Depth = 1

Supponiamo inoltre che l'inviluppo di ampiezza sia triangolare, e vada da 0 a 1 in 1 secondo e torni a zero in 1 secondo.

Dal momento che il fattore di *key follow* è pari a 1, abbiamo un valore per questo parametro di 440 (440 · 1) a cui si somma il *cutoff* fisso che è pari a 0, e il risultato è sempre 440.

A questi valori dobbiamo sommare il valore ottenuto dall'inviluppo. Mentre i primi due valori rimangono fissi durante l'esecuzione della nota, quest'ultimo valore è dinamico, cioè varia nel tempo, perché dipende dall'inviluppo che è un segnale che varia nel tempo. Il valore si calcola moltiplicando innanzitutto il fattore di *env depth* per l'inviluppo (essendo l'*env depth* pari a 1 l'inviluppo rimane inalterato) e poi moltiplicando il risultato per la frequenza della nota (440 Hz).
Questo significa che il parametro dipendente dall'inviluppo va da 0 a 440 in un secondo e torna a 0 in un secondo.
Sommando i tre parametri (440 + 0 + inviluppo · 440) avremo quindi una frequenza di taglio cha va da 440 Hz a 880 Hz in un secondo per tornare a 440 Hz in un secondo.

Facciamo un secondo esempio:

Nota = 220 Hz
Cutoff fisso = 100 Hz
Key Follow = 2
Env Depth = 0.5

Utilizziamo l'inviluppo di ampiezza precedente, ovvero un inviluppo triangolare che va da 0 a 1 in 1 secondo e torna a zero in 1 secondo.
Abbiamo: 220 (nota) · 2 (key follow) = 440 + 100 (cutoff fisso) = 540
A questo valore va aggiunto l'inviluppo moltiplicato per il valore di *env depth*, che è 0.5, e ulteriormente moltiplicato per la frequenza della nota (220 Hz): il risultato è un valore che va da 0 a 110 in un secondo e torna a 0 in un secondo.
Sommando i parametri (540 + inviluppo · 0.5 · 220) avremo quindi una frequenza di taglio che va da 540 Hz a 650 Hz in un secondo per tornare a 540 Hz in un secondo.

Se torniamo alla *patch* principale (fig. 3.49) possiamo vedere che il valore di frequenza di taglio così calcolato dalla *subpatch* [`p` calc_lpfreq] raggiunge il quarto ingresso dell'oggetto **`subsynth.filter~`**. All'interno di questo oggetto si trovano i filtri del sintetizzatore virtuale, prima di aprirlo vediamo quali informazioni riceve nei suoi quattro ingressi.

Al primo ingresso arriva il segnale prodotto dagli oscillatori e miscelato dall'oggetto **`vs.xfade~`**.
Al secondo ingresso arriva un valore che stabilisce l'ordine del filtro passa-basso, ovvero se si tratta di un filtro del secondo ordine (con una attenuazione di 12 dB per ottava) o di un filtro del quarto ordine (con una attenuazione di 24 dB per ottava): notate che l'oggetto [**`pvar filterorder`**] riceve i dati dal **`radiogroup`** presente nel riquadro centrale dell'interfaccia (vedi fig. 3.44). I dati trasmessi dal **`radiogroup`** sono 0 e 1, a seconda che si prema il pulsante contrassegnato con "12 dB" o quello contrassegnato con "24 dB", questi dati vengono incrementati di 1 (diventando quindi 1 e 2) e finalmente trasmessi al secondo ingresso di **`subsynth.filter~`**.
Al terzo ingresso viene inviato il fattore Q o *quality factor*.

Al quarto ingresso come abbiamo già detto è collegata la frequenza di taglio del filtro passa-basso, e al quinto ingresso la frequenza di taglio del filtro passa-alto, che è una frequenza fissa.

Apriamo ora l'oggetto **subsynth.filter~** con un doppio clic (vedi fig. 3.51).

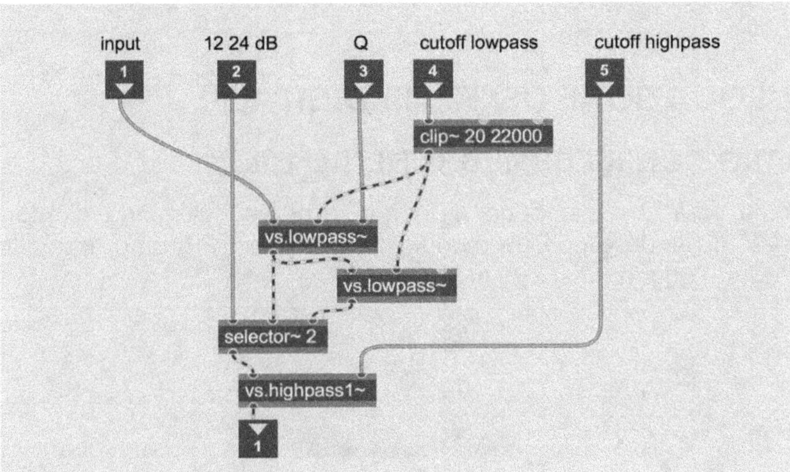

fig. 3.51: interno dell'oggetto **subsynth.filter~**

Come si vede dalla figura il segnale audio che arriva al primo **inlet** viene inviato ad un filtro passa-basso che è collegato in cascata ad un secondo filtro passa-basso. Entrambi i filtri poi sono collegati all'oggetto **selector~**; a questo stesso oggetto è collegato il secondo **inlet** da cui, come sappiamo, arrivano i valori 1 e 2 a seconda che si selezioni un filtro con pendenza 12 dB o con pendenza 24 dB. Quando il **selector~** riceve il valore 1 lascia passare il segnale generato dal primo filtro passa-basso, che è un filtro del secondo ordine. Quando riceve il valore 2 lascia passare il segnale generato dal secondo filtro passa-basso, che è collegato in cascata al primo e realizza quindi un filtro del quarto ordine.
Il terzo **inlet** trasmette il fattore Q al primo filtro passa-basso, ma non al secondo (che ha quindi il Q di default pari a 1) perché questo avrebbe creato una eccessiva enfasi sulla frequenza di taglio.
Il quarto **inlet** trasmette la frequenza di taglio del filtro passa-basso. Questo segnale viene innanzitutto fatto passare per l'oggetto **clip~**, tale oggetto forza il segnale a rimanere entro i limiti fissati dai due argomenti: in questo modo ci assicuriamo che la frequenza di taglio non vada mai al di sotto di 20 Hz o al di sopra di 22000 Hz per evitare un comportamento instabile del filtro. Questi limiti sono basati su una frequenza di campionamento di 44100 Hz; se la vostra scheda audio ha una frequenza più alta potete cambiare il limite superiore di **clip~** (che comunque non deve mai superare la metà della frequenza di campionamento, nel cap. 5 vedremo perché). L'uscita di **clip~** viene inviata al secondo ingresso dei due filtri passa-basso.
Il quinto **inlet** infine trasmette la frequenza di taglio del filtro passa-alto del primo ordine **vs.highpass1~** che è collegato all'uscita di **selector~**.

Ritorniamo per l'ultima volta alla *patch* principale di fig. 3.49 e vediamo che l'uscita dell'oggetto **subsynth.filter~** viene moltiplicata con l'inviluppo generato dall'oggetto **line~** (che a sua volta è connesso all'oggetto grafico **function**).
Il segnale inviluppato viene infine mandato ad un analizzatore di spettro e, tramite gli oggetti **gain~** e **dac~**, alla scheda audio dove finalmente viene trasformato in suono udibile.[16]

3.6 L'EQUAZIONE DEI FILTRI DIGITALI

IL FILTRO NON RICORSIVO O FILTRO FIR

Per prima cosa costruiamo un filtro non ricorsivo utilizzando direttamente una linea di ritardo e non un modulo di filtraggio già pronto. Introduciamo innanzitutto l'oggetto **delay~** (vedi fig. 3.52).

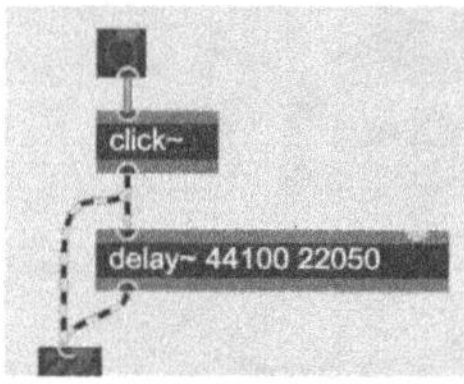

fig. 3.52: oggetto **delay~**

Questo oggetto ha due argomenti, il primo indica il massimo ritardo possibile e il secondo il ritardo effettivo, entrambi in campioni. Nell'esempio in figura il massimo ritardo possibile è 44100 campioni (un secondo a 44100 Hz di frequenza di campionamento) e il ritardo effettivo è 22050 campioni (mezzo secondo): questo secondo parametro è modificabile mandando un valore numerico nell'ingresso di destra (fino ad un massimo di 44100 come prescritto dal primo argomento). L'oggetto **click~** collegato a **delay~** è un generatore di click audio, ovvero ogni volta che riceve un *bang* emette un singolo campione di valore 1 preceduto e seguito da campioni di valore 0. Se ricostruite la *patch* udrete ad ogni clic sul *bang button* due click audio alla distanza di mezzo secondo l'uno dall'altro.

Vediamo ora come realizzare il primo filtro descritto nel paragrafo 3.6 del testo di teoria; ricostruite la *patch* di figura 3.53.

[16] Vi segnaliamo inoltre l'oggetto **abl.device.drift~**, che è un interessantissimo sintetizzatore in sintesi sottrattiva, con due oscllatori e modulazione dei parametri tramite LFO (vedi capitolo 4). L'oggetto è molto complesso e ha decine di parametri, per il suo uso vi rimandiamo alla *patch* di *help*. Inoltre una spiegazione completa del comportamento dello strumento si trova nel manuale di Live disponibile online sul sito ableton.com. Cercate nel manuale il riferimento al device "Drift".

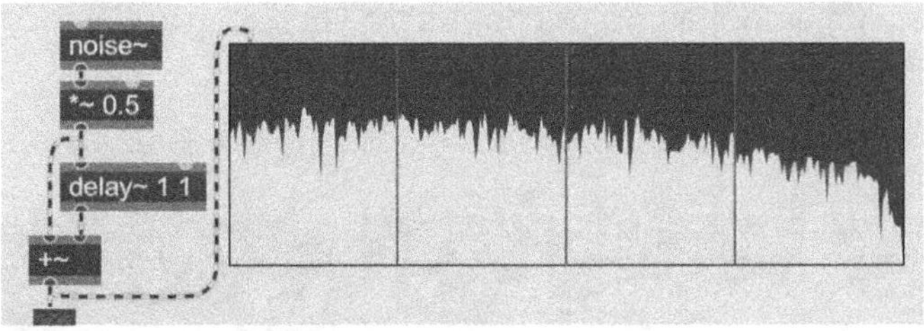

fig. 3.53: filtro FIR passa-basso

Questo filtro corrisponde all'equazione *y(n) = 1/2 x(n) + 1/2 x(n-1)*. Abbiamo infatti moltiplicato il segnale per 0.5 (quindi lo abbiamo dimezzato), lo abbiamo ritardato di un campione con **delay~** e lo abbiamo sommato al segnale non ritardato. Questo filtro è un passa-basso con frequenza di taglio pari ad un quarto della frequenza di campionamento (se ad esempio la frequenza di campionamento fosse 44100 Hz la frequenza di taglio sarebbe 11025 Hz).
In figura 3.54 vediamo il filtro corrispondente all'equazione *y(n) = 1/2 x(n) - 1/2 x(n-1)*.

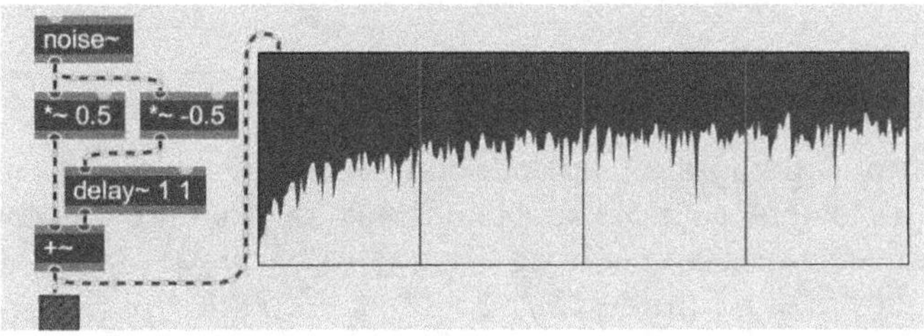

fig. 3.54: filtro FIR passa-alto

Si tratta di un filtro passa-alto, con frequenza di taglio pari ad un quarto della frequenza di campionamento. Lasciamo al lettore il compito di analizzare la *patch*.
Passiamo ora al filtro passa-banda prodotto dall'equazione *y(n) = 1/2 x(n) - 1/2 x(n-2)* (vedi fig. 3.55).

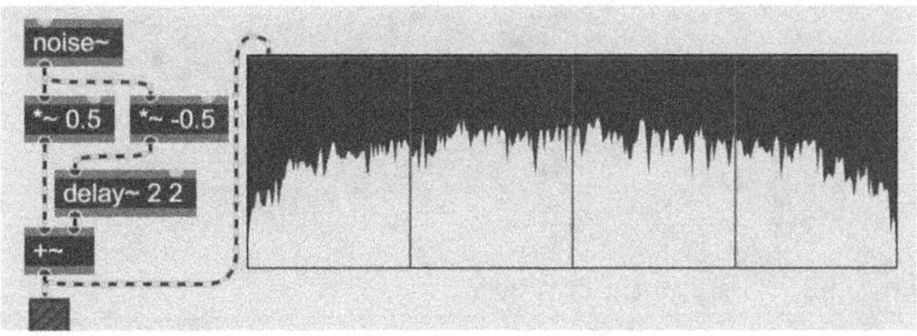

fig. 3.55: filtro FIR passa-banda

Come vedete qui il ritardo è di due campioni, mentre è assente il segnale ritardato di un campione poiché il suo coefficiente è 0 (vedi il par. 3.6 della parte di teoria).

Potremmo sperimentare altri filtri con il filtro FIR generico del secondo ordine illustrato in figura 3.56.

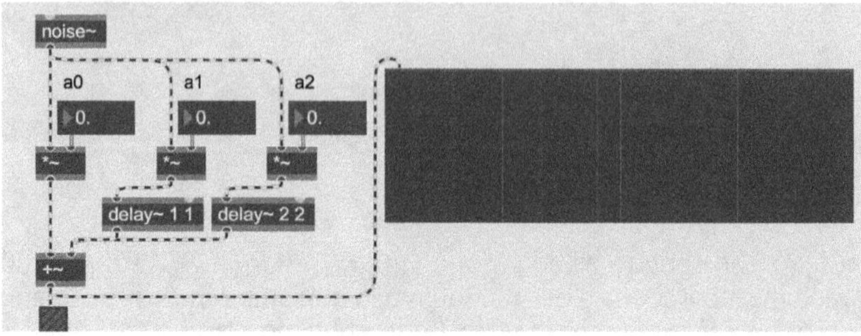

fig. 3.56: filtro FIR generico del secondo ordine

I tre *float number box* rappresentano i valori dei coefficienti a_0, a_1 e a_2 che potete variare liberamente per provare altre configurazioni: provate ad esempio $a_0 = 0.5$, $a_1 = 0$ e $a_2 = 0.5$; che tipo di filtro si ottiene? Partendo da questa configurazione, provate poi a variare a_1 da -1 a 1.

IL FILTRO RICORSIVO O FILTRO IIR

Se avete letto il paragrafo corrispondente a questo nella parte di teoria, probabilmente avrete capito che l'equazione di un filtro ricorsivo (IIR) del secondo ordine si realizza in MSP con l'oggetto **biquad~**, ed effettivamente i 5 ingressi di destra di **biquad~** corrispondono ai coefficienti a_0, a_1, a_2, b_1 e b_2. Se quindi scriviamo i 5 coefficienti che abbiamo ricavato nella nostra analisi del filtro di Butterworth (vedi par. 3.6 della teoria) all'interno dell'oggetto **biquad~** come argomenti, otterremo un filtro passa-basso con frequenza di taglio pari a 1000 Hz (ma solo se la frequenza di campionamento è pari a 44100 Hz!). Ricostruite la *patch* di figura 3.57.

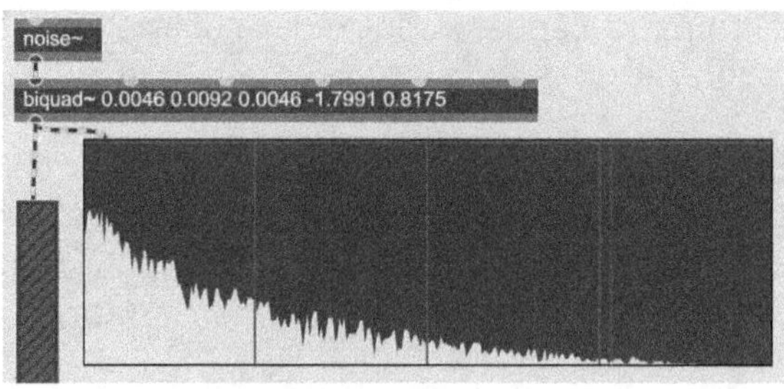

fig. 3.57: filtro IIR del secondo ordine

Il filtro **vs.butterlp~** della libreria *Virtual Sound* contiene un modulo che esegue esattamente i calcoli che abbiamo illustrato nella parte teorica. Se aprite **vs.butterlp~** con un doppio clic vedrete che l'oggetto contiene, oltre a **biquad~**, il modulo **vs.butterlpc** (ovvero *Butterworth LowPass Coefficients*) che produce una lista di 5 elementi corrispondente ai 5 coefficienti.

Se ricostruite la *patch* di fig. 3.58 potrete vedere come variano i coefficienti al variare della frequenza di taglio.

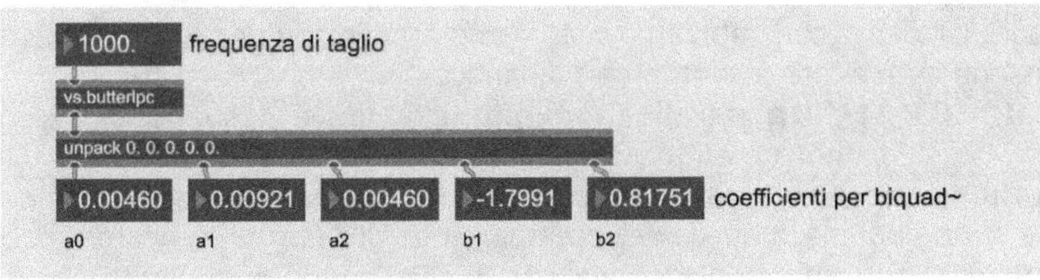

fig. 3.58: lista di coefficienti prodotta da **vs.butterlpc**

Se aprite con un doppio clic l'oggetto **vs.butterlpc** vedrete un circuito di calcolo abbastanza complesso; probabilmente vi sarà più comprensibile quando avrete studiato l'oggetto **expr** nell'interludio B. A quel punto non dovrebbe essere troppo difficile analizzare questa patch e ricostruire le equazioni di cui abbiamo parlato nel paragrafo 3.6 del manuale di teoria.
Ovviamente esistono anche altri oggetti che realizzano i filtri di Butterworth passa-alto, passa-banda ed elimina-banda e contengono i relativi moduli per il calcolo dei coefficienti (vedi glossario).
Gli oggetti **filtergraph~** e **filtercoeff~** lavorano in maniera analoga, anche se, essendo *external* compilati in linguaggio C, non possiamo aprirli per vedere quali calcoli svolgono.

Se in futuro vi capiterà di trovare in qualche testo l'equazione di un filtro interessante che vi piacerebbe sperimentare, sarà sufficiente realizzare una patch come quella dei filtri di Butterworth e collegarla a **biquad~**. Nell'interludio B, all'interno del paragrafo dedicato all'oggetto **expr**, vedremo come una serie di formule relative al calcolo dei coefficienti di un filtro sono state implementate in una *subpatch* da utilizzare con **biquad~**.

3.7 FILTRI COLLEGATI IN PARALLELO ED EQUALIZZATORI GRAFICI

Nel par. 3.7 della teoria abbiamo visto come attraverso l'uso di filtri in parallelo si possono creare interessanti timbri dinamici.
La *patch* **03_11_filtri_paralleli.maxpat** ricostruisce il suono dell'esempio video 3E2. Vediamo come funziona (fig. 3.59).
Innanzitutto provate la *patch* e verificate che produca una sequenza simile, anche se non uguale, a quella dell'esempio video 3F2 (se non vi ricordate di cosa si tratta vi consigliamo di rileggervi il par. 3.7 della teoria).
In questa *patch* utilizziamo un oggetto appartenente alla libreria *Virtual Sound Macros*, **vs.choose**, che ogni volta che riceve una lista sceglie casualmente un elemento e lo invia alla sua uscita di sinistra.
Come vedete ci sono due *message box* che inviano la propria lista a due **vs.choose** ogni volta che ricevono un *bang* dall'oggetto **metro**. A sinistra la scelta casuale è effettuata tra i valori 63 e 108, corrispondenti alle note MIDI MIb3 (o RE#3, in inglese D#3) e DO7 (in inglese C7). A destra la scelta casuale è tra i due valori 0.5 e 1 che vengono utilizzati come ampiezza del suono.

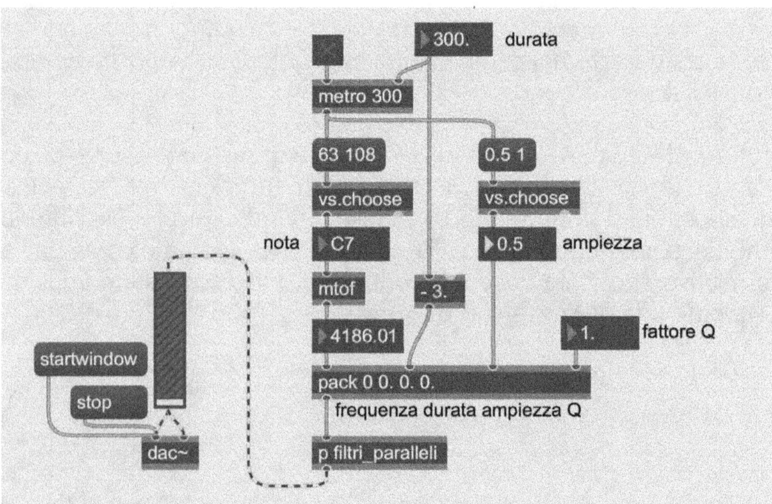

fig. 3.59: file 03_11_filtri_paralleli.maxpat

Vediamo quindi che ad ogni *bang* dell'oggetto **metro** viene generata (tramite l'oggetto **pack**) una lista di quattro valori corrispondenti a *frequenza, durata, ampiezza* e *fattore Q*. La frequenza è un valore espresso in notazione MIDI, scelto casualmente tra MIb3 e DO7 e convertito in frequenza da **mtof**. L'intensità, come abbiamo visto, viene scelta casualmente tra i due valori 0.5 e 1.
Inoltre la durata, di 300 ms, viene diminuita di 3 millisecondi prima di essere inclusa nella lista, mentre il fattore Q è fissato a 1. I quattro valori vengono inviati alla subpatch [**p** filtri_paralleli] che vediamo in figura 3.60.

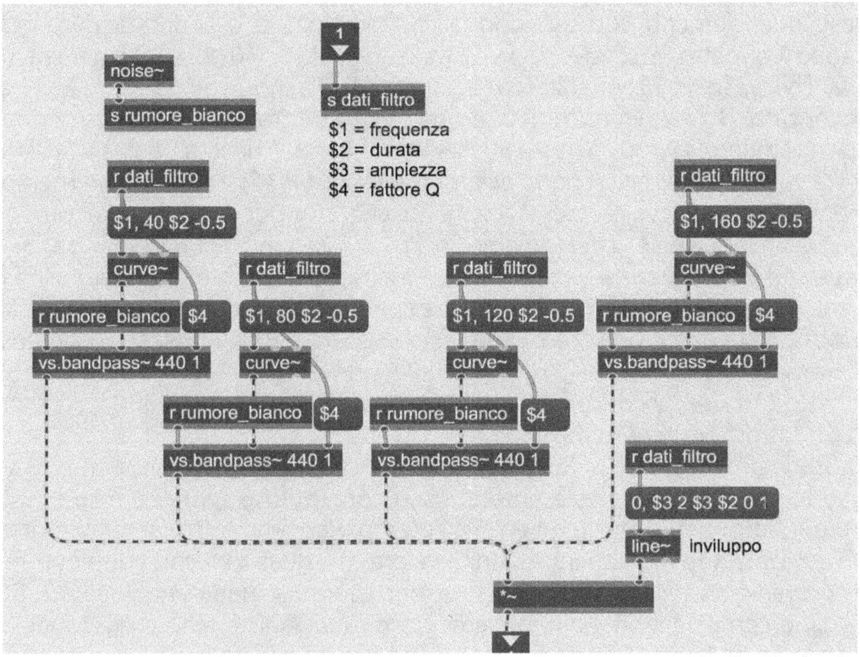

fig. 3.60: contenuto della *subpatch* [**p** filtri_paralleli]

Ci sono quattro filtri passa-banda (**vs.bandpass~**) che filtrano una sorgente di rumore bianco (**noise~**) e vengono moltiplicati per l'inviluppo generato dall'oggetto **line~**. Vi ricordiamo che il primo ingresso dell'oggetto **vs.bandpass~** riceve il segnale da filtrare, il secondo riceve la frequenza centrale (che in questo caso è un valore dinamico generato dall'oggetto **curve~**[17], che ha un fattore di curvatura di -0.5) e il terzo il fattore Q.
Lasciamo al lettore il compito di analizzare questa *subpatch*, che nonostante le apparenze è abbastanza semplice. Spieghiamo invece, qui di seguito, l'uso degli argomenti variabili *$* (dollaro) all'interno dei diversi *message box*. A seconda degli argomenti *$* presenti nei *message box* vengono utilizzati i corrispondenti elementi della lista che è stata generata mediante l'oggetto **pack** nella *patch* principale (vedi fig. 3.59). Questa lista viene ricevuta dall'oggetto [**s** dati_filtro] e inviata ai corrispondenti [**r** dati_filtro]; da qui viene passata ai diversi *message box*. Vi ricordiamo che la lista contiene i valori di: frequenza iniziale, durata del glissando, ampiezza e fattore Q. Questi valori, quando vengono inviati ad un *message box*, corrispondono rispettivamente alle variabili *$1, $2, $3* e *$4 eventualmente presenti* nel *message box* ricevente (cfr. fig. 3.60, il testo al di sotto dell'oggetto [**s** dati_filtro].
Come vedete il *message box* collegato all'oggetto **curve~** più a sinistra contiene il messaggio [$1, 40 $2 -0.5]. Questo significa che dei 4 elementi che compongono la lista passata da [**r** dati_filtro] vengono utilizzati dal *message box* solo i primi due elementi tramite le variabili *$1* e *$2*.

[17] Per l'oggetto **curve~** vedi par. 1.3.

Questi due elementi corrispondono alla frequenza e alla durata della nota. Quando l'oggetto **curve~** riceve il messaggio [$1, 40 $2 -0.5] genera una curva che va dalla frequenza corrispondente alla nota di partenza ($1) alla frequenza di 40 Hz. Quest'ultima è una delle quattro frequenze fisse dei filtri (rispettivamente 40, 80, 120 e 160 Hz, vedi il par 3.7 della teoria). La durata di questa curva è data dal secondo elemento della lista ($2). Facciamo un esempio: supponiamo che i valori dei 4 elementi che compongono la lista prodotta nella patch principale (che vediamo in fig. 3.59) siano [311.12, 300, 0.5, 1]; il *message box* utilizzerà i primi due elementi, cioè sostituirà le variabili *$1* e *$2* con i valori 311.12 e 300 che sono appunto i primi due elementi della lista prodotta nella *patch* principale. In questo caso, quindi, il messaggio contenuto nel *message box*, ovvero [$1, 40 $2 -0.5] diventa [311.12, 40 300 -0.5] e l'oggetto **curve~** produce una curva che va da 311.12 a 40 in 300 millisecondi con un fattore di curvatura -0.5.
Il *message box* collegato al terzo ingresso di **vs.bandpass~** invece utilizza solo il quarto elemento della lista (infatti il suo contenuto è semplicemente "*$4*"), ovvero il fattore Q. Con riferimento all'esempio appena fatto, al terzo ingresso di **vs.bandpass~** giungerà quindi il valore 1: i quattro valori contenuti nella lista proveniente dalla *patch* principale sono infatti, lo ripetiamo, [311.12, 300, 0.5, 1], e come si vede l'ultimo elemento di questa lista, che corrisponde alla variabile *$4*, è 1.

Riuscite a capire perché per l'inviluppo di ampiezza generato da **line~** vengono utilizzati gli elementi *$2* e *$3*? E perché *$3* è usato due volte nel *message box* collegato a **line~**? A cosa corrispondono tali elementi? Osservando il messaggio che genera l'inviluppo, sapreste spiegare perché la durata della nota è stata diminuita di 3 millisecondi nella *patch* principale?

ATTIVITÀ

Seguendo le spiegazioni fornite nel par. 3.7 della teoria, provate a modificare la *patch* di fig. 3.59 per ottenere suoni simili a quelli degli esempi video 3F3-3F5.

UTILIZZARE UN BANCO DI FILTRI PARALLELI

L'oggetto MSP d'elezione per realizzare dei filtri in parallelo si chiama **fffb~** ed è in pratica un banco di filtri passa-banda equivalenti al filtro **reson~** (il nome significa *fast fixed filter bank*).
Questo oggetto può avere un numero variabile di argomenti: il primo (che è l'unico obbligatorio) determina il numero di filtri e di conseguenza il numero di uscite (una per ogni filtro), il secondo la frequenza del filtro più grave, il terzo il rapporto tra le frequenze dei filtri successivi (ad esempio un rapporto uguale a 2 fa sì che la frequenza di ogni filtro sia il doppio di quella del filtro precedente) e il quarto il fattore Q.

Osservate la figura 3.61.

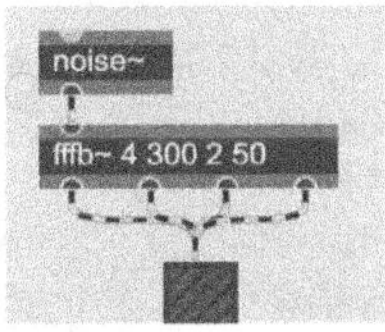

fig. 3.61: l'oggetto **fffb~**

Qui abbiamo un banco di 4 filtri di frequenza 300, 600, 1200 e 2400 Hz (il rapporto tra le frequenze è 2 e quindi ciascuna è doppia della precedente) e fattore Q pari a 50 (uguale per tutti i filtri). Notate che le uscite dell'oggetto sono 4, corrispondenti al numero dei filtri.
È anche possibile specificare la frequenza, il fattore Q e il *gain* per ogni filtro del banco tramite una lista di valori preceduta dalle parole chiave *freq*, *Q* e *gain*; dopo le parole chiave bisogna specificare il numero del filtro (il primo ha il numero 0) e poi il valore da impostare, ogni valore successivo nella lista imposta i filtri successivi. Ad esempio il messaggio [freq 0 100 150 225] imposta la frequenza dei primi tre filtri rispettivamente a 100, 150 e 225 Hz; il messaggio [Q 2 7.5] invece pone a 7.5 il valore del fattore Q del filtro numero 2 (ovvero il terzo filtro). Vediamo un esempio, ricreate la *patch* di fig. 3.62.

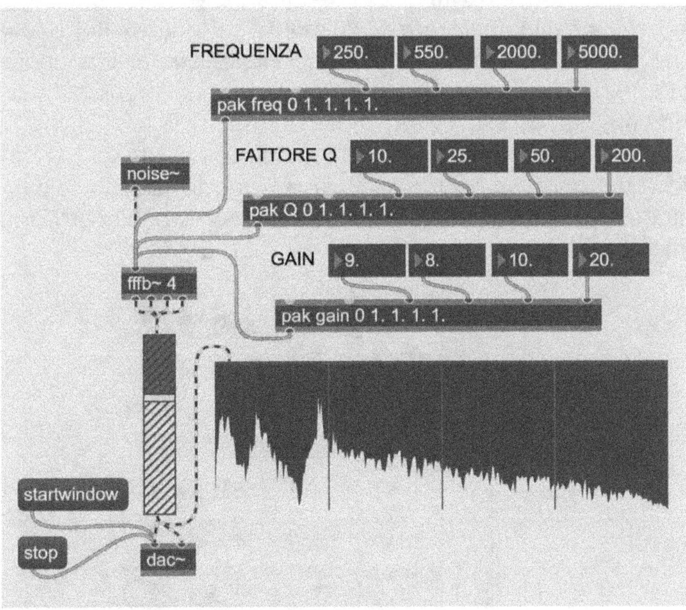

fig. 3.62: messaggi per l'oggetto **fffb~**

Come vedete l'oggetto **fffb~** contiene solo un argomento che stabilisce il numero dei filtri del banco.
Soffermiamoci innanzitutto sull'uso dell'oggetto **pak** in questa *patch*: come sapete questo oggetto equivale ad un **pack** con tutti gli ingressi "caldi".

Questa caratteristica ci permette di generare la lista ogni volta che un messaggio arriva in uno qualunque degli ingressi di **pak**.
Vediamo in figura che il primo oggetto **pak** in alto ha 6 argomenti [freq 0 1. 1. 1. 1.], e quindi ha 6 ingressi, ciascuno corrispondente ad un argomento. Come sappiamo un messaggio che viene inviato ad un ingresso sostituisce l'argomento corrispondente: ad esempio un messaggio che viene inviato al quarto ingresso sostituisce il quarto argomento (nel caso in figura il quarto argomento, di valore 1, viene sostituito dal valore 550). Dal momento che nessun messaggio viene inviato ai primi due ingressi tutte le liste generate dall'oggetto inizieranno sempre con gli elementi *freq* e "0" seguiti da 4 valori variabili. In questo modo possiamo, come abbiamo detto più sopra, inviare all'oggetto **fffb~** i valori corrispondenti alle 4 frequenze.
Anche gli altri due oggetti **pak** hanno 6 argomenti, e ciascuno ha due argomenti fissi corrispondenti a *Q* e 0, e *gain* e 0. Possiamo quindi anche variare il fattore Q e l'ampiezza dei quattro filtri.
Provate a impostare i parametri illustrati in figura e poi create altre sonorità.

Come abbiamo visto, l'oggetto **fffb~** ha un numero di uscite pari al numero di filtri che contiene: ciò significa che con 8 filtri avrebbe 8 uscite, con 16 filtri 16 uscite e così via. Questo è senz'altro utile quando intendiamo inviare le diverse uscite a diverse destinazioni, ma molto spesso abbiamo bisogno di un unico segnale contenente la somma di tutti i filtri (come ad esempio in figg. 3.61 e 3.62, dove abbiamo sommato le uscite di **fffb~** inviandole tutte a uno stesso **gain~**). Se vogliamo evitare di sommare manualmente tutte le uscite, possiamo usare una variante del sistema multicanale disponibile per alcuni oggetti, tra cui appunto **fffb~**. In questa variante, contraddistinta dal prefisso "mcs" invece di "mc", viene generata una sola istanza dell'oggetto, ma tutti gli ingressi audio e tutte le uscite audio vengono raggruppate rispettivamente in un unico ingresso multicanale e un'unica uscita multicanale. L'oggetto [**mcs.fffb~** 4], quindi, avrà una singola uscita multicanale che contiene 4 segnali corrispondenti ai 4 filtri. Modificate la patch precedente come in figura 3.62b.

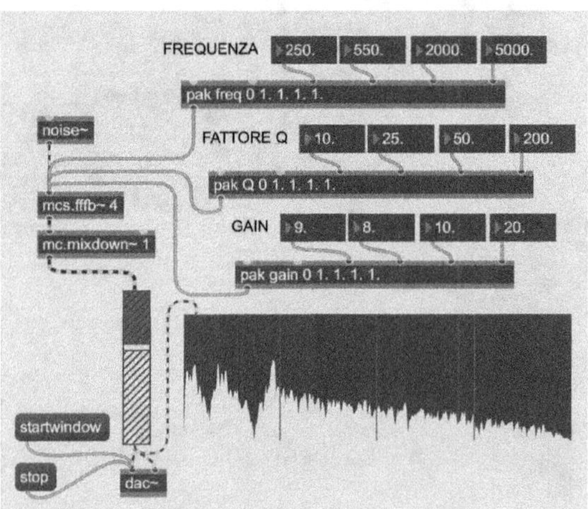

fig. 3.62b: l'oggetto **mcs.fffb~**

Come vedete, per poter ascoltare l'uscita dei quattro filtri, dobbiamo ridurre i quattro canali a un singolo canale tramite [`mc.mixdown~` 1] prima di inviare il segnale all'oggetto `gain~`.

EQUALIZZATORE GRAFICO

Ecco una possibile realizzazione di un equalizzatore grafico; aprite il file **03_12_eq_grafico.maxpat** (fig. 3.63).

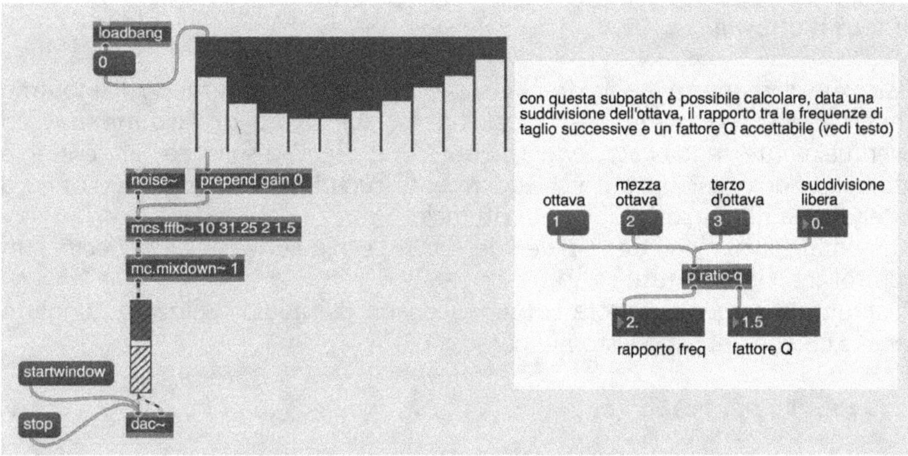

fig. 3.63: file 03_12_eq_grafico.maxpat

In questa *patch* abbiamo un equalizzatore a 10 bande a distanza d'ottava. L'oggetto `mcs.fffb~` ha 4 argomenti: numero di filtri (10), frequenza di partenza (31.25 Hz), rapporto tra i filtri (2, ovvero ogni frequenza è il doppio della precedente, i filtri sono quindi a distanza d'ottava), fattore Q (1.5). Spendiamo due parole sulla scelta del fattore Q: si tratta di una scelta abbastanza discrezionale, che è legata al tipo di materiale audio da equalizzare e alla definizione che vogliamo dare ad ogni banda di equalizzazione. Un possibile punto di partenza è fare in modo che il limite superiore della banda passante di un filtro coincida con il limite inferiore della banda passante del filtro successivo, insomma che le diverse bande si "tocchino": il valore di Q uguale a 1.5 ha esattamente questa caratteristica nel caso di filtri a distanza di ottava. Ascoltando il risultato si può decidere di stringere le bande (aumentando Q) o allargarle (diminuendolo).
Nella parte destra della *patch* trovate un algoritmo che, data una suddivisione d'ottava, calcola il rapporto che ci deve essere tra le frequenze dei filtri (in pratica calcola il terzo argomento di `mcs.fffb~`) e il fattore Q (cioè il quarto argomento) in modo tale che i confini delle bande dei filtri successivi coincidano: questo algoritmo vi può servire per costruire i vostri equalizzatori. Non spieghiamo il funzionamento della *subpatch* ratio-q perché contiene oggetti ancora "sconosciuti": se volete, potete provare a dare un'occhiata al suo contenuto dopo aver completato l'interludio B (si tratta comunque di calcoli abbastanza complessi la cui spiegazione esula dagli scopi di questo libro).

Abbiamo aggiunto un `multislider` nella *patch* con cui è possibile modificare il *gain* dei singoli filtri.

ATTIVITÀ

Partendo dagli esempi forniti nel paragrafo 3.7 della teoria realizzare un equalizzatore grafico a 20 bande (a distanza di mezza ottava) e a 30 bande (a terzi d'ottava).

Calcolate il rapporto tra le frequenze e il fattore Q utilizzando l'algoritmo che si trova nella parte destra della *patch* **03_12_eq_grafico.maxpat** ed eventualmente modificate leggermente il fattore Q risultante (ad esempio moltiplicandolo per un fattore leggermente superiore o inferiore a 1) fino a ottenere un filtraggio che ritenete ottimale.
Aumentate il numero degli slider del `multislider` tramite l'*inspector* per controllare il *gain* di tutti i filtri.
Sostituite la sorgente sonora `noise~` con un file audio: utilizzate l'oggetto `sfplay~` che abbiamo visto nel paragrafo 1.6.

3.8 ALTRE APPLICAZIONI DEL COLLEGAMENTO IN SERIE: EQUALIZZATORI PARAMETRICI E FILTRI SHELVING

Se avete "giocato" un po' con l'oggetto `filtergraph~` nella *patch* **03_07_biquad_filtergraph.maxpat** avrete sicuramente notato la presenza dei filtri *shelving* "lowshelf", "highshelf" e "peaknotch"; rivediamoli ora attentamente nella *patch* **03_13_shelving.maxpat** (fig. 3.64).

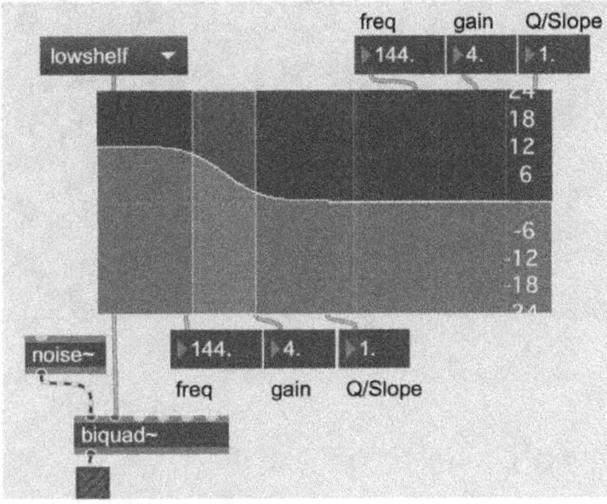

fig. 3.64: file **03_13_shelving.maxpat**

Ora possiamo sperimentare l'effetto di questi filtri con maggiore cognizione di causa: il filtro *highshelf* agisce sulla parte acuta dello spettro lasciando inalterato il resto, il *lowshelf* agisce sulla parte grave, e il *peaknotch* agisce intorno ad una frequenza centrale (mentre le altre regioni non vengono modificate). L'enfasi e l'attenuazione delle frequenze sono date dal parametro *gain*: quando è compreso tra 0 e 1 il segnale viene attenuato, quando è superiore ad 1 il segnale viene enfatizzato.
Oltre alla frequenza e al *gain* abbiamo un terzo parametro che è il noto fattore Q nel caso del filtro *peaknotch* ma prende il nome di coefficiente di *slope* (pendenza) nel caso dei filtri *highshelf* e *lowshelf*.
Quando il parametro *Q/Slope* è sufficientemente alto la frequenza di taglio viene progressivamente enfatizzata e può entrare in risonanza.
I filtri *peaknotch*, grazie al fatto che modificano una regione attorno alla frequenza centrale lasciando inalterato tutto il resto, possono essere collegati in serie in modo molto efficace: è quello che vedremo nel prossimo paragrafo dedicato agli equalizzatori parametrici.

EQUALIZZATORE PARAMETRICO

Quando dobbiamo collegare in serie molti filtri (come nel caso di un equalizzatore parametrico), invece di utilizzare un oggetto per ciascun filtro, può essere utile utilizzare l'oggetto **cascade~**[18] che permette di specificare al suo interno un certo numero di filtri collegati tra loro: questo oggetto riceve

[18] Il collegamento in serie è detto anche collegamento in cascata.

una lista di coefficienti, il cui numero deve essere un multiplo di 5 in quanto ci vogliono 5 coefficienti per definire un filtro, e "attiva" un numero di filtri in serie proporzionale al numero di coefficienti ricevuti (5 coefficienti = 1 filtro, 10 coefficienti = 2 filtri e così via). Per mandare questi gruppi di coefficienti possiamo usare l'oggetto **filtergraph~** che può gestire più di un filtro per volta; aprite il file **03_14_eq_parametrico.maxpat** (fig. 3.65).

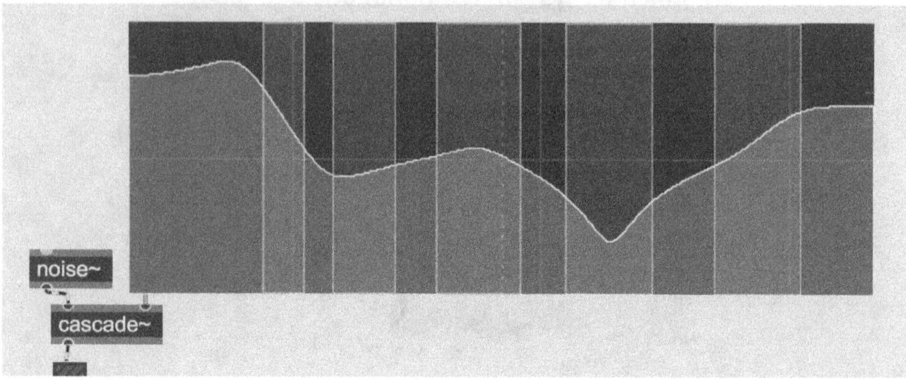

fig. 3.65: file 03_14_eq_parametrico.maxpat

Qui abbiamo un equalizzatore parametrico realizzato con l'oggetto **cascade~** e costituito da un *lowshelf*, un *highshelf* e tre *peaknotch*: **filtergraph~** offre la possibilità di impostare i parametri per tutti i cinque filtri.
Variando i parametri in **filtergraph~**, l'oggetto produce una lista di 25 coefficienti che **cascade~** utilizza per creare i 5 filtri.

Come si fa a "dire" a **filtergraph~** il numero e il tipo di filtri che vogliamo gestire? Tramite l'*inspector*, vedi fig. 3.65b.

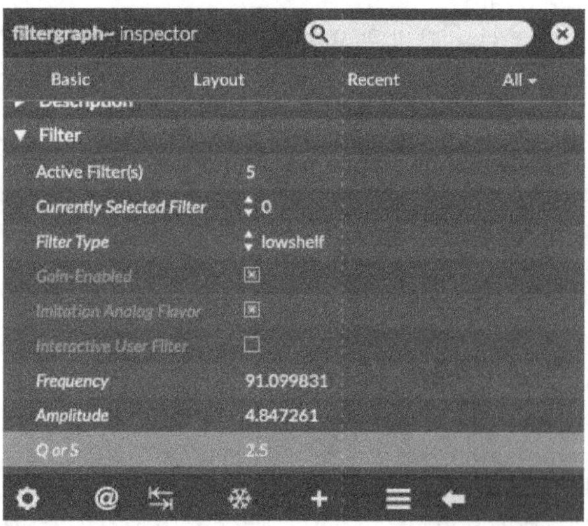

fig. 3.65b: l'*inspector* di **filtergraph~**

Innanzitutto individuiamo la categoria "Filter"; la prima voce che vediamo nel riquadro è "**Active Filter(s)**" con cui possiamo stabilire il numero di filtri attivi, ovvero il numero di filtri che **`filtergraph~`** ci permette di gestire.
Con la voce successiva possiamo selezionare ciascun filtro tramite un menù che si trova accanto alla scritta "**Currently Selected Filter**" e decidere di che tipo deve essere per mezzo del successivo menù "**Filter Type**".
Se selezionate uno dopo l'altro i 5 filtri potete verificare che si tratta appunto di un *lowshelf*, tre *peaknotch* e un *highshelf*.

ATTIVITÀ

- Sostituite il *lowshelf* e l'*highshelf* rispettivamente con un passa-alto e un passa-basso (in quest'ordine!) e verificate quali sono le differenze in termini di equalizzazione.
- Utilizzate un file audio al posto del rumore bianco.
- Realizzate un filtro parametrico con 10 filtri: un *lowshelf*, un *highshelf* e 8 *peaknotch*.

Nella libreria Ableton è presente un equalizzatore semi-parametrico a tre bande: **`abl.device.channeleq~`**. Notate che il nome contiene il termine "device" e non "dsp", questo indica che si tratta di un effetto completo di Live e non di un modulo interno a un *device*. Vediamo come funziona, aprite la *patch* **03_14b_abl.device.channeleq.maxpat** (figura 3.66).

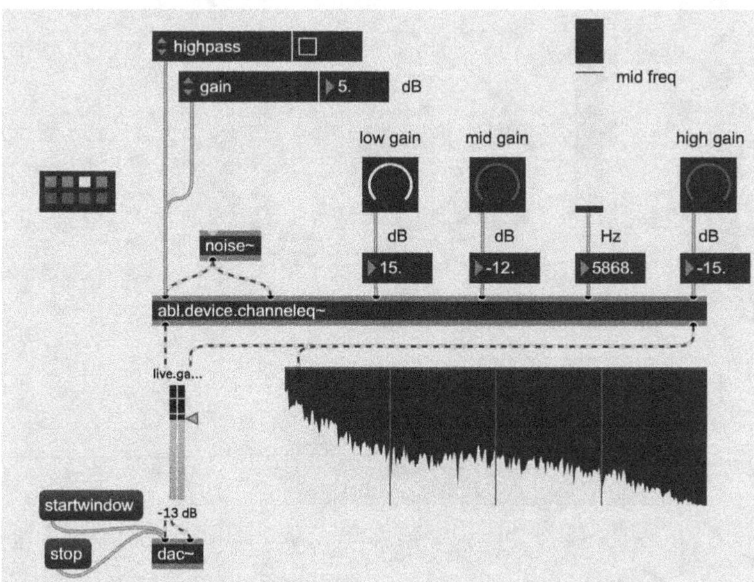

fig. 3.66: *patch* **03_14b_abl.device.channeleq.maxpat**

Si tratta di un equalizzatore a tre bande di cui è possibile specificare: il *gain* della banda grave (da -15 a 15 dB), della banda media (da -12 a 12 dB) e della banda acuta (da -15 a 15 dB), la frequenza centrale della banda media (da 120 a 7500 Hz), il *gain* in uscita (da -12 a 12 dB) e l'attivazione di un filtro passa alto opzionale a 80 Hz che serve ad attenuare un eventuale rimbombo del materiale sonoro. L'oggetto ha un input e un output stereofonici e quattro ingressi per i parametri relativi alle bande. Abbiamo aggiunto due **attrui** per controllare il *gain* generale e l'attivazione del filtro passa alto. Provate a modificare i parametri per sentire come viene equalizzato il suono: come potrete notare la limitazione del *range* dei parametri ci impedisce di "abusare" dell'effetto con valori estremi.[19]

[19] Una spiegazione completa del comportamento dell'effetto si trova nel manuale di Live disponibile online sul sito ableton.com. Cercate nel manuale il riferimento al device "Channel EQ".

3.9 ALTRE SORGENTI PER LA SINTESI SOTTRATTIVA: IMPULSI E CORPI RISONANTI

Abbiamo già parlato, nel par. 3.9 della teoria, della risonanza che si ottiene con un filtro passa-banda quando il fattore Q è alto e di conseguenza la banda passante è stretta. Come abbiamo visto, inviando all'ingresso del filtro un *impulso unitario*, se il fattore Q è sufficientemente alto possiamo ottenere una sinusoide smorzata alla frequenza centrale del filtro. In MSP è possibile creare un impulso unitario con l'oggetto **click~** che genera l'impulso ogni volta che riceve un bang, vedi fig. 3.67.

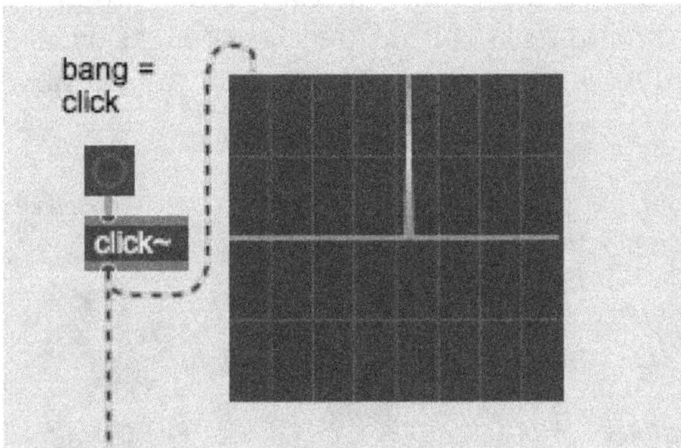

fig. 3.67: l'oggetto `click~`

Realizziamo quindi una piccola *patch* in cui un filtro a banda molto stretta generi, quando riceve un impulso, una sinusoide smorzata (fig. 3.68).

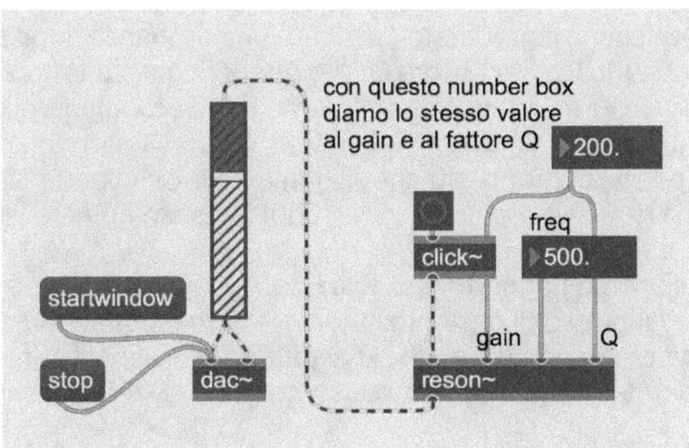

fig. 3.68: sinusoide smorzata

Ad ogni clic sul *bang button* l'impulso unitario viene filtrato da `reson~`. Dal momento che all'aumentare del fattore Q la banda passante si restringe, il suono risultante sarà sempre più debole. Per fare in modo che l'ampiezza del suono sia costante, perciò, bisogna rendere il fattore Q e il *gain* direttamente proporzionali: ecco perché utilizziamo uno stesso *number box* per regolare entrambi i parametri.

Un'altra cosa che abbiamo visto nel par. 3.9 della teoria è che, in caso di impulso unitario, il fattore Q è direttamente proporzionale al numero di cicli effettuati dalla sinusoide smorzata prodotta dal filtro. Il filtro **reson~** ad esempio produce una sinusoide che decade di 60 dB dopo aver compiuto un numero di cicli che è leggermente superiore al valore del fattore Q impostato. Se cioè il fattore Q è, ad esempio, pari a 50, il filtro produrrà una sinusoide la cui ampiezza diminuisce di 60 dB in poco più di 50 cicli; con un fattore Q pari a 100 ci vorranno poco più di 100 cicli e così via.[20]
Naturalmente se la sinusoide ha una frequenza di 100 Hz compirà i 100 cicli in un secondo, se ha una frequenza di 200 Hz li compirà in mezzo secondo etc.: questo significa che, a parità di fattore Q, all'aumentare della frequenza centrale del filtro diminuirà la durata della risonanza. Possiamo però legare il fattore Q alla frequenza centrale e impostare la durata desiderata in secondi, vedi fig. 3.69.

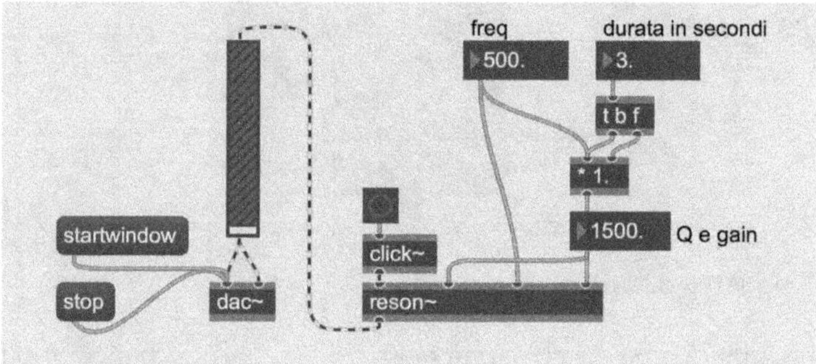

fig. 3.69: come impostare la durata di una risonanza

Per semplicità abbiamo considerato "estinta" una risonanza dopo un numero di cicli esattamente uguale[21] al fattore Q; per ottenere questo fattore la frequenza centrale viene perciò moltiplicata per il numero di secondi desiderati. In figura vediamo una risonanza di 500 Hz che deve durare 3 secondi: moltiplicando la frequenza per la durata si ottiene il numero di cicli che la sinusoide deve compiere prima di estinguersi (500 · 3 = 1500) e questo numero viene utilizzato per impostare il fattore Q.
Notate che utilizziamo l'oggetto **trigger** con gli argomenti *b* ed *f* per rendere "caldo" anche l'ingresso di destra del moltiplicatore (cfr. Interludio A par. IA.6). Ricreate la *patch* e verificate che l'algoritmo consenta effettivamente di impostare la durata di una risonanza qualunque sia la frequenza impostata.

Per questa tecnica di filtraggio ci possono essere utili due generatori di impulsi della libreria *Virtual Sound*; il primo è **vs.click~** che genera un "treno" di impulsi unitari alla frequenza data (fig. 3.70)

20 Il filtro **reson~** quindi produce, a parità di fattore Q, un numero di cicli che è la metà di quelli prodotti dal passa-banda di Butterworth (vedi par. 3.9 del testo di teoria).
21 In realtà come abbiamo detto decade di circa 60 dB, ovvero l'ampiezza si riduce a un millesimo dell'ampiezza iniziale.

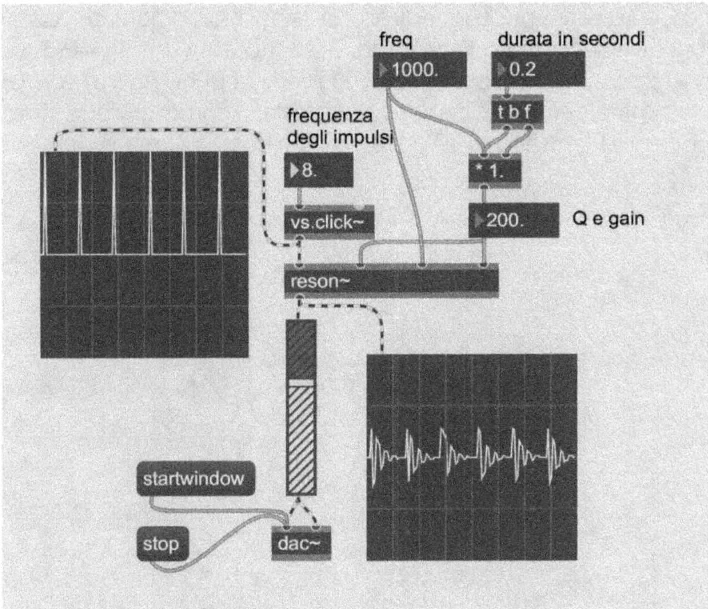

fig. 3.70: impulsi risonanti con **vs.click~**

E il secondo è **vs.dust~** che genera una "polvere" di click irregolari di cui è possibile indicare la densità media per secondo (fig. 3.71).

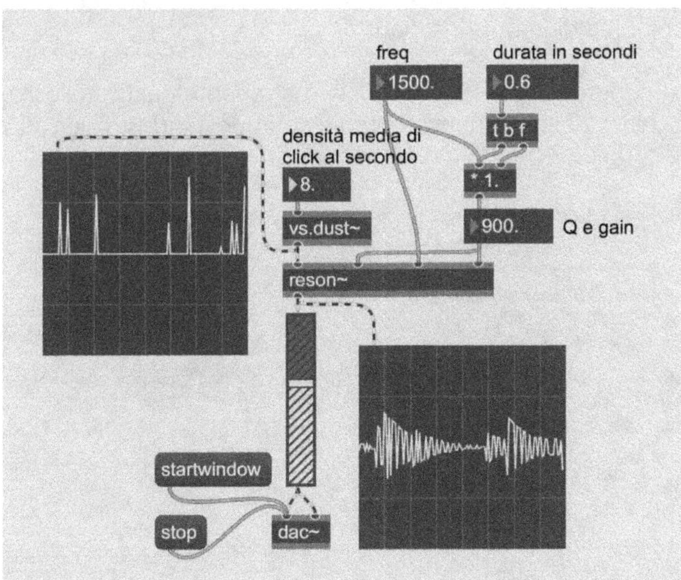

fig. 3.71 impulsi risonanti con **vs.dust~**

Vi invitiamo come al solito a ricreare le *patch* delle due figure e a sperimentare diverse impostazioni dei parametri.

Provate poi a creare più generatori di sinusoidi smorzate ciascuno con impostazioni diverse, come si vede in fig. 3.72 (notate l'uso di **send** e **receive** per evitare l'eccessivo incrocio di cavi: i diversi segnali ricevuti da [**r** corpiris] vengono sommati "automaticamente" da Max, come avviene normalmente quando più segnali entrano in uno stesso ingresso, vedi par. 1.3).

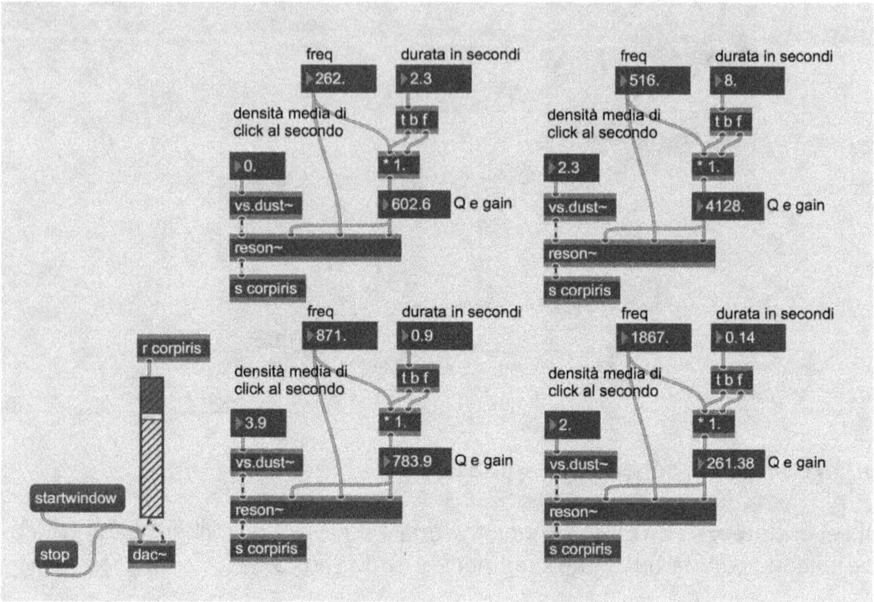

fig. 3.72: polifonia di impulsi risonanti

Utilizzando l'oggetto **fffb~** (o meglio, la sua variante multicanale **mcs.fffb~**) è possibile creare delle risonanze complesse impostando i valori di più filtri in parallelo (vedi fig. 3.73).

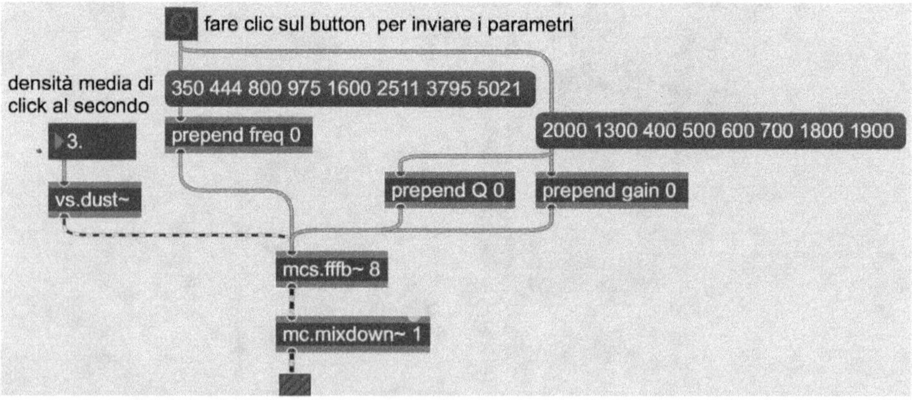

fig. 3.73: impulsi risonanti in parallelo

Qui abbiamo un banco di 8 filtri che produce una risonanza metallica. Dopo aver ricreato la *patch* e aver sperimentato dei parametri diversi, provate a sostituire

vs.dust~ con dei generatori di rumore; usate ad esempio **noise~**, **pink~**, **rand~** e **vs.rand0~**, questi ultimi due a diverse frequenze: attenzione, abbassate prima il volume!

ATTIVITÀ

- Sostituite ciascun *message box* e relativo **prepend** con 8 *number box* e un oggetto **pak** per poter impostare liberamente i risuonatori, come illustrato in fig. 3.62. Basandovi su quello che avete appreso dal capitolo 2 create degli spettri di risonanza armonici e inarmonici e fateli risuonare con **vs.dust~** e i generatori di rumore.
- Utilizzando la *patch* dell'esercizio precedente provate a creare delle risonanze di "materiale" diverso: ad esempio con risonanze lunghe e frequenze medio-acute si ottengono suoni metallici, con risonanze molto brevi e frequenze medie o medio-acute si ottengono suoni "legnosi", con risonanze medio-brevi e frequenze acute si ottengono suoni "vetrosi". Per i suoni che rimandano invece alla pelle di un tamburo percossa si possono utilizzare frequenze medio-basse (ad es. 120 Hz) e risonanze brevi (ad es. 3 decimi di secondo). Vale la pena ricordare che sulla tripartizione metallo-legno-pelle è basata l'importante sperimentazione del filtraggio degli impulsi che Karlheinz Stockhausen fece già alla fine degli anni '50 per il pezzo "Kontakte".

ATTIVITÀ - *SOSTITUZIONE DI PARTI DI ALGORITMI*

- Tornate alla *patch* di fig. 3.73 e sostituite ciascun *message box* (senza cancellare il relativo **`prepend`**) con una lista di 8 valori, compresi tra un minimo e un massimo, generati casualmente. Per realizzare tale lista vi occorrono: l'oggetto **`uzi`**, l'oggetto **`vs.between`** e l'oggetto [`zl` **`group`**]. Questi tre oggetti sono spiegati nell'Interludio A. Riuscite a capire come costruire la *patch*? Suggerimento: dovete collegare i tre oggetti nell'ordine in cui sono stati elencati; dovete collegare un *bang button* all'oggetto **`uzi`** e collegare l'uscita di [`zl` **`group`**] all'oggetto **`prepend`**.
A voi capire quali argomenti devono essere usati negli oggetti...

ATTIVITÀ - *CORREZIONE DI ALGORITMI*

Aprite la *patch* **3_ Correction.maxpat**.

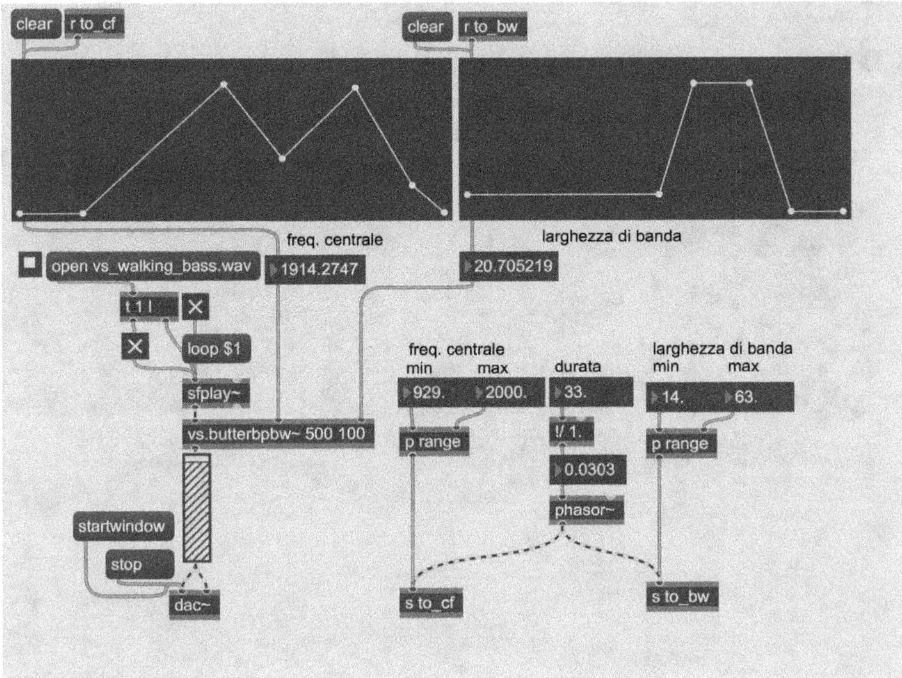

fig. 3.74

C'è qualcosa che impedisce alle due `function` di funzionare correttamente, il compito è quello di fare in modo che nella durata di 33 secondi si compia il ciclo di variazione dei parametri della frequenza centrale (`function` di sinistra) e della larghezza di banda (`function` di destra).
Si richiede anche che il file vs_walking_bass.wav venga eseguito un'ottava sotto rispetto all'originale.

ATTIVITÀ - *ANALISI DI ALGORITMI*

Aprite la *patch* **3_analysis.maxpat**.

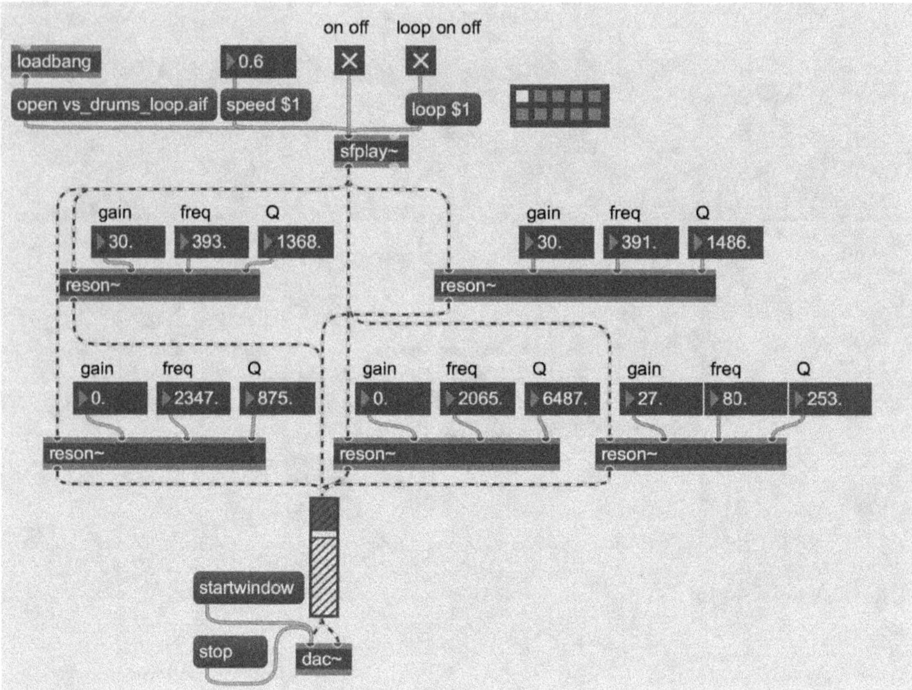

fig. 3.75

Ascoltate tutti i *preset*, descrivete
- come funziona l'algoritmo, compreso il modo in cui il file vs_drums_loop.aif è stato caricato
- il modo in cui si possono ottenere suoni separati con altezze diverse (collegate alla cassa, al rullante e ai colpi di rullante con accento) pur partendo da un solo file audio.
- quali sono i parametri che rimangono inalterati e quali cambiano quando si altera lo *speed* dell'oggetto `sfplay~`.

ATTIVITÀ - *COMPLETAMENTO DI ALGORITMI*

Aprite la *patch* **3_Completion.maxpat**

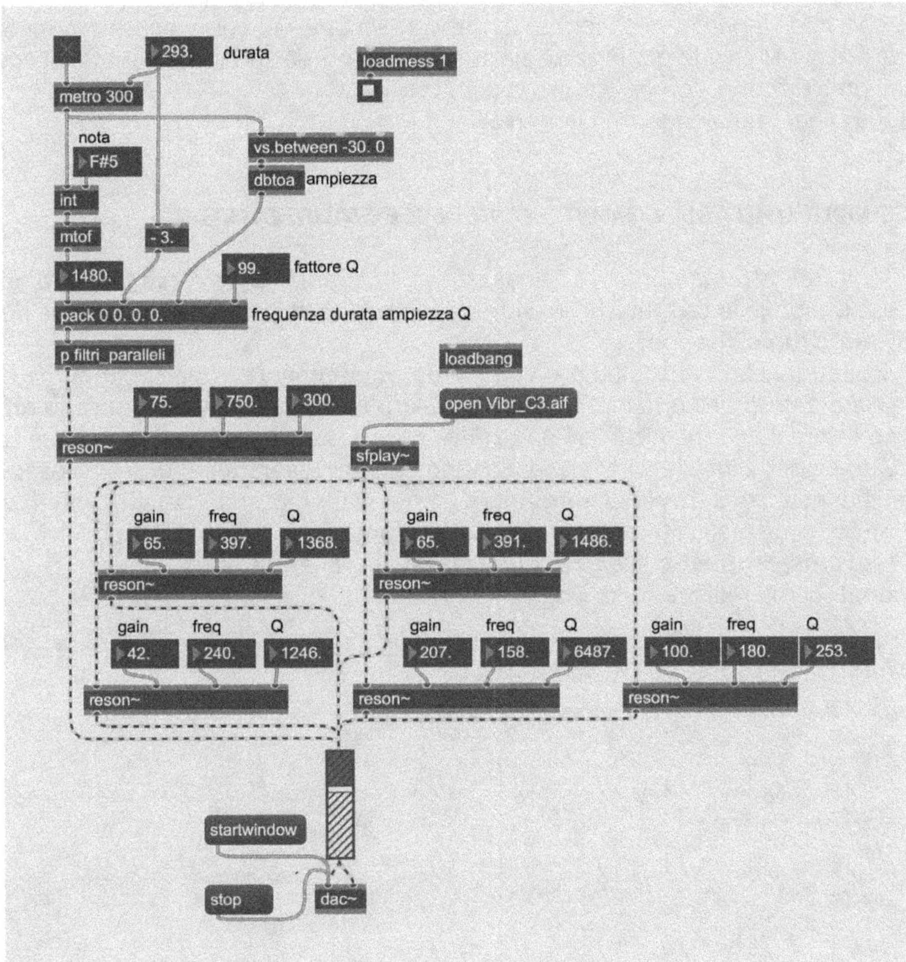

fig. 3.76

Questa *patch* è incompleta: lo scopo è quello di attivare la sintesi del suono secondo il tempo dato dall'oggetto `metro`; allo stesso tempo ogni *bang* che arriva da `metro` alternatamente attiva e disattiva l'oggetto `sfplay~` (che deve leggere il file Vibr_C3.aif). In sostanza ogni due attivazioni del suono sintetico ne abbiamo una del suono campionato.
Dopo aver corretto la patch, realizzatene una versione multicanale, trasformando i 5 `reson~` in basso in un unico `mc.reson~`.

COMPITI UNITARI - *REALIZZAZIONE DI UNO STUDIO BREVE*

Realizzare uno studio sonoro di due minuti basato sulle tecniche finora acquisite, indicando su un file di testo che tipo di operazioni sono state svolte e che tipo di percorso sonoro si è inteso realizzare nel corso dei 2 minuti. In particolare si chiede di utilizzare sia suoni di sintesi sia suoni campionati, anche in combinazione, con ampio uso di filtri.
Tempo per la realizzazione 2 giorni.

COMPITI UNITARI - *COMPITO DI REVERSE ENGINEERING*

Ascoltate attentamente e analizzate il suono **3_reverse_engine.aif** descrivendone le caratteristiche. Si tratta di un *loop* basato sull'elaborazione del file **vs_drums_loop.aif**.
Ascoltate anche quest'ultimo e comparate attentamente i due suoni prima di iniziare a costruire un algoritmo per simulare il suono **3_reverse_engine.aif**. Può essere utile sapere che la durata della `function` che controlla la frequenza centrale del filtro (e che viene continuamente reiterata) è di 20 secondi, e che nel file **3_reverse_engine.aif** sono stati registrati tre cicli interi di `function` (totale 60 secondi). Fate attenzione alla velocità di lettura del file **vs_drums_loop.aif** e alla giusta regolazione della larghezza di banda.
Tempo per la realizzazione 1 ora.

LISTA OGGETTI MAX

`abl.device.channeleq~`
Equalizzatore semi-parametrico a tre bande.

`abl.device.drift~`
Sintetizzatore sottrattivo con due oscillatori e modulazione tramite LFO.

`biquad~`
Questo oggetto permette di definire qualsiasi filtro del secondo ordine. Al posto dei parametri di regolazione dei filtri normalmente usati, come frequenza di taglio o fattore Q, questo oggetto richiede i 5 coefficienti del filtro.
Tali coefficienti possono essere forniti tramite gli oggetti `filtercoeff~` e `filtergraph~`.

`cascade~`
Oggetto che può contenere un numero variabile di filtri in cascata. Riceve una lista di coefficienti per i filtri e crea internamente un filtro del secondo ordine per ogni gruppo di 5 coefficienti che riceve.
Se ad es. riceve una lista di 10 coefficienti crea due filtri, se riceve 15 coefficienti ne crea 3, etc..

`click~`
Generatore di clic audio: ogni volta che riceve un *bang* emette un singolo campione di valore 1 preceduto e seguito da campioni di valore 0.

`clip~`
Forza il segnale a rimanere entro i limiti fissati dai suoi due argomenti.

`delay~`
Unità di ritardo: ha due argomenti, il primo indica il massimo ritardo possibile e il secondo il ritardo effettivo, entrambi in campioni

`dial`
Oggetto grafico a forma di manopola che produce valori in relazione al suo grado di rotazione.

`fffb~`
Banco di filtri passa-banda equivalenti al filtro `reson~`. Il suo primo argomento stabilisce il numero dei filtri del banco.

`filtercoeff~`
Oggetto che riceve i parametri di un filtro e genera i relativi coefficienti come segnali; viene collegato all'oggetto `biquad~`, a cui manda i 5 coefficienti che caratterizzano il comportamento del filtro utilizzato.

`filtergraph~`
Equivalente grafico di `filtercoeff~`.

line
Generatore di sequenze di numeri Max che collegano linearmente un valore ad un altro. È l'equivalente di `line~` per i valori Max.

noise~
Generatore di rumore bianco.

onepole~
Filtro passa-basso del primo ordine.

pink~
Generatore di rumore rosa.

pvar
Oggetto che riceve messaggi in "remoto" da un altro oggetto della stessa *patch*: l'oggetto `pvar` deve avere un argomento che corrisponde al nome di un altro oggetto. I messaggi prodotti da quest'ultimo vengono trasmessi a `pvar`.

radiogroup
Questo oggetto consiste in un gruppo di pulsanti il cui numero è definibile a piacere.

rand~
Generatore di campioni casuali (collegati tramite segmenti di retta) ad una frequenza regolabile a piacere.

reson~
Filtro passa-banda risonante.

spectroscope~
Visualizzatore dello spettro (spettroscopio).

umenu
Questo oggetto serve a creare dei menù a tendina contenenti voci (linee di testo) liberamente definibili.

vs.bandpass~
Filtro passa-banda del secondo ordine. Fa parte della libreria *Virtual Sound Macros*.

vs.butterbpbw~
Filtro di Butterworth passa-banda con controllo della larghezza di banda. Fa parte della libreria *Virtual Sound Macros*. Esiste anche un oggetto chiamato `vs.butterbp~` che è un passa-banda con controllo del fattore Q.

vs.butterbrbw~
Filtro di Butterworth elimina-banda con controllo della larghezza di banda. Fa parte della libreria *Virtual Sound Macros*.
Esiste anche un oggetto chiamato `vs.butterbr~` che è un elimina-banda con controllo del fattore Q.

vs.butterhp~
Filtro di Butterworth passa-alto. Fa parte della libreria *Virtual Sound Macros.*

vs.butterlp~
Filtro di Butterworth passa-basso. Fa parte della libreria *Virtual Sound Macros.*

vs.butterlpc
Modulo interno all'oggetto **vs.butterlp~** che accetta in entrata il valore della frequenza di taglio e manda in uscita una lista di 5 elementi corrispondente ai 5 coefficienti che vengono mandati a **biquad~** per ottenere un filtro passa-basso di Butterworth. Fa parte della libreria *Virtual Sound Macros*. Naturalmente esistono gli oggetti equivalenti anche per gli altri filtri di Butterworth: vs.butterhpc, vs.butterbpc, vs.butterbrc.

vs.choose
Questo oggetto fa parte della libreria *Virtual Sound Macros*; ogni volta che riceve una lista sceglie casualmente un elemento e lo invia alla sua uscita di sinistra.

vs.click~
Generatore di impulsi della libreria *Virtual Sound Macros*; genera un "treno" di impulsi unitari alla frequenza data.

vs.dust~
Generatore di impulsi della libreria *Virtual Sound Macros*; genera una "polvere" (in inglese *dust*) di click irregolari di cui è possibile indicare la densità media per secondo.

vs.highpass~
Filtro passa-alto con risonanza. Fa parte della libreria *Virtual Sound Macros.*

vs.highpass1~
Filtro passa-alto del primo ordine. Fa parte della libreria *Virtual Sound Macros.*

vs.lowpass~
Filtro passa-alto con risonanza. Fa parte della libreria *Virtual Sound Macros.*

vs.rand0~
Generatore di rumore a frequenza variabile della libreria *Virtual Sound Macros*. Genera campioni casuali ad una frequenza data senza effettuare alcuna interpolazione. In questo modo viene mantenuto il valore di ciascun campione fino alla generazione del campione successivo, creando un andamento a gradini.

vs.rand3~
Generatore di rumore a frequenza variabile con interpolazione cubica. Fa parte della libreria *Virtual Sound Macros.*

vs.xfade~
Questo oggetto accetta in entrata due segnali e li miscela in base al parametro che riceve al terzo ingresso. Fa parte della libreria *Virtual Sound Macros*.

LISTA ATTRIBUTI PER OGGETTI MAX SPECIFICI

filtergraph~
- Active Filter(s) (attributo)
Permette di stabilire il numero di filtri attivi nell'oggetto **filtergraph~.**

- Filter Type (attributo)
Permette di decidere che tipo di filtro deve gestire l'oggetto **filtergraph~**.

radiogroup
- Number of Items (attributo)
Imposta il numero di pulsanti dell'oggetto **radiogroup**.

umenu
- Menu Items (attributo)
Consente di scrivere in un'apposita finestra le voci di un menù a tendina.

Tutti gli oggetti
- Freeze Attribute (Inspector Toolbar)
L'opzione "Freeze Attribute" serve memorizzare lo stato di un attributo quando si salva la patch. Alcuni attributi infatti non vengono salvati automaticamente con la patch, ma ritornano ogni volta al loro valore di default: questi attributi sono riconoscibili perché il nome appare in corsivo nell'inspector. Per "congelare" (freeze) un attributo (e fare quindi in modo che venga memorizzato un nuovo valore nella patch) dobbiamo selezionarlo nell'inspector, impostare il valore desiderato e poi fare clic sull'icona che rappresenta un cristallo di neve presente nella parte bassa della finestra (detta Inspector Toolbar). Per "scongelare" l'attributo dobbiamo fare nuovamente clic sull'icona del cristallo di neve.

- Scripting Name (attributo)
Questo attributo presente in tutti gli oggetti Max, consente di dare un nome ad un oggetto. Un oggetto dotato di nome può essere, ad esempio, usato per trasmettere messaggi ad un oggetto **pvar** senza uso di cavi.

GLOSSARIO

Inspector toolbar
Fila di icone che rappresentano diversi comandi ed opzioni, presente nella parte bassa della finestra dell'inspector.

Interludio B
ALTRI ELEMENTI DI PROGRAMMAZIONE CON MAX

CONTRATTO FORMATIVO

PREREQUISITI PER IL CAPITOLO
- Contenuti dei capp. 1, 2 e 3 (teoria e pratica), Interludio A

OBIETTIVI
Abilità
- Saper utilizzare diversi oggetti e segnali MIDI semplici
- Saper utilizzare operazioni ricorsive e conversioni in Max
- Saper costruire un arpeggiatore, anche con uso di intervalli probabilistici
- Saper smistare segnali e messaggi selezionando ingressi e uscite
- Saper confrontare valori e analizzarne la relazione
- Saper scomporre liste di dati
- Saper costruire sequenze ripetitive, tramite loop di dati
- Saper generare liste casuali per la simulazione di corpi risonanti
- Saper costruire uno Shepard Tone, o glissando infinito

CONTENUTI
- Uso di base del protocollo MIDI
- Operazioni ricorsive e sequenze ripetitive
- Arpeggiatori e intervalli probabilistici
- Confronto di valori, conversioni e smistamento di segnali e messaggi
- Scomposizione di liste e generazione di liste casuali
- Shepard Tone

TEMPI - Cap.3 (teoria e pratica) + Interludio B
Autodidatti
Per 300 ore globali di studio individuale (vol. I, teoria e pratica):
- ca. 110 ore

Corsi
Per un corso globale di 60 ore in classe + 120 di studio individuale (vol. I, teoria e pratica):
- ca. 18 ore frontali + 4 di feedback
- ca. 44 di studio individuale

ATTIVITÀ
Attività al computer:
- Attività al computer: sostituzione di parti di algoritmi, correzione, completamento e analisi di algoritmi, costruzione di nuovi algoritmi

VERIFICHE
- Compiti unitari di Reverse Engineering

SUSSIDI DIDATTICI
- Lista oggetti Max - Lista messaggi, attributi e parametri per oggetti Max specifici - Glossario

IB.1 CENNI SUL MIDI

Il MIDI è un sistema di comunicazione tra computer e strumenti musicali elettronici e/o digitali: tramite questo sistema è possibile, ad esempio, collegare (con un apposito cavetto MIDI) un computer ad un sintetizzatore e far sì che quest'ultimo venga "suonato" dal computer. In altre parole grazie al MIDI il computer può dire al sintetizzatore, tra le altre cose, quali note suonare, con che intensità, con che durata etc.
Gli strumenti musicali digitali, inoltre, possono anche essere "virtuali", cioè possono essere delle applicazioni residenti nel nostro computer che simulano il comportamento di strumenti digitali reali: anche con gli strumenti virtuali è possibile comunicare via MIDI, realizzando una connessione, in questo caso virtuale (cioè non con un cavo fisico), tra il programma che invia i comandi MIDI (ad esempio Max) e il programma (lo strumento virtuale) che li riceve. Come vedremo approfonditamente nel Cap. 9, Max ha diversi oggetti che sfruttano il protocollo MIDI. Dal momento che nel seguito di questo Interludio verranno utilizzati alcuni oggetti che gestiscono messaggi MIDI, forniamo qui una breve introduzione a questi oggetti, rimandando per i dettagli al capitolo 9 delle sezioni di teoria e pratica.
Aprite il file **IB_01_note_MIDI.maxpat**: in fig. IB.1 vediamo la parte superiore della *Patcher Window*.

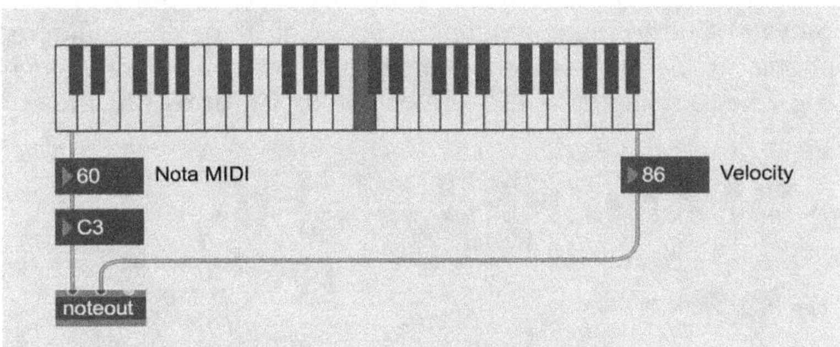

fig. IB.1: file IB_01_note_MIDI.maxpat, parte superiore

Abbiamo collegato l'oggetto **kslider** (la tastiera musicale) a dei *number box* e, tramite questi, all'oggetto **noteout**. Come possiamo vedere, facendo clic su un tasto di **kslider** avremo all'uscita di sinistra il valore MIDI della nota selezionata (cfr. anche il par. 1.4) e all'uscita di destra il valore di *velocity*, ovvero l'intensità della nota: facendo clic nella parte alta di un tasto di **kslider** si ottengono valori alti di *velocity*, facendo clic sulla parte bassa si ottengono valori bassi. La *velocity* può variare tra 1 e 127. I valori di nota MIDI e *velocity* vengono inviati agli ingressi di sinistra e centrale dell'oggetto **noteout**: quest'ultimo invia il comando relativo all'esecuzione della nota allo strumento (reale o virtuale) a cui è collegato. [1]

[1] L'ingresso di destra dell'oggetto **noteout** serve per impostare il canale MIDI, che al momento non ci serve: maggiori dettagli al cap. 9.

Nel protocollo MIDI questo comando si definisce "**note-on**". Se fate clic su un tasto del `kslider` (abbastanza in alto in modo da ottenere una *velocity* alta, superiore a 90) dovreste sentire un suono di pianoforte. Questo suono non proviene da Max, ma da uno strumento virtuale contenuto nel sistema operativo del vostro computer che per *default* è impostato sul suono del pianoforte. Se provate a suonare più note vi accorgerete che, per ogni coppia nota-*velocity* che l'oggetto `noteout` riceve, viene suonata una nuova nota, ma le precedenti non vengono interrotte: è come se i tasti fossero "incantati". Il problema è che, tramite `noteout`, stiamo dicendo allo strumento virtuale quando iniziare a suonare una nota, ma non gli diciamo quando interromperla! Per interrompere una nota dobbiamo inviare nuovamente il valore MIDI relativo associato ad una *velocity* pari a 0. Il valore di *velocity* 0 corrisponde al comando "**note-off**", ovvero "solleva il dito dal tasto".
Per poter "spegnere" una nota MIDI tramite il `kslider` dobbiamo cambiare il modo con cui quest'ultimo gestisce i messaggi di nota MIDI: andate in modalità *edit* e richiamate l'*inspector* del `kslider` superiore, individuate la categoria "Value" e cambiate il menù a comparsa corrispondente al parametro "**Display Mode**" da "**Monophonic**" a "**Polyphonic**", infine tornate in modalità *performance*.
Adesso la prima volta che fate clic su un tasto del `kslider` verrà suonata una nota con la *velocity* corrispondente, un secondo clic sullo stesso tasto invierà nuovamente la nota, ma con *velocity* pari a 0, facendo terminare il suono: provate! Questo modo è definito "Polyphonic" perché, a differenza del "Monophonic", ci permette di tenere attive più note contemporaneamente.
In figura IB.2 vediamo la parte inferiore del file **IB_01_note_MIDI.maxpat**.

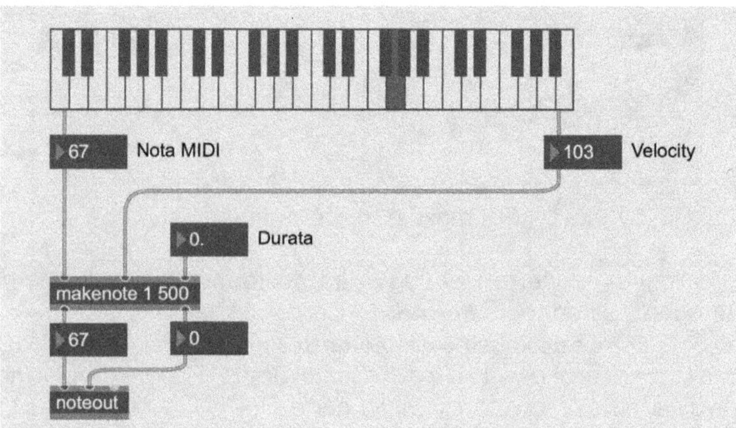

fig. IB.2: file IB_01_note_MIDI.maxpat, parte inferiore

Qui abbiamo collegato l'oggetto `kslider` (in modalità monofonica) all'oggetto **`makenote`**: quest'ultimo ogni volta che riceve un comando MIDI *note-on* genera il corrispondente comando MIDI *note-off* dopo un intervallo di tempo stabilito. L'oggetto ha tre ingressi, rispettivamente per il valore di nota MIDI, la *velocity* e la durata in millisecondi (ovvero per il tempo che deve passare tra un *note-on* e il successivo *note-off*), e due uscite, per il valore di nota MIDI e la *velocity*.

I parametri sono due, la *velocity* e la durata in millisecondi: nella *patch* abbiamo quindi una *velocity* pari a 1 e una durata di 500 millisecondi (mezzo secondo). Quando l'oggetto riceve un *note-on* lo invia direttamente alle uscite, dopo di che attende la durata prescritta (nel nostro caso 500 millisecondi) e invia il *note-off*. Notate che la *velocity* che inviamo tramite il **kslider** (nel caso in figura il valore 103) annulla e sostituisce il valore 1 che avevamo scritto come argomento: quest'ultimo ci è servito infatti solo per permetterci di scrivere il secondo argomento, cioè la durata, che in quanto "secondo argomento" deve essere per forza preceduto dal primo!
Anche la durata può essere modificata, inviando il nuovo valore all'ingresso di destra, che sostituirà il valore che abbiamo messo come secondo argomento.
Provate a suonare alcune note e a cambiare la durata nell'oggetto **makenote**: osservate come dalla sua seconda uscita venga generato prima un valore di *velocity* identico a quello generato dal **kslider** e, dopo il tempo stabilito, il valore 0.
Ora aggiungiamo un sommatore alla parte inferiore della *patch* nel modo illustrato in fig IB.3.

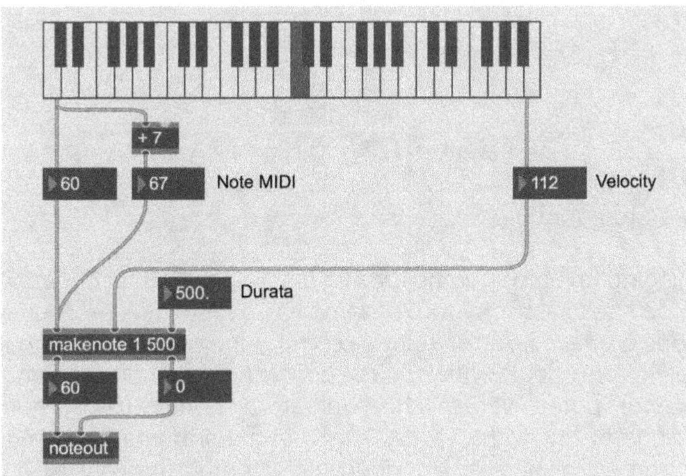

fig. IB.3: trasposizione MIDI

Questa *patch* è simile a quella del file **IA_01_trasposizione.maxpat** che abbiamo visto al primo paragrafo dell'interludio A. Anche in questo caso per ogni tasto premuto nell'oggetto **kslider** vengono generate due note a distanza di 7 semitoni, cioè di una quinta. Ogni volta che facciamo clic su un tasto di **kslider**, infatti, il valore di nota MIDI corrispondente viene inviato all'oggetto **makenote** e contemporaneamente ad un sommatore che aggiunge il valore 7 alla nota prima di inviarla a sua volta al **makenote**. Notate che per ottenere queste coppie di note non abbiamo avuto bisogno di sdoppiare anche il valore della *velocity*, né quello della durata: questi ultimi infatti corrispondono agli ingressi "freddi" dell'oggetto **makenote** e aggiornano soltanto le variabili interne dell'oggetto. Il contenuto di queste variabili interne viene riutilizzato ogni volta che un nuovo valore arriva all'ingresso "caldo": nel caso in figura, ad esempio, entrambe le note (DO e SOL centrali) hanno una *velocity* pari a 112 e una durata di 500 millisecondi.

Qui possiamo vedere che la regola secondo cui l'ingresso "caldo" di un oggetto è quello più a sinistra è il logico complemento della regola dell'ordine di esecuzione da destra a sinistra (cfr. par. 1.7): i primi messaggi ad essere trasmessi sono quelli più a destra, che raggiungono gli ingressi "freddi" e aggiornano le variabili interne di un oggetto (ad esempio la *velocity* in **makenote**), mentre gli ultimi sono quelli più a sinistra, che raggiungono un ingresso "caldo" e provocano un *output* dopo che tutte le variabili interne sono state aggiornate.

IB.2 L'OPERATORE MODULO E LA RICORSIONE

Torniamo sull'argomento "operatori binari" che avevamo già affrontato nel par. IA.1 e presentiamo l'**operatore modulo**, che ha come simbolo il segno di percentuale **%**.
Il modulo è il resto di un'operazione di divisione. Se ad esempio divido 20 per 6 ottengo 3 come risultato intero della divisione, e 2 come resto (perché 6 per 3 fa 18, e 2 è la quantità che resta per raggiungere 20). Per capire meglio come funziona ricostruite la *patch* di figura IB.4.

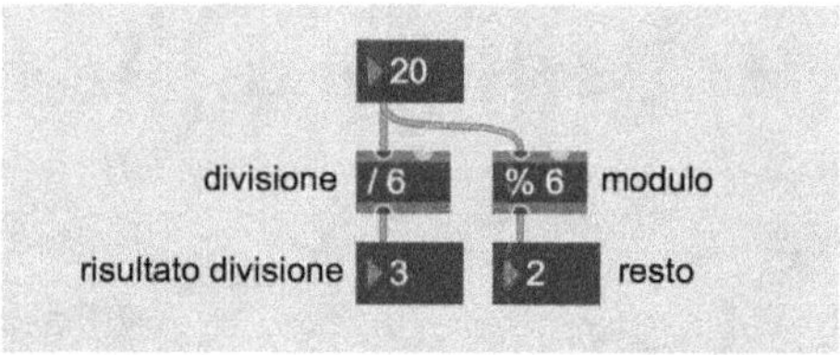

fig. IB.4: l'operatore modulo

Abbiamo collegato un unico *number box* ad un divisore e ad un oggetto modulo, entrambi con lo stesso argomento. Possiamo così vedere qual è il risultato intero di una divisione e qual è il resto. Se fate scorrere i numeri trascinando il cursore del mouse all'interno del *number box* superiore (generando così una serie di numeri crescenti), potete vedere che l'operatore modulo (con argomento 6) genera una serie di interi che va da 0 a 5, e che si ripete ciclicamente man mano che i numeri in ingresso vengono incrementati (provate!). La regola è che gli interi generati da un'operazione "modulo n" vanno da 0 a n-1. Provate a sostituire l'argomento del modulo (o a collegare un *number box* all'ingresso di destra) e verificate il comportamento dell'operatore con i diversi argomenti.
Abbiamo detto che il modulo è il resto di un'operazione di divisione: questo implica che il risultato della divisione sia un numero intero (altrimenti non ci sarebbe resto), ma non impedisce che la divisione venga fatta con i numeri con la virgola. Trasformate la *patch* di fig. IB.4 come illustrato in fig. IB.5.

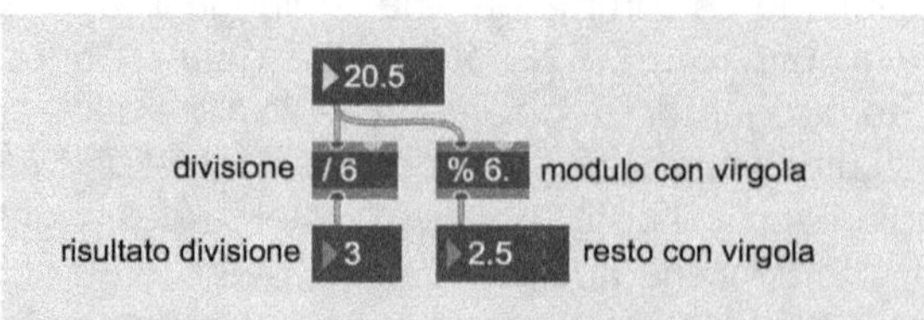

fig. IB.5: modulo frazionario

Abbiamo sostituito il *number box* in alto con un *float number box*, abbiamo aggiunto un punto decimale all'argomento dell'operatore modulo e abbiamo connesso l'uscita di quest'ultimo ad un altro *float number box*. In questo modo l'operatore % restituisce sempre il resto di una divisione, ma mantiene anche l'eventuale parte decimale. Nell'esempio in figura, infatti, dividendo 20.5 per 6 ottengo 3 come risultato (intero) della divisione, e 2.5 come resto. Infatti 6 · 3 = 18 + 2.5 = 20.5.
Questo può essere utile per ottenere il resto decimale di un'operazione modulo 1: ricostruite la *patch* di figura IB.6.

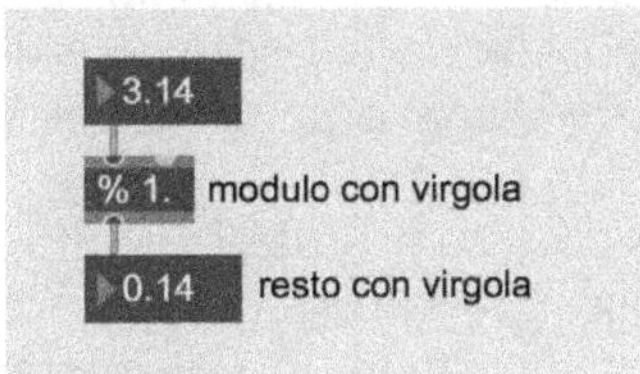

fig. IB.6: parte decimale di un numero

In pratica, calcolando il resto decimale di una divisione per 1 otteniamo la sola parte decimale. Con riferimento alla figura IB.6, il risultato intero che si ottiene "dividendo" 3.14 per 1 è ovviamente 3 e il resto è 0.14, ovvero la parte decimale. Come per gli altri operatori, esiste l'oggetto MSP **%~** (modulo-tilde) che effettua l'operazione di modulo su un segnale: ne vedremo un utilizzo al par. IB.9.

LA RICORSIONE

Sfruttando l'ingresso freddo di un operatore possiamo eseguire delle **operazioni ricorsive**, cioè una sequenza di operazioni in cui ogni risultato è ottenuto utilizzando il risultato precedente.
Ricostruite la *patch* di fig. IB.7.

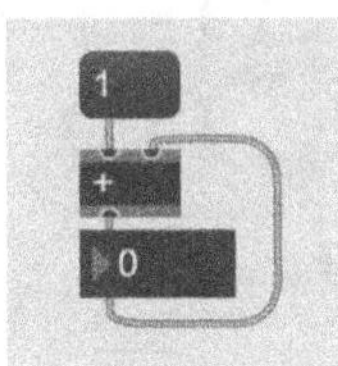

fig. IB.7: somma ricorsiva

Abbiamo un *message box* contenente il numero 1, collegato ad un sommatore che a sua volta è collegato a un *number box*: l'uscita di quest'ultimo risale fino all'ingresso freddo del sommatore.

Se fate clic ripetutamente sul *message box* vedrete il risultato della somma incrementarsi costantemente di 1; il risultato di ogni somma, infatti, diventa un addendo della somma successiva (l'altro addendo è l'1 contenuto nel *message box*) e la sequenza delle operazioni risultanti è questa:

ingresso caldo		ingresso freddo		risultato
1	+	0	=	1
1	+	1	=	2
1	+	2	=	3
1	+	3	=	4

eccetera.

L'ingresso freddo, come si vede, contiene sempre il risultato dell'operazione precedente. Se vogliamo far ripartire da 0 la serie dobbiamo inviare all'ingresso destro del sommatore il numero –1, ad esempio usando un secondo *message box*; in questo modo, dopo aver fatto clic su questo nuovo *message box*, la variabile interna dell'ingresso destro conterrà –1, che sommato all'1 che inviamo all'ingresso sinistro darà come somma 0.
Ovviamente la ricorsione può essere usata con tutti gli operatori: ad esempio inviando un 2 ad un moltiplicatore ***** con argomento "1." possiamo raddoppiare il risultato ad ogni ripetizione, inviando un 2 all'operatore di divisione "inverso" **!/** (sempre con argomento "1.") possiamo dimezzarlo, etc.

COSTRUIAMO UN ARPEGGIATORE

Vediamo come è possibile, utilizzando gli oggetti finora illustrati, costruire un semplice arpeggiatore. Sfruttiamo innanzitutto la *patch* di fig. IB.7 per generare una scala cromatica[2] con l'aiuto dell'oggetto **metro** e degli oggetti MIDI che abbiamo visto in precedenza. Trasformate la *patch* come in fig. IB.8.

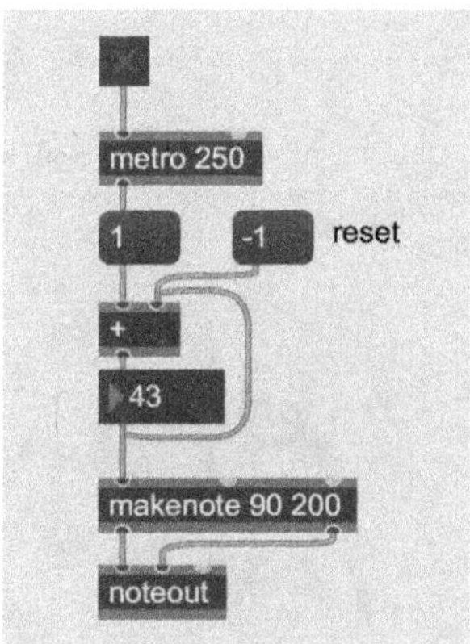

fig. IB.8: scala cromatica

Questa *patch* produce note MIDI consecutive alla distanza di 250 millisecondi l'una dall'altra; le note, create dall'oggetto **makenote**, hanno una *velocity* pari a 90 e una durata di 200 millisecondi. Ogni volta che facciamo clic sul *message box* di destra (reset) riportiamo la sequenza a 0. La nota MIDI 0 e le successive, però, sono decisamente troppo gravi, potremmo perciò

[2] Per il concetto di scala cromatica vedi par. 1.4 della teoria.

aggiungere un valore fisso alla sequenza, in modo da farla ripartire da una nota più acuta: è quello che abbiamo fatto in fig. IB.9 (come sempre vi invitiamo a ricostruire la *patch*).

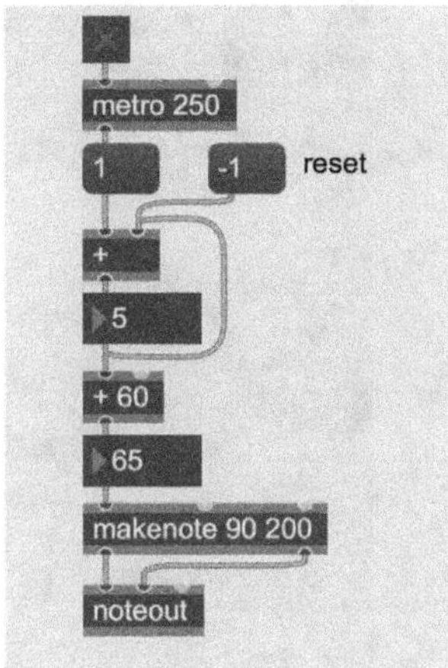

fig. IB.9: trasposizione della scala cromatica

Qui abbiamo aggiunto un sommatore con argomento 60 dopo l'addizione ricorsiva: ogni volta che facciamo clic sul *message box* di reset, quindi, la scala ricomincerà da 60 (corrispondente al DO centrale) e non da 0.
Il valore 60 che aggiungiamo alla scala cromatica prodotta dalla somma ricorsiva è detto **offset**, termine con cui si intende un valore fisso che viene aggiunto ad una serie di valori (nel nostro caso la serie prodotta dalla somma ricorsiva) per spostarne il punto di partenza (nel nostro caso da 0 a 60). Un altro problema della nostra *patch* è che la scala cromatica sale indefinitamente, raggiungendo ben presto i limiti della codifica MIDI (che per le note va da 0 a 127). Possiamo aggiungere all'ingresso freddo del primo addendo due *message box*, il primo contenente il valore 1, l'altro contenente il valore -1 (vedi fig. IB.10), in questo modo si può alternare a piacere la direzione discendente o ascendente della scala cromatica.

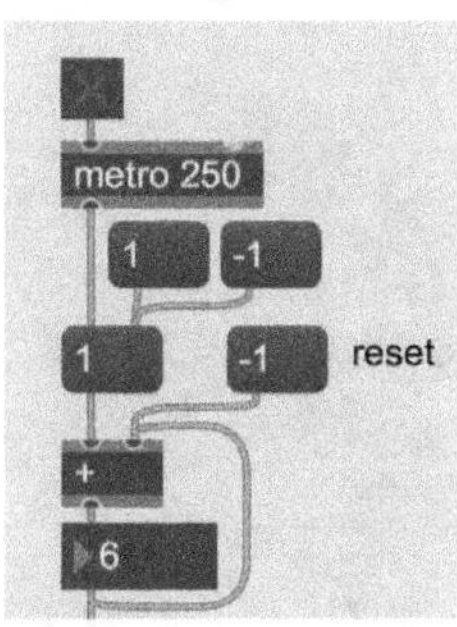

fig. IB.10: scala cromatica ascendente/discendente

Un'altra possibilità è quella visibile in figura IB.11 (da ricostruire) in cui limitiamo la scala cromatica ascendente a una sola ottava.

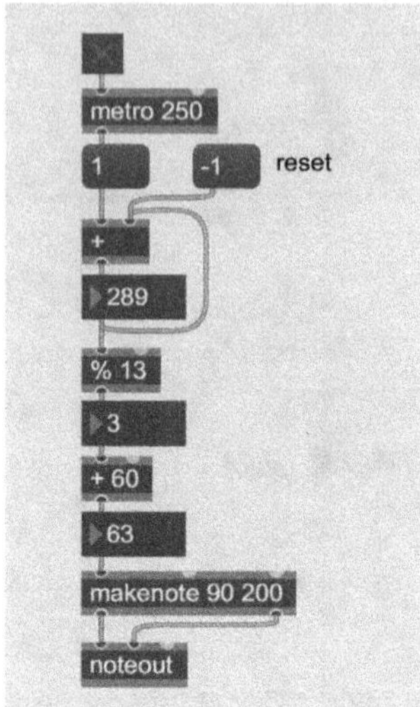

fig. IB.11: generare un'ottava cromatica

Ora tra l'addizione ricorsiva e l'*offset* abbiamo inserito un operatore modulo con argomento 13: questo significa che la sequenza cromatica illimitata viene trasformata in una sequenza che va ciclicamente da 0 a 12 (ricordiamo che il risultato di un'operazione modulo n può variare tra 0 e n–1).

Aggiungiamo un altro livello di complessità e vediamo come generare una sequenza che non proceda cromaticamente ma per terze minori.
Fate alla *patch* le aggiunte che vedete in fig. IB.12.

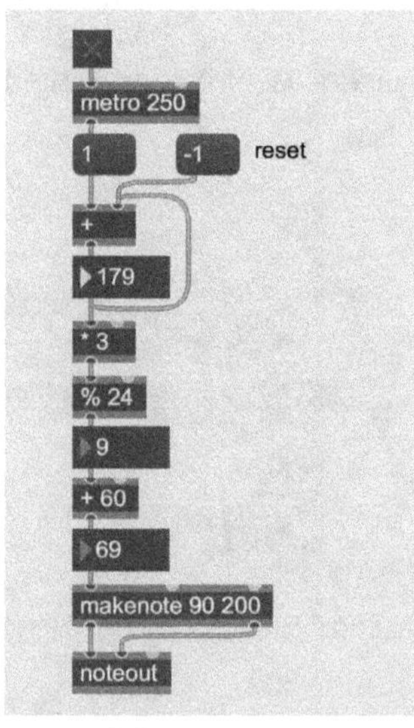

fig. IB.12: arpeggio di terze minori

Abbiamo inserito, subito dopo il sommatore ricorsivo, un moltiplicatore con argomento 3: la serie 0, 1, 2, 3... viene quindi trasformata in 0, 3, 6, 9...; in pratica si passa da una scala cromatica a un arpeggio[3] per terze minori. Il modulo inoltre è ora 24, e ci permette quindi di effettuare arpeggi di due ottave. La ricorsività in questo esempio è ripetitiva (ascoltiamo sempre le stesse 8 note) in quanto abbiamo una sequenza di numeri in uscita dal modulo uguali a 0, 3, 6, 9, 12, 15, 18, 21 (il modulo % 24 fa ritornare il numero 24 a 0). Si può inventare un piccolo trucchetto per fare in modo che il resto non sia sempre identico ogni volta, basta utilizzare un modulo che non sia un multiplo del moltiplicatore, ad esempio come vediamo in fig. IB.13, avendo un moltiplicatore uguale a 3, non utilizziamo un modulo % 24 ma un modulo % 25. Dopo il numero 21 avremo in uscita dal modulo il numero 24, dopodiché avremo il 2, 5, 8, 11, 14, 17, 20, 23, 1, 4, 7, 10, 13, 16, 19, 22, 0, 3 e così via.
In questo modo anziché avere un arpeggio unico da 8 note avremo 3 arpeggi il cui inizio varia di un semitono rispetto al precedente e di cui 2 sono costituiti da 8 note e uno da 9, creando anche un interessante senso di sfasamento ritmico.

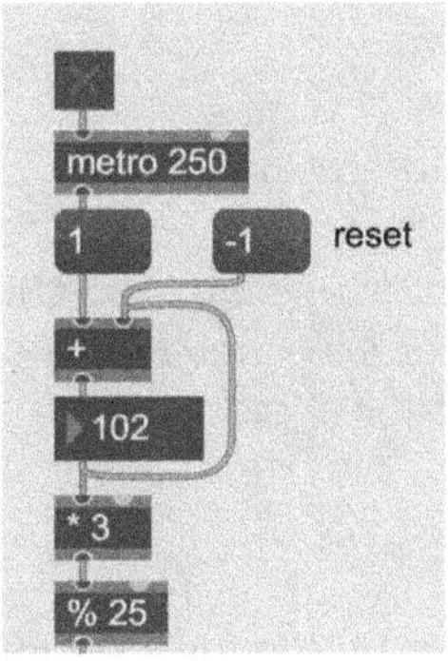

fig. IB.13: arpeggio di terze minori con variazioni

Si può variare, oltre al modulo, anche il valore del moltiplicatore e di altri parametri come vedremo nei vari *preset* della prossima *patch*.

[3] Un arpeggio è una sequenza discendente e/o ascendente di note che appartengono ad un accordo.

Aprite ora il file **IB_02_arpeggiatore.maxpat** (fig. IB.14).

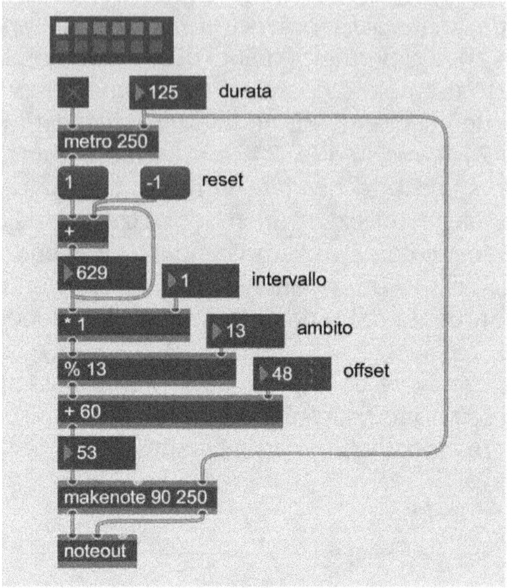

fig. IB.14: file IB_02_arpeggiatore.maxpat

Questo arpeggiatore è del tutto simile a quello che abbiamo costruito più sopra, con l'aggiunta di alcuni *number box* che ci permettono di variare l'intervallo tra una nota e l'altra, l'ambito dell'arpeggio (ovvero la sua ampiezza in semitoni), l'*offset*, e la durata delle note. Notate che quest'ultimo parametro è comune alla scansione dell'oggetto **metro** e alla durata dell'oggetto **makenote**: c'è infatto un unico *number box*, in alto a destra, che invia un valore all'ingresso di destra di entrambi gli oggetti. Alcune configurazioni sono state registrate nell'oggetto **preset** in alto.
Vi ricordiamo che facendo clic nelle caselle più scure dell'oggetto **preset** è possibile richiamare delle configurazioni che sono state precedentemente registrate; facendo *shift-clic* in una casella è possibile invece memorizzare una nuova configurazione. Provate le configurazioni registrate (prima riga), cercando di capire come funzionano i diversi parametri; poi fate delle nuove configurazioni e memorizzatele nella seconda riga.
Vediamo ora una "variazione sul tema" che solitamente non si trova in un arpeggiatore: aprite il file **IB_03_arpeggiatore_random.maxpat** (fig. IB.15).
Mentre negli arpeggiatori che abbiamo visto finora l'incremento inviato al sommatore ricorsivo era fisso (e pari a 1), in questa *patch* abbiamo aggiunto un generatore random (subito sotto l'oggetto **metro**) che aggiunge una componente variabile all'incremento, a cui viene sommata, tramite l'oggetto + che si trova sotto random, una componente fissa. Nell'esempio in figura il generatore random ha un argomento pari a 2 e può generare numeri casuali compresi tra 0 e 1 (ovvero o genera uno 0 o genera un 1), mentre l'incremento fisso da sommare al numero casuale è 1. L'incremento risultante da questa somma potrà quindi essere o 1 o 2 (cioè il numero random, che o è 0 o è 1, sommato al numero fisso 1).

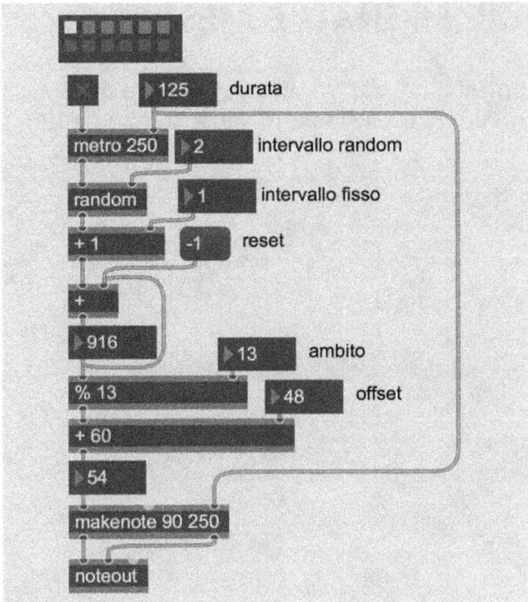

fig. IB.15: file IB_03_arpeggiatore_random.maxpat

Notate che dopo la somma ricorsiva abbiamo eliminato il moltiplicatore che nella versione precedente ci dava l'intervallo (fisso) tra le note dell'arpeggio: in questa nuova versione infatti tale intervallo (che ora è variabile) è dato dall'incremento random visto più sopra.
Anche qui ci sono dei *preset* da provare: cercate di capire come il rapporto tra la componente random e quella fissa dell'incremento influenzino l'andamento dell'arpeggio.
Naturalmente nulla ci impedisce di applicare gli arpeggiatori di questo paragrafo ai generatori di suono che abbiamo visto nei capitoli precedenti: provate ad esempio modificare il file **03_10_subsynth.maxpat**, sostituendo il generatore di sequenze casuali con un arpeggiatore.

IB.3 SMISTARE SEGNALI E MESSAGGI

Abbiamo già incontrato nel cap. 1 l'oggetto `selector~` che ci permette di selezionare un segnale da un insieme di sorgenti diverse (fig. IB.16).

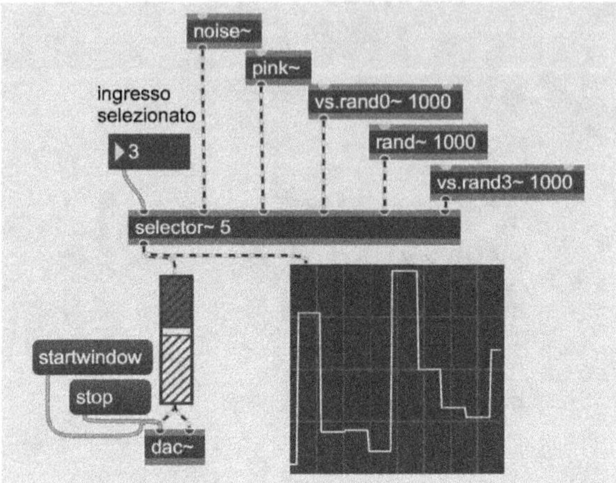

fig. IB.16: l'oggetto **selector~**

L'oggetto **gate~** invece ci permette di inviare un segnale in ingresso ad una delle sue uscite selezionabili liberamente. L'argomento specifica il numero di uscite che `gate~` deve avere. In fig. IB.17 vediamo un possibile uso: un rumore bianco viene inviato ad un `gate~` con tre uscite e da questo può essere smistato ad un filtro passa-basso, ad un passa-banda risonante o ad un passa-alto. Ricostruite la *patch*.

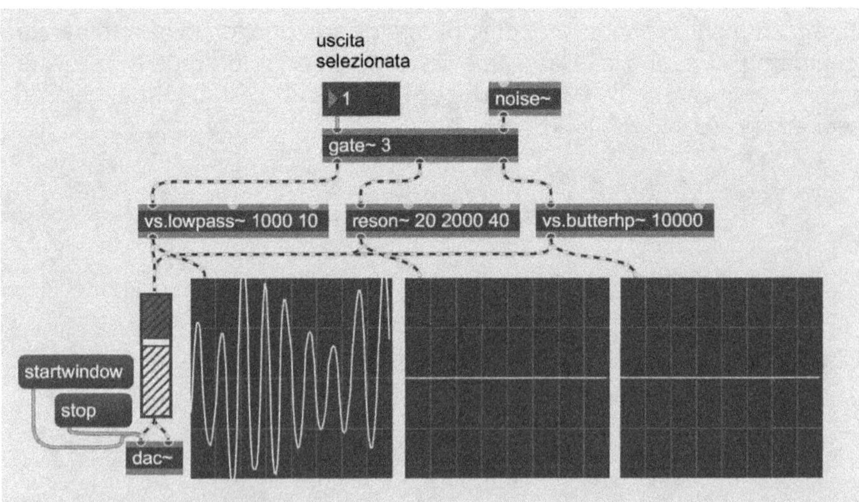

fig. IB.17: l'oggetto `gate~`

Come per `selector~`, uno 0 all'ingresso di sinistra chiude tutte le uscite, gli interi successivi aprono le uscite relative.

Questi due oggetti MSP hanno degli equivalenti in Max che smistano messaggi invece che segnali: **switch** e **gate** (fig. IB.18).

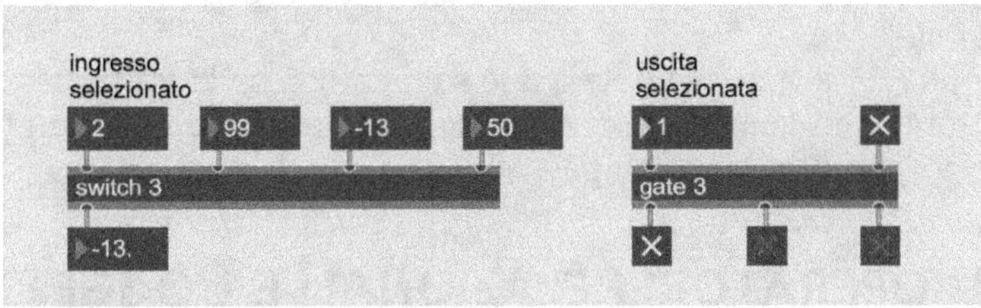

fig. IB.18: oggetti switch e gate

Vediamo, ad esempio, una applicazione dell'oggetto gate, proviamo a modificare la *patch* IB_02_arpeggiatore.maxpat (che abbiamo visto in fig. IB.14), in modo che oltre ad arpeggi di note singole produca anche bicordi o accordi di tre suoni. Modificate la *patch* come in fig. IB.19 (e salvatela su disco, ci servirà anche in seguito).
Le note generate dall'algoritmo, oltre ad essere inviate al makenote, vengono mandate ad un oggetto gate. Abbiamo quindi tre possibilità: selezionando il *message box* "0" chiudiamo il gate e sentiamo solo le note che vengono inviate direttamente al makenote (come nella vecchia *patch*).

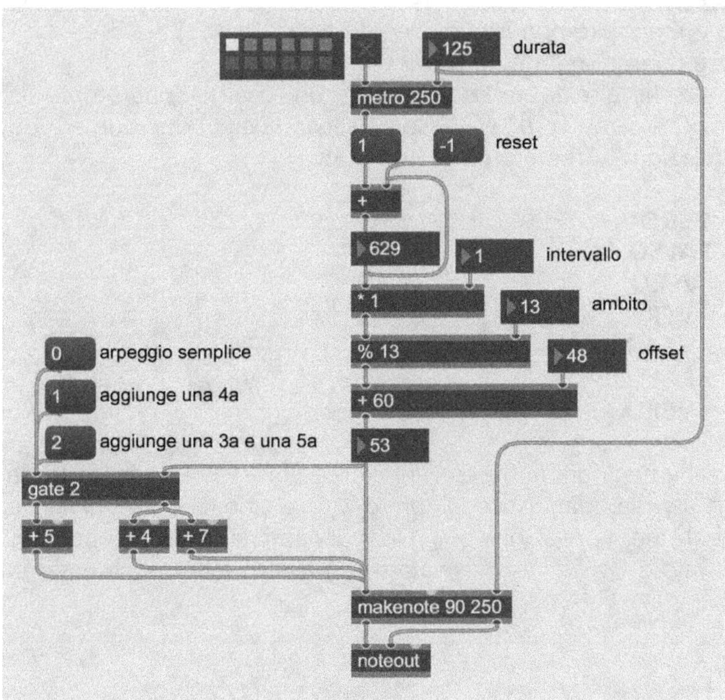

fig. IB.19: arpeggi per intervalli paralleli

Selezionando "1" apriamo la prima uscita di `gate` e le note vengono inviate ad un sommatore che le trasporta di 5 semitoni; queste note, aggiunte alle note non trasposte, producono un arpeggio che procede per quarte parallele.
Selezionando "2" inviamo le note a due sommatori che le trasportano di 4 e 7 semitoni e abbiamo quindi (sempre considerando anche le note non trasposte) un arpeggio di accordi maggiori paralleli.

IB.4 GLI OPERATORI RELAZIONALI E L'OGGETTO SELECT

Parliamo ora della categoria degli operatori relazionali: tali operatori confrontano due valori e stabiliscono se questi si trovino o meno in una certa relazione.

Dati due numeri x e y, ciascun operatore risponde a una specifica domanda:

x > y x è maggiore di y?
x < y x è minore di y?
x == y x è uguale a y?
x != y x è diverso da y?
x >= y x è maggiore oppure uguale a y?
x <= y x è minore oppure uguale a y?
Per ognuna di queste relazioni esiste un diverso operatore. Il risultato dell'operazione sarà "vero" o "falso" a seconda che i due numeri soddisfino o meno la relazione. Ad esempio:

5 > 2 --> VERO
4 < 4 --> FALSO
7 != 8 --> VERO
3 == 3 --> VERO
3 <= 3 --> VERO
3 <= 2 --> FALSO
3 <= 4 --> VERO

Come si vede negli ultimi tre esempi, la relazione <= è soddisfatta sia quando x è uguale a y, sia quando x è minore di y (lo stesso, con i termini invertiti, vale naturalmente per la relazione >=). Normalmente si fa corrispondere il risultato "vero" al valore 1 e il "falso" al valore 0. Il nostro esempio diventa quindi:

5 > 2 = 1
4 < 4 = 0
7 != 8 = 1
3 == 3 = 1
3 <= 3 = 1
3 <= 2 = 0
3 <= 4 = 1

Osservate il quarto esempio e notate che c'è differenza tra il singolo segno di eguale che precede il risultato e il doppio segno di eguale che indica la relazione di eguaglianza: i due segni sono diversi perché hanno un significato diverso.

Per vedere il funzionamento degli operatori relazionali in Max ricostruite la *patch* di figura IB.20.

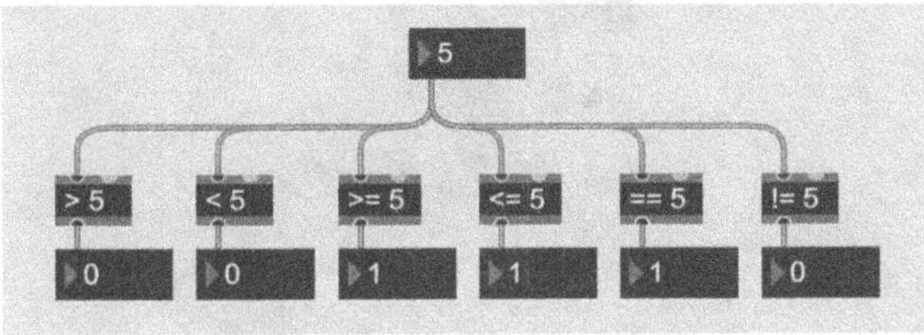

fig. IB.20: gli operatori relazionali

Verificate innanzitutto la correttezza delle relazioni mostrate in figura, e poi provate a variare il valore del *number box* e osservate come cambiano i risultati dei diversi operatori. Come per tutti gli altri operatori, l'ingresso destro degli operatori relazionali serve a modificare l'argomento.

Ora ricostruite la semplice *patch* di fig. IB.21 che effettua un test su un flusso di numeri casuali.

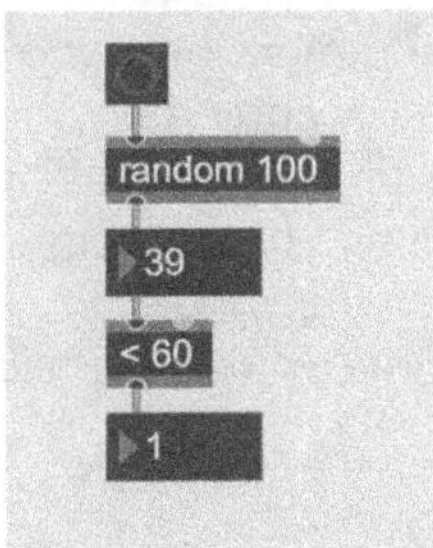

fig. IB.21: test su numeri random

Vediamo come funziona: abbiamo un generatore random con argomento 100 che genera numeri casuali tra 0 e 99, questi numeri vanno all'oggetto < che verifica se sono minori di 60. Questo significa che i valori da 0 a 59 (60 numeri in tutto) daranno come risultato 1, mentre i valori tra 60 e 99 (40 numeri in tutto) daranno come risultato 0: in altre parole, dato che tutti i valori tra 0 e 99 hanno la stessa probabilità di essere generati dall'oggetto random, l'operatore relazionale produrrà un 1 il 60% delle volte, e uno 0 il 40%. Cambiando l'argomento dell'oggetto < è possibile cambiare la percentuale di 1 e 0 prodotti. Tra poco vedremo un'applicazione interessante di questo semplice algoritmo.

L'OGGETTO SELECT

L'oggetto **select** ha una qualche affinità con gli operatori relazionali, perché effettua un confronto tra un valore in entrata e i valori che ha come argomento. Per chiarire il funzionamento dell'oggetto ricreate la *patch* di fig. IB.22.

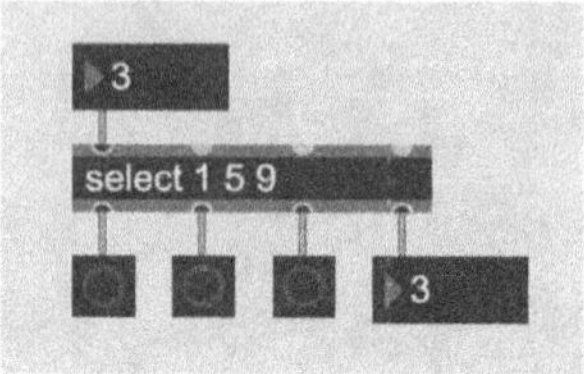

fig. IB.22: l'oggetto **select**

L'oggetto **select** può avere un numero variabile di argomenti, e ha un numero di uscite pari al numero degli argomenti più 1: in figura abbiamo 3 argomenti, e l'oggetto avrà quindi 4 uscite.
Ogni volta che **select** riceve un messaggio, lo confronta con i suoi argomenti, e se il messaggio ricevuto è uguale ad un argomento, genera un *bang* dall'uscita corrispondente: ovvero se il messaggio è uguale al primo argomento verrà generato un *bang* dalla prima uscita e così via. Se il messaggio non è uguale a nessuno degli argomenti, il messaggio stesso (e non un *bang*) verrà inviato all'ultima uscita.
Riferendoci alla figura, quando l'oggetto **select** riceve un 1 genera un *bang* alla prima uscita, se riceve un 5 genera un *bang* alla seconda uscita e se riceve un 9 alla terza uscita. Qualunque altro messaggio riceva verrà trasmesso alla quarta, e ultima, uscita. In figura abbiamo inviato un 3, che non ha generato alcun *bang* ed è stato mandato all'ultima uscita.

In figura IB.23 applichiamo l'oggetto **select** alla *patch* di figura IB.21.

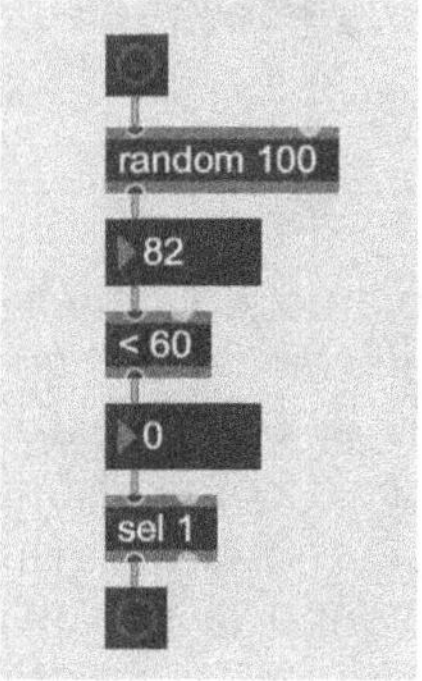

fig. IB.23: *bang* in percentuale

Abbiamo aggiunto in fondo alla *patch* un oggetto **select** (che come si vede può essere abbreviato in **sel**) con argomento 1: a questo **select** abbiamo collegato un **button** alla prima uscita. Ogni volta che **sel** riceve un 1, quindi, verrà generato un *bang* visibile nel **button** inferiore, ogni volta che riceve uno

0 non succederà niente di visibile (perché non abbiamo collegato nulla alla seconda uscita di **sel**).
In altre parole questa *patch* lascia passare il 60% dei *bang* che vengono prodotti dal **button** superiore: anche in questo caso, ovviamente, cambiando l'argomento dell'operatore relazionale, cambierà la percentuale di *bang* che passano.

UN METRONOMO "PROBABILISTICO"

Ricostruite ora la *patch* di figura IB.24.

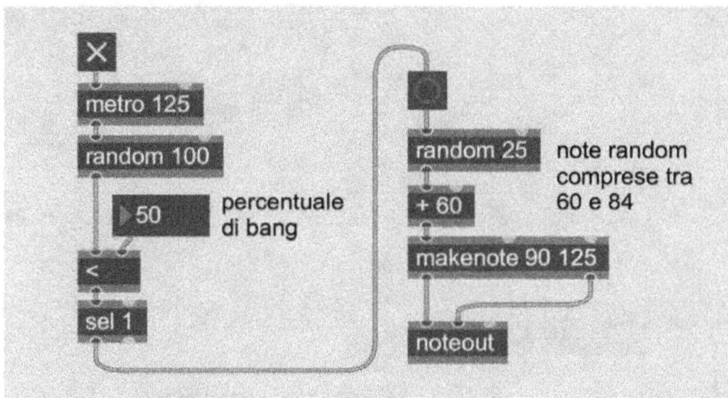

fig. IB.24: **metro** probabilistico

Qui abbiamo collegato un metronomo alla *patch* di figura IB.23, generando così un flusso di *bang* intermittenti secondo una probabilità data; questi *bang* ci servono per generare delle sequenze casuali di note MIDI. Variando la percentuale, cioè l'argomento dell'oggetto < si ottengono sequenze di note più o meno rarefatte.

Proviamo ad applicare lo stesso algoritmo all'arpeggiatore di fig. IB.19 (vedi fig. IB.25).

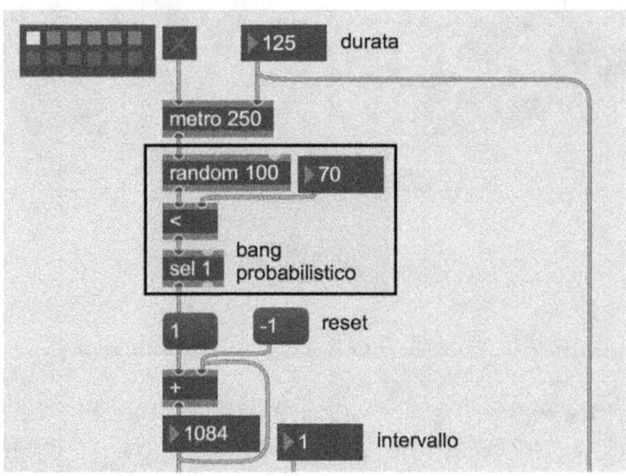

fig. IB.25: arpeggiatore probabilistico

Con questa modifica la *patch* non produce più un arpeggio continuo, ma inserisce delle pause (con una certa percentuale di probabilità) tra una nota e l'altra. Con una ulteriore modifica possiamo fare in modo che, quando selezioniamo gli intervalli paralleli (fate sempre riferimento alla *patch* di figura IB.19) questi non si aggiungano a tutte le note dell'arpeggio.

Modificate la *patch* come in figura IB.26.

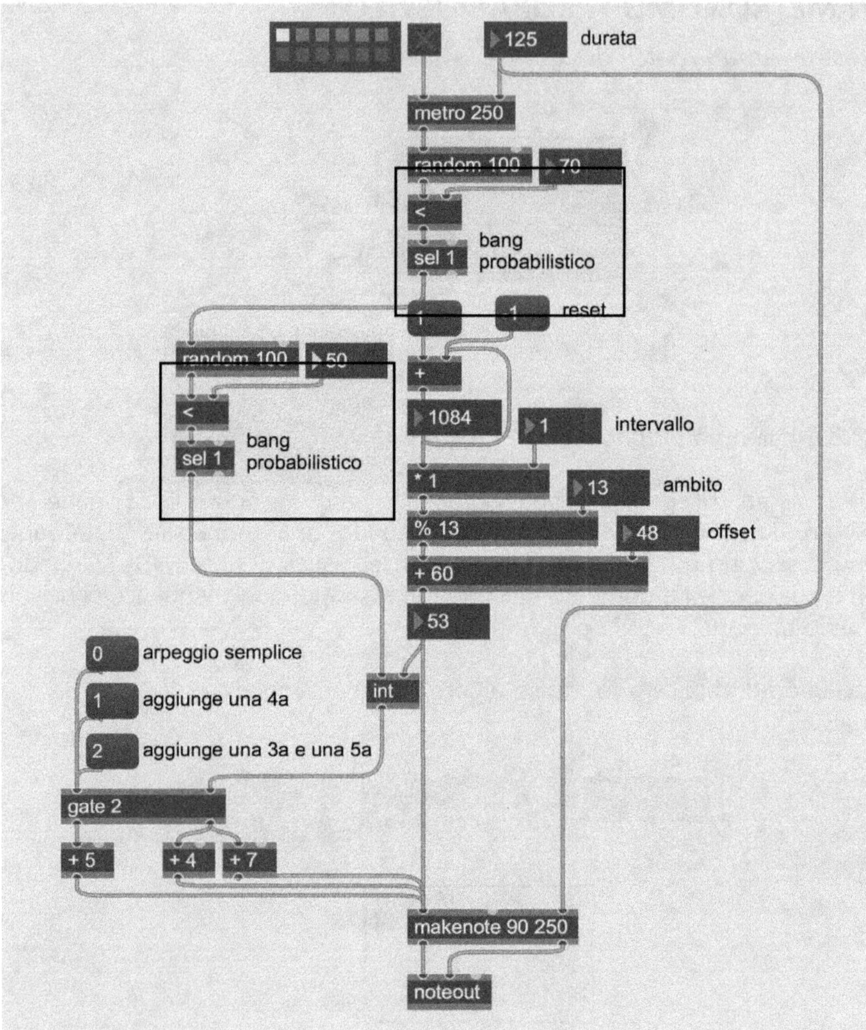

fig. IB.26: Arpeggiatore con intervalli paralleli probabilistici

Qui per ogni nota generata con una certa probabilità dall'arpeggiatore vengono aggiunti, con un'altra probabilità, degli intervalli paralleli (ovviamente se li abbiamo selezionati facendo clic sui *message box* relativi collegati all'oggetto `gate`).

Nell'esempio in figura per ogni *bang* prodotto da **metro** c'è il 70% di probabilità che venga generata una nota dell'arpeggio, e per ogni nota generata c'è il 50% di probabilità che vengano aggiunti intervalli paralleli.
Notate che nella parte bassa della *patch* abbiamo aggiunto un oggetto **int** (di cui abbiamo parlato nell'Interludio A, al paragrafo IA.1) che è collegato all'ingresso destro di **gate**: sapreste dire perché?
Cosa accadrebbe in assenza di tale oggetto?

IB.5 SCOMPORRE UNA LISTA, L'OGGETTO ITER

Parliamo ora di un oggetto che scompone una lista nei suoi elementi: **iter** (vedi fig. IB.27).

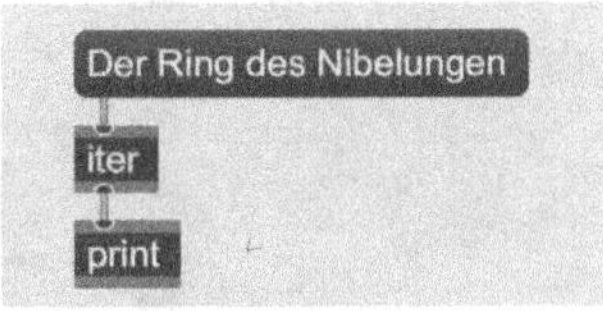

IB.27: l'oggetto **iter**

Se ricostruite la *patch* e fate clic sul *message box* vedrete apparire nella finestra Max le singole parole che compongono la frase "Der Ring des Nibelungen" ciascuna in una riga, perché l'oggetto ha separato gli elementi della lista.
A cosa ci può servire questo oggetto? Ad esempio a suonare degli accordi: ricostruite la *patch* di fig. IB.28.

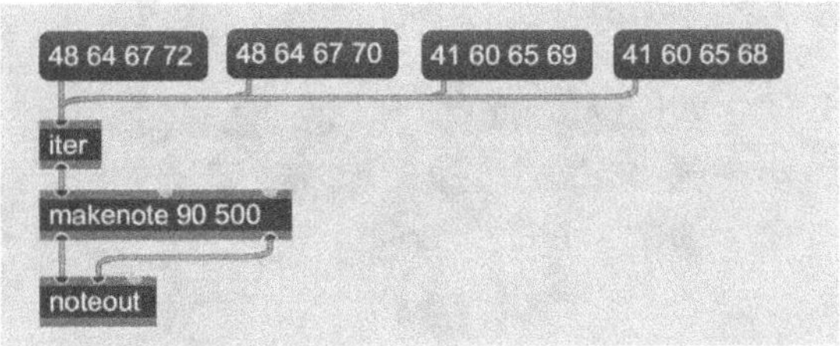

fig. IB.28: suonare accordi con **iter**

Ogni volta che facciamo clic su un *message box* l'oggetto **iter** ne scompone il contenuto nei singoli elementi e li invia a **makenote**; questo usa ciascun elemento come valore di nota MIDI, utilizzando per la *velocity* e la durata i valori delle variabili interne che sono stati impostati dagli argomenti (rispettivamente 90 e 500). L'oggetto **iter** genera gli elementi in rapida successione[4] e il suono delle note è praticamente simultaneo.

---

[4] In un certo senso possiamo dire che gli elementi generati da **iter** sono "simultanei", anche se in realtà sono prodotti in sequenza. L'intervallo di tempo che intercorre tra l'uscita di due elementi consecutivi è, dal punto di vista dell'esecuzione della patch, zero secondi (esattamente come per la generazione dei bang consecutivi prodotti da **uzi**).

È importante sottolineare che, nonostante noi percepiamo le quattro note come simultanee, l'oggetto **iter** invia quattro elementi separati a **makenote**. Cosa succederebbe, infatti, se non ci fosse l'oggetto **iter** tra i *message box* e l'oggetto **makenote**? Che quest'ultimo userebbe i primi tre valori della lista che riceve per aggiornare le variabili interne corrispondenti alla nota MIDI, alla *velocity* e alla durata e scarterebbe il quarto valore. In pratica facendo clic sul primo *message box* avremmo (se non ci fosse **iter**) una nota MIDI 48, con *velocity* 64 e durata 67 millisecondi. Questo accade perché, come abbiamo detto nel paragrafo IA.1 (cfr. fig. IA.5) ci sono diversi oggetti Max che, quando ricevono una lista di valori, distribuiscono i singoli elementi nelle variabili interne. A meno che, naturalmente, non si tratti di oggetti che gestiscono le liste, come ad esempio gli oggetti della classe **zl**, di cui abbiamo parlato più sopra, o lo stesso oggetto **iter**.
Sfruttiamo l'oggetto **iter** per realizzare una ulteriore variante del nostro arpeggiatore. Torniamo alla *patch* di fig. IB.19 e modifichiamola nel modo illustrato in fig. IB.29.

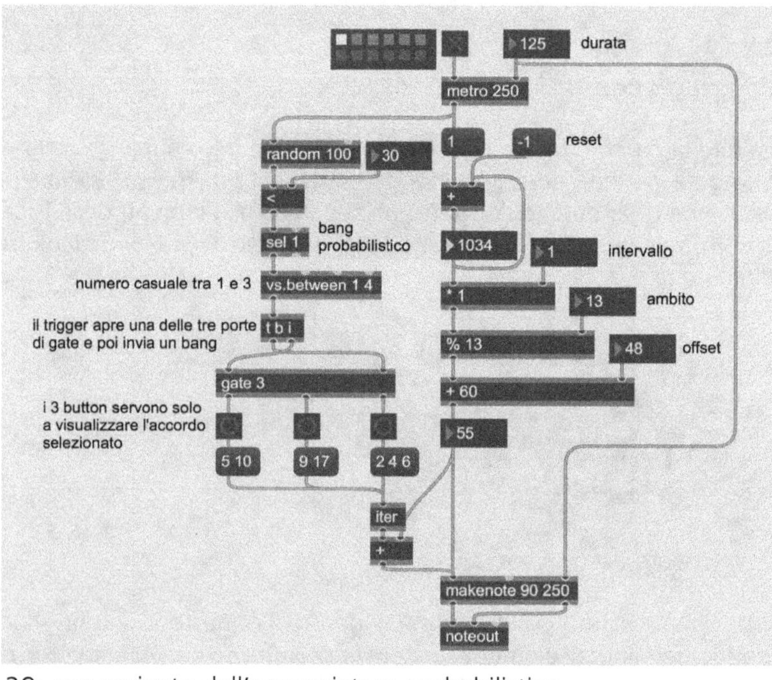

fig. IB.29: una variante dell'arpeggiatore probabilistico

In questo caso, a differenza dell'esempio di fig. IB.26, le note dell'arpeggio vengono generate ad ogni *bang* del **metro** (e non in base ad una certa probabilità); a queste note si aggiungono altri intervalli con una probabilità stabilita.
Vediamo che all'uscita del "bang probabilistico" (in alto a sinistra) c'è l'oggetto **vs.between** che genera numeri casuali compresi tra 1 e 3.[5]

[5] Ricordiamo infatti che con argomenti interi questo oggetto genera numeri casuali compresi tra il minimo e il massimo meno 1.

I numeri generati aprono una delle tre uscite dell'oggetto **gate** sottostante e lasciano passare un messaggio bang che seleziona uno dei tre *message box* contenenti liste di numeri.
La lista contenuta nel *message box* "colpito" dal *bang* viene inviata ad un oggetto **iter** che la scompone in elementi singoli. Questi elementi vengono sommati alla nota dell'arpeggio e finalmente inviati al **makenote**.
Provate a modificare gli intervalli contenuti nei *message box* e ad aggiungerne altri (ovviamente incrementando l'argomento di **gate** e il valore massimo di **vs.between**).

IB.6 LOOP DI DATI

Una delle molte cose che la programmazione e la composizione musicale hanno in comune è la possibilità di utilizzare sequenze ripetitive: chiunque abbia usato un linguaggio di programmazione si sarà imbattuto in strutture denominate *loop* (o **loop di dati**) che applicano una determinata procedura ad una serie di dati in sequenza, e chiunque abbia mai provato a comporre musica avrà avuto a che fare con stili come la passacaglia o la ciaccona (che utilizzano un "basso ostinato" che si ripete più volte nel corso del brano) o magari con meno blasonati *pattern* di batteria, per non parlare delle sequenze ripetitive, ma in continua trasformazione, della musica minimalista o dei brani di musica elettronica basati su stratificazioni di campionamenti messi in *loop* (ovvero suonati ripetutamente senza soluzione di continuità).
Vedremo tra poco come si può generare una sequenza ripetitiva in Max; ma prima introduciamo una caratteristica di **multislider** di cui non abbiamo ancora parlato.
Questo oggetto, come sappiamo, genera liste che corrispondono ai valori che abbiamo impostato graficamente al suo interno con il mouse; oltre a ciò è possibile estrarre un singolo valore della lista con il messaggio *"fetch n"*, in cui *n* è un numero che rappresenta la posizione dell'elemento all'interno della lista: *"fetch 1"* quindi estrae il valore del primo elemento, *"fetch 2"* del secondo elemento e così via. Se usiamo un *message box* con il messaggio *"fetch $1"* e lo colleghiamo a un *number box* possiamo estrarre i diversi elementi (vedi fig. IB.30).

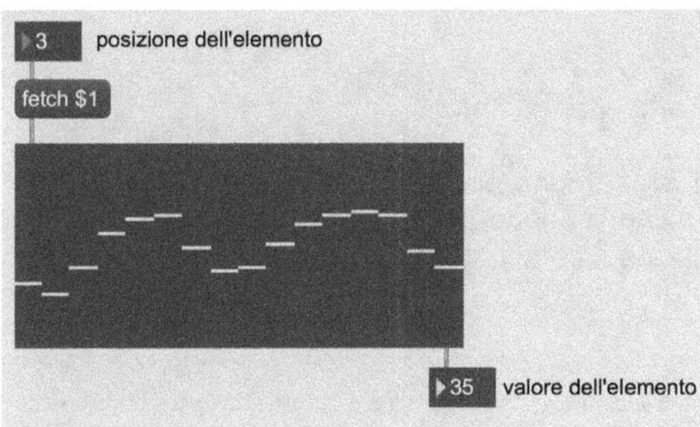

fig. IB.30: estrarre un elemento dal **multislider**

Notate che gli elementi escono dall'uscita di destra, non da quella di sinistra da cui esce la lista intera.

Mettiamo momentaneamente da parte questa *patch* ed occupiamoci di un nuovo oggetto: **`counter`**. Realizzate la piccola *patch* di fig. IB.31.

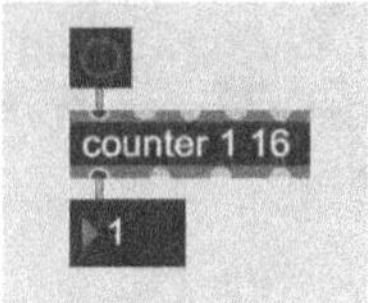

fig. IB.31: l'oggetto `counter`

L'oggetto `counter` genera una serie di numeri consecutivi, uno ogni volta che riceve un bang [6]: nella nostra *patch* ha due argomenti, 1 e 16, che rappresentano il minimo e il massimo numero della serie. Proviamo a fare clic ripetutamente sul `button` e vediamo che la serie di numeri si ripete ciclicamente, ogni volta che viene raggiunto il numero 16 si ritorna a 1 con il bang successivo. Possiamo collegare l'oggetto `counter` al *message box* di figura IB.30 e mettere un `metro` a generare una scansione regolare di *bang* (vedi fig. IB.32).

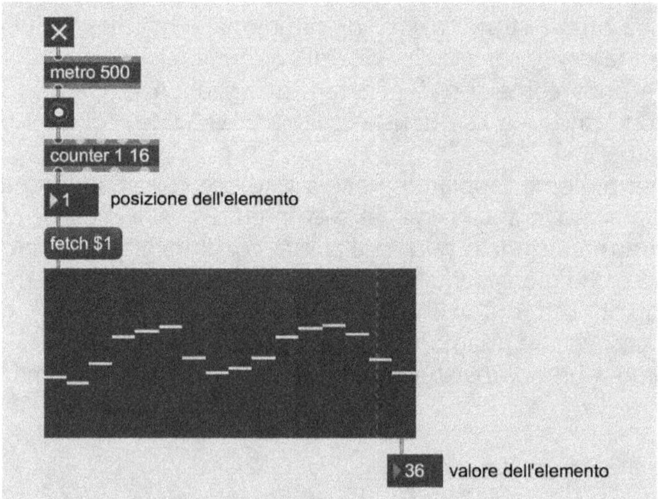

fig. IB.32: una sequenza ripetitiva

Abbiamo così creato una sequenza ripetitiva costituita dai 16 valori del `multislider` che vengono generati uno dopo l'altro a cadenza regolare. È possibile modificare il contenuto del `multislider` mentre viene generata la sequenza.

[6] Anche `uzi`, come sappiamo, genera una serie di numeri consecutivi (dall'uscita di destra): ma nel caso di `counter` è necessario un bang per ogni numero successivo, mentre `uzi` genera l'intera serie con un singolo bang.

Possiamo poi modificare le caratteristiche del **multislider** inviandogli dei messaggi, senza dover aprire l'*inspector*; modificate la *patch* precedente come illustrato in fig. IB.33.

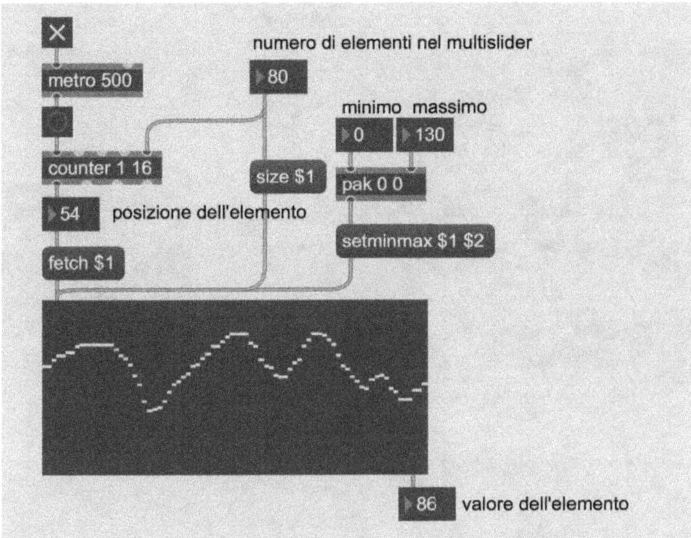

fig. IB.33: modificare le caratteristiche del **multislider**

I due *message box* che abbiamo aggiunto contengono alcuni comandi per il **multislider**: "*setminmax $1 $2*" serve a impostare il minimo e il massimo valore generabile del **multislider**, il comando "*size $1*" determina il numero di valori gestiti dall'oggetto, ovvero la lunghezza della lista. Il *number box* che determina questa lunghezza è collegato, oltre che con il *message box* che contiene il messaggio "*size $1*", anche con il quinto ingresso di **counter**: questo ingresso serve infatti a determinare il limite massimo della serie generata, e in questo modo ci assicuriamo che questo massimo corrisponda alla lunghezza della lista (nel caso illustrato in figura la lista contiene 80 elementi e il contatore genera numeri che vanno da 1 a 80). L'oggetto **pak** a destra raccoglie il minimo e il massimo valore generabile e li trasforma in una lista di due elementi; questa lista viene passata al *message box* che contiene il messaggio [*setminmax $1 $2*]. Provate a variare questi valori e osservate come cambia il **multislider** di conseguenza; verificate anche come i valori generati siano sempre compresi tra il minimo e il massimo che impostiamo con il comando "*setminmax*".

Apriamo ora il file **IB_04_sequenza.maxpat** (fig. IB.34).

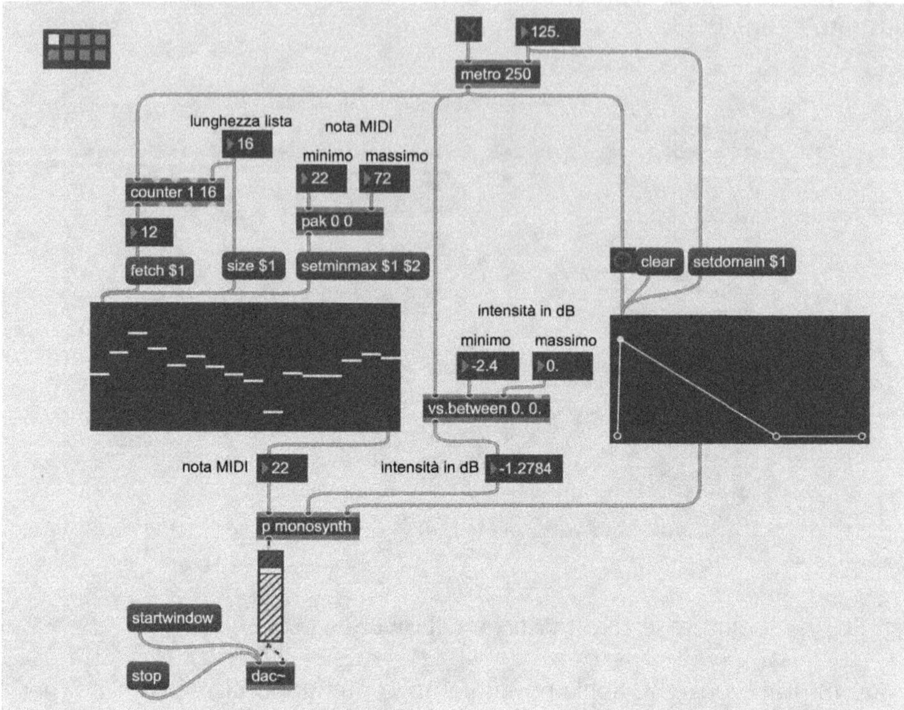

fig. IB.34: file **IB_04_sequenza.maxpat**

Questo file contiene una *patch* simile a quella del file IA_06_random_walk. maxpat, abbiamo però sostituito il generatore casuale di note con una sequenza generata da un `multislider`.
Vediamo sul lato sinistro della figura IB.34 la sezione che genera la sequenza: abbiamo sostanzialmente riportato la *patch* illustrata in figura IB.33. La lunghezza della lista contenuta nel `multislider` corrisponde alla lunghezza del *loop*, e i valori di minimo e di massimo corrispondono all'estensione in altezza delle note della sequenza. I singoli elementi della sequenza come sappiamo escono dall'uscita destra del `multislider` ed è questa uscita che colleghiamo al nostro monosynth.

ATTIVITÀ

Provate i diversi *preset* che abbiamo memorizzato nella *patch* e modificateli; sostituite il generatore random per le intensità con una sequenza generata da un nuovo `multislider`. Provate a impostare una lunghezza diversa per la sequenza di note e la sequenza di intensità (ad esempio una serie di 12 note e di 11 intensità).

IB.7 GENERARE UNA LISTA RANDOM

Analizziamo adesso (e ricostruiamo) la *patch* di fig. IB.35, che ci permette di generare una lista di valori casuali. In questa *patch* utilizziamo l'oggetto **zl**: se non vi ricordate le caratteristiche di questo oggetto vi consigliamo di rileggerle al paragrafo IA.7.

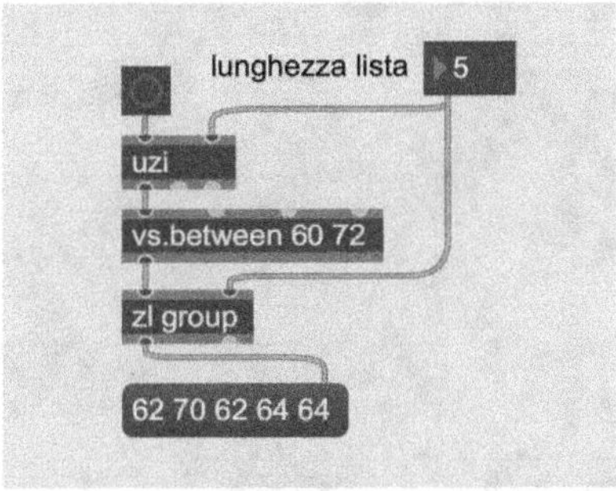

fig. IB.35: lista di numeri random

C'è un *number box* che è collegato agli ingressi di destra di **uzi** e [**zl group**]: **uzi** usa il numero per la quantità di *bang* da generare, mentre [**zl group**] lo usa per la lunghezza della lista da assemblare. Facendo clic sul **button**, quindi, vengono prodotti da **uzi** 5 *bang* che vengono trasmessi a **vs.between** il quale a sua volta genera 5 numeri random. Questi 5 numeri vengono ricevuti da [**zl group**] che li assembla in una lista di 5 elementi. Variando il numero nel *number box* è possibile generare liste di diversa lunghezza. Se colleghiamo l'uscita di [**zl group**] con l'ingresso del **multislider** di figura IB.34 possiamo generare delle liste casuali di note da mettere in *loop*: provate![7]

Alla fine del paragrafo 3.9 vi abbiamo suggerito di generare liste casuali da inviare all'oggetto **mcs.fffb~** per simulare corpi risonanti (fate riferimento alla figura 3.73 e al successivo box "Sostituzioni di parti di algoritmi"). Il metodo da utilizzare è esattamente quello illustrato nella figura IB.35 qua sopra.

[7] Attenzione, come abbiamo detto è l'uscita di **zl** "group" che bisogna collegare al **multislider**, e non il message box sottostante, che serve solo per visualizzare la lista.

Rimaniamo sui "corpi risonanti" e vediamo un'interessante variazione sul tema: aprite il file **IB_05_rimbalzi.maxpat** (fig. IB.36).

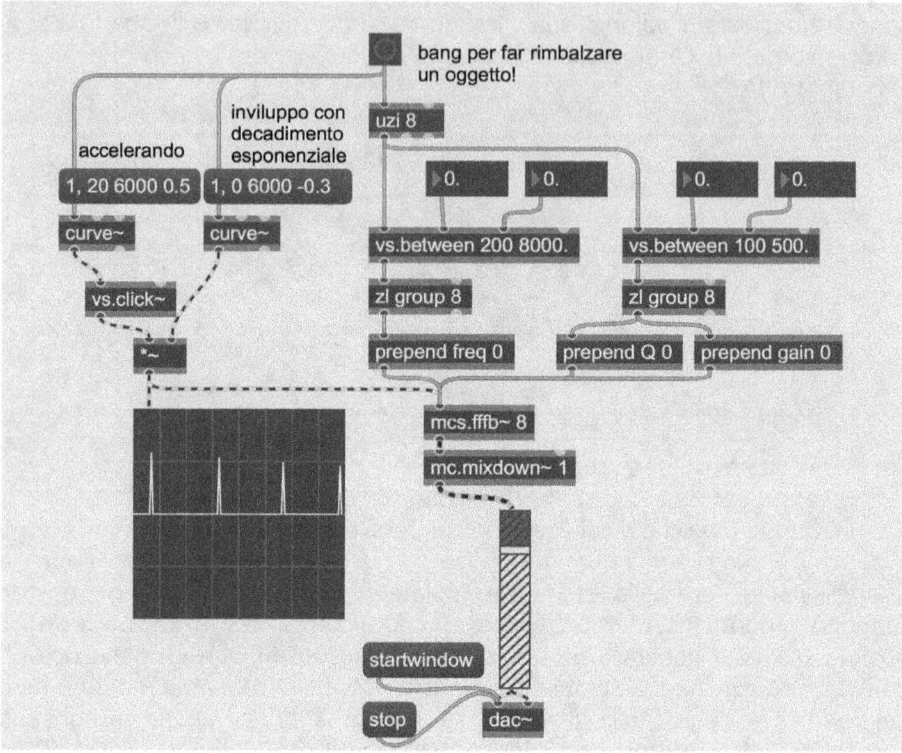

fig. IB.36: file **IB_05_rimbalzi.maxpat**

In questa *patch* ogni volta che si fa clic sul *bang button* in alto si sente un corpo risonante che "rimbalza" su una superficie.

Non spiegheremo il funzionamento della *patch* e ve lo lasciamo come esercizio. Vi ricordiamo solo che l'oggetto `vs.click~` (che abbiamo visto al par. 3.9) genera un "treno" di impulsi unitari ad una frequenza data.

IB.8 CALCOLI E CONVERSIONI CON MAX

Oltre agli operatori aritmetici di cui abbiamo parlato nell'interludio A, esistono in Max diversi oggetti che ci permettono di eseguire calcoli più o meno complessi: nel paragrafo 1.6 abbiamo visto ad esempio l'oggetto `sqrt` che calcola la radice quadrata di un numero.

Approfondiamo la questione supponendo di dover calcolare il teorema di Pitagora. Non si tratta di un argomento così lontano dai nostri interessi come potrebbe sembrare; tramite il teorema di Pitagora infatti possiamo calcolare la distanza tra due punti in un sistema di coordinate, e questo ci sarà utile nel capitolo sulla spazializzazione del suono.

Se avete qualche reminiscenza della matematica delle scuole medie, ricorderete che il teorema di Pitagora stabilisce che, in un triangolo rettangolo, l'area dei quadrati costruiti sui cateti (i due lati che formano l'angolo retto) è uguale all'area del quadrato costruito sull'ipotenusa (il lato obliquo).
Per calcolare questo teorema con Max abbiamo bisogno, oltre all'oggetto **sqrt** che calcola la radice quadrata, dell'oggetto **pow** (elevamento a potenza) che ci permette di calcolare il quadrato di un numero.[8]
Ricostruite la *patch* di fig. IB.37.

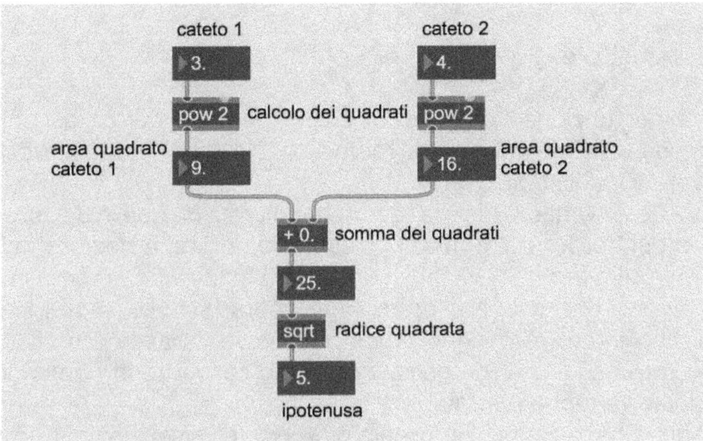

fig. IB.37: calcolo del teorema di Pitagora

Come vedete l'oggetto **pow** ha un argomento che rappresenta l'esponente dell'elevamento a potenza: quindi 2 indica l'elevamento al quadrato, 3 al cubo, 4 alla quarta etc.
Vi ricordiamo che per ottenere il risultato giusto per prima cosa bisogna aggiornare il *float number box* di destra (cateto 2), che raggiunge l'ingresso freddo del sommatore, e poi quello di sinistra (cateto 1).

L'OGGETTO EXPR

Al netto dei *float number box* e dei commenti abbiamo avuto bisogno di 4 oggetti per effettuare questo semplice calcolo: due oggetti **pow**, un sommatore e un oggetto **sqrt**. È chiaro che per calcoli più complessi il numero degli oggetti necessari (e delle connessioni tra i vari oggetti) cresce di conseguenza, e questo può essere un problema. Fortunatamente esiste un oggetto che ci permette di costruire espressioni matematiche formate da una qualsiasi combinazione di operatori e funzioni: l'oggetto **expr**.

---

[8] Nota per i lettori più ferrati in matematica: in realtà in Max esiste l'oggetto **cartopol** che effettua la conversione dalle coordinate cartesiane alle coordinate polari, e che applica quindi direttamente il teorema di Pitagora. In questo paragrafo esplicitiamo tutti i passaggi del calcolo per motivi didattici. Per i lettori meno ferrati in matematica: se non avete capito una parola di questa nota, non vi preoccupate e proseguite con la lettura del paragrafo!

L'argomento di questo oggetto è la funzione che vogliamo calcolare: cominciamo con un esempio semplice, supponiamo di voler calcolare la somma di tre numeri (vedi fig. IB.38).

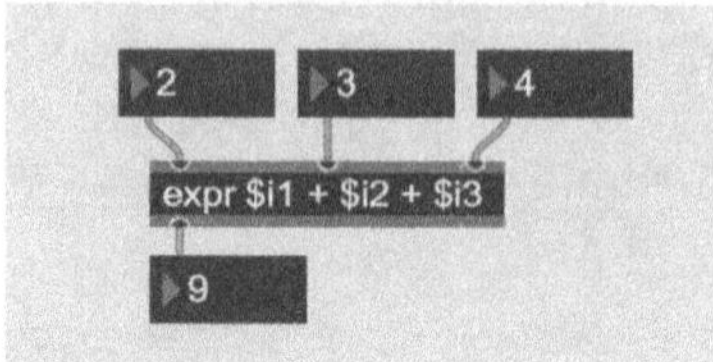

fig. IB.38: l'oggetto **expr**

Vediamo come funziona la sintassi di **expr**: per ogni valore da utilizzare ho bisogno di una variabile dollaro; dal momento che devo sommare tre numeri mi serviranno tre variabili dollaro.
Notate che queste variabili sono leggermente diverse da quelle del *message box*. Tra il segno del dollaro e il numero progressivo, infatti, è necessario indicare il tipo di valore utilizzato nella variabile dollaro: "*i*" indica un numero intero e "*f*" un numero con i decimali. Nell'esempio in figura [$i1, $i2 e $i3] indicano tre variabili di tipo intero. Ciò significa che, anche se inviassimo numeri decimali all'oggetto **expr** di fig. A.95, questi sarebbero convertiti in numeri interi, e la parte decimale verrebbe scartata.
Oltre agli operatori è possibile inserire in **expr** diverse funzioni: in fig. IB.39 vediamo ad esempio come calcolare la radice quadrata di un numero.

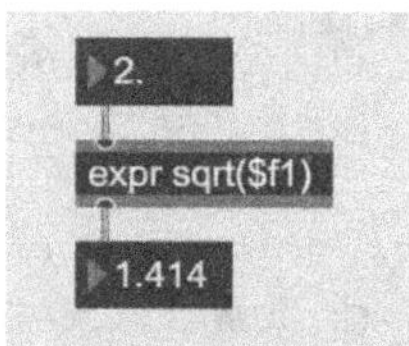

fig. IB.39: calcolare la radice quadrata con expr

Nell'oggetto **expr** una funzione è seguita dai valori necessari ad effettuare il calcolo posti tra parentesi: questa sintassi è comune a molti linguaggi di programmazione, tra cui il C. In effetti le funzioni a disposizione di **expr** sono mutuate dal linguaggio C. Più avanti vedremo alcuni esempi. Torniamo alla fig. IB.39: la funzione *sqrt* ha bisogno di un valore per calcolare la radice quadrata, e questo valore è rappresentato da "*$f1*" (stiamo quindi usando un numero con la virgola).

In figura IB.40 vediamo invece l'applicazione della funzione *pow* per elevare un numero ad una determinata potenza.
La funzione *pow* ha bisogno di due valori, la base e l'esponente, che devono essere separati da una virgola.

L'oggetto **`expr`** di sinistra ha l'esponente fisso (2) e calcola il quadrato di un numero in ingresso, quello di destra ha sia la base sia l'esponente variabile e può calcolare qualsiasi potenza.

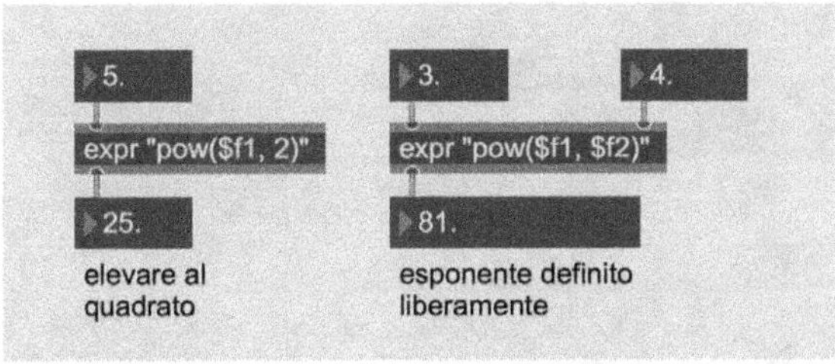

fig. IB.40: la funzione *pow*

Vediamo ora come si calcola il teorema di Pitagora con l'oggetto **`expr`** (vedi figura IB.41).

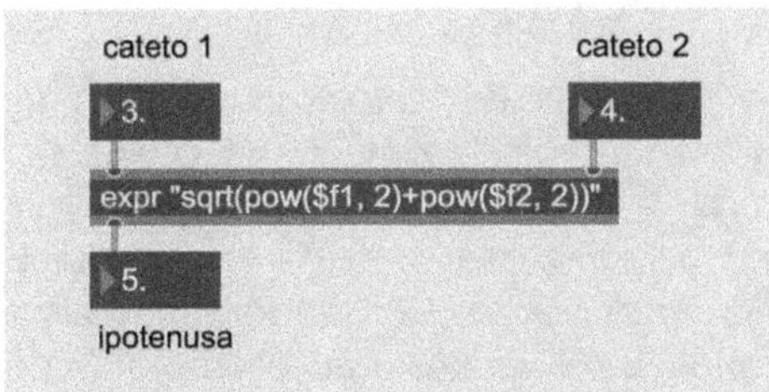

fig. IB.41: calcolo del teorema di Pitagora con **`expr`**

Le variabili *"$f1"* e *"$f2"*, corrispondenti ai due cateti, forniscono la base a due funzioni *pow* che, sommate, forniscono a loro volta il valore che la funzione *sqrt* usa per calcolare la radice quadrata.
Oltre alle funzioni *pow* e *sqrt*, **`expr`** dispone di molte altre funzioni, tra cui:

log10: logaritmo in base 10
sin, cos, tan: seno, coseno e tangente
random: numero casuale

Per ulteriori approfondimenti potete consultare l'help dell'oggetto.

Alcuni degli oggetti che abbiamo visto in precedenza, e che effettuano conversioni da una scala di valori ad un'altra, come **`mtof`** o **`dbtoa`**, potrebbero tranquillamente essere sostituiti da analoghe espressioni realizzate con **`expr`** (vedi fig. IB.42).

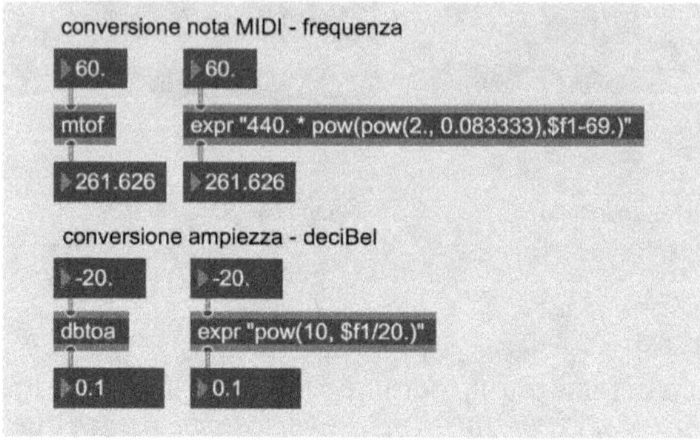

fig. IB.42: conversioni con **`expr`**

Non approfondiremo i dettagli dei calcoli illustrati in figura IB.42: ci basta sapere che dietro oggetti "magici" come **`mtof`** o **`dbtoa`** si cela una normale espressione matematica.
Nel par. 3.6 abbiamo accennato al fatto che i filtri di Butterworth presenti nella libreria *Virtual Sound Macros* contengono un algoritmo per il calcolo dei coefficienti; in figura IB.43 vediamo ad esempio il contenuto dell'oggetto **`vs.butterlpc`** che calcola i coefficienti del passa-basso di Butterworth.

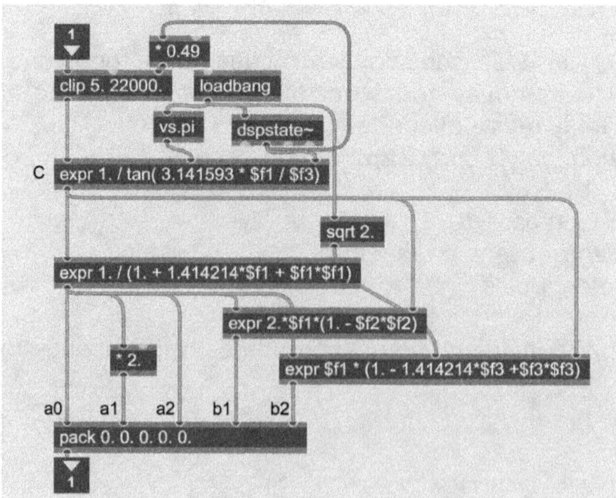

fig. IB.43: il contenuto dell'oggetto **`vs.butterlpc`**

L'oggetto **`vs.butterlpc`** riceve al suo ingresso la frequenza di taglio desiderata, e genera all'uscita una lista con i 5 coefficienti. Oltre all'oggetto **`expr`** questo algoritmo fa uso di altri oggetti che ancora non conosciamo: l'oggetto **`vs.pi`** che si trova al di sotto di **`loadbang`** genera la costante π quando riceve un *bang*.

L'oggetto **dspstate~** che si trova a destra di **vs.pi** invia la frequenza di campionamento corrente dalla seconda uscita.[9] L'oggetto **clip** infine, che si trova al di sotto dell'**inlet**, limita i numeri in ingresso tra un minimo e un massimo liberamente impostabili: in questo caso, trattandosi della frequenza di taglio del filtro, limitiamo i valori tra 5 hz e la frequenza di Nyquist (cioè la metà della frequenza di campionamento, vedi cap. 5).
Non analizzeremo in dettaglio tutti i calcoli svolti dall'oggetto **vs.butterlpc** perché esula decisamente dagli scopi di questo libro. I lettori più avventurosi, però, con l'aiuto delle formule illustrate nel par. 3.6 della parte teorica, possono tentare di "decifrare" la *patch*.
Vi ricordiamo che esistono anche gli oggetti **vs.butterhpc**, **vs.butterbpc** e **vs.butterbrc** che calcolano rispettivamente i coefficienti per i filtri di Butterworth passa-alto, passa-banda e elimina-banda.

CONVERTIRE INTERVALLI DI VALORI E SEGNALI

Parliamo ora di alcuni oggetti che ci permettono di convertire un intervallo di valori in un altro: il primo di questi è **scale**. Questo oggetto necessita di 4 argomenti, i primi due sono l'intervallo in entrata e gli ultimi due l'intervallo in uscita. In figura IB.44 abbiamo un esempio pratico che ci chiarirà meglio la funzione di scale: ricostruitelo.

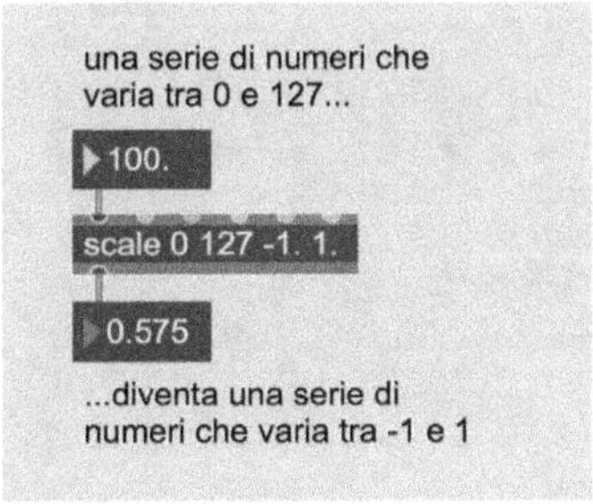

fig. IB.44: l'oggetto scale

Come vediamo in figura i 4 argomenti dell'oggetto sono [0, 127, -1, e 1]. Alcuni di questi argomenti hanno il punto decimale, per indicare all'oggetto che vogliamo in uscita dei numeri con la virgola, non dei numeri interi.[10]
I primi due argomenti, come abbiamo detto, sono l'intervallo in entrata; questo significa che prevediamo di inviare all'oggetto numeri compresi tra 0 e 127. Gli ultimi due argomenti sono -1 e 1, e rappresentano l'intervallo in uscita: l'oggetto **scale** in questo caso converte i valori che vanno da 0 a 127 in valori

[9] L'oggetto **dspstate~**, su cui torneremo nel capitolo 5, ci fornisce indicazioni riguardo il sistema DSP di Max: dalla prima uscita viene prodotto un 1 o uno 0 a seconda se il "motore" DSP sia acceso o spento. La seconda uscita come sappiamo fornisce la frequenza di campionamento; la terza e la quarta uscita forniscono i valori di due parametri che approfondiremo al cap. 5 (I/O Vector Size e Signal Vector Size)
[10] Quando almeno un argomento dell'oggetto **scale** ha un punto decimale avremo in uscita valori decimali, in caso contrario avremo solo valori interi.

che vanno da -1 a 1. Ciò significa che se in ingresso ho il valore 0, in uscita avrò il valore -1; se in ingresso ho il valore 127 in uscita avrò il valore 1; se in ingresso ho il valore 63.5, che si trova a metà tra 0 e 127, in uscita avrò il valore 0, che si trova a metà tra -1 e 1, e così via per tutti i valori intermedi.
Il primo ingresso dell'oggetto **scale** serve ovviamente per inviare i numeri da convertire; i successivi 4 ingressi sostituiscono i 4 argomenti, mentre l'ultimo ingresso serve per generare conversioni esponenziali.
In figura IB.45 abbiamo una piccola *patch* che riassume alcuni dei convertitori che abbiamo incontrato in questo paragrafo: ricostruitela.

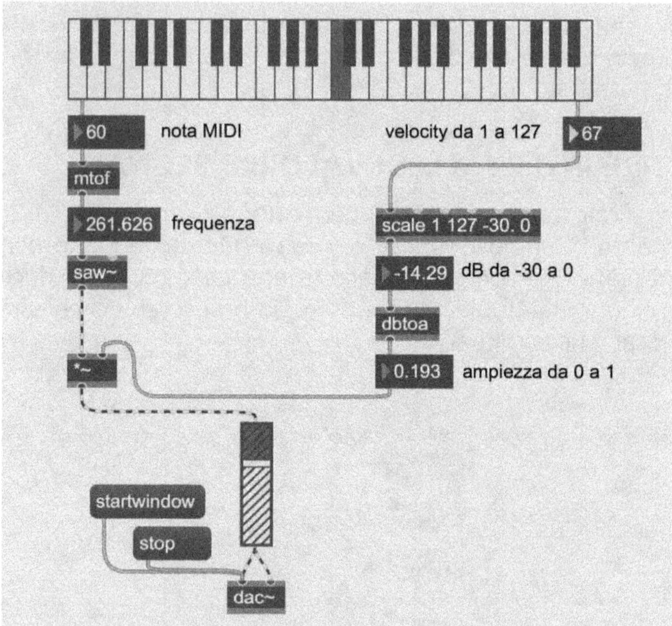

fig. IB.45: conversioni diverse

A sinistra abbiamo la conversione da nota MIDI a frequenza; a destra invece una conversione da *velocity* ad ampiezza. Dal momento che la *velocity* ha convenzionalmente un andamento logaritmico, come l'intensità in deciBel, abbiamo prima di tutto trasformato la *velocity* in dB. Come sappiamo la *velocity* varia tra 1 e 127 [11], ma non possiamo utilizzare questi valori direttamente come dB, perché un'escursione di 127 dB è troppo ampia[12], e perché il massimo valore in dB come sappiamo è 0.
Abbiamo quindi convertito con scale i valori di *velocity* da 1 a 127 in valori in dB da -30 a 0 (un'escursione più limitata e corrispondente a quella tipica di uno strumento a tastiera), e questi ultimi in ampiezza tramite **dbtoa**.

11 Il valore 0 è riservato al note off.

12 Approfondiremo l'argomento nel paragrafo 5.1T del secondo volume.

Concludiamo il paragrafo introducendo l'oggetto **scale~** (equivalente MSP di **scale**) che ci permette di convertire un intervallo di valori in un altro. Vediamo innanzitutto in figura IB.46 due esempi di uso di **scale~**.

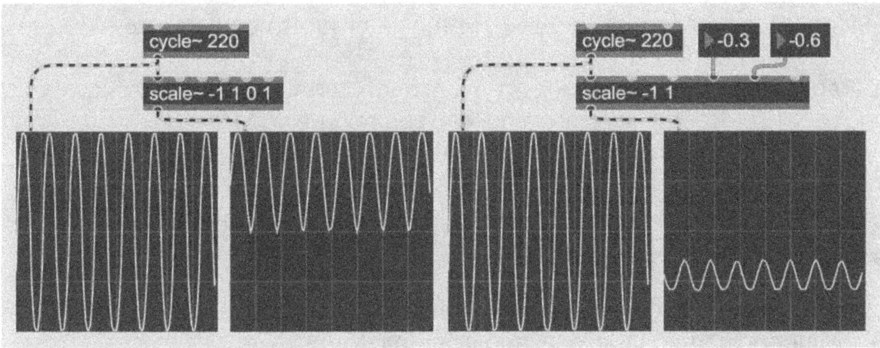

fig. IB.46: l'oggetto **scale~**

Nel primo caso abbiamo utilizzato l'oggetto **scale~** per convertire l'intervallo [-1, 1] nell'intervallo [0, 1] e abbiamo reso unipolare una sinusoide bipolare. Notate infatti che l'oggetto ha 4 argomenti; i primi due definiscono l'intervallo in ingresso, [-1 1], che corrisponde all'intervallo di oscillazione della sinusoide prodotta da **cycle~**: gli altri due argomenti, [0, 1], corrispondono all'intervallo in uscita, e fanno in modo che la sinusoide oscilli appunto tra 0 e 1.
Nel secondo caso abbiamo usato l'oggetto **scale~** per riscalare la sinusoide tra -0.3 e 0.6: in questo caso abbiamo usato solo i primi due argomenti, corrispondenti all'intervallo in entrata, mentre per l'intervallo in uscita abbiamo usato due *float number box* collegati al quarto e quinto **inlet** di **scale~**.
L'oggetto **scale~** può anche accettare dei segnali per definire gli intervalli in entrata e in uscita. Vediamo un esempio in fig. IB.47.

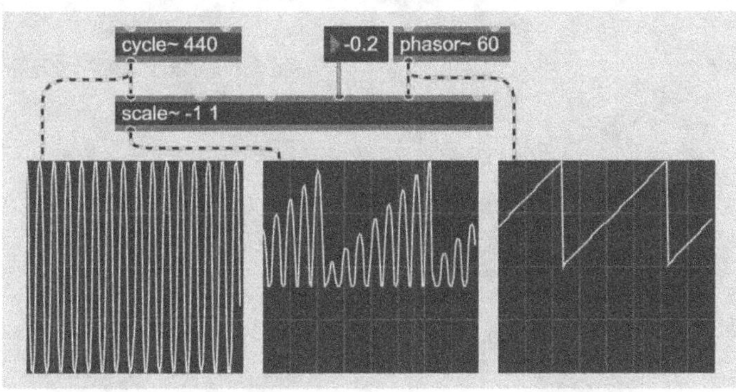

fig. IB.47: modificare l'intervallo in uscita tramite un segnale

Anche in questo caso abbiamo definito l'intervallo in entrata, [-1, 1], con due argomenti all'interno dell'oggetto. Il valore minimo dell'intervallo in uscita, -0.2, è dato da un *float number box*, mentre il valore massimo è dato dall'oggetto **phasor~**, che come sappiamo genera rampe che variano da 0 a 1: il valore massimo varia quindi da 0 a 1 seguendo l'andamento di **phasor~**.

Osserviamo in figura l'oscilloscopio di destra che mostra le rampe generate da **phasor~**: l'oscilloscopio centrale invece mostra come la sinusoide inviata a **scale~** venga continuamente riscalata. Il valore minimo rimane fisso sul valore -0.2 (impostato dal *float number box*), mentre il valore massimo va da 0 a 1 "guidato", come abbiamo detto, dal segnale prodotto da **phasor~**.

Il paragrafo è terminato e questo è un buon momento per fare una pausa, meditare sulle nozioni acquisite e riposarsi un po', perché tra poco affronteremo un argomento abbastanza impegnativo...

IB.9 UTILIZZO DI TABELLE PER GLI INVILUPPI: LO SHEPARD TONE

In questo paragrafo descriveremo una tecnica che ci permette di memorizzare un inviluppo in una tabella e applicheremo questa tecnica per realizzare il glissando infinito di Shepard/Risset che abbiamo descritto nel par. 2.3 della parte teorica.
Finora abbiamo utilizzato gli oggetti **line~** o **curve~** (vedi par. 1.3) per generare degli inviluppi; ma se vogliamo descrivere un inviluppo con un andamento arbitrario (senza limitarci a segmenti di retta o curve esponenziali e logaritmiche) possiamo utilizzare una tabella per "scrivere" la forma che vogliamo.

Per cominciare aprite il file **IB_06_tab_inviluppo.maxpat** (fig. IB.48).

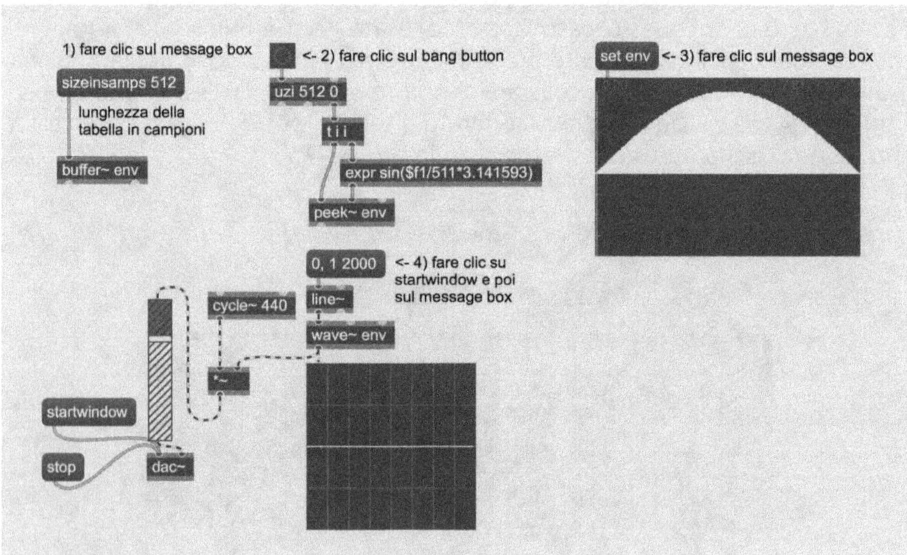

fig. IB.48: file IB_06_tab_inviluppo.maxpat

Vi consigliamo di studiare attentamente questa *patch* perché presenta molte novità: l'abbiamo divisa in quattro parti, ciascuna delle quali può essere considerata una *patch* a sé stante. In alto a sinistra abbiamo un **buffer~** con nome "env" (da *envelope*, inviluppo), qui memorizzeremo la tabella che contiene l'inviluppo.

Facendo clic sul *message box* contenente il messaggio *"sizeinsamps 512"* dimensioniamo la tabella, dandogli una lunghezza di 512 campioni: *size in samps* (*samples*) significa infatti "dimensione in campioni" e il comando "*sizeinsamps*" serve appunto a dare alla tabella di un `buffer~` una dimensione espressa in campioni.[13]
Nella parte centrale introduciamo un nuovo oggetto: **`peek~`**. Questo oggetto ci permette di scrivere e di leggere i singoli valori di un **`buffer~`**, e ha bisogno, come argomento, del nome del `buffer~` a cui deve riferirsi. L'ingresso centrale dell'oggetto riceve un valore da scrivere, e l'ingresso di sinistra l'indirizzo della tabella dove va scritto il valore: per fare un esempio, se inviamo all'ingresso centrale il valore -0.3 e all'ingresso di sinistra l'indirizzo 100, `peek~` scriverà -0.3 all'indirizzo 100, cancellando il valore eventualmente contenuto in precedenza. Ogni volta che vogliamo scrivere un nuovo valore nella tabella, quindi, dobbiamo prima immettere il valore nell'ingresso centrale e poi l'indirizzo nell'ingresso di sinistra (che come sappiamo è l'ingresso caldo).[14] La parte centrale della *patch* serve a generare una mezza sinusoide che useremo come inviluppo.
Vediamo nel dettaglio come funziona: quando facciamo clic sul *bang button* l'oggetto `uzi` (vedi par. IA.9) genera 512 *bang* dalla sua uscita di sinistra (che non utilizziamo) e 512 numeri interi consecutivi dalla sua uscita di destra.
Il primo argomento (512) stabilisce il numero di *bang* e di interi che `uzi` deve generare. Il secondo argomento (0) stabilisce il valore del primo intero generato. La serie di interi consecutivi va quindi da 0 a 511; con questi numeri specificheremo gli indirizzi della tabella, che come sappiamo partono da 0.
Gli elementi della serie vengono sdoppiati dal `trigger`: ovvero ogni numero della serie esce da entrambi gli *outlet* di `trigger`; prima da quello di destra (regola della precedenza Max) e poi da quello di sinistra.
Vediamo cosa succede all'uscita di destra di `trigger`: gli elementi della serie (che, ricordiamolo ancora, vengono generati uno alla volta e non tutti insieme come lista) vengono inviati ad un oggetto `expr` che ha come argomento "sin($f1/511 • 3.141593)". L'oggetto `expr` quindi calcola la funzione seno (*sin*) utilizzando i valori della serie generati da `uzi` (e rappresentati all'interno di `expr` dalla variabile $f1) che vengono divisi per 511 e moltiplicati per π (3.141593). Dividendo per 511 i valori della serie che va da 0 a 511 otteniamo una serie di numeri decimali che va da 0 a 1. Questa nuova serie viene poi moltiplicata per 3.141593, ovvero per π (approssimato): ora quindi la serie va da 0 a 3.141593. Questi valori vengono utilizzati dalla funzione *sin* che calcola il seno relativo all'angolo espresso in radianti. Il risultato viene inviato, un valore alla volta, all'ingresso centrale di `peek~`. Dal momento che i valori che utilizziamo con sin vanno da 0 a π, l'oggetto genererà una mezza sinusoide (dato che una sinusoide completa va da 0 a 2π radianti).

---

[13] Esiste anche il comando "size" che dimensiona la tabella in millisecondi: il comando [size 1000] ad esempio serve a dare alla tabella una durata di 1000 millisecondi, ovvero 1 secondo. Alla frequenza di campionamento di 44100 Hz questo corrisponde ad una dimensione di 44100 campioni.

[14] In alternativa possiamo mandare all'ingresso di sinistra una lista di due elementi, il primo dei quali rappresenta l'indirizzo e il secondo il valore da scrivere (ad es. [100 -0.3]). Questa tecnica come sappiamo è comune a molti oggetti Max (cfr. Interludio A, par IA.1).

Torniamo a `trigger`: per ogni numero (della serie che va da 0 a 511) che esce dall'*outlet* di destra ce n'è uno identico che esce da quello di sinistra. Questo numero va all'ingresso di sinistra di **peek~** e rappresenta quindi un indirizzo della tabella contenuta nel **buffer~** "*env*": per ogni valore generato da **expr** viene quindi generato un indirizzo corrispondente. In questo modo i 512 valori della mezza sinusoide calcolata da **expr** vengono memorizzati nella tabella[15].
Nella parte destra della *patch* c'è l'oggetto **waveform~** che già conosciamo; un clic sul messaggio "set env" ci permette di visualizzare la forma d'onda, ovvero la mezza sinusoide: questa è la forma che utilizzeremo come inviluppo (e che non sarebbe possibile realizzare con gli oggetti **line~** o **curve~**).
Vediamo ora la parte bassa della *patch*, dove la tabella che abbiamo compilato viene utilizzata come inviluppo del suono prodotto dall'oggetto **cycle~**.
Come sapete, l'inviluppo descrive la variazione dell'ampiezza di un suono nel tempo, e in Max viene applicato al suono tramite una moltiplicazione. Dobbiamo quindi moltiplicare i valori in uscita dall'oscillatore **cycle~** per la tabella "env" e lo facciamo tramite un oggetto **wave~**: questo oggetto produce un ciclo, come abbiamo visto, quando riceve una rampa che va da 0 a 1.[16]
Nei paragrafi precedenti abbiamo usato **phasor~** per produrre una serie di rampe da utilizzare come fase di **wave~**, questa volta però abbiamo bisogno di una sola rampa in quanto **wave~** ha il compito di generare solo la mezza sinusoide che darà forma all'inviluppo: per generare tale rampa possiamo usare l'oggetto **line~**. Il messaggio [0, 1 2000] collegato a **line~** fa sì che l'oggetto produca, per l'appunto, una rampa da 0 a 1 in 2000 millisecondi (2 secondi), la quale fa eseguire un singolo ciclo all'oggetto **wave~** che genera una mezza sinusoide, ovvero descrive una curva che parte da 0, sale a 1 nella parte centrale per poi ridiscendere a 0. Fate clic sul *message box* e sentite come l'ampiezza del suono di **cycle~** segue la curva che possiamo vedere sull'oscilloscopio in basso: abbiamo creato un inviluppo d'ampiezza utilizzando una tabella.

USO DI TABELLE PER INVILUPPI CONSECUTIVI

Nulla ci impedisce, naturalmente, di generare una serie di inviluppi consecutivi utilizzando un **phasor~**: modificate la parte bassa della *patch* nel modo illustrato in fig. IB.49.
Qui, al posto di **line~**, abbiamo un **phasor~** che oscilla a 0.5 Hz, ovvero impiega due secondi per compiere un ciclo. La durata dell'inviluppo è quindi rimasta la stessa, ma abbiamo una serie ininterrotta di inviluppi.
Se provate ad aumentare la frequenza, per creare inviluppi sempre più brevi, noterete che ad un certo punto il timbro del suono cambia, perché si genera una modulazione d'ampiezza di cui parleremo diffusamente nel terzo volume. Per ora perciò manteniamo una frequenza sotto i 10 Hz per non

---

[15] Esistono anche dei comandi per l'oggetto **buffer~** che ci permettono di riempire la tabella con diverse funzioni, tra cui la funzione seno. Ne parleremo al capitolo sulla sintesi granulare nel terzo volume. Qui abbiamo voluto spiegare la tecnica che ci permette di generare funzioni arbitrarie e che ci servirà tra poco per la realizzazione dello Shepard Tone.
[16] Vedi par. 2.1, sezione "uso di tabelle per gli oscillatori".

generare effetti che al momento non siamo in grado di gestire. Controllare la durata dell'inviluppo tramite la frequenza del **phasor~** è però un po' scomodo: sarebbe molto meglio impostare direttamente la durata e far calcolare a Max la frequenza corrispondente.

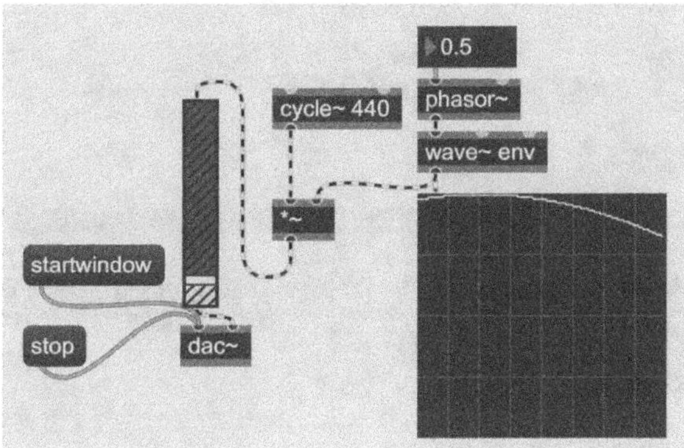

fig. IB.49: inviluppi consecutivi

Dal momento che sappiamo che il periodo è l'inverso della frequenza, la soluzione è molto facile, basta trasformare la *patch* come illustrato in figura IB.50.

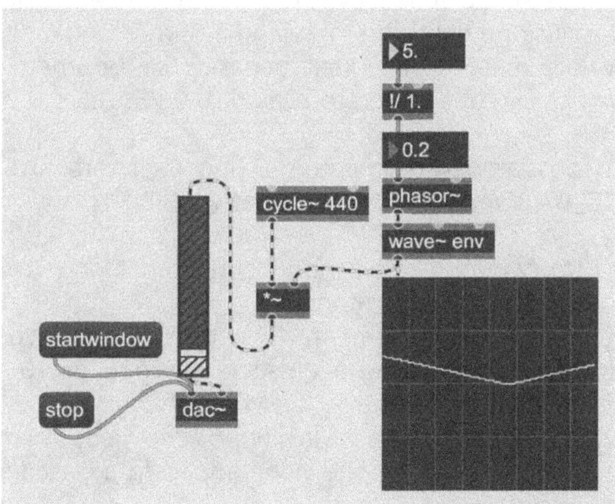

fig. IB.50: trasformazione di un periodo in una frequenza

Utilizzando l'operatore "**!/ 1.**" possiamo ottenere l'inverso di un numero. In questo modo, specificando la durata in secondi (attenzione, non in millisecondi), l'operatore calcolerà la frequenza relativa. In figura vediamo infatti che ad una durata di 5 secondi corrisponde una frequenza di 0.2 (cioè 1/5) Hz.

LO SHEPARD TONE

Prima di parlare dello Shepard Tone, introduciamo un nuovo messaggio che genera una serie di valori nel sistema multicanale: "spread". Ricostruite la patch di figura IB.51.

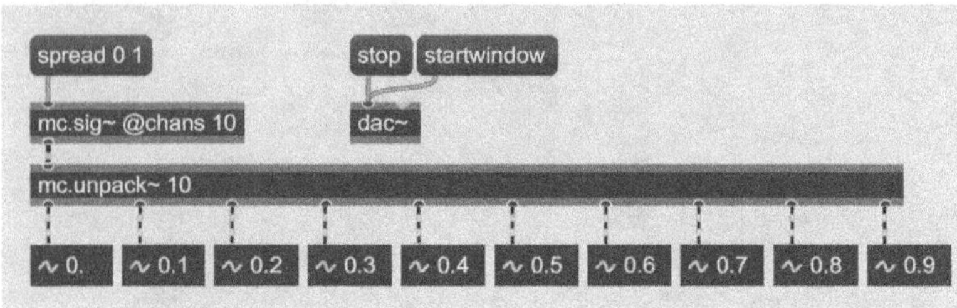

fig. IB.51: il messaggio "spread"

Questo messaggio fa parte della stessa famiglia di messaggi "generatori" di cui abbiamo già parlato nei paragrafi 2.1P e 2.2P[17]. In particolare "spread" genera una serie di valori equidistanti compresi tra un minimo e un massimo.
In figura abbiamo un oggetto **mc.sig~** a 10 canali che riceve il messaggio "spread 0 1", e genera quindi 10 segnali i cui valori sono compresi tra 0 e 1. Il successivo oggetto [**mc.unpack~** 10] separa il segnale multicanale in 10 segnali singoli. Come si può vedere i valori prodotti sono equidistanti e compresi tra 0 e 1, con l'esclusione del valore massimo 1. Il messaggio "spread", infatti, non include il valore massimo tra quelli generati: se il numero di canali fosse stato 4, ad esempio, avrebbe generato i valori 0, 0.25, 0.5 e 0.75[18]

A questo punto possiamo vedere come si può realizzare lo **Shepard tone**: aprite la *patch* **IB_07_shepard_tone.maxpat** (fig. IB.51).

Facendo clic su "*startwindow*" e alzando il cursore dell'oggetto **gain~** potete sentire un tipico effetto di Shepard tone.
Questa *patch* è basata sull'implementazione di Risset così come è descritta in Dodge-Jerse (1997), e genera un glissando infinito di 10 ottave con 10 oscillatori paralleli a distanza di ottava l'uno dall'altro.
Diamo un'occhiata per prima cosa all'inviluppo, che viene memorizzato in un **buffer~** con nome "shepenv" e che viene applicato a ciascun oscillatore per la durata di un intero ciclo di glissando.
La formula che Risset fornisce per realizzare la tabella di 512 elementi per l'inviluppo è

$$y = \exp(-4.8283 \cdot (1-\cos(2\pi \cdot (x-255.5)/511)))$$

17 Per la precisione abbiamo parlato dei messaggi "harmonic", "increment" e "deviate".

18 Esistono comunque altre varianti di "spread" per tutte le combinazioni di inclusione ed esclusione del valore minimo e massimo.

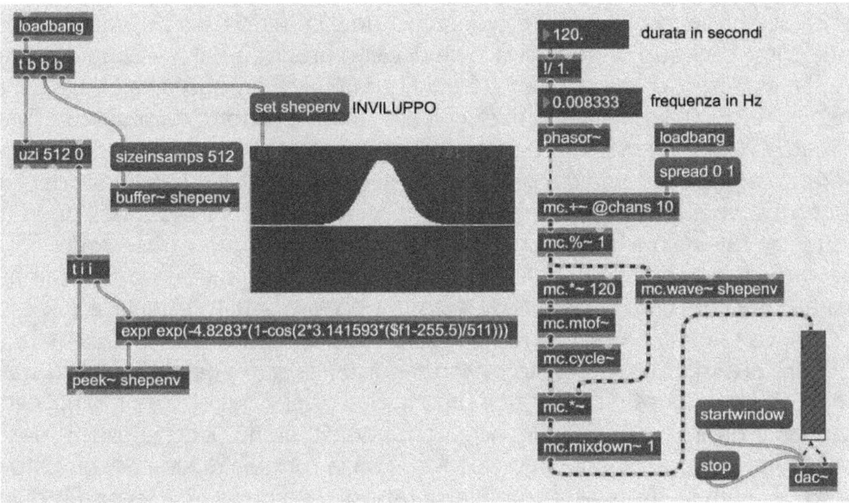

fig. IB.52: file IB_07_shepard_tone.maxpat

Non spiegheremo la formula nel dettaglio: ci basti sapere che per ogni valore di x (che varia da 0 a 511) possiamo ottenere il relativo valore di y calcolando la parte destra dell'equazione dopo aver sostituito al simbolo x il suo valore, ovvero per x = 0 avremo

exp(-4.8283 · (1-cos(2π · (***0*** -255.5)/511)))

per x = 1

exp(-4.8283 · (1-cos(2π · (***1*** -255.5)/511)))

per x = 2

exp(-4.8283 · (1-cos(2π · (**2** -255.5)/511)))

e così via fino a x = 511. Per l'implementazione Max abbiamo usato lo stesso sistema della *patch* di fig. IB.48, sostituendo nell'oggetto **expr** la formula che calcola la funzione seno con la formula di Risset. Se date un'occhiata alla parte sinistra della *patch* noterete un **loadbang** collegato ad un **trigger** che per prima cosa associa l'oggetto grafico **waveform** alla tabella "shepenv" che contiene l'inviluppo, poi dà alla tabella una dimensione di 512 elementi, ed infine la riempe calcolando la formula: fortunatamente l'oggetto **expr** ha una sintassi molto simile a quella usata da Risset, per cui è stato sufficiente sostituire il simbolo x con $f1. L'inviluppo risultante, come si può vedere, ha valori molto bassi, prossimi allo zero, nel primo e nell'ultimo terzo, mentre sale al punto massimo (per poi ridiscendere) nella parte centrale: in questo modo l'entrata e l'uscita di ciascun oscillatore è quasi impercettibile. Più a destra vediamo un **phasor~** (il cui ciclo è espresso in secondi, con il sistema che abbiamo visto in fig. IB.50) che serve a realizzare il glissando, nel modo che vedremo tra poco, e ad eseguire l'inviluppo per ogni oscillatore. La durata di un ciclo del **phasor~** è, come illustrato in figura, di 120 secondi, che corrisponde a una frequenza di 0.008333 Hz.

L'uscita dell'oggetto **phasor~** è collegata a un sommatore **mc.+~** a 10 canali[19], che ha come secondo operando la serie di valori prodotta dal messaggio "spread 0 1". Il messaggio, come sappiamo (vedi figura IB.51), produce i valori 0, 0.1, 0.2 e così via, fino a 0.9: questo significa che alle rampe prodotte da **phasor~**, viene sommato un valore costante, diverso per ogni canale. In questo modo le rampe del primo canale vanno da 0 a 1, quelle del secondo da 0.1 a 1.1, quelle del terzo da 0.2 a 1.2, etc. Le rampe vengono poi riportate all'intervallo 0-1 dall'operatore modulo **mc.%~**. Ciò significa che le rampe prodotte da un canale sono sfasate di 1/10 di ciclo rispetto al canale precedente. Infatti quando la prima rampa si trova all'inizio del ciclo, cioè a 0, la seconda si trova a 0.1, le terza a 0.2 e così via. Ogni volta che una rampa raggiunge e supera il valore 1 viene riportata a 0 dall'operatore modulo, e questo avviene a distanza di un decimo di ciclo tra un segnale e l'altro. Queste rampe finiscono in due diversi oggetti, un moltiplicatore di segnali e un **mc.wave~**: cominciamo da quest'ultimo. L'oggetto **mc.wave~** contiene l'inviluppo che abbiamo calcolato con la formula di Risset e, guidato dal **phasor~**, genera un inviluppo della durata di 2 minuti (120 secondi): questo inviluppo riscala (moltiplica) l'uscita dell'oscillatore **mc.cycle~**. Torniamo su, al moltiplicatore di segnale **mc.*~**: quest'oggetto moltiplica la rampa per 120, trasformandola appunto in una rampa che va da 0 a 120. Questo è il nostro glissando di 10 ottave, espresso in semitoni (120 semitoni equivalgono a 10 ottave, e in note MIDI i numeri 0 e 120 corrispondono al DO 5 ottave sotto il DO centrale e al DO 5 ottave sopra). Il glissando viene convertito in frequenza dall'oggetto **mc.mtof~** (questo, come sappiamo dal par. 1.4, ci permette di generare un glissando lineare dal punto di vista della percezione delle altezze), e inviato all'oscillatore. Nello stesso tempo in cui avviene il glissando di 10 ottave, quindi, abbiamo un ciclo di inviluppo. Ogni 120 secondi il **phasor~** genera una nuova rampa, e produce quindi un nuovo glissando di 10 ottave e un nuovo ciclo di inviluppo. Notate che il glissando percorre 120 semitoni in 120 secondi: questo vuol dire che in un secondo viene percorso 1 semitono e in 12 secondi (1/10 del ciclo) un'ottava; e dal momento che, come abbiamo detto, le rampe sono sfasate di un decimo di ciclo, i glissandi sono sfasati di 12 secondi. Questo significa inoltre che ogni glissando si trova a un'ottava di distanza dal precedente (dato che, come abbiamo appena detto, il glissando copre un'ottava in 12 secondi).
Quando il ciclo dura 120 secondi (o più), l'effetto di glissando infinito è abbastanza buono, se però diminuiamo la durata del ciclo (aumentando quindi la frequenza del **phasor~**) il "trucco" si svela: provate! Se volessimo un glissando discendente (come quello dell'implementazione originale di Risset) dovremmo impostare una durata negativa (ad esempio -120) che a sua volta viene trasformata in una frequenza negativa (-0.008333 Hz) che fa andare "all'indietro" l'oscillazione di **phasor~**, il quale produce quindi rampe discendenti e non più ascendenti.[20]

---

[19] Notate che quando inviamo un segnale singolo a un oggetto multicanale, il segnale viene duplicato per tutti i canali. Questo avviene perché gli oggetti multicanale hanno l'attributo "replicate" attivo di default. Questo attributo si trova, nell'inspector, sotto la categoria "Wrapper" e, nel caso in cui i canali in entrata siano minori dei canali dell'oggetto ricevente, replica il segnale il numero di volte necessario a compensare la differenza.

[20] Esiste anche un oggetto **abl.dsp.shepard~** che simula uno shepard tone diverso da quello illustrato qua.

ATTIVITÀ - *ANALISI DI ALGORITMI*

Aprite il file **IB_analysis.maxpat** (fig. IB.53).

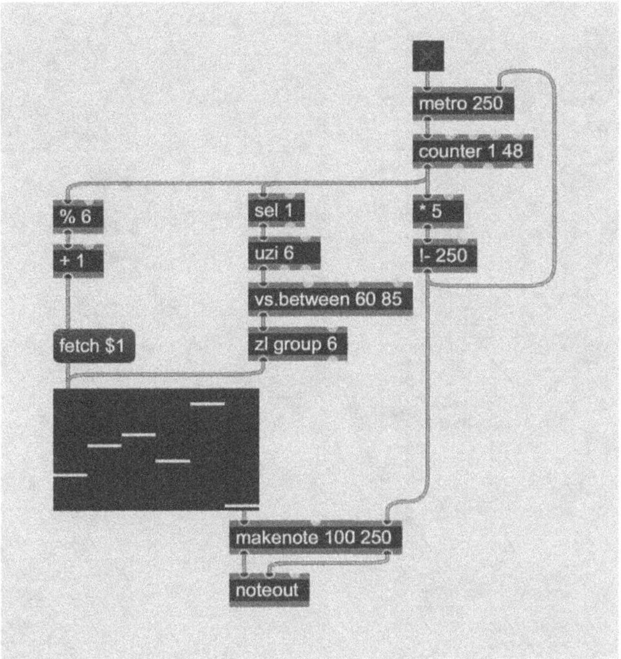

fig. IB.53

Attivate l'oggetto **metro** e ascoltate attentamente il suono prodotto.
La scansione prodotta dal **metro** non è regolare; che tipo di andamento ha? Riuscite a capire come è stato realizzato questo andamento? Osservate la connessione che dall'oggetto **!-** entra nell'ingresso destro di **metro**.
Il contenuto del **multislider** cambia con regolarità. Con quale criterio? Come è stato realizzato il meccanismo?
Qual è la funzione dell'operatore modulo (%) nella *patch*? Perché al risultato di tale operazione viene sommato 1?
Per rispondere alle domande vi suggeriamo di collegare dei *number box* o dei *message box* ai diversi oggetti per visualizzare i risultati parziali dei processi.

ATTIVITÀ - *COMPLETAMENTO DI ALGORITMI*

Aprite la *patch* **IB_completion.maxpat** (fig. IB.54).

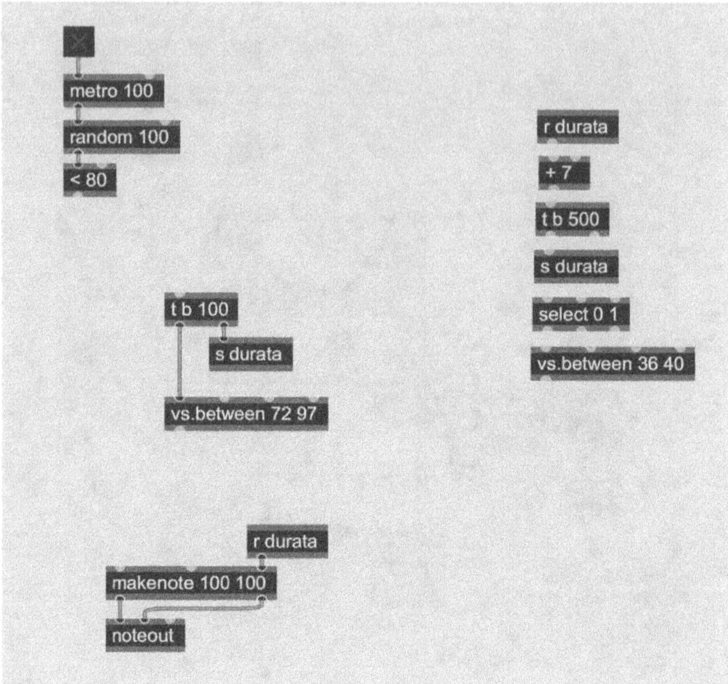

fig. IB.54

La *patch* presente sul lato sinistro della figura è incompleta, ci sono sei oggetti, sul lato destro, che devono essere inseriti al posto giusto. La *patch* è un generatore casuale di note che nell'80% dei casi esegue una nota compresa tra i valori MIDI 72 e 96, di durata 100 millisecondi, e per il restante 20% esegue bicordi di quinta la cui fondamentale è scelta tra i valori MIDI 36/39 e la cui durata è 500 millisecondi. La scansione metronomica deve essere uguale alla durata delle note (viene usata una tecnica simile a quella della *patch* di fig. IB.53, ma in questo caso tramite gli oggetti `send` e `receive`).

ATTIVITÀ - *SOSTITUZIONE DI PARTI DI ALGORITMI*

Aprite la *patch* **IB_substitution.maxpat** (fig. IB.55).

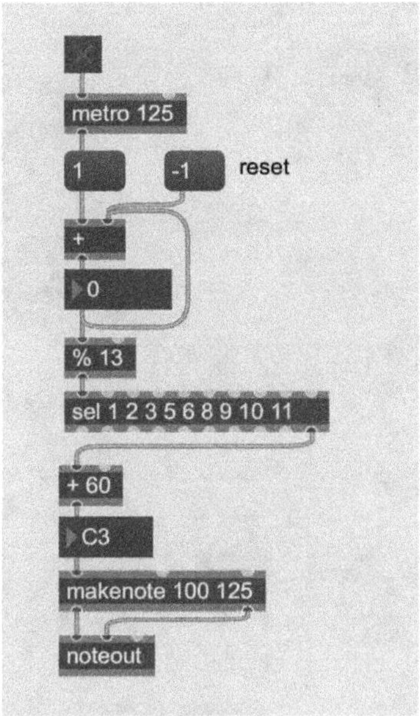

fig. IB.55

Questa *patch* esegue un arpeggio di DO maggiore (DO3, MI3, SOL3, DO4), riuscite a capirne il funzionamento? Perché il ritmo dell'arpeggio non è uniforme? Effettuate le opportune modifiche affinché esegua un arpeggio di DO minore (DO3, MIb3, SOL3, DO4), una scala di DO maggiore (DO3, RE3, MI3, FA3, SOL3, LA3, SI3, DO4) e una scala di DO minore naturale (DO3, RE3, MIb3, FA3, SOL3, LAb3, SIb3, DO4).

ATTIVITÀ - *CORREZIONE DI ALGORITMI*

Aprite il file **IB_correction.maxpat** (fig. IB.56).

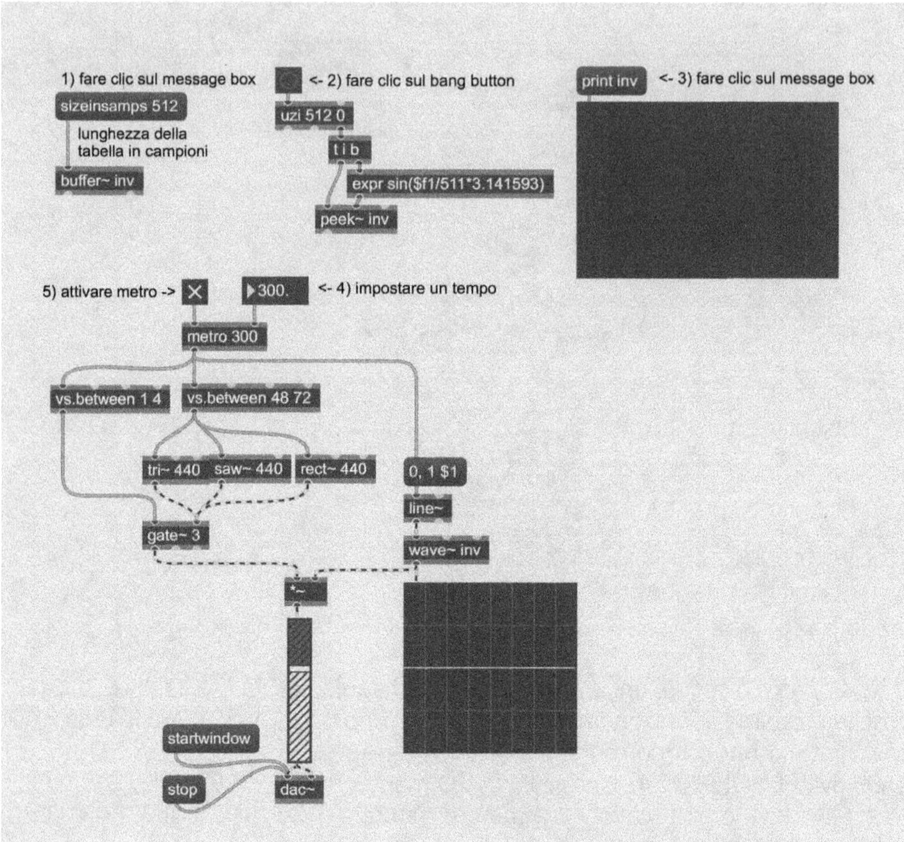

fig. IB.56

Questa *patch* dovrebbe, una volta avviata, generare suoni con frequenza temperata scelti casualmente tra le note un'ottava sotto e un'ottava sopra il DO centrale. La forma d'onda è limitata in banda e scelta casualmente tra triangolare, dente di sega e quadrata. L'inviluppo è (o dovrebbe essere!) contenuto nel buffer *inv*, e la sua durata deve essere pari al tempo di scansione dell'oggetto `metro`. La *patch* contiene alcuni errori che dovete correggere affinché possa funzionare. C'è un messaggio sbagliato, un oggetto con un errore in uno degli argomenti, un collegamento mancante, un oggetto sbagliato e un oggetto da aggiungere.

COMPITI UNITARI - *COMPITO DI REVERSE ENGINEERING*

Ascoltate il file audio **IB_reverse_engine.maxpat** e provate a ricostruire la *patch* che lo ha generato (si tratta di una versione modificata di una *patch* presentata in questo capitolo). Il file audio dura 40 secondi e presenta due cicli completi dell'evoluzione del suono.

LISTA OGGETTI MAX

% (oggetto Max)
%~ (oggetto MSP)
Operatore modulo: restituisce il resto di una divisione

>
<
==
!=
>=
<=
(operatori relazionali)
Gli operatori relazionali confrontano due valori e stabiliscono se questi si trovino o meno in una certa relazione. Più esattamente, dati due numeri x e y, possiamo avere le seguenti relazioni:

>	maggiore di
<	minore di
==	uguale a
!=	diverso da
>=	maggiore oppure uguale a
<=	minore oppure uguale a y.

`clip`
Limita i numeri in ingresso tra un minimo e un massimo liberamente impostabili.

`counter`
Genera una serie di numeri consecutivi, uno ogni volta che riceve un *bang* partendo dal numero minimo (primo argomento di `counter`) al numero massimo (secondo argomento).

`dspstate~`
Fornisce indicazioni riguardo il sistema DSP di Max.

`expr`
Permette di costruire espressioni matematiche formate da una qualsiasi combinazione di operatori e funzioni. L'argomento di questo oggetto è la funzione che vogliamo calcolare.

`gate`
Permette di inviare un messaggio in ingresso ad una delle sue uscite selezionabili liberamente.

`gate~`
Permette di inviare un segnale in ingresso ad una delle sue uscite selezionabili liberamente.

iter
Scompone una lista nei suoi elementi e li invia in sequenza alla propria

makenote
Invia alle uscite il comando MIDI *note-on* che riceve, e genera il corrispondente comando MIDI *note-off* dopo un intervallo di tempo stabilito.

noteout
Invia i comandi MIDI di *note-on* e *note-off* ai dispositivi MIDI reali o virtuali collegati al computer.

peek~
Scrive e legge i singoli valori di un **buffer~**.

pow
Calcola il quadrato di un numero.

scale
Converte un intervallo di valori in ingresso (impostati nel primo e secondo argomento) in un intervallo diverso in uscita, riscala cioè ogni valore in entrata sulla base del nuovo intervallo (definito mediante un minimo e massimo nel terzo e quarto argomento) e manda il valore così convertito in uscita.

scale~
Versione MSP di **scale**, opera su segnali.

select
Effettua un confronto tra un valore in entrata e i valori che ha come argomento: se il messaggio ricevuto è uguale ad un argomento, genera un *bang* dall'uscita corrispondente. Se il messaggio non è uguale a nessuno degli argomenti, il messaggio stesso (e non un *bang*) verrà generato all'ultima uscita.

switch
Oggetto Max che consente di selezionare un messaggio da un insieme di sorgenti diverse.

vs.pi
Genera la costante π quando riceve un *bang*.

LISTA MESSAGGI E ATTRIBUTI PER OGGETTI MAX SPECIFICI

buffer~
- Sizeinsamps (messaggio)

Assegna ad un oggetto **buffer~** una dimensione in campioni. Ad esempio il messaggio "sizeinsamps 512" assegna una memoria di 512 campioni.

kslider
- Display Mode (attributo)

Questo parametro può assumere due valori: Monophonic e Polyphonic.
In modalità Monophonic vengono prodotti esclusivamente dei messaggi di "note on" facendo clic o trascinando il mouse sull'oggetto **kslider**. In modalità Polyphonic un clic su un tasto dell'oggetto **kslider** genera un "note on" e un successivo clic genera un "note off".

mc wrapper
- spread (messaggio)

genera una serie di valori equidistanti compresi tra un minimo e un massimo

multislider
- Fetch (messaggio)

Estrae il valore di un elemento del **multislider**. Gli elementi sono numerati a partire da 1; il messaggio "fetch 1" preleva quindi il valore del primo elemento, "fetch 2" il valore del secondo e così via.

- Size (messaggio)

Imposta il numero di elementi di un **multislider**. Ad es. il messaggio "size 8" assegna 8 slider al **multislider** che lo riceve.

GLOSSARIO

Loop di dati
Sequenza di dati che viene riutilizzata ciclicamente in un determinato processo.

Note-off
Messaggio del protocollo MIDI che fa terminare l'esecuzione di una nota.

Note-on
Messaggio del protocollo MIDI che fa iniziare l'esecuzione di una nota.

Offset
Valore fisso che viene sommato ad una serie di dati.

Operatore modulo
Restituisce il resto di una divisione.

Operazioni ricorsive
Sequenza di operazioni in cui ogni risultato è ottenuto utilizzando il risultato precedente.

Ricorsione
Vedi Operazioni Ricorsive

Velocity
Nel messaggio di *note-on* (v.) indica l'intensità della nota. Il termine fa riferimento alla velocità con cui l'esecutore abbassa il tasto di una tastiera MIDI.

4T
SEGNALI DI CONTROLLO

CONTRATTO FORMATIVO

PREREQUISITI PER IL CAPITOLO
- Contenuti dei capp. 1, 2, 3 (teoria)

OBIETTIVI
Conoscenze
- Conoscere la teoria e l'uso dei parametri degli oscillatori a bassa frequenza (LFO)
- Conoscere l'uso del DC Offset applicato agli LFO
- Conoscere l'uso della modulazione di frequenza per il vibrato
- Conoscere l'uso della modulazione di ampiezza per il tremolo
- Conoscere l'uso della modulazione del duty cycle (Pulse Width Modulation)
- Conoscere l'uso degli LFO per generare segnali di controllo per i filtri
- Conoscere l'uso di generatori di segnali pseudocasuali come LFO di controllo
- Conoscere l'uso degli oscillatori di controllo per lo spostamento del suono nei sistemi stereofonici e multicanale

Abilità
- Saper individuare all'ascolto le modifiche dei parametri base di un LFO e saperle descrivere

CONTENUTI
- Oscillatori a bassa frequenza: depth, rate e delay
- Gestione dei parametri degli LFO e uso del DC Offset
- Gestione del vibrato, del tremolo e del PWM mediante gli LFO
- Gestione dei parametri dei filtri mediante LFO
- Spostamento del suono nei sistemi stereo e multicanale
- Oscillatori di controllo modulati da altri LFO

TEMPI - Cap. 4 (Teoria e Pratica)
Autodidatti
Per 300 ore globali di studio individuale (vol. I, teoria e pratica):
- ca. 30 ore

Corsi
Per un corso globale di 60 ore in classe + 120 di studio individuale (vol. I, teoria e pratica):
- ca. 5 ore frontali + 1 di *feedback*
- ca. 12 di studio individuale

ATTIVITÀ
- Esempi video

VERIFICHE
- Test a risposte brevi
- Test con ascolto e analisi

SUSSIDI DIDATTICI
- Concetti di base - Glossario

4.1 SEGNALI DI CONTROLLO: IL PANNING STEREOFONICO

Come abbiamo visto nel Cap. 1 è possibile variare i parametri di un suono (ad esempio la frequenza o l'ampiezza) tramite inviluppi che descrivono l'andamento nel tempo dei parametri in questione. I segnali (come quelli che controllano gli inviluppi) che non servono a generare un suono ma a variarne le caratteristiche, si definiscono **segnali di controllo**. Finora abbiamo usato, come segnali di controllo, soltanto segmenti di retta o di esponenziale. Questa tecnica si rivela efficace quando dobbiamo descrivere il cambiamento di un parametro attraverso pochi valori: ad esempio, per un inviluppo ADSR abbiamo bisogno di 4 segmenti, mentre il glissando di una nota può essere realizzato con una singola curva esponenziale. I parametri di un suono possono però variare anche in modo più complesso. Pensiamo ad esempio al vibrato di uno strumento ad arco: si tratta di un'oscillazione continua della frequenza della nota intorno ad un'altezza centrale. Per simulare questa vibrazione avremmo bisogno di decine o centinaia di segmenti, ma sarebbe evidentemente poco pratico e molto faticoso. Possiamo invece utilizzare un **oscillatore di controllo**, cioè un oscillatore che non serve a produrre suoni ma semplicemente valori che variano da un minimo a un massimo con una certa velocità e che vengono generalmente assegnati ai parametri degli *oscillatori audio*. Tali valori possono essere assegnati anche a parametri di altri algoritmi di sintesi ed elaborazione del suono.
È importante osservare che gli oscillatori di controllo sono *oscillatori in bassa frequenza* (**LFO, Low Frequency Oscillators**): essi cioè oscillano con frequenze generalmente inferiori a 30 Hz, e producono valori di controllo in continuo mutamento, che seguono la forma d'onda dell'oscillatore stesso. Ogni ampiezza istantanea dell'onda generata dall'oscillatore di controllo corrisponde ad un valore numerico che viene poi applicato ai parametri audio che vogliamo.
Facciamo un esempio: in figura 4.1 vediamo un LFO che controlla la posizione del suono nello spazio e genera una sinusoide che oscilla fra MIN (valore minimo) e MAX (valore massimo).

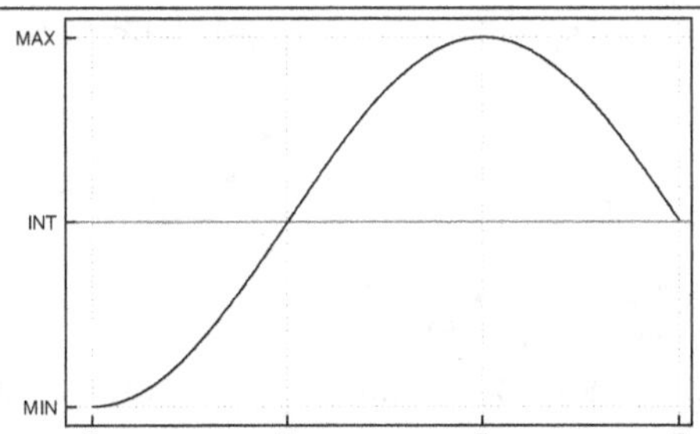

fig. 4.1: LFO che controlla la posizione del suono nello spazio

I valori minimo e massimo si riferiscono ai valori dell'*ampiezza* dell'oscillatore di controllo (di solito definita come **depth**, che in italiano significa profondità), la velocità dell'oscillazione dipende invece dalla *frequenza* dell'oscillatore di controllo (di solito definita come **rate**, che in italiano significa velocità, o frequenza).

I valori delle ampiezze istantanee della sinusoide generata da un LFO (o oscillatore di controllo) vengono usati come moltiplicatori delle ampiezze dei due canali in uscita di un oscillatore audio: quando la sinusoide dell'oscillatore di controllo raggiungerà il valore minimo MIN avremo il suono dell'oscillatore audio completamente a sinistra, quando l'oscillatore di controllo raggiungerà il valore massimo MAX avremo il suono dell'oscillatore audio completamente a destra, quando la sinusoide dell'oscillatore di controllo si troverà in corrispondenza del valore intermedio (INT) le ampiezze del suono sul canale sinistro e destro saranno uguali e di conseguenza percepiremo il suono al centro.
È ovviamente possibile anche utilizzare altre forme d'onda (triangolare, casuale etc.) per variare questi parametri di controllo; ad esempio, se usiamo un'onda quadra lo spostamento da destra a sinistra e viceversa non avverrà in modo continuo, come con la sinusoide, ma in modo alternato (MIN-MAX-MIN-MAX etc.).

ESEMPIO VIDEO 4A • *Panning mediante LFO con diverse forme d'onda*

La velocità (cioè il *rate*) con cui tali valori oscillano dipende dalla frequenza che assegniamo all'oscillatore di controllo. Se utilizzassimo la frequenza 1 avremmo un'oscillazione fra MAX e MIN e ritorno una volta al secondo, se applicassimo una frequenza pari a .2 avremmo un'oscillazione completa ogni 5 secondi. E se utilizzassimo la frequenza 220? L'oscillazione sarebbe troppo veloce per poter percepire lo spostamento da destra a sinistra e ritorno (220 volte al secondo!); inoltre questa frequenza rientrerebbe nel campo audio e ciò aggiungerebbe nuove componenti allo spettro del suono risultante, come vedremo nel capitolo 10 nel paragrafo dedicato alla modulazione di ampiezza.

ESEMPIO VIDEO 4B • *Panning mediante LFO sinusoidale a diverse frequenze*

Con gli oscillatori di controllo possiamo, in modi analoghi a quello descritto sopra, controllare ampiezza (*depth*) e velocità (*rate*) di un vibrato, di un tremolo, della variazione dei parametri di un filtro, come vedremo nei prossimi paragrafi.

4.2 DC OFFSET

Come abbiamo visto, mediante un oscillatore di controllo possiamo produrre valori che variano alternativamente da un minimo a un massimo con una certa velocità e che possono essere usati come moltiplicatori delle ampiezze dei due canali in uscita.

Mediante questa tecnica si può realizzare un'oscillazione continua di un suono da un lato all'altro del fronte stereo.
Prima di utilizzare gli LFO dobbiamo però chiarire come ottenere da questi oscillatori di controllo proprio i valori che vogliamo noi.
Ad esempio, se i valori d'ampiezza di un LFO devono oscillare fra 0.5 e -0.5 dovremo creare una sinusoide con ampiezza 0.5. Fin qui nessun problema. Se però i valori d'ampiezza che desideriamo, come nel caso del controllo per lo stereo, devono oscillare fra 1 e 0, dobbiamo spostare la sinusoide tutta nel campo positivo, in modo tale che i valori oscillino intorno al valore intermedio 0.5. In questo caso abbiamo bisogno di aggiungere una quantità fissa (detta **DC Offset**) a tutti i valori della sinusoide.

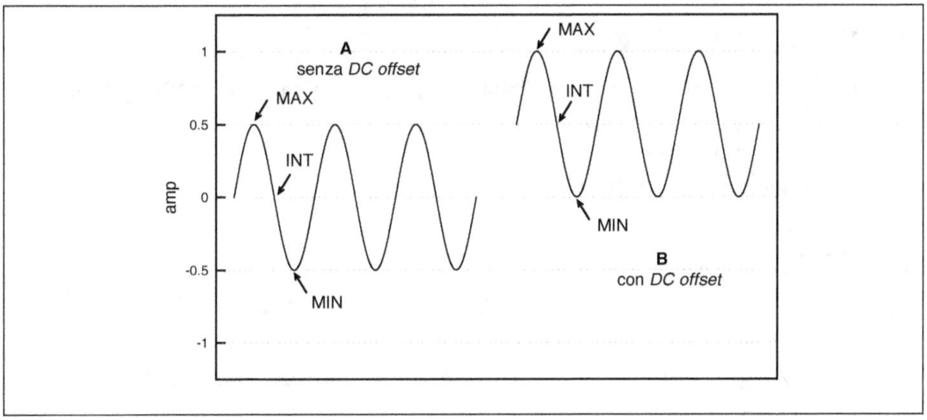

fig. 4.2: Utilizzo del *DC Offset*

Chiamiamo A una sinusoide con ampiezza 0.5 (che oscilla appunto fra 0.5 e –0.5). Vogliamo creare una sinusoide che chiameremo B (che oscilli fra 1 e 0).
Variamo tutti i valori d'ampiezza di A aggiungendo una quantità fissa 0.5 a tutta la sinusoide A. Aggiungendo tale valore fisso 0.5 il valore massimo MAX diventerà 1 (0.5+0.5=1), il minimo MIN diventerà 0 (-0.5+0.5=0), il valore intermedio INT che in A era 0, diventerà, in B, 0.5: questo sarà appunto il nuovo valore attorno al quale oscilla la sinusoide B. Ovviamente anche tutte le altre ampiezze istantanee di B avranno un valore aumentato di 0.5 rispetto al valore che avevano in A, quindi tutta la sinusoide si sposta nel campo positivo a causa dell'aggiunta del *DC Offset*.
In fig. 4.2, a sinistra è visibile una sinusoide senza *DC Offset*, cioè perfettamente simmetrica rispetto all'asse orizzontale, mentre a destra abbiamo la stessa sinusoide dopo l'applicazione di un *DC Offset* di 0.5: a ogni punto che definisce la sinusoide è stata sommata la quantità 0.5, spostando di conseguenza tutta la forma d'onda verso l'alto.
Il *DC Offset*, essendo un segnale fisso, non presenta alcuna oscillazione, e ciò significa che ha una frequenza di 0 Hz. Questa proprietà è meno astratta di quanto si possa pensare: nel capitolo 5 vedremo come con un filtro passa-alto sia possibile filtrare, cioè eliminare, il *DC Offset* da un segnale. Vedremo inoltre altri utilizzi del *DC Offset* nel capitolo dedicato alla modulazione di ampiezza.

4.3 SEGNALI DI CONTROLLO PER LA FREQUENZA

IL VIBRATO

Proviamo ad immaginare un violinista che esegue la nota La (440 Hz) tenendo fermo il dito della mano sinistra sulla terza corda e muovendosi solo con la mano destra che tiene l'archetto. Avremo un suono abbastanza stabile come frequenza. Se il violinista comincia a far oscillare leggermente il dito sulla corda al di sopra e al di sotto della posizione originale otterremo un effetto chiamato "**vibrato**" cioè un'alterazione oscillante al di sopra e al di sotto della frequenza intorno al centro di 440 Hz.

DEPTH DEL VIBRATO

Quanto più il dito si allontanerà dalla posizione centrale dei 440Hz, tanto più ampio sarà il movimento, tanto più ampia sarà la deviazione dalla frequenza della nota. Questa può essere definita come l'ampiezza del vibrato, detta anche *depth* (in italiano "profondità").

RATE DEL VIBRATO

Quante oscillazioni al secondo compierà il dito del violinista? Potrebbero essere 4, 5 al secondo o più. Questa è la frequenza (detta anche *rate*) del vibrato, corrispondente al numero di cicli al secondo "intonato-crescente-intonato-calante-intonato" compiuti dal violinista.
Simuliamo il lavoro del violinista con un oscillatore audio che sostituisce la produzione di suono effettuata con l'archetto e un oscillatore di controllo che simula il comportamento del dito oscillante sulla corda.

ESEMPIO VIDEO 4C • *Variazione del depth del vibrato*

Nell'esempio video il nostro "violinista virtuale" esegue una nota alla frequenza di 440 Hz, deviata con un vibrato dall'oscillazione del suo dito. Come abbiamo detto, tanto più grande è l'ampiezza di questa oscillazione, maggiore sarà la deviazione dalla frequenza base (440 Hz), e di conseguenza più ampio sarà il vibrato. Per avere un suono che vibra fra 436 e 444 Hz, l'ampiezza dell'oscillatore di controllo (che chiameremo *modulante*) sarà 4, cioè l'oscillatore modulante avrà come valori estremi 4 e -4. Le ampiezze istantanee dell'oscillatore modulante, che oscillano fra 4 e -4, vengono addizionate alla frequenza centrale (440 Hz) dell'oscillatore audio (detto *portante*); allora il nostro violinista eseguirà la nota vibrando tra 436 e 444. A quale velocità avverrà tale vibrato? Alla velocità corrispondente al numero di cicli che compie il suo dito in ogni secondo. In questi esempi sonori abbiamo un numero di cicli al secondo pari a 5. Nell'esempio video 4C, quindi, il nostro violinista virtuale compirà un ciclo 440 Hz / 444 Hz / 440 Hz

/ 436 Hz / 440 Hz per 5 volte al secondo. Negli esempi sonori successivi vediamo l'effetto prodotto sul vibrato da frequenze di controllo diverse.

ESEMPIO VIDEO 4D • *Variazione del rate del vibrato*

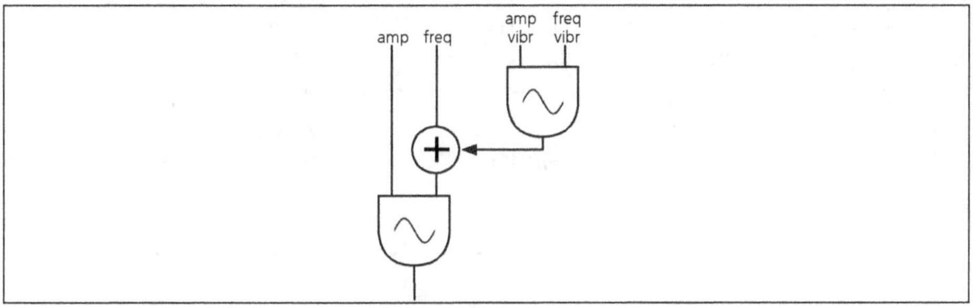

fig. 4.3: Modulazione della frequenza

In fig. 4.3 osserviamo l'oscillatore audio, o portante, (quello in basso a sinistra): il valore *amp* determinerà l'ampiezza assoluta del suono in uscita;
il valore *freq*, la frequenza del suono in uscita, prima di raggiungere l'oscillatore audio, viene modificata in modo continuo dall'addizione dei valori in uscita dall'oscillatore modulante che oscillano continuamente. In questo modo si determinano valori della frequenza in entrata nell'oscillatore portante continuamente oscillanti. Quanto è ampia l'oscillazione dell'oscillatore modulante che determina il vibrato?
Il valore di ampiezza (o *depth*) dell'oscillatore di controllo è dato dal valore amp vibr.
Il numero di oscillazioni del vibrato (o *rate*) è dato dal valore *freq vibr*.
Ascoltiamo alcuni esempi video.

ESEMPIO VIDEO 4E • *Vibrato su frequenze diverse*

Bisogna considerare che una stessa ampiezza della modulante non ha lo stesso effetto se la frequenza della portante è diversa: ad esempio se applichiamo un vibrato di ampiezza 2 Hz a una nota di 880 Hz, oppure se applichiamo lo stesso tipo di vibrato ad una nota di 220 Hz avremo due sensazioni riguardo al vibrato molto diverse: nel primo caso avremo una deviazione dello 0.23% circa, nel secondo dello 0.9%. Ciò significa che il secondo esempio produce un effetto di vibrato più ampio del primo. Per rendere simili i due effetti si deve pertanto considerare la percentuale di deviazione in relazione alla frequenza della portante e non un valore fisso di ampiezza.

Per realizzare un algoritmo più compatibile con la nostra percezione uditiva aggiungiamo 1 ai valori prodotti dall'oscillatore modulante e moltiplichiamo il risultato per la frequenza di base dell'oscillatore portante. Ad esempio aggiungendo 1 ai valori prodotti da un oscillatore modulante di ampiezza 0.009, otteniamo valori che oscillano tra 1.009 e 0.991. Immaginiamo di avere una frequenza dell'oscillatore portante pari a 100 Hz, moltiplicando tale frequenza per i valori precedentemente calcolati otteniamo una frequenza modulata che oscilla tra 100.9 e 99.1 Hz, con una deviazione dello 0.9% rispetto alla frequenza di base. Se invece immaginiamo di avere una frequenza dell'oscillatore portante pari a 1000 Hz, moltiplicando tale frequenza per gli stessi valori otteniamo una frequenza modulata che oscilla tra 1009 e 991 Hz, anche qui con la stessa deviazione dello 0.9% rispetto alla frequenza di base. In questo modo avremo realizzato un vibrato dalle caratteristiche uniformi dal punto di vista percettivo, perché la deviazione della frequenza sarà stabile e la variazione del vibrato sarà dello 0.9% in più o in meno indipendentemente da quale sia la frequenza della portante.

ESEMPIO VIDEO 4F • *Vibrato con deviazione relativa*

4.4 SEGNALI DI CONTROLLO PER L'AMPIEZZA

Modulando l'*ampiezza* di un segnale portante possiamo ottenere un effetto noto come **tremolo**. In questo caso i valori in uscita dall'oscillatore modulante vengono moltiplicati per l'ampiezza della portante. Ad esempio se l'ampiezza della portante è 0.5 e la modulante oscilla fra 0.6 e 1, il segnale in uscita dalla portante avrà un'ampiezza oscillante fra 0.3 (= 0.5 · 0.6) e 0.5 (= 0.5 · 1). In uscita dalla portante avremo quindi una piccola variazione ciclica d'ampiezza, cioè un tremolo. Nel caso in cui la frequenza o *rate* del segnale modulante sia di due cicli al secondo, il ciclo di questo tremolo durerà 1/2 secondo. Ovviamente, anche in questo caso, per avere valori della modulante che oscillano fra .6 e 1, dovremo applicare un *DC Offset* (vedi fig.4.4).

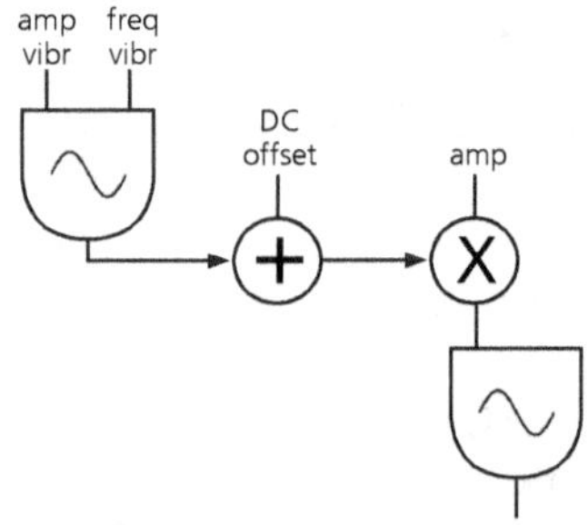

fig. 4.4: Modulazione dell'ampiezza

ESEMPIO VIDEO 4G • *Tremolo*

Oltre al *depth* e al *rate* troviamo, nella terminologia corrente per gli oscillatori di controllo, anche il termine *delay* (ritardo).
Questo è un termine che può trarre in inganno, in quanto non va confuso con il *delay* come ripetizione ritardata di un suono (che vedremo nel capitolo 6). Il **delay dell'LFO** (quello che qui ci interessa) si riferisce solo al ritardo nell'attivazione di un oscillatore di controllo, cioè è il tempo che occorre a un LFO per entrare in funzione. Se il delay è di 3 secondi, vuol dire che occorrono tre secondi al tremolo per entrare in funzione completamente, quindi all'inizio il suono è senza tremolo. In pratica si tratta di un inviluppo d'ampiezza dell'LFO che parte dal valore 0.

ESEMPIO VIDEO 4H • *Variazioni di depth, rate e delay nel tremolo*

Così come il vibrato è stato causato, nei nostri esempi, da una *modulazione di frequenza*, il tremolo è stato attivato tramite un algoritmo di *modulazione d'ampiezza*.
Vedremo in un prossimo capitolo come usare questi due tipi di modulazioni per modificare il contenuto spettrale del suono modulato.

4.5 MODULAZIONE DEL DUTY CYCLE (PULSE WIDTH MODULATION)

Abbiamo visto nel par. 1.2 che la forma d'onda quadra può essere modificata variando il rapporto tra la parte positiva e la parte negativa dell'onda stessa. Il parametro che controlla tale rapporto si chiama *duty cycle* ed è normalmente espresso come valore numerico compreso tra 0 e 1. Come abbiamo già detto, quando il *duty cycle* vale 0.5 abbiamo l'onda quadra "perfetta", quando vale 0.25 abbiamo una fase positiva di 1/4 di ciclo e una negativa di 3/4 etc.
È possibile controllare il *duty cycle* tramite un LFO, e creare così una variazione continua del timbro prodotto dall'oscillatore a onda quadra: l'effetto risultante può essere paragonato a quello del chorus di cui parleremo al capitolo 6.
Un modo di applicare un LFO al *duty cycle* può essere quello di utilizzare un *DC Offset* pari a 0.5 (che fissa la posizione centrale dell'onda quadra) e aggiungere a quest'ultimo un LFO bipolare la cui ampiezza può variare tra 0 e 0.5. Quando l'LFO ha l'ampiezza massima 0.5, produce valori compresi tra -0.5 e 0.5. Sommando a questi valori il *DC Offset* di 0.5 otteniamo un'oscillazione del *duty cycle* compresa tra 0 e 1. Quando l'LFO ha un'ampiezza minore di 0.5 l'oscillazione del *duty cycle* attorno al valore centrale 0.5 è proporzionalmente minore.
Un'implementazione leggermente più complessa prevede l'uso di un *DC Offset* liberamente impostabile tra 0 e 1, a cui va aggiunto un LFO bipolare la cui ampiezza

deve essere tale che, una volta sommata al *DC Offset*, i valori risultanti non eccedano i limiti 0 e 1 (ovvero i valori minimo e massimo assegnabili al *duty cycle*). Il *duty cycle* viene anche chiamato *pulse width* (larghezza dell'impulso) e la variazione tramite un oscillatore di questo parametro viene definita **pulse width modulation**.

ESEMPIO VIDEO 4I • ***preset 1 Pulse Width Modulation***

4.6 SEGNALI DI CONTROLLO PER I FILTRI

I segnali di controllo possono essere utilizzati anche per controllare le elaborazioni del timbro di un suono mediante l'uso di filtri. Uno degli esempi è quello del filtraggio oscillante (come nell'effetto *wah-wah*): possiamo applicare un oscillatore come segnale di controllo ad un parametro di un filtro (ad esempio alla frequenza centrale di un filtro passa-banda), specificando sia il *depth* sia il *rate* della variazione della frequenza centrale.

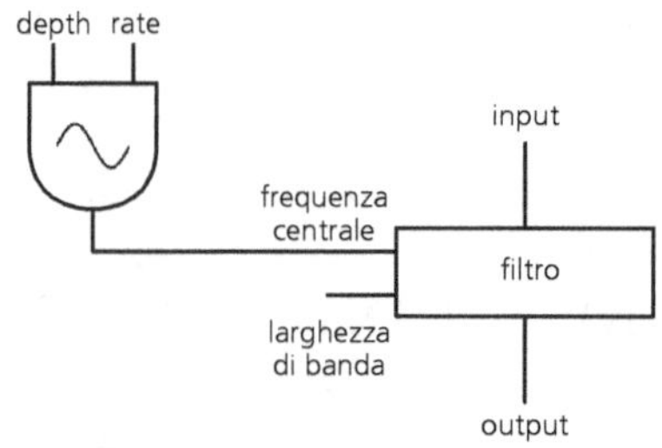

fig. 4.5: Oscillazione della frequenza centrale di un filtro

Vediamo un esempio:

ESEMPIO VIDEO 4I • ***preset 2 Oscillazione della frequenza centrale di un filtro***

Nel secondo preset dell'esempio video 4I abbiamo un rumore bianco filtrato mediante un filtro passa-banda la cui frequenza centrale varia fra 100 Hz e 2100 Hz.
Tale variazione è data da un LFO il cui segnale in uscita (che oscilla appunto fra 100 e 2100) controlla il parametro della frequenza centrale del filtro passa-banda.

Per avere un oscillatore di controllo i cui valori varino fra 100 e 2100 occorre:
- determinare l'ampiezza dell'oscillazione desiderata calcolando la differenza fra massimo e minimo e dividendo per 2, cioè (2100 - 100)/2 = 1000.
- assegnare all'oscillatore un'ampiezza 1000 (in modo che oscilli fra +1000 e –1000)
- aggiungere la quantità costante 1100 (il *DC Offset*), per ottenere così un'oscillazione che varia ora fra 100 e 2100 (1000+1100 = 2100, -1000+1100 = 100).

Questo segnale controlla la *frequenza centrale* del filtro passa-banda, quindi tali valori vengono ora espressi in Hz.

In generale:

- per calcolare l'ampiezza di un oscillatore modulante bipolare *sottraiamo* al *valore massimo* desiderato (in questo caso 2100) il *valore minimo* desiderato (in questo caso 100) e dividiamo per due.

Es. (2100-100)/2 = 1000. L'oscillatore bipolare oscillerà fra 1000 e – 1000.

- per trovare il valore giusto del *DC Offset*, è sufficiente *sottrarre*, al *valore massimo* desiderato (in questo caso 2100), l'*ampiezza* calcolata al punto precedente (in questo caso 1000): otterremo così un *DC Offset* pari a 1100 (perché 2100-1000 = 1100).

Nel terzo preset dell'esempio video 4I l'oscillatore di controllo varia la sua ampiezza fra -200 e +200. Aggiungiamo a questo segnale bipolare la quantità costante 210, ottenendo così un nuovo segnale di controllo unipolare che varia fra 10 e 410. Questo segnale controlla la *larghezza di banda* del filtro passa-banda.

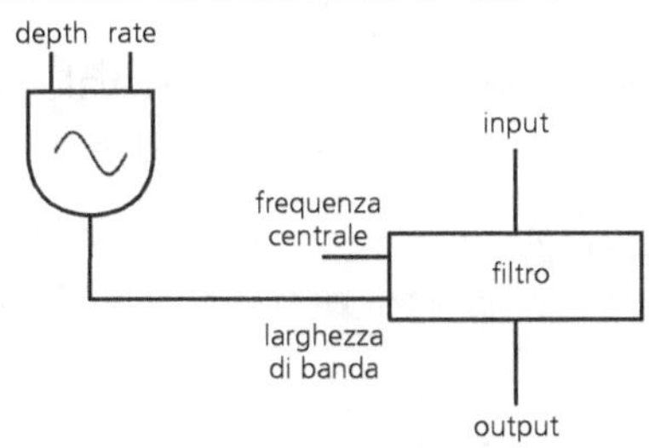

fig. 4.6: Oscillazione della larghezza di banda di un filtro

ESEMPIO INTERATTIVO 4I • *preset 3 Oscillazione della larghezza di banda di un filtro*

VERIFICA • *TEST A RISPOSTE BREVI (max. 30 parole)*

1) A cosa può servire un segnale di controllo?

2) Mediante la modifica di quale parametro si può realizzare un aumento del *depth*?

3) Mediante la modifica di quale parametro si può realizzare un aumento del *rate*?

4) Mediante la modifica di quale parametro si può realizzare un aumento del *delay* di una modulazione?

5) Volendo creare un LFO che in uscita abbia valori d'ampiezza oscillanti fra 3.5 e 2003.5, che ampiezza dovrà avere tale oscillatore e che valore bisognerà assegnare al *DC Offset*?

6) Per la spazializzazione stereo che valore di *DC Offset* si usa in genere?

7) Avendo un oscillatore audio controllato da un LFO, se si desidera diminuire la velocità di un vibrato, su quale parametro di quale oscillatore bisogna agire?

8) Avendo un oscillatore audio controllato da un LFO, se si desidera aumentare l'ampiezza di un tremolo, su quale parametro di quale oscillatore bisogna agire?

9) Se in un filtro passa-banda vogliamo diminuire i valori minimo e massimo del fattore Q controllato da un LFO, su quale parametro dell'oscillatore dobbiamo agire e come?

10) Mediante quale operazione si trova (dati certi valori d'ampiezza desiderati), l'ampiezza base di un LFO a cui aggiungere il *DC Offset*?

11) Mediante quale operazione (dati certi valori d'ampiezza desiderati, e sapendo già la corretta ampiezza di base dell'LFO) si trova il valore del *DC Offset* corretto?

12) Volendo aumentare e diminuire in modo oscillante il *rate* di oscillazione di un LFO che controlla un oscillatore audio su quale parametro di quale oscillatore dovremo agire?

4.7 ALTRI GENERATORI DI SEGNALI DI CONTROLLO

Finora abbiamo usato prevalentemente sinusoidi come segnali di controllo, ma è possibile utilizzare anche onde quadre, a dente di sega etc. che, se applicate come controlli ai parametri di un oscillatore o di un filtro, producono effetti ben diversi da quelli osservati nel vibrato e nel tremolo.
Inoltre si possono utilizzare, come LFO, generatori di segnali aleatori, cioè pseudocasuali. Spesso infatti un segnale di controllo aleatorio aiuta a evitare quel senso di freddezza e di artificialità che caratterizza tanta musica prodotta con mezzi sintetici. Dei *generatori pseudocasuali* (che generano sequenze di numeri compresi fra un minimo e un massimo che noi possiamo stabilire) abbiamo parlato nel par. 3.1. Diversamente dal capitolo sulla sottrattiva, in questo caso tali generatori, anziché produrre un suono, saranno utilizzati come generatori di segnali di controllo in bassa frequenza, sotto i 30 Hz, che controlleranno altri eventi in modo appunto pseudocasuale.
Ricordiamo che si possono avere generatori di numeri pseudocasuali semplici, oppure con interpolazione, o anche generatori di numeri pseudocasuali il cui segnale in uscita viene filtrato mediante filtro passa-basso. Utilizzando un generatore di numeri pseudocasuali semplici (cioè senza interpolazione) si realizza un controllo noto come **sample and hold** (campiona e mantieni). Questo nome risale ai primi sintetizzatori analogici: la carica elettrica prodotta da un segnale (analogico) veniva campionata (*to sample*) a intervalli regolari in un condensatore, e mantenuta (*to hold*) costante fino al campionamento successivo.[1] Il risultato era la trasformazione del segnale originale in un segnale a gradini. Un effetto particolare, che è diventato l'effetto "*sample and hold*" per antonomasia, consisteva nel campionare a intervalli regolari una sorgente di rumore e utilizzare la sequenza di gradini casuali così ottenuta per controllare la frequenza di un filtro. Il segnale filtrato cambiava quindi timbro ad un ritmo regolare corrispondente ai cambiamenti dei gradini casuali. Il nome *sample and hold* è rimasto ancora oggi ad indicare l'utilizzo come segnale di controllo di un generatore pseudocasuale non interpolato.

ESEMPIO VIDEO 4J • Segnali di controllo pseudocasuali

CONTROLLARE UN SINTETIZZATORE SOTTRATTIVO CON UN LFO

Nell'esempio video 4K abbiamo un'espansione del sintetizzatore in sintesi sottrattiva che avevamo analizzato nel par. 3.5: abbiamo aggiunto infatti un segnale di controllo LFO che può modulare la frequenza e l'ampiezza dell'oscillatore (per effetti di vibrato e tremolo), il *duty cycle* (*pulse width*) e la frequenza di taglio e il fattore Q del filtro passa-basso.

[1] Si trattava quindi di un campionamento analogico, non digitale.

ESEMPIO VIDEO 4K • *Sintetizzatore con LFO*

Per questo LFO si può selezionare la forma d'onda (sinusoidale, a dente di sega, quadra e casuale), il *rate* (da 0.01 a 32 Hz) e il tempo di *delay* in secondi. I quattro parametri del sintetizzatore che l'LFO può controllare (frequenza, ampiezza, frequenza di taglio e fattore Q) hanno ciascuno una regolazione "LFO *depth*" (variabile tra 0 e 100) che stabilisce la profondità di modulazione che il segnale di controllo ha sul parametro. Vediamo più precisamente come i parametri vengono modulati dall'LFO.

- *Frequenza dell'oscillatore*: il controllo fa oscillare il **pitch** (in italiano: altezza) attorno alla nota suonata. Lo scostamento dalla nota è calcolato in semitoni e non in Hz, in modo da mantenere la stessa ampiezza di vibrato a qualunque altezza. Con un valore di "LFO *depth*" pari a 100 il *pitch* varia da quattro ottave sopra a quattro ottave sotto la frequenza data. Questo significa che un *depth* di 50 crea un'oscillazione di due ottave sopra e due ottave sotto la frequenza data, il *depth* 25 un'ottava e il *depth* 2 circa un semitono (da notare che è possibile usare valori di *depth* minori di 1).

- *Ampiezza*: il valore di *depth* indica la percentuale dell'ampiezza che viene modulata. Se ad esempio l'ampiezza dell'oscillatore in un dato momento è pari a 1 (massima ampiezza) e il *depth* ha valore 100 (massima percentuale), l'ampiezza modulata oscillerà tra 0 e 1; con un *depth* pari a 50 oscillerà tra 0.5 e 1, con un *depth* pari a 25 tra 0.75 e 1, e così via.

- *Pulse Width Modulation*: questo effetto naturalmente è udibile solo selezionando l'onda quadra (*pulse width*). Il valore di *depth* indica l'ampiezza dell'LFO che viene sommato al valore di *pulse width* fisso. Quando il valore di *depth* è pari a 100 l'ampiezza dell'LFO è 0.5 (vedi par. 4.5), quando è pari a 50 l'ampiezza dell'LFO è 0.25 etc. Per evitare che la somma del *pulse width* fisso e dell'LFO ecceda i limiti 0-1, eventuali valori al di fuori di questo intervallo vengono forzati al valore 0 o al valore 1.

- *Frequenza di taglio del filtro*: il valore di *depth* indica la percentuale di frequenza da aggiungere e togliere alla frequenza stabilita dal *key follow* e dal parametro *env depth*, vedi par 3.5. Se ad esempio la frequenza di taglio è 500 Hertz e il *depth* è pari al 100% (ovvero è impostato a 100), la frequenza oscilla tra 1000 Hz (500 + 500) e 0 Hz (500 - 500), se il *depth* è pari al 50% (cioè è impostato a 50), la frequenza oscilla tra 750 Hz (500 + 250) e 250 Hz (500 - 250), se il *depth* è pari al 10%, la frequenza oscilla tra 550 Hz (500 + 50) e 450 Hz (500 - 50), etc. A questa oscillazione va aggiunto il valore di *cutoff* fisso.

- *Fattore Q*: il valore di *depth* rappresenta semplicemente la quantità da aggiungere al fattore Q impostato. Se ad esempio il fattore Q è 10 e il valore di depth è 5, avremo un'oscillazione del fattore Q tra 10 e 15.

Come possiamo notare, per ciascun parametro il segnale di controllo agisce diversamente, in modo da creare il tipo di variazione più efficace per il parametro in questione. Studiate attentamente i *preset* dell'esempio video 4F per capire come l'LFO influenzi i parametri del sintetizzatore.

4.8 SEGNALI DI CONTROLLO: IL PANNING MULTICANALE

Finora abbiamo spazializzato il suono su due canali (vedi i paragrafi 1.5 e 4.1), ma è possibile realizzare lo spostamento del suono anche su più canali: si può infatti utilizzare un LFO che permetta di far ruotare (tramite un segnale di controllo) un suono in un sistema a 4 o più canali: potremmo parlare di **panning multicanale** più che di spazializzazione vera e propria. Quest'ultima infatti verrà trattata approfonditamente nel terzo volume, unitamente al riverbero.
Nel caso del *panning* stereofonico abbiamo visto che, se volessimo ad esempio far passare un suono da sinistra a destra, dovremo fare una dissolvenza incrociata tra il volume del canale sinistro e quello del destro. Nel caso del *panning* multicanale tale dissolvenza incrociata può avvenire fra uno dei canali e il successivo (nel caso della rotazione) o anche fra un canale e un altro canale qualunque (quando sono richiesti altri tipi di movimento del suono nello spazio).
Ad esempio le dissolvenze incrociate in un sistema a 8 canali in cui vogliamo far ruotare il suono intorno a noi saranno le seguenti: ch1→2, 2→3, 3→4, 4→5, 5→6, 6→7, 7→8, 8→1.
Si può anche pensare, in un sistema quadrifonico ad esempio, all'alternanza senza dissolvenza di un suono fra un canale e un altro non successivo (ad es. 1-3-1-3-1 etc.). Ciò può essere realizzato mediante un LFO con un'onda quadra (con una leggera smussatura nel passaggio da un valore all'altro, per evitare click indesiderati), la quale controlla appunto il passaggio immediato del suono da un valore all'altro.
Si può utilizzare uno stesso LFO che controlla due parametri diversi: proviamo ad immaginare ora la possibilità che l'LFO con onda quadra, oltre a controllare l'alternanza del suono fra 1 e 3, controlli, in sincrono con il *panning*, anche la frequenza centrale di un filtro passa-banda, in modo che quando il suono è sul canale 1 sia filtrato in un dato modo (ad esempio frequenza centrale 300 Hz), quando è sul canale 3 sia filtrato in un modo diverso (ad esempio con frequenza centrale 2000 Hz). Nell'esempio video simuliamo su due canali stereo ciò che dovrebbe accadere sui canali 1 e 3.

ESEMPIO VIDEO 4L • Controllo di più parametri tramite un solo LFO

C'è un problema: come avere uno stesso oscillatore che genera numeri diversi? Infatti avremo bisogno di un'alternanza di valori 300-2000-300-2000 da inviare al filtro, e un'alternanza di valori 1-0-1-0 da inviare ai moltiplicatori delle ampiezze dei due canali in uscita.

Ci sono diversi modi per risolvere questo problema, come si vedrà nel capitolo 4 della parte pratica, l'importante è che il segnale in uscita dall'oscillatore a bassa frequenza venga adeguatamente mutato in ampiezza e nel *DC Offset* in due modi diversi prima di raggiungere il filtro e i moltiplicatori dell'ampiezza dei canali.

Proviamo a pensare ora un LFO che controlla un altro LFO in modo che l'oscillazione 1-3-1-3 si trasformi gradatamente in un'oscillazione 2-4-2-4, cioè il segnale con frequenza centrale 300 Hz che compariva e scompariva sul canale 1 si sposti gradatamente fino ad arrivare a comparire e scomparire sul canale 2, e allo stesso modo il segnale filtrato con frequenza centrale 2000 Hz che compariva e scompariva sul canale 3 si sposti gradatamente fino ad arrivare a comparire e scomparire sul canale 4.

ESEMPIO VIDEO 4M • *LFO che controlla un altro LFO*

Per implementare questo algoritmo avremo bisogno di un'onda triangolare che controlli la variazione del *DC Offset* dell'oscillatore ad onda quadra che controlla a sua volta la spazializzazione. Tale oscillatore triangolare oscillerà fra 0 e un valore *x*. Quando il valore dell'ampiezza dell'oscillatore triangolare sarà 0, il *DC Offset* dell'onda quadra rimarrà così com'è e quindi avremo un'oscillazione fra i canali 1-3-1-3. Quando il valore dell'ampiezza dell'oscillatore triangolare sarà *x*, il *DC Offset* dell'onda quadra sarà diverso e quindi avremo un'oscillazione sui canali 2-4-2-4. In tutti gli stadi intermedi fra 0 e *x* avrà luogo la dissolvenza fra un tipo di alternanza e l'altra.

Si possono anche ottenere circolarità di alternanze, come ad esempio:
300 Hz ch1/ 2000 Hz ch3
300 Hz ch3/ 2000 Hz ch2
300 Hz ch2/ 2000 Hz ch4
300 Hz ch4/ 2000 Hz ch1
300 Hz ch1/ 2000 Hz ch3 e così via

Come vedremo nel par. 4.8 della parte pratica ciò è possibile mediante l'uso di un'onda a dente di sega che controlla il *DC Offset* di un'onda quadra.

CONCETTI DI BASE

1) Gli oscillatori di controllo sono *oscillatori in bassa frequenza* (LFO, *Low Frequency Oscillator*) che oscillano generalmente con frequenze inferiori a 30 Hz, e che di conseguenza non hanno la funzione di produrre suoni, ma solo valori di controllo in continuo mutamento, che seguono la forma d'onda dell'oscillatore stesso. Ogni ampiezza istantanea dell'onda generata dall'oscillatore di controllo corrisponde ad un valore numerico che viene poi applicato ai parametri audio che vogliamo.

2) I valori numerici di controllo possono essere usati come valori per i parametri di *oscillatori audio* (i quali, invece, sono adibiti alla produzione del suono), oppure per i parametri di filtri, della spazializzazione etc.

3) La velocità (cioè il *rate*) con cui il flusso di tali valori oscilla dipende dalla frequenza che assegniamo all'oscillatore di controllo.

4) Se i valori dell'oscillatore di controllo desiderato devono oscillare intorno a un valore diverso da zero, è necessario addizionare tale valore come quantità fissa, detta *DC Offset*, ai valori in uscita dall'oscillatore di controllo.

5) Nel campo della sintesi del suono il vibrato viene realizzato mediante una modulazione della frequenza. L'*ampiezza* della deviazione di frequenza del vibrato dipende dall'*ampiezza* dell'oscillatore di controllo; la *velocità* del vibrato dipende dalla *frequenza* dell'oscillatore di controllo.

6) Nel campo della sintesi del suono il tremolo viene realizzato mediante una modulazione dell'ampiezza. La deviazione d'ampiezza del tremolo dipende dall'*ampiezza* dell'oscillatore di controllo. La *velocità* del tremolo dipende dalla *frequenza* dell'oscillatore di controllo.

7) Anche i parametri di un filtro, ovvero la frequenza centrale o di taglio e il fattore *Q*, possono essere variati da un LFO. Anche in questo caso, come nel caso del vibrato e del tremolo, la deviazione del parametro dipende dall'ampiezza dell'oscillatore di controllo, e la velocità di questa deviazione dipende dalla frequenza dell'oscillatore di controllo.

8) Dato un LFO che oscilli tra due valori scelti arbitrariamente, si può calcolare l'ampiezza dell'oscillatore modulante bipolare sottraendo, al valore massimo desiderato, il valore minimo desiderato e dividendo per due.
Per trovare il valore giusto del *DC Offset* è sufficiente sommare, al valore massimo desiderato, il valore minimo desiderato e dividere per due.

9) Ci sono vari tipi di generatori pseudocasuali, fra cui: generatori di numeri pseudocasuali semplici; generatori di numeri pseudocasuali con interpolazione; generatori di numeri pseudocasuali con filtro passa-basso.
È possibile utilizzarli come generatori di segnali di controllo a bassa frequenza.

10 È possibile controllare il movimento del suono fra diversi altoparlanti nei sistemi multicanale, anche mediante l'uso di LFO che controllano altri LFO, ad esempio per avere velocità variabili in modo ciclico di rotazione del suono nello spazio.

VERIFICA • *TEST CON ASCOLTO E ANALISI*

Nel suono dell'esempio sonoro AA4.1 l'oscillatore di controllo su quale parametro agisce?

Nel suono dell'esempio sonoro AA4.2 l'oscillatore di controllo su quale parametro agisce?

Nel suono dell'esempio sonoro AA4.3 l'oscillatore di controllo su quale parametro agisce?

Nel suono dell'esempio sonoro AA4.4 l'oscillatore di controllo su quale parametro agisce?

Nel suono dell'esempio sonoro AA4.5 che forma d'onda ha l'LFO?

Nel suono dell'esempio sonoro AA4.6 che forma d'onda ha l'LFO?

Nel suono dell'esempio sonoro AA4.7 che forma d'onda ha l'LFO che modula il primo LFO? E quale parametro controlla?

Nel suono dell'esempio sonoro AA4.8 che forma d'onda ha l'LFO che modula il primo LFO? E quale parametro controlla?

GLOSSARIO

DC OFFSET (PER LFO)
Il *DC Offset* è un valore fisso che viene aggiunto all'uscita di un oscillatore di controllo

DELAY dell'LFO
Ritardo nell'attivazione dell'LFO, cioè il tempo che occorre all'LFO per entrare in funzione completamente, da non confondere con il *delay* di un suono.

DEPTH
Valore dell'ampiezza dell'LFO che controlla l'ampiezza della deviazione del parametro controllato.

LFO (LOW FREQUENCY OSCILLATOR) o Oscillatore a bassa frequenza
Oscillatore la cui frequenza è inferiore ai 30 Hz, generalmente utilizzato per modulare i valori di parametri di altri elementi dell'algoritmo.

OSCILLATORE DI CONTROLLO
Oscillatore in bassa frequenza, che non produce suoni, ma solo valori di controllo in continuo mutamento, che seguono la forma d'onda dell'oscillatore stesso.

PANNING MULTICANALE
Collocamento e/o movimento del suono in una determinata posizione spaziale su più di due canali.

PITCH
Altezza di un suono

PULSE WIDTH MODULATION
Variazione tramite un oscillatore di controllo della larghezza dell'impulso (o *duty cycle*) di un'onda quadra

RATE (DELL'LFO)
Valore della *frequenza* dell'LFO che controlla la velocità con cui oscilla il valore del parametro controllato.

SAMPLE AND HOLD
Trasformazione di un segnale casuale in un segnale di controllo a gradini.

SEGNALI DI CONTROLLO
Segnali che non servono a generare un suono ma a variarne i parametri.

SPAZIALIZZAZIONE
Termine usato per indicare il movimento spaziale di un segnale e le tecniche per controllarlo.

TREMOLO
Una lieve oscillazione nell'ampiezza di un suono.

VIBRATO
Una lieve oscillazione nella frequenza di un suono.

4P
SEGNALI DI CONTROLLO

CONTRATTO FORMATIVO

PREREQUISITI PER IL CAPITOLO
- Contenuti dei capp. 1, 2, 3 (teoria e pratica), cap.4 (teoria), Interludio A e B

OBIETTIVI
Abilità
- Saper far oscillare un suono nello spazio stereofonico
- Saper realizzare effetti di vibrato
- Saper simulare strumenti controllati in frequenza, come il theremin
- Saper realizzare effetti di tremolo
- Saper realizzare algoritmi di Pulse Width Modulation
- Saper variare in modo oscillante la frequenza di taglio, la frequenza centrale dei filtri, e il Q dei filtri mediante segnali di controllo
- Saper utilizzare segnali di controllo pseudocasuali
- Far ruotare (tramite un segnale di controllo) il suono in un sistema a 4 o più canali

Competenze
- Saper realizzare un breve studio sonoro basato sulle tecniche di controllo dei parametri mediante LFO

CONTENUTI
- Oscillatori a bassa frequenza: depth, rate e delay
- Gestione dei parametri degli LFO e uso del DC Offset
- Gestione del vibrato, del tremolo e del PWM mediante gli LFO
- Gestione dei parametri dei filtri mediante LFO
- Segnali di controllo pseudocasuali
- Spostamento del suono nei sistemi stereo e multicanale

TEMPI - Cap. 4 (Teoria e Pratica)
Autodidatti
Per 300 ore globali di studio individuale (vol. I, teoria e pratica):
- ca. 30 ore

Corsi
Per un corso globale di 60 ore in classe + 120 di studio individuale (vol. I, teoria e pratica):
- ca. 5 ore frontali + 1 di feedback
- ca. 12 di studio individuale

ATTIVITÀ
- Attività al computer: sostituzione di parti di algoritmi, correzione, completamento e analisi di algoritmi, costruzione di nuovi algoritmi

VERIFICHE
- Realizzazione di uno studio breve
- Compiti unitari di Reverse Engineering

SUSSIDI DIDATTICI
- Lista oggetti Max - Lista attributi per oggetti Max specifici - Glossario

4.1 SEGNALI DI CONTROLLO: IL PANNING STEREOFONICO

Per far oscillare un segnale nello spazio stereofonico, come descritto nel par. 4.1 della teoria, possiamo utilizzare, come segnale di controllo sinusoidale, il normale oggetto **cycle~** al quale daremo frequenze molto basse, al di sotto della minima frequenza udibile.
Abbiamo già visto come si definisce la posizione stereofonica di un segnale nel par. 1.6 [1]: facendo riferimento al file **01_18_pan_function.maxpat**, ricostruiamo in una nuova *patch* l'algoritmo che posiziona il suono nel fronte stereo (ovvero tutta la parte collegata all'oggetto **line~**, vedi fig. 4.1).

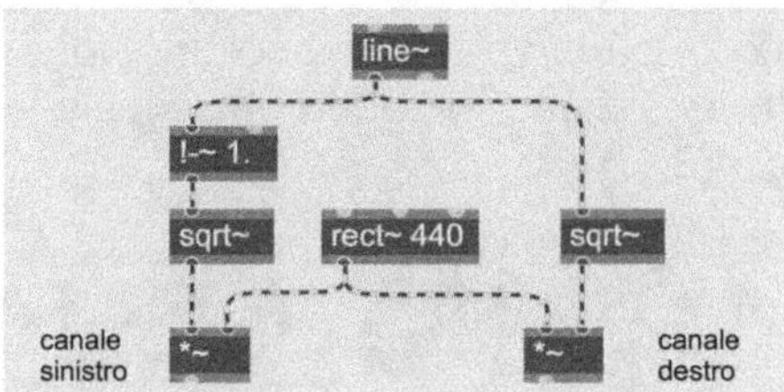

fig. 4.1: algoritmo per il *panning*

Dobbiamo ora sostituire **line~**, che modificava la posizione del suono tramite segmenti di retta, con il nostro segnale sinusoidale: l'oggetto **cycle~** però genera una sinusoide che oscilla tra -1 e 1, mentre a noi serve un segnale che oscilli tra 0 e 1 (quando il segnale è 0 il suono è posizionato a sinistra e quando è 1 è posizionato a destra). Si potrebbe modificare l'intervallo di oscillazione di **cycle~** con un paio di semplici calcoli, ma questo lo vedremo nel prossimo paragrafo; qui preferiamo usare un oggetto di cui abbiamo già parlato nell'Interludio B, al paragrafo IB.8. Completate la *patch* come da figura 4.2.

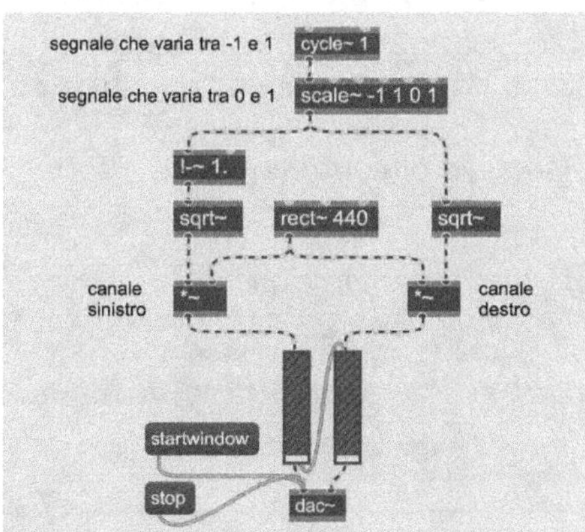

fig. 4.2: *panning* stereofonico controllato da un LFO

[1] Se non vi ricordate come si fa, rinfrescatevi la memoria rileggendo i paragrafi relativi nella parte di teoria e in quella di pratica.

Abbiamo sostituito all'oggetto **line~** l'oggetto **scale~** a cui abbiamo collegato un **cycle~**. Come sappiamo l'oggetto **scale~** ha 4 argomenti, i primi due specificano l'intervallo in entrata e gli ultimi due l'intervallo in uscita: nel nostro caso, gli argomenti [-1 1 0 1] indicano che se mandiamo a **scale~** un segnale che varia tra -1 e 1, avremo in uscita un segnale riscalato che varia tra 0 e 1, che è esattamente quello che ci serve. L'oggetto **cycle~** genera una sinusoide di controllo alla frequenza di 1 Hz, il suono fa quindi un "viaggio" dal canale sinistro al destro e ritorno nel tempo di un secondo: collegando un *float number box* a **cycle~** possiamo variare la frequenza di oscillazione.
Provate con frequenze diverse, ma non superiori ai 20 Hz: le frequenze superiori generano fenomeni di modulazione che tratteremo nel cap. 10.
Possiamo semplificare la *patch* usando l'oggetto multicanale **mc.stereo~**, che realizza l'algoritmo di *panning* prendendo un suono dall'ingresso sinistro e spostandolo nel fronte stereo secondo il segnale di controllo ricevuto all'ingresso destro (fig. 4.3).

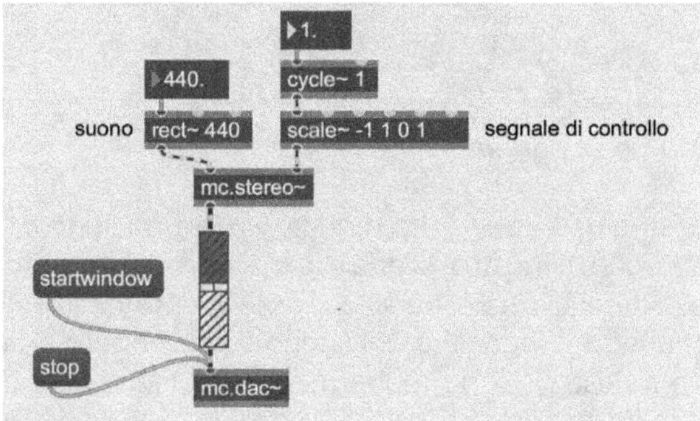

fig. 4.3: *panning* stereofonico con l'oggetto **mc.stereo~**

Come si vede l'oggetto **mc.stereo~** funziona come l'algoritmo di fig. 4.1, ma permette di "liberare spazio" nella nostra *patch*, e inoltre è più efficiente. Notate che abbiamo sostituito i due **gain~** e l'oggetto **dac~** con un **mc.gain~** e un **mc.dac~**.
Possiamo usare come segnale di controllo un'altra forma d'onda, ad esempio la quadrata (fig. 4.4).

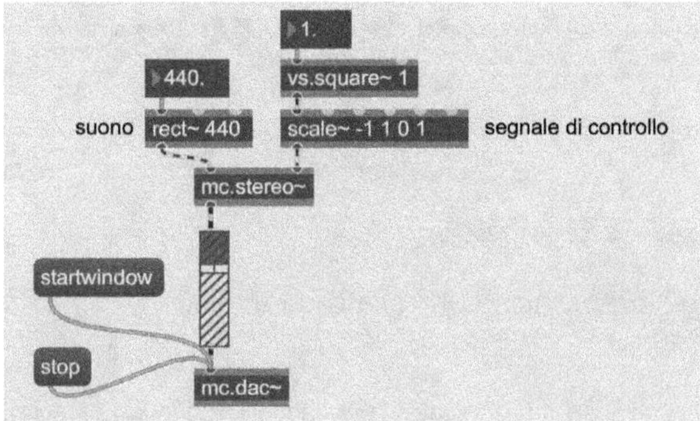

fig. 4.4: controllo del *panning* con LFO a forma d'onda quadra

In questo caso il suono si sposta da un canale all'altro senza passare per posizioni intermedie: questa discontinuità genera un clic indesiderato che può essere eliminato filtrando il segnale di controllo con un filtro passa-basso che serve a "smussare" gli spigoli dell'onda quadra (fig. 4.5).

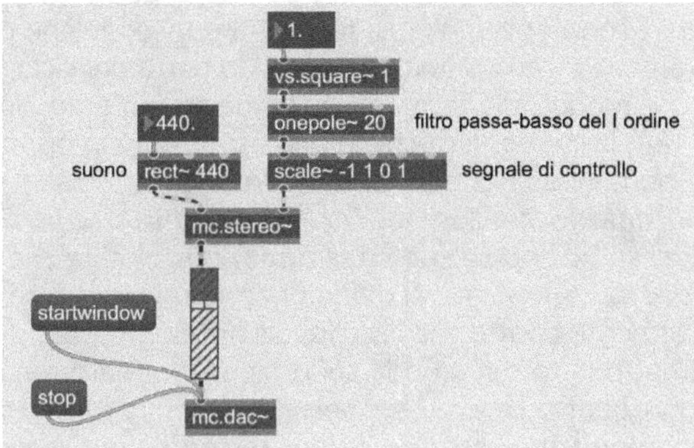

fig. 4.5: filtraggio di un LFO

Qui abbiamo impostato una frequenza di taglio di 20 Hz: questo significa, grosso modo, che il segnale di controllo non può "saltare" da un valore all'altro in un tempo inferiore a 1/20 di secondo. Provate a variare la frequenza di taglio del filtro per sentirne l'influenza sul percorso del suono: più la frequenza di taglio è bassa e più graduale è il passaggio da un canale all'altro.
Concludiamo il paragrafo con un oggetto della libreria Ableton che ci permetterà di muovere il suono lungo il fronte stereofonico seguendo diverse traiettorie. Caricate la patch **04_01a_abl.dsp.stereolfo.maxpat** (fig. 4.5b).

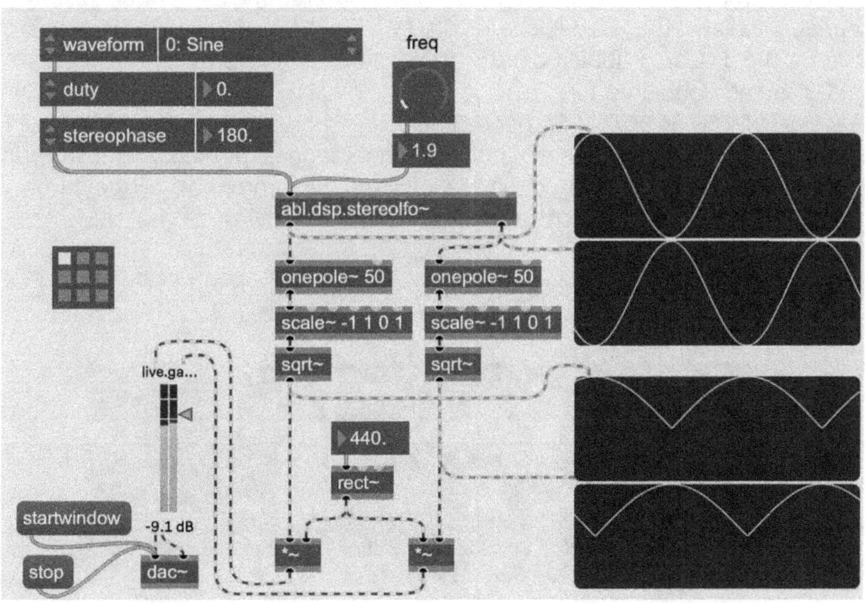

fig. 4.5b: patch **04_01a_abl.dsp.stereolfo.maxpat**

L'oggetto **abl.dsp.stereolfo~** visibile nella parte alta della figura, è un generatore di forme d'onda utilizzabile come LFO. L'oggetto ha due uscite che generano lo stesso segnale; è possibile modificare la fase del segnale di destra e mettere ad esempio i due segnali in opposizione di fase.
In alto a sinistra vediamo tre oggetti attrui che ci permettono di modificare la forma d'onda (ci sono nove possibili forme), il duty cycle che deforma l'onda modificando il rapporto tra la prima e la seconda parte del ciclo, e il parametro "stereophase" che modifica la fase del canale destro, in gradi. In figura questo parametro vale 180, il che significa che le due uscite sono in opposizione di fase. Per finire, abbiamo un dial che modifica la frequenza.
A destra ci sono quattro oscilloscopi che ci mostrano i segnali in uscita, che sono bipolari, e gli stessi dopo alcune trasformazioni. Notate che gli oscilloscopi sono oggetti **live.scope~**, che di default hanno una modalità di scrolling del segnale particolarmente adatta alla visualizzazione degli LFO.
Come abbiamo detto le forme d'onda sono bipolari, e per prima cosa filtriamo il segnale con un oggetto onepole~ per eliminare il click dovuto a eventuali discontinuità, poi rendiamo il segnale unipolare con l'oggetto scale~ e infine calcoliamo la radice quadrata del segnale per assicurarci che la potenza del suono prodotto sia omogenea lungo tutto il fronte stereofonico (vedi paragrafi 1.6T e 1.6P). Infine moltiplichiamo il segnale audio per entrambi i segnali generati da abl.dsp.stereolfo~ e mandiamo i due prodotti ai due canali stereofonici.
Provate i diversi preset e poi create altre configurazioni. Osservate il comportamento delle diverse forme d'onda e ascoltate bene cosa succede alle traiettorie del suono quando si modifica il duty cycle e la fase.

4.2 DC OFFSET

Se non avessimo a disposizione l'oggetto scale~ potremmo comunque trasformare il segnale bipolare di cycle~, che oscilla tra -1 e 1, in un segnale unipolare che oscilla tra 0 e 1. Come abbiamo visto nel par. 4.2T sono necessari pochi calcoli: la prima cosa che dobbiamo fare, però, è ridurre l'oscillazione di cycle~ da [MIN -1, MAX 1] a [MIN -0.5, MAX 0.5], per ottenere una sinusoide identica a quella di fig. 4.2 della teoria. Possiamo fare ciò moltiplicando il segnale per 0.5. A questo punto abbiamo una sinusoide che oscilla tra -0.5 e 0.5: sommando a questa un *DC offset* di 0.5 otteniamo la nostra oscillazione [MIN 0, MAX 1] (fig. 4.6).

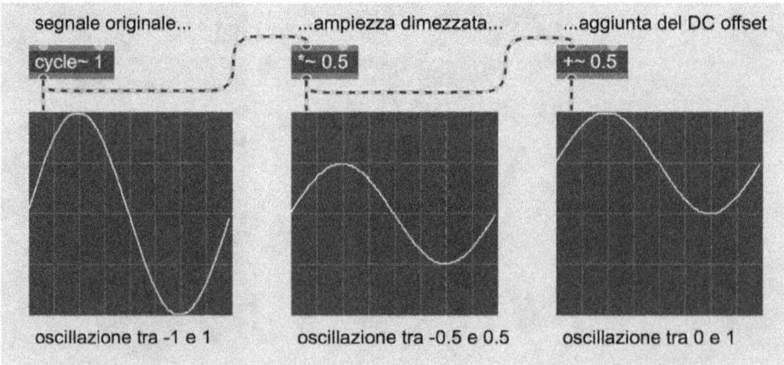

fig. 4.6: trasformazione di un'onda bipolare in onda unipolare

Provate a ricostruire la *patch* e sostituitela nelle *patch* precedenti all'oggetto **scale~** collegando l'uscita del modulo +~ all'ingresso per il controllo del panning e verificate che il risultato sonoro sia identico.

4.3 SEGNALI DI CONTROLLO PER LA FREQUENZA

Seguendo lo schema illustrato nella figura 4.3 del capitolo 4 della teoria, creiamo una *patch* che esegua un suono con il vibrato (fig. 4.7).

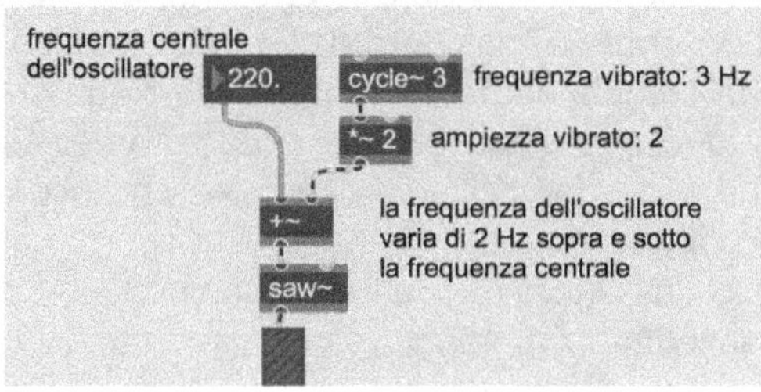

fig. 4.7: controllo della frequenza (vibrato)

Ascoltate l'effetto con un suono a 220 Hz e con uno a 880. Lo stesso vibrato sul suono a 220 Hz ha un effetto molto più marcato che sul suono a 880 Hz e questo, come sappiamo, è dovuto al fatto che la sensazione di vibrato si basa sullo scostamento relativo del suono rispetto ad una frequenza centrale; in altre parole tanto più è acuta una nota tanto maggiore dovrà essere l'ampiezza del vibrato. Modifichiamo quindi la *patch* in modo da poter impostare un vibrato proporzionale alla frequenza dell'oscillatore (fig. 4.8).

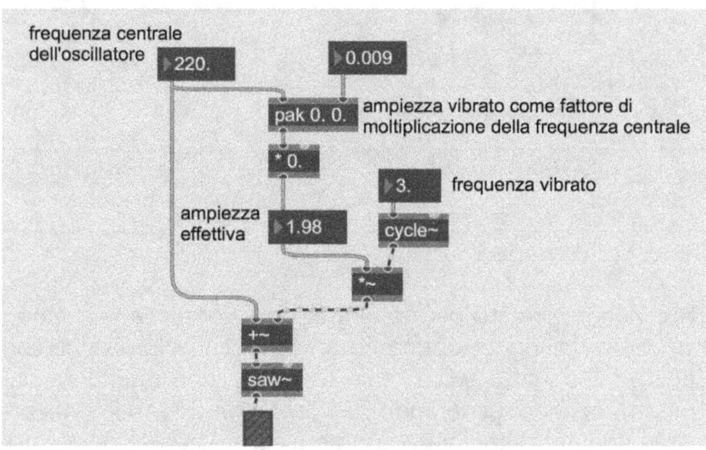

fig. 4.8: controllo proporzionale del vibrato

Ad esempio con una frequenza di 220 Hz e un fattore di moltiplicazione per il vibrato pari a 0.009 abbiamo un'ampiezza assoluta di vibrazione di 1.98; portando la frequenza dell'oscillatore a 880 Hz avremo un'ampiezza assoluta del vibrato di 7.92, ma l'effetto sarà lo stesso perché il rapporto tra ampiezza del vibrato e frequenza dell'oscillatore è sempre 0.009.

Provate a variare il fattore di moltiplicazione e la velocità del vibrato (frequenza vibrato): quali sono i valori che danno l'effetto più realistico? A che punto il vibrato si trasforma in un effetto di glissando?

SIMULIAMO UN THEREMIN

Il **Theremin** è uno dei più antichi strumenti elettronici ed è tuttora utilizzato da un consistente numero di appassionati; questo strumento viene suonato avvicinando e allontanando le mani da due antenne, una verticale che controlla la frequenza ed una orizzontale che controlla l'ampiezza del suono. Il movimento delle mani genera un cambiamento continuo della frequenza e dell'ampiezza: ne risulta così un suono che glissa da una nota all'altra, caratterizzato da un vibrato che si ottiene facendo oscillare la mano e che ricorda il suono di uno strumento ad arco o di una voce.
Per realizzare il nostro simulatore di Theremin cominciamo a modificare la *patch* di figura 4.8 come si vede in fig. 4.9.

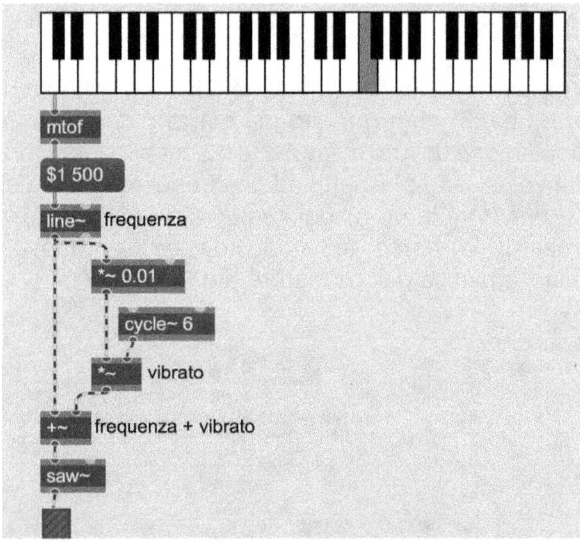

fig. 4.9: Theremin, versione 1

Un `kslider` viene utilizzato per generare, ogni volta che facciamo clic con il mouse su un tasto dell'oggetto, una nota MIDI il cui valore viene convertito in una frequenza dall'oggetto `mtof`; questa nota viene raggiunta dall'oggetto `line~` in mezzo secondo, generando così un glissando con la nota precedente. Alla nota viene aggiunto un vibrato con ampiezza pari all'1 per cento della sua frequenza e rate di 6 Hz (questi valori sono abbastanza vicini ai valori medi usati dagli esecutori di Theremin): il tutto viene poi mandato all'oscillatore a dente di sega `saw~`.

Proviamo a ricostruire la *patch* e sentire come suona: siamo ancora lontani da una simulazione decente. La prima cosa che non va è il timbro dell'oscillatore, troppo ricco di armoniche; possiamo attenuarle applicando un filtro passa-basso (fig. 4.10).

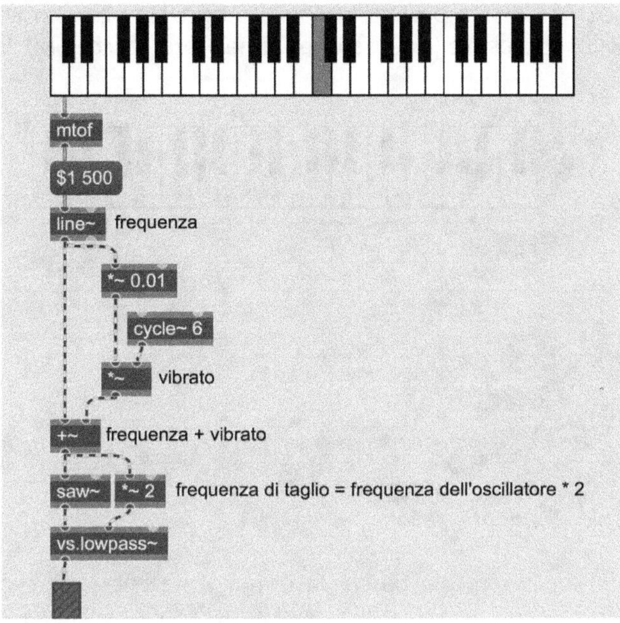

fig. 4.10: Theremin, versione 2

La frequenza di taglio del filtro è pari al doppio della frequenza dell'oscillatore: questo significa che l'attenuazione comincia a partire dalla seconda armonica. Provando la *patch* modificata possiamo sentire un suono più vicino a quello che vogliamo simulare.
C'è ora un problema di "esecuzione": nella nostra *patch* il glissando dura 500 millisecondi qualunque sia la distanza fra le note, mentre dovrebbe essere proporzionale all'intervallo da percorrere.

Come si fa a calcolare l'intervallo tra due note successive? Per risolvere questo problema andiamo a "ripescare" un semplice ma utilissimo oggetto: `int`. Abbiamo già visto questo oggetto nell'Interludio A, al paragrafo IA.1; in fig. 4.11 riassumiamo le sue caratteristiche.

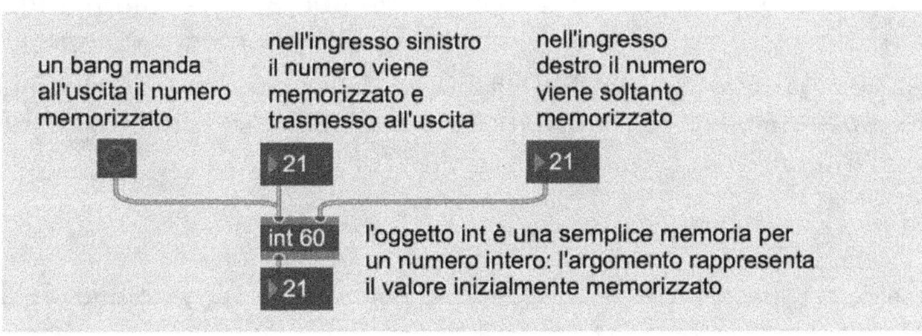

fig. 4.11: l'oggetto `int`

Questo oggetto quindi è una "cella" di memoria che può contenere un singolo numero intero (ricordiamo che c'è anche il corrispondente oggetto **float** per i numeri con la virgola). Come si vede in figura l'oggetto può avere come argomento un numero che rappresenta il contenuto iniziale della cella.
Vediamo ora come possiamo utilizzare questo oggetto per calcolare l'intervallo tra due note MIDI successive (cioè tra due numeri interi successivi): vedi fig. 4.12.

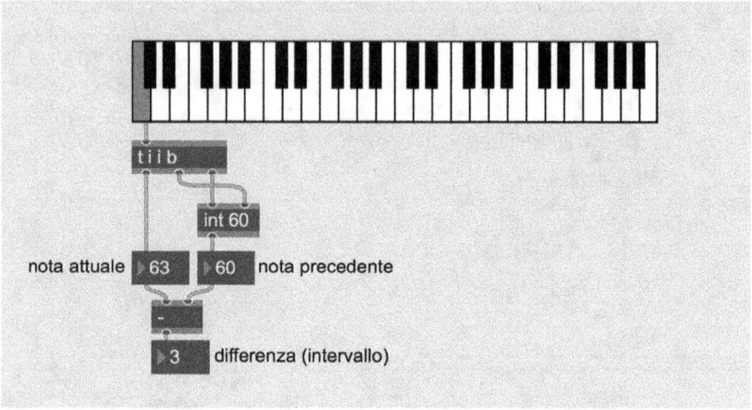

fig. 4.12: calcolo di un intervallo

Ricostruiamo e analizziamo la *patch*: la prima volta che si fa clic su un tasto di **kslider** il numero di nota MIDI che viene prodotto passa attraverso un **trigger** che ha gli argomenti "i i b". Viene quindi emesso innanzitutto un *bang* e viene inviato all'oggetto **int** che manda all'uscita il numero contenuto in memoria (60): questo numero va all'ingresso destro dell'operatore di sottrazione. Poi il numero prodotto da **kslider** viene inviato all'ingresso destro di **int** e memorizzato al posto del precedente (ma non mandato all'uscita di **int**), e infine lo stesso numero viene inviato all'ingresso sinistro dell'operatore di sottrazione e viene calcolata la differenza tra questo numero e il numero precedentemente mandato all'ingresso destro.
Un successivo clic su un tasto di **kslider** genera un nuovo numero che va al **trigger**: viene nuovamente emesso un *bang* che fa uscire da **int** il numero memorizzato in precedenza, questo numero va all'ingresso destro del sottrattore, mentre il nuovo numero viene memorizzato in **int** e viene mandato all'ingresso sinistro del sottrattore per calcolare la nuova differenza, e così via...

Vi raccomandiamo di ricopiare la *patch* di figura 4.12 altrimenti tutta la descrizione che abbiamo fatto vi sembrerà di difficile comprensione: in pratica ogni volta che generiamo una nuova nota, la nota precedente va all'ingresso destro del sottrattore e la nuova nota va all'ingresso sinistro; la differenza calcolata è l'intervallo in semitoni tra le due note.[2]

---

[2] Probabilmente chi conosce Max sa che avremmo potuto usare l'oggetto **bucket** al posto di **int** per ritardare la nota precedente, ma abbiamo preferito introdurre qui il concetto di "cella di memoria" che ci può essere utile per memorizzare un numero da utilizzare in un secondo momento.

Ora possiamo stabilire che la durata del glissando sarà proporzionale alla grandezza dell'intervallo: se ad esempio decidiamo che una distanza di semitono viene coperta in 20 millisecondi, ci basterà moltiplicare l'intervallo per 20 (fig. 4.13).

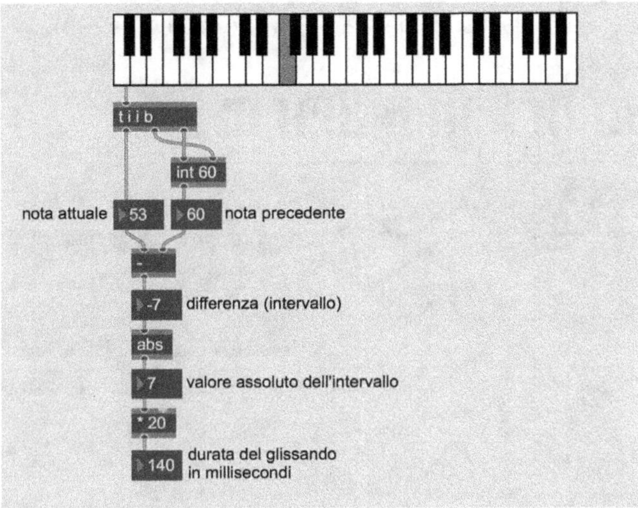

fig. 4.13: durata del glissando proporzionale all'intervallo

Prima di calcolare la durata del glissando abbiamo ricavato con l'oggetto **abs** il valore assoluto dell'intervallo, per evitare i numeri negativi prodotti dagli intervalli discendenti (come si vede in figura).

Colleghiamo ora questa *patch* al simulatore di Theremin (fig. 4.14).

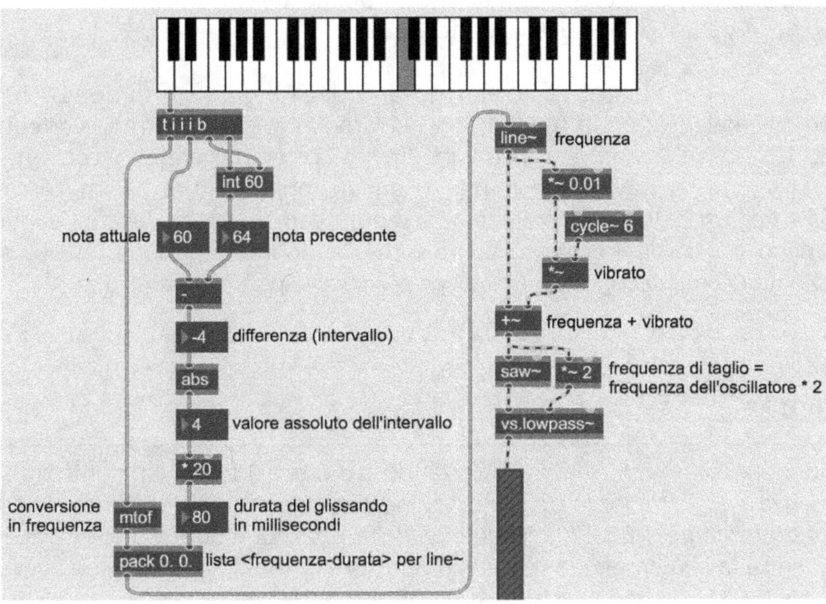

fig. 4.14: Theremin, versione 3

Notate che abbiamo aggiunto un'uscita al **trigger** collegato al **kslider** per mandare il valore della nota all'oggetto **mtof**.

Aggiungiamo un controllo per l'intensità del suono, utilizzando il valore di *velocity* che proviene dal'uscita destra di **kslider** (fig. 4.14b).

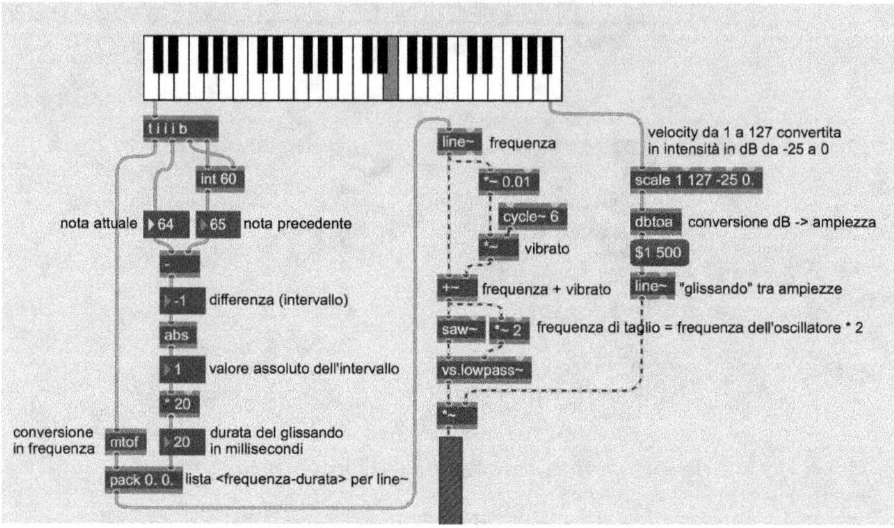

fig. 4.14b: Theremin, versione 4

La *velocity* viene inviata all'oggetto **scale** (che abbiamo introdotto nel par. IB.8) che converte l'intervallo numerico 1-127 nell'intervallo -25 0, esattamente come fa l'oggetto **scale~** con i segnali (quest'ultimo infatti, lo ricordiamo, non è altro che la versione MSP dell'oggetto **scale**).

Quando, come in questo caso, almeno uno degli argomenti di **scale** ha un punto decimale i valori in uscita hanno la virgola, in caso contrario verrebbero prodotti solo valori interi. I valori in dB così ottenuti vengono convertiti in ampiezza, e il risultato viene mandato ad un moltiplicatore *~ che riscala il segnale dell'oscillatore. Notate che i passaggi da un'ampiezza all'altra vengono resi meno bruschi dall'oggetto **line~** che fa un'interpolazione lineare della durata di 500 millisecondi tra un valore e il successivo.

ATTIVITÀ

Aggiungete alla *patch*, sempre utilizzando **scale** e **line~**, un controllo sulla frequenza e sull'ampiezza della vibrazione dipendente dalla *velocity*: al variare di quest'ultima tra 1 e 127 la frequenza della vibrazione deve variare tra 5 e 7.5 Hz, mentre la sua ampiezza (o meglio il fattore di moltiplicazione che avevamo fissato a 0.01) dovrebbe variare tra 0.005 e 0.015.

Finora abbiamo applicato il vibrato a degli oscillatori modificando il parametro frequenza; possiamo fare lo stesso con i suoni campionati variando la velocità di lettura, ad esempio con **groove~** (figura 4.15).

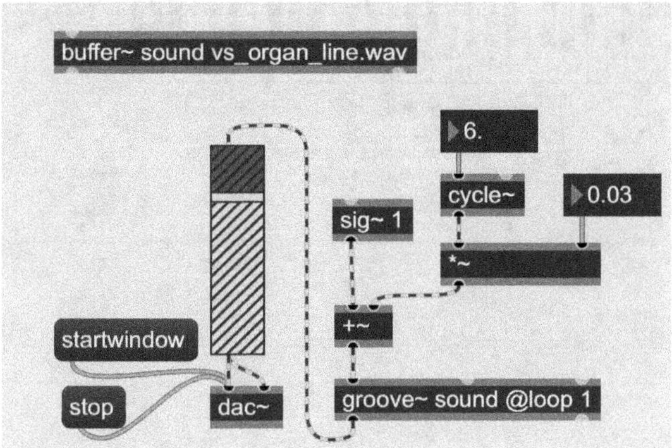

fig. 4.15: vibrato di un suono campionato

In questa *patch*, che vi invitiamo a ricostruire, abbiamo sommato al segnale costante che determina la velocità di lettura di **groove~** un oscillatore sinusoidale a bassa frequenza (6 Hz); il segnale dell'LFO viene moltiplicato per 0.03, così che la velocità di lettura vari tra 0.97 e 1.03. Provate a modificare la frequenza dell'LFO e la sua ampiezza.

4.4 SEGNALI DI CONTROLLO PER L'AMPIEZZA

Ricreate la *patch* di figura 4.16.
L'ampiezza dell'oscillatore **tri~** viene modulata da una sinusoide (**cycle~**) con frequenza di 5 Hz e ampiezza 0.2: la sinusoide oscilla quindi tra -0.2 e 0.2, a questi valori aggiungiamo un *DC offset* di 0.8 e otteniamo un'oscillazione tra 0.6 e 1.

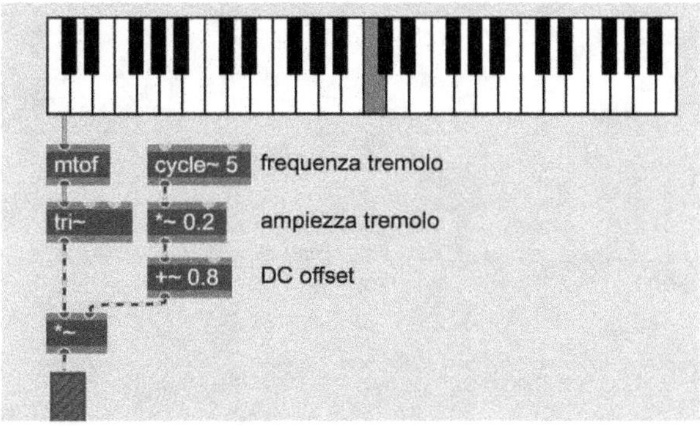

fig. 4.16: controllo dell'ampiezza (tremolo)

Aggiungiamo ora un inviluppo che ci permetta di definire un tempo di *delay* per l'inizio del tremolo (fig. 4.17).

fig. 4.17

In questa *patch* ogni volta che viene suonata una nuova nota l'ampiezza del tremolo va a zero, dopo mezzo secondo comincia a crescere e raggiunge il valore 0.2 in 2 secondi e mezzo.

ATTIVITÀ

Sostituite il *message box* collegato a `line~` con l'oggetto `function` e create diversi inviluppi per l'ampiezza del tremolo (ricordatevi di impostare un *range* tra 0 e 0.2 nell'*inspector* di `function`).
Come nell'esercizio del paragrafo precedente aggiungete un controllo sull'intensità del suono e sulla frequenza di oscillazione del tremolo dipendente dalla *velocity*.

4.5 MODULAZIONE DEL DUTY CYCLE (PULSE WIDTH MODULATION)

Per un esempio di controllo del *duty cycle* ricostruite la *patch* di fig. 4.18.

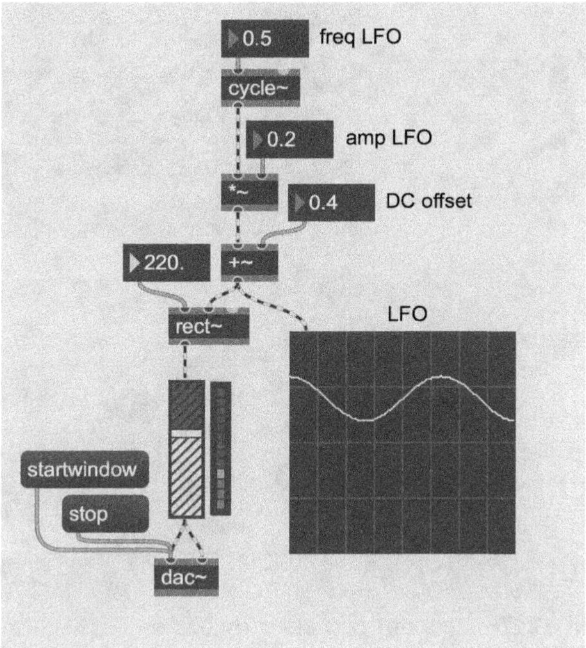

fig. 4.18: controllo del *duty cycle*

Qui abbiamo un valore di *DC offset* che corrisponde alla posizione centrale del *duty cycle*; a questo valore viene aggiunto un segnale sinusoidale con frequenza e ampiezza impostabile. Il tutto viene inviato all'ingresso centrale dell'oggetto **rect~**, ovvero del generatore di onda quadra limitato in banda.
Nell'esempio illustrato in figura l'LFO fa oscillare il *duty cycle* dal valore 0.2 al valore 0.6 con una frequenza di 0.5 Hertz.
Per evitare che i valori prodotti dall'LFO superino i limiti 0-1 richiesti dal *duty cycle*, utilizziamo l'oggetto **clip~** che è la versione MSP dell'oggetto **clip** (senza tilde) presentato al paragrafo IB.8. Questo oggetto ha due argomenti rappresentanti un minimo e un massimo: il segnale in entrata viene costretto all'interno di questi limiti e non li può oltrepassare (fig. 4.19).
Come si vede in figura abbiamo inserito tra l'LFO e l'oscillatore a forma d'onda quadra un oggetto **clip~** con argomenti 0 e 1 che costringe il segnale a rimanere entro l'intervallo 0-1.
Con i parametri impostati infatti l'LFO oscillerebbe tra -0.3 e 0.5, ma la parte negativa viene "schiacciata" sul valore 0.

Un interessante effetto collaterale di questa tecnica è che la forma d'onda sinusoidale dell'LFO può subire una deformazione: se provate a impostare i parametri illustrati in fig. 4.19 sentirete che l'effetto provocato da questa sinusoide schiacciata è una sorta di pulsazione intermittente.

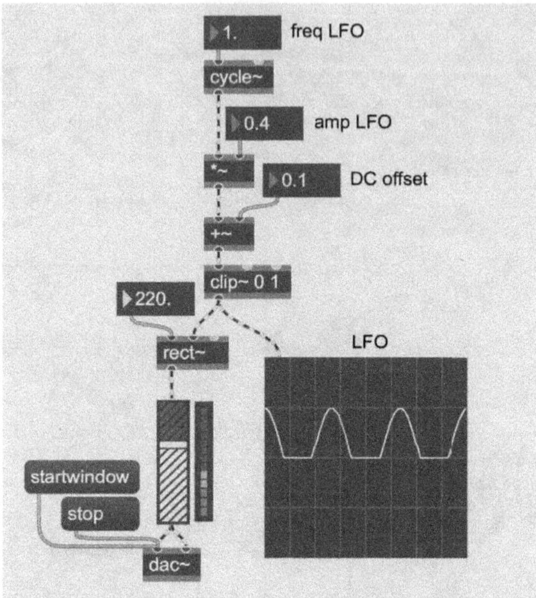

fig. 4.19: uso di **clip~** nel controllo del *duty cycle*

Un altro sistema consiste nell'inviare la sinusoide prodotta da **cycle~** ad un **scale~** esattamente come abbiamo fatto nel controllo per il *panning* stereofonico al cap. 4.1: ve ne lasciamo l'implementazione come esercizio.

4.6 SEGNALI DI CONTROLLO PER I FILTRI

Riproduciamo la configurazione descritta nel paragrafo 4.6 della sezione di teoria: filtriamo un rumore bianco con un passa-banda la cui frequenza centrale oscilla tra 100 e 2100 Hz. L'algoritmo che ci permette di trasformare un'oscillazione tra -1 e 1 in un'oscillazione tra un minimo e un massimo arbitrari, consiste nel
- calcolare la differenza fra massimo e minimo e dividere per 2, si otterrà un fattore X : nel nostro caso X = (2100 - 100)/2 = 1000
- moltiplicare l'ampiezza dell'oscillatore per X , nel nostro esempio l'oscillazione varia quindi fra +1000 e –1000
- aggiungere un *DC offset* pari al massimo meno X : ovvero 2100 - 1000 = 1100

In figura 4.20 vediamo la *patch* relativa che vi invitiamo a ricostruire.[3]

[3] L'algoritmo appena illustrato può naturalmente essere sostituito da un oggetto **scale~**: non abbiamo utilizzato questo oggetto in modo da poter ricostruire esplicitamente i calcoli.

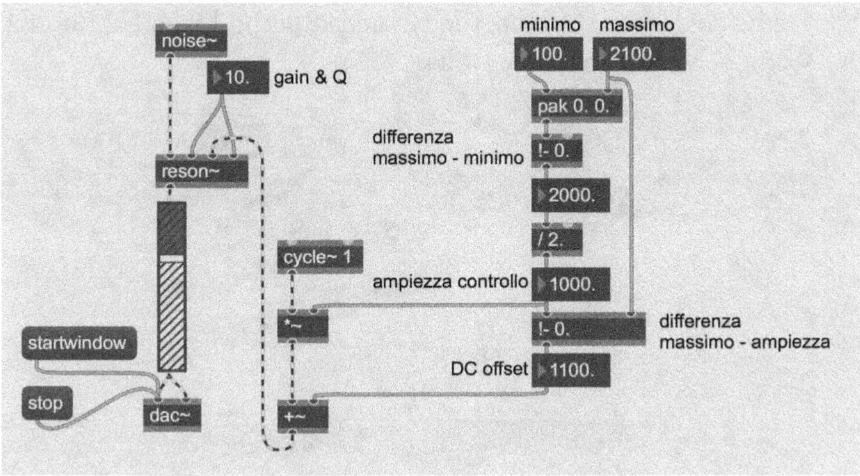

fig. 4.20: controllo della frequenza centrale di un passa-banda

Provate a variare i valori di minimo e massimo, la frequenza del **cycle~** e il fattore Q del filtro per realizzare diversi effetti sonori.
Ora sostituiamo il generatore di rumore con un oscillatore (fig. 4.21)

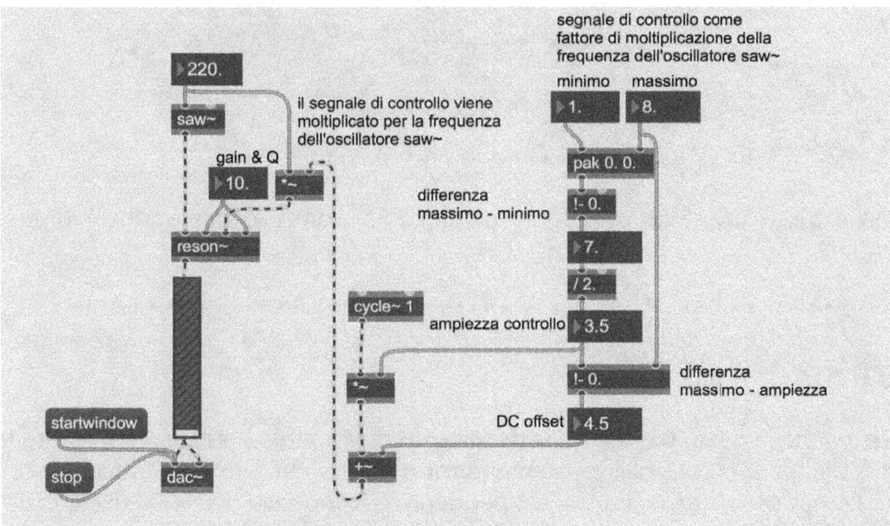

fig. 4.21: LFO in funzione della frequenza della sorgente filtrata

La frequenza del filtro in questo caso dipende dalla frequenza dell'oscillatore che viene moltiplicata per il segnale di controllo: nella figura vediamo che il segnale di controllo varia da 1 a 8 e di conseguenza la frequenza del filtro varia tra 220 · 1 e 220 · 8 (ovvero tra il primo e l'ottavo armonico prodotto da **saw~**).

Naturalmente possiamo controllare con un segnale anche il fattore Q (fig. 4.22).

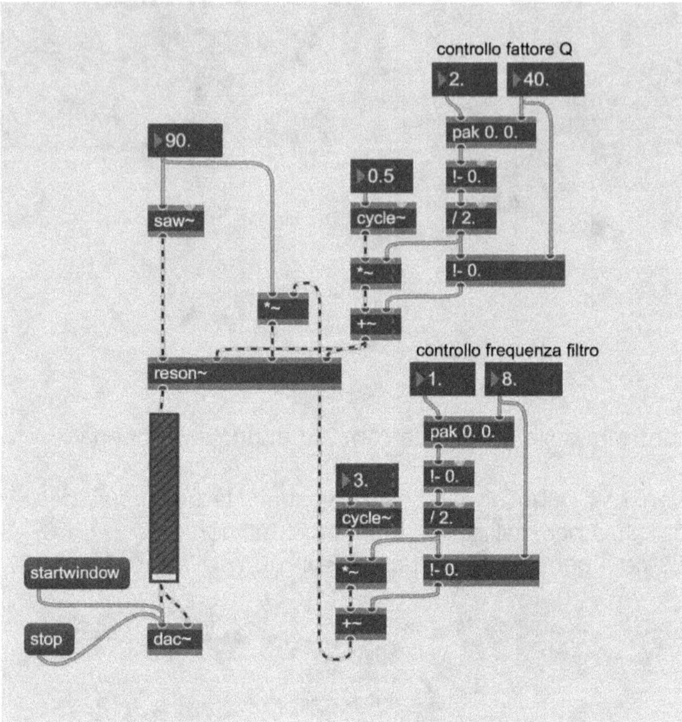

fig. 4.22: Controllo del fattore Q in un filtro passa-banda

Anche qui vi invitiamo a variare i parametri di controllo per ottenere diverse sonorità.[4]

ATTIVITÀ

Recuperate la *patch* **03_04_qsynth.maxpat** del capitolo precedente e sostituite gli inviluppi che controllano la frequenza di taglio del filtro e il fattore Q con dei segnali di controllo sinusoidali: per definire l'ampiezza dell'LFO e il *DC offset* dell'oscillazione di controllo usate la tecnica che abbiamo illustrato in questo paragrafo.

[4] Vi invitiamo anche a dare un'occhiata all'oggetto `abl.device.autofilter~`, che contiene un LFO interno che viene applicato alla frequenza del filtro.

4.7 ALTRI GENERATORI DI SEGNALI DI CONTROLLO

Abbiamo già conosciuto i generatori di segnali random nel capitolo 3P, qui li useremo a frequenze sub-audio (minori di 20 Hz) per controllare tutti i parametri che abbiamo visto finora: frequenza (vibrato), ampiezza (tremolo) e spettro (filtro). Ricostruite la *patch* di fig. 4.23.

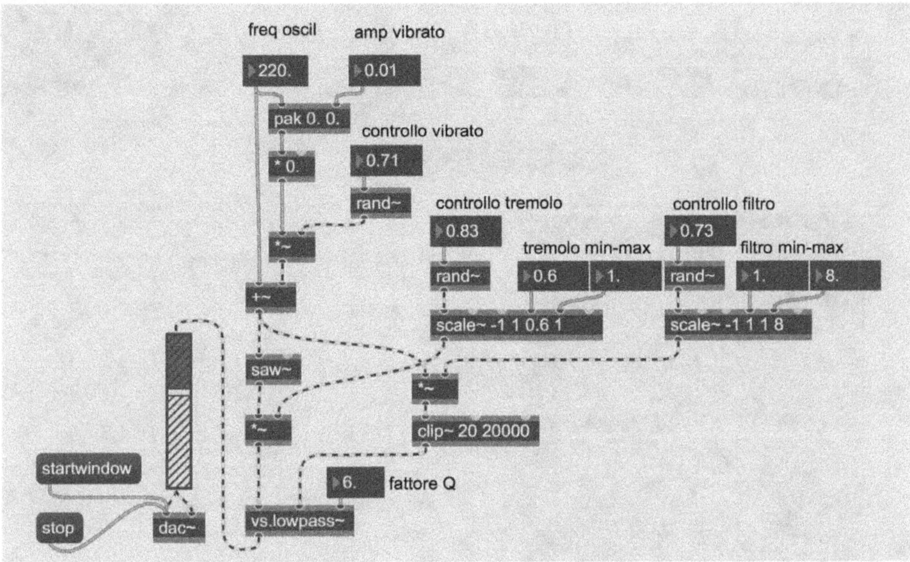

fig. 4.23: generatori di rumore come LFO

In questa *patch* torniamo ad utilizzare l'oggetto **`scale~`** per il controllo del tremolo e della frequenza di taglio del filtro: per quanto riguarda quest'ultimo la frequenza effettiva è data, come già abbiamo visto nel paragrafo precedente, dal prodotto tra il segnale di controllo e la frequenza dell'oscillatore, la quale a sua volta viene variata da un altro segnale di controllo (vibrato). Per evitare che al filtro giungano valori troppo alti o troppo bassi che lo facciano "esplodere" abbiamo inserito l'oggetto **`clip~`** (cfr. par. 4.5) con argomenti 20 e 20000. Nel nostro caso quindi la frequenza di taglio del filtro non sarà mai superiore a 20000 o inferiore a 20 Hz.
Ricostruite questa *patch* e provate a variare i parametri; non è necessario che si senta sempre l'effetto di tutti e tre i segnali di controllo: per eliminare il vibrato basterà portare la sua ampiezza a 0, e per eliminare il tremolo o la variazione del filtro si dovrà dare lo stesso valore al minimo e al massimo del **`scale~`** relativo.

ATTIVITÀ

Aggiungete un controllo random anche per il fattore Q.

Vediamo ora un interessante oggetto della libreria Ableton che genera LFO ad andamento casuale: caricate la *patch* **04_01b_abl.dsp.wander.maxpat** (figura 4.23b).

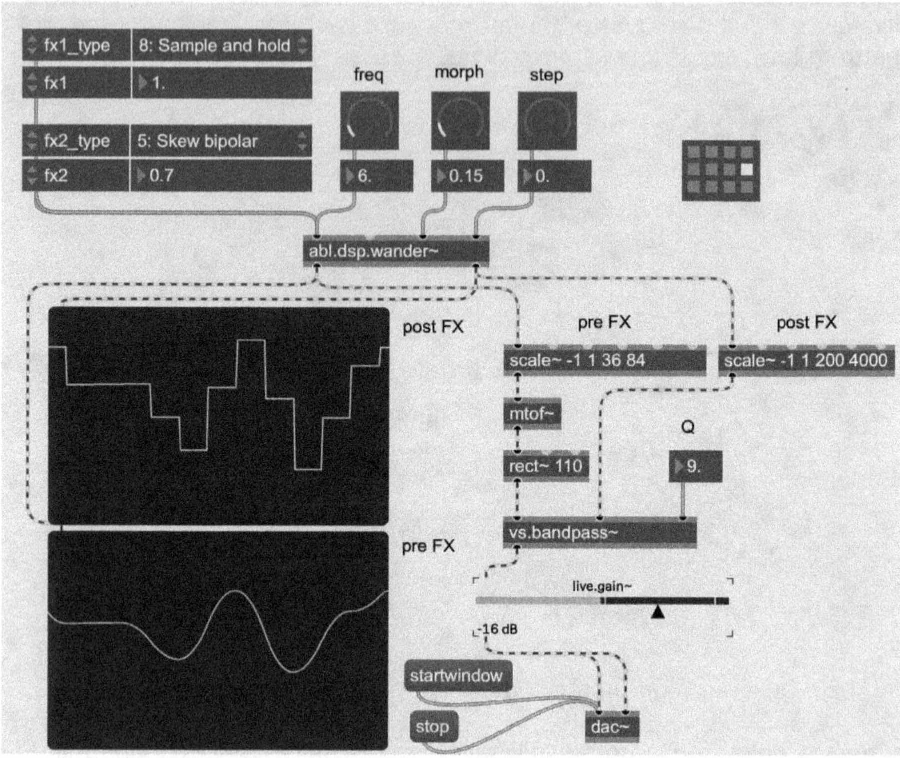

fig. 4.23b: *patch* **04_01b_abl.dsp.wander.maxpat**

L'oggetto **`abl.dsp.wander~`**, visibile in alto nell'immagine, genera dei "percorsi" casuali a frequenza variabile. I parametri che possiamo impostare con i tre `dial` sono la frequenza, il parametro "morph", normalizzato tra 0 e 1, che cambia il tipo di andamento del generatore, e il parametro "step" (da 0 a 1) che effettua una quantizzazione del segnale su 8 livelli di ampiezza.
Una interessante caratteristica di questo oggetto è la possibilità di modificare il segnale tramite una catena di due funzioni ("fx1" e "fx2") che possono essere scelte tra le 16 disponibili. Nella parte in alto a sinistra della *patch* abbiamo creato quattro `attrui` con i quali possiamo scegliere le funzioni e il valore relativo (normalizzato tra 0 e 1). Il segnale alterato ("post FX") esce dal secondo *outlet*, mentre dal primo esce il segnale originale ("pre FX"). Nell'immagine la prima funzione è "Sample and hold", che a intervalli regolari "campiona e mantiene" il valore prodotto dal segnale, mentre la seconda funzione, "Skew bipolar", deforma in modo simmetrico i valori positivi e negativi del segnale.
Osservate tramite gli `attrui` il comportamento delle diverse funzioni, e naturalmente ascoltate tutti i *preset* della *patch*.

Abbiamo applicato il segnale "pre FX" alla frequenza dell'oscillatore **rect~**, mentre il segnale "post FX" viene usato per modificare la frequenza centrale del filtro **vs.bandpass~**.
Nella libreria Ableton esistono altri LFO dotati di queste funzioni che alterano il segnale. Provate ad esempio l'oggetto **abl.dsp.modulator~**, sostituendolo nella *patch* di figura 4.23b, e ascoltate nuovamente i *preset* (dovrete probabilmente abbassare la frequenza). Questo oggetto genera, come LFO, le quattro forme d'onda classiche (sinusoide, triangolare, dente di sega e quadrata) e il parametro "morph" fa una dissolvenza tra le forme d'onda.
Gli altri oggetti di questa famiglia sono: abl.dsp.alternate~, abl.dsp.euclid~, abl.dsp.pulsate~ e abl.dsp.ramp~.[5]

LA MATRICE DI MODULAZIONE

Vediamo adesso come si realizza una *patch* che ci permetta di assegnare dinamicamente, tramite una matrice di modulazione, dei segnali di controllo ai parametri che vogliamo.
Presentiamo innanzitutto un oggetto molto importante: **matrix~**.
Questo oggetto ha 2 argomenti obbligatori, che indicano rispettivamente il numero di ingressi e di uscite: tramite opportuni messaggi è possibile collegare qualsiasi ingresso con qualsiasi uscita; l'oggetto è in pratica una specie di mixer.
Aprite il file **04_02_matrix.maxpat** (fig. 4.24).

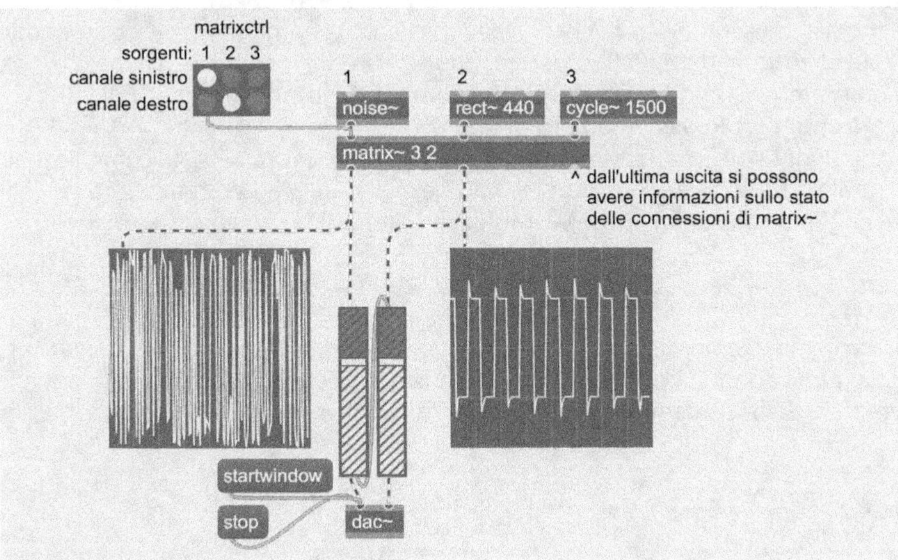

fig. 4.24: file 04_02_matrix.maxpat

[5] Tutti questi LFO provengono dal sintetizzatore Meld, che fa parte dei *Virtual Instrument* nativi di Ableton Live.

Qui abbiamo un `matrix~` con 3 ingressi e 2 uscite: a ciascun ingresso è collegato un diverso generatore di suono (un rumore, un'onda quadra e una sinusoide) e le due uscite sono collegate rispettivamente al canale destro e a quello sinistro della scheda.
Al primo ingresso di `matrix~` è inoltre collegato l'oggetto grafico **`matrixctrl`** che si trova nella palette "Buttons" e che serve a collegare ingressi e uscite di `matrix~`: questo oggetto si presenta come una griglia e tramite l'*inspector* è ridimensionabile a piacere in modo che gli si possa dare un numero di colonne e di righe pari rispettivamente agli ingressi e alle uscite di `matrix~`.
Facendo clic sul punto di incrocio tra una colonna e una riga si mettono in comunicazione l'ingresso e l'uscita relative, un secondo clic sullo stesso punto elimina la connessione. Provate a mettere in connessione i diversi ingressi e uscite dell'oggetto per vedere come funziona. All'inizio vi consigliamo, per capirci qualcosa, di fare una sola connessione per volta e di verificare che quello che sentite corrisponda effettivamente alla connessione che avete stabilito.

ATTIVITÀ

- Portate il numero degli ingressi di `matrix~` a 5 e aggiungete una forma d'onda triangolare (`tri~`) e una a dente di sega (`saw~`), ciascuna con una frequenza diversa. Modificate anche l'oggetto `matrixctrl` in modo che la griglia presenti 5 colonne (5 linee verticali); per ridimensionare l'oggetto è sufficiente andare nell'*inspector*, individuare la categoria "Behaviour" e modificare i valori degli attributi "**Number of Columns**" (numero di colonne) e "**Number of Rows**" (numero di righe).
- Aggiungete ora una terza uscita a `matrix~`, che verrà utilizzata come "canale centrale": moltiplicate l'uscita per 0.707 e mandatela ad entrambi i `gain~` (gli slider audio collegati al `dac~`).[6] Modificate naturalmente anche `matrixctrl`.

Vi raccomandiamo di non proseguire con la lettura fino a che non avrete esplorato a fondo la *patch* di fig. 4.24 e fatto gli esercizi che abbiamo appena descritto. È fondamentale per capire quello che seguirà.

[6] Sapreste dire perché dobbiamo moltiplicare per 0.707 e non per 0.5?

Ora che avete preso confidenza con `matrix~` e `matrixctrl` potete aprire il file **04_03_matrixmod.maxpat** (fig. 4.25).

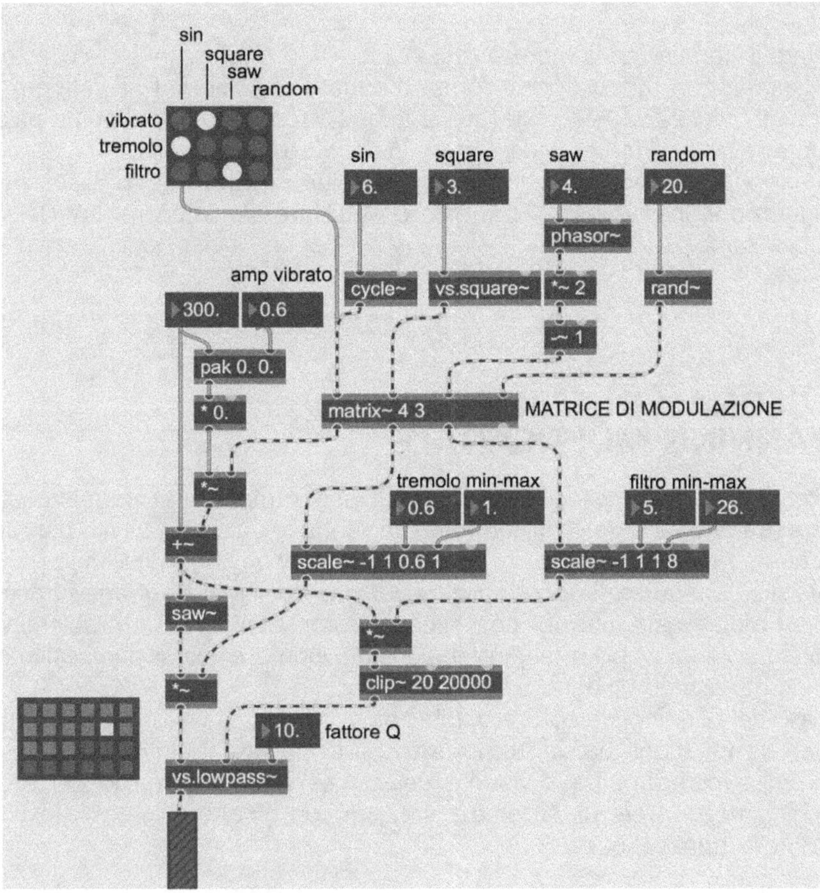

fig. 4.25: file 04_03_matrixmod.maxpat

In questa *patch*, che è l'evoluzione di quella di figura 4.23, abbiamo un `matrix~` con 4 ingressi e 3 uscite: gli ingressi sono rispettivamente per un controllo sinusoidale, uno a forma d'onda quadra, uno a dente di sega[7] e un random interpolato; le uscite servono a modulare la frequenza dell'oscillatore (vibrato), la sua ampiezza (tremolo) e la frequenza del filtro. Abbiamo modificato `matrixctrl` usando l'*inspector* in modo da avere una sola connessione per riga, in modo cioè che ogni parametro possa essere connesso ad un solo modulatore per volta (questo si fa selezionando nell'*inspector* la voce "**One Non-Zero Cell Per Row**" nella categoria "Behaviour"): notate che è invece possibile, per uno stesso modulatore, modificare contemporaneamente più parametri. Studiatevi bene i *preset* che trovate nella *patch* e cercate di capirne il funzionamento.

[7] La forma d'onda a dente di sega è realizzata con `phasor~` che produce un segnale unipolare (un segnale che varia cioè tra 0 e 1), per questo è stato necessario moltiplicarlo per 2 ed aggiungere un DC offset di -1.

ATTIVITÀ

- Portate il numero degli ingressi di **matrix~** a 6 e le uscite a 4; collegate ai nuovi ingressi un modulatore a forma d'onda triangolare ed un random non interpolato **vs.rand0~** e collegate la quarta uscita (facendola prima passare per un **scale~**) all'ingresso del fattore Q del filtro passa-basso.
Ridimensionate opportunamente l'oggetto **matrixctrl** e provate nuove configurazioni. In particolare, che cosa dovete fare per ottenere un "classico" effetto di *sample and hold*?

4.8 SEGNALI DI CONTROLLO: IL PANNING MULTICANALE

Ci occuperemo in questo paragrafo di un algoritmo che ci permetta di far ruotare (tramite un segnale di controllo) un suono in un sistema a 4 o più canali: realizzeremo in altre parole dei controlli LFO per il *panning* multicanale.
È possibile configurare l'oggetto **mc.mixdown~** per realizzare agevolmente il panning multicanale, ma per una migliore comprensione delle problematiche connesse a questo tipo di algoritmi, vediamo prima come si può realizzare il panning utilizzando gli oggetti basilari di Max.
Nel caso del *panning* stereofonico abbiamo visto che, se volessimo ad esempio far passare un suono da sinistra a destra, si tratta essenzialmente di fare una dissolvenza incrociata tra il volume del canale sinistro e quello del destro. Immaginiamo di avere un sistema a 4 canali con gli altoparlanti disposti ai 4 angoli della stanza (fig. 4.26).

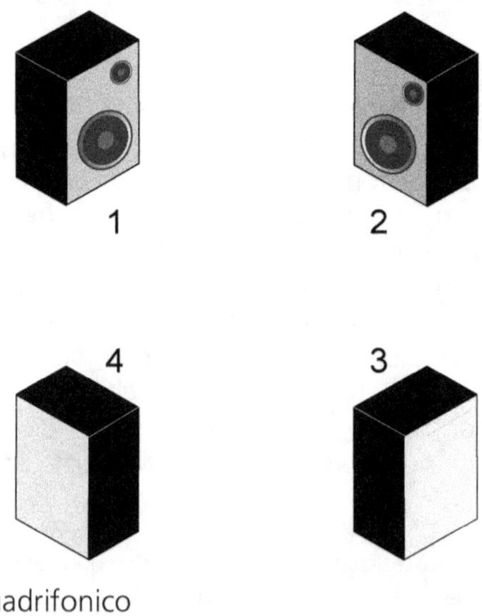

fig. 4.26: sistema quadrifonico

Se vogliamo far ruotare un suono dovremmo fare una dissolvenza incrociata tra il canale 1 e il canale 2, poi tra il canale 2 e il canale 3, poi tra il 3 e il 4 e per finire tra il 4 e l'1 e chiudere per così dire il cerchio.

Ora vogliamo controllare questa rotazione con un segnale di controllo che varia tra 0 e 1, questo significa che c'è questa corrispondenza tra il segnale ed il *panning*:

Segnale di controllo tra 0 e 0.25	dissolvenza tra canale 1 e 2
Segnale di controllo tra 0.25 e 0.5	dissolvenza tra canale 2 e 3
Segnale di controllo tra 0.5 e 0.75	dissolvenza tra canale 3 e 4
Segnale di controllo tra 0.75 e 1	dissolvenza tra canale 4 e 1

In pratica quando il segnale di controllo va da 0 a 0.25 il volume del canale 1 scende da 1 a 0 mentre quello del canale 2 sale da 0 a 1, quando il controllo va da 0.25 a 0.5 il volume del canale 2 scende da 1 a 0 mentre quello del canale 3 sale da 0 a 1, e così via.

Dividiamo il problema in parti più semplici e occupiamoci per cominciare del canale 2: il volume di questo canale sale da 0 a 1 quando il segnale di controllo va da 0 a 0.25 e scende da 1 a 0 quando il segnale di controllo va da 0.25 a 0.5: il volume rimane poi a 0 quando il segnale di controllo va da 0.5 a 1.
In fig. 27 vediamo come possiamo collegare il segnale di controllo al volume; ricreate la *patch*.

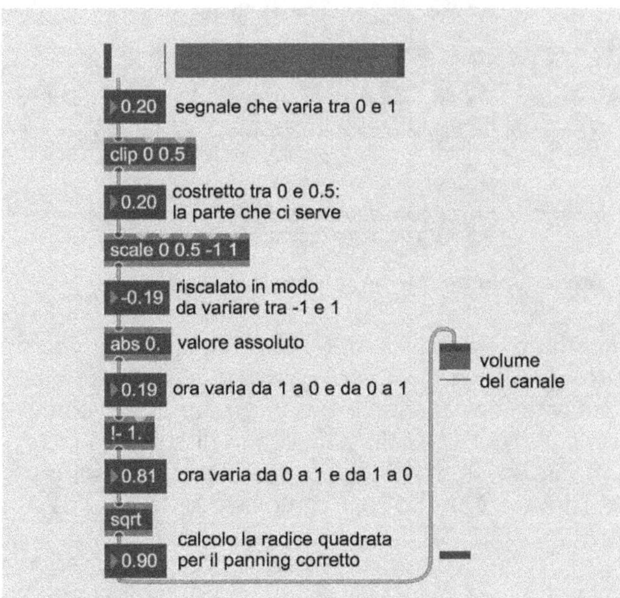

fig. 4.27: calcolo del volume del secondo canale quadrifonico

Abbiamo fatto qui una simulazione in Max: con uno *slider* orizzontale[8] generiamo valori decimali [9] che variano tra 0 e 1, poi con l'oggetto **clip** (corrispettivo Max dell'oggetto MSP **clip~**) prendiamo solo la parte tra 0 e 0.5 (che è quella che ci serve) e la riscaliamo tra -1 e 1: questo significa che quando il valore all'ingresso di scale varia tra 0 e 0.5 il valore all'uscita varia tra -1 e 1. Ora prendiamo il valore assoluto di questo intervallo (cioè trasformiamo la parte negativa in positiva) e quindi il percorso cambia in questo modo:

valori originali: -1, 0 , 1
valori assoluti: 1, 0 , 1

Calcoliamo poi, tramite **!-**, il complemento a 1 di questi valori, ovvero trasformiamo il percorso 1, 0, 1 in 0, 1, 0 che è esattamente quello che ci serve: per finire ci calcoliamo la radice quadrata di questi valori in modo da avere la corretta intensità per il panning (vedi par. 1.5 della teoria).
Il canale 3 funziona con lo stesso algoritmo; l'unica differenza è che il segnale "utile" non è quello che varia tra 0 e 0.5, ma tra 0.25 e 0.75: infatti quando il segnale va da 0.25 a 0.5 il volume del canale 3 va da 0 a 1 e quando il segnale va da 0.5 a 0.75 il volume va da 1 a 0, in tutti gli altri casi resta a 0.
Per sfruttare anche per il canale 3 la *patch* che abbiamo appena fatto, invece che modificare tutti i calcoli, possiamo usare il "trucco" di sottrarre 0.25 al segnale di controllo: l'intervallo 0.25-0.75 diventa così l'intervallo 0-0.5 e il resto della *patch* può funzionare senza variazioni (fig. 4.28).

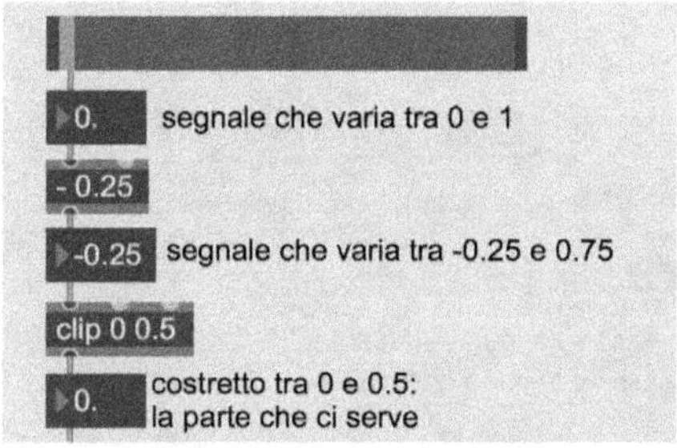

fig. 4.28: calcolo del volume del terzo canale quadrifonico

Il resto dell'algoritmo è identico: fate una copia della *patch* precedente e inserite la sottrazione di fig. 4.28, poi collegate le due *patch* allo stesso *slider* orizzontale. Verificate che variando lo *slider* orizzontale, il volume dei due canali (rappresentato dagli *slider* verticali) si muova in dissolvenza incrociata.
Per il canale 4 vale lo stesso discorso, ma dobbiamo sottrarre 0.5 anziché 0.25. Il canale 1 invece è un po' più complesso: infatti va da 1 a 0 quando il

[8] Di default l'oggetto **slider** è verticale. Vi ricordiamo che si può rendere orizzontale semplicemente trascinando il suo angolo in basso a destra per cambiarne la forma.
[9] Per generare valori decimali apriamo l'inspector dello slider e individuiamo la categoria "Value". Attiviamo l'attributo "Float Output" con un clic sul checkbox (il piccolo quadrato) che si trova alla sua destra, infine impostiamo l'attributo "Range" a 1.

segnale varia tra 0 e 0.25 e va da 0 a 1 quando il segnale varia tra 0.75 e 1; c'è un "buco" in mezzo! Per risolvere il problema dobbiamo aggiungere 0.25 al segnale di controllo (che varierà quindi tra 0.25 e 1.25) e poi dobbiamo calcolare il modulo in base 1 (vedi paragrafo IB.2) che riporta tutti i valori nell'intervallo 0-1: questo significa che l'intervallo che va da 1 a 1.25 del segnale di controllo viene trasformato nell'intervallo da 0 a 0.25, mentre il resto è invariato:

intervallo originale: 0.25 - 1 modulo: 0.25 - 1 (invariato)
intervallo originale: 1 - 1.25 modulo: 0 - 0.25

Abbiamo così riportato anche i valori utili al canale 1 nell'intervallo 0-0.5.
Vediamo in fig. 4.29 l'algoritmo completo in MSP (che come sempre vi invitiamo a ricostruire).

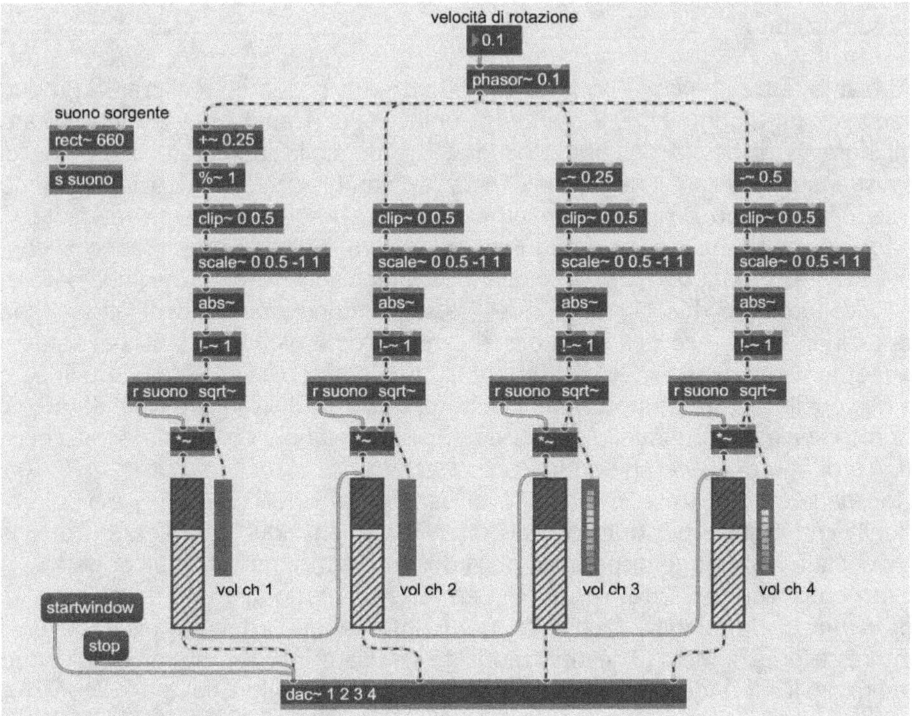

fig. 4.29: *panning* a quattro canali

Notate che l'oggetto **dac~** ha 4 argomenti, uno per ogni canale che vogliamo utilizzare nella nostra scheda audio. I numeri rappresentano le uscite: se per qualche motivo le casse 3 e 4 fossero invertite rispetto alla configurazione di fig. 4.24 ci basterebbe invertire l'ordine degli ultimi due argomenti, così [**dac~** 1 2 4 3], per ottenere una rotazione corretta. In alternativa è possibile inviare un messaggio [set *numero_canale*] a uno degli ingressi di **dac~** per modificare il canale di uscita.
Vediamo in fig. 4.29b come possiamo ad esempio invertire i canali 2 e 3 di un sistema quadrifonico.

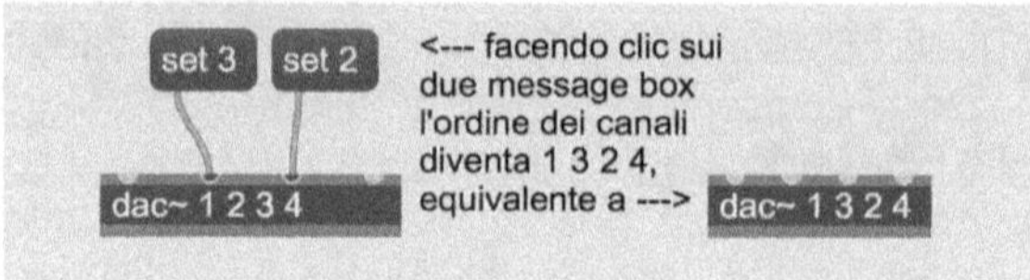

fig. 4.29b: come modificare i canali di uscita

Questa caratteristica può essere molto utile quando dobbiamo passare velocemente da una configurazione ad un'altra. La modifica illustrata in fig. 4.29b, ad esempio ci permette di trasformare il movimento rotatorio di fig. 4.29 in un movimento a "X" (fare riferimento alla disposizione degli altoparlanti illustrata in figura 4.26 per ricostruire la traiettoria del segnale). È anche possibile inviare una lista con l'ordine desiderato per i canali: ad esempio, inviando il messaggio [1 3 2 4] al primo ingresso di **dac~** avremmo ottenuto lo stesso risultato.

Abbiamo detto che con l'oggetto **mc.mixdown~** possiamo realizzare in modo semplice gli algoritmi per il *panning* multicanale. Tramite un segnale inviato all'ingresso di destra dell'oggetto, infatti, è possibile indirizzare il segnale di sinistra ai diversi canali del segnale in uscita, con dissolvenza incrociata quando i segnali passano da un canale al successivo. Ci sono 4 diverse modalità di *panning* multicanale disponibili in **mc.mixdown~**: due di queste sono lineari, ovvero presuppongono una serie di altoparlanti disposti lungo una linea davanti all'ascoltatore, e due circolari, cioè presuppongono una serie di altoparlanti disposti in cerchio con l'ascoltatore al centro (come gli altoparlanti del sistema quadrifonico di figura 4.26). La differenza tra un sistema circolare e uno lineare è che quello lineare non prevede il passaggio diretto del segnale tra l'ultimo e il primo canale, mentre quello circolare sì (quello che abbiamo implementato nella *patch* di figura 4.29 è un sistema circolare).[10]
Non parleremo di tutte le modalità di *panning* di **mc.mixdown~**, ma solo di quella che ci serve per questo paragrafo; una spiegazione completa di tutte le modalità è comunque disponibile nella documentazione relativa all'oggetto.
L'attributo di **mc.mixdown~** che ci permette di selezionare una delle modalità di *panning* disponibili si chiama "pancontrolmode", e la modalità che ci interessa è la numero 3: è una modalità circolare in cui i diversi canali sono indirizzabili inviando all'ingresso destro dell'oggetto valori da 1 a n (con n = numero di altoparlanti).
In un sistema quadrifonico, quindi, i numeri da 1 a 4 identificano i 4 canali. I numeri non interi posizionano il segnale tra i canali: passando gradualmente dal valore 2 al valore 3, ad esempio, si realizza una dissolvenza incrociata tra il secondo e il terzo canale.
I valori dei canali, inoltre, si ripetono ciclicamente; in altre parole, sempre considerando un sistema a 4 canali, il valore 5 corrisponde al canale 1, il valore 6 al canale 2 e così via. In generale, quindi, in un sistema a n canali, per fare

---

[10] In realtà l'oggetto **mc.stereo~** di cui abbiamo parlato nel paragrafo 4.1 è, sotto altro nome, un **mc.mixdown~** a due canali con *panning* lineare.

una dissolvenza incrociata tra l'ultimo e il primo canale, è sufficiente passare gradualmente dal valore n al valore n + 1 (cioè dal valore 4 al valore 5 in un sistema quadrifonico)
Aprite ora la *patch* **04_04_mc_panning.maxpat** (figura 4.30).

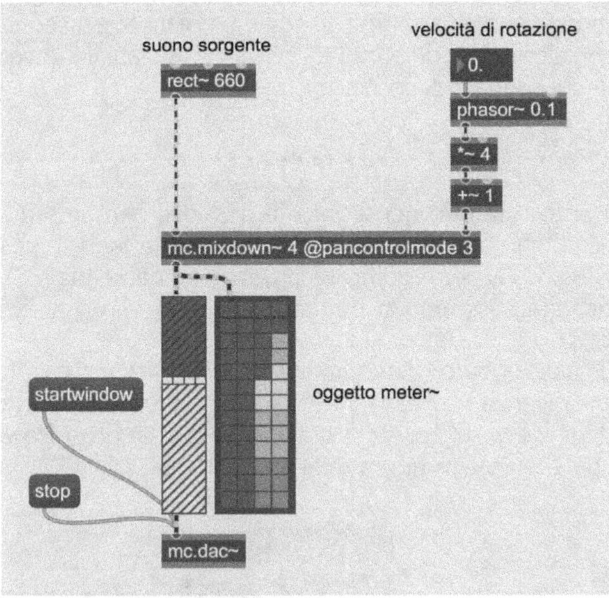

fig. 4.30: *patch* **04_04_mc_panning.maxpat**

Come si può vedere la *patch* è molto più semplice rispetto a quella di figura 4.29, perché i calcoli vengono tutti eseguiti internamente all'oggetto `mc.mixdown~`. L'oggetto grafico alla destra di `mc.gain~` si chiama **`meter~`**, e ci permette di visualizzare l'intensità del segnale ricevuto: le quattro colonne che vediamo corrispondono ai 4 canali generati da `mc.mixdown~`. Notate l'attributo "@ pancontrolmode 3" all'interno di `mc.mixdown~`, che ci permette di utilizzare il sistema di *panning* circolare di cui abbiamo parlato sopra.
Vediamo come viene generato il segnale che controlla la rotazione del suono sorgente nel sistema quadrifonico: il segnale prodotto dal `phasor~` a destra viene moltiplicata per 4, ottenendo così una rampa che va da 0 a 4. Il successivo oggetto [+~ 1] porta i valori della rampa tra 1 e 5. In questo modo il suono sorgente passa ciclicamente attraverso tutti i canali del sistema, e quando la rampa raggiunge il valore 5 il suono sorgente torna, come sappiamo, al canale 1. Ovviamente il brusco passaggio della rampa da 5 a 1 alla fine del ciclo non genera alcuna discontinuità nella rotazione del suono perché entrambi i valori corrispondono al primo canale audio.
Tenete presente che se eseguite questa *patch* con un sistema stereofonico, udrete il suono solo quando viene indirizzato ai canali 1 e 2, ovvero solo quando le prime due colonne del `meter~` visualizzano un segnale.

ATTIVITÀ

- Sostituite il **phasor~** con un altro segnale di controllo, ad esempio **rand~**. Ricordatevi che dovete trasformare il segnale bipolare in un segnale unipolare.
- Realizzate un algoritmo di panning per 6 e 8 canali: dovete modificare opportunamente il segnale di controllo.

Oltre al movimento rotatorio del segnale è possibile pensare ad altre forme di *panning*. Come abbiamo detto nel par. 4.8 della parte teorica, possiamo inoltre utilizzare uno stesso LFO per modificare la posizione del segnale ed alterare altre sue caratteristiche (ad esempio la frequenza di taglio di un filtro collegato alla sorgente sonora).
Abbiamo modificato la *patch* illustrata in fig. 4.30 in modo che il segnale passi (quasi) senza dissolvenza fra i canali 1 e 3 e venga filtrato con un passa-basso a 300 Hz quando si trova sul canale 1 e a 2000 Hz quando si trova sul canale 3 (modificate la patch come in figura 4.31).

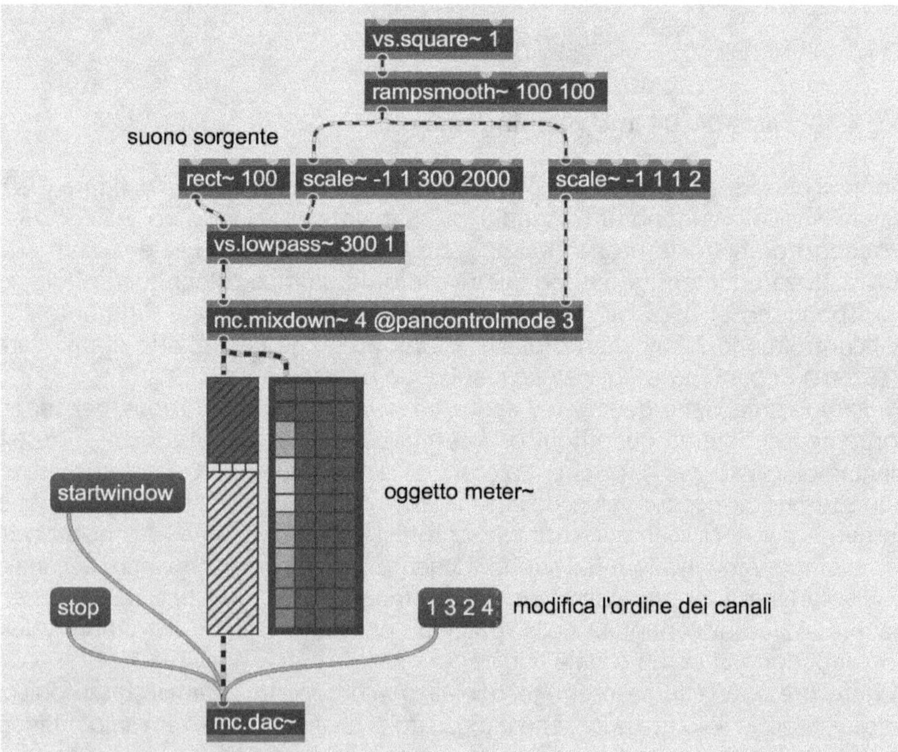

fig. 4.31: alternanza fra due canali

Osservando la parte bassa della figura, vediamo innanzitutto che abbiamo sfruttato la caratteristica dell'oggetto `mc.dac~` di poter modificare l'ordine dei canali per mettere i canali 1 e 3 vicini tra loro. In questo modo non dobbiamo apportare troppe modifiche alla *patch* di fig. 4.29.
Spostiamo l'attenzione sulla parte alta della *patch* e vediamo che abbiamo sostituito l'LFO a dente di sega (cioè il **phasor~**) con il generatore di onda quadra non limitata in banda **vs.square~**. Questo generatore, a cui è stata data la frequenza di 1 Hz, controlla la posizione del segnale e la frequenza di taglio di un filtro passa-basso. Per evitare che il brusco cambiamento di posizione causato dall'onda quadra possa generare dei click, abbiamo inviato l'uscita di **vs.square~** ad un nuovo oggetto: **rampsmooth~**.
Questo oggetto serve a smussare i salti che un segnale può presentare. In pratica l'oggetto realizza una interpolazione lineare tra due valori successivi del segnale in entrata. Gli argomenti indicano il numero di campioni da impiegare per realizzare l'interpolazione. Più precisamente il primo argomento indica il numero di campioni da impiegare quando il segnale presenta valori crescenti, mentre il secondo argomento fa la stessa cosa per i valori decrescenti.
Questo significa, con riferimento alla fig. 4.31, che quando il segnale prodotto del generatore di onda quadra passa dal valore -1 al valore 1 (quindi presenta un salto ascendente), l'oggetto **rampsmooth~** trasforma questa discontinuità in una rampa ascendente di 100 campioni, perché il primo argomento di **rampsmooth~** è 100. Dal momento che anche il secondo argomento di **rampsmooth~** è 100, abbiamo un'interpolazione di 100 campioni anche quando l'onda quadra passa dal valore 1 al valore -1 (ovvero quando i valori sono discendenti). L'oggetto **rampsmooth~** quindi svolge una funzione simile a quella dell'oggetto **onepole~** illustrata al par 4.1 (fig. 4.5). La differenza è che con l'oggetto **rampsmooth~** possiamo stabilire un numero esatto di campioni per effettuare l'interpolazione e possiamo differenziare l'interpolazione per una discontinuità ascendente da quella per una discontinuità discendente.
Tornando alla fig. 4.31 osserviamo che l'uscita di **rampsmooth~** viene inviata a due **scale~**. L'oggetto **scale~** di sinistra trasforma l'oscillazione bipolare dell'onda quadra smussata in un'oscillazione tra i valori 300 e 2000: tali valori vengono usati come frequenza di taglio di un passa-basso risonante che filtra un'onda quadra limitata in banda (**rect~**). Lo **scale~** di destra riscala l'LFO tra i valori 1 e 2 che vengono inviati all'ingresso destro di **mc.mixdown~** e fanno muovere il segnale tra i primi due canali: dal momento che abbiamo modificato l'ordine dei canali e i primi due sono il canale 1 e il canale 3, abbiamo realizzato il movimento illustrato nel par. 4.8 della parte di teoria.

In fig. 4.32 vediamo come, mediante l'aggiunta di un secondo LFO, possiamo spostare l'oscillazione del suono dai canali 1 e 3 ai canali 2 e 4.
Un LFO triangolare, la cui frequenza è 0.02 Hz (ovvero un periodo di 50 secondi), viene riscalato tra 0 e 2 e sommato all'LFO a onda quadra. L'oscillazione dell'LFO a onda quadra quindi si sposta gradualmente dai valori 1 e 2 ai valori 3 e 4 e ritorno. Dal momento che abbiamo modificato l'ordine dei canali di uscita in 1 3 2 4, il segnale passa gradualmente da un'alternanza tra i canali 1 e 3 a un'alternanza tra i canali 2 e 4 (vedi anche la descrizione dell'algoritmo nel par. 4.8 della parte teorica).

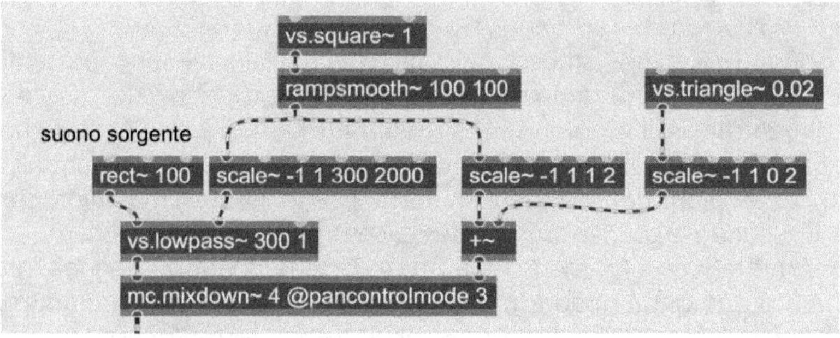

fig. 4.32: uso di due LFO

Infine, per realizzare la seguente circolarità di alternanze (di cui abbiamo parlato sempre nel par. 4.8 della parte teorica):

300 Hz ch1/ 2000 Hz ch3
300 Hz ch3/ 2000 Hz ch2
300 Hz ch2/ 2000 Hz ch4
300 Hz ch4/ 2000 Hz ch1
300 Hz ch1/ 2000 Hz ch3 etc.

possiamo sostituire l'LFO triangolare con un **phasor~** (fig 4.33).

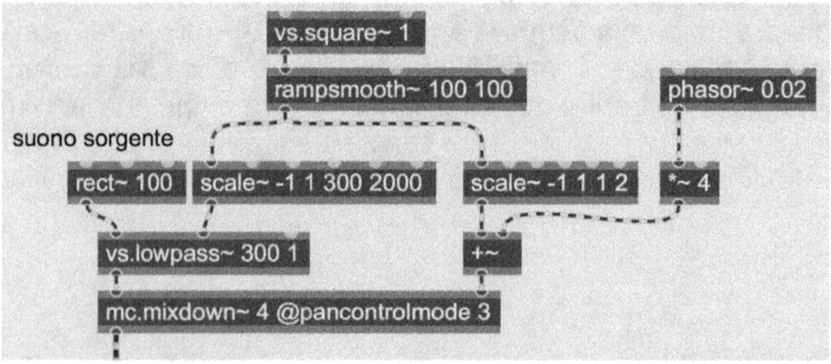

fig. 4.33: circolarità di alternanze

Il **phasor~** (che come sappiamo genera rampe che vanno da 0 a 1) viene moltiplicato per 4 e poi sommato all'LFO a onda quadra, e porta l'oscillazione di quest'ultimo dai valori 1 e 2 ai valori 5 e 6, e come sappiamo i valori 5 e 6 corrispondono ai canali 1 e 2. In questo modo si ha la seguente corrispondenza di alternanze:

oscillazione LFO	alternanza canali
1-2	1-3
2-3	3-2
3-4	2-4
4-5	4-1
5-6	1-3

e così via.

ATTIVITÀ

- Nelle *patch* di figg. 4.31, 4.32 e 4.33 sostituite l'LFO **vs.square~** con un altro segnale di controllo, ad esempio **rand~**. Provate inoltre (tramite opportuni messaggi a modificare l'ordine di uscita dei canali per realizzare diverse "geometrie di movimento" del segnale audio.
- Trasformate gli algoritmi quadrifonici di figg. 4.31, 4.32 e 4.33 in algoritmi a 6 e 8 canali.

ATTIVITÀ - *ANALISI DI ALGORITMI*

Aprite il file **04_analysis.maxpat** (fig. 4.34).

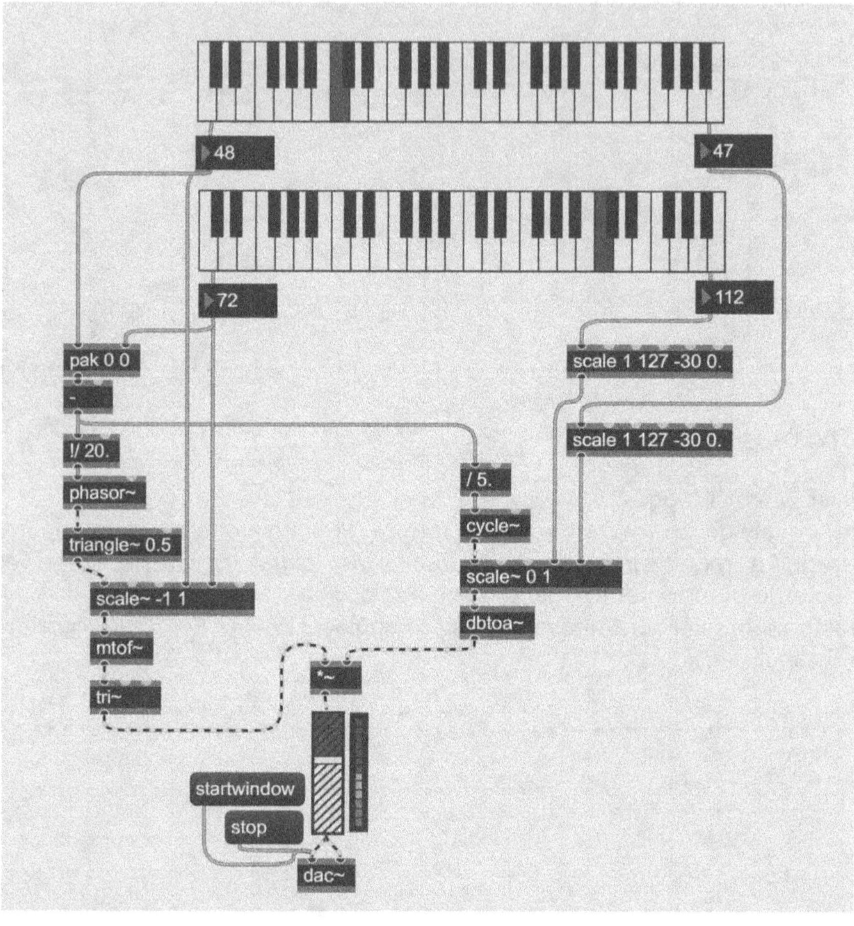

fig. 4.34: file 04_analysis.maxpat

Generando valori di nota MIDI (altezza e *velocity*) con i due oggetti `kslider` si ottiene un suono con forma d'onda triangolare, dotato di vibrato (oscillazione della frequenza) e tremolo (oscillazione dell'ampiezza).
In che modo i relativi segnali di controllo sono legati all'altezza e alla *velocity* delle coppie di note MIDI?

ATTIVITÀ - *COMPLETAMENTO DI ALGORITMI - ATTIVITÀ A*

Recuperate il file 02_11_dissolvenza.maxpat, che abbiamo analizzato al par. 2.3 (dedicato alla dissolvenza incrociata di tabelle e alla sintesi vettoriale), e aggiungete un LFO per controllare la dissolvenza incrociata tra le due forme d'onda. All'inizio utilizzate un oscillatore sinusoidale **`cycle~`** con frequenza 1 Hz, che dovrà naturalmente essere reso unipolare. L'uscita dell'LFO dovrà andare al terzo ingresso della *subpatch* [p dissolvenza_x], in sostituzione del messaggio generato tramite lo **`slider`** e gli oggetti ad esso collegato. La *subpatch* [p dissolvenza_x] dovrà essere leggermente modificata, perché al terzo ingresso si aspetta di ricevere una lista di due valori e non un segnale. Riuscite a capire che tipo di modifica bisogna fare? Suggerimento: è sufficiente cancellare un oggetto all'interno della *subpatch* (ristabilendo ovviamente i collegamenti!). Dopo aver verificato il corretto funzionamento della *patch*, provate a modificare la frequenza dell'LFO e la forma d'onda.

ATTIVITÀ - *COMPLETAMENTO DI ALGORITMI - ATTIVITÀ B*

Recuperate il file 02_13_vettoriale.maxpat, che abbiamo analizzato al par. 2.3, e aggiungete due LFO per controllare la dissolvenza tra le tabelle. I due LFO sostituiscono i valori generati dal **`pictslider`** e dagli oggetti ad esso collegati. Usate inizialmente due oscillatori sinusoidali unipolari a frequenza leggermente diversa (ad esempio 1 Hz e 0.9 Hz). Apportate alle tre *subpatch* [p dissolvenza_x] la stessa modifica discussa nell'attività A. Dopo aver verificato il corretto funzionamento della *patch*, provate a modificare la frequenza e la forma d'onda degli LFO. Con questa tecnica è possibile realizzare evoluzioni timbriche molto interessanti.

ATTIVITÀ - *COMPLETAMENTO DI ALGORITMI - ATTIVITÀ C*

Recuperate il file 03_10_subsynth.maxpat, che abbiamo analizzato al par. 3.5, e aggiungete al sintetizzatore un LFO che possa assumere le forme d'onda sinusoidale, dente di sega, quadrata e random non interpolato (suggerimento: usate quattro generatori corrispondenti alle forme d'onda indicate e collegateli a un oggetto **`selector~`** con 4 ingressi audio per selezionarne uno per volta). Questo LFO può influenzare la frequenza degli oscillatori audio (vibrato), l'ampiezza (tremolo), la frequenza centrale e il fattore Q del filtro passa-basso e il *duty cycle* dell'oscillatore audio (quando per quest'ultimo si seleziona una forma d'onda quadrata). L'esempio video 4L è realizzato esattamente con queste caratteristiche: fate riferimento alla descrizione che ne facciamo al par. 4.7 della sezione di teoria. Si tratta di un compito impegnativo ma, se ci avete seguito attentamente fino a questo punto, sicuramente alla vostra portata.

ATTIVITÀ - SOSTITUZIONE DI PARTI DI ALGORITMI

Partendo dal file **04_03_matrixmod.maxpat** (fig. 4.25) sostituite il generatore limitato in banda con un oggetto `groove~` che esegue il file audio **vs_drums_loop.aif**, e realizzate dei nuovi preset che funzionino bene con il suono percussivo. Il vibrato adesso deve alterare la velocità di lettura del file (mentre nella *patch* originale alterava la fequenza dell'oscillatore): ricordatevi che la frequenza di taglio del filtro viene riscalata dal vibrato.
Trovate il modo di eseguire il file audio in reverse e nel contempo evitate che il filtro abbia una frequenza di taglio negativa.

ATTIVITÀ - CORREZIONE DI ALGORITMI

Aprite il file **04_correction.maxpat** (fig. 4.35).

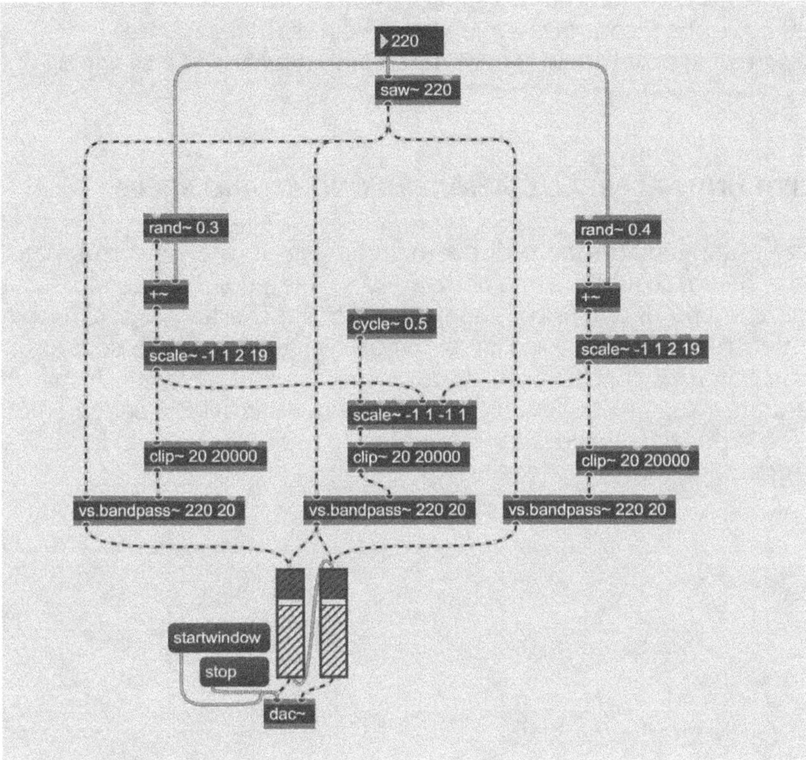

fig. 4.35: file 04_correction.maxpat

Se attivate la *patch* tutto quello che si sente è un suono con forma d'onda a dente di sega limitata in banda: agendo sul number box in alto è possibile cambiare la frequenza dell'oscillatore, ma il timbro resta sostanzialmente fisso. Noi invece vogliamo:

1) Sul canale sinistro un suono filtrato con un passa-banda la cui frequenza centrale oscilla in modo casuale e alla frequenza di 0.3 Hz tra la seconda e la diciannovesima armonica del suono prodotto dall'oscillatore limitato in banda.

2) Sul canale destro lo stesso tipo di filtraggio descritto al punto 1, con l'unica differenza che l'LFO casuale ha una frequenza di 0.4 Hz.

3) Al centro (quindi su entrambi i canali) un suono filtrato con un passa-banda la cui frequenza centrale oscilla sinusoidalmente e alla frequenza di 0.5 Hz.

Gli estremi di questa oscillazione corrispondono ai valori di frequenza generati dai due LFO casuali.

Nella patch ci sono 3 oggetti sbagliati e la posizione di due coppie di oggetti è invertita.

COMPITI UNITARI - *COMPITO DI REVERSE ENGINEERING*

Caricate ed eseguite il file audio **04_reverse_engine.aiff**.
Come è stato realizzato questo suono? Notate che la frequenza dell'LFO varia nel tempo, e che il controllo è applicato su più di un parametro.
Può essere utile osservare lo spettro del suono (utilizzando ad esempio l'oggetto `spectroscope~`).

COMPITI UNITARI - *REALIZZAZIONE DI UNO STUDIO BREVE*

Realizzare uno studio sonoro di due minuti, cioè un breve pezzo basato sulle tecniche finora acquisite e memorizzatelo su file audio, indicando su un file di testo che tipo di operazioni sono state svolte e che tipo di percorso sonoro si è inteso realizzare nel corso dei 2 minuti. Per questo studio sonoro, basato sugli oscillatori di controllo, utilizzate anche suoni campionati. In particolare concentratevi sull'uso di vibrati, tremoli, variazioni oscillanti dei parametri dei filtri e della posizione nello spazio stereofonico (o quadrifonico laddove vi sia un impianto adatto).

LISTA OGGETTI MAX

`abl.dsp.modulator~`
Generatore di forme d'onda classiche a bassa frequenza.

`abl.dsp.stereolfo~`
LFO stereofonico con controllo di fase e duty cycle.

`abl.dsp.wander~`
Generatore di percorsi casuali a bassa frequenza.

`abs`
Restituisce il valore assoluto (senza l'eventuale segno negativo) di un numero.

`matrixctrl`
Oggetto grafico utilizzato per stabilire le connessioni tra gli ingressi e le uscite di `matrix~`

`matrix~`
Oggetto dotato di un numero liberamente impostabile di ingressi ed uscite che gestiscono segnali. Tramite apposite istruzioni (fornite ad esempio dall'oggetto `matrictrl`) è possibile collegare qualsiasi ingresso a qualsiasi uscita.
Si tratta in pratica di un mixer di segnali.

`mc.stereo~`
Oggetto che realizza l'algoritmo di *panning* prendendo un suono dall'ingresso sinistro e spostandolo nel fronte stereo secondo il segnale di controllo ricevuto all'ingresso destro.

`rampsmooth~`
Oggetto che serve a smussare i salti che un segnale può presentare.
Realizza un'interpolazione lineare fra i campioni del segnale in ingresso.

LISTA ATTRIBUTI PER OGGETTI MAX SPECIFICI

Matrixctrl

- Number Of Columns (attributo dell'Inspector)
Numero delle colonne dell'oggetto

- Number Of Rows (attributo dell'Inspector)
Numero delle righe dell'oggetto

- One Non-Zero Cell Per Row (attributo dell'Inspector)
Quando questo attributo è attivato, si può avere una sola connessione per riga; ovvero un'uscita può essere collegata solo ad un ingresso (mentre un ingresso può essere collegato a più uscite).

GLOSSARIO

Theremin
Strumento elettronico che viene suonato avvicinando e allontanando le mani da due antenne; una che controlla la frequenza e una che controlla l'ampiezza del suono.

RIFERIMENTI BIBLIOGRAFICI

Bianchini, R. 2003. *Acustica*. Inedito.
Bianchini, R. e Cipriani, A. 2001. *Il Suono Virtuale*. Roma: ConTempoNet
Casati, R. e Dokic, J. (1994), *La Philosophie du Son*. Nîmes: Chambon
Dodge, C. e Jerse, T.A. (1997), *Computer Music: Synthesis, Composition, and Performance*. 2nd Ed. New York, NY: Schirmer
Frova, A. (1999), *Fisica nella Musica*. Bologna: Zanichelli.
Grey, J.M. (1975), *An exploration of Musical Timbre*. Doctoral dissertation. Stanford, CA: Stanford University
Grey, J.M. (1977), "Multidimensional Perceptual Scaling of Musical Timbre" *Journal of the Acoustical Society of America* 61: 1276-1277
Rossing, T. D. (1990, *The Science of Sound*. London: Addison-Wesley
Shepard, R.N. (1964), "Circularity in Judgments of Relative Pitch". *Journal of Acoustic Society of America* 36: pp.2346-2353

BIBLIOGRAFIA ESSENZIALE

Alton Everest, F. e Ken Pohlmann. 2009. *Master Handbook of Acoustics*. New York, NY: McGraw-Hill/TAB Electronics
Bianchini, R. e Cipriani, A. 2000. *Virtual Sound*. Roma: ConTempoNet
Boulanger, R. (ed.). 1999. *The Csound Book. Perspectives in Software Synthesis, Sound Design, Signal Processing and Programming*. Cambridge, MA: MIT Press
Chadabe, J. 1997. *Electric Sound. The Past and Promise of Electronic Music*. Upper Saddle River, NJ: Prentice Hall
Cipriani, A., Core, V. e Giri, M. 2015. "*Technique, Creation, Perception and Experience in the Learning of Electroacoustic Music: Some practical proposals*" Organised Sound 20: 1, Cambridge University Press, Cambridge, pp.40-50
Cook, P. R. 1999. *Music, Cognition, and Computerized Sound*. Cambridge, MA: MIT Press
Miranda, Eduardo. (2002). *Computer Sound Design: Synthesis Techniques and Programming*. Oxford: Focal Press
Moore, F.R. 1990. *Elements of Computer Music*. Englewood Cliffs, NJ: Prentice-Hall
Puckette, M. 2007. *Theory and Techniques of Electronic Music*: World Scientific Publishing
Roads, C. 1996. *Computer Music Tutorial*. Cambridge, MA: MIT Press
Rocchesso, D. 2004. *Introduction to Sound Processing*. Firenze: Mondo Estremo
Uncini, A. 2006. *Audio Digitale*. Milano: McGraw-Hill
Wishart, T. 1994. *Audible Design*. York: Orpheus the Pantomime Ltd.

INDICE ANALITICO

I numeri in tondo si riferiscono alle definizioni contenute nel testo, i numeri in corsivo si riferiscono alle definizioni contenute nelle liste e nei glossari in fondo ai capitoli.

J

K

L

M

N

O

www.ingramcontent.com/pod-product-compliance
Lightning Source LLC
LaVergne TN
LVHW010632051026
849532LV00001B/33